PEDRO DE CIEZA DE LEON
AUF DEN KÖNIGSSTRASSEN DER INKAS

PARTE PRIMERA

De la chronica del Peru. Que tracta la demarcacion de sus prouincias: la descripcion dellas. Las fundaciones de las nueuas ciudades. Los ritos y costumbres de los indios. Y otras cosas estrañas dignas de ser sabidas. Fecha por Pedro d̄ Cieça de Leon vezino de Seuilla.

1553.

Con priuillegio Real.

PEDRO DE CIEZA DE LEON

Auf den Königsstraßen der Inkas

Herausgegeben von
Victor Wolfgang von Hagen

STEINGRÜBEN VERLAG STUTTGART

Aus dem Amerikanischen übersetzt von Karl H. Kosmehl nach
der 1959 bei der University of Oklahoma Press, Oklahoma,
erschienenen Ausgabe *The Incas*, die Victor Wolfgang von
Hagen nach den Originalausgaben der *Crónicas del Perú*
herausgegeben und mit einem Vorwort versehen hat.

HERAUSGEBER DER
BIBLIOTHEK KLASSISCHER REISEBERICHTE
DR. GEORG A. NARCISS

Erschienen 1971 bei Goverts Krüger Stahlberg Verlag GmbH,
Stuttgart
Das Umschlagbild zeigt die Hälfte eines Totentuches
aus Paracas, um 200–500 n. Chr.
Mit freundlicher Genehmigung des Staatlichen Museums
für Völkerkunde, München
Gesetzt aus der Linotype-Walbaum-Antiqua
Gesamtherstellung: Wilh. Röck, Weinsberg
Gestaltung: Roland Hänßel
Printed in Germany
ISBN 3 7740 0394 7

INHALT

Vorrede des Herausgebers   19

Einleitung des Herausgebers   27

Einleitung des Autors   103

Widmung des Autors   112

Königliches Privileg   116

Erster Teil   119

1. Kapitel Kurze Beschreibung des Königreiches Peru, das sich über eine Entfernung von mehr als siebenhundert Leguas zwischen den Städten Quito und Plata erstreckt.   119

2. Kapitel Von den Dörfern zwischen der Stadt Pasto und der großen Stadt Quito.   122

3. Kapitel Von den übrigen Dörfern und *tambos* zwischen Caranqui und Quito.   125

4. Kapitel Das davon handelt, wer die Inkas waren, und von ihren Herrschaftsgebieten in Peru.   129

5. Kapitel Was die Eingeborenen über Tici-Viracocha erzählen; und über den von manchen gehegten Glauben, daß einer der Apostel durch dieses Land gezogen sei.   132

6. Kapitel Wie geheimnisvolle Männer und Frauen im »Pacaric-Tampu« (dem »*tambo* des Ursprungs«)

erschienen, und was über ihr Tun beim Verlassen
desselben erzählt wird. 137

7. KAPITEL Wie die beiden Brüder in Tampu Quiru
den dritten, den sie in die Höhle gelockt hatten, mit
gefiederten Schwingen wiedererscheinen sahen; und
wie er ihnen befahl, die große Stadt Cuzco zu gründen; und wie sie Tampu Quiru verließen. 140

8. KAPITEL Wie Manco Capac ins Tal zog, wo er
Menschen fand, und dort die alte und sehr reiche
Stadt Cuzco gründete und erbaute, die dann zur
Hauptstadt des ganzen Inka-Reiches wurde. 146

9. KAPITEL Wie der Groß-Inka, nachdem er mit der
Stirnbinde gekrönt worden war, seine Schwester, die
Coya, wie der Titel der Herrscherin lautet, heiratete;
und wie ihm gestattet war, viele Frauen zu haben,
wenn auch unter ihnen allen die Coya die einzige
legitime und die bedeutendste war. 149

10. KAPITEL Über die Lage der Stadt Quito, ihre
Gründung und ihre Gründer. 151

11. KAPITEL Wie Topa Inca Boten von Quito aussandte, um zu erfahren, wie seine Befehle ausgeführt
wurden. 155

12. KAPITEL Wie Huayna Capac von Quito auszog
und seine vorausgeschickten Soldaten vor dem Feind
flohen; und über die Schritte, die er daraufhin unternahm. 157

13. KAPITEL Wie Huayna Capac alle seine Streitkräfte sammelte, dem Feind eine Schlacht lieferte

und ihn schlug; und von seiner großen Grausamkeit
den Besiegten gegenüber. 160

14. Kapitel Wie der Groß-Inka Huayna Capac nach
Quito zurückkehrte und von der Ankunft der Spanier
an seiner Küste erfuhr; und wie er starb. 162

15. Kapitel Von den Dörfern, die man zwischen
Quito und den königlichen Unterkünften von Tomebamba [Tumipampa] berührt; und von gewissen Sitten der Eingeborenen. 166

16. Kapitel Wohin die *mitimaes* gesandt wurden, in
welche Klassen sie eingeteilt wurden und welchen
Wert sie für die Inkas hatten. 173

17. Kapitel Von den Ansiedlungen zwischen Tacunga
und Riobamba. 178

18. Kapitel Welches von den übrigen Indianerdörfern vor Tomebamba handelt. 180

19. Kapitel Die große Pracht des Palastes von Tomebamba in der Cañari-Provinz. 183

20. Kapitel Von der Abstammung und den Eigenschaften Huascars und Atahualpas. 196

21. Kapitel Wie Huascar beim Tode seines Vaters
auf den Thron erhoben wurde. 198

22. Kapitel Vom Ausbruch des Kampfes zwischen
Huascar und Atahualpa, und von den großen
Schlachten. 200

23. Kapitel Wie Atahualpa mit seinen Truppen von Quito auszog; und von der Schlacht bei Ambato. 203

24. Kapitel Wie Huascar ein zweites Heer gegen Atahualpa sandte; über die wüsten Grausamkeiten, die dieser in Tomebamba verübte; und was zwischen ihm und den Hauptleuten Huascars vorging. 205

25. Kapitel Von den Ansiedlungen zwischen Tomebamba und der Stadt Loja, und von der Gründung der letzteren. 208

26. Kapitel Von der Provinz Cajamarca, die südlich von Huancabamba liegt, und von anderen, großen, dichtbevölkerten Provinzen. 215

27. Kapitel Von der Gründung der Stadt Frontera [Chachapoyas]; wer ihr Gründer war; auch von den Sitten der Indianer dieser Gegend. 220

28. Kapitel Was es von der Gegend zwischen Cajamarca und dem Tale Jauja, sowie vom Dorfe Huamachuco, das an Cajamarca grenzt, Berichtenswertes gibt. 224

29. Kapitel Die Hofjagden der Groß-Inkas von Peru. 228

30. Kapitel Wie die Vorratshäuser auf Befehl der Inkas immer mit Proviant für ihre Truppen wohl versehen waren. 229

31. Kapitel Die Lage dieser Stadt [Huánuco], die Fruchtbarkeit ihres Bodens, die Sitten der Eingeborenen und der schöne, von den Inkas in Huánuco el Viejo erbaute Palast. 232

32. Kapitel Über den See Bombú [Pumpu] von Chinchay-Cocha, der die Quelle des großen La-Plata-Flusses sein soll.   236

33. Kapitel Welches das Jauja-Tal, seine Bewohner und seine große Vergangenheit behandelt.   238

34. Kapitel Wie der Inka Yupanqui seinen Oberbefehlshaber Lloque Yupanqui in das Jauja-Tal entsandte, um die Huancas, Yauyos und andere Völkerschaften unter seine Herrschaft zu bringen.   242

35. Kapitel Über die von Jauja zur Stadt Huamanga [Ayacucho] führende Straße, und was es an ihr Bemerkenswertes gibt.   244

36. Kapitel Wie die Stadt Huamanga gegründet wurde.   247

37. Kapitel Von der Gründung und den Gründern der Stadt Huamanga.   250

38. Kapitel Über die Sitten der Eingeborenen von Ayacucho.   252

39. Kapitel Von den großen Bauwerken, die früher in der Provinz Vilcas [-huamán] gestanden haben.   253

40. Kapitel Von der Provinz Andahuaylas bis zum Tal von Xaquixahuana.   258

41. Kapitel Der Fluß Apurímac, das Tal von Xaquixahuana, die Straße, die durch dieses führt, und anderes Bemerkenswerte auf dem Weg nach Cuzco.   262

42. Kapitel Wie die Paläste für die Groß-Inkas gebaut waren, und von der Anlage der durch das ganze Königreich Peru führenden Straßen. 264

43. Kapitel Über die Post in diesem Königreich. 268

Zweiter Teil 271

44. Kapitel Die Anlage der Stadt Cuzco, die vier von ihr ausgehenden Hauptstraßen, ihre großen Bauwerke, und wer sie gegründet hat. 271

45. Kapitel Andere bedeutende Tempel. 279

46. Kapitel Wie das königliche Haus der Sonne auf einem Hügel westlich von Cuzco errichtet wurde; von seiner bemerkenswerten Bauart und der Größe der verwendeten Steine. 283

47. Kapitel Von dem großen Reichtum der Inkas, und wie ständig Söhne des Provinzadels an den Hof befohlen wurden. 287

48. Kapitel Welches beschreibt, wie die Inkas ihre Eroberungen durchführten und wie sie ödes Land fruchtbar machten. 290

49. Kapitel Von dem höchst gerechten Steuersystem. 294

50. Kapitel Die Einsetzung von Statthaltern in allen Provinzen; und die Inspektionsreisen des Groß-Inkas unter seinem Wappen, dem Schlangenstab. 299

51. Kapitel Wie die Inkas die Eingeborenen zum Bau wohlgeplanter Dörfer anhielten, strittiges Land

aufteilten und die Sprache von Cuzco als Amtssprache einführten. 304

52. KAPITEL Die Ratgeber und richterlichen Beamten der Inkas; und die landesübliche Zeitrechnung. 306

53. KAPITEL Das davon handelt, wie sie Chronisten hatten, um ihre Taten der Nachwelt zu überliefern; vom Gebrauch des Quipus, und was heute noch davon vorhanden ist. 308

54. KAPITEL Die großen Leistungen der Indianer in Gold- und Silberschmiedekunst, Architektur und Tuchfärberei. 312

55. KAPITEL Die jährliche Volkszählung; und daß dank guter Arbeitsteilung und Vorratswirtschaft niemand Mangel litt. 314

56. KAPITEL Welches berichtet, daß die Inkas von der abscheulichen Sünde [der Homosexualität] und von anderen bei den Fürsten dieser Welt vorkommenden Lastern frei waren. 316

57. KAPITEL Die Bräuche und Opfer bei dem großen Fest Hátun Raimi. 319

58. KAPITEL Herrschaft durch Liebe und Furcht; und von den Zeremonien bei der Audienz. 324

59. KAPITEL Von der Sitte, nur die verdienstvollen Groß-Inkas durch Statuen und Lieder zu ehren. 326

60. KAPITEL Die *capaccocha*-Zeremonie. 330

61. Kapitel Von Sinchi Roca, dem zweiten Inka, der in Cuzco regierte. 333

62. Kapitel Von Lloque Yupanqui, dem dritten Inka, der in Cuzco regierte. 336

63. Kapitel Von Mayta Capac, dem vierten Inka von Cuzco; und was während seiner Regierungszeit geschah. 338

64. Kapitel Capac Yupanqui, der fünfte Inka von Cuzco. 340

65. Kapitel Von dem sechsten Inka, der in Cuzco herrschte; was während seiner Regierungszeit geschah; und von der Fabel über den Fluß, der durch Cuzco fließt. 343

66. Kapitel Yahuar-Huacac, der siebente Inka, der in Cuzco regierte. 345

67. Kapitel Der Aufstand in Cuzco beim Auszug der Inkas gegen die Collas. Die Chancas besiegen die Quichuas und nehmen ihnen ihr Land weg. 347

68. Kapitel Wie die *Orejones* über die Wahl der nächsten Inkas Rat hielten; und was geschah, als Viracocha Inca, der achte Inka, die königliche Stirnbinde anlegte. 349

69. Kapitel Wie Viracocha Inca einen feurigen Stein gegen Caitomarca schleuderte, und wie man ihm Verehrung erwies. 353

70. Kapitel Wie eine Rebellion in Cuzco ausbrach;

wie einige *mamaconas* wegen Unzucht bestraft wurden; und wie der Inka nach Cuzco zurückkehrte. 356

71. KAPITEL Wie die Tyrannen von Colla, Sinchi Cari und Zapana, Abgesandte nach Cuzco schickten; und von dem Kriegszug Viracocha Incas nach Colla. 358

72. KAPITEL Viracocha Inca zieht durch die Provinzen der Canchis und Canas und überschreitet die Grenze des Colla-Gebietes; was sich mit Cari und Zapana begab. 361

73. KAPITEL Caris Rückkehr nach Chucuito; die Ankunft von Viracocha Inca, und der zwischen ihnen vereinbarte Friede. 364

74. KAPITEL Urco wird als Inka und Herrscher des Reiches anerkannt und in Cuzco gekrönt. – Die Chancas führen Krieg gegen die Stadt. 367

75. KAPITEL Die Chancas ziehen bis vor die Stadt und schlagen dort ihr Lager auf. Von der Angst der Bürger und Pachacutis großer Tapferkeit. 369

76. KAPITEL Wie Pachacuti zum Inka ausgerufen und Urco abgesetzt wurde. Der Friedensvertrag mit Hastu Huallaca. 372

77. KAPITEL Die Ereignisse in Cuzco beim Aufbruch Pachacutis, als Lloque Yupanqui Statthalter war. 374

78. KAPITEL Der Zug des Inkas Pachacuti gegen die Collas. 377

79. KAPITEL Wie der Inka Pachacuti aufs neue von Cuzco aufbrach. 380

80. Kapitel Der Inka Pachacuti tritt wegen seines vorgerückten Alters die Regierung an seinen Sohn Topa Inca ab. 383

81. Kapitel Der Friede mit den Collas, und die Rückkehr des Inkas nach Cuzco. 385

82. Kapitel Topa Inca verläßt noch einmal Cuzco, zieht in das Land der Collas und von dort nach Chile, bringt die Völkerschaften der dortigen Gebiete unter seine Herrschaft und stirbt alsdann. 387

83. Kapitel Die Regierung Huayna Capacs, des zwölften Inkas. 395

84. Kapitel Huayna Capacs erster Aufbruch von Cuzco. 397

85. Kapitel Über das Yuca-Tal, die mächtigen Bauten von [Ollantay] Tambo, und einen Teil der Provinz Cunti-suyu. 405

86. Kapitel Die Berge und Urwälder der Anden, die großen Schlangen, und die bösen Sitten der Indianer, welche in den entlegenen Gebirgsregionen leben. 408

87. Kapitel Über die weitverbreitete Gewohnheit der Indianer, Pflanzen und Wurzeln zu kauen; und über die hochgeschätzte Coca-Pflanze, die sehr häufig angebaut wird. 411

88. Kapitel Die Straße von Cuzco nach La Paz, und die Ansiedlungen, auf die man innerhalb des Gebietes der Canchis trifft. 413

89. KAPITEL Die Provinz der Canas; und was man von Ayaviri erzählt, das zu Zeiten der Inkas eine schöne Stadt gewesen sein muß. 416

90. KAPITEL Einige Einzelheiten über die Indianer; und das merkwürdige Erlebnis eines Priesters. 419

91. KAPITEL Von dem großen Gebiet der Collas, der Lage ihrer Dörfer und dem Wirken der *mitimaes*. 424

92. KAPITEL Über Herkunft, Kleidung und Begräbnissitten der Collas. 427

93. KAPITEL Über die jährlichen Totenfeiern und die alten Tempel der Colla-Indianer. 431

94. KAPITEL Die Altertümer von Pucará; die Erinnerungen an das alte Hatuncolla; und das Dorf Azángaro. 432

95. KAPITEL Der große See im Lande Colla, und der Tempel von Titicaca. 434

96. KAPITEL Die weiteren an dieser Straße gelegenen Siedlungen bis Tiahuanacu. 436

97. KAPITEL Die Stadt Tiahuanacu und ihre alten Bauwerke. 438

98. KAPITEL Von der Gründung der Stadt Nuestra Señora de la Paz; und der Straße nach der Stadt Plata. 441

99. KAPITEL Die Gründung der Stadt La Plata [in Bolivien], die in der Charcas-Provinz liegt. 442

DRITTER TEIL 445

100. KAPITEL Von der Gründung der Stadt Guayaquil [und Tumbes], und wie die Eingeborenen Huayna Capacs Krieger umbrachten. 445

101. KAPITEL Fortsetzung dieses Berichtes [über Tumbes]. Die Gründung der Stadt San Miguel. 453

102. KAPITEL Die Unterschiedlichkeit der Jahreszeiten im Königreich Peru; und die merkwürdige Tatsache, daß in den Ebenen an der Südsee kein Regen fällt. 456

103. KAPITEL Von der Straße, die die Inkas durch die Ebene führen und mit Unterkünften und Vorratshäusern versehen ließen; und warum die dortigen Eingeborenen Yungas heißen. 458

104. KAPITEL Religion, Stämme und Familien der Yungas; und die Stellung ihrer Häuptlinge. 460

105. KAPITEL Von dem Glauben der Indianer an ein Leben nach dem Tode; und warum sie einem Verstorbenen seine Frauen mit ins Grab geben. 463

106. KAPITEL Von den Begräbnis- und Trauerbräuchen. 465

107. KAPITEL Wie der Teufel den Indianern eingab, es sei ihm wohlgefällig, daß Häuptlinge und Priester in den Tempeln mit jungen Tempeldienern Unzucht treiben. 468

108. KAPITEL Die Namengebung; und der Glaube an Omen und Vorzeichen. 471

109. KAPITEL Von der Ergiebigkeit der Felder, den vielen Früchten und Knollen, die dort wachsen; und von dem ausgezeichneten Bewässerungssystem. 473

110. KAPITEL Von der Inka-Straße zwischen San Miguel und Trujillo, und den Tälern, die sie durchquert. 476

111. KAPITEL Weiterreise auf dieser Inka-Straße bis zur Stadt Trujillo. 478

112. KAPITEL Von den übrigen Tälern und Siedlungen an der Küstenstraße bis zur Stadt der Könige. 482

113. KAPITEL Wie Topa Inca durch Los Llanos zog und die meisten Yungas sich ihm unterwarfen. 485

114. KAPITEL Lage und Gründung der Stadt der Könige. 488

115. KAPITEL Wie Huayna Capac durch die Täler von Llanos zog; und was er dabei vollbrachte. 490

116. KAPITEL Das Pachacamac-Tal mit seinem alten Tempel. 493

117. KAPITEL Die Täler zwischen Pachacamac und der Festung Huarco; und ein sehr bemerkenswertes Aussaatverfahren. 496

118. KAPITEL Topa Incas grimmiger Kampf gegen die Huarcos und seine Rückkehr in die Stadt Cuzco nach dem Sieg. 499

119. KAPITEL Die große, in alten Zeiten hochgeschätzte Provinz Chincha. 504

120. Kapitel Die weiteren Täler bis zur Provinz Tarapacá. 508

121. Kapitel Gründung und Gründer der Stadt Arequipa. 511

Heiratskontrakt 514

Schenkungsbrief 517

Letzter Wille und Testament des Pedro de Cieza de León 521

Literatur 542

Register 550

Karte 589

VORREDE DES HERAUSGEBERS

Mehr als vierhundert Jahre lang hat Cieza – Pedro de Cieza de León, um seinen vollen, klangreichen Namen hier zu nennen – seine Leser über die Königsstraße der Inkas geführt.

Seine siebzehn Jahre lange Reise vermittelte vielen Generationen die Geschichte eines Volkes, das, von der Zeiten Lauf nicht erreicht, in der Gebirgsfeste der Anden wohnte und dort ein Leben seltsamer Art führte, welches Cieza sowohl in seinem historischen Ablauf als auch nach seinen Sitten und Bräuchen in allen Einzelheiten beschrieben hat. Er schilderte die fremdartige Folklore und den Untergang dieses Volkes und schrieb seine Chronik gerade zu der Zeit, als es dezimiert und vernichtet wurde.

Diese im 16. Jahrhundert mehrfach veröffentlichte Chronik ist nicht nur eins der meistgedruckten Bücher über die Eroberung Perus, es besitzt auch – und darin stimmen die Gelehrten überein – die größte Objektivität aller Geschichtswerke, die je über die Inkas geschrieben worden sind.

Vierhundert Jahre später bin ich selbst diesem Pedro de Cieza über die gleiche Königsstraße der Inkas gefolgt, die er so herrlich beschrieben hat, und habe nach den Überresten dieser Straße und der an ihr gelegenen steinernen Städte geforscht. Daher kann ich seine Genauigkeit, seine präzise Berichterstattung bestätigen. Ich glaube, Pedro de Cieza genau zu kennen; denn jahrelang habe ich seine Bücher Tausende von Meilen durch das von ihm bereiste Land mit mir geführt, und heute liegen dieselben Bücher vor mir, beschmutzt, eselsohrig und durch vielen Gebrauch abgenutzt. Stets war der »Cieza« mein Handbuch auf diesen Reisen.

Der »Cieza«, den ich bei meinen Forschungen ständig auf die eine oder die andere Weise benutzte, hat mich immer daran erinnert, daß später der Versuch gemacht werden müsse, Pedro de Cieza de León allen denen zugänglich zu machen, die, obwohl im Banne des »Hier und Jetzt« stehend, doch am Schattenbild der Vergangenheit interessiert sind.

Ciezas Inka-Chroniken waren in englischer Sprache nicht mehr erhältlich; ins Französische oder Deutsche sind sie nie übersetzt worden, und die heute greifbaren spanischen Ausgaben leiden unter schrecklicher Übergelehrsamkeit. Nachdem mehrere Ausgaben in italienischer und spanischer Sprache (jedoch in Flandern gedruckt) herausgekommen waren, erschien von Ciezas Chroniken im Jahre 1709 ein Destillat in englischer Sprache von einem gewissen John Stevens unter dem Titel *The Seventeen Years Travels of Pedro de Cieza*. Aber der Destillierkolben war unzulänglich: die Kapitel sind beschnitten, und ganze Teile sind auf höchst willkürliche Weise ineinandergeschoben. Außerdem ignorierte der Herausgeber die Illustrationen der Ciezaschen Originalausgabe und brachte eigene, die in aufgeblasener Schulmeisterei und Phantasie schwelgen. Das einzige Verdienst jener Edition besteht darin, daß sie die erste englische Ausgabe des »Fürsten der Chronisten« ist.

Im Jahre 1864 übersetzte Sir Clements Markham, von Prescott dazu bewogen, Cieza aufs neue und brachte beide Chroniken vollständig neu heraus – vollständig, das heißt unter Streichung ganzer Abschnitte, die er »zur Übersetzung ungeeignet« fand; und außerdem in einem

Stil, der in seiner abgegriffenen Prosa oftmals gebrochen und hinkend wirkt. Ich will jedoch nicht Markhams Pionierarbeit verunglimpfen, sondern lediglich betonen, daß ich, nach Ablauf eines Jahrhunderts, das unser Verständnis für das Imperium der Inkas so sehr bereichert hat, von der Notwendigkeit einer Neuausgabe Ciezas überzeugt war, die, an Hand erklärender Fußnoten, alles bietet, was heute über die Inkas bekannt ist. Darüber hinaus sollte grundsätzlich jede Generation die Klassiker vergangener Zeiten für sich neu interpretieren, wie George Santayana sagt: »Die Klassiker fremder Länder müssen für jede Generation neu übersetzt und neu interpretiert werden, damit ihre alte Natürlichkeit auf eine neue Art wiedergegeben und ihre ewige Menschlichkeit lebendig und assimilierungsfähig erhalten wird. Allein durch diese ständige Verarbeitung überkommener Substanz bleibt die Einsicht in die Vergangenheit für Gegenwart und Zukunft wirksam.«

Um so die alte Natürlichkeit Ciezas auf eine neue Weise sichtbar zu machen, hat Harriet de Onis, eine der besten lebenden Übersetzerinnen wissenschaftlicher Texte, es unternommen, Cieza das zu geben, was ihm in den vierhundert Jahren seines Daseins nicht vergönnt war: eine treue Wiedergabe in englischer Sprache, in einer so ungesucht einfachen Prosa, daß sie sich manchmal zu epischer Größe erhebt; und gleichzeitig eine treue Wiedergabe alles dessen, was Cieza zu schreiben für richtig hielt – soweit das Heilige Offizium es sanktionierte –, ohne Streichungen und als »zur Übersetzung ungeeignet« ausgelassene Kapitel.

In der vorliegenden Ausgabe sind die beiden *Crónicas,* die erste und die zweite, zu einem einheitlichen großen Werk zusammengestellt. Die Realitäten des Tages – das heißt die ungeheuren Kosten der Veröffentlichung, der Wunsch, Wiederholungen zu vermeiden, und die Notwendigkeit, Pedro de Ciezas Beobachtungen über die Inkas in einen erschwinglichen Band zu bringen – haben den Plan reifen lassen, die zwei *Crónicas* zu integrieren – nunmehr können sie beide als eine gelesen werden.

Die zu Ciezas Lebzeiten (1553) publizierte *Crónica* und die zweite, im Jahre 1880 entdeckte und veröffentlichte, konnten, wie ich merkte, zu einer synchronisiert werden, weil die erste hauptsächlich Geographisches enthält: Cieza beschreibt die grünenden Täler, der Anden und Wüsten titanische Einsamkeit, die Menschen und Ortschaften. Die zweite befaßt sich mit den Institutionen des Inka-Reiches und legt besonderes Gewicht auf die seltsame und faszinierende Geschichte eines Volkes, welches ohne Kenntnis der Schrift und des Rades Zeit und Raum besiegte. Der erste Teil der *Prima Crónica* (d. h. die Kapitel I–xxxv) handelt von dem Land, das heute Kolumbien heißt; und da dieses nicht zum eigentlichen Inka-Reich gehörte, ist dieser Teil nicht in die vorliegende Ausgabe aufgenommen, sondern einer späteren Veröffentlichung vorbehalten worden.

So ist diese Ausgabe als *ein* großes Buch gedacht, in dem beide *Crónicas* so ineinander verwoben und integriert sind, daß es auch als ein solches zu lesen ist; einzig die Wiederholungen sind vermieden worden.

Wer war Pedro de Cieza?

Das Geheimnis um den Mann Pedro de Cieza de León drängte sich uns auf, als die Seiten seiner »Chroniken von Peru« übersetzt und herausgegeben wurden. Sicherlich sollte eine derart mühevolle literarische Arbeit, wie wir sie Cieza gewidmet haben, nicht unternommen werden ohne den unermüdlichen Versuch, das Geheimnis seiner Identität zu lüften. Zu seinen Lebzeiten war Anonymität die Regel des robusten Jahrhunderts: war ein Mann nicht wohlgeboren, hatte er nicht bestellte Schreiber, die seine Taten ausschmückten, so beachtete man ihn kaum, und wenige waren kühn genug, um von sich selbst zu sprechen. Immerhin, Pedro de Cieza war ungewöhnlich genug. Er war, wie er sagte, »der Chronist Westindiens«; ferner behauptete er (und im Laufe der Zeiten ist es bewiesen worden), acht Chroniken geschrieben zu haben, welche die gesamte zeitgenössische Geschichte Perus umfassen: von der Entdeckung bis zur Eroberung, von den Bürgerkriegen bis zur Ankunft des Vizekönigs. So war ich sicher, daß die Details von Ciezas Existenz irgendwo verborgen liegen mußten, denn niemand kann siebzehn Jahre lang durch eine so vielbeschriebene Zeit wie die der Eroberung Perus gewandelt sein, ohne Spuren zu hinterlassen.

Zuerst wurde aus den *Archivos Nacionales del Perú* in Lima Ciezas Heiratskontrakt ausgegraben, dessen Datum ein paar Monate vor seiner Abfahrt aus Peru liegt; darunter stand seine Unterschrift, kühn, fließend, mit einem Schnörkel darum: das zeigt deutlich, daß er gelebt hat. Weitere Forschung führte zu den berühmten *Archivós de Protocolos Notariales de Sevilla*, einer Sammlung ungezählter Dokumente, die den amerikanischen Kontinent betreffen. Der ersten positiven Spur folgend, gelangten wir an Ciezas persönliche Papiere, und schließlich hielt ich jenes ungewöhnliche Dokument, das sein »Letzter Wille und Testament« war, in Händen.

Aber gerade zu diesem Zeitpunkt bemerkte ich, daß ein junger peruanischer Gelehrter, Señor Miguel Marticorena, im gleichen Archiv arbeitete und zahlreiche Dokumente über Cieza gefunden hatte; ja noch mehr: er war im Begriff, sie herauszugeben.

Unvermeidlich steht des Menschen Sinn nach Priorität. Das ist ein fundamentaler menschlicher Instinkt, denn Leben strebt nach Neuheit: etwas Neues zu schaffen oder gar etwas Neues zu sein, das ist sehr menschlich.

Jahrhundertelang hatten Gelehrte versucht, etwas über diesen Pedro de Cieza de León zu erfahren, und da sie keine Dokumente fanden, erfanden sie. Alle bisher veröffentlichten Details über Cieza sind erfunden. Prescott hat trotz aller seiner Gründlichkeit das Geheimnis nie ergründet; der verstorbene Philip Ainsworth Means, einer unserer besten auf archäologischer Grundlage arbeitenden Historiker, hatte keine einzige Tatsache anzubieten. Die unermüdlichsten spanischen Gelehrten, die sich im Wust und Gewirr der spanischen Archive auskannten, haben Ciezas Dokumente nicht ausfindig machen können. Und da waren nun wir beide, Señor Marticorena und ich, in einem entscheidenden Augenblick aufeinandergestoßen. Jedoch freut es mich, berichten zu können, daß wir in diesem Jahrzehnt öffentlicher und privater Verderbtheit nun nicht ein Wettrennen zum Drucker antraten, sondern uns bemühten, Wallace und Darwin nachzueifern. Señor Marticorena überließ mir ritterlicherweise diejenigen der faszinierenden Cieza-Dokumente, die ich noch nicht hatte ... und ich half ihm, sein Werk zu vollenden, und ließ dieses Buch etwas später erscheinen; und so blieb ihm die unbestrittene Priorität bei der ersten Veröffentlichung der Cieza-Dokumente, wie sie ihm auch zustand.

So lebt Pedro de Cieza nun wieder durch die Hilfe vieler freundlicher Hände. Es ist mir ein Bedürfnis, Mr. John Davis Lodge, dem amerikanischen Botschafter in Spanien, meine Dankbarkeit dafür auszudrücken, daß er mir half, jemanden zu finden, der in dem papiernen Labyrinth der spanischen Archive Bescheid wußte – das erinnert mich daran, daß Prescott 1838 an den damaligen Gesandten der Vereinigen Staaten in Spanien, Arthur Middleton, in ähnlichem Sinne schrieb: »Ich fange jetzt an, ernstlich über die Eroberung Mexikos und Perus nachzudenken«, und um die gleiche Hilfeleistung bat, um die ich mich, einhundert Jahre später, bemühte. Mr. Frederick Cromwell von der Casa Americana in Sevilla half mir, mit Dr. Enrique Dorta und anderen Verbindung aufzunehmen, die mich ihrerseits mit Señor Miguel Marticorena zusammenbrachten, für dessen Hilfe ich äußerst dankbar bin, besonders für das Vertrauen, mit dem er mir die Cieza-Dokumente überließ, bevor er sie selbst veröffentlicht hatte.

Ich danke weiterhin Harriet de Onis, nicht nur für ihre ausgezeichnete Übersetzung, sondern auch für unseren Briefwechsel, der mir half, das Bild dieses Mannes zu formen; desgleichen danke ich auch Mr. Savoie Lottinville, Verlagsleiter und Lektor der University of Oklahoma Press, der, als ich daran verzweifelte, immer noch an die Möglichkeit glaubte, beide Chroniken als eine herauszubringen.

Die Henry E. Huntington Library in San Marino, Kalifornien, mikrophotographierte für mich die gesamten 3000 Dokumente der Pizarro-La-Gasca-Sammlung und erlaubte mir deren Verwendung – es waren dieselben Papiere, die Pedro de Cieza de León 1550 in Peru durchsah – (»... ich erinnere mich: sie waren so zahlreich, daß drei Sekretäre sie in vier Tagen nicht vollständig durchlesen konnten«). Wie immer, wenn ich an früheren Büchern gearbeitet habe, leisteten mir Mr. Shultz und Miss Haydée de Noya, Mitarbeiter der genannten Bibliothek, unschätzbare Hilfe, ebenso Mr. Robert Hill, Handschriftenverwalter der New York Public Library, der mich bei der Kopie einiger hier benutzter Rarissima unterstützte.

Und schließlich danke ich meiner Tochter Bettina, die ihre Geburt gerade so einzurichten wußte, daß der Zeitplan der Veröffentlichung nicht gestört wurde; und meiner Sekretärin Mrs. Gladys Bryson, die hartnäckig, immer wieder und wieder, die Cieza-Dokumente durchsah, sie abtippte und nochmals abtippte, korrigierte, übersetzte, so daß sie heute als Ciezas Amanuensis in die Geschichte eingehen könnte.

Ihnen und allen freundlichen Händen, die mir halfen, auf dem Skelett des Pedro de Cieza de León wieder Fleisch wachsen zu lassen, ihm Odem einzuhauchen und es wieder zum Leben zu bringen – meinen tiefsten Dank.

Victor Wolfgang von Hagen

»Silvania«
La Molina
Lima, Peru
1. April 1959

EINLEITUNG DES HERAUSGEBERS

Vom Zeitpunkt seiner Wiederentdeckung an, die im 19. Jahrhundert durch William Prescott im Zuge seiner Forschungen zu seinem Buche *History of the Conquest of Peru* erfolgte, ist Pedro de Cieza in weiten Kreisen anerkannt und geschätzt. Aber er kam erst zur vollen Würdigung, als seine verlorenen Schriften, die im Escorial Staub und Schimmel ansetzten, aufgefunden und seine *Crónicas* nach dreihundertjähriger Verschollenheit publiziert wurden. Da tauchte er als »Fürst der Chronisten« aus dem Dunkel auf.

William Prescott, der halb blind war und daher mit geübtem Argusauge lesen mußte, hatte jenes Gespür für Material, das dem Besessenen als erworbenes Charakteristikum zuzufallen scheint; mit dieser Eigenschaft, und mit einer gewissen Erfahrung, die er sich erworben hatte, indem er wahre Berge spanischer Manuskripte durchwühlte, die sein *Amanuensis* für ihn in Madrid kopiert hatte, war er imstande, die erste historische Würdigung Ciezas zu geben: »... ein Autor mit besonderer Note ... die Konzeption seiner *Historia* zeigt schon an sich den umfassenden Geist dieses Schriftstellers ... Darüber hinaus ist die literarische Ausführung höchst respektabel ... sogar ausdrucksvoll und bildhaft.«

Alle, oder fast alle Gelehrten, die sich auf Prescott beziehen, betrachten heute Pedro de Cieza de Leóns Pionierarbeit als »den Eckstein der Inka-Literatur«. Seine Beobachtungen und Beschreibungen der Natur und der Menschen – an sich schon etwas Seltenes – waren außergewöhnlich, denn er war ein Kriegsmann und (wie R. B. Cunninghame-Graham meint) nur mit Bernal Díaz del

Castillo zu vergleichen, dem Gefährten Cortez' bei der Eroberung von Mexiko. Díaz, grobschlächtig, ehrlich und kraftvoll, gelobte, daß er die Eroberung Mexikos »ganz einfach, als Augenzeuge, ohne die Ereignisse nach der einen oder der anderen Seite zu drehen und zu wenden« beschreiben wolle. Cieza, im Knabenalter nach Amerika gekommen, begann sein Tagebuch mit zwanzig Jahren: »Da überkam mich der heiße Wunsch, über die bewundernswerten Dinge, die es dort gab, zu berichten, und vieles von dem, was ich geschrieben habe, sah ich mit eigenen Augen.«

Wie hat Pedro de Cieza nicht ein, sondern acht Bücher Zeitgeschichte – Geschichte während ihres Ablaufs! – schreiben können? Wie konnte dieser Junge, der mit dreizehn Jahren in die Neue Welt gekommen und zwischen Raub und Tod zum Manne geworden war, die Zeit zum Schreiben finden? Wie – ein noch größeres Rätsel – die Kunst des Schreibens erlernen; mehr noch, so gut schreiben lernen? Andere Jungen seines Alters hatten die Muße, Bildung zu erwerben – er holte sie sich in blutigen Kämpfen an der Seite seiner Hauptleute, »die die Indianer aufspießten und ihnen die Bäuche aufschlitzten«. Außerdem, ich wiederhole die Frage, wer war Pedro de Cieza de León eigentlich? Das weiß anscheinend niemand, nicht einmal seine Zeitgenossen, die sich nicht genierten, ihn zu plagiieren; will sagen, sie wissen über ihn nicht mehr als die wenigen autobiographischen Brocken, die er auf dem Tisch liegen ließ. In keinem zeitgenössischen Dokument ist Cieza erwähnt, obwohl er siebzehn Jahre in Amerika zubrachte. In keinem Brief oder Bericht erscheint sein Name; und obwohl er selbst behauptet, er sei 1548 von Pedro de la Gasca (der berühmten

Grauen Eminenz des Königs) zum *Cronista de las Indias* ernannt worden und habe von ihm Briefe an alle Beamten in ganz Peru erhalten, in denen diesen befohlen wurde, ihm bei seinen Forschungen über vergangene und gegenwärtige Geschehnisse jede Hilfe zu gewähren, sind keine derartigen Dokumente gefunden worden; und das unbeschadet der Tatsache, daß alle Papiere La Gascas genauestens überprüft worden sind. Und trotz alledem hatte Pedro de Cieza de León so mächtige Verbindungen, daß er unverzüglich von Philipp II., dem Prinzen und Könige von Spanien, in Audienz empfangen wurde, als er auf die Iberische Halbinsel zurückkehrte, um dem Herrscher die erste *Crónica* vorzulegen. Es ist sogar angenommen worden, daß »Pedro de Cieza« in Wahrheit zwei verschiedene Personen waren: der eine der reisige Soldat, der das Rohmaterial sammelte, der andere ein gelehrter Schriftsteller, der daraus Literatur machte. Das wird hier widerlegt: Soldat und Schriftsteller waren ein und dieselbe Person.

Ob er nun anonym blieb oder nicht, jedenfalls hat das Ciezas Zeitgenossen nicht daran gehindert, hier und da einen Blick in seine Manuskripte zu werfen und sich daraus anzueignen, was sie für ihre eigenen Veröffentlichungen brauchen konnten. Seine unveröffentlicht gebliebenen Schriften wurden bis ins 18. Jahrhundert oft vollständig plagiiert. Das war eine Form der literarischen Übertretung, die der gelehrte Magister Jacobus Thomasius vom St.-Nicolas-Collegium in Leipzig (Autor der berühmten 1684 erschienenen Schrift *De Plagio Litterario*) kaum gebilligt hätte. Aber trotz der Plagiate blieb Cieza unbekannt. Der Biograph und Historiker Nicolás Antonio, der 1788 über die berühmten Söhne Sevillas schrieb, war sich nicht einmal über seinen Geburtsort im klaren: »*Petrus de León, patria, an dumtaxat domicilio incolutave Hispaniensis*«, will sagen, er wußte nicht (sogar der Name ist falsch geschrieben), ob Cieza in Sevilla geboren oder eingebürgert war. So sind, wie auch zu erwarten ist, die Angaben über den Beginn und das Ende seines Lebens falsch.

Archäologen, die über die Geschichte der alten Kulturen Südamerikas arbeiten, stützen sich in erheblichem Maße auf Cieza, denn fast alles, was wir über die prähistorischen Stämme am Sinú, am Cauca und jenseits desselben wissen, stammt von ihm; alles, was über die Küstenstämme von Ecuador bekannt ist, hat er niedergelegt. Er war der erste, der methodische Studien über das Inka-Reich machte, die einzelnen Stämme innerhalb von diesem unterschied und auf die Verschiedenheiten in Sitten, Gebräuchen und Kleidung hinwies. Ebenso war er der erste, der die Ruinen von Tiahuanacu beschrieb und sie, was sie in der Tat sind, als das Werk eines vor der Inka-Zeit lebenden Volkes bezeichnete; und er erkannte auch, daß die Huari-Ruinen bei Ayacucho nicht von den Inkas stammen, sondern mit denen von Tiahuanacu verwandt sind. Das Quipu, dieses in den Anden verbreitete geniale mnemotechnische Hilfsmittel, wurde zuerst von ihm erklärt. In Kolumbien beschrieb er als erster die Wirkung des Curare, jenes Giftes, das das Blut des Opfers gerinnen ließ; wir verdanken ihm auch die erste Beschreibung der Kartoffel: »... Erd-Nüsse, ... welche die Indianer sehr gern essen, und die auch für Spanier ein gutes Gericht sind.« Auch unterschied er das Vikunja (er mochte es nicht, daß seine Kameraden es einfach als »Schaf« bezeichneten) vom Llama. Er schrieb über die Coca-Blätter, die seit undenklichen Zeiten von den Indianern gekaut werden; über die Inka-Straßen, die *tambo*-Stationen und über das ganze *chasqui*-System, das er studiert hatte und worüber ihn fast jeder zitiert, der später davon geschrieben hat. Nicht nur ist Cieza unsere zuverlässigste Autorität, denn er notierte gewissenhaft und ohne bewußtes Vorurteil jede Einzelheit und suchte sich mühsam seinen Weg durch den Sumpf des Unbekannten; er ist auch einer der ersten einschlägigen Autoren. Nur einige wenige erste Aufzeichnungen sind vor seiner Zeit gedruckt worden.

Schließlich muß noch darauf hingewiesen werden, daß Cieza kein bloßer Amanuensis war, einer von denen, die mit tintenfleckigen Schreiberfingern lockere Bände zusammengekritzelt haben. Cieza war Historiker und Geograph, der innerhalb eines großen Konzeptes die Geschichte zweier Menschenrassen schrieb und uns eine Chronik vom Aufstieg und Niedergang des Inka-Reiches hinterließ. Er war für die Neue Welt, was Herodot für die unsere war. Cieza könnte durchaus wie dieser griechische Historiograph geschrieben haben: »Ich hoffe, zwei Dinge zu tun: die Erinnerung an die Vergangenheit zu erhalten, indem ich über die erstaunlichen Taten unserer Männer und der asiatischen Völker berichte; und zum zweiten will ich im besonderen zeigen, wie es zum Zusammenstoß zwischen diesen beiden Rassen gekommen ist.«

Cieza schrieb einfach, aber er schrieb gut und wußte einen geschickten Satz zu bauen, wie die Spanier sagen, *con el alma en la pluma* – mit der Seele in der Feder.

Pedro de Cieza wurde 1520 in der Villa Llerena [*Villa:* in Spanien und Portugal sowie in deren früheren Kolonien in Amerika Bezeichnung für eine Stadt zweiten Ranges; d. Übers.] in Spanien geboren. Wir wissen sonst nicht viel mehr, nur daß sein Vater, Lope de León, einen kleinen Laden hatte und ebenso wie seine Mutter, eine geborene Leonor de Cazalla, aus Llerena stammte.

Die Villa Llerena (sie wurde erst im 17. Jahrhundert *Ciudad* [d. h. Stadt ersten Ranges; d. Übers.]) wurde zur Zeit von Ciezas Geburt von einer wichtigen Verkehrsachse berührt, denn sie lag an der großen Straße nach Portugal, nur ein paar Meilen von der Grenzstadt Bajadoz entfernt.

Llerena lag auch von der alten römischen Silberstraße, der Via Argenta, die Sevilla über Merida mit Salamanca verband, nicht allzuweit ab. Es war ursprünglich ein römisches Dorf, *Dagina Turulorum*, und wurde dann im 10. Jahrhundert von den Sarazenen besetzt. In der Kriege Gezeiten wechselte es mehrfach den Besitzer, bis es 1241 durch die spanischen Ritter von Santiago endgültig erobert wurde. Obgleich die Spanier ziemlich hart zugeschlagen hatten und Alfons XI. Llerena für genügend hispanisiert hielt, um dort im Jahre 1340 sein Parlament tagen zu lassen, blieb doch noch ein beträchtlicher Bodensatz arabischer Bevölkerung; es gab auch starke Gemeindezellen sephardischer Juden. Tatsächlich blieb Llerena so arabisch, daß der Turm einer im Plateresken-Stil des 15. Jahrhunderts neu erbauten Kirche in ausgesprochen arabischem Geschmack dekoriert war, und das Innere war ganz unverkennbarer Mudejar-Stil.

Die Inquisition unterhielt ein Tribunal in Llerena, und

Listen der Verurteilten sind noch vorhanden. Das zeigt, wie tief der Verdacht des Nonkonformismus verwurzelt war, denn Llerena war ein Brennpunkt des Ketzertums. Die Spanier behaupteten, daß die Juden die arabische Invasion und die Unterdrückung des Christentums begünstigt hätten; daher wurde ein konzentrischer Druck auf die Fremdstämmigen ausgeübt, um sie zur Annahme des Christentums zu veranlassen. Die jüdischen Konvertiten waren seitdem unter der Bezeichnung *conversos* bekannt. In der ersten Zeit ihrer Herrschaft über ein vereinigtes Spanien waren Ferdinand und Isabella von *conversos* umgeben, die hohe Ämter in Finanzwesen, Diplomatie, Kirche und sogar im königlichen Haushalt innehatten. Ständig beklagten sich die siegreichen Spanier, daß der Konversion nicht immer die Assimilation folgte; und die Argumente, mit denen sie für rücksichtslose Austreibung plädierten, belegten sie mit dem Talmud-Zitat: »... Öltropfen im Wasserkrug – wie sorgfältig du ihn auch waschen magst, der Krug bleibt immer ölig.« Solche Argumente schlugen schließlich durch, und im Januar 1492 wurden die Juden aus Spanien vertrieben.

War nun Pedro de Cieza de León ein *converso* oder nicht, jedenfalls wuchs er in einer Gegend auf, die mit *conversos* ziemlich dicht bevölkert war. Ständig bohrte die Inquisition in ihrem Alltagsleben herum und wandte alle dialektischen Finessen an, um diejenigen auszuspähen, die man damals als »falsche Christen« abstempelte; und so wird man auf Schritt und Tritt in Ciezas Werk eine übertriebene Hinwendung zu Gott und zur Kirche antreffen (»Der Satan«, sagt Prescott, »... besaß für Cieza das volle Maß mittelalterlicher Glaubenswirklichkeit...«); und diese Frömmelei steht in krassem Gegensatz zu seiner präzisen Beobachtung primitiver Völker. Man hat behauptet, daß er mit diesen häufigen Erwähnungen Gottes und der Kirche die Tatsache verschleiern wollte, daß er selbst ein *converso* und daher verdächtig war. Das ist jedoch unbewiesen; Ciezas Gottesanschauung war die seiner Zeit und paßte durchaus in den spanischen Mikrokosmos. Außerdem sind Männer, die den Schwächen ihrer Zeit nicht unterliegen, überall ziemlich rar. Cieza hat die Gottesidee, wie sie ihm vom römischkatholischen Glauben dargeboten wurde, akzeptiert; er bezog alles auf Gott, beließ diesem Begriff seine grenzenlose Unbestimmtheit und schob den Rest der Theologie zu, die bekanntlich das Unwißbare mit äußerster Akkuratesse zu behandeln versteht.

Wenn es auch stimmt, daß einige Cazallas unter dem Verdacht, *conversos* zu sein, in den Listen der Inquisition aufgeführt sind, so stammen diese jedoch weder aus derselben Provinz noch aus derselben Familie, denn die Cazallas von Ciezas mütterlicher Seite waren kleine Kaufleute und öffentliche Notare; viele standen sogar mit der Kirche in Verbindung. Allerdings waren die Cazallas von Llerena keine Konformisten, sondern katholische Deviationisten mit protestantischen Neigungen, die man als *alumbrados* und *Erasmistas* bezeichnete; Ciezas Familie gehörte dieser Sekte an. Daraus mag sich seine Anpassungsfähigkeit und seine Sympathie für die Eingeborenen erklären, die er als menschliche Wesen ansah und von denen er in Ausdrücken sprach, wie sie für menschliche Wesen passen. Pedro de Cieza, *converso* oder nicht, las Erasmus und war Humanist.

Wie fand Cieza, »... in so zartem Alter, daß ich kaum dreizehn Jahre vollendet hatte ...«, die Zeit, Bildung zu erwerben? Und woher stammt dieses Wissen, das er in seinen Büchern erkennen läßt? Es muß als sicher angenommen werden, daß er Bücher mit sich führte, und ebenso müssen wir akzeptieren, daß er die Zeit fand, »... in den vielen Geschichtsbüchern, die ich gesehen habe...«, zu lesen. Offensichtlich hat er keine Universität besucht, denn oft beklagt er seine »geringe Bildung«; freimütig bekennt er, sein Versuch, Geschichte zu schreiben, sei »eine Kühnheit von jemandem mit so geringer literarischer Bildung«. Und doch muß er in seiner Jugend mit der Milch der Gelehrsamkeit genährt worden sein, und wie viele seiner Zeitgenossen erwarb er schon in früher Jugend intellektuelle Kräfte; sein scharfer Verstand konnte wohl ausgestattet in der Sonne der geschäftigen Menschenwelt reifen. Zweifellos hielt man Hernando Cortez für seine Zeit und seine Berufsumstände (er war Konquistador!) für einen gelehrten Mann, denn er hatte mit vierzehn Jahren die Universität von Salamanca bezogen. Dabei war das nur eine Sache von ein paar Monaten, »... wo er in der kurzen Zeit Grammatik... und vielleicht Jura... hörte, dann die Studien aufgab und nach Hause zurückkehrte«. Und doch sind Cortez' »Fünf Briefe« an seinen König, die er während der Eroberung Mexikos schrieb, Meisterstücke in ihrer präzisen Erfassung von Menschen und geographischen Gegebenheiten. Es konnten überhaupt viele Teilnehmer an der Eroberung Amerikas lesen und schreiben. Sie waren durchaus nicht alle nur engstirnige Raufbolde, die nach einem sechzigjährigen Leben gerade ihr Handzeichen unter ihren Namen setzen konnten.

Ciezas Erziehung, wo immer er sie erhielt und worin auch immer sie bestand, war sicherlich für seine Zeit keineswegs spärlich. Mit Herodot und Cicero war er vertraut, Erasmus hatte er gelesen; er wirft mit den Namen Alexander, Hektor, Titus Livius, Valerius um sich, er nennt selbst so obskure Autoren wie Diodorus Siculus; und zwar ist das nicht eine bloße Namensparade, sondern sie stehen in direkter Beziehung zu dem, was er gerade beweisen will. Zweifellos hatte seine Familie einige Verbindungen, und ob er nun in Sevilla, in Merida oder anderswo seine Schulbildung erhielt: sie scheint auf alle Fälle adäquat gewesen zu sein; außerdem: der bloße Besuch einer Universität würde ihn noch lange nicht zu einem guten Schriftsteller gemacht haben, denn, so lautet ein spanisches Sprichwort: »Was dir die Natur nicht mitgegeben hat, kannst du dir nicht in Salamanca leihen.«

Seit der Entdeckung der Neuen Welt war Sevilla ihr Zentrum gewesen. Die Schiffe, die dort ein- und ausliefen, ankerten zunächst im Flußhafen Sanlucár de Barrameda (der, jenseits der Säulen des Herkules, auf den Atlantischen Ozean blickt), fuhren in den Fluß hinein und wurden dann von der Flut und durch Seilschlepper fast 50 Meilen landeinwärts nach Sevilla gebracht. In Sevilla befand sich die *Casa de Contratación*, eine Art Handelsministerium, wo sich fast das ganze Geschäft mit der Neuen Welt abwickelte; dort erhielt man auch die Erlaubnis zur Ausreise.

Sevilla spiegelte in der Pracht seiner Bauten seine Stellung als Tor zu Amerika wider; seine Kathedrale war durch die Gaben jener *tercios*, die Ruhm und Ehre in der neuentdeckten Welt gefunden hatten und sich nun mittels ansehnlicher Dotationen um einen königlichen Einzug in die nächste Welt, den Himmel, bemühten, prachtvoll verschönert worden. Die Universität, das Haus der

Handelsfaktoren, die Sitze der Agenten der Bankhäuser Welser und Fugger, deren Los mit dem Aufstieg und Fall der spanischen Habsburger eng verknüpft war – alle trugen auf ihre Weise zum sonnengleichen Glanze Sevillas bei.

Über die noch immer benutzten alten Römerstraßen muß Pedro de Cieza oftmals nach Sevilla und noch weiter gewandert sein, wenn er mit seinem Vater, dem Kaufmann aus Llerena, auf Reisen war. Das mögen die einzigen Jahre gewesen sein, in denen es ihm vergönnt war, seine Heimat zu bereisen, denn er schrieb: »*In ganz Spanien* habe ich nichts gesehen, was diesen Mauern vergleichbar wäre«, und weiter: »Diese Straßen waren so belebt wie die Römerstraßen zwischen Sevilla und Trian, und das will viel heißen.« Daraus läßt sich schließen, daß er schon als sehr junger Mensch weit herumgekommen ist.

Am 9. Januar 1534 lag die Galleone *Santa Maria del Campo* am Kai von Sevilla, das Schatzschiff, welches das Gold gebracht hatte, mit dem Atahualpa sich freikaufen wollte; es hatte eine Menge Gold- und Silberbarren im Wert von Millionen von Pesos an Bord. Um über die ganze wundersame Geschichte der Eroberung Perus zu berichten, war Hernando Pizarro, der Literat der Pizarro-Sippe, mitgekommen. Jenen Sevillanern, die im Amerika-Geschäft ihre Hände hatten, war bekannt, daß Francisco Pizarro 1527 die Schutzwehr des »Goldenen Königreiches« entdeckt hatte und daß er 1528 mit einer Ladung Llamas, einigen Quichua-sprechenden Indianern aus Tumbes oder Tumpiz auch genügend Gold und Silber mitgebracht hatte, um seiner erstaunlichen Erzählung von den »ersten Kontakten« mit diesem Inka-Reich den metallischen Klang der Realität zu geben. Am 26. Juli 1529 hatte Königin Johanna die Wahnsinnige die berühmte *Capitulación* unterzeichnet, mit welcher die Eroberung Perus begann und welche Pizarros Macht und Privilegien festlegte. Das war alles, was Sevilla von Pizarro bis jetzt gehabt hatte, nachdem er im gleichen Jahr Spanien wieder verließ. Und nun lag hier die *Santa Maria del Campo*, beladen mit einer goldenen Beute, wie Spanien nie zuvor eine ähnliche erblickt hatte!

Unter denen, die das Goldschiff ankommen sahen und mit staunenden Blicken beobachteten, wie die Barren in die königlichen Kontorhäuser geschafft wurden, war auch der junge Pedro de Cieza: »Wenn ich an die wunderbaren Stücke denke, die man in Sevilla öffentlich gezeigt hat, so zweifle ich nicht daran ... Diese Schätze stammen aus Cajamarca, wo das Lösegeld für Atahualpa gesammelt worden ist.« Natürlich war seine Phantasie vom Glanz des Goldes und dem stolzen, herrischen Auftreten Pizarros befeuert, der vor ein paar Jahren nur eine menschliche Nummer im kargen Estremadura gewesen war. Nun ging er in Samt gekleidet, trug funkelnde Ohrringe, und kleine Neger-Pages gehorchten seinem Wink. Wie einer seiner Zeitgenossen, der mit ihm in Peru war (und der ebenfalls eine *Geschichte der Neuen Welt* schrieb), hätte Cieza seine Handlungen so erklären können: »Als Jüngling war ich wie viele andere begierig, die Welt zu sehen, und als ich von den neuentdeckten Ländern hörte ..., beschloß ich hinzufahren« [Girolamo Benzoni].

Nicht nur der bloße Anblick dieser Schätze erregte seine Phantasie; man konnte auch noch aufregendere Dinge lesen, denn schon vier Monate nach der Ankunft der

Santa Maria del Campo hatte der Drucker Bartolomé Pérez in Sevilla bereits *La Conquista del Perú* in der Presse. Es war der erste Bericht (ein Soldat, der seinen Namen nicht nennen wollte, hatte ihn geschrieben) von der Gefangennahme, dem Lösegeld und dem Tod Atahualpas, des Groß-Inkas.

So eilig es der Drucker und Verleger auch hatte, den Informationshunger des Publikums zu befrieden, nahm er sich doch die Zeit, die Titelseite mit einer kruden, aber wirksamen Illustration zu versehen: Atahualpa sitzt in seinem Tragstuhl, Vicente de Valverde hält ihm eine Bibel hin (deren Zubodenfallen das Signal für seine Ergreifung war), und die Pizarros, bewaffnet und in geschlitzten Samtwämsern, stehen daneben. Diese Broschüren wurden von zahllosen Menschen gelesen, gingen von Hand zu Hand und verschwanden schließlich, abgegriffen und zerfetzt, bis auf ein einziges Exemplar. Europa schrie nach Neuigkeiten über diese märchenhafte Entdeckung eines »goldenen Königreiches«, und so wurde der Bericht in ganz Europa gedruckt; in Frankreich erschien die Schrift unter dem naiven Titel *Nouvelles Certaines des Isles du Pérou*.

Im März 1535 beantragte Pedro de Cieza, mit Unterstützung seines Vaters und seines Onkels Alonso de Cazalla, eines wohlbestallten Öffentlichen Notars in Sevilla, die Erlaubnis zur Ausreise in die Neue Welt, denn das Recht auf Schiffspassage wurde streng kontrolliert. Wenn noch ein Beweis dafür nötig ist, daß seine Familie nicht zu den *conversos* gehörte und nicht in den Fahndungslisten der Inquisition stand, so genügt die Tatsache, daß sein Gesuch so rasch bewilligt wurde. In den Büchern der *Asientos de Pasajeros* steht unter dem 2. April

1535: »Pedro de León, Sohn des Lope de León und der Leonor de Cazalla, beide Bürger von Llerena, segelte unter Juan del Junco mit der ›Cifuentes‹ nach Cartagena [in Kolumbien; d. Übers.]; Rodrigo Perez und Luis de Llerena schwören, daß er nicht zu den ›Verbotenen‹ gehört.«

An diesem Tage, oder kurz danach, segelte das gute Schiff *Cifuentes* von Sevilla aus den Guadalquivir hinunter, passierte den Seehafen Sanlúcar de Barrameda, und die ersten rollenden Wogen des Atlantik trugen den Jungen, der kaum dreizehn Jahre alt war, den zukünftigen *Cronista de las Indias*, in die Weite, Südamerika zu.

3

Im selben Jahr, nach einer 35tägigen Überfahrt, bei der die Galleone *Cifuentes* die Azoren und einen Monat später die Antillen berührte, kam Pedro de Cieza in Cartagena an.

Cartagena war ein mächtiger natürlicher Hafen, bald dazu bestimmt, das Tor Amerikas und dadurch für Jahrhunderte zum Brennpunkt fremden Neides zu werden. Es war erst kürzlich vom Hauptmann Pedro de Heredia gegründet worden. Dieser war ein tätiger, energischer und ehrgeiziger Mann, von irgendwelchen Skrupeln nicht gehemmt, und hatte die Stadt bereits mit einer Kirche und mehreren Lagerhäusern geplant; bei der Ankunft der Galleone *Cifuentes* gab es sogar schon einen Pier. Was Heredia anlangt, so war er den Sinú aufwärts ins Innere gegangen (der Sinú mündet unweit Cartagena in die Karibische See), wo er sich damit befaßte, »mit großer Befriedigung den Indianern die Bäuche aufzuschlitzen«.

Pedro de Cieza hatte wahrlich nicht viel Zeit, sich an seine neue Umgebung zu gewöhnen. Schon ein paar Tage nach seiner Ankunft schickte man ihn mit einer Truppe los, die Heredia beim »Bauchaufschlitzen« helfen sollte; denn Cieza berichtet: ». . . in jenem Cenú, wo ich im Jahre 1535 war . . .« Dort sah er auch sein erstes Gold – jene wunderbar phantasievollen Gußplastiken der Eingeborenen, die wir kennen, da eine ganze Menge davon irgendwie den Schmelztiegeln der Spanier entgangen ist: »Ich sah, wie große Mengen wertvoller Stücke . . . aus den Hügeln der Begräbnisstätten von Cenú weggeschafft wurden . . .« In den *llanos* des Flusses Sinú (der zuerst Finzenú genannt wurde) lagen fruchtbare, mit Begräbnisstätten besäte Ebenen. Dort fand man bei den Toten goldene Idole, die zu den besten in ganz Amerika zählen. Diese Funde schärften den Appetit der Konquistadoren; und auf diesen Goldschatz spielt das ironische Verschen an

Ein schlimmer Tag war's für Peru,
Als man entdeckt' den Fluß Sinú,

und zwar deshalb, weil Francisco Pizarro, der im Jahre 1535 die Inkas besiegt und Lima gegründet hatte, sich seine ersten Sporen als Konquistador verdient hatte, als er 1509, also noch am Beginn der Ereignisse, dem berühmten Hauptmann Ojeda in dieses Gebiet folgte.

Nach der Sinú-Aktion wurde Pedro de Cieza einer Erkundungs- und Eroberungsarmee zugeteilt, die den großen Binnengolf von Urute (Urabá) erschließen sollte, in welchen der Fluß Atrato seine Wasser ergießt. Die Spanier forschten immer noch nach der »Meerenge«, die Kolumbus vergeblich gesucht hatte, einem natürlichen

Kanal, der zum Pazifik führen sollte. Anscheinend hatte ihnen die spanische Regierung mit großen Belohnungen gewinkt, so daß sie alle Energie auf die Entdeckung einer Passage wandten, und so zog Pedro de Cieza unter seinem Hauptmann Alonso de Cáceres mit; von diesem sagte er: »... ein tapferer Mann, was ich bezeugen kann, denn bei der Entdeckung diente ich unter seiner Fahne.«

Nirgends erwähnt Cieza, was er in den ersten Jahren tat. Sicherlich war er kein Soldat. Irgendein Offizier muß ihn als Pagen oder Waffenträger angenommen haben, damit er ihm in den Harnisch half, die Waffen pflegte, die Pferde fütterte, bei Flußfahrten das Boot ruderte oder bei Märschen durch die weiten, nackten Wüsten das Gepäck trug. Viele Offiziere waren frisch aus den italienischen Kriegen nach Kolumbien gekommen, und mit dem Erlös ihrer Beute aus der Plünderung Roms hatten sie sich mit blitzenden Rüstungen, gestickten Wämsern und Perpignaner Hüten ausgestattet und kamen mit einer ganzen Schar von Lakaien, Pagen und sogar Schreibern an, damit für die Heldentaten, die sie zu vollbringen gedachten, auch ein Chronist bereit sei. Sobald sie aber mit der Wirklichkeit dieses Landes zusammenstießen, entledigten sie sich all dieses Aufwands. Niemand trug mehr volle Rüstung, oder wenn er das in diesem ofenheißen Lande doch tat, kam er sich mehr oder weniger wie Don Quichotte vor: »*molido i quebrantado*«, kaputt, wie durch eine Mühle gedreht. Die Illusion rasch errungenen Reichtums war auch bald dahin. Es war eine schlimme Art, sich durchs Leben zu schlagen; trotzdem wurde es getan, und nur die spanische Idee von der *misión* ließ sie diese schrecklichen Jahre ertragen. Cieza war einer von ihnen.

»Im Jahre 1536 befand ich mich im Dorfe San Sebastián de Buena Vista [heute Urabá].« Und mit begreiflichem Stolze schrieb er: »Wir waren die ersten Spanier, die auf diesem Wege zur Südsee [d. h. zum Pazifischen Ozean] gereist sind.« Hier fing der junge Pedro an, sich flüchtige Notizen über seine ersten Kontakte mit den Indianern zu machen: »... sie lebten in kleinen Dörfern, in Häusern wie Schuppen, und schliefen in Hängematten... in ihren Eßgewohnheiten sind sie sauber... sie gehorchen ihren Häuptlingen und haben Angst vor ihnen... und ihre Frauen sind die hübschesten und liebenswürdigsten, die ich in Westindien gesehen habe.«

Nachdem man erfolglos die grüne Wand der Wälder nach einem Durchlaß zum Pazifik abgeklopft und dabei viele Menschen und Vorräte darangegeben hatte, fand die Expedition »zur Entdeckung eines natürlichen Kanals« ihr Ende. Im Sommer 1537 wurde Pedro de Cieza, wie es scheint (er sagt zwar nichts darüber), mit seinem Hauptmann zur Armee des Magisters Juan de Vadilla versetzt, der versprochen hatte, seine Soldaten nach Antioquía zu führen, hoch hinauf und weit ins Innere, wo, Gerüchten nach, ein großer Häuptling namens Nutibara in goldener Pracht wohnen sollte.

Cieza begann, dem Zauber dieses Landes zu verfallen, als die Armee sich den »*río verde*, der achtundvierzig Leguas von Antioquía entfernt ist«, hinaufarbeitete. Sie wußten nicht, wohin sie fuhren. Sie hatten keine Karten. Ihre Führer waren naturgemäß unzuverlässig. Sie litten ständig Hunger. Bäume, die einen mit aus der schwarzen Erde herausgewaschenen Wurzeln, andere wieder mit seildicken Lianen verflochten, hingen über den Fluß. Noch andere, deren Kernholz von Termiten zerfressen war, ragten kahl und verdorrt zum Himmel, wie Wegzeichen an den Straßen der Zeit. Die Ufer wimmelten von Leguanen, »die wie die Eidechsen in Spanien aussehen, aber sie sind größer und wilder«. Es gab riesige Wasserschlangen: »... eine, was ich hier als Tatsache notiere, obgleich ich sie nicht gesehen habe, war zwanzig Fuß lang, und Pedro Jimón spießte sie mit der Lanze auf; in ihrem Bauche fand man ein ganzes junges Reh, das sie verschlungen hatte... die Spanier waren so hungrig, daß sie das Rehkalb und sogar Stücke von der Schlange aßen.« In den *llanos* gab es Schlangen, »die beim Kriechen ein Geräusch machen, das wie Klappern klingt; wenn sie einen Mann beißen, so stirbt er«, sowie Pekaris [Nabelschweine], Jaguare und Tapire. Die Bäume wimmelten von roten, heulenden Affen, von Papageien, Aras und Glockenvögeln, deren Ein-Ton-Gesang so rein und golden wie ein Glockenschlag klingt. Und dann die lästige Allgegenwart der Insekten: »Große Spinnen... und Ameisen, wie die, von welcher Nuguerol gebissen wurde... sein Schmerz war so groß, daß er bewußtlos wurde... und Würmer, dicke haarige Würmer... die werde ich nie vergessen, denn einmal, als ich an einem Flusse, in den Bergen von Abibe, die Wache hatte, biß mich einer dieser Würmer in den Nacken, und ich verbrachte die schlimmste Nacht meines Lebens.«

Die scharfe Luft vibrierte von der Musik der Zikaden, als die Truppe den Fluß verließ, sich in die *llanos* begab und über Land zum Cauca-Fluß zog, der sie nach Antioquía führen sollte. Sie wußten es noch nicht, aber sie folgten auf ihrer Suche nach El Dorado der Salzstraße (denn Salz war ein so seltener Luxus, daß es als Währung diente), auf der die kleinen, mit Salz gefüllten Keramikschüsseln als Handelsware aus dem Innern kamen. Die gefangenen indianischen Händler erzählten: »Wo Salz kommt, kommt auch Gold«, aber dieses Rätsel ergab ihnen keinen Sinn, und so wandten sie sich von diesem Pfade ab und hielten sich auf dem, der sie den Cauca aufwärts zu jener Hochfläche führen sollte, wo der Häuptling Nutibara regierte.

Es gab bereits Schwierigkeiten mit den Indianern. Die Kriegsrosse kamen mit so vielen Pfeilen in der Haut aus dem Gefecht, daß sie wie die Igel aussahen. Cieza, nun ein fertiger Soldat und siebzehn Jahre alt, machte sich, da er keine Rüstung hatte, eine Brustplatte aus zusammengefügten Stücken von zähem Tapir-Leder. Sie diente ihm zum Schutz gegen Giftpfeile, denn man war auf Indianer gestoßen, die Curare anwandten, »eine so schlimme Pflanze«, berichtet Cieza, der es als erster beschrieb, »daß, wenn immer ein Pfeil trifft und Blut zieht, man sicherlich stirbt, auch wenn die Wunde nicht größer ist als ein Nadelstich«. Gegen Indianer, Giftpfeile, Hinterhalte und Hunger hatten die Spanier Pferde, Pulver, Armbrüste und Petarden einzusetzen. Sie zeigten einen Mut besonderer Art, und unbeschadet ihrer Motive, ob Durst nach Gold oder Durst nach Gott, kann man weder ihrer Beherztheit noch ihrer Ausdauer die Anerkennung versagen. Erstaunlich bleibt, daß Cieza selbst in solchen Situationen sich notierte, was er sah und hörte: »Überall schaute ich mich um, um soviel ich konnte von diesem Lande zu sehen und zu erfahren, was darinnen war, damit ich es aufschreiben konnte.« Anstatt sich die Zeit zu vertreiben, sparte er Zeit: *hacer tiempo*, wie die Spanier sagen: »... oft, wenn die anderen Soldaten ruhten, schrieb ich, bis mir die Augen zufielen. Aber weder das noch die Strapazen, welche ich in besagten Bergen, Wüsten und Flüssen auszuhalten hatte, noch unerträglicher Hunger und harte Anstrengungen haben mich jemals daran gehindert, meiner zweifachen Berufung zu folgen: der des Schreibens und der anderen, nämlich meiner Standarte und meinem Hauptmann getreu zu dienen.«

In erster Linie, so sagt er, fühlte er sich deswegen dazu gedrängt, seine Erlebnisse niederzuschreiben, weil sonst »... kommende Geschlechter, da die Zeit die Erinnerung zerstört, nur auf Spuren und Anhaltspunkte angewiesen wären, um zu erfahren, was wirklich geschah«.

Was ihm auch letztlich den Impuls gab, wir werden ihm immer Dank schulden, denn nach all diesen vierhundert Jahren ist Cieza noch die beste historische Quelle, was die Indianer beiderseits des Cauca anlangt: Sitten, Erscheinungsbild, Bräuche, Volkstum, Viehhaltung, Handfertigkeiten hat er sorgfältig beobachtet. Wir können ihm nur dankbar dafür sein, daß er »sich umschaute«.

Im Jahre 1539, als Cieza sich mit Kämpfen und Notizenschreiben befaßte, marschierte die kleine Truppe des Hauptmanns Vadillo das Cauca-Tal aufwärts. Sie waren die ersten Spanier, die das taten, und sie konnten nicht umhin zu bemerken, daß die Dinge in Peru eine schlimme Wendung genommen hatten. Die Nachrichten, die sie erhielten, waren zwar jahrealt, aber sie hörten vom Entkommen des Inkas, von der Belagerung Cuzcos durch große indianische Armeen, und von dem Appell des Marques Pizarro an alle Spanier, nach Peru zu eilen, um die Stadt entsetzen zu helfen. Die nächste Nachricht besagte, daß die Entsetzung gelungen war. Sofort nach dem Ende der Belagerung floh der Inka mit seinem Heer und zog sich in ein unzugängliches Gebiet in den Bergen von Vilcabamba zurück. Dann kam ein Bürgerkrieg, der schon lange geschwelt hatte, zwischen Pizarro und seinem Partner Diego de Almagro zum Ausbruch, der bei Las Salinas zum Tode des letzteren führte – und der offene Konflikt zwischen den beiden konkurrierenden Parteien, die sich um den Leichnam des Inka-Reichs stritten, war in vollem Gange. Hätte von diesen Spaniern, die da, zerschlagen und in ihren Rüstungen schwitzend, in den wilden unbekannten Bergen des Cauca-Tales herumkletterten, der eine oder andere daran gedacht, dieses goldene, aber zweifelhafte Imperium zu erreichen, so hätte er überhaupt nicht die Möglichkeit gehabt, nach Peru zu gelangen.

1541 hatte Cieza das einundzwanzigste Lebensjahr vollendet. Er war bei der Gründung und Besiedlung von Antioquía dabeigewesen und war dann unter seinem neuen Hauptmann Jorge Robledo aufgebrochen, um im oberen Cauca-Tal weitere Städte zu erobern und zu besiedeln.

Robledo war ein *hidalgo* (das heißt *hijo de algo*, Sohn von jemand). Wegen seiner Geburt und Bildung gefiel er Cieza besser als alle seine bisherigen Vorgesetzten, und nach langer Zeit erinnert er sich noch seiner Eigenschaften. Robledo behandelte die Quimbayas nicht mit der Brutalität der früheren Eroberer, und seine Männer heimsten Brustplatten und Kelche von der besten Goldschmiedearbeit Amerikas ein. Es war ein großzügiges Land, wo es Wild, Früchte und ein freundliches Klima gab; es lag auch nicht viel über 1000 Meter hoch, und die Indianer waren ansehnlich, »... die Männer groß gewachsen und sauber – die Frauen sehr zärtlich«.

Jedoch konnten diese Städtegründungen und die Eroberung von Gebieten, die anderen Leuten gehörten, nur durch Blut und Eisen vollzogen werden. Die Indianer, die sich dagegen wehrten, wurden so terrorisiert, daß, als die Spanier in das Aburra-Tal kamen, »... die Eingeborenen ein solcher Schrecken vor uns ergriff, daß sie und ihre Weiber sich mit ihren Haaren oder ihren Gürteln an den Bäumen aufhängten«.

Im Frühling 1541, als das obere Tal, wenn nicht völlig unterworfen, so doch genügend terrorisiert und das Land der Besiegten unter die Verdienstvollen aufgeteilt war, kehrten die Spanier in das kurz vorher besiedelte Cartago zurück. Sie entschlossen sich, diesen Ort in Verteidigungszustand zu versetzen, während sie die Eingeborenen unter das Joch des Friedens zwangen. Jorge Robledo, darüber befriedigt, kehrte seiner Eroberung den Rücken und zog mit einigen Männern seiner kleinen Truppe zur Küste zurück. Er wollte ein Schiff nach Spanien nehmen, um dort zu versuchen, sich das von ihm eroberte Gebiet offiziell überschreiben zu lassen. Cieza und die anderen (darunter viele, deren Namen in der Geschichte Perus immer wieder auftauchen) blieben sechs Jahre lang in Cartago. Zu dieser Zeit, im Herbst 1541, begann er, seine *Historia* zu schreiben.

Was war der Grund dafür? Cieza selbst gibt die Antwort: »... auf meinen Reisen hierhin und dorthin..., wobei ich die vielen fremdartigen und wunderbaren Dinge sah..., wuchs in mir der heiße Wunsch, etwas davon niederzuschreiben, und zwar sowohl was ich mit eigenen Augen gesehen, als auch was ich von höchst vertrauenswürdigen Personen vernommen habe... So faßte ich mir ein Herz, und mit wachsendem Selbstvertrauen beschloß ich, einen Teil meines Lebens der Geschichtsschreibung zu widmen. Und folgende Gründe haben mich dazu bewogen: Erstlich hatte ich bemerkt, daß niemand ... sich die Mühe machte, etwas von dem niederzuschreiben, was ringsum geschah ..., [und daß] die Zeit die Erinnerung zerstört ... Zum anderen: da wir und diese Indianer alle Kinder eines gemeinsamen Vaters sind, ist es nur gerecht, daß die Welt erfahre, wie ... eine so gewaltige Menge Menschen in den Schoß der Kirche geführt wurde ...«

Es wäre schon schwierig genug, ein solches Geschichtswerk in der stillen Studierstube eines Gelehrten abzufassen. Damals, und unter diesen Umständen, war es ein kleines Wunder. Eine Handvoll Spanier mit spärlicher Verbindung zur Außenwelt saßen hinter ihren Palisaden, ständig bereit, Angriffe, woher sie auch immer kamen, abzuschlagen. Die Quimbayas, »... ein unbeherrschbares Volk ..., schwer zu unterwerfen ...«, waren nur einer unter den zahlreichen Stämmen des Cauca-Tales. Sie lagen sowohl mit den Spaniern als auch untereinander im Krieg. Da das Klima mild war, gingen die Indianer nackt: »Weder Männer noch Frauen tragen mehr an Kleidung als einen kleinen Schurz, um ihre Geschlechtsteile zu verdecken.« Ihre großen, grasgedeckten Häuser aus Pfosten und Faschinen waren Gemeineigentum, und über die palisadenumgebenen Dörfer erhoben sich Kampftürme, »... an deren Spitzen die Häupter ihrer Feinde hingen – ein furchterregender Anblick«.

Lange Zeit war es ein Krieg ohne Pardon; jeder Spanier, der das Unglück hatte, lebend in Feindeshand zu fallen, war, nach Ciezas Beobachtungen, für den Kochtopf bestimmt: »Diese Indianer sind so begierig nach

Menschenfleisch, daß sie, wie man weiß, Frauen im Moment des Gebärens ergreifen, ihnen blitzschnell mit dem Messer den Bauch aufschlitzen ... und das Kind herausholen ..., welches sie braten und essen.« Und weiter: »Einmal fanden die Spanier einen großen Topf mit gekochtem Fleisch. Sie waren so hungrig, daß sie nur daran dachten zu essen ... Als sich alle satt gegessen hatten, fischte einer der Spanier eine Hand mit den Fingern daran aus dem Topf.« Gefangene, Spanier wie Indianer, wurden nie sofort erschlagen, sondern »... in einen käfigartigen Koben gesteckt ... und gut gefüttert; und wenn sie fett waren, holte man sie heraus ..., tötete sie auf grausame Weise und aß sie«. Selbst unter diesen Umständen muß Ciezas Humanität die Indianer beeindruckt haben, denn sie gaben ihm Geld, das er für sie anlegen sollte, und auf seinem Totenbett erinnerte er sich daran: »... daß ich zur Rückzahlung von 300 Dukaten verpflichtet bin, die mir von einigen mir bekannten Indianern anvertraut wurden, damit ich sie für sie anlege ...«

Cieza versuchte nicht, diesen Eroberungskrieg mit irgendwelchen äffischen Heilsplänen heuchlerisch zu beschönigen; ironisch spricht er darüber, daß die Indianer »der Gerechtigkeit unterworfen [das heißt gefangen und unterjocht] wurden, obgleich wenig Notwendigkeit bestand, sie zu töten; es geschah nur, um ihnen das verfluchte Gold abzunehmen«. Dieses wüste Drama übertraf an Grausamkeit alles, was die Soldaten bisher mitgemacht hatten, und viele waren in den italienischen Kriegen gewesen. Um außerhalb der Palisaden etwas anzupflanzen, mußten die Spanier sich auf unterworfene Indianer oder Negersklaven verlassen (von denen es anscheinend eine ganze Menge gab); und diese standen unter dauernder Bewachung. Bei einem solchen Leben war Grausamkeit so natürlich wie das Atmen. Welche andere Entspannung gab es, als sich mit den Indianermädchen zu amüsieren? Hier und da (auch für Cieza) gab es ein wenig Raum für Liebe. »Da mein Hauptmann wußte«, so schreibt er, »daß ich begierig war, die Geheimnisse der Indianer kennenzulernen, so gab er mir Catalina [so hatte er eine hübsche Indianerin genannt], um mir das Lernen zu erleichtern.« Waren es nicht die Frauen, so waren es Trinkgelage mit einem Schnaps aus vergorener Maismaische, »...ein Wein, den sie aus Mais brauen und der so stark ist, daß man die Besinnung verliert, wenn man zuviel davon trinkt«. Bei diesem Leben schrieb Pedro de Cieza; eine Trommel war sein Schreibtisch und eine Kondorfeder sein Kiel. Und doch blieb er der sorgfältige, leidenschaftslose Beobachter, wenn auch sein Leben jeden Tag aufs neue bedroht war, »... mein Körper überstand die langen Tage und die endlosen Nachtwachen..., wenn wir über die riesigen zerklüfteten Berge geklettert waren, deren ragende Gipfel sich in den dahingleitenden Wolken verloren..., war ich so erschöpft, daß es mir sehr schwer fiel, den Kamm zu erreichen, und wenn ich mich umdrehte, schien es mir, als reichten die Schluchten bis in die Eingeweide der Hölle hinab«.

Obwohl er an allen diesen Aktionen teilnahm, legte er im ganzen fast fünftausend Kilometer zurück »... und sah die Dinge mit eigenen Augen«. Was er sah, beschrieb er mit wissenschaftlicher Genauigkeit, und er hielt das Versprechen, das er am Anfang seines Buches gegeben hat: »Die Dinge, welche ich in dieser Chronik behandele, habe ich mit Sorgfalt und Eifer beobachtet.«

Wenige Menschen vereinigen in sich die Gaben der Beobachtung und der präzisen Beschreibung. Im Falle Pedro de Ciezas ist das um so außergewöhnlicher, als er noch sehr jung war, wenig formale Schulung besaß und im wilden Spektakulum des Krieges aufwuchs. Ihm einzig vergleichbar ist jener großartige Bernal Díaz del Castillo, Konquistador und Waffengefährte Hernando Cortez' bei der Eroberung Mexikos. Und doch hinkt der Vergleich: Bernal Díaz schrieb als Achtzigjähriger und aus dem Gedächtnis (»Ich bin heute ein alter Mann von vierundachtzig Jahren, kann nicht mehr sehen noch hören, und wie das Unglück es wollte, habe ich nichts von irgendwelchem Wert erworben.«) und hatte eine Anzahl bereits veröffentlichter Chroniken zur Verfügung, um seine Erinnerung aufzufrischen und die chronologische Ordnung der Ereignisse einzuhalten. Cieza dagegen begann mit zwanzig Jahren zu schreiben, kämpfte selbst in den Schlachten mit, die er beschrieb, und konnte sich an nichts anderes halten als an das tägliche Geschehen; er schrieb in einem Vakuum. Die Knappheit von Tinte und Papier erhöhte noch die Schwierigkeiten. Ein Blatt Papier kostete damals so viel wie fünfzig Jahre später ein Pferd: »Ein Bogen Papier«, so beklagt sich Cieza, »kostete mich in Cali 30 Pesos.« Da die acht Chroniken Ciezas annähernd achttausend Blätter in Kanzleiformat enthielten, kann man sich ein Bild machen, was allein das Papier für eine enorme Ausgabe bedeutete. Cieza kaufte Papier, wenn er besser daran getan hätte, sein Geld für ein Pferd anzulegen; statt Gold hatte er Bücher in den Packtaschen. In den Jahren 1541–1547, als das Manuskript der Chronik zu wachsen begann, sah sich Cieza dem Problem des Transports gegenüber. Er war noch

Fußsoldat; auf dem Marsch mußte er jederzeit kampfbereit sein, und er konnte sich nicht allzuviel aufbürden, und so hatte er beständig Angst, sein Manuskript zu verlieren. Irgendwie scheint er trotz der Kämpfe und der langen Märsche nichts verloren zu haben, außer im Gefecht von Xaquixahuana, wo ihm einige wertvolle Papiere und Notizen abhanden kamen, »was ich sehr bedauerte«. Die Sorgfalt, mit der er seine Papiere aufbewahrte, erinnert etwas an den Piraten und Seefahrer William Dampier, dessen berufliches Leben ebenfalls seiner beständigen literarischen Bemühung nicht gerade förderlich war. Und doch schrieb er seine *Discourses on Winds*, eine Abhandlung über die Luftströmungen, die er »der Sicherheit wegen in einem großen, an beiden Seiten mit Wachs verstopften Bambusrohr« aufhob.

Im Herbst 1546 war Pedro de Ciezas Hedschra zu Ende. Sein Hauptmann Jorge Robledo (»den wir seiner Güte wegen wie einen Vater liebten«) kam aus Spanien mit dem Marschallrang zurück und hatte die wohlgeborene Doña Maria de Carvajal geheiratet. Mit ihm zusammen war Díaz de Armendáriz gelandet, der aus Spanien gekommen war, um die »Neuen Gesetze« durchzudrücken.

Mit diesen Gesetzen, ursprünglich als humanitäre Maßnahme zum Wohle der Indianer konzipiert, ging es, wie es oft mit den besten Absichten geht: sie verursachten Krieg und den vollständigen Untergang des Inka-Reichs. In Amerika, wo die geographischen Grenzen fließend waren, überschnitten sich die territorialen Rechte der einzelnen Konquistadoren häufig; und Jorge Robledo dachte, daß er nur mit einem königlichen Dokument zu winken brauche, um den Eroberer des Quito-

Reiches, Sebastián de Belalcázar, zum Rückzug zu veranlassen. So drang er ohne weiteres in das umstrittene Gebiet von Popayán ein. Am 4. Oktober 1546, in einer dunklen Nacht, überraschte ihn Belalcázar in Lomo de Pozo, unterwarf ihn ohne viel Umstände einem Gerichtsverfahren und ließ ihn ohne viel Umstände köpfen, wobei er ganz genau wußte, daß die Indianer den Leichnam für eine ihrer rituellen Kannibalen-Mahlzeiten verwenden würden. Cieza war bei dem Scharmützel nicht dabei, aber seine Waffengefährten waren es, und »um zu verhindern, daß die Leichen Robledos und der anderen von den Indianern nach Arma geschafft und dort aufgefressen würden..., verbrannten sie das Haus über den Toten«. Das war das bittere Ende für Cieza. »Als ich davon Nachricht erhielt..., gab ich mein *repartimiento*, die Hazienda in Arma, auf und überließ mein Bergwerk den wilden Indianern von Quimbaya.«

Popayán liegt am Hauptarm des Cauca, »weder hoch noch tief, weder übermäßig kalt noch zu warm«; es sollte mehr Dichter, Patrizier und Prälaten als irgendein anderer Ort in ganz Kolumbien hervorbringen. Im Herbst 1546 sah Popayán noch anders aus: es stak voller Ritter mit Piken und Hakenbüchsen; Hohe und Niedrige waren zusammengekommen, um den Willen des Königs zu vernehmen. Sie seien hierherbefohlen, so besagte das königliche Dekret, um sich unter den Befehl der königstreuen Offiziere zu stellen und nach Peru zu ziehen, wo sie die Rebellion Gonzalo Pizarros niederschlagen sollten.

Warum Cieza sich der Gruppe unter Belalcázar anschloß, noch dazu so bald, nachdem dieser seinen früheren Hauptmann Robledo ermordet hatte, ist nicht klar.

Immerhin war Belalcázar ein ruhmreicher Feldherr. Von unbestimmter Herkunft (es heißt von ihm, daß drei Viertel seines Lebens ein einziges Fragezeichen waren), war er doch ein tüchtiger, wenn auch räuberisch veranlagter Mann, dem die Tausende bewaffneter Indianer nicht mehr ausmachten als eine Handvoll Fliegen. Er war schon frühzeitig in Panama angekommen und beim Beginn der peruanischen Conquista aus Nicaragua, wo er privatisierte, herbeigerufen worden. Er war weder in Cajamarca bei der Ergreifung des Inkas noch beim Überfall auf Cuzco im Jahre 1534 dabeigewesen, aber er brachte die verlorene Zeit wieder ein, indem er die noch vorhandenen Inka-Scharen verfolgte, die er in der Nähe des schneebedeckten Chimborasso schlug. Dann wandte er sich nach Norden und gründete Quito. Später, als er der El-Dorado-Legende nachging, war er einer der »drei«, die sich, tief im Chibcha-Blut watend, im Herzen Kolumbiens zusammengefunden hatten. Belalcázar war, wie es heißt, stärker als Quizquiz, der von ihm geschlagene Inka-Häuptling, er war auch stärker als die wilden Stämme, die sich ihm in Kolumbien in den Weg stellten, und sogar stärker als die Berge, die Urwälder und der Hunger. In gewissem Sinne hat er sogar die Zeit besiegt.

Was ihn schließlich zugrunde richtete war eine Frau.

Mit diesem Sebastián de Belalcázar ritt unser Historiker, der junge Pedro de Cieza, nun ein stolzer Kavallerist, in die äußerste Nordecke des Königreiches Peru.

Es war am 18. April 1547.

4

Pedro de Cieza de León betrat das Inka-Reich bei Pasto. Er überquerte den Angasmayo-Fluß, wie er wußte, »den nördlichsten Punkt, den der Groß-Inka Huayna Capac erreicht hatte«, und dann die Brücke von Rumicacha: »Über den Fluß führt eine natürliche Brücke, die wie von Menschenhand gemacht aussieht.« Über diese »steinerne Brücke« setzte er zum erstenmal seinen Fuß über die traditionellen Grenzen Perus. Die Truppe war in voller Kriegsstärke. Gonzalo Pizarro, der Herr von Peru, wußte von ihrer Ankunft ebenso, wie er von der Ankunft seiner Nemesis Pedro de la Gasca wußte. Ein Spion hatte ihm berichtet, daß Belalcázar mit vierhundert Mann auf Quito ziehe. Pedro de Cieza jedoch, der es wissen mußte, schrieb: »Mit knapp zweihundert Spaniern setzten wir uns von Popayán aus in Marsch, um für die Sache Seiner Majestät gegen den Usurpator zu fechten.«

Zu dieser Zeit wußte Pedro de Cieza alles, was man sich über Peru erzählte. Es hatte erst Wortgefechte und dann kleinere Scharmützel gegeben, und nun, nach vollendeter Eroberung, war ganz Peru in einen Bürgerkrieg verwickelt. Diego de Almagro und Francisco Pizarro waren über die Teilung der Inka-Beute in Streit geraten; darauf folgte die Schlacht von Las Salinas (bei den Salzpfannen vor Cuzco), und Almagro wurde »am Samstag St. Lazarus des Jahres 1538« geschlagen und später enthauptet, was Pedro de Cieza großartig geschildert hat. In den folgenden Monaten zog Gonzalo Pizarro aus, um das »Zimt-Land« jenseits von Quito zu suchen, und einer seiner Unterbefehlshaber entdeckte den Amazonas. Inzwischen, im Juni 1541, wurde Francisco Pizarro in Lima von den Anhängern des Sohnes Almagros erschlagen. Damit wurden diese die Herren von Peru.

Als Gonzalo Pizarro wieder aus den Urwäldern des

Amazonas auftauchte, fand er völlig veränderte Verhältnisse vor. Die Krone, der sehr daran lag, jeden Streit zu schlichten, hatte Vaca de Castro geschickt, und dieser fand das ganze Pizarro-Lager bereit, zum König überzugehen. Der jüngere Almagro, der einsah, daß mit Stillhalten nichts zu gewinnen war, stellte sich zur Schlacht bei Chupas, nahe der neugegründeten Stadt Ayacucho. Bei dieser Schlacht trat Francisco de Carvajal zum erstenmal in Erscheinung, dieser siebzigjährige *picaro* von hohen Graden (*picaro* nannte man einen Menschen, der die Schattenseiten des Lebens gesehen hatte und seinen Spaß daran fand); er brachte die einzige humoristische Note in diese grimmige Schlächterei.

Almagro wurde am 16. September 1542 bei Chupas geschlagen; seine Armee hatte mächtige Verluste, und er selbst wurde, wie das eben damals der Lauf der Dinge war, enthauptet. Dann, sofort nach dem Ende dieser Phase, wurden den überlebenden Konquistadoren die »Neuen Gesetze« verkündet. In den Kolonien waren bereits Gerüchte über deren Vorbereitung im Umlauf gewesen, denn nach langjähriger Propaganda hatte Las Casas, der Bischof von Chiapas, endlich durchgesetzt, daß diese humanen Bestimmungen durch königliches Dekret bestätigt wurden, um das Los der Indianer zu erleichtern und ihr Aussterben zu verhindern. Sie erschienen jetzt als »Neu verfertigte Gesetze und Ordinationen Seiner Majestät zur besseren Regierung von Westindien« – womit tatsächlich das Schicksal jener Konquistadoren besiegelt war, die das Land im Kampfe an sich gerissen und dann untereinander aufgeteilt hatten. Vaca de Castro hatte das Glück, danach mit dem Leben davonzukommen, und der nächste, der landete, ein Ritter namens

Blasco Nuñez Vela, mußte den Hauptstoß aushalten. Nüchterngesinnte Bürger näherten sich ihm und baten ihn, einige Erleichterungen der »Neuen Gesetze« in Betracht zu ziehen. Kühl antwortete er: »Ich bin nicht gekommen, um mit den Gesetzen herumzuspielen oder um über ihre Vorzüge zu diskutieren, sondern um sie anzuwenden.« Daraufhin scharte sich alles um das Banner Gonzalo Pizarros, und der neue Vizekönig wurde unbeschadet seiner Exekutivgewalt selber exekutiert; im Januar 1546 wurde er auf der Ebene von Añaquito geschlagen und auf dem Schlachtfeld erdolcht. Nun war Gonzalo Pizarro der unbestrittene Herr von Peru.

Pedro de la Gasca, dem durch Königliches Dekret vom 16. Februar 1546 der Titel eines Präsidenten des Königlichen Rates verliehen worden war, wurde nun nach Peru entsandt, um die Rebellion niederzuschlagen. La Gasca war dazu bestimmt, in der Geschichte Perus eine wichtige Rolle zu spielen; auch sollte er sehr bedeutsam in das Leben Pedro de Ciezas eingreifen. Er war kein Soldat. In Salamanca hatte er Jura und Theologie studiert und war lange Mitglied des Rates der spanischen Inquisition gewesen. Schwächlich, in vorgeschrittenen Jahren, hatte er, wie er selbst zugab, keine Ahnung von militärischen Angelegenheiten, und von Peru wußte er ebensowenig. Er glich aber diese Nachteile durch scharfen Verstand und Organisationstalent aus. Dazu war er begütert und somit gegen Bestechungen gefeit. Er hatte Generalvollmacht und führte einen ganzen Stoß königlicher Blanko-Dekrete mit sich, die er nur nach Wunsch auszufüllen brauchte.

In einer taktischen Zangenbewegung gegen die weitverstreuten Kräfte Gonzalo Pizarros marschierte Belalcázars Kavallerie, zu der Cieza gehörte, den Grat der Anden entlang und folgte dabei der Königsstraße der Inkas. Eine weitere große Armee unter dem Kommando La Gascas landete an der Küste bei Tumbes. Pedro de Cieza, der jetzt viel Zeit hatte, »sich umzuschauen«, wie er es schon in Kolumbien getan hatte, fuhr fort, über alles, was das Inka-Reich betraf, Erkundigungen einzuziehen, während sie von Quito aus nach Süden durch alle die berühmten Städte zogen: Pasto, Quito, Llactacunga – an den Vulkanen entlang, über die hohen *páramos* der Anden bis in die Täler, die nach Tomebamba führen.

Dieses Tomebamba (die Stadt Cuenca steht heute da, wo es einst war) galt damals als eine der liebsten Wohnstätten des letzten großen Inkas, Huayna Capac; die Stadt »gehörte zu den schönsten und reichsten in ganz Peru, und ihre Bauwerke waren die größten und besten«. Atahualpa, Huayna Capacs Sohn, dessen Mutter eine Frau aus Quito war, soll dort geboren sein.

Da der Plan war, Gonzalo Pizarro möglichst rasch zu schlagen, ehe er wußte, wie stark die gegen ihn aufgebotenen Streitkräfte waren, folgte Belalcázar nicht dem Inka-Königsweg über die Berge, sondern nahm eine Seitenstraße, die um Tomebamba herum zur Küste führte. Das ist uns bekannt, denn Pedro de Cieza stellt fest, daß »... es keine andere Route von Tomebamba zur [peruanischen Küste] gab außer der Straße von San Miguel de Piura [der ersten spanischen Ansiedlung in Peru]«. Und so ritt »die Eskadron von Quito im kastilischen Trab« in das Vorfeld des ehemaligen Inka-Reichs ein. Obgleich manche Namen berühmter Konquistadoren-Pferde überliefert sind, hat uns Cieza, als der objektive Historiker, der er war, den Namen des seinen nicht genannt. Aber wie die anderen ritt er *á la gineta* auf hohem maurischem Sattel mit der Kandare nach mameluckischer Art, den einfachen Zügel in hoher Faust, die Steigbügel nach maurischer Weise kurz geschnallt. Alle ritten sie so; der »Inka« Garcilaso de la Vega – der manches von Cieza abgeschrieben hat – behauptete, daß »mein Land *á la gineta* erobert wurde *[mi tierra se ganó á la gineta]*«.

Die Truppe aus Quito erreichte Tumbes irgendwann im August 1547, denn die Hauptleute sollten dort bei der Landung Pedro de la Gascas Kriegsrat halten. Man einigte sich, daß sie in vier Kolonnen bis zum nächsten Treffpunkt, Jauja, vorgehen sollten, das etwa siebenhundert Meilen südlich lag. Jauja besaß eine starke Garnison; es war 1535 für kurze Zeit die erste spanische Hauptstadt Perus gewesen. In den Kordilleren, mehr oder weniger im geographischen Zentrum Perus gelegen, war Jauja der Knotenpunkt von allerlei Verbindungen und lag an drei verschiedenen Inka-Straßen. Der Grund für diese vorsichtige Annäherung in vier Kolonnen war, daß Gonzalo Pizarros Spione nicht wissen sollten, wo die Hauptmacht anrückte, der er den Weg durch die Anden hätte verlegen müssen; außerdem konnte auf diese Weise nicht die ganze Armee vernichtet werden, wenn sie in den engen Schluchten der Kordilleren in einen Hinterhalt geriet. Das war die Taktik La Gascas, die er später seinem Kaiser und König erklärte: »Eine der Kolonnen ... unter dem Befehl des Juan de Saavedra ... und die Leute aus Quito ...« sollten entlang der Königsstraße der Inkas in den Anden vorrücken. Cieza jedoch zog nicht mit »den Leuten aus Quito«, sondern entweder mit dem Gros unter La Gasca (der Tumbes am 6. September verließ), oder er folgte ihm unmittelbar, denn er schreibt: »Ich passierte das Pacasmayo-Tal im September 1548, um zu den anderen Soldaten zu stoßen, die von Popayán heruntergezogen kamen.« (Hier irrt sich Cieza allerdings im Datum. Da die Schlacht von Xaquixahuana am 5. April 1548 stattfand, muß es im September 1547 gewesen sein).

Cieza hatte genügend Zeit, einen ersten Blick auf die Küste und das Inka-Gebiet zu werfen, denn die Armee, von ihrem Troß behindert, bewegte sich in einem Tempo, das ihm erlaubte, »sich umzusehen«, wie er es in Kolumbien getan hatte. So blieb ihm Muße, »die große Küstenstraße, die allerdings heute an vielen Stellen zerstört ist und in Trümmern liegt«, zu besichtigen; er konnte einige Tage in den Tälern, die das Prä-Inka-Reich Chimú gebildet haben, und in dessen Hauptstadt Chan-Chan verbringen, um dort über die Sitten des Volkes in den Küsten-*yungas* Erkundigungen einzuziehen. Was er »nicht vollkommen verstehen konnte«, wurde ihm später von dem Frater Domingo de Santo Tomás erläutert, der schon seit langem in Peru lebte. Cieza beobachtete die seltsamen meteorologischen Phänomene der Küste, verfaßte eine Beschreibung der Küstenflora, des Bewässerungssystems der Eingeborenen und berichtete alles von den wichtigen Oasen längs der Wüsten-Straße. Cieza »schaute sich um«: er stieg zu der großen Chimú-Festung Paramonga hinauf und schilderte sie. Ihre Hauptmasse steht noch, doch ohne die »Räume und Wohnungen mit den mit vielen Vögeln und anderen Tieren reichbemalten Wänden«.

Ungefähr zu Anfang Dezember 1547 ritt Pedro de Cieza durch das Tal von Lima und gelangte an den heiligen Tempel von Pachacamac. Er berichtet, »... daß sich kein anderer mit diesem ... messen könne. Das Heiligtum von Pachacamac ist ... auf einem kleinen Hügel aus ... Lehmsteinen errichtet ...«. Dann zog er weiter das Tal entlang, das heute Lurín heißt. Dort stieg er zu Pferd und folgte der direkten Straße – der wunderbar gebauten großen Seitenstraße, die diesen Teil der Küste unmittelbar mit Jauja verbindet. Diese steingepflasterte Straße, die in der Wüste bei Pachacamac beginnt, ist in die Flanke einer den Fluß-Cañon begrenzenden Felswand hineingebaut; auf einer relativ kurzen Strecke von 270 Kilometern steigt sie zu einer Höhe von etwa 5300 Metern an, in der sie die *puna* und die einsame Öde von Pariacaca überquert. Pedro de Cieza läßt keinen Zweifel darüber, daß er diese Route gereist ist: »Die Leser dieses Buches, die in Peru gewesen sind und sich an die Straße erinnern, die von Lima [d. h. Pachacamac] über die zerklüfteten Berge von Huarochirí gereist sind, ... werden besser verstehen ..., was ich hier schreibe.« Cieza folgte dieser schmalen, aber großartig angelegten Straße, die über weite Strecken heute noch existiert, und erreichte die erste und größte Zwischenstation in den Anden, um »in den Unterkünften von Huarochirí, der Halbscheide der Fahrt« zu übernachten. Dann überquerte er die Pariacaca, ein schneebedecktes, ödes Gebiet, und lernte dabei zweifellos die *soroche* kennen, die Höhenkrankheit, die José de Acosta anfiel, als dieser über dieselbe Route reiste; dann stieg er den Stufenweg der Inkas hinan und wieder hinab ins Tal. Dort überquerte er die Hängebrücke, die sich über den Mantaro spannt – ihre Pfeiler existieren noch –, und gelangte in das alte Jauja, wo La Gasca schon einen Teil seiner Streitmacht versammelt hatte. Dieser vermerkte die Ankunft des Hauptmanns Palomino über dieselbe Route; vielleicht war Cieza einer dieser »hundert Männer«.

La Gasca, der sicherlich wußte, daß »Gonzalo Pizarro in Cuzco war und sich auf den Krieg vorbereitete«, brachte die Königstreuen, etwa tausend Berittene und Fußsoldaten, in Marschordnung und begann, sich mit seiner Armee südwärts zu bewegen. Am 13. Januar 1548 erreichten sie Huamanga (das heutige Ayacucho); einen Tag später passierten sie die Ebene von Chupas, wo bereits früher eine Schlacht zwischen Spaniern stattgefunden hatte – deren Geschichte Cieza berichten wird –, dann, der gutgehaltenen Inka-Straße folgend, bewegten sie sich auf das große Kult-Zentrum von Vilcas-huamán zu; eine wunderbar gebaute steinerne Stadt; Cieza allein hat daran gedacht, eine gute Beschreibung von ihr zu geben. Die Armee zog dann eine besonders steile Straße hinunter, und in dem trockenen, kaktusbestandenen Tal des Vilcas-(jetzt Pampas-)Flusses überschritt Cieza die erste der riesigen Hängebrücken der Inkas: »... eine Brücke aus seilartig zusammengedrehten Weidenzweigen..., so stark, daß man im Galopp hinüberreiten kann wie über die Brücken von Alcántara oder Córdoba«.

Andahuaylas war der Sammelplatz. Jetzt war man schon dicht bei Cuzco, und La Gasca wartete auf die Ankunft weiterer Verstärkungen; er notiert, daß »Belalcázar am 2. Februar mit zwanzig Berittenen in Andahuaylas ankam; das ganze Lager war über seine Gegenwart erfreut, denn er genießt große Achtung«.

Die letzte Schlacht um Peru begann mit dem Versuch La Gascas, die verschiedenen Hängebrücken über den

Apurímac einzunehmen und besetzt zu halten; diese waren die Schlüssel zu Cuzco. Wie erwartet, hatte der Gegner die vier Hängebrücken über den Apurímac zerstört. Der Cañon war zu steil und der Fluß zu tief, um die Truppe durch eine Furt oder auf Flößen hinüberzubringen, also fing man an, »Material für Brücken über den Apurímac zu sammeln«. Das bedeutete nichts weniger, als daß Scharen von Indianern ungeheure Seile flechten mußten, welche stark genug waren, um eine zweihundert Fuß lange Hängebrücke zu tragen. Diese enorm schweren und unhandlichen Trossen mußten von den Indianern auf die hohen Ufer des Apurímac befördert werden. Ein gewisser Pedro Alonso Carrasco, ein alter Konquistador, spielte eine wichtige Rolle bei diesem Unternehmen. Zwischen Pedro de Cieza und diesem Carrasco bahnte sich eine Freundschaft an; und er wird des öfteren in Ciezas Chronik als Gewährsmann genannt: »Peralonso Carrasco..., einer der alten Konquistadoren..., erzählte mir...«

Am 5. April wurden die Trossen nach mancherlei Schwierigkeiten bei Cotabamba, in der Nähe einer Biegung des Flusses, aufgehängt, und La Gascas gute Taktik erlaubte seinen Truppen, die andere Seite zu sichern, während die Brücke fertiggestellt wurde.

Am 9. April 1548 begannen die gegnerischen Truppen auf der Ebene von Xaquixahuana, jenem Feld, das in der Vergangenheit so manche entscheidende Schlacht gesehen hatte, Stellung zu beziehen. La Gasca hatte seine »300 Pikeniere und 400 Arkebusiere« in Schlachtordnung aufgestellt, und dahinter (wahrscheinlich gehörte Pedro de Cieza zu ihnen) »220 Mann Kavallerie«. Die Soldaten feuerten mit vier Mörsern von einem Hügel, von dem aus die Masse des Feindes überblickt werden konnte; die Kanonenkugeln schlugen mitten in Gonzalo Pizarros Truppen, und dies reichte aus, um diese zur Besinnung zu bringen. Erst einzeln, dann in Gruppen zu zweien und dreien, dann in Massen, begannen die Soldaten Pizarros überzulaufen. Als La Gascas Arkebusiere das Feuer auf die noch Schwankenden eröffneten, gingen sie in hellen Haufen zur Fahne des Königs über. Drüben, auf der anderen Seite, stand Francisco de Carvajal. Er sah seine Armee dahinschmelzen und konnte sich doch das Lachens über das widerwärtige Geschick, das ihn dem Beil des Henkers auslieferte, nicht enthalten. Noch sehr vital für seine vierundachtzig Jahre, hatte er sich durch Pavia, die Plünderung Roms und die peruanischen Bürgerkriege geschlagen und dürre Bäume mit den Leibern jener verziert, die das Unglück gehabt hatten, ihm im Wege zu stehen. Er saß noch auf seinem Hengst Boscanillo, der, wie er selber, auch nicht mehr der Jüngste war, und noch durch den Schlachtenlärm hindurch konnte man ihn über seine Verluste mit dem alten Kinderliedchen spotten hören:

> *O Mutter, meine Haare!*
> *Eins nach dem anderen fliegen sie*
> *durch die Luft!*
> *O armes Mütterlein!*
> *Meine Haare!*

Im letzten Augenblick machte er sich davon, aber sein Pferd blieb in den Sümpfen von Anta stecken, und so wurde er eingeholt und gefangengenommen, eine gute Illustration zu dem spanischen Sprichwort *Una cosa piensa el bayo y otra el que lo ensilla* [Eines ist es, das

Pferd zu füttern, ein anderes, es zu satteln – d. Übers.]. Er war sich über sein Ende genau im klaren, und mit Lachen bereitete er sich darauf vor.

Als der letzte Schuß gefallen war, vertauschte Cieza sozusagen die Uniform mit dem Talar des Historikers und »schärfte seinen Federkiel«.

Unglücklicherweise hatte er in dem Durcheinander der Schlacht einige seiner Notizbücher und Papiere verloren, »was ich sehr bedauerte«. Vielleicht war es dieser Verlust, der dazu führte, daß Pedro de la Gasca auf ihn aufmerksam wurde, denn sicher war es ungewöhnlich genug, daß ein einfacher Soldat an einer Chronik von Peru schrieb. (Es ist übrigens seltsam, daß Pedro de Cieza nicht wußte, oder zum mindesten niemals erwähnte, daß es außer ihm noch drei andere gab, die ebenfalls Notizen sammelten, aus denen später Bücher über Peru wurden.) Noch merkwürdiger war es, daß er das ganze ungefüge Manuskript mit in die Schlacht nahm. Höchstwahrscheinlich war es ein Sekretär, der La Gasca auf ihn hinwies, denn es hatte sich so gefügt, daß einer der Schreiber des Präsidenten, López de Cazalla, aus Llerena kam; er war, wie der Name andeutet, mit Ciezas Mutter verwandt. Wie es nun auch immer gewesen sein mag, La Gasca las, was Cieza geschrieben hatte, und von nun an hatte dieser einen Gönner.

Pedro de Cieza kehrte nach Lima zurück, nachdem der Leichnam Francisco de Carvajals geviertelt und Gonzalo Pizarro enthauptet worden war. Vermutlich zog er mit der offiziellen Delegation in Lima ein, von wo aus La Gasca dem König meldete, sie sei »am 17. September mit großer Freude, Jubel und Tanz« empfangen worden.

Im Oktober war La Gasca mit Regierungsangelegenheiten beschäftigt: er teilte Belohnungen an die Verdienstvollen und eine Reihe von Strafen an die Unglücklichen aus, die verloren hatten. Cieza wurde zum *Cronista de Indias* ernannt; obgleich dieses Dokument nie aufgefunden worden ist, behauptet er, im Besitz der Ernennungsurkunde und einer Anzahl Briefe an die Amtsträger in Peru gewesen zu sein. Dieser Titel erschien in der einzigen Veröffentlichung seiner *Crónica* (vom Jahre 1553), jedoch in seiner *Der Krieg von Quito* betitelten Chronik schrieb er selbst *primer Cronista de las Indias* unter seinen Namen auf das Titelblatt.

Er hatte nun Einblick in die beschlagnahmte Korrespondenz Gonzalo Pizarros, deren größter Teil heute in der Pizarro-La-Gasca-Sammlung der Huntington Library enthalten ist, denn er erinnert sich, daß »... ich, als ich in [Lima] war, die Briefe Gonzalo Pizarros gesehen habe... ich weiß noch, es waren ihrer so viele, daß drei Sekretäre länger als vier Tage brauchten, um sie dem Präsidenten La Gasca hintereinander vorzulesen«. Er machte sich die Mühe, alles was er brauchte, selbst abzuschreiben; und im *Krieg von Chupas* bekennt er, daß »... mein Geist von den Versuchen, die Ereignisse zu verstehen, so verwirrt und mein Körper von den mühseligen Tagesmärschen und langen Nachtwachen so erschöpft ist...« Aber er war nicht so waffenmüde, daß es ihn gehindert hätte, in die Kordilleren zurückzukehren, nachdem er alles, was seine Chronik betraf, kopiert hatte.

In den ersten Monaten des Jahres 1549 begab sich der nun offiziell ernannte *Cronista de Indias* wieder auf der Huarochirí-Straße zur Kordillere, um seine historischen

Forschungen fortzusetzen: »Im Jahre 1549 ... war ich auf dem Wege in die Provinzen ... wohl versehen mit Briefen des Präsidenten La Gasca an alle Beamten, in welchen sie aufgefordert wurden, mir bei meinen Bemühungen zu helfen, die wichtigsten Dinge über diese Provinzen zu erfahren und herauszufinden.«

Jenseits Cuzco folgte er der Inka-Straße, hier und da rastend, um die Menschen oder Ruinen zu betrachten, wie zum Beispiel Piquillacta, »eine große Stadt, von einer Mauer umgeben, auf deren Krone ... ein Äquadukt verlief ... zu den Steinbrüchen von Rumi-colca, ... wo die Inkas die Steine für ihre Bauten brachen, was ein sehenswerter Anblick ist«. Wie immer notierte er sowohl seine eigenen Beobachtungen als auch die Informationen, die er bei guten Gewährsleuten sammelte, denn »... ich habe diese Historia zusammengestellt nach dem, was ich selbst gesehen und erlebt habe, ... sowie nach verläßlichen Berichten, die ich von Leuten erhielt, deren Wort man trauen kann«. So zog er nach Süden bis Ayaviri. In dieser Gegend gabelt sich die Königs-Straße der Inkas zu beiden Seiten des Titicacasees. Er durchritt die Hochfläche der Colla, dies weitläufige Land der Aymara-sprechenden Stämme, das am dichtesten bevölkerte Gebiet von Peru, das Becken des Titicacasees und dessen weitere Umgebung. Er erforschte die *chullpas* – die Häuser der Toten –, die großen, schöngebauten Steintürme, in welchen die anspruchsvollen Verstorbenen zusammen mit der Nahrung und den Geräten ihres Erdenlebens bestattet wurden einschließlich ihrer lebenden Frauen, die ihnen Gesellschaft leisten sollten. Cieza erinnert sich: »... ein gewisser Diego de Uceda ... und ich haben im Dorfe Nicasio [am Titicacasee], als wir auf dem Wege nach Charcas waren, einige Frauen bei dem hier beschriebenen Trauer-Umgang gesehen [die später mitbegraben werden sollten]...« Cieza notierte alle Einzelheiten des häuslichen Lebens der Eingeborenen; er gab uns die erste Beschreibung der Coca, jener Pflanze, deren Blätter das Kokain liefern, und die Wirkung dieses Alkaloids auf die Indianer und (sobald es nach der Eroberung offiziell zur Befriedigung der allgemeinen Süchtigkeit freigegeben war) auch auf den Wohlstand der Spanier: »In den Jahren 1548, 1549 und 1551 war diese Coca in Peru so wertvoll, daß keine Pflanze der Welt... einen solchen Gewinn abgeworfen hat.« Der Titicacasee, diese riesige Wasserfläche in 3800 Meter Höhe, ist zuerst von Cieza beschrieben worden. Er umritt die Spitze des Sees und verließ dann die Inka-Hauptstraße, um Tiahuanacu zu besuchen. In einer Analyse hat er dieses Kultzentrum aus der Prä-Inka-Zeit überraschend richtig beurteilt: »Abschließend möchte ich sagen, daß ich diese Steine für das älteste Zeugnis der Vergangenheit in ganz Peru halte.«

Wie immer hat er seine eigenen Beobachtungen im Gespräch mit anderen erweitert. In Tiahuanaca war es Juan Varagas. Am Titicacasee erfuhr er Einzelheiten vom Hauptmann Juan Ladrillero. Obgleich diese beiden und die meisten anderen seiner Informanten in den Geschichtsbüchern nur selten genannt werden, waren sie, wie die wenig benutzten »*Tambo*-Regulationen« bezeugen, Spanier, die schon lange im Lande waren, »alte Konquistadoren«; und Cieza wußte nun genug, um diejenigen, deren Berichte mit alten Sprüchen (der Weisheit der Ungelehrten) allzu stark gewürzt waren, von solchen zu unterscheiden, »deren Wort man trauen kann«.

Ciezas Reise nach Süden endete in La Plata, dem heutigen Sucre. Bei den Inkas hieß es Chuquisaca. Dort hatten im Jahre 1545 ein Spanier namens Villaroel und ein Indianer namens Gualpa die märchenhaft reichen Silberminen von Potosí entdeckt; daher der Name La Plata. Cieza fertigte eine Skizze des Silberberges von Potosí an – die erste bildliche Darstellung, die von jenem überhaupt erschienen ist – und trug eifrig zusammen, was der General Pedro de Hinojosa an Kenntnissen darüber hinterlassen hatte. Dieser war seit 1545 in Peru gewesen und war damals einer der reichsten Männer im Lande, denn er hatte Besitzungen, die, wie Cieza schrieb, »ein jährliches Einkommen von 100 000 *castellanos* erbrachten«. Der berühmte Konquistador Pedro Anzures (dessen Name manchmal auch »Peranzúrez« geschrieben wird), nach Ciezas Versicherung ein beliebter, geachteter und sehr liberaler Mann, steuerte reichlich aus dem Schatz seiner Erinnerungen bei, denn er hatte an allen wichtigen Kämpfen teilgenommen und war einer der ersten, die bei einer der großen, abenteuerlichen Expeditionen in die Dschungel des östlichen Amazonas vorgestoßen waren.

Pedro de Cieza setzte nun seinen Ritt nicht mehr fort. Schon konnten seine Notizbücher, sein wachsendes Manuskript keinen weiteren Stoff mehr aufnehmen, und er gab bereitwillig zu, »daß die Dinge in Chile so wichtig sind, daß sie besondere Aufmerksamkeit erfordern«.

Cieza hatte eine ungeheure Strecke zurückgelegt. Nie zuvor hatte jemand mit eigenen Augen so viel gesehen wie er in seiner doppelten Tätigkeit als Soldat und Chronist; niemals hat jemand – auch später, desgleichen getan. Er schien das auch ganz gut zu wissen: »Was ich getan habe, ist, alles niederzuschreiben, was ich zwischen Urabá [in Kolumbien] und Potosí [in Bolivien] gesehen habe... eine Entfernung, die ich auf gut 1200 Leguas schätze.«

Cieza war der erste Geograph dieses Landes, ein Schilderer der Landschaften und Klimaten, ein Biologe, der Tier- und Pflanzenarten erforschte, ein Ethnograph, der Rassen, Stämme, Kleidung, Sitten, Arbeitsweisen, Verwaltungs- und Religionsformen der Eingeborenen beobachtete. Er gab sich die größte Mühe, mit seinem Wort das Bild des Landes, des Himmels und der Großartigkeit dieser neuen Welt zu malen: die harte Verlassenheit des Hochlandes – der *páramos, punas* und *xallcas*, die ständigen Auswirkungen der geographischen Beschaffenheit eines Landes auf die Menschen, um seinen Landsleuten in Spanien zu zeigen, wie ihre Söhne in einem unbekannten Lande lebten. Er schrieb nicht nur über die Groß-Inkas, deren Geschichte er in ausführlichem Detail erzählt, er schrieb noch mehr über die Bürgerkriege, die wie die Pest im Lande wüteten, als die rivalisierenden Konquistadoren übereinander herfielen. Er schilderte die Taten dieser Ritter, als schriebe er eine Iliade, trauernd über den sinnlosen Tod so vieler tapferer Männer: »Ich wünschte, ich brauchte nicht über die Grausamkeiten meiner Landsleute zu berichten. Lieber möchte ich mich der Schilderung der Schlachten enthalten und sie unbeschrieben lassen, aber die Menschen müssen von solchen Untaten wissen..., wie sie in Bürgerkriegen geschehen können..., und die vielen grausamen Morde, die auf beiden Seiten verübt wurden.« Sehr kühn moralisierte er über den Ursprung solcher Kriege; dabei fand er Worte, die wohl die Zensoren in Lima passierten, aber deren scharfe Wahrheit einer der Faktoren war, die sein Werk auf Jahrhunderte hinaus von der Veröffentlichung ausschlossen: »Ich muß weiterhin sagen, daß einer der Gründe für Unruhe und Streit in Westindien ... der war, daß viele ungebildete Männer ohne Takt und Ansehen von Seiner Majestät und dem hohen Westindien-Rat in die Regierung berufen worden sind ...«

Gleichzeitig notierte Cieza, was ohne ihn verlorengegangen wäre: die Geschichte der großen Entdeckungen jener *tercios*, durch deren persönlichen Wagemut sich die Landschaft der Welt bis ins Unendliche erweitert hat: »Wer könnte die unerhörten Strapazen schildern, die eine so geringe Anzahl von Spaniern in einem derart weitläufigen Gebiet ertragen mußte? Wer könnte sich unterfangen aufzuzeichnen, was bei den Kriegen und Entdeckungsfahrten in diesem riesigen Lande von 1600 Leguas an Hunger, Durst, Anstrengungen und Todesfurcht erlitten worden ist?«

Cieza beherrschte sein Material souverän. Er verarbeitete es in dem kraftvollen Stil des 16. Jahrhunderts, mit großer Sparsamkeit an Phrasen und Klischees. Seine sich selbst abwertende Bemerkung: »... für einem Mann von meiner geringen Bildung mag es eine Kühnheit sein, sich dessen zu unterfangen, wovor sich Gelehrtere gescheut haben«, ist ein bloßer *coup de maître*, denn seine Beschreibungen von Menschen und Geschehnissen sind gewandt und äußerst bildhaft. Man höre zum Beispiel, was er, gewissermaßen im Vorbeigehen, über Diego Centeno sagt: »Er war in Ciudad Rodrigo geboren. Er war ein Edelmann von mittelgroßer Gestalt, heller Haut und freundlichem Wesen. Er hatte einen roten Bart. In guten Verhältnissen lebend, verfuhr er nicht allzu freigebig mit seinem Eigentum, aber sehr großzügig mit dem des Königs.« Es handelt sich um jenen Centeno, der Francisco de Carvajal bei dessen Gefangennahme vor Mißhandlungen zu schützen suchte, wobei sich folgender, von Cieza festgehaltener Dialog entspann:

»Wem«, sagte Carvajal mit ironischer Würde, »habe ich für diesen Schutz zu danken?«

»Kennt Ihr mich denn nicht?« antwortete Centeno, »Ihr habt mich doch all die Jahre lang dreitausend Leguas durch die Anden verfolgt.«

»Gewährt mir Verzeihung«, erwiderte Carvajal und beugte das Knie, »es ist so lange her, daß ich etwas anderes von Eurer Person gesehen habe als Euren fliehenden Hintern, und so habe ich Euer Antlitz vollkommen vergessen.«

Ciezas Stil ist einfach, knapp und doch nicht ohne Schärfe. Manchmal ist es der Satzbau, der ihn einfacher erscheinen läßt, als er in Wirklichkeit ist, oder die dem 16. Jahrhundert eigentümliche Tendenz zur Untertreibung bei der Darstellung großer Ereignisse, womit man vermeiden wollte, daß das Ereignis selbst in einem Wortschwall untergeht.

Obgleich Cieza an der Vernichtung der Eingeborenen selbst teilhatte, war das nicht nach seinem Herzen. Er wußte, daß die Stürme der Grausamkeit, welche die Spanier über die Indianer wüten ließen, zu einem großen Teil ihre Ursache in ihrer eigenen schreckensvollen Situation hatten: sie waren abgeschnitten von der Geschichte und den Sitten der Heimat und von den unheimlichen Geschöpfen eines unbekannten Kontinents umgeben. Cieza bewahrte jedenfalls seine Herzensreinheit; seine Sympathie für die Indianer, die sich in seiner humanen

Sprache widerspiegelt, ist ein Gefühl, an dem sein Zeitgenosse Erasmus nichts auszusetzen gehabt hätte: »... diese übel behandelten unglücklichen Eingeborenen... Pizarros Hauptleute waren so hartherzig, daß es ihnen niemals einfiel, zu prüfen oder einen Finger zu erheben, um Übeltaten zu verhindern... Die Folge davon ist, daß das Land von Lima südwärts bis Nazca den größten Teil seiner Bewohner verloren hat.« Als Konquistador, der er war, ist Cieza keineswegs über die Verwendung indianischer Hilfskräfte in heuchlerische Klagen ausgebrochen: »... wenn es in vernünftigem Maße geschieht, würde ich die Verwendung indianischer Träger nicht verdammen..., aber wenn ein Soldat ein Schwein brauchte, tötete er zwanzig; wenn vier Indianer nötig waren, nahm er ein Dutzend... und viele Spanier ließen ihre Huren von den armen Indianern in Hängematten auf den Schultern schleppen.... Würde jemand befehlen, alle die Untaten, Räubereien, Verletzungen, die Unterdrückungen und die Fälle von übler Behandlung der Eingeborenen aufzuzählen..., so würde man kein Ende finden..., denn es machte ihnen nicht mehr aus, einen Indianer zu töten, als ein nutzloses Tier. ... als ich aus Cartagena kam, sah ich einen Portugiesen namens Roque Martín, der geviertelte Indianer auf seiner Terrasse hängen hatte, um seine Hunde damit zu füttern, als ob es das Fleisch wilder Tiere sei ... Fray Bartolomé de las Casas, der spätere Bischof von Chiapas, kam nach Spanien und versicherte, daß die Spanier die Eingeborenen in der beschriebenen Art und Weise behandelten ... und Seine Majestät berief eine Versammlung der Granden und Prälaten ein, um zu beschließen, was für eine gute Regierung Westindiens getan werden sollte ... und das

Ergebnis der Beratungen waren die ›Neuen Gesetze‹.« Indessen sieht Cieza beide Seiten: »Ich behaupte nicht, daß diese Untaten an den Indianern von allen Spaniern begangen wurden, denn ich weiß von manchen Beispielen wohlwollender Behandlung der Indianer durch die Hände guter, gottesfürchtiger Männer und habe das auch selber gesehen. ... Alonso de Alvarado war ein guter Verwalter und befahl, daß die Indianer gut behandelt und nicht überanstrengt werden sollten. In dieser Hinsicht zeigte er sich wahrlich wie ein Vater den Indianern gegenüber ... er peitschte sogar zwei Spanier aus, weil sie den Indianern Lebensmittel geraubt hatten.« Robert B. Cunninghame Graham, ein Cieza des 19. Jahrhunderts, bemerkt, daß es »unter den Spaniern manche ehrenvolle Ausnahme von der Regel gab, was von den englischen Historikern [Graham war Schotte] häufig vergessen wird, die nur zu gerne den Gedanken von der Schwarzen Legende verbreiten, um damit ihre Piraterie zu rechtfertigen«.

Es wird schwer sein, in diesem Jahrhundert oder selbst in den folgenden jemanden wie Cieza zu finden. Genau, mild im Urteil, präzis, schrieb er nieder, was er selbst beobachtet hatte, und nennt die Namen derjenigen Spanier und Indianer, die ihm berichteten, was er nicht mit eigenen Augen gesehen hatte. Über literarischen Ruhm dachte er vernünftig, denn er hatte nicht die wertvolle Illusion mancher »großer« Historiker, daß er im Besitz der letzten Wahrheit sei. »Wenn jemand es genauer und mit mehr Einzelheiten tun kann, so steht ihm der Weg offen.« Literarischer Ruhm kommt nur zu denen, die sich danach drängen, und Cieza war bescheiden, fast zu bescheiden. Indessen, bei ihm weiß man, was er selbst gesehen und was er von anderen erfahren hat. Er versäumt nie, seine verschiedenen Informationsquellen zu unterscheiden, denn er sagt: »Ich ehre stets die Hände meiner Leser.« Mit einem solchen Mann wandelt man wahrlich sicher auf den Pfaden der Geschichte.

Ciezas Humanität bewährte sich bis zu seinem Tode, wie sich bei der Lektüre seines Testamentes zeigt. Er war Katholik, wenn auch nicht orthodox, und so verstand er, nach einer lyrischen Passage über die gute Regierung der Inkas durch irgendwelchen Unsinn über den »Willen Gottes« ein Gegengewicht zu schaffen, mit dem er die Wachsamkeit der Zensoren einschläferte, die seine Chronik ohne Streichungen durchgehen ließen. Wie Rabelais, der im gleichen Jahre wie er starb, vertrat Cieza seine Meinung bis zu dem Punkt, an dem sie brennend wurde.

Ende 1549 oder Anfang 1550 ging Cieza, »um sich größerer Genauigkeit zu versichern«, wieder nach Cuzco, zu der Zeit, als der Hauptmann Juan de Saavedra dort *corregidor* war. Dieser alte Parteigänger Almagros, der nahe bei dem Hause der Nazarenas wohnte, hatte in Cuzco ein hohes Amt inne, denn er hatte stets das Glück gehabt, zur rechten Zeit die Seite zu wechseln. Sein Leben beweist, daß Ehre und Profit, wenn man sie auch nicht in demselben Sack tragen kann, doch manchmal wenigstens ein Stück Weges Hand in Hand gehen können. Saavedra, der an den meisten Intrigen und Kämpfen der Bürgerkriege beteiligt gewesen war, konnte Cieza viele wichtige persönliche Details für seine Chronik geben.

Seit die »drei« (nämlich Pedro Moguer, Francisco de Zárate und Martín Bueno), die Francisco Pizarro 1533 nach Cuzco geschickt hatte, um den goldenen Strom des Lösegeldes für den Groß-Inka Atahualpa schneller fließen zu lassen, als erste Weiße Cuzco erblickten, hatte sich die Stadt sehr verändert. Bei der Belagerung, die Manco Inca II. mit einer riesigen Armee im Februar 1536 begonnen hatte, war Feuer und Zerstörung auf Cuzco herniedergeregnet, und so hatte sich das ursprüngliche Bild beträchtlich verändert. Viele Bauwerke waren während der Kämpfe niedergerissen worden, und die fünfzehnjährige spanische Besetzung hatte natürlich erhebliche Veränderungen in der von den Inkas stammenden Anlage der Stadt mit sich gebracht. Die meisten der heiligen Inka-Bauten waren von den Konquistadoren unterteilt worden, man hatte neue Mauern gezogen, so daß die allgemeine architektonische Harmonie der alten Inka-Stadt beträchtlich gestört war. Immerhin bewahrte Cuzco, da seit der Eroberung erst fünfzehn Jahre verflossen waren, noch einen kräftigen Nachhall seiner Vergangenheit, laut genug für Cieza, um bei seinen Gängen durch die engen Straßen die alten Inka-Mauern aus präzis behauenen Steinen zu entdecken und zu erkennen, was Cuzco einstmals gewesen war. Spuren der Schlacht von 1548 waren noch vorhanden; die blutigen Teile von Francisco de Carvajals riesigem Leichnam hingen noch an den vier Stadttoren, wo man sie, nachdem er enthauptet und geviertelt worden war, aufgehängt hatte. Und am Stadtplatz schwang noch in eisernem Käfig das Haupt Juan de Acostas, den Geruch der königlichen Gerechtigkeit verströmend.

Viele der alten Konquistadoren lebten damals in Cuzco; sie hatten sich große, herrenmäßige Haustore gebaut – ein wichtiges Statussymbol für jemand, der aus dem Dunkel kam. Diego Maldonado, genannt »der Reiche«, wohnte in dem ehemaligen Palast Topa Incas, gerade gegenüber dem Gebäude, das später die Kathedrale von Cuzco werden sollte. Juan de Betanzos, ein Galicier und alter Konquistador, derselbe, der Pizarros Geliebte (eine Schwester Atahualpas) geheiratet hatte, bewohnte ein Haus an der *plaza* von Cusi-pata und war im Begriff, sein Buch über die Geschichte der Inkas zu schreiben. Einen Bogenschuß entfernt von dem seinen stand das Haus des Pedro López de Cazalla, des Sekretärs des Königs und Verwandten Ciezas. Auch Ciezas andere Freunde, die er in Kämpfen und auf Reisen getroffen hatte, wohnten dort, wie Juan de Pancorvo; er wohnte in einem Inka-Palast an dem kanalisierten Fluß Huatanay, der mitten durch das Herz von Cuzco floß. Tomás Vásquez, einer seiner verläßlichsten Informanten über Inka-Angelegenheiten, wohnte in Cusi-pata, ebenso Peralonso Carrasco, der in der Schlacht vom Jahre 1548 den Brückenschlag über den Apurímac bewerkstelligt hatte. Damals, als Pedro de Cieza die Geschichte der Inkas erforschte und die Notizen zusammenstellte, aus denen später seine unsterblichen *Cronicas* entstehen sollten, streifte der junge Garcilaso de la Vega, damals elf Jahre alt, durch die Straßen von Cuzco, wenn er nicht eben an der Schule der Edelleute unter Pedro Cuellar Latein studierte. Und da war Pedro de Candia der Jüngere, fast ebenso groß und breit wie sein berühmter Vater; er hatte denselben Namen und die gleiche Statur wie der Grieche, der 1527 in vollem Harnisch in Tumbes an Land gestiegen war. Oh, da gab es genügend alte Haudegen, mit denen man über die Vergangenheit reden konnte; das Problem war nur, die richtigen auszuwählen.

Cieza verfuhr methodisch, wenn er sich »bei Personen vollkommener Glaubwürdigkeit« seine Informationen holte. Um eine Geschichte der Anden-Völker zu kompilieren, befragte er viele der vornehmen Inkas, die damals in Cuzco wohnten. Pisca, ein Truppenführer des verstorbenen Inkas Huayna Capac, gab Cieza präzise Details über die Belagerung von Cuzco im Jahre 1536, denn er war während des ganzen Krieges bei Manco Inca II. gewesen. Informationen anderer Art erhielt Cieza von einem Indianer edler Abkunft, der ein Vertrauter Manco Incas II. und später Diener des Juan Ortiz de Zárate gewesen war, eines alten Freundes Ciezas, der jetzt in La Plata lebte. Cieza schrieb: »Ich habe mich bei meiner Chronik stets um äußerste Genauigkeit bemüht... Ich gab mir die größte Mühe, um über alles, was die Inkas betrifft, genaueste Auskunft zu erhalten.« Über Manco Inca II., den jungen Groß-Inka, der 1536 die Revolte gegen die Spanier organisiert hatte, bekam er durch einen Priester namens Ortun Sánchez zusätzliche Informationen. Sánchez, der dabeigewesen war, erzählte ihm, wie Manco Inca entkommen war und einen neuen Inka-Staat in den unzugänglichen Bergen von Vilcabamba gegründet hatte. Außerdem: die *Orejones* von Cuzco versorgten mich mit Nachrichten. Besonders suchte er Cayu Tupac Yupanqui auf, einen direkten Nachkommen Huayna Capacs, »... damit er mir einen Bericht über die Inkas gebe, den ich dann niederschrieb«.

Ciezas Bewunderung für die Politik der Inkas wuchs in dem Maße, wie sein Manuskript dicker wurde: »Wenige Völker hatten jemals eine bessere Regierung... Am meisten waren diese Herrscher darum zu beneiden, daß sie es so gut verstanden, riesige Gebiete zu unterwerfen und sie zu den blühenden Ländern zu machen, die die Spanier vorfanden.... ich habe, wenn wir uns in wilden und wüsten Gegenden befanden, oft einen Spanier sagen hören: ›Mein Wort darauf, wären die Inkas hier gewesen, so würde es anders aussehen.‹ ... in vieler Hinsicht waren sie uns Spaniern weit überlegen.«

Er beschrieb die Art, wie sie ihre Eroberungen durchführten: »Sie drangen in viele Länder ohne Krieg ein ...«, und die Methode, wie sie nach vollendeter Eroberung ihre Steuern einzogen: »Der Groß-Inka ... berief dann eine Versammlung der führenden Männer, ... redete sie freundlich an ..., und sie stimmten dem Tribut zu, der übrigens so bescheiden war, daß das Volk ihn kaum spürte ... Hingegen ist heute die Zahl der Eingeborenen durch die Korruption und Gier der Spanier so zurückgegangen, daß nur noch verhältnismäßig wenige Eingeborene übrig sind; und wenn es mit der Habgier und Grausamkeit der meisten von uns – oder von uns allen – nicht besser wird, dann werden die Indianer eines Tages vollkommen verschwunden sein.«

Auf diese Weise arbeitete, fragte, forschte er und bekam von Spaniern wie Indianern Material, das er in den Schalen seiner in langen Jahren erworbenen Westindien-Erfahrung gegeneinander abwägte.

Im Juli des Jahres 1550 war Cieza in Lima. Dort hatte er, den Bedingungen seiner Ernennung gemäß, sein gesamtes Manuskript den Behörden zur Durchsicht zu übergeben. Der Präsident des Königlichen Rates, La Gasca, der die Rebellion niedergeworfen, das Königreich wieder in Ordnung gebracht und den Gold- und Silberstrom aufs neue in die Schatzkammern des Königs geleitet hatte, regelte seine vorläufige Nachfolge und ging Anfang 1550 in Lima zu Schiff. Diese Nachfolge lag in den Händen eines Dreier-Kollegiums: Bravo de Saravia,

Santillán und der Erzbischof von Loayza beherrschten Peru interimistisch bis zur Ankunft des Vizekönigs. Zwei von ihnen waren angewiesen – wie man aus La Gascas Instruktionen ersehen kann –, sorgfältig zu prüfen, was Pedro de Cieza geschrieben hatte, damit nichts in diese Chronik Einlaß fände, was für den König oder La Gasca ungünstig wäre. Cieza sagt darüber nur: »Dr. Melchor Bravo de Saravia und der Licentiatus Hernando de Santillán, beide Richter am Königlichen Tribunal der Stadt der Könige [Lima], haben den größten Teil meines Manuskriptes durchgesehen.«

Wieviel diese ehrenwerten Herren von dem etwa 8000 Seiten starken Folio-Manuskript, einschließlich des unwiederbringlich verlorenen »Buches der Gründungen«, tatsächlich gelesen haben, wissen wir nicht. Als Cieza ihnen das Manuskript übergab, dachte er daran, daß »großer Lohn nicht ohne schwere Arbeit zu erwarten ist«, und auch daran, was Salomon über Reichtum, Wachsamkeit und Arbeit im Geiste gesagt hat; »denn«, so sagte er schließlich, als er das Manuskript nach zehn Jahren aus den Händen ließ, »beim Schreiben eines so schwierigen Werkes wie dieses, an dem ich jetzt arbeite, ... konnte ich auf keine Weise lange, schlaflose Nächte vermeiden.«

Dann befaßte er sich mit seinen persönlichen Angelegenheiten: mit der Vorbereitung seiner Heimreise nach siebzehnjähriger Abwesenheit und mit seiner Heirat.

Diese Ehe, Ciezas größtes Glück und größter Kummer, begann mit der Unterzeichnung eines Heiratskontraktes in Lima am 19. August 1550. Pedro López, ein Kaufmann (nicht zu verwechseln mit dem gleichnamigen Sekretär La Gascas), erklärte sich in Vertretung seiner Schwester in diesem Dokument damit einverstanden, daß

Pedro de Cieza nach seiner Rückkehr Isabel López heirate. Daß der Name der Tochter in keiner Weise dem Namen des Vaters oder der Mutter entspricht, gehört zu den Merkwürdigkeiten Spaniens; selbst berühmte Männer der Geschichte, wie zum Beispiel der »Inka« Garilaso de la Vega trugen den Namen eines berühmten Ahnen und ließen den eigenen völlig außer acht (welcher in diesem Falle beiläufig Gómez Suárez de Figueroa lautete). Tatsache ist, daß Isabel López die Tochter des Juan de Llerena war, der wahrscheinlich aus Ciezas Heimatdorf stammte, aber nun als wohlhabender Kaufmann in Sevilla lebte und Verbindungen nach Amerika hatte. Sein Sohn befand sich damals in Peru, und Cieza gab bei seiner Abfahrt einem »Juan de Llerena, Bürger von Saña« Generalvollmacht. Hatte Cieza dieser Isabel López schriftlich den Hof gemacht, war es das Resultat einer brieflichen Romanze, oder hielt ihr Bruder, der damals geschäftlich in Amerika war, Cieza für eine gute Partie? Irgend etwas an diesem Inka-Historiker muß den Mann aus Sevilla beeindruckt haben, da er im Namen seiner Familie seiner Schwester eine Mitgift von viertausend Goldkronen bewilligte – eine fürstliche Summe, denn Gonzalo Pizarro versuchte, La Gasca mit nur 20 000 Pesos zu bestechen, was beträchtlich weniger ist: »Ich erkläre... mich hiermit einverstanden, daß, sobald Ihr, der vorgenannte Pedro de Cieza, in der Stadt Sevilla angekommen seid, Euch mein Vater am Tage Eurer Eheschließung mit meiner Schwester, der besagten Isabel López, 4000 Kronen in der in Sevilla gültigen Münze geben wird.«

Später, am 11. September, traf Cieza mit dreien seiner Bekannten, »Bürgern von Llerena im Königreich Spanien«, die wohl früher als er abgefahren sind, die Abmachung, »speziell für mich und in meinem Namen, in Stellvertretung meiner Person und mit meiner Zustimmung, die Eheschließung zu erwirken mit *Isabel López*, legitimer Tochter der *Juan de Llerena*, Bürgers von Sevilla, und María Abreo, seiner Ehefrau, entsprechend dem Tenor eines Kontraktes, der von mir und *Pedro López* unterzeichnet ist«.

5

Pedro de Ciezas Ankunft in Sevilla verursachte offenbar, trotz seiner siebzehnjährigen Abwesenheit von Spanien, kein großes Aufsehen. Allzu viele Konquistadoren, mit hochgeborenen indianischen Frauen und einer Fülle goldenem Schmuck prahlend, waren im letzten Jahrzehnt in Sevilla herumstolziert, als daß sich irgend jemand über einen Rückkehrer aus Peru noch hätte aufregen können. Es ist anzunehmen, daß seine Braut, Isabel López, und ihre Familie am Schiff waren, und daß seine eigene Familie von Llerena gekommen war – der betagte Vater (die Mutter war inzwischen gestorben), der Bruder Rodrigo, welcher jetzt Priester war, und ein paar Cazallas.

In dieser Zeit war Cieza so vollständig mit den verschiedenen Aspekten seines eigenen Lebens beschäftigt – seiner baldigen Heirat und den Plänen zur Veröffentlichung seiner Chroniken –, daß man von ihm nicht erwarten konnte, er werde sich viel mit den laufenden politischen Angelegenheiten Spaniens befassen. Er war in Llerena, als der Prinz-König Philipp II. mit einem Gefolge lustiger Kavaliere durch den Ort ritt, um seine Schwester Juana nach Bajadoz an der portugiesischen Grenze zu eskortieren, wo sie den zweiten Sohn des Königs Johann von Portugal heiraten sollte. Er nahm auch zweifellos ein vorübergehendes Interesse (er wußte nicht, wie eng seine eigene Zukunft damit verbunden war) an dem damals umgehenden Gerücht, daß Philipp II. Mary Tudor von England heiraten wolle, um ein zweifach gekrönter König zu werden.

Anfang August 1551 wurde Cieza mit Isabel getraut, und wie die Dokumente besagen, nahmen sie Wohnung in der Calle de las Armas (heute Calle Alfonso XII) im Bezirk San Vicente von Sevilla. Nach den vielen entbehrungsreichen Jahren in Westindien schien nun alles so vielversprechend... »Wir versprechen Euch, Pedro de Cieza de León..., da mit Gottes Beistand die Heirat zwischen Isabel de León... und Euch... stattgefunden hat, welche mit Euch in der Provinz Peru durch Pedro López, unseren Sohn, verabredet worden... und es unser Wille gewesen ist... und damit Ihr es leichter haben sollt, den ehelichen Hausstand zu unterhalten, 3500 Golddukaten zu je 375 *maravedís* in kuranter Münze, und zwar 2000 Dukaten in bar, heute am Datum der Abfassung [11. August 1551]... und die restlichen 1500 in der Form von Brautausstattung, Kleidern, Juwelen, Haushaltsgegenständen, Sklaven und Sklavinnen...«

Pedro de Cieza verpflichtete sich seinerseits in einem anderen Dokument, seine eigenen Golddukaten daranzuwenden, »die Last des Haushalts zu tragen«, und selbst durch diese gestelzten Sätze des Schreiberstils kann man Ciezas Glück spüren, als er »für meine Ehefrau und Gattin, zu Ehren ihrer Person und ihrer Herkunft und der Söhne und Töchter, die wir, so Gott will, miteinander haben werden« finanzielle Vorkehrungen trifft.

Inzwischen hatte Pedro de la Gasca, seit dem vorigen

Jahr aus Peru zurückgekehrt, all das angesammelte Gold und Silber durch die königliche Schatzkammer gehen lassen, wo es Stück für Stück überprüft und vereinnahmt wurde, und war dann zu Hofe geeilt, »um Seiner Hoheit die Hand zu küssen«. Karl v. versicherte ihm: »Wir wollen alles in Unserer Macht Stehende tun, um einen so einzigartigen Dienst zu belohnen«, und so geschah es auch: La Gasca erhielt das Bistum Palencia und blieb außerdem Geheimer Rat des Königs in allen Peru betreffenden Angelegenheiten. Es muß daher angenommen werden, daß Cieza sich mit ihm in Verbindung gesetzt hat, und zweifellos hat er auch diesem hohen Herrn einen Besuch abgestattet. La Gasca war auch Conde von Pervia und residierte dort inmitten seiner peruanischen Andenken; darunter waren auch die Fahnen Gonzalo Pizarros, die er in der Schlacht von Xaquixahuana erbeutet hatte.

Pedro de Cieza hatte hochfliegende Pläne. Um 1552 hatte ein Amanuensis die *Parte Primera de la Crónica del Perú* für den Drucker Martín Montesdoca in Sevilla redigiert. Ein Künstler hatte nach Ciezas Anweisungen die ersten authentischen Illustrationen über Peru für die erste Ausgabe gezeichnet. Außerdem hatte Cieza die anderen sieben Manuskripte revidiert und von einem Schreiber auf Pergament kopieren lassen. Das Ganze war, wie er es plante, eine Geschichte der Entdeckung, der Eroberung und der Bürgerkriege von Peru, eine vollständige Synopsis. Prescott, der es nicht besser wissen konnte, glaubte, das gewaltige Werk sei nie vollendet worden: »Mit seltsam anmutender Genauigkeit zählt er den Inhalt mehrerer Bände seiner projektierten Chronik auf... Aber nur allein der erste Teil... wurde vollendet, und der Autor starb, ohne *auch nur einen Teil* der gewaltigen Grundkonzeption, die er so vertrauensvoll aufgezeichnet hatte, bewältigt zu haben ... die Konzeption eines Werkes so früher Zeit und auf dieser philosophischen Ebene [erinnert einen] an unseren Zeitgenossen Malte Brun«, schrieb Prescott, auf jenen Geographen dänischer Herkunft anspielend, der eine enzyklopädische Geographie der Welt geschrieben hat.

Offensichtlich war Cieza sich über alle Probleme im klaren, die bei dem Versuch der Drucklegung auftauchen würden, denn um gedruckt werden zu können, bedurfte ein Buch damals eines *privilegio,* das heißt einer Lizenz, die besagte, daß es von der zuständigen Behörde überprüft und für gut befunden worden war. Alle Bücher mußten über eine ganze Stufenleiter gehen: den Königlichen Rat, das Offizium der Heiligen Inquisition, den Westindien-Rat, und oftmals auch noch über das königliche Handelsministerium, die *Casa de Contratación,* ehe sie das Licht der Öffentlichkeit erblicken durften.

Der Klarheit halber – wir haben es scheinbar vergessen – : Spanien hatte sich erst kürzlich, um den Preis vieler Menschenleben und Güter, von der Moslem-Herrschaft befreit – der Krieg hatte dreihundert Jahre lang die Iberische Halbinsel verwüstet. Es war einer der langwierigsten religiösen Kreuzzüge der Geschichte; und so war Spaniens Gefühl einer heiligen Mission verständlich. Trotz des Zynismus, der mancher ihrer Taten anhaftete, war die Religion für die Spanier etwas sehr Wirkliches. So hatten sie jede nur erdenkliche Sicherheitsschranke aufgebaut, um auf jede Weise eine Abweichung vom Konzept ihres christlichen Lebens zu verhindern. Pedro de Cieza, wie wir aus seinem Leben und seinen Handlungen ersehen, war ein Mann von kritischem Urteil. Er wußte, daß er einen königlichen Gönner brauchte, um die Veröffentlichung seiner Chronik durchzusetzen, wenn irgend möglich den König selbst. Es ist vollkommen natürlich, daß er La Gasca aufgesucht hat, sobald dieser als Bischof von Palencia eingesetzt war; das ist so gut wie sicher, obgleich bis zur Stunde, da ich dies schreibe, kein Dokument aufgefunden worden ist, das es bestätigt. Obgleich La Gasca, wie es hieß, »bescheiden und anspruchslos war«, und trotzdem ihm durch sein Bischofsamt die himmlische Unsterblichkeit nicht fehlen konnte, ist er möglicherweise ebenso wie jeder andere Sterbliche darauf bedacht gewesen, auch auf diesem niederen Erdenplan seinen Ruhm sich ausbreiten zu sehen. Das ist offensichtlich, denn zur Zeit von Ciezas Besuch schrieb er in seiner Eigenschaft als Bischof von Palencia an einen Freund (am 23. August 1552) und beklagte sich in diesem Brief über die im Vorjahr erschienene *Historia de Indias* von Gómara: »Ich bin sicher, daß er Wert auf die Wahrheit legt..., er ist aber schlecht informiert..., ich hatte schon vier Fünftel der dortigen Bevölkerung für mich gewonnen und war durchaus in der Lage, das restliche Fünftel durch Waffengewalt zu unterwerfen, aber da das ein mit meinem geistlichen Gewande nicht zu vereinbarendes Blutvergießen bedeutet hätte, versuchte ich, die Bekehrung mit möglichst friedlichen Mitteln durchzuführen.« La Gasca hatte das größte Interesse daran, daß Cieza seine erste Chronik veröffentlichte, welche seinen Triumph über Gonzalo Pizarro beschreibt. Daß La Gasca ihn unterstützte und ihn für eine persönliche Audienz bei Philipp II. empfahl, ist die einzige vernünftige Erklärung dafür, daß Cieza, ein Mann von niederer

Geburt und ohne Verbindungen zum Hof, überhaupt eine Audienz erhalten konnte.

Im September weilte Philipp, der Prinz-König, in Toledo. Peripathetisch wie ein Wandermönch, reiste er in ganz Spanien umher, bald hier, bald dort Hof haltend. Cieza eilte dorthin, über die berühmte Brücke von Alcántara (»... ein Bauwerk, das ich in Toledo sah, als ich 1552 dorthin kam, um den ersten Teil meiner Chronik dem Prinzen Don Felipe zu präsentieren...«), die, von den Römern erbaut und von den Arabern restauriert, später von den Spaniern neu errichtet worden war, und sprach dann zu seinem angemeldeten Besuch bei Philipp II. vor.

Philipp war damals de facto, aber nicht de jure König von Spanien. Er war vierundzwanzig Jahre alt. Sein Porträt von Tizian, das aus dieser Zeit stammt, wird ihn wohl so zeigen, wie er war, denn es war nicht Tizians Art, Häßlichkeit zu verbergen. Er ist von guter Statur, hat ein intelligentes Gesicht mit fragendem Ausdruck der Augen, aber die vorstehende Habsburger Unterlippe beeinträchtigte diese Züge und gab ihm durch den hängenden Unterkiefer diesen Ausdruck von Inzucht, wie man ihn manchmal in abgeschiedenen Tiroler Dörfern bei Dorftrotteln findet. Philipp war damals weder düster noch in sich gekehrt; er war ein eifriger Jäger, tanzte gern, schätzte die Künste und führte im Jahre 1552 eine geistvolle Korrespondenz mit Tizian.

Selbstverständlich gibt es kein Protokoll über die Audienz Pedro de Ciezas, doch hat Philipp die Manuskriptkopie des *Primera Parte* gelesen oder doch überflogen, denn er nahm die Widmung gnädig entgegen und gewährte dem Buch seine königliche Protektion samt dem Urheberrecht: »So habe ich von Dir, Pedro de Cieza... vernommen, daß Du lange Zeit in Peru verbracht hast, wo Du Uns mit Deinen Waffen, Dienern, Pferden und Vermögen... Dienste geleistet und... ein Buch zusammengestellt und geschrieben hast... Du hast nun Uns um die Erlaubnis gebeten, dieses Buch drucken zu lassen... und nachdem das besagte Buch im Rate des Kaisers und Königs, meines Herrn, durchgesehen und geprüft worden ist..., gewähren Wir Deine Bitte.... Und ich befehle und bestimme, daß während besagter fünfzehn Jahre niemand sich erlaube, das vorbesagte Buch zu drucken außer Dir, obbenanntem Pedro de Cieza.«

Das Urheberrecht lief also 15 Jahre und schloß das Recht ein, das Buch in ganz Spanien und Amerika zu verkaufen. Das Privilegium wurde am 14. September 1552 in Bonçon [Monçon de Aragón] unterzeichnet.

Am 15. März 1553 kam das Buch aus der Presse des Martín de Montesdoca. Es hatte Folioformat; die Titelseite mit der Renaissance-Einfassung trägt das eindrucksvolle, wenn auch etwas überladene königliche Wappen Philipps II. Nun endlich, nach langen Jahren der Ungewißheit, kann Cieza auf der Titelseite lesen: *Fecha por Pedro d'Cieça de León, vezino de Sevilla.* Es war die einzige in Spanien edierte zeitgenössische Auflage und wurde erst 1862 neu gedruckt. Durch die bemerkenswerten Details in Ciezas Testament wissen wir heute, daß die Auflage mehr als 500 Exemplare betrug, wovon Cieza zwei Jahre nach der Veröffentlichung noch 218 unverkauft bei den Buchhändlern liegen hatte. Der Buchhändlerpreis betrug 4 *reales* und 3 *cuartillos* pro Stück; eine unbedeutende Summe (in heutiger Währung etwa 0,40 Dollar), und das für ein Buch im Folioformat, auf handgemachtem Papier und in Pergament gebunden! Daß die *Primera Crónica* günstige Aufnahme fand und gelesen wurde, bis die Blätter durch den häufigen Gebrauch dünn geworden waren, wird dadurch bewiesen, daß von der ersten Auflage nur noch ganz wenige Exemplare vorhanden sind; sie ist äußerst selten.

Da Flandern noch unter spanischer Herrschaft stand, ließ Cieza dort eine zweite Auflage drucken, diesmal in einem billigen Taschenformat, mit den originalen, allerdings nachgeschnittenen Illustrationen. Die Auflage erschien unter dem Impressum Martin Nucios, desselben Druckers und Verlegers, der ein Jahr später ein Konkurrenzbuch von Agustín de Zárate herausbrachte, welches der Prinz-König auf seiner Reise nach England las und zu dessen Veröffentlichung er den Autor aufgefordert hatte. Weitere Auflagen von Ciezas Chronik wurden von Antwerpener Druckern herausgebracht, was die Popularität des Buches beweist. Daß Pedro de Cieza selbst die Kontrakte aufgesetzt hat und das Buch nicht unberechtigt nachgedruckt wurde, kann man daraus ersehen, daß er in seinem Testament von »zu erwartenden Einkünften aus Westindien und Flandern« spricht.

Nach 1555 entdeckten die Italiener ihr Herz für Cieza und druckten nicht weniger als sieben Auflagen in zwanzig Jahren. Die Franzosen und Deutschen, nachdem die erste Aufregung über »*certaines nouvelles de l'isle du Pérou*« vorüber war, haben überraschenderweise nie eine eigene Edition herausgebracht. Die Engländer schwangen sich 150 Jahre später zu einer schauderhaft übersetzten Ausgabe auf.

Daß Cieza die zweite Ausgabe selber korrigiert hat, wird durch einen Vergleich offensichtlich. Nachdem er mit dem ersten Teil seiner *Chroniken von Peru* so erfolgreich den Stürmen der doktrinären Zensur die Stirn geboten hatte, redigierte er den zweiten Band *La Segunda Parte de la Crónica del Perú que trata del Señorío de los Incas Yupanquis y de sus grandes hechos y Gobernación,* und noch bevor dieses Buch in Druck ging, fing er schon mit der Arbeit an seinen weiteren Chroniken an. Wenigstens eine (die unter dem Titel *Der Krieg* [oder *Die Schlacht] von Quito* bekannt ist) hat er noch für den Druck fertiggestellt, denn, wie sein Entdecker berichtet, trug das Manuskript, als es aufgefunden wurde, »eine Menge Referenzen, Lesezeichen und Notizen an verschiedenen Stellen und von verschiedener Art, manche in anderer Farbe und in anderer Handschrift«. Jedoch, weiter ging es nicht damit – der Tod, diese und jene Maske tragend, war nahe.

Das Jahr 1554 war schrecklich für Cieza. In den ersten Monaten des Jahres 1553 hatte er in tiefem Schmerz seine junge Frau begraben, wie aus seinem Testament hervorgeht. Wir wissen weder das genaue Datum noch die Ursache ihres Todes, nur daß sie 1553 starb und »in der Kirche San Vicente dieser Stadt Sevilla« bestattet wurde. Man kann aus seinen testamentarischen Verfügungen ersehen, mit welchem Luxus er seine junge Frau umgeben hatte: »... das purpurne Samtkleid mit Satinärmeln und goldener Borte ... eine Netzhaube mit kleinen goldenen Perlen ... ein bortenbesetztes Kleid aus rotem Satin ... die Juwelenkassette ... und ihre Sklavin Beatriz ...«

Bald danach war Cieza selbst ein Todeskandidat. In den letzten Monaten seines Lebens war er so gelähmt, daß er kaum mehr seinen Namenszug schreiben konnte.

Es gibt keinen Hinweis auf die Krankheit, die ihn verzehrte – es mag eine der vielen tropischen Infektionen gewesen sein, die ihm schließlich so zusetzte, daß er sich nicht mehr wie früher »umschauen« konnte, um die Merkwürdigkeiten des Lebens zu betrachten. Es war gut, daß seine Illusionen ihm bis zum Ende Kraft gaben, denn er war trotz seines langsamen Sterbens zeitweise fähig, an seinen Historien weiterzuarbeiten und im langsamen Verlöschen noch künftige Veröffentlichungen zu planen. Er wußte damals noch nicht, was Jean Jacques Rousseau in seinen alten Tagen lernen mußte, daß »Nichtwissen eine notwendige Bedingung menschlichen Glückes ist« – Cieza hatte in seinen Büchern zu vieles zu gut gesagt. Das Fieber der Zeit und die Tatsache, daß er so offen die Partei des Verteidigers der Indianer – Las Casas' – ergriff, sollte die heroische Arbeit, die er an die Materialsammlung zur ersten Geschichte Südamerikas gewandt hatte, zunichte machen.

Nicht notwendigerweise war die Zeit aus den Fugen: die Zeitläufte waren eben nur die geordnete Folge der Ereignisse. Karl v., König von Spanien und der Länder jenseits des Meeres, der einzige Monarch, der hartnäckig dem Eindringen des Islams in Europa Widerstand geleistet, der für ein geeintes Europa gefochten hatte und die kostspielige Fiktion des Heiligen Römischen Reiches Deutscher Nation aufrechterhielt, war nun fünfzig Jahre alt und am Ende seiner Kräfte. Er hatte sich selbst und die Schatzkammern Spaniens erschöpft; alle die goldenen Fluten aus Mexiko und Peru waren in den Kriegen zerronnen, in denen er versucht hatte, Europa zusammenzuschmieden. 1554 wollte er abdanken und sich in ein Kloster in Estremadura zurückziehen, um sich auf seinen Tod vorzubereiten. Indessen leitete er noch Philipps Heirat in die Wege, um ihm eine größere Krone als die des Heiligen Römischen Reiches zu sichern; denn der Gedanke des physischen Weiterlebens durch den Fortbestand der Familie war ihm im Moment wichtiger als die Unsterblichkeit seiner Seele.

Im Juli 1554 segelte Prinz Philipp von Coruña aus nach England, um Maria Tudor, die Tochter Heinrichs VIII., zu heiraten. Daraus entstand der Krieg zwischen England und Spanien, die Atmosphäre für die »Schwarze Legende« wurde geschaffen und die Uhr des Geistes in Spanien zurückgestellt. Das war auch der Grund, daß die Werke Pedro de Ciezas dreihundert Jahre lang verschollen blieben.

Das Unglück begann in dem Augenblick, als Philipp englischen Boden betrat. Daß ihm durch den Earl of Arundel der Hosenband-Orden überreicht wurde; daß man ihn als König empfing (denn sein Vater hatte ihn zum König von Mailand gemacht, damit er seiner Braut Maria gleichberechtigt entgegentreten konnte) – all dieses protokollarische Brimborium konnte die Feindseligkeit des Volkes nicht verbergen.

Philipp war mit fünfundzwanzig Jahren ein recht heiterer junger Mann, der sich auf seine Freundlichkeit und Milde etwas zugute tat – eine der Stimmen, welche die humanitären »Neuen Gesetze« zum königlichen Dekret erhoben hatten, war die seine gewesen –, und er besaß eine außerordentliche Konzentrationskraft. Er war dazu hartnäckig und eigensinnig, was damals ein König, der überleben wollte, auch bitter nötig hatte. Dabei war er weder ehrgeizig noch heftig – Krawalle und Unruhen haßte er zutiefst –, aber wenn es sich um den Glauben handelte, war er durchaus bereit, beides in Kauf zu nehmen, denn er betrachtete sich als den großen Protektor des Katholizismus. Sogar vor seiner Heirat hatte es Straßenkrawalle zwischen den spanischen Soldaten und dem Volk gegeben, und die Obrigkeit hatte es schwer, das öffentliche Geschrei zu beruhigen und vor dem Bürger den Hagel der frechen Pasquinaden gegen die Kirche, den König und Spanien zu verbergen.

Maria Tudor und Philipp heirateten am 25. Juli. Sie herrschten als gemeinsame Souveräne über England, eine Tatsache, die Philipp in einem Brief an den Bischof von Palencia, den wohlbekannten Pedro de la Gasca, zum Ausdruck brachte, indem er mit »Ich, der König« unterzeichnete.

König Philipp sah schon im Geiste, daß England durch diese Heirat in den Mutterschoß der römischen Kirche zurückkehren würde, und er äußerte seine Wünsche in kraftvollem Latein, wenn er im Parlament sprach. Es war unvermeidlich, daß er sich aus dieser Ehe ein Kind wünschte, das dereinst beide Staaten und Völker vereinigen würde. Es war aber ebenso unvermeidlich, daß manche Leute darauf mit Heftigkeit reagierten. Pamphlete erschienen, von den Kanzeln wurde gegen den neuen Geist gewettert, und allen voran ließ der unversöhnliche John Knox sein theologisches Geschütz auffahren – der Krieg der Worte hatte begonnen. Wie es bei solchen Affären unvermeidlich ist, kam es zu Aufruhr, Polizeimaßnahmen und Blutvergießen; man schrie »Verrat«, und aus Maria Tudor wurde »Maria die Blutige«. Jetzt gab es für keine der Parteien mehr ein Zurück.

Das ist Geschichte – aber für uns nur insoweit, als es das Schicksal Pedro de Ciezas betrifft. Zwei Tage vor der Heirat des Königs, am 23. Juli 1554, unterzeichnete Cieza sein Testament – und starb. Bei seinem letzten Atemzug war er davon überzeugt, daß sein nächstes Buch vor der Veröffentlichung stand, diese Chronik, die er fünfzehn Jahre lang als Manuskript mit sich herumgetragen hatte: »Betreffs eines anderen von mir verfaßten Buches über die Entdeckung und Eroberung Perus verfüge ich, daß, falls einer meiner Testamentsvollstrecker es zu drucken wünscht, er es tun und aus der Veröffentlichung seinen Gewinn ziehen möge; sollte keiner von ihnen diesen Wunsch haben, so ist das Buch an den Bischof von Chiapas an dessen Bischofssitz zu senden, damit er es in Druck gebe.«

Dieser Bischof von Chiapas war natürlich Bartolomé de las Casas, welcher derzeit am spanischen Hofe residierte, von wo aus er noch immer ein intensives Programm für die Durchführung der »Neuen Gesetze« betrieb, zu deren ersten Initiatoren er zählte. Philipp hatte als Prinz den detaillierten Berichten Las Casas' gelauscht, wenn dieser über die Verbrechen an den Indianern sprach, und über die Scheußlichkeiten in den *encomiendas*, diesen Indianer-Arbeitskommandos, durch die die eingeborene Bevölkerung ganzer Landstriche ausgerottet wurde. Er hatte auch die Schilderungen von den wüsten Grausamkeiten der Konquistadoren und der Kolonisten vernommen. Für die Königliche Ratskammer war das nichts anderes als Nachrichtenmaterial, aber es sollte nicht in die Öffentlichkeit dringen. So kompromittierte Las Casas eine gute Sache gerade durch die Intensität seiner Bemühungen, denn nun wurden seine Anklagen von Spaniens Feinden aufgenommen und erschienen sogar im Druck, als Philipp König von England war. Wegen dieser unflätigen Breitseiten, mit denen Philipp während seines ganzen Aufenthaltes in England eingedeckt wurde, reagierte er natürlich heftig auf die in diesen Schmähschriften enthaltenen Behauptungen. So wurde die »Schwarze Legende« geboren, und der »Verhärtungsprozeß«, durch den Büchern, die Informationen über die Neue Welt verbreiteten, die Lizenz versagt blieb, nahm seinen Anfang. Las Casas' Niedergang und Fall wirkte sich auch nachteilig auf die Position Ciezas aus.

Im Jahre 1555 dankte Karl v. ab. Philipp wurde König von Spanien, während sein Bruder Ferdinand den freigewordenen Titel des Kaisers des Heiligen Römischen Reiches erhielt. Dann starb Maria Tudor, und durch ihren Tod verschlechterten sich die Beziehungen zwischen Spanien und England. Die Gegenreformation war in vollem Gange. Die frühere Freimütigkeit verschwand aus den spanischen Veröffentlichungen. Stück für Stück wurden neue Manuskripte dem Westindien-Rat zur Lizenzerteilung vorgelegt – und wurden nicht mehr gesehen: viele kamen erst nach dreihundert Jahren wieder zum Vorschein, und dann auch nur, weil man sich schämte und es als eine Schmach für die nationale Ehre Spaniens empfand, daß William Prescott, ein Amerikaner, die *Geschichte der Eroberung Perus* nach Dokumenten geschrieben haben sollte, die jahrhundertelang unter Verschluß gelegen hatten.

Ciezas Schicksal war eng mit diesem »Verhärtungsprozeß« und den Tendenzen der frühen Gegenreformation verbunden. Er beging auch einen taktischen Fehler, als er den zweiten Band seiner Geschichte der Inkas mit »der Aufforderung, sie zu drucken« an Las Casas sandte.

Das diente der Inquisition zum Vorwand, das Manuskript mit Beschlag zu belegen, denn entweder hatte sein Testamentsvollstrecker nicht »den Wunsch, es zu drucken«, oder man verweigerte ihm die Lizenz; und nachdem die Manuskriptbände aus einer Hand in die andere gegangen waren, sandte sie Andrés Gasco, der im Jahre 1563 Inquisitor war, an den Westindien-Rat; dabei gebrauchte er die klassische Form spanischer Heuchelei: »Ich gehorchte, aber ich war anderer Ansicht.«

Cieza hatte geglaubt, er könne eine Veröffentlichung erreichen, ohne Schwierigkeiten zu verursachen. Bezüglich der Bücher über die Bürgerkriege verfügte er: »Ich habe ein Buch oder besser drei Bücher [in Wirklichkeit fünf] über die Bürgerkriege verfaßt, alle mit der Hand auf Pergament geschrieben und ausgeschmückt, welche bei der Drucklegung einiges unliebsame Aufsehen erregen könnten und deren Inhalt gewissen Personen Ärgernis bereiten mag ... [So] ... ist es mein Wunsch, daß meine Testamentsvollstrecker diese drei Bücher samt den Aufzeichnungen, die in meinem Schreibtisch sind, herausnehmen und die genannten Briefe und andern Schriften, die außerdem dabeiliegen könnten, beiseite tun ... Dann sollen sie den Schreibtisch abschließen, versiegeln und noch zwei kleine Schlösser anbringen. Dann sollen sie in Gegenwart eines Öffentlichen Notars den verschlossenen Tisch in das Kloster Las Cuevas ... bringen ..., bis fünfzehn Jahre nach meinem Tode verflossen sind.« Das Schicksal von Ciezas *Geschichte der Bürgerkriege* und seine humane Gesinnung illustriert sein Testament, das im Anhang abgedruckt ist.

Vergeblich bat Ciezas Bruder, ein Priester, der die Kuraten-Stelle von Castilleja de la Cuesta innehatte, um die Rückgabe des Manuskriptes: »Mein Bruder«, heißt es in seiner Bittschrift aus dem Jahre 1578, »der viele Jahre in Peru gedient und dort große persönliche Opfer gebracht hat, schrieb auf Befehl La Gascas ... alles nieder, was während der Entdeckung dieses Landes und in den dortigen Kriegen geschehen ist. Diese Bücher, die er in seinem Besitz hatte, wurden ihm genommen und hierhergebracht [zum Westindien-Rat]. Er hat mehrfach um diese und um eine Entschädigung für seine Dienste gebeten, ist aber inzwischen gestorben und hat als Erben Rodrigo de Cieza eingesetzt. In Anbetracht dessen ersucht der letztere um Rückgabe dieser Bücher, da man sie ihm, dem sie gehören, genommen hat, denn sie befanden sich in seinem Besitz.«

Erst im Jahre 1596, als Antonio de Herrera de Tordesillas, der Amerika niemals gesehen hat, zum königlichen Historiographen ernannt wurde, um auf eine »dem König wohlgefällige Weise« eine Geschichte der Entdeckung und Eroberung Amerikas zu schreiben, erfolgte Ciezas Wiederauferstehung. »Um die Geschichte Westindiens genau schreiben zu können«, stellt Herrera fest, »... muß ich Einsicht in das Buch nehmen, das Pedro de Cieza, Chronist dieser Länder, auf Befehl des Präsidenten Gasca geschrieben hat ... und das von den königlichen Behörden in Lima genehmigt worden ist.« Und so bat er dann, »die *dos cuerpos* [das heißt die eingebundenen Manuskripte], die sich in den Truhen Seiner Majestät befinden«, einsehen zu dürfen. »In einem Handbuch der Königlichen Kammer und auf Befehl des Königs Philipp II. ruhmvollen Angedenkens wurde Antonio Herrera [der Auftrag] erteilt, die Geschichte Westindiens zu schreiben, die gleiche, die von P° de Cieça, kraft Ernennung des Präsidenten La Gasca Chronist dieser Länder, geschrieben worden ist und die die Genehmigung der Königlichen Kanzlei der Stadt der Könige erhalten hat.«

Ciezas *dos cuerpos* – das heißt nicht weniger als sieben seiner unveröffentlichten Chroniken und wahrscheinlich das verlorengegangene *Buch der Gründungen* wurden in ihrer Gesamtheit, oftmals Wort für Wort, von Antonio de Herrera, einem Mann in einträglicher Stellung, plagiiert.

Nach römischem Gesetz war ein »Plagiator« im eigentlichen Sinne des Wortes eine heimtückische Person, ein Kindesentführer oder Verführer von anderer Leute Sklaven; in übertragenem Sinne verstand man darunter einen Gedankendieb. Für Pierre Bayle, einen Zeitgenossen Antonio de Herreras, war ein Plagiator, laut seinem 1697 herausgekommenen *Dictionnaire historique et critique* jemand, der geistiges Gut samt den geringsten Details entwendete, »der Korn, Stroh, Heu, Staub und alles stahl« – kurz, ein Schriftsteller ohne Phantasie, Geschmack und Urteilsvermögen. Das war auch William Prescotts Verdikt über Herreras Geschichte: »... eine salzlose Zusammenstellung, ... vor Langeweile verliert der Leser ständig den Faden..., so daß er am Ende erschöpft und sein Geist verwirrt ist.«

So verschwand Pedro de Cieza im Rachen einer allesverschlingenden Anonymität. Wer immer originales Material brauchte, entlieh es sich von ihm, bis die Manuskripte völlig kastriert waren; oft wurde die Autorschaft jemand anderem zugeschrieben oder verlor sich in den unermeßlichen Tiefen der Archive des Escorial. Die Tatsache, daß ein amerikanischer Anwalt, der persönlich weder Spanien noch Mexiko, noch Peru kannte, Ciezas

Lob gesungen und es beklagt hat, daß seine anderen Chroniken ungedruckt und verschollen bleiben sollten, schuf den Anstoß, der diese Manuskripte aus ihrem Verlies hervorholte. Es war für die spanischen Gelehrten so demütigend, daß sich alsbald viele von ihnen damit beschäftigten, nach diesen Manuskripten zu wühlen, die so lange in der Vergangenheit ruhten. Einer der Bedeutendsten unter ihnen, Marcos Jiménez de la Espada, fand den zweiten Teil der *Crónica* von Cieza im Escorial, und zwar in einer schlechten Abschrift aus dem 16. Jahrhundert; die beiden ersten Kapitel fehlten, und das dritte war unvollständig. Das Buch beginnt mitten im Satz. Es wurde 1880 als *Segunda Parte de la Crónica del Perú* von Marcos Jiménez de la Espada herausgegeben. Durch den Fund befeuert, forschte Jiménez mit Enthusiasmus weiter, fand ein Fragment von *Der Krieg von Quito*, das er sofort herausgab, und ließ zwei weitere Bücher folgen, *Chupas* und *Salinas*. Die beiden anderen, *Huarina* und *Xaquixahuana*, stehen noch auf der Vermißtenliste; aber da der dritte unveröffentlichte Teil von Pedro de Ciezas Chronik unter mysteriösen Umständen aufgefunden wurde (derjenige, den er in seiner Einleitung folgendermaßen ankündigt: »Im dritten Teil werde ich über die Entdeckung und Eroberung des Königreiches Peru berichten sowie über den festen Sinn des Marques Don Francisco Pizarro und über die harten Prüfungen, die er und dreizehn Spanier bei der Entdeckung des Landes zu erleiden hatten. Des weiteren ... wie ... Don Francisco Pizarro ... mit hundertsechzig Spaniern in das Land eindrang und es eroberte, wobei er Atahualpa gefangennahm.«), ist es durchaus möglich, daß der Morast der spanischen Archive auch noch die anderen Manuskripte von Pedro de Cieza de León aus seinem sumpfigen Schoß entläßt.

Im vorliegenden Buch nun sind, wenigstens für hier und jetzt, die beiden Bücher vereinigt, welche als *Chronik der Inkas* bezeichnet werden.

»Daher habe ich«, so schrieb Cieza 1553, »... das Wichtigste von alledem in dieser Historie meiner Erlebnisse und Erfahrungen zusammengestellt und habe dabei auch zuverlässige Berichte vertrauenswürdiger Personen benutzt.

Das, was ich hier niedergelegt habe, ist die Wahrheit..., weder die Strapazen, welche ich in besagten Wüsten, Bergen und Flüssen auszuhalten hatte, noch unerträglicher Hunger und harte Anstrengungen haben mich jemals daran gehindert, meiner zweifachen Berufung zu folgen: der des Schreibens und der anderen, nämlich meiner Fahne und meinem Hauptmann getreulich zu dienen...

Vieles von dem, was ich berichte, habe ich mit eigenen Augen gesehen, denn ich war selbst dabei, und durch meine Reisen in viele Länder und Provinzen habe ich Gelegenheit gehabt, alles noch besser zu betrachten. Was ich nicht selbst gesehen habe, versuchte ich unter großen Mühen von absolut glaubwürdigen Personen, Spaniern wie Indianern, zu erfahren.

Auf Reisen hierhin und dorthin, wobei ich die vielen fremdartigen und wunderbaren Dinge der neuen Welt Westindiens sah..., wuchs in mir der heiße Wunsch, etwas davon niederzuschreiben...

Und so appelliere ich [in diesem Buch] an das Urteil wohlwollender und weiser Männer, auf daß sie dieses mein Werk gerecht beurteilen mögen.

Sollte diese Historia nicht mit der Geläufigkeit geschrieben sein, die das Zeichen der Gelehrsamkeit ist, so ist sie doch zum wenigsten wahr ...

Ich glaube, daß ein Gelehrterer dieses Buch mehr nach dem Geschmack des Publikums hätte schreiben können, aber ich zweifle nicht daran, daß der Leser, indem er meine Absicht bedenkt, diesem Buch das entnehmen wird, was ich zu geben habe ..., denn auf jeden Fall verdiene ich ein gewisses Maß an Dank.

Der einzige Lohn ..., den ich mir wünsche, ist, daß mein Buch, wenn es auch des rhetorischen Schmuckes entbehrt, freundlich aufgenommen werde, denn ich weiß genau: es geht mit der Wahrheit Hand in Hand ...

Ich begann im Jahre 1541 in der Stadt Cartago [Nueva Granada], in der Provinz Popayán, zu schreiben, und schloß diese Historien am 18. September des Jahres 1550 ab, und zwar in Lima, der Stadt der Könige, im Königreich Peru. Der Autor war zu dieser Zeit zweiunddreißig Jahre alt und hatte siebzehn Jahre seines Lebens in Westindien verbracht.«

EINLEITUNG DES AUTORS

worin er Zweck und Einteilung dieses Werkes erklärt.
Ich habe Spanien, wo ich geboren und erzogen ward, im zarten Alter des kaum vollendeten dreizehnten Lebensjahres verlassen und habe mehr denn siebzehn Jahre in Westindien jenseits der Ozean-See gelebt. Mehrere Jahre verbrachte ich in Kämpfen und auf Entdeckungsfahrten, weitere mit der Gründung von Siedlungen und etliche mit Reisen, hierhin und dorthin, wobei ich die vielen fremdartigen und wunderbaren Dinge sah, die es in dieser neuen Welt von Westindien gibt. Da wuchs in mir der heiße Wunsch, etwas davon niederzuschreiben, und zwar sowohl was ich mit eigenen Augen gesehen, als auch was ich von höchst vertrauenswürdigen Personen vernommen hatte. Aber da ich an meine geringe Bildung dachte, wies ich diesen Wunsch als eitel von mir, denn seit je stand es nur den großen und gelehrten Geistern zu, Historien zu schreiben und ihnen mit edler, weiser Feder Glanz und Licht zu verleihen – für den Ungelehrten wäre es Narrheit, an so etwas auch nur zu denken. Aus diesem Grunde ließ ich die Zeit verstreichen, ohne meine schwachen Kräfte zu bemühen, bis Gott in Seiner Gnade den fast vergessenen Wunsch wieder in mir erweckte. So faßte ich mir ein Herz, und mit wachsendem Selbstvertrauen beschloß ich, einen Teil meines Lebens der Geschichtsschreibung zu widmen. Und folgende Gründe haben mich dazu bewogen:

Erstlich hatte ich bemerkt, daß niemand, wohin ich auch kam, sich die Mühe machte, etwas von dem niederzuschreiben, was ringsum geschah. So wären kommende Geschlechter, da die Zeit die Erinnerung zerstört, nur auf Anhaltspunkte und Schlußfolgerungen angewiesen, um zu erfahren, was wirklich geschah.

Zum anderen: da wir und diese Indianer alle Kinder eines gemeinsamen Vaters sind, ist es nur gerecht, daß die Welt erfahre, wie durch die Bemühungen der Spanier eine so gewaltige Menge Menschen in den Schoß der Kirche geführt wurde; und das war ein so großes Unterfangen, daß keine andere Nation auf Erden dazu fähig gewesen wäre.

Letztlich: kommende Geschlechter mögen erfahren, wie die Krone Kastiliens an Macht und Größe zugenommen hat; und wie die üppigen und ausgedehnten Reiche Neu-Spanien und Peru unter ihrem König und Herrn gegründet, sowie auch andere Inseln und große Gebiete entdeckt worden sind.

Und so appelliere ich an das Urteil weiser und wohlwollender Männer, auf daß sie dieses mein Werk gerecht beurteilen mögen; denn sie wissen, daß die Bosheit und Verleumdungssucht der Dummen und Ungelehrten gewaltig ist und daß es diesen niemals an Einwänden und Widerlegungen mangelt. Viele, die den neidischen Giftstachel jener Skorpione fürchten, wollen deshalb lieber als kleinmütig gelten, als daß sie ihre Werke mutig ans Licht zu bringen wagen.

Mich aber soll weder das eine noch das andere davon abhalten, meine Absicht auszuführen, denn an der Gunst der Wenigen und Weisen liegt mir so viel, daß ich den Schaden geringachte, der mir durch die eitle Menge erwachsen könnte.

Ich schreibe dieses Buch auch darum, daß man darin von den großen Diensten lese, die viele edle Ritter und Jünglinge der kastilischen Krone geleistet haben, so daß sich der Leser bewogen fühle, es jenen gleichzutun. Andrerseits sieht er aber auch, daß nicht wenige Hochverrat, Raub, Tyrannei und andere Verbrechen zu begehen wagten, als welche hart dafür bestraft wurden; daraus möge er lernen, seinem Könige und natürlichen Herrn treu und gut zu dienen.

So haben mich die obgenannten Gründe dazu bewogen, das vorliegende Werk zu beginnen. Des besseren Verständnisses halber bringe ich es in die vier Teile:

1. *Crónica 1553:* Dieser Teil legt dar, in welche Provinzen Peru aufgeteilt ist, wie lang und breit diese sind und wie ihre Meeres- und Landgrenzen verlaufen. Auch gebe ich die Beschreibung jener Provinzen und berichte über die Gründung neuer Städte durch die Spanier, wobei ich aufzeichne, wer sie gegründet hat und wann sie besiedelt worden sind. Schließlich schildere ich die alten Sitten und Bräuche der Indianer und noch manches, was bemerkenswert und von unseren Bräuchen verschieden ist.

Im zweiten Teil will ich die Regierung der Inkas, der alten Herrscher von Peru, behandeln, ihre großen Taten und die Verwaltung des Landes beschreiben, ihre Zahl und ihre Namen angeben, sowie die stolzen und prächtigen Tempel und die bemerkenswerten Landstraßen, die sie bauen ließen, darstellen, desgleichen auch andere große Dinge in diesem Reich. Auch will ich in diesem Buch niederschreiben, was die Indianer von der Sintflut überliefern und was sie über ihren eigenen Ursprung Wunderbares zu erzählen wissen.

Im dritten Teil werde ich über die Entdeckung und Eroberung des Königreiches Peru berichten, sowie über den festen Sinn des Marques Don Francisco Pizarro, und über die harten Prüfungen, die er und dreizehn Spanier bei der Entdeckung des Landes zu erleiden hatten. Des weiteren berichte ich, wie der besagte Don Francisco Pizarro, nachdem er von Seiner Majestät zum Statthalter ernannt worden war, mit hundertsechzig Spaniern in das Land eindrang und es eroberte, wobei er Atahualpa gefangennahm. Dieser dritte Teil wird auch davon handeln, wie der Adelantado Don Pedro de Alvarado landete, und von den Abmachungen, die er mit Don Francisco Pizarro traf. Des weiteren wird dieser Abschnitt von bemerkenswerten Ereignissen in verschiedenen Teilen des Reiches berichten, darunter von dem Aufruhr der Indianer und den Gründen, die dazu führten. Auch schildere ich den grausamen und schonungslosen Kampf der Indianer gegen die Spanier in Cuzco, der großen Stadt, sowie den Tod gewisser spanischer und indianischer Führer. Den Schluß des dritten Teiles bildet die Rückkehr des Adelantado Don Diego de Almagro aus Chile und sein bewaffnetes Eindringen in die Stadt Cuzco, als der Hauptmann Hernando Pizarro, Ritter des Ordens von Santiago, dort Oberster Richter war.

Der vierte Teil, den ich *Die Peruanischen Bürgerkriege* nenne, ist umfangreicher als die anderen und handelt von gewichtigeren Dingen. Er ist in fünf Bücher unterteilt. Darin werden außerordentliche Ereignisse geschildert, wie sie sich unter so wenigen Menschen gleicher Nation noch niemals in irgendeinem anderen Teil der Welt zugetragen haben.

Das erste Buch der *Bürgerkriege* heißt *Die Kämpfe von Las Salinas* und handelt von der Gefangennahme des Hauptmanns Hernando Pizarro durch den Adelantado Don Diego de Almagro und davon, wie dieser sich zum Statthalter der Stadt Cuzco machte; des weiteren von den Gründen, die zu dem Kriege zwischen den Statthaltern Pizarro und Almagro führten, sowie von den Verhandlungen, bei denen man sich entschloß, die Sache in die Hände eines Schiedsrichters zu legen. Weiter ist darin zu lesen von den Eiden, die geschworen, von den Aussagen, die von beiden Statthaltern gemacht wurden und von den Befehlen und Briefen Seiner Majestät, die sie beide vorzuweisen hatten, und von der schließlich getroffenen Entscheidung. Weiter wird erzählt, wie Don Diego de Almagro den Hernando Pizarro aus dem Gefängnis freiließ, wie der *adelantado* nach Cuzco zurückkehrte und wie sie bei Las Salinas, das eine halbe Meile vor Cuzco liegt, eine grausame und erbitterte Schlacht schlugen. Weiter berichtet das Buch über den Marsch des Hauptmanns Lorenzo de Aldana, der als General des Statthalters Don Francisco Pizarro in die Provinzen Quito und Popayán zog. Es schildert noch die Entdeckungen der Hauptleute Gonzalo Pizarro, Pedro de Candia, Alonso de Alvarado, Peranzúrez und anderer. Ich schließe mit der Reise Hernando Pizarros nach Spanien.

Das zweite Buch ist benannt *Die Schlacht bei Chupas*. Es wird mit gewissen Entdeckungen und Eroberungen zu tun haben und mit der Verschwörung, die durch die Chile-Leute (wie man jene nannte, die dem Adelantado Don Diego de Almagro vor seiner Ermordung Gefolgschaft leisteten) in die Stadt der Könige [Lima] hineingetragen wurde. Diese Verschwörung hatte den Tod des Marques Don Francisco Pizarro zum Ziele und war auch erfolgreich. Weiter berichte ich, wie der Sohn des Statthalters sich im größten Teil des Königreiches zum Statthalter ausrufen ließ; wie Hauptmann Alonso de Alvarado, der kraft Ernennung durch den Marques Pizarro

Oberrichter in Chachapoyas war, dort die Waffen gegen ihn ergriff; und wie sich Perálvarez Holgín, Goméz de Tordoya und andere in Cuzco diesem Kampfe anschlossen. Außerdem schildere ich noch die Ankunft des neuen Statthalters Magister Cristóbal Vaca de Castro; und die Zwietracht unter den Chile-Leuten, bis es schließlich, nachdem die Hauptleute einander totgeschlagen, zu der wilden Schlacht von Chupas, nahe Huamanga, kam, von wo aus sich der Statthalter Vaca de Castro nach Cuzco begab und dort Don Diego den Jüngeren köpfen ließ. Damit endet das zweite Buch.

Das dritte Buch, welchem ich den Titel *Der Bürgerkrieg von Quito* gegeben habe, setzt die beiden vorigen fort; es wird sehr unterhaltsam sein und von den verschiedensten großen Dingen handeln: von den neuen Gesetzen, die in Spanien erlassen wurden; von den Unruhen in Peru, den *juntas* und Räten, welche regierten, bis Gonzalo Pizarro als Abgesandter [des Königs] und Generalkapitän empfangen wurde; weiterhin von dem, was sich in der Stadt der Könige während dieser stürmischen Zeit begab, bis zur Festnahme des Vizekönigs durch den Rat der Stadt, und wie er an Bord ging; vom Einzug Gonzalo Pizarros in die Stadt der Könige, wo er zum Statthalter ausgerufen wurde; und was sich sonst noch zwischen den beiden Gegnern begab, bis der Vizekönig geschlagen wurde und im Feldzug von Anaquito den Tod fand. Des weiteren gebe ich in diesem Buche einen Bericht über die wechselnde Lage in Cuzco, Charcas und anderswo sowie über die Kämpfe des Hauptmanns Diego de Centeno, Anhängers des Königs, gegen Alonso de Toro und Francisco de Carvajal, die Anhänger Pizarros, wobei sich schließlich der treue Centeno verbergen mußte und sein Leutnant Lope de Mendoza bei Pecona im Kampfe fiel. Alsdann: was sich zwischen den Hauptleuten Pedro de Hinojosa, Juan de Illanes, Melchior Verdugo und anderen auf der Terra Firma begeben; und wie der Statthalter Belalcázar in der Stadt Pozo den Marschall Jorge Robledo zum Tode verurteilte; wie unser Kaiser und König in seiner großen Milde und Güte einen Pardon sandte und alle zum Gehorsam gegen seine königliche Order aufforderte. Des weiteren, wie der Magister Pedro de la Gasca zum Obersten Gerichtsherren ernannt wurde und durch welche Proklamationen und Methoden er beim Betreten der Terra Firma die Offiziere für den Dienst des Königs zu gewinnen suchte; desgleichen von Gonzalo Pizarros Rückkehr in die Stadt der Könige und von den Grausamkeiten, die er und seine Offiziere dort begingen; schließlich von der Generalversammlung, auf der festgesetzt wurde, wer als Legat nach Spanien reisen sollte; und wie die Flotte sich dem Obersten Richter ergab. Damit werde ich dieses Buch abschließen.

Im vierten Buch, betitelt *Der Krieg von Huarina* behandele ich das Wiederauftauchen des Hauptmanns Diego Centeno, und wie er mit den wenigen Männern, die er hatte zusammenbringen können, in Cuzco eindrang und die Stadt wieder Seiner Majestät dienstbar machte; und wie zu gleicher Zeit, gemäß dem Entscheid des Obersten Richters und seiner Beamten, Lorenzo de Aldana sich von Panama aus einschiffte und mit seinen Leuten im Hafen der Könige landete, und was sie dort taten; und wie viele Gonzalo Pizarro verließen und zum König übergingen. Auch werde ich einen Bericht darüber geben, was sich zwischen Diego Centeno und Alonso de

Mendoza abspielte, und wie schließlich beide vereint dem Gonzalo Pizarro auf dem Felde von Huarina eine Schlacht lieferten, in der Diego Centeno geschlagen wurde und viele seiner Offiziere den Tod fanden oder in Gefangenschaft gerieten; und was Gonzalo Pizarro bis zu seinem Einzug in Cuzco anordnete und vollbrachte.

Das fünfte Buch heißt *Der Krieg von Xaquixahuana*. Es handelt von der Ankunft des Obersten Richters Pedro de la Gasca im Jauja-Tal, von den Kriegsplänen und Vorbereitungen, die er, nachdem er von der Niederlage Diego Centenos Kenntnis erhalten hatte, ins Werk setzte, und seiner Ankunft im Tale von Xaquixahuana, wo ihm Gonzalo Pizarro und seine Hauptleute eine Schlacht lieferten, in welcher die Königstreuen siegreich waren, so daß Gonzalo Pizarro und seine Anhänger in eben diesem Tale vor ein Kriegsgericht gestellt werden konnten. Weiterhin, wie der Oberste Richter in Cuzco einzog und die Usurpatoren öffentlich des Hochverrates anklagte; wie er sich dann in die Stadt Guaynarima begab, wo er die meisten Provinzen des Königsreiches nach seinem Ermessen verteilte; schließlich, wie er sich in die Stadt der Könige begab, wo er das Königliche Tribunal einsetzte, welches heute noch dort besteht.

Am Schluß dieser Bücher, die etwa den vierten Teil meines Gesamtwerkes ausmachen, gebe ich zwei Nachträge: einen über die Ereignisse von der Gründung des Tribunals bis zum Tage, da der Oberste Richter es verließ. Der zweite beschreibt, was auf dem Festland nach seiner Ankunft und der Ermordung des Bischofs von Nicaragua durch die Contreras geschah; wie diese in hochverräterischer Absicht in Panama eindrangen und dort große Mengen Goldes und Silbers raubten; und wie die

Bewohner von Panama nahe der Stadt gegen sie kämpften, wobei der größte Teil der Contreras getötet oder gefangengenommen und verurteilt wurde, und wie der geraubte Schatz wiedererlangt wurde. Ich schließe mit der Schilderung des Aufstandes, der in Cuzco ausbrach, und der Strafexpedition im Auftrage des Tribunals unter Marschall Alonso de Alvarado, sowie endlich der Ankunft des neuen Vizekönigs Don Antonio Mendoza, eines erlauchten und weisen Edelmannes.

Sollte diese Historia nicht mit der Geläufigkeit geschrieben sein, die das Zeichen der Gelehrsamkeit des Autors ist, so ist sie doch zum wenigsten wahr, und jeder erhält, wenn auch in Kürze, was ihm zusteht, und üble Taten werden mit aller Bescheidenheit beurteilt.

Ich glaube, daß ein Gelehrterer dieses Buch mehr nach dem Geschmack des Publikums hätte schreiben können; aber ich zweifle nicht daran, daß der Leser im Gedenken an meine gute Absicht diesem Bericht das entnehmen wird, was ich zu geben habe, denn auf jeden Fall verdiene ich ein gewisses Maß an Dank. Schrieb doch in alten Zeiten Diodorus Siculus, daß die Menschheit ohne Zweifel den Schriftstellern viel verdankt, denn durch sie leben die Taten der Menschen in künftigen Zeiten weiter. Auch Cicero nannte das Buch den Zeugen der Zeit, den Lehrer des Lebens, das Licht der Wahrheit. Der einzige Lohn meiner Arbeit, den ich mir wünsche, ist, daß mein Buch, wenn es auch des rhetorischen Schmuckes entbehrt, freundlich aufgenommen werde; denn, ich weiß es genau: es geht mit der Wahrheit Hand in Hand. So unterbreite ich es dem Urteil der Wohlweisen und Tugendhaften – die anderen bitte ich, sie mögen sich damit begnügen, es lediglich zu lesen.

WIDMUNG DES AUTORS
Dem sehr edlen und mächtigen Herrn Don Philipp,
Prinzen von Spanien, unserem König, etc.

Höchst edler und mächtiger Herr:
Da nicht nur die preisenswerten Taten vieler sehr tapferer Männer, sondern auch zahllose andere Geschehnisse, die ein weitverbreitetes Gedenken verdienten, in der Nacht der Vergessenheit versunken sind, weil kein Autor zur Stelle war, der sie beschrieb, und kein Historiker, der sie aufzeichnete; und da ich in eigener Person in die Neue Welt gereist bin und dort den größten Teil meiner Lebensjahre in Kriegen, auf Entdeckungsfahrten und bei der Gründung von Städten verbracht habe... entschloß ich mich, alles in Peru Bemerkenswerte niederzuschreiben, welches große und denkwürdige Reich ich zur Gänze, von der Provinz Popoyán bis zur Provinz Cartagena, bereist habe, in der ich mehrere Jahre verbrachte.

Da ich nun weiterhin Eurer Majestät in jenem entscheidenden Kriege gedient habe, welcher gegen den aufrührerischen Usurpator [Gonzalo Pizarro] geführt wurde, habe ich viel nachgedacht über den großen natürlichen Reichtum dieser Provinzen und die mannigfachen Geschehnisse, die sich dort abgespielt haben. So faßte ich den Entschluß, die Feder zu ergreifen, um alles das niederzuschreiben.

Damit habe ich mir meinen sehnlichsten Wunsch erfüllt, nämlich Eurer Hoheit einen besonderen Dienst zu erweisen. Auf daß meine Absicht allgemein bekannt werde, wolle Eure Hoheit meine Bemühungen – wenn meine Fähigkeiten auch nur gering sind – nach dem guten Willen beurteilen, mit dem ich dieses Buch über das große Königreich Peru Eurer Hoheit zu Füßen lege. Darauf vertraue ich... Ich bin nicht in Unkenntnis darüber, daß die Schilderung alles des Wunderbaren, was es in Peru gab und noch gibt, eine der größten Schriftsteller der Welt würdige Aufgabe ist... und selbst diese würden ein solches Vorhaben schwierig finden. Denn wer vermag alle die großen und mannigfaltigen Dinge aufzuzählen, die man dort findet: die ragenden Berge; die tiefen Täler, Schauplätze so mancher Entdeckungen und Kämpfe; die vielen großen und sehr wasserreichen Flüsse; die mannigfaltigen und ihrer Natur nach so unterschiedlichen Provinzen; die Völker und Völkerschaften, deren jede ihre eigenen seltsamen Sitten, Bräuche und Zeremonien besitzt; die vielen Vögel und anderen Tiere, die Bäume und Fische, so vielfältig und unbekannt? Wer könnte darüber hinaus die unerhörten Strapazen schildern, die eine so geringe Anzahl von Spaniern in einem derartig ausgedehnten Gebiet ertragen mußte? Wer könnte sich vorstellen oder gar sich unterfangen, was bei den Kriegen und Entdeckungsfahrten in diesem riesigen Land von 1600 Leguas an Hunger, Durst, Anstrengungen und Todesfurcht erlitten worden ist? So viel wäre darüber zu sagen, daß jeder Autor daran verzweifeln müßte, es niederzuschreiben.

Daher habe ich, mächtigster Fürst, das Wichtigste von alledem in dieser Historie meiner Erlebnisse und Erfahrungen zusammengestellt und habe dabei auch zuverlässige Berichte vertrauenswürdiger Personen benutzt. Ich hätte nicht die Kühnheit, mein Werk dem hämischen Urteil der Welt auszusetzen, hoffte ich nicht, daß Eure Majestät geruhen werden, ihm Glanz und Schutz zu leihen und es zu verteidigen, so daß es sich unbekümmert in die

Welt hinauswagen kann. Es hat Autoren gegeben, die sich aus diesem Grunde die mächtigsten Fürsten ausgesucht haben, denen sie ihre Werke widmeten; aber darunter sind einige, die keinen Zeugen dafür beibringen könnten, daß sie auch gesehen haben, worüber sie schreiben; denn sie schildern aus reiner Phantasie, was es nie gegeben hat. Was ich hier niedergelegt habe, ist jedoch wahr, bedeutsam, nützlich, unterhaltend und ist in unserer Zeit geschehen; und es ist dem allergrößten und mächtigsten Fürsten der Welt gewidmet, nämlich Eurer Hoheit. Für einen Mann von meiner geringen literarischen Bildung mag es eine Kühnheit sein, sich dessen zu unterfangen, wovor sich Gelehrtere gescheut haben, um so mehr, als ich so lange in die Kriegswirren verwickelt war; denn oft, wenn die anderen Soldaten ruhten, schrieb ich, bis mir die Augen zufielen. Aber weder das noch die Strapazen, welche ich in besagten Wüsten, Bergen und Flüssen auszuhalten hatte, noch unerträglicher Hunger und harte Anstrengungen haben mich jemals daran gehindert, meiner zweifachen Berufung zu folgen: der des Schreibens, und der anderen, nämlich der Fahne und meinem Hauptmann getreu zu dienen. Die Tatsache, daß dieses Werk unter so vielen Mühen geschrieben und daß es Eurer Hoheit gewidmet ist, scheint mir zu genügen, damit mir die Leser jene Fehler vergeben, welche sie darin zu finden glauben. Selbst wenn sie das nicht tun, bin ich damit zufrieden, die Wahrheit geschrieben zu haben; denn das war mein höchstes Bestreben. Vieles von dem, was ich berichte, habe ich mit eigenen Augen gesehen, denn ich war selbst dabei; und durch meine Reisen in viele Länder und Provinzen habe ich Gelegenheit gehabt, alles noch besser zu betrachten. Was ich nicht selbst gesehen habe, versuchte ich unter großen Mühen von absolut glaubwürdigen Personen, Spaniern wie Indianern, zu erfahren.

Da Eure Hoheit durch des allmächtigen Gottes Willen Herr über das große und gesegnete Königreich Peru geworden sind, möge es Ihm gefallen, daß Eure Hoheit viele Jahre glücklich regieren mögen, und daß Eurer Hoheit Reich noch um viele Länder und Dominien wachsen möge.

KÖNIGLICHES PRIVILEG

So habe Ich von Dir, Pedro de Cieza, Bürger der Stadt Sevilla, vernommen, daß Du lange Zeit in Peru verbracht hast, wo Du Uns mit Deinen Waffen, Dienern, Pferden und Deinem Vermögen bei Kriegen, Eroberungen und Entdeckungen in den dortigen Provinzen Dienste geleistet und, um Uns noch darüber hinaus zu dienen, ein Buch zusammengestellt und geschrieben hast, worin die Provinzen von Peru, die Gründung von Städten dortselbst und die Sitten und Bräuche der eingeborenen Indianer beschrieben; und daß Du unter großen Beschwerlichkeiten um des Sammelns von Material, der genaueren Schilderung und des Schreibens besagten Buches willen die gesamten Provinzen bereist hast.

Du hast nun um die Erlaubnis gebeten, dieses Buch drucken zu lassen mit der Maßgabe, daß während des Ablaufs von zwanzig Jahren kein anderer als Du selbst, ein von Dir selbst oder ein durch Meine Gnade dazu Benannter dasselbe drucken lassen dürfe.

In Anbetracht des Obenerwähnten, und nachdem das besagte Buch im Rate des Kaisers und Königs, Meines Herrn, durchgesehen und geprüft worden ist, versichere Ich Dich Meiner Gnade und guten Wünsche und gewähre Deine Bitte.

Sohin spreche Ich Dir, Pedro de Cieza, oder wen immer Du benennen mögest, das Recht und die Erlaubnis zu, während der Zeit von fünfzehn Jahren besagtes Buch zu drucken, vom Datum dieses Meines Dekrets an gerechnet. Und alle Bände, die Du druckst, sollst Du in allen Provinzen Unseres Reiches und seiner Dominien verkaufen dürfen, vorausgesetzt, daß Du sie zunächst vor Unseren Rat bringst, damit der Verkaufspreis festgesetzt werde. Und ich befehle und bestimme, daß während besagter fünfzehn Jahre niemand in Unseren Königreichen oder seinen Dominien sich erlaube, das vorbesagte Buch zu drucken, zu verkaufen oder verkaufen zu lassen, sei es in Unseren Landen oder vom Ausland her, außer Dir, obgenanntem Pedro de Cieza, oder wen Du dazu bestimmen magst. Wer sonst auch immer, sei es einer oder seien es mehrere, besagtes Buch druckt, verkauft oder aus dem Ausland einführt (es sei denn, im letzteren Falle handele es sich um die von Dir selbst gedruckten Bände), wird mit der Strafe der Einziehung alles von dem oder den Betreffenden Gedruckten bedroht, was hiermit kundgetan wird. Desgleichen ist ein Strafgeld von fünfzigtausend *maravedís* zu zahlen. Dieses Strafgeld wird dermaßen geteilt, daß die Schatzkammer Seiner Majestät die eine Hälfte erhält, und die andere Hälfte Du, der obbenannte Pedro de Cieza. So befehle Ich, daß die Mitglieder des Rates Seiner Majestät, die Präsidenten und Richter der Obersten Gerichte und der Kanzleien, sowie Bürgermeister, Konnetabeln des Königlichen Hauses und Hofes, sowie alle anderen Gerichte und Richter der Städte, Dörfer und sonstigen Orte dieses Königreiches und seiner Dominien, sowohl die zur Zeit als auch die künftig im Dienst befindlichen, nach diesem Meinem Dekret verfahren und ihm Geltung verschaffen, und andere veranlassen sollen, ebenfalls nach ihm zu verfahren und ihm Geltung zu verschaffen; und daß sie weder dagegen handeln noch es unbeachtet lassen sollen, noch gestatten, daß es, in welcher Weise oder zu welcher Zeit auch immer, mißachtet werde, und zwar auf den besagten Zeitraum von fünfzehn Jahren, unter

Auferlegung einer Buße von zehntausend *maravedís* an die Schatzkammer Seiner Majestät, sowie Meiner besonderen Strafe für jeden, der dem zuwiderhandelt.

Gegeben in Bonçon [Monçon de Aragón] am vierzehnten Tage des Monats September im Jahre eintausendfünfhundertundzweiundfünfzig.

                Ich der Prinz
           Auf Befehl Seiner Hoheit
               Juan Vásquez

ERSTER TEIL

1. Kapitel
Kurze Beschreibung des Königreiches Peru, das sich über eine Entfernung von mehr als siebenhundert Leguas zwischen den Städten Quito und Plata erstreckt.

Nun ist es an der Zeit, daß ich meine Feder in den Dienst der großen Dinge stelle, die von Peru zu berichten sind. Aber ehe ich von der Gründung Quitos erzähle, will ich erst die Größe des Königreiches der Inkas verdeutlichen. Es ist durchschnittlich etwa siebenhundert Leguas lang und einhundert Leguas breit; an manchen Stellen mehr, an anderen weniger.

Ich beabsichtige hier nicht, über das ganze Gebiet zu sprechen, das die Inkas beherrschten (das waren über 1200 Leguas), sondern nur über das eigentliche Peru, das heißt über das Gebiet zwischen Quito und [La] Plata. Kurz gesagt: dieses Land Peru besteht aus drei unfruchtbaren Streifen, die für menschliche Besiedlung ungeeignet sind. Der erste ist das dichtbewaldete Anden-Gebirge, wo der Boden so schlecht ist, daß, außer auf der anderen Seite der Berge, dort noch nie Menschen gelebt haben. Der zweite Streifen ist das Hochland, das die ganze Länge der Anden durchläuft. Dort ist es sehr kalt, und die Berge sind mit tiefem, ewig fallendem Schnee bedeckt. Auch in diesen Sierras wohnen keine Menschen; einmal wegen des Schnees und der Kälte, und zum anderen, weil wegen der häufigen Schneeschauer und den ständigen Winden dort nichts wächst. Der dritte Streifen ist die Wüste, die sich von Tumbes bis über Tarapacá hinaus erstreckt. Dort gibt es weiter nichts als Sand, der in der Sonne dörrt, und man findet weder Wasser noch Gras, noch irgendwelche Lebewesen, außer Vögeln, die dank ihrer Schwingen überall hingelangen können. Obgleich das Reich so ausgedehnt ist, enthält es doch beträchtliche unbewohnte Gebiete. Bewohnt sind nur die ziemlich großen Andentäler, die so breit sind, daß sich zwischen den Sierras weite Ebenen ausbreiten, und wenn auch Schnee fällt, so bleibt er doch nur auf den Höhen liegen. Da die Täler geschützt sind, werden sie weder von Stürmen heimgesucht noch erreicht sie der Schnee. Das Land ist im Gegenteil so fruchtbar, daß dort alles gut gedeiht. Es gibt Bäume; und man züchtet vielerlei Geflügel und andere Haustiere. Wegen ihrer Fruchtbarkeit sind diese Täler dicht besiedelt. Die Eingeborenen leben frei und gesund in ihren wohlgeplanten Dörfern. Die steinernen Häuser haben Strohdächer. Die großen Siedlungen in den Tälern der Sierras und der Anden waren schon immer volkreich. Durch diese Täler strömen Flüsse mit ausgezeichnetem Wasser, die in die Südsee münden. Und da diese Flüsse in die vorerwähnten Sandwüsten hinein- und durch sie hindurchfließen, ermöglicht es die Feuchtigkeit, an ihren Ufern viele Bäume zu pflanzen. Da gibt es schöne Uferflächen, manche zwei und drei Leguas breit, wo Carobe-Bäume im Überfluß wachsen, selbst wenn in unmittelbarer Nähe kein Wasser ist. Überall, wo solche Haine sind, ist der Boden nicht mehr sandig, sondern sehr fruchtbar und ertragreich. Früher waren diese Ebenen dicht besiedelt. Es leben auch jetzt noch Indianer da, aber nicht mehr annähernd so viele. Weil es auf diesen Ebenen und Sandwüsten niemals regnet, baut man keine gedeckten Häuser, wie es die Indianer im Hochland tun, sondern hübsche offene Terrassen, oder große Wohnungen aus Lehmsteinen, deren Zimmer Steinfußböden haben. Zum Schutz gegen die Sonne spannt man Matten darüber. Auch heutzutage wird es noch so gemacht, und auch die Spanier benutzen keine anderen Dächer als diese durch Lehm versteiften Matten.

Von den Flüssen, welche diese Täler bewässern, ziehen die Eingeborenen Leitgräben durch die Felder. Die Gräben sind so sorgfältig geplant und gebaut, daß alles Land bewässert und bestellt ist und nichts verlorengeht. Sie wirken sehr farbenfreudig und heiter, denn sie sind mit Obstbäumen bestanden, wie sie in Spanien und auch im Lande selbst vorkommen. Zu allen Jahreszeiten kann man hier Weizen und Mais in Fülle ernten.

So besitzt Peru, obgleich es aus den obenbeschriebenen drei wüsten und unbewohnbaren Landstrichen besteht, durch Gottes Gnade seine Talebenen und Flüsse. Sonst könnten dort unmöglich Menschen leben. Daher konnten auch die Eingeborenen so leicht besiegt werden. Bei einem Aufstand müßten sie alle vor Hunger und Kälte zugrunde gehen, denn außerhalb des bewohnbaren Landes sind nur Sierras und hohe, schneebedeckte Berge. Die Größe dieses Königreiches beträgt siebenhundert Leguas von Norden nach Süden, und wenn wir das ganze von den Inkas beherrschte Gebiet rechnen, so sind es zwölfhundert Leguas auf geradem Wege, längs des Meridians. An seiner breitesten Stelle mißt es in Ost-West-Richtung einhundert Leguas, an anderen Stellen vierzig bis sechzig, manchmal etwas mehr, manchmal weniger. Das entspricht der Länge und Breite der Gebirge, die sich durch das ganze Land Peru erstrecken. Dieses große Gebiet, die Anden, liegt vierzig bis sechzig Leguas von der Südsee entfernt. Da es so hoch gelegen ist und seine größte Erhebung sich nahe am Meer befindet, sind die Flüsse nur klein, denn der Landstreifen zwischen der Wasserscheide und der Küste ist schmal.

Die Abhänge und Senken des anderen Hochlandes, das dieses Land der Länge nach durchzieht, erweitern sich zu Ebenen, die an manchen Stellen bis auf drei Leguas, an anderen Stellen bis zu achtzehn an die See hinabreichen. Das Klima dieser Ebenen ist im ganzen, wenn auch den Jahreszeiten entsprechend, eher heiß als kalt, um so mehr, als das Gebiet fast in gleicher Höhe mit dem Meeresspiegel liegt. Die heißeste Jahreszeit beginnt am 21. Dezember, wenn die Sonne ihren höchsten Punkt überschritten hat und in den Wendekreis des Steinbocks eintritt. Im Hochland gibt es Gegenden mit mildem Klima. In den Ebenen ist es jedoch eher kühl als heiß.

In diesem Kapitel habe ich die allgemeine Natur dieser Provinzen geschildert; später werde ich mehr ins einzelne gehen.

2. Kapitel
Von den Dörfern zwischen der Stadt Pasto und der großen Stadt Quito.

Es scheint mir angemessen, jetzt davon zu berichten, welche Orte man auf der Reise von Pasto [an der nördlichen Grenze des Inka-Reiches] nach Quito berührt.

Wenn man Pasto verläßt, gelangt man zunächst zur Ansiedlung der sogenannten Funes. Auf demselben Wege weiterreisend, kommt man nach drei Leguas zu einer Ortschaft namens Iles, und nach weiteren drei Leguas ist man in Sichtweite der *tampu-[tambo-]*Unterkünfte von Gualmatán. Drei Leguas weiter liegt an derselben Straße die Stadt Ipiales.

In dieser ganzen Gegend wird kaum Mais angebaut, denn es ist dort kalt, und Mais ist empfindlich; aber es gibt im Überfluß Kartoffeln, Quinoa und andere Wurzeln, welche die Eingeborenen anpflanzen. Wenn man von Ipiales weiterreist, gelangt man in eine kleine Provinz, genannt Huaca. Vorher erblickt man die berühmte Landstraße der Inkas, die in diesen Ländern so berühmt ist wie bei uns Hannibals Landstraße, die dieser anlegte, als er nach Italien zog. Die Inka-Straße ist sogar noch bewundernswerter, sowohl wegen der vielen Unterkünfte und Vorratshäuser, die an ihr liegen, als auch wegen der Schwierigkeiten, mit denen der Bau über die rauhen und kalten Sierras verbunden war.

Man kommt auch an einen Fluß, an dem in alten Zeiten eine Inka-Festung lag. Von dort aus bekriegten und unterwarfen die Inkas die Pastos. Über den Fluß führt eine natürliche Brücke, die aber aussieht wie von Menschenhand gebaut: ein hoher, breiter Felsen mit einem Loch in der Mitte, durch das der Fluß sich ergießt, bildet den Übergang zum anderen Ufer. Bei den Inkas heißt diese Brücke *Rumichaca*, was in unserer Sprache »Steinerne Brücke« bedeutet. In der Nähe ist eine Quelle, die so heiß ist, daß man die Hand nicht lange hineinhalten kann. Es gibt auch noch andere Quellen. Das Wasser des Flusses und die Luft sind unerträglich kalt. Dicht bei dieser Brücke hatten die Inkas auch noch eine andere Festung gebaut und dort verläßliche Wächter eingesetzt, die darauf zu achten hatten, daß ihre eigenen Soldaten nicht nach Cuzco oder Quito zurückliefen, denn viele meinten, der Feldzug gegen die Pastos sei nur Zeitverschwendung.

Von der kleinen Provinz Huaca aus gelangt man weiter nach Tuza, dem letzten Dorf der Pastos. Von den Bergen auf der rechten Seite kann man die Süßwasser-See erblicken, vom Gebirge zur Linken schaut man auf die Südsee. Weiter hinaus liegt ein kleiner Hügel, auf dem eine alte Inka-Festung steht. Sie ist von einem Graben umgeben, und für indianische Verhältnisse muß sie ziemlich stark gewesen sein. Von dort aus kommt man zum Flusse Mira. Das ist ein warmer Fluß, an dem viele Früchte, unter anderem auch sehr gute Melonen, wachsen. Dort gibt es auch Kaninchen, Tauben und Rebhühner, und man erntet Weizen, Gerste, Mais und viele andere Feldfrüchte, denn dieses Land ist sehr fruchtbar. Vom Mira geht es abwärts zu den großen und prächtigen Siedlungen der Caranquis. Bevor man sie erreicht, sieht man einen See namens Yahuar-cocha; das heißt in unserer Sprache »Blut-See«. Bevor die Spanier nach Peru kamen, befahl der Inka Huayna Capac [gest. 1527], mehr als zweitausend Menschen zu töten und in den See zu werfen, weil die Eingeborenen von Caranqui und den umliegenden Dörfern ihn herausgefordert und beleidigt hatten. Das wird von den Indianern selbst erzählt. Der Toten waren so viele, daß es aussah, als sei der See aus Blut, und so hat er jenen Namen erhalten.

Etwas weiter liegen die Unterkünfte der Caranquis. Manche Indianer glauben, Atahualpa, der Sohn Huayna Capacs, sei dort geboren, denn seine Mutter stammte aus jenem Dorfe. Ich habe aber sorgfältige Nachforschungen angestellt, die ergeben haben, daß er in Cuzco geboren ist; alles andere ist Unsinn. Diese Unterkünfte der Caranquis sind in der Form eines kleinen Quadrates angelegt. Innen ist ein schöner Steinbrunnen, und auch die Paläste und Häuser der Inkas sind aus großen, kunstvoll ohne Mörtel erbauten Steinen zusammengefügt, was ein sehenswerter Anblick ist. In alten Zeiten stand hier ein Sonnentempel, und darin wohnten mehr als zweihundert schöne Jungfrauen, die dem Tempeldienst geweiht waren. Sie mußten ein Gelübde der Keuschheit ablegen. Wenn sie es brachen, wurden sie grausam bestraft. Diejenigen, die Ehebruch begingen (was man als ein besonders schweres Sakrileg ansah), wurden erhängt oder lebendig begraben. Diese Jungfrauen wurden sehr sorgfältig bewacht. Priester brachten die Opfer dar, die ihre Religion vorschrieb. Dieser Sonnentempel wurde zur Zeit der Inkas sehr verehrt. Er wurde sorgfältig gehütet und betreut, denn dort lagerten mächtige Gefäße aus Gold und Silber, auch viele andere Schätze, die man kaum aufzählen kann. Sogar die Wände waren mit Platten von Gold und Silber ausgelegt, und obgleich der Tempel heute nur mehr eine Ruine ist, kann man noch sehen, wie großartig er einstmals gewesen sein muß. – In den Unterkünften von Caranqui hatten die Inkas regelrechte Besatzungen mit ihren Hauptleuten, die dort in Kriegs- und Friedenszeiten stationiert waren, um etwaige Revolten zu unterdrücken.

3. Kapitel
Von den übrigen Dörfern und *tambos*
zwischen Caranqui und Quito.

Von den königlichen Unterkünften von Caranqui aus gelangt man auf der berühmten Inka-Straße zu der Ansiedlung Otavalo, die weder reich noch bedeutend, aber auch nicht gerade ärmlich ist. An beiden Seiten dieser Straße liegen große Indianersiedlungen.

Im Westen der Stadt liegen Poritaco und Collaguazo, wo die Huancas und Cayambes wohnen. Nahe bei dem großen Fluß Marañón leben in verstreuten Siedlungen zwischen hohen Bergen die Quixos. Auf der Suche nach Cinnamon [Zimt] zog Gonzalo Pizarro hier mit seiner Expedition durch. Er hatte eine gut ausgerüstete Truppe von Spaniern und reichliche Vorräte; aber trotzdem erging es ihnen sehr übel, und sie litten großen Hunger. Im vierten Teil meines Werkes gebe ich eine ausführliche Schilderung dieser Expedition und berichte, wie der Große Fluß entdeckt wurde; außerdem, wie Hauptmann Orellana diesen Fluß bis zum Ozean hinabfuhr und Seine Majestät ihn daselbst zum Statthalter und adelantado *der von ihm entdeckten Länder ernannte. – Gen Osten liegen die Äcker von Cotocoyambe, die Yumbo-Berge und viele Ansiedlungen, die zum Teil noch unentdeckt sind.*

Zwischen den Caranquis und den Otavalos herrscht bittere Feindschaft, die der Überlieferung nach aus folgender Begebenheit herrührt: Die Kunde von der Ankunft der Spanier und der Gefangennahme Atahualpas verursachte große Erregung unter den Eingeborenen. Besonders verängstigt und erstaunt waren die Indianer über die große Schnelligkeit, mit der die Spanier vorrückten, denn sie dachten zuerst, Pferd und Reiter seien ein Wesen. Andrerseits erwarteten die Eingeborenen die Ankunft der Fremden mit Ungeduld, denn man glaubte, daß sie, da sie den Herrscher gestürzt hatten, auch stark genug sein würden, um alle Inkas zu besiegen. Cacha, der Häuptling der Caranquis, bewahrte zu dieser Zeit einen großen Schatz in seinem Hause, der teils ihm selber, teils den Inkas gehörte. Der Häuptling von Otavalo, der sehr schlau gewesen sein muß, dachte, daß es in solchen Zeiten günstig wäre, Schätze und Wertgegenstände beiseite zu bringen. Es herrschte nämlich ein großes Durcheinander, und, wie das Sprichwort sagt, in trüben Wassern ist gut fischen. So suchte er unter seinen Kriegern und Unterhäuptlingen die tüchtigsten und schnellfüßigsten aus. Denen befahl er, sich in Hemden und lange Decken zu kleiden und, mit schlanken, gleich langen Stäben versehen, sich auf die größten ihrer Llamas zu setzen. So sollten sie auf den Hügeln und Gipfeln, wo die Caranquis sie gut sehen konnten, eine Postenkette bilden. Inzwischen zog er mit vielen Männern, Frauen und Kindern vor das Dorf der Caranqui und tat so, als ob er große Angst hätte. Er schilderte den Caranquis, wie er und die anderen Dorfbewohner vor dem Angriff der grausamen spanischen Reiter geflüchtet seien; und um der Wut der Weißen zu entgehen, hätten sie alle ihre Schätze und Besitztümer zurückgelassen. Diese Nachricht soll unter den Caranquis große Panik verursacht haben, denn man glaubte sie, weil man auf den Hügeln und Gipfeln ringsum die Otavalos auf ihren Llamas sehen konnte. Da sie so weit weg waren, hielten die Caranquis sie für Spanier zu Pferde. So glaubten alle die Erzählung des Otavalo-Häuptlings, verloren den Kopf und begannen wegzulaufen. Der Otavalo tat so, als wolle auch er mit seinen Leuten weglaufen, kehrte aber heimlich zu den Häusern der Caranquis zurück, stahl alle Schätze, die er finden konnte, was nicht wenig war, und ging wieder in sein Dorf. Ein paar Tage später wurde der Betrug entdeckt. Otavalo und seine Leute behielten, was sie gestohlen hatten, und seitdem soll die Feindschaft zwischen den beiden Stämmen bestehen.

Vom Dorfe Otavalo aus, das nach diesem Häuptling benannt ist, gelangt man über einen schneebedeckten Paß zu den Siedlungen der Cochasqui, und schon eine Legua davor ist es so kalt, daß das Leben sehr mühsam ist. Von Cochasqui führt der Weg nach Guailla-bamba, vier Leguas von Quito. Dort aber ist es heiß, weil das Land so tief und fast unter dem Äquator liegt, aber die Gegend ist trotzdem dicht bevölkert, und alles, was der Mensch zum Leben braucht, wächst im Überfluß. Wir, die wir jene Gegenden bereist haben, wissen, was unterhalb des Äquators liegt, wogegen gewisse ältere Schriftsteller das Land für unbewohnbar halten. Da unten gibt es Winter und Sommer, und viele Menschen leben dort. Was gesät wird, bringt reichen Ertrag, besonders gut gedeihen Weizen und Gerste.

Entlang des Weges zwischen diesen beiden Siedlungen sind viele Flüsse mit gut gebauten Brücken. Es gibt auch eine Menge großer Bauwerke und vieles andere Bemerkenswerte...

Von Guailla-bamba bis Quito sind es vier Leguas. Dazwischen, kurz bevor man das Schlachtfeld von Añaquito erreicht, kommt man an mehreren Gütern und Plantagen vorbei, die die Spanier angelegt haben, um Viehzucht zu betreiben. Im Jahre 1546 zog der Vizekönig Blasco Núñez Vela mit einer spanischen Streitmacht hierher, um die Rebellion des Tyrannen Gonzalo Pizarro niederzuwerfen. Dieser kam mit seinen Truppen von Quito, wo er die Herrschaft über das Königreich an sich gerissen und sich zum Statthalter gemacht hatte. Dabei leistete ihm der Adel von fast ganz Peru Gefolgschaft. Es kam zur Schlacht, bei der der unglückliche Vizekönig fiel, und auch zahlreiche Soldaten und Ritter fanden den Tod in treuer Pflichterfüllung für Seine Majestät. Im vierten Teil meines Buches werde ich ausführlicher über den grausamen Bürgerkrieg berichten, der unter den Spaniern in Peru ausbrach. Das wird sehr traurig zu lesen sein. – Kurz hinter dem Schlachtfeld von Añaquito liegt die Stadt Quito.

4. Kapitel
Das davon handelt, wer die Inkas waren, und von ihren Herrschaftsgebieten in Peru.

Da ich in diesem Teile [meines Buches] häufig die Inkas erwähnen und über ihre vielen Unterkünfte und andere bemerkenswerte Dinge berichten muß, will ich an dieser Stelle etwas dazu sagen, damit der Leser wisse, wer diese Fürsten waren, sich ihrer Bedeutung bewußt werde und sie nicht miteinander verwechsele.

Bei vielen Gelegenheiten fragte ich die Einwohner dieses Landes, was sie über die Zeit vor der Inka-Herrschaft wüßten. Man gab mir zur Antwort, daß die Menschen ohne Ordnung gelebt hätten, daß viele von ihnen nackt gegangen seien wie die Wilden. Sie hätten auch keine Häuser und Wohnungen gehabt, nur Höhlen, von denen noch viele in den Bergen zu sehen sind. Sie aßen, was sie auf den Feldern finden konnten. Andere Stämme bauten Festungen, genannt *pucarás*, in den Bergen. Aus diesen brachen sie hervor, in seltsamen Zungen heulend und schreiend, um sich wegen der Felder, die sie bebauten, oder aus anderen Gründen zu bekämpfen, wobei viele totgeschlagen wurden. Die Sieger schleppten die Weiber der Besiegten und die sonstige Beute in die Berge, wo sie ihre Festungen hatten. Dort brachten sie ihren Göttern Opfer dar und vergossen vor den Steinbildern und Idolen Ströme von Menschen- und Llamablut. Sie waren ganz unzivilisiert und erkannten keinen Herren über sich an als ihren Kriegshäuptling. Waren sie überhaupt bekleidet, so nur mit einem dürftigen Schurz und nicht mit solchen Gewändern, wie sie jetzt getragen werden. Aber die Stirnbänder, durch die sie sich voneinander unterscheiden, sollen die gleichen gewesen sein, die man heute hat.

Nach allem, was ich von den Cuzco-Indianern gehört habe, muß in alten Zeiten in dem Reich, das wir heute Peru nennen, große Unordnung geherrscht haben, und die Eingeborenen müssen unglaublich dumm und viehisch gewesen sein. Es heißt, sie waren wie Tiere, aßen Menschenfleisch, heirateten ihre Töchter und Mütter und begingen sogar noch größere Sünden. Sie hatten auch Umgang mit dem Teufel, den sie sehr verehrten. Sie besaßen Burgen und Festungen in den Bergen, und beim geringsten Anlaß zogen sie aus, um sich gegenseitig zu bekriegen, wobei es ihnen darauf ankam, möglichst viele Gegner gefangenzunehmen oder zu erschlagen. Trotzdem hatten sie eine Art Religion, denn sie bauten mächtige Tempel, wo sie beteten und vor großen Götzenbildern ihre Riten und abergläubischen Bräuche übten. Dabei erschien auch der Teufel und wurde angebetet. Während die Menschen in diesem Land so lebten, erhoben sich in der Provinz Colla, in den Tälern der Yungas und anderswo mächtige Tyrannen, die sich gegenseitig bekriegten, und das brachte viel Ungemach mit sich. Zahlreiche Burgen und Festungen wurden zerstört, aber der Kampf der Mächtigen ging weiter, und der Teufel, der Feind der Menschheit, freute sich beim Anblick so vieler verlorener Seelen.

Manco Capac gründete die Stadt Cuzco, erließ Gesetze und sorgte für ihre Befolgung. Er und seine Nachkommen wurden »Inkas« genannt, was »Könige« oder »große Herren« bedeutet. Sie wurden so mächtig, daß sie alle besiegten und beherrschten: von Pasto bis Chile, im Süden am Maule-Fluß und im Norden am Angasmayo sah man ihre Banner. Diese Flüsse waren die Grenzen ihres Imperiums. Ihr Reich war so riesig, daß die Entfernung zwischen den Grenzen mehr als 1200 Leguas betrug. Sie bauten große Festungen und Burgen und setzten Hauptleute und Statthalter in allen Provinzen ein. Die Inkas vollbrachten Großes und regierten so gut, daß wenige in der Welt sie übertroffen haben. Sie waren von sehr scharfem Verstande und wußten über alles genau Rechnung zu führen, ohne daß sie schreiben konnten, denn in diesem Teil Westindiens hat man nichts Schriftliches gefunden. Sie führten bei ihren Untertanen gute Sitten ein und veranlaßten sie, *ojotes [usutas]* zu tragen, was eine Art Sandalen sind. Sie hielten die Unsterblichkeit der Seele und andere Geheimnisse der Natur für sehr bedeutsam; auch glaubten sie an einen Schöpfer aller Dinge. Die Sonne war ihre höchste Gottheit, der sie große Tempel errichteten. Vom Teufel verführt, beteten sie auch Bäume und Steine an wie Heiden. In den Haupttempeln hielten sie große Scharen schöner Jungfrauen wie die Römer in den Tempeln der Vesta, und diese unterstanden beinahe den gleichen Regeln. Zu Heerführern wählten sie die tapfersten und treusten Hauptleute aus, die sie finden konnten. Sie gaben sich große Mühe, ihre Feinde auf friedliche Weise zu Freunden zu machen, aber wer sich gegen sie erhob, wurde streng und grausam bestraft.

5. Kapitel

Was die Eingeborenen über Tici-Viracocha erzählen;
und über den von manchen gehegten Glauben, daß
einer der Apostel durch dieses Land gezogen sei.

Von der Zeit, ehe die Inkas in diesen Königreichen zur Herrschaft gelangten oder überhaupt bekannt waren, erzählen die Indianer etwas, was alle ihre anderen Berichte weit übertrifft.

Sie behaupten, daß sie einstmals eine lange Zeit hindurch die Sonne nicht mehr gesehen und schwer unter dem Mangel an Licht gelitten hätten, so daß sie viele Gebete und Gelübde an ihre Götter richteten und sie anflehten, ihnen das entschwundene Licht wiederzugeben. Da aber erhob sich von der Insel Titicaca, die in dem großen See der Provinz Colla liegt, die Sonne in ihrer ganzen Pracht, und alle waren voller Freude. Und danach erschien, so sagen sie, ein weißer Mann von großer Gestalt, dessen Aussehen und Wesen höchste Verehrung hervorriefen. Und dieser Mann hatte übernatürliche Kräfte, denn er machte die Berge zu Ebenen und die Ebenen zu hohen Bergen, und er ließ auch Quellen aus dem gewachsenen Fels entspringen. Als sie seine Macht sahen, nannten sie ihn »Schöpfer und Anfang aller Dinge« und »Vater der Sonne«. Außer diesen Wundertaten, so wird überliefert, verrichtete er noch größere, denn er rief Tiere und Menschen ins Dasein. Mit einem Worte: aus seiner Hand kamen große Wohltaten. Und jener Mann – so erzählten mir die Indianer, wie sie es von ihren Vorvätern gehört hatten, die es ihrerseits aus altüberlieferten Liedern wußten – nahm seinen Weg gen Norden und wirkte überall, wo er hinkam, ähnliche Wunder. Man sah ihn nie wieder. Es heißt, daß er die

Menschen lehrte, wie sie leben sollten, daß er sanft und liebevoll zu ihnen sprach und ihnen aufgab, gut zu sein und niemandem Unbill oder Schaden zuzufügen, sondern einander zu lieben und barmherzig gegen jedermann zu sein.

Meist nannten sie ihn Tici-Viracocha, doch in der Provinz der Colla hieß er Tyapaca, und in anderen Teilen des Landes Arnauan. An vielen Orten erbaute man Tempel zu seinen Ehren. Darinnen waren Statuen errichtet, die seinem Bilde glichen, und man opferte davor.

Die riesigen Bildsäulen in der Stadt Tiahuanacu sollen aus jener Zeit stammen; aber obgleich die Leute das, was ich hier über Tici-Viracocha geschrieben habe, als Überlieferung ihrer Vorväter erzählen, wissen sie sonst gar nichts von ihm, auch nicht, ob er jemals zurückkehrte.

Außerdem heißt es, daß einige Zeit danach ein ähnlicher Mann gesehen wurde, dessen Name aber nicht genannt wird. Nach der Überlieferung der Vorväter, deren Wahrheit mit aller Bestimmtheit behauptet wird, hat er, wohin er auch kam, die Kranken geheilt und Blinden das Augenlicht wiedergegeben, und das nur durch sein Wort. Wegen dieser guten und hilfreichen Taten wurde er sehr geliebt und verehrt. Und auf diese Weise, Großes durch sein Wort bewirkend, kam er auch in die Provinz der Canas. Hier griffen bei dem Dorfe Cachas, über das jetzt der Hauptmann Bartolomé de Terrazas eine *encomienda* innehat, die Eingeborenen ihn wütend an und wollten ihn steinigen. Als sie aber ihre Absicht in die Tat umsetzen wollten, sahen sie beim Näherkommen, daß er auf den Knien lag und die Hände zum Himmel erhoben hatte, als wolle er göttliche Hilfe gegen die drohende Gefahr herbeirufen. Die Indianer erzählen weiter, daß in diesem Augenblick ein großes Feuer am Himmel erschien, so daß sie dachten, sie würden alle umkommen. Zitternd und voller Angst drängten sie sich an ihn und baten ihn unter lautem Geschrei, Gnade walten zu lassen. Sie hätten, so riefen sie, erkannt, daß diese Strafe über sie komme, weil sie ihn sündigerweise hatten steinigen wollen. Da sahen sie, wie auf seinen Befehl das Feuer erlosch. Aber die Flammen hatten das Gestein so verglüht und ausgebrannt, daß es noch heute als Zeugnis für dieses Geschehen gilt. Durch das Verglühen sind die Steine so leicht geworden, daß man sogar einen großen Block aufheben kann, als ob es ein Stück Kork wäre. Der weiteren Überlieferung nach ist er bis zur Küste gewandert. Dort breitete er seinen Mantel auf dem Wasser aus und glitt auf ihm über die Wogen. Er kam nie wieder zurück, noch wurde er jemals wieder irgendwo gesehen. Weil er über das Meer hin verschwunden war, gaben sie ihm den Namen »Viracocha«, das heißt »Meeresschaum«. Danach erbauten sie in Cacha, am anderen Ufer eines am Dorfe vorbei nach Westen strömenden Flusses, einen Tempel mit einem großen Steinbild in einer ziemlich engen Nische. Diese Nische ist nicht so groß und tief wie jene, die in Tiahuanacu zum Gedächtnis an Tici-Viracocha erbaut worden ist, noch gleichen sich beide in Form und Ausschmückung. Einiger Goldschmuck wurde in ihrer Nähe gefunden.

Als ich durch diese Provinz reiste, sah ich mir das Steinbild an, denn die Spanier behaupten steif und fest, der geheimnisvolle Mann sei einer der Apostel gewesen. Viele sagen sogar, daß das Steinbild einen Rosenkranz in den Händen habe; aber das ist Unsinn. Ich habe genau hingeschaut, und wenn ich nicht blind bin, so ist nichts Derartiges zu sehen, außer daß die Figur die Hände bei abgespreizten Ellenbogen in die Hüften gestemmt hat. In der Gürtelgegend sind Vertiefungen, die darauf schließen lassen, daß das Gewand des Mannes zugeknöpft war. Ob nun jener Mann einer der erhabenen Apostel gewesen ist, der predigend durch diese Gegend zog, kann nur der allmächtige Gott wissen. Was mich betrifft, so bin ich aber der Meinung, daß, wäre er ein Apostel gewesen, seine Lehren mit Gottes Hilfe irgendeine bleibende Wirkung gezeitigt haben müßten, denn die Leute dort sind schlichten Geistes und ohne Bosheit, und man müßte doch noch heute etwas davon merken.

Ich fragte den Kaziken oder Häuptling dieser Eingeborenen – er heißt Don Juan und ist ein Mann von fast göttergleichem Aussehen und wunderbarem Verstand, der Christ geworden ist und mir jenes alte Standbild zeigte –, welchem Gott zu Ehren sie es errichtet hätten. Er antwortete, das sei zum Gedächtnis an Tici-Viracocha geschehen. Und da wir gerade bei diesem Namen sind, möchte ich den Leser darauf hinweisen, daß die weitverbreitete Annahme falsch ist, die Eingeborenen hätten den Spaniern diesen Namen gegeben, der »Meeresschaum« bedeutet.

Cieza sagt dazu an anderer Stelle: Der Name ist zwar richtig, denn vira *bedeutet »Schaum« und* cocha *heißt »See«. Aber nach dem, was ich in Cuzco hörte, ist die Auslegung falsch. Als nämlich nach dem Bruderkrieg zwischen Atahualpa und Huascar Inca (dem einzigen Erben des Reiches) der letztere gefangengenommen und von Calicuchima sehr grausam behandelt worden war, ergriffen die Spanier Atahualpa, der ihnen als Lösegeld einen riesigen Goldschatz versprach. Martín Bueno, Zárate und Moguer gingen nach Cuzco, um das Gold zu holen, das zum Teil im Tempel von Curicancha aufbewahrt wurde. Da sie gerade zu der Zeit ankamen, als es Huascars Gefolgsleuten sehr schlimm erging, herrschte große Freude, als man von Atahualpas Gefangennahme hörte. Sie beschworen die Spanier, ihnen gegen Atahualpa beizustehen, und meinten, die Weißen seien von Tici-Viracocha, dem großen Gott, gesandt worden und seien seine Söhne. Daher nannte man die Spanier »Viracocha«. Und es erging Befehl an den Oberpriester und die Tempelpriester, daß die heiligen Frauen im Tempel bleiben sollten, und Quizquiz übergab den Spaniern alles Gold und Silber. Aber die Weißen waren sehr unverschämt und zeigten wenig Verständnis für die Ehre der Indianer. Sie taten den Tempeljungfrauen Gewalt an und behandelten die Eingeborenen mit Verachtung. Daher sagten die Indianer später, diese Männer seien nicht Söhne des Gottes, sondern schlimmer als Supais, das heißt Teufel. Auf Atahualpas Befehl ließ man sie aber unbehelligt aus der Stadt ziehen und sandte ihnen den Schatz nach. Der Name »Viracocha« blieb den Spaniern bis heute. Er wurde ihnen jedoch aus den obengenannten Gründen gegeben, und nicht, weil er »Meeresschaum« bedeutet.*

Und nun will ich berichten, was ich über den Ursprung der Inkas erfahren konnte.

6. Kapitel
Wie geheimnisvolle Männer und Frauen im »Pacaric-Tampu« (dem »tambo des Ursprungs«) erschienen, und was über ihr Tun beim Verlassen desselben erzählt wird.

Ich habe die Aufgabe übernommen niederzuschreiben, was ich über die Inkas und ihre Regierungskunst in Erfahrung bringen konnte. Das tat ich sowohl zu meiner Unterhaltung als auch, um den Lastern zu entfliehen, die der Müßiggang gebiert. Da ich sonst keine Aufzeichnungen oder Berichte zur Hand habe, so möge jeder, der sich für geschickter hält, dieses Material besser verwenden, als ich es kann. Ich habe jedoch keine Anstrengungen gescheut, um mich so klar wie nur möglich auszudrücken.

Damit ich der Wahrheit möglichst nahe käme, ging ich nach Cuzco, als der Hauptmann Juan Saavedra dort Oberster Richter war. Ich brachte Cayu Tupac mit, den einzigen noch lebenden Nachkommen des Inkas Huayna Capac, sowie einige andere *Orejones*, die sich edler Abkunft rühmten. Durch die besten Dolmetscher befragte ich diese Männer über die Herkunft ihres Volkes. Man erzählte mir, daß in längst vergangenen Tagen, als die Menschen jener Gegend noch wie Tiere lebten, einander abschlachteten und sich ihren Lastern überließen, die ersten Inkas ihrer Herkunft größeren Glanz verleihen wollten und daher folgende Legende verbreiteten:

Es seien an einem Ort, welcher als »Pacaric-Tampu« bekannt ist und nahe bei der Stadt Cuzco liegt, drei Männer und drei Frauen erschienen. Vermutlich bedeutet »Pacaric-Tampu« etwa »Haus der Erzeugung« oder »Haus des Ursprungs«. Diese Männer hießen Ayar Oco, Ayar Cachi Awga und Ayar Manco; die Frauen hießen

Mama Huaco, Mama [Ipi] Cora und Mama Rahua. Manche Indianer geben andere und mehr Namen an, aber ich glaube, was meine Gewährsleute für richtig halten, denn sie wissen es besser. So erzählte man mir auch, jene Männer und Frauen hätten lange Decken um die Schultern und darunter eine Art kragenloser Hemden aus feinster vielfarbiger Wolle getragen. Diese Tracht nennt man *tupacu*, das bedeutet »königliche Kleidung«. Einer dieser Männer habe eine goldene Schleuder mit einem Stein in der Hand gehabt, und die Frauen seien ebenso kostbar gekleidet gewesen und hätten viele goldene Gefäße mitgeführt. Meine Gewährsleute kamen immer wieder auf die goldenen Gefäße zu sprechen. Ayar Oco belehrte seine Brüder über die großen Taten, die zu vollbringen sie aufgerufen seien, denn ihre Vermessenheit war so groß, daß sie die ganze Erde beherrschen wollten. Sie beschlossen, an dieser Stelle ein Gebäude zu errichten und es »Pacaric-Tampu« zu nennen. Das wurde schnell vollbracht, denn die Eingeborenen halfen ihnen dabei. Im Laufe der Zeit brachten sie eine Menge Gold in diesen Tampu, und man glaubt, daß Hernando Pizarro und Don Diego Almagro der Jüngere einen großen Teil davon an sich gebracht haben.

Um auf die Legende zurückzukommen: Es heißt, daß Ayar Cachi, einer der drei, so stark und tapfer gewesen sei, daß er mit seiner Schleuder durch Schläge und Steinwürfe die Berge einebnete, und wenn er einen Stein in die Höhe schleuderte, flog dieser fast bis zu den Wolken. Die beiden anderen Brüder fühlten sich gedemütigt, weil sie keine derartigen Großtaten vollbringen konnten. Und so, von Neid verzehrt, baten sie ihn mit freundlichen Worten, aber voll Heimtücke, in die Höhle zu gehen, wo sie ihre Schätze hatten. Von dort solle er ihnen einen goldenen Becher bringen, den sie vergessen hätten, und ihren Vater, die Sonne, bitten, daß er ihnen helfe, die Herrschaft über die Erde zu erringen. Ayar Cachi, der die Falschheit seiner Brüder nicht merkte, ging fröhlich, ihren Wunsch zu erfüllen. Kaum war er jedoch in der Höhle, als die anderen ihn unter einer solchen Last Steine verschütteten, daß er nicht mehr zu sehen war. Da bebte die Erde, heißt es, so stark, daß die Berge in die Täler stürzten. Das erzählten mir die Häuptlinge über den Ursprung der Inkas und meinten dabei, da die Inkas so stolz waren, hätten sie die Eingeborenen mit dieser Legende glauben machen wollen, sie seien Kinder der Sonne und auf so wunderbare Weise auf Erden erschienen. Aus diesem Grunde nannten die Indianer sie späterhin, wenn sie ihnen besondere Ehrfurcht erweisen wollten, *ancha hatum apu, intip-churi,* das bedeutet: »O mächtiger Fürst, Sohn der Sonne.«

Meiner Ansicht nach kann man von diesen Behauptungen so viel glauben, daß, gleich wie in Hatun-colla [beim Titicacasee] ein Führer namens Zapana erstand, hier in Cuzco drei tapfere, unerschrockene Brüder mit hochfliegenden Ideen von irgendwoher auftauchten. Entweder kamen sie aus irgendeinem Dorf der weiteren Umgebung oder von jenseits der Anden. Da sie die Umstände günstig fanden, unterwarfen sie das Land, errangen Macht und behaupteten sie. Abgesehen davon mag es sogar zutreffen, daß Ayar Cachi und die anderen Zauberer waren, die einen Pakt mit dem Teufel geschlossen hatten und dadurch ihre Taten vollbringen konnten. Auf jeden Fall ist das alles, was wir über diesen Punkt von den Indianern erfahren konnten.

Die beiden anderen Brüder ließen Ayar Cachi in der Höhle liegen und begannen, mit einigen Leuten eine zweite Ansiedlung zu bauen, die sie »Tampu Quiru« nannten, das heißt etwa »Wohnung oder Palast mit Zähnen«. Daraus kann man schließen, daß diese Ansiedlung eine kleine Festung war. Nach einiger Zeit bereuten sie, daß sie ihren Bruder Ayar Cachi (oder Huana Cauri, wie er auch geheißen haben soll) ums Leben gebracht hatten.

7. Kapitel
Wie die beiden Brüder in Tampu Quiru den dritten, den sie in die Höhle gelockt hatten, mit gefiederten Schwingen wiedererscheinen sahen; und wie er ihnen befahl, die große Stadt Cuzco zu gründen; und wie sie Tampu Quiru verließen.

Die Großohren-Häuptlinge berichten weiter: Als sich die beiden Inkas in Tampu Quiru niedergelassen hatten und nicht dachten, daß sie Ayar Cachi jemals wieder zu Gesicht bekommen würden, erblickten sie ihn plötzlich, wie er mit großen Schwingen aus bunten Federn durch die Luft flog. Sie wollten weglaufen, aber er sprach zu ihnen: »Habt keine Angst, ich komme nur, damit die Menschen die Größe des Inka-Reiches erkennen sollen. Deshalb brecht auf und geht hinunter ins Tal. Dort sollt ihr die Stadt Cuzco gründen, und sie soll sehr prächtig werden. Dieses hier sind ja nur elende Hütten, aber Cuzco soll die Stadt des Großen Tempels sein, wo man Gottesdienste von solcher Großartigkeit halten wird, daß nirgendwo die Sonne gleichermaßen Verehrung genießt wie dort. Und ich werde stets zu Gott beten, daß er euch Hilfe gewähre und ihr große Macht erlangt. In einen

Berg in der Nähe werde ich in meiner jetzigen Gestalt eingehen und dort verbleiben, und dieser Berg soll euch und euren Nachkommen auf immer heilig sein, und ihr sollt ihn ›Huana-cauri‹ nennen. Um der Wohltaten willen, die ich euch erwiesen habe, sollt ihr mich immer und ewig als Gott verehren und mir Altäre errichten und darauf opfern. Wenn ihr das tut, werde ich euch gegen eure Feinde helfen; und das Zeichen, woran ihr von nun an erkannt werden sollt, so daß man euch ehrt und fürchtet, soll darin bestehen, daß ihr eure Ohren durchbohrt, wie ihr es jetzt an mir seht.« Und als er so gesprochen hatte, glaubten sie, in seinen Ohren goldene Ringe von wohl einer Fingerlänge Umfang zu sehen.

Die Brüder standen verblüfft und sprachlos. Als ihre Verwirrung sich schließlich gelegt hatte, antworteten sie, daß sie seinen Befehlen gern gehorchen würden. Dann eilten sie zum Berge Huana-cauri, der von jener Zeit an bis zum heutigen Tage als Heiligtum gilt. Auf dem Gipfel sahen sie Ayar Cachi noch einmal – wenn an den Erzählungen etwas Wahres ist, dann muß dieser zweifellos eine Art Teufel gewesen sein, der seine Brüder mit Gottes Duldung täuschen und sie dazu verleiten konnte, daß sie ihn als Gott verehrten und ihm opferten –, und er sprach nochmals zu ihnen und befahl, daß die jeweiligen Herrscher die Stirnbinde oder Krone des Reiches tragen sollten, und sagte ihnen, sie würden noch erfahren, auf welche Weise die Jünglinge Ritterschaft erlangen sollten.

Die Brüder versprachen nochmals, daß sie seine Befehle getreulich ausführen würden, und zum Zeichen dessen machten sie vor ihm mit gefalteten Händen *mocha*, das heißt Ehrenbezeigung. Und weil die »Großohrigen« behaupten, daß ihre Sitte, die Stirnbinde zu tragen und ihre jungen Männer in den Bund der Ritter aufzunehmen, aus jener Zeit stammt, habe ich diese Erzählung niedergeschrieben, um so mehr, als Manco Inca in Cuzco mit der Stirnbinde des Herrschers gekrönt worden ist. Noch heute leben viele Spanier, die dieser Zeremonie beigewohnt haben, und ich habe mehrere Berichte darüber gehört. Die Indianer erzählen, daß dies in den Tagen der früheren Inkas mit noch weit mehr Aufwand und Gepränge geschah; so viele Menschen und Kostbarkeiten seien dabei zu sehen gewesen, daß man beide nicht habe zählen können.

Ich möchte meinen, daß jene Fürsten sich diese Gesetze selbst gegeben haben, damit sie über die Nachfolge der Herrschaft bestimmen konnten. Der zukünftige Inka hatte sich dabei so zu kleiden, wie der Sage nach Ayar Cachi auf dem Berge Huana-cauri gekleidet war: er legte ein schwarzes, rotgemustertes, kragenloses Hemd an und warf eine lange lohfarbene Decke über. So angetan, verließ er seine Wohnstätte und ging aufs Feld. Dort mußte er eine Garbe Stroh sammeln und mußte den ganzen Tag daran wenden, sie einzubringen. Dabei durfte er weder essen noch trinken. Seine Mutter und seine Schwestern mußten spinnen, so schnell sie irgend konnten, und vier Gewänder für eben diese Zeremonie weben, und auch sie durften bei dieser Arbeit weder Speise noch Getränk zu sich nehmen. Eines dieser Gewänder war ein lohfarbenes Hemd mit weißem Mantel, das zweite ein ganz weißes Hemd mit ebensolchem Mantel, und die anderen waren blau und hatten Fransen und Schnüre. Diese Gewänder mußte der zukünftige Inka tragen, und er mußte die vorgeschriebene Zeit von einem Monat fasten. Dieses Fasten nennt man *zaziy* [d. h.

sasi]. Es wurde in einem Zimmer des königlichen Palastes durchgeführt, und er durfte dabei weder Feuer sehen noch Verkehr mit Frauen haben. Während dieser Zeit mußten Mutter und Schwestern, festlich gekleidet, eigenhändig einen großen Vorrat an Chicha zubereiten, das ist eine Art Maiswein. Am Ende der Fastenzeit trat der zukünftige Herrscher, eine Hellebarde von Silber und Gold in den Händen, aus dem Palast und begab sich in das Haus eines älteren Verwandten, wo man ihm das Haar stutzte. In eines der besagten Gewänder gekleidet, verließ er dann mit den anderen Cuzco, wo später die eigentliche Zeremonie stattfand, und begab sich zum Huana-cauri, dem Berg der drei Brüder. Nach gewissen Riten und Opfern zogen alle nach Cuzco zurück und tranken von dem bereiteten Wein. Dann begab sich der zukünftige Inka zum Berge Anaguar, und am Fuße desselben begann er zu rennen, so daß die anderen seine Schnellfüßigkeit und Kampftüchtigkeit beurteilen konnten. Als er vom Berg wieder herabkam, hatte er an der Spitze seiner Lanze eine Strähne Wolle. Das bedeutete, daß er Haupt und Haar seiner Feinde aus dem Kampf mitbringen werde. Dann gingen alle zum Berge Huanacauri zurück und sammelten dort hochhalmiges Stroh, und der Inka trug eine große, sehr kunstreich gearbeitete Garbe aus Silber und Gold. Damit ging er zu einem anderen Berg, genannt Yahuira, wo er ein anderes der oben erwähnten Kleidungsstücke anlegte und sein Haupt mit einer kronenartigen Borte oder Kopfbinde, von ihnen *pillaca* genannt, schmückte, unter welcher goldene Ohrringe hingen, und darüber trug er eine aus Federn wie ein Diadem zusammengenähte Haube, die sie *puruchucu* nennen. An seiner Lanze hing ein goldenes Band bis auf

den Boden, und auf der Brust trug er einen goldenen
Mond. So angetan, tötete er in Gegenwart aller Versammelten
ein Llama, dessen Fleisch und Blut ausgeteilt
und roh verspeist wurden. Das bedeutete: so wie sie selbst
das Llama gegessen hatten, würden die Feinde ihr eigenes
Fleisch und Blut essen, wenn sie nicht tapfer wären.
Und nach ihrer Sitte schwuren sie bei der Sonne einen
feierlichen Eid, stets die ritterlichen Gebräuche zu halten
und notfalls bei der Verteidigung von Cuzco zu sterben.
Dann durchbohrten sie ihre Ohren und hingen Ringe
von einer Fingerlänge Umfang hinein. Danach legten sie
schreckliche Puma-Masken an und zogen unter großem
Lärm auf den Stadtplatz von Cuzco zurück. Dieser war
von einem goldenen, durch Silberpfosten gestützten Seil
völlig umschlossen. In der Mitte dieses Platzes tanzten
sie und feierten ein großes Fest. Diejenigen, die in den
Ritterstand erhoben werden sollten, hatten die Puma-Masken
angelegt, zum Zeichen, daß sie ebenso wild und
tapfer wie diese Tiere sein wollten. Nach Beendigung
der Tänze galten sie als Ritter. Nun trugen sie die Bezeichnung
»Großohren« und erfreuten sich vieler Freiheiten
und besonderer Vorrechte; und aus ihrer Schar
konnte gegebenenfalls einer auserwählt werden, um die
Krone oder vielmehr die königliche Stirnbinde zu tragen.
Wenn diese dann dem zukünftigen Herrscher übertragen
wurde, gab es noch mehr Festlichkeiten. Damit
die königliche Erbfolge nicht durch niedriges Blut befleckt
werde, nahm der Inka seine Schwester zur Frau
und vollzog dann das große *zaziy*, das heißt Fasten.
Während dieser Opfer und Fasten durfte er sich weder
mit privaten noch mit Regierungsangelegenheiten befassen.
Daher befahl das Gesetz, daß, wenn ein Inka ge-

storben war und die königliche Stirnbinde auf einen anderen überging, dieser unter den Edelleuten einen mit reifem Urteil und großer Autorität auswählen mußte, der während dieser Tage das ganze Inka-Reich als Vertreter des wirklichen Herrschers zu regieren hatte. Ein solcher durfte sich auch eine Leibwache halten und mußte mit Ehrfurcht behandelt werden. Wenn das Fasten vollzogen und der priesterliche Segen im Tempel von Cauricacha erteilt worden war, empfing der neue Herrscher die Stirnfranse, welche von dem *llautu,* den er auf dem Haupte trug, bis fast auf die Augen hing. Damit war er endgültig als Herrscher anerkannt und wurde als solcher verehrt. Zu den Feiern erschienen die größeren Häuptlinge, die über mehr als fünf Leguas geboten. Ein großer Schatz von Gold, Silber, kostbaren Steinen und seltenen Federn wurde nach Cuzco gebracht, ebenso das goldene Seil, das den Stadtplatz umspannt hatte, und ebenso das prächtige Abbild der Sonne, das, so behaupten die Indianer steif und fest, über hundert Quintals wog. Und wenn ein Inka nicht in Cuzco mit der königlichen Stirnbinde gekrönt worden war, verachtete man ihn, und er wurde nicht als legitimer Herrscher anerkannt. Aus diesem Grunde wird der Groß-Inka Atahualpa nicht unter die Könige gezählt, obgleich er so tapfer war und so viele Menschen tötete und ihm so viele Völker aus Furcht gehorchten.

Um wieder auf jene Männer und Frauen auf dem Berge Huana-cauri zurückzukommen, denen Ayar Cachi die Regeln für die Aufnahme in den Ritterorden übermittelt hatte, so erzählen die Indianer, daß Ayar Cachi seinen Bruder Ayar Manco anblickte und ihm befahl, mit seinen beiden Frauen ins Tal zu gehen. Dort sollte er unverzüglich die Stadt Cuzco gründen und nicht versäumen, dort das befohlene Opfer darzubringen. Und als er so zu Ayar Manco gesprochen hatte, wurden er selbst und der andere Bruder zu zwei menschenähnlichen Steinfiguren. Als Ayar Manco das sah, nahm er seine Frauen, zog dorthin, wo jetzt Cuzco steht, erbaute die Stadt und nannte sich von da an Manco Capac, das bedeutet: König und reicher Fürst.

8. Kapitel
Wie Manco Capac ins Tal zog, wo er Menschen fand, und dort die alte und sehr reiche Stadt Cuzco gründete und erbaute, die dann zur Hauptstadt des ganzen Inka-Reiches wurde.

Ich habe selbst oft lächerlich gefunden, was ich über die [Fabeln der] Indianer niedergeschrieben habe, und doch habe ich nur niedergelegt, was man mir berichtet hat. Dabei habe ich vieles ausgelassen und überhaupt nichts hinzugefügt.

Als Manco Capac sah, was seinen Brüdern geschehen war, zog er in das Tal, in dem die Stadt Cuzco heute liegt, erhob seine Augen zum Himmel und betete demütig zur Sonne, sie möge ihm gnädig sein und ihm beim Bau der neuen Stadt helfen. Dann blickte er zum Berge Huana-cauri und richtete dasselbe Gebet an seinen Bruder, den er bereits als Gott verehrte. Nachdem er den Flug der Vögel, die Stellung der Gestirne und andere Vorzeichen beobachtet hatte, war er überzeugt, daß die neue Ansiedlung gedeihen würde und daß er als ihr Gründer und als Ahnherr aller Inkas berühmt werden würde. So erbaute er im Namen Tici-Viracochas, der Sonne und seiner anderen Götter die neue Stadt. Zuerst gab es nur ein kleines rohrbedecktes Steinhaus, das Manco Capac und seine Frauen bauten. Sie nannten es Curicancha, was »goldene Mauer« bedeutet. Auf diesem Grund und Boden wurde später der berühmte und reiche Sonnentempel errichtet, der jetzt ein Kloster der Brüder vom Dominikaner-Orden ist.

Sicher lebten zu der Zeit, als der Groß-Inka Manco Capac wirkte, viele Indianer in der Gegend von Cuzco; aber da er ihnen weder Leid noch Schaden zufügte, hatten sie nichts dagegen, daß er in ihrem Lande blieb. Sie waren sogar eher erfreut darüber. So befaßte sich Manco Capac mit dem Bau des besagten Hauses und war sehr eifrig in der Ausübung seiner Gottesdienste. Er war von stolzer Gestalt und genoß großes Ansehen. Eine seiner Frauen blieb unfruchtbar; von der anderen hatte er drei Söhne und eine Tochter. Der älteste Sohn hieß Sinchi Roca und die Tochter Ocllo; die Namen der anderen beiden sind nicht überliefert. Er verheiratete den ältesten Sohn mit seiner Schwester und lehrte sie, was sie zu tun hätten, um von den Eingeborenen nicht gehaßt, sondern geliebt zu werden. Auch lehrte er sie, große Taten zu planen und zu vollbringen. Als der Gründer von Cuzco, der Groß-Inka Manco Capac, seine Kinder verheiratet, die Eingeborenen durch Liebe und Freundlichkeit in seinen Dienst gezogen und so das Haus Curicancha vergrößert hatte, starb er hochbejahrt. Sein Begräbnis wurde mit großem Zeremoniell begangen. Man errichtete ihm eine Statue und verehrte ihn als Sohn der Sonne.

Diese Begebenheiten sind wahrhaft großartig und wert, ins Gedächtnis zurückgerufen zu werden, und darum können selbst Reiche, die von weisen und großen

Männern regiert werden, daraus lernen; denn man muß bedenken, daß ein barbarisches Volk, das nicht einmal lesen und schreiben konnte, etwas so Bemerkenswertes zustande gebracht hat wie die Vereinigung so vieler Völker und Länder unter seiner Herrschaft. Alle gehorchten einem einzigen Herrscher, der allein die Macht über das Inka-Reich ausübte, dessen Küste mehr als zwölfhundert Leguas lang war.

Der Leser sollte zunächst wissen, daß von allen Inkas – im ganzen waren es elf – drei die anderen als Regenten weit überragten, und diese drei sind des höchsten Lobes wert. Sie glichen sich weniger in ihrer äußeren Erscheinung als in ihrer Klugheit. Es waren Huayna Capac [gest. 1527], sein Vater Topa Inca Yupanqui [gest. 1492] und Pachacuti [gest. 1471], der Vater des einen und Großvater des anderen. Diese lebten vor verhältnismäßig kurzer Zeit. Es gibt noch viele Indianer im Lande, die Topa Inca Yupanqui persönlich gekannt haben, mit ihm im Kriege gewesen sind oder von ihren Vätern gehört haben, was er während seiner Regierung vollbrachte. Daher sind die Taten der beiden letzten beinahe noch unmittelbar gegenwärtig und in lebhafter Erinnerung, während vieles von dem, was ihre Vorfahren vollbrachten, in Vergessenheit geraten war. Jedoch um solche Dinge in der Erinnerung zu bewahren, haben die Inkas eine Methode entwickelt, die wunderbar ist, wenn man bedenkt, daß sie keine Schrift kannten, denn weder in diesem Königreich noch sonstwo in Westindien ist irgend etwas Schriftliches gefunden worden.

9. Kapitel

Wie der Groß-Inka, nachdem er mit der Stirnbinde gekrönt worden war, seine Schwester, die Coya, wie der Titel der Herrscherin lautet, heiratete; und wie ihm gestattet war, viele Frauen zu haben, wenn auch unter ihnen allen die Coya die einzig legitime und die Bedeutendste war.

Ich habe im vorigen Kapitel über die Zeremonien beim Ritterschlag und bei der Verleihung der königlichen Stirnbinde *[llautu] berichtet.*

Es war Gesetz, daß der zukünftige Groß-Inka seine Schwester, die legitime Tochter seines Vaters und seiner Mutter, heiratete, damit die Erbfolge der Herrschaft auf das königliche Blut beschränkt sei. Selbst wenn die Schwester des Groß-Inkas unkeusch gewesen wäre und sie ein anderer Mann erkannt gehabt hätte, so daß sie von ihm ein Kind bekam, so wäre dieses Kind immer noch von echtem Inka-Geblüt gewesen. Sie stellten auch folgende Überlegung an: Selbst wenn der Inka eine Frau von edler Abkunft heiratete, könnte es geschehen, daß diese durch Ehebruch schwanger würde; wenn das unentdeckt bliebe, würde das Kind für den legitimen Nachkommen ihres wahren Gatten und Herrn gehalten werden. Deshalb hielten es die Gesetzgeber für ratsam, daß der regierende Inka seine Schwester zur Frau nehme, die dann den Titel »Coya« erhielt, was »Königin« bedeutet. Es war genauso, als wenn der König von Spanien eine fremde Prinzessin heiratet, die auch einen anderen Namen führt und, wenn sie in das Königreich Spanien kommt, Königin heißt: so wurden die Königinnen von Cuzco »Coya« genannt. Und wenn der zukünftige Groß-Inka keine Schwester hatte, war es ihm gestattet, die Frau mit dem höchsten Rang zu heiraten, so daß sie als die Erste unter allen seinen Frauen angesehen werden möge; denn keiner dieser Herrscher hatte weniger als siebenhundert Frauen in seinem Haushalt, die ihn bedienten und mit denen er sich vergnügen konnte. So hatten sie alle viele Kinder von diesen Frauen, die ihre Gattinnen oder Konkubinen waren. Die Kinder wurden vom Inka gut behandelt und standen bei den Untertanen in hohem Ansehen. Wo auch immer der Groß-Inka weilte, ob in seinem Palast oder anderswo, seine Frauen wurden von den Türhütern und *camayocs,* so hießen die Leibgarden, bewacht und beschützt. Wenn eine von ihnen zu einem Mann Beziehungen hatte, so wurden sie und der Mann getötet. Waren die Söhne der Groß-Inkas von diesen Frauen erwachsen, so wurden ihnen *chacaras,* das heißt Ländereien und Güter, verliehen, und aus den Vorratshäusern erhielten sie Kleider und sonstigen Bedarf. Es wurde ihnen jedoch keine Befehlsgewalt übertragen, denn der Groß-Inka wollte vermeiden, daß jene in unruhigen Zeiten den Versuch machten, auf Grund ihrer königlichen Abkunft die Herrschaft an sich zu reißen. So wurde keiner von ihnen mit dem Befehl über eine Provinz betraut, wenn auch bei Kriegs- und Eroberungszügen viele von ihnen Hauptleute waren und über die anderen Krieger erhoben wurden. Der Nachfolger des Herrschers pflegte sie mit Achtung zu behandeln; wenn sie jedoch einen Aufstand planten, wurden sie grausam bestraft. Keiner durfte den Groß-Inka anreden, ohne zuvor sich eine leichte Bürde auf die Schulter zu legen, und er mußte dem Herrscher barfuß nahen wie jeder andere Untertan.

10. Kapitel
Über die Lage der Stadt Quito, ihre Gründung und ihren Gründer.

Die Stadt San Francisco de Quito liegt im Norden der letzten Provinz des Königreiches Peru. Diese Provinz, die sich von Ost nach West erstreckt, ist etwa siebzig Leguas lang und fünfundzwanzig oder dreißig breit. Die Stadt liegt auf dem Grund und Boden der alten Inka-Bauwerke. Huayna Capac [gest. 1527] und sein Vater, der große Topa Inca [Tupac Yupanqui, gest. 1492], haben sie vergrößert und verschönert. Die Eingeborenen nannten diese königlichen Bauten »Quito«, und deswegen trägt die Stadt den gleichen Namen wie die ehemalige Zitadelle. Das Klima ist gesund, eher kühl als warm. Von der Stadt aus hat man wenig oder fast gar keine Aussicht auf das umliegende Land, denn im Nordwesten erheben sich hohe Sierras, so daß der Ort in einer Art Mulde liegt. Das Stadtgebiet und die Talebene sind so klein, daß man es für schwierig hält, die Stadt zu vergrößern, doch hat das wieder den Vorteil, daß man sie leicht befestigen kann. Nachbarstädte sind Puerto Viejo und Guyaquil, die sechzig und achtzig Leguas weiter westlich liegen. Im Süden liegen die Städte Loja und San Miguel, die eine hundertdreißig Leguas entfernt, die andere achtzig. Im Osten erheben sich ebenfalls Berge, und in ihnen entspringt der Strom, den man innerhalb der Ozean-See die »Süßwasser-See« nennt und der dem Flusse Marañón am nächsten ist.

Quito liegt etwa sieben Leguas unterhalb des Äquators. Das Land sieht öde aus, ist aber tatsächlich sehr fruchtbar, denn hier gedeihen sowohl Brotgetreide als auch andere Nahrungsmittel, wie Früchte und Geflügel.

Die Gegend ist sehr angenehm; in Vegetation und Klima kommt sie Spanien sehr nahe, denn der Sommer beginnt im März oder April und dauert bis zum November. Dann wird es zwar kalt, doch ist der Pflanzenwuchs nicht geringer als in Spanien.

Im Tiefland erntet man viel Weizen und Gerste, und in der Umgebung der Stadt gibt es Nahrungsmittel im Überfluß. Mit der Zeit wird alles, was in Spanien wächst, auch hier angebaut werden; man hat mit der Einführung schon begonnen. Die Eingeborenen sind im allgemeinen friedlicher, gutartiger und nicht so lasterhaft wie die, welche ich vorher beschrieben habe, und sogar gutmütiger als die im übrigen Peru. Ich habe das selbst gesehen und kann es beurteilen. Manche Reisenden sind anderer Meinung, aber wenn sie beide Völker besucht und beobachtet hätten, so würden sie sicherlich mit mir übereinstimmen. Diese Indianer sind von mittlerer Statur. Sie sind geschickte Ackerbauer und leben nach den Bräuchen, die die Groß-Inkas eingeführt haben. Allerdings sind sie nicht so klug, wie die Inkas waren. Sie wurden daher von den Inkas besiegt und übernahmen deren Lebensweise. In alten Zeiten waren sie wie ihre Nachbarn spärlich bekleidet und verstanden nicht viel vom Bauen.

In den zahlreichen warmen Tälern baut man Obst und Gemüse an, wovon man das ganze Jahr hindurch reiche Ernten erhält. Auch Weintrauben wachsen in diesen Tälern, doch kann man, da sie jetzt eben erst eingeführt sind, nur hoffen, daß auch sie gut gedeihen werden. Orangen- und Limonenbäume wachsen zu stattlicher Größe heran. Alle für die menschliche Ernährung wichtigen spanischen Gemüsesorten, die man hier angepflanzt hat, gedeihen ausgezeichnet. Es gibt auch ein Gewürz, Cinnamon genannt, das sie von den Bergen im Osten herabbringen. Das ist eine Frucht oder Blume, die auf großen Bäumen wächst. In Spanien kann man damit nur die Eichel vergleichen, aber die Cinnamon-Frucht ist von bräunlicher, nach Schwarz hinüberspielender Farbe und ist dicker und hohl. Sie hat einen angenehmen zimtähnlichen Geruch, aber man kann sie nur in Pulverform gebrauchen, denn wenn man sie wie Zimtrinde mit den Speisen kocht, so verliert sie ihre Eigenschaften und sogar ihren Geschmack. Man hat herausgefunden, daß sie wärmend und herzbelebend wirkt. Die Eingeborenen sammeln sie und gebrauchen sie, wenn sie krank sind. Mit Getränken vermischt, heilt sie besonders Affektionen des Magens und der Eingeweide. Die Eingeborenen bauen auch viel Baumwolle an, die sie zur Kleidung und zur Bezahlung ihrer Tribute benutzen. In der Umgebung Quitos gibt es viele Tiere, die wir als Schafe bezeichnen, die aber dem Kamel näher verwandt sind. Ich werde später ausführlich über Aussehen und Eigenschaften dieser Schafe und Widder berichten, die man »peruanische Llamas« nennt. Es gibt auch erstaunlich viel Wild: Kaninchen, Rebhühner, Turteltauben, Wildtauben und anderes. Zwei der einheimischen Nahrungsmittel bilden, abgesehen vom Mais, den Hauptteil der indianischen Ernährung: erstens die Kartoffel, die wie eine Trüffel aussieht und gekocht innen so weich wie eine gebratene Marone ist. Sie hat, wie die Trüffel, weder Schale noch Kern, denn sie wächst wie diese unterirdisch. Ihre Blätter sehen genau wie die des Mohns aus. Zweitens gibt es noch eine sehr gute eßbare Pflanze, die Quinoa heißt. Sie hat Blätter wie der maurische Mangold, wächst bis fast zu Manneshöhe und trägt winzige weiße und rote Samenkörner, aus welchen die Indianer ein Getränk herstellen und die sie auch gekocht, ähnlich wie Reis, essen.

Außer diesen Pflanzen gibt es noch viele andere eßbare Samen und Wurzeln, aber jetzt, wo sie den Wert des Weizens und der Gerste kennen, bauen viele Eingeborene in der Umgegend von Quito nur noch diese Getreidearten an und verzehren sie. Aus der Gerste bereiten sie ein Getränk. Alle diese Indianer sind gute Ackerbauer, doch gibt es da in den einzelnen Provinzen Unterschiede. Hierüber werde ich berichten, wenn ich die betreffenden Provinzen beschreibe. Die Frauen bestellen die Felder, kümmern sich um die Pflanzen und bringen die Ernte ein. Die Männer spinnen, weben, machen Kleider oder tun andere Frauenarbeit, was sie von den Inkas gelernt haben müssen. Ich habe nämlich bei den Indianern von Cuzco, die noch direkt von den Inkas abstammen, gesehen, daß die Männer Kleider und Waffen herstellen und andere Tätigkeiten ausüben, die mehr Frauen- als Männerarbeit sind, während die Frauen pflügen.

In der Inka-Zeit war hier eine von Menschen gebaute Landstraße, die Quito mit Cuzco verband. Dort begann eine andere, ebenso breite und prächtige, die in die Provinz Chile führte. Von Quito aus sind das über zwölfhundert Leguas. An diesen Landstraßen hatte man alle drei bis vier Leguas sehr schöne und gutgebaute Unterkünfte oder wohlversehene Paläste für den Herrscher errichtet.

11. Kapitel

Wie Topa Inca Boten von Quito aussandte, um zu erfahren, wie seine Befehle ausgeführt wurden.

Nachdem Topa Inca das ganze Gebiet bis nach Quito unter seine Herrschaft gebracht hatte, wollte er wissen, ob seine Befehle auch ausgeführt würden. Deshalb ordnete er an, daß die Klügsten seiner Gefolgsleute in Hängematten zu diesen und jenen Orten getragen würden, um sich alles anzusehen und sich über die in den neuen Provinzen eingeführte Ordnung zu unterrichten. Sie sollten auch mit den Statthaltern und Tributeinnehmern sprechen und sich unterrichten, wie diese sich den Eingeborenen gegenüber verhielten. Auch sandte er seine *Orejones* in die Provinzen, die wir Puerto Viejo [Ecuador] nennen, um mit den Eingeborenen zu sprechen und sie zu veranlassen, sich wie die anderen mit ihm zu verbünden, und sie zu lehren, wie sie säen, arbeiten, sich kleiden und die Sonne anbeten sollten – kurz, um ihnen eine gute Lebensart und Staatsform beizubringen. Es wird erzählt, daß diese Abgesandten für die Wohltaten, die sie den Eingeborenen erweisen wollten, erschlagen wurden, und daß Topa Inca Truppen zu einer Strafexpedition aussandte. Aber als die Wilden davon hörten, schlossen sich so viele von ihnen zusammen, daß sie die Soldaten unter Verlusten zurückschlugen, was dem Inka große Sorge bereitete. Da er jedoch wichtige Unternehmungen plante und deshalb nach Cuzco zurückkehren mußte, konnte er nicht selbst an der Strafexpedition teilnehmen.

In Quito berichtete man ihm, wie gut alle seine Anordnungen ausgeführt würden, welche Mühe sich seine Bevollmächtigten gegeben hätten, um die Indianer zu unterweisen, wie gut diese behandelt würden und wie glücklich sie sich bei der Arbeit fühlten. Von vielen Häuptlingen kamen jeden Tag Gesandte mit Geschenken; am Hofe drängten sich die Edelleute, und seine Paläste waren voller goldener und silberner Gefäße und anderer Schätze. Des Morgens nahm er seine Frühmahlzeit ein, und von Mittag bis gegen Abend gab er jedem, der ihn sprechen wollte, Audienz, wobei seine Leibgarde ständig anwesend war. Er verbrachte den Rest des Tages mit Trinken; dann nahm er seine Abendmahlzeit beim Lichte eines Holzfeuers ein, denn die Inkas brannten weder Wachs noch Talg, trotzdem sie von beidem im Überfluß hatten.

Er ließ in Quito als seinen Generalkapitän und Oberverwalter einen alten Großohren-Häuptling namens Chalco Mayta zurück, von dem es übereinstimmend heißt, er sei sehr weise und tapfer und von stolzem Aussehen gewesen. Diesem erlaubte er, in einer Sänfte zu reisen und von goldenen Tellern zu essen, und verlieh ihm noch mehr Privilegien, die er höchlich zu schätzen wußte. Er sollte dem Groß-Inka Boten schicken, die regelmäßig über alles zu berichten hatten, was im Lande geschah: über die Stimmung des Volkes, die Ernte, das Wachstum der Llamaherden und anderes mehr, auch über die Zahl der Armen, der Geburten und der Sterbefälle in jedem Jahr. Trotz der Entfernung zwischen Quito und Cuzco, die länger ist als die Strecke zwischen Sevilla und Rom, weit länger sogar, war die Landstraße so begangen wie die Chaussee von Sevilla nach Triana – und das ist das Höchste, was man darüber sagen kann.

12. Kapitel

Wie Huayna Capac von Quito auszog und seine vorausgeschickten Soldaten vor dem Feind flohen; und über die Schritte, die er daraufhin unternahm.

Als Huayna Capac [der Sohn Topa Incas] mit allen seinen Hauptleuten und altgedienten Soldaten in Quito war, hat er, so wird berichtet, etliche Hauptleute mit Truppen ausgesandt, um die widerspenstigen Völkerschaften zu unterwerfen. Diese aber wußten von seiner Anwesenheit in Quito, ahnten Böses und waren vorbereitet. Sie hatten sich der Hilfe ihrer Nachbarn und Stammesverwandten versichert, um seinem Angriff entgegenzutreten. Außerdem hatten sie Verschanzungen und Palisaden gebaut und sich gut bewaffnet. Nachdem seine Strafexpedition aufgebrochen war, verließ Huayna Capac mit einer anderen Truppe ebenfalls Quito, denn er wollte ein Gebiet in der Nähe erobern. Die Expedition rückte rasch vor, denn die Hauptleute achteten ihre Gegner gering und dachten, sie rasch niederwerfen zu können; aber es kam anders. Unterwegs fiel eine große Schar eingeborener Krieger mit lautem Kampfgeschrei und solchem Mut über sie her, daß viele getötet und gefangengenommen wurden. Das Expeditionsheer erlitt große Verluste und wurde in die Flucht geschlagen. Der siegreiche Feind verfolgte sie, tötete noch mehr und machte viele Gefangene.

Einige der Schnellfüßigsten liefen den anderen voran, eilten zum Inka und berichteten ihm, ohne daß jemand anderes dabei war, von der erlittenen Niederlage, was ihn nicht wenig bestürzte. Der Inka aber handelte so klug, wie es eines großen Mannes würdig ist. Er befahl nämlich den Geflüchteten, still zu sein und niemandem etwas zu sagen. Vielmehr sollten sie ihren geflohenen Kameraden den Befehl überbringen, sich auf dem ersten erreichten Hügel neu zu formieren und auf ihn, den Inka, zu warten. Sie sollten keine Furcht vor dem Tode haben, denn er würde mit frischen Truppen nachstoßen und sie rächen. Er ließ sich auch keine Niedergeschlagenheit anmerken, denn er wußte genau: wenn die Nachricht bekanntwürde, so würden alle seine Gegner über ihn herfallen und er würde in eine sehr schlimme Lage geraten. So verstellte er sich und befahl seinen Truppen nur, sich fertigzumachen, denn er plane einen Angriff auf gewisse Stämme, die sie schon rechtzeitig sehen würden. Er stieg aus seiner Sänfte, marschierte anderthalb Tage an der Spitze der Armee, und jene, die geflohen waren – es waren sehr viele –, hielten zögernd an einem Bergabhang, und die Feinde, die ihnen dicht auf den Fersen waren, griffen an und töteten viele. Aber Huayna Capac fiel von drei Seiten über die Verfolger her, und diese waren nicht wenig bestürzt, als sie sich umzingelt sahen, und weil es dem schon geschlagenen Gegner doch gelungen war, sich neu zu gruppieren und weiterzukämpfen. Die Schlacht war so heiß, daß die Felder mit Gefallenen bedeckt waren, und wer zu fliehen versuchte, fand den Rückweg abgeschnitten. Nur wenige außer den vielen Gefangenen kamen mit dem Leben davon. Überall herrschte große Verwirrung, weil die, welche sich schon als Sieger über den Inka gesehen hatten, nun tot oder gefangen waren. Und als der Erfolg feststand, hielten die Truppen des Inkas befriedigt Rast.

Huayna Capac sammelte seine überlebenden Soldaten. Die Gefallenen ließ er mit den vorgeschriebenen Bräuchen beerdigen, denn die Inkas glaubten an die Unsterblichkeit der Seele. Auf dem Schlachtfeld wurden auch Statuen und Steinmale aufgestellt, um das Andenken an das Geschehene zu bewahren. Huayna Capac sandte eine Botschaft nach Cuzco, gruppierte seine Männer um und marschierte weiter bis über Caranqui hinaus.

Die Indianer von Otavalo, Cayambe, Cochasqui, Pifo und andere Völkerschaften [nördlich von Quito] hatten sich untereinander verschworen, daß sie lieber im Kampf fallen als ihre Freiheit verlieren und sich von den Inkas beherrschen lassen wollten. Sie wollten nicht dulden, daß in ihrem Lande Festungen gebaut oder daß Tribute nach dem so weit entfernten Cuzco gebracht würden. Da sie sich über alles einig geworden waren und die entsprechenden Maßnahmen getroffen hatten, erwarteten sie den Inka, der, wie sie wußten, ihnen zum Angriff entgegenzog. Als der Inka mit seinem Heer in dieses Gebiet kam, befahl er, für Soldaten und Troß Palisaden und Befestigungswerke, sogenannte *pucarás*, zu bauen. Er sandte an die dortigen Stämme Boten mit wertvollen Geschenken und beschwor sie, nicht gegen ihn zu kämpfen, denn er wolle Frieden zu ehrenvollen Bedingungen. Er würde ihnen helfen wie ein Vater und ihnen nichts wegnehmen, sondern von dem, was er mit sich führte, Geschenke austeilen. Aber seine freundlichen Worte waren wirkungslos. Sie antworteten ihm, daß er das Land sofort verlassen solle, sonst würden sie ihn mit Gewalt vertreiben. So traten sie dem Inka in Schlachtordnung entgegen. Dieser war sehr zornig und stellte seine Armee zum Kampf bereit. Der Feind griff mit solcher Wut an, daß er, wären die Befestigungswerke nicht gewesen, durchgebrochen wäre und die Truppe des Inkas vollständig zerschlagen hätte. Dieser erkannte die Gefahr und zog sich, so gut es ging, mit allen, die nicht gefangengenommen oder gefallen waren, in seine Festung zurück.

13. Kapitel
Wie Huayna Capac alle seine Streitkräfte sammelte, dem Feind eine Schlacht lieferte und ihn schlug; und von seiner großen Grausamkeit
den Besiegten gegenüber.

Als es den Indianern gelungen war, den Inka in seine Festung zurückzutreiben und viele der *Orejones* von Cuzco zu töten, waren sie höchlich zufrieden und machten einen solchen Siegeslärm, daß keiner sein eigenes Wort verstehen konnte. Sie trommelten, sangen, tranken und sandten Boten in das Land, die berichteten, daß der Inka und sein Heer belagert würden. Viele glaubten das, freuten sich und eilten sogar zur Hilfe. Huayna Capacs Festung war wohl verproviantiert, und er hatte den Statthaltern von Quito Nachricht gesandt, daß sie mit einem Teil ihrer Streitkräfte zu ihm stoßen sollten. Er war sehr erregt, weil die feindlichen Stämme ihre Waffen nicht niederlegen wollten, und versuchte wiederholt, sie durch Unterhändler und Geschenke für sich zu gewinnen, aber es war zwecklos. Er verstärkte seine Truppen, und die Feinde taten dasselbe, unerschüttert in ihrem Vorsatz, den Inka zu schlagen oder bei dem Versuch dazu im Kampf zu fallen. Sie griffen an und durchbrachen zwei der Festungswälle, und wäre nicht noch ein von weiteren Wällen umzogener Berg gewesen, so hätten sie ohne Zweifel gesiegt. Aber bei den Inkas ist es Brauch, einen Palisadenzaun mit zwei Toren zu bauen, und dahinter noch einen, und so hat jeder Bergabhang sieben oder acht Redouten, und wenn eine verlorengeht, so können sie sich in die nächste zurückziehen. Der Inka suchte mit seinen Truppen an der stärksten Stelle des Berges Zuflucht, von wo aus er nach ein paar Tagen hervorbrach und sich mit großer Tapferkeit auf den Feind stürzte. Es heißt, daß seine Verstärkungen eintrafen, als gerade der Nahkampf begonnen hatte. So wild war die Schlacht, daß diesmal der Ausgang zweifelhaft schien, aber endlich gelang es den Männern von Cuzco, mit überlegener Kriegskunst eine große Zahl der Angreifer zu töten, und die Überlebenden flohen. Der Groß-Inka war voller Zorn über die Indianer, weil sie ihr Land mit der Waffe verteidigten und es nicht unter seine Herrschaft fallen lassen wollten. So befahl er seinen Kriegern, alle Überlebenden, deren sie habhaft werden konnten, zu fangen. Das taten sie auch mit großer Geschicklichkeit, und nur wenige konnten entkommen. Dann befahl er, daß die Gefangenen an das Ufer eines Sees gebracht wurden und daß dort in seiner Gegenwart allen die Kehlen durchgeschnitten würden. Die Leichen warf man ins Wasser. So viele waren der Toten, daß der See seine Farbe änderte und zu einem Pfuhl von Blut wurde. Nach dieser grausamen Untat befahl er, die Söhne der Getöteten vor sein Angesicht zu bringen. Er blickte sie an und sprach: »*Campa mana, pucula tucuy huambracuna*«, das heißt: »Ihr werdet mich nicht bekämpfen, denn ihr seid noch Kinder.« Und von der Zeit an hießen jene Stämme »Huambra-cunas«. Sie waren sehr tapfer; und der See erhielt den Namen, den er jetzt noch trägt, nämlich Yahuar-cocha, das heißt »Blut-See«. Wie in anderen Provinzen auch, wurden Statthalter und *mitimaes* in die Ansiedlungen der Huambra-cunas gesandt.

Nachdem der Inka seine Truppen neu aufgestellt hatte, zog er weiter nach Norden, und sein Ruhm wurde durch den errungenen Sieg noch größer. Seine Streifzüge führten bis zum Flusse Angasmayo, der Grenze seines Reiches. Dort hörte er von den Eingeborenen, daß weiter nordwärts noch Stämme lebten, die ohne die mindeste Scham nackt gingen und Menschenfleisch aßen. Deshalb baute er im Lande der Pastos mehrere Befestigungswerke. Dann ließ er den Häuptlingen dieser Stämme sagen, daß sie ihm Tribut zu entrichten hätten. Sie antworteten, daß sie nichts besäßen, was sie ihm geben könnten. Daraufhin befahl er, daß jedes Haus im Lande ihm mehrmals im Jahre einen großen Federkiel voller Läuse als Tribut abzuliefern hätte. Zuerst lachten sie über diesen Befehl, aber dann merkten sie, daß sie, so verlaust sie auch waren, nicht so viele Federkiele mit Läusen füllen konnten. So betreuten sie die Herden, die der Inka ihnen dagelassen hatte, und zahlten ihre Tribute mit Lämmern und Früchten ihrer Felder. Als Huayna Capac nach Quito zurückkehren mußte, befahl er, daß in Caranqui ein Sonnentempel erbaut werde. Er ließ auch eine Garnison von *mitimaes* dort und setzte sowohl einen Generalkapitän als auch einen Statthalter ein. So wurde dieses Land zu einer Grenzmark, die ständig unter Kontrolle war.

14. Kapitel
Wie der Groß-Inka Huayna Capac nach Quito zurückkehrte und von der Ankunft der Spanier an seiner Küste erfuhr; und wie er starb.

In demselben Jahr zog Francisco Pizarro mit dreizehn Spaniern an der Küste entlang, und die Nachricht davon wurde Huayna Capac in Quito überbracht. Man berichtete ihm von der Kleidung der Spanier und daß sie Bärte und weiße Hautfarbe hätten, auch daß sie wenig sprächen und nicht dem Trunke ergeben seien wie die Inkas. Da er so merkwürdige Leute gern sehen wollte, befahl er, daß einer der beiden Männer, die sie zurückgelassen hätten, vor sein Angesicht gebracht werde. Die anderen waren schon mit ihrem Hauptmann zur Insel Gorgona zurückgekehrt. Dort hatten sie einige Spanier und einen Troß von Indianern, Männern und Frauen, zurückgelassen. Manche Indianer sagen, daß diese beiden nach dem Abzug der Spanier getötet worden seien, worüber Huayna Capac sehr verärgert gewesen sei. Nach anderen Berichten soll Huayna Capac nur geträumt haben, daß man sie vor ihn bringe und daß bei der Nachricht von seinem Tode sie von der Begleitmannschaft getötet worden seien. Andere sagen, sie seien gestorben. Wir sind der Meinung, daß sie schon kurz nach Betreten des Inka-Reiches umgebracht worden sind.

Huayna Capac weilte also mit seinen Truppen und den Edlen des Landes in Quito. Sein Reich war ungeheuer groß, denn es umfaßte alles Land zwischen den Flüssen Angasmayo und Maule; das ist eine Strecke von über zwölfhundert Leguas. Er war so reich, daß er fünfhundert Ladungen Gold und über tausend Ladungen Silber nach Quito bringen ließ, dazu Juwelen und kostbare Stoffe. Alle seine Untertanen fürchteten ihn, denn wenn einer einen Übergriff wagte, so folgte die Bestrafung auf dem Fuße. Es heißt, daß eine große Pockenseuche ausbrach, die sich in allen Teilen des Landes ausbreitete und an der über 200 000 Menschen starben. Auch der Inka wurde angesteckt. Entgegen allen anderslautenden Berichten konnte er nach dem Willen Gottes dem Tode nicht entrinnen. Als er fühlte, daß die Krankheit ihn befallen hatte, ließ er überall im Lande in den Sonnentempeln große Opfer für seine Genesung darbringen. Als sich sein Zustand verschlimmerte, berief er seine Hauptleute und Stammesbrüder und besprach sich mit ihnen. Unter anderem soll er gesagt haben, die Männer, die man zu Schiff gesehen habe, würden zurückkommen und das Land erobern. Das wird eine Fabel sein; und wenn er es wirklich gesagt hat, so hat aus ihm der Teufel gesprochen, der vielleicht wissen mochte, daß die Spanier zurückkommen würden. Andere wieder berichten, er habe angesichts der großen Ausdehnung des Quillacinga- und des Popayán-Landes eingesehen, daß das Gebiet für einen einzigen Herrscher zu groß sei, und daher befohlen, daß sein Sohn Atahualpa über das Land von Quito bis zu dieser Gegend hin herrschen solle. Diesen liebte er sehr, weil er ihn immer auf seinen Kriegszügen begleitet hatte. Der andere Teil des Landes sollte von Huascar, dem einzigen legitimen Erben des Königreichs, regiert werden. Andere Indianer berichten wiederum, Huayna Capac habe das Reich nicht geteilt, sondern im Gegenteil den an seinem Krankenlager weilenden Ratgebern anvertraut, wie glücklich er sei, daß nun, da seine Zeit abgelaufen sei, sein und seiner Schwester Chincha Ocllo legitimer Sohn Huascar die Nachfolge der Herrschaft antreten werde. Das Volk von Cuzco, so heißt es, sei darüber ebenfalls sehr glücklich gewesen. Obgleich Huayna Capac noch andere Söhne hatte, die alle sehr tüchtig waren, wollte er ihnen doch nichts von seiner riesigen Hinterlassenschaft zusprechen, sondern alles sollte ein einziges Erbe bilden, so wie er es von seinem Vater übernommen hatte. Er erwarte bestimmt, so soll er gesagt haben, daß man seinen Anordnungen folgen und die Wünsche seines Herzens erfüllen werde, wenn auch der Erbe nur ein Jüngling sei. Bis zu Huascars regierungsfähigem Alter solle sein Onkel Colla Tupac sein treuer Ratgeber sein. Und mit diesen Worten verschied er.

Die Trauer über Huayna Capacs Tod war groß. So laut tönten die Klagen gen Himmel, daß die Vögel zur Erde fielen, und überall im Lande herrschte tiefer Kummer. In Quito weinte man zehn Tage lang um ihn. Von dort wurde seine Leiche zu den Cañaris übergeführt, wo man ihn einen ganzen Monat lang beweinte. Dann wurde der Leichnam von vielen Häuptlingen nach Cuzco geleitet, und die Straßen waren mit weinenden und schreienden Männern und Weibern gesäumt. In Cuzco war die Trauer sogar noch größer. In den Tempeln wurde geopfert, und er wurde nach dem Brauch beerdigt. Man glaubte, seine Seele sei im Himmel. Von seinen Weibern, Pagen und Dienern wurden mehr als viertausend getötet, die man ihm mit ins Grab legte, und dazu tat man Schätze, Juwelen und schöne Gewänder. Es kann kein Zweifel darüber bestehen, daß riesige Werte mit ihm beerdigt wurden. Alle sind sich darüber einig, daß er in Cuzco begraben wurde. Einige Indianer haben mir zwar erzählt, daß er im Angasmayo begraben wurde, wobei man den Fluß umgeleitet habe, um die Grabstätte zu errichten, aber das glaube ich nicht, sondern meine, daß er in Cuzco begraben ist...

Ich habe mehr Zeit auf die Beschreibung von Quito als auf die anderer Städte verwandt, und zwar weil Quito die erste Stadt in Peru ist, auf die man trifft, wenn man aus dieser Richtung kommt, und weil sie von alters her hoch angesehen ist. Auch heute noch ist sie eine der schönsten Städte Perus. Abschließend will ich noch sagen, daß sie von dem Hauptmann Sebastián de Belalcázar ausgebaut und mit Spaniern besiedelt worden ist.

15. Kapitel
Von den Dörfern, die man zwischen Quito und den königlichen Unterkünften von Tomebamba [Tumipampa] berührt; und von gewissen Sitten der Eingeborenen.

Von der Stadt San Francisco de Quito bis zu den Palästen von Tomebamba sind es dreiundfünfzig Leguas. Von Quito aus gelangt man auf dem besagten Wege zunächst nach Panzaleo, dessen Einwohner sich etwas von ihren Nachbarn unterscheiden, besonders durch ihre Kopfbänder, denn daran erkennt man die verschiedenen Stämme und ihre Heimat.

Wie alle anderen Völkerschaften des Reiches, das sich über zwölfhundert Leguas erstreckt, sprechen die Panzaleos die Inka-Sprache von Cuzco. Diese Sprache ist allgemein verbreitet. Die Inka-Herrscher führten sie durch ein Gesetz ein, das diejenigen Eltern unter Strafe stellte, die ihren Kindern nicht schon in früher Jugend diese Sprache beibrachten. Aber obwohl alle die Cuzco-Sprache beherrschen, haben sie außerdem noch ihre angestammte Zunge beibehalten. So unterscheidet sich zum Beispiel die Sprache der Panzaleos von der der Caranquis und Otavalos.

In Aussehen und Wesen sind die Panzaleos den anderen schon beschriebenen Stämmen recht ähnlich. Sie tragen ärmel- und kragenlose Hemden mit seitlichen Schlitzen für die Arme und einer Öffnung für den Kopf. Darüber tragen sie wollene oder baumwollene Decken. Die Kleidung der Häuptlinge ist von feinerer Qualität, höchst geschickt gewebt und leuchtet in vielen Farben. Als Fußbekleidung tragen sie Sandalen aus einer Pflanze, die sie *cabuya* nennen. Sie treibt lange Wedel, die hanfartige weiße Fasern liefern. Diese sind sehr gut zu verarbeiten, und daraus fertigen sie ihre Fußbekleidung. Sie tragen auch Kopfbänder. Manche Frauen sind sehr hübsch nach der Mode von Cuzco gekleidet, nämlich in eine lange Decke, die sie von Kopf bis Fuß verhüllt und nur die Arme bloß läßt. Um die Mitte gürten sie sich mit dem *chumpi*, einem schöngewebten Gurt, etwas breiter als ein Lasso. Darüber tragen sie die *liquida [lliclla]*, ein dünnes wollenes Tuch, das von den Schultern bis zu den Füßen fällt und von großen Nadeln aus Silber oder Gold, von ihnen *tupus* genannt, zusammengehalten wird. Um den Kopf tragen sie ebenfalls eine Binde, die *vncha [uncha]*, die wirklich sehr hübsch ist. Die Kleidung der Frauen von Cuzco ist unbestritten die schönste und prächtigste, die man bisher in ganz Westindien gesehen hat. Ihr sehr langes Haar frisieren sie mit großer Sorgfalt. An anderer Stelle werde ich noch ausführlicher über die Kleidung der *pallas*, wie man die Damen von Cuzco nennt, sprechen.

Eine andere Straße verläuft gen Sonnenaufgang und führt zu einer größeren Niederlassung, die Quixo heißt. Die Bewohner haben ähnliche Sitten und Gebräuche wie die vorher beschriebenen.

Drei Leguas von Panzaleo liegen die Häuser und Gehöfte von Mulahalo. Es ist zwar jetzt nur noch eine kleine Ansiedlung, denn die Einwohnerzahl ist stark zurückgegangen, aber in alten Zeiten befanden sich dort Unterkünfte für den durchziehenden Inka und seine Hauptleute, außerdem große Vorratshäuser für die Truppen.

Cieza schreibt dazu an anderer Stelle: In den Hügeln zwischen Panzaleo und Quito liegen diesseits und jenseits der Straße mehrere Ansiedlungen. Im westlichen Tal liegen Uchillo und Langazi, deren Bewohner unsere Freunde und Verbündeten sind. Das Klima ist sehr mild, und so bringt das Land vieles von dem hervor, was bei Quito wächst. Die Eingeborenen sind keine Menschenfresser und auch nicht so bösartig wie in manchen anderen Provinzen. In alten Zeiten hatten sie nach ihrer Überlieferung große Tempel, die verschiedenen Göttern geweiht waren; aber unter den Inkas verehrten sie die Sonne als Gott und brachten ihr Opfer dar.

Von dort aus führt ein Weg in die Berge von Yumbo. Dort sind die Menschen nicht so fleißig wie die Leute von Quito und Umgebung, auch nicht so gefügig, sondern im Gegenteil böse und frech, weil ihr Gebiet schwer zugänglich ist und sie ohne große Mühe von ihrem warmen und fruchtbaren Lande leben können. Auch sie beten die Sonne an, und ihre Sitten und Gebräuche sind denen ihrer Nachbarn ähnlich, weil sie ebenfalls von dem großen Topa Inca und seinem Sohn Huayna Capac besiegt worden sind.

Rechts von Mulahalo liegt ein Vulkan oder feuriger Krater. Die Indianer berichten von einer Eruption und einem furchtbaren Stein- und Aschenregen, der einen Teil der umliegenden Dörfer zerstörte. Es heißt auch, daß vor dem Ausbruch höllische Trugbilder gesehen und schreckliche Laute vernommen wurden. Was die Indianer von diesem Vulkan berichten, scheint wahr zu sein, denn als der Adelantado Don Pedro de Alvarado, ehemals Statthalter der Provinz Guatemala, mit seiner Flotte in Peru landete und auf dem Rückweg durch das Gebiet von Quito zog, soll es, wie seine Leute versichern, mehrere Tage lang Asche geregnet haben. Bestimmt war es ein Ausbruch eines der feurigen Krater, deren es viele in den Sierras gibt. Dort findet man nämlich große Schwefelablagerungen.

Ein Stückchen jenseits von Mulahalo liegen das Dorf und die Unterkünfte von Tacunga [Llacta-cunga]. Einst waren sie so bedeutend wie Quito. Diese Bauten, zwar zerfallen, lassen ihre einstige Großartigkeit noch ahnen, denn man kann Reste goldener Darstellungen von Llamas erkennen, die in die Wände eingelassen waren. Auch Spuren herrlicher Wandbilder sind noch sichtbar. Besonders prächtig müssen der Sonnentempel und die für den Inka bestimmten Zimmer gewesen sein. Im Tempel wohnten auch die *mamaconas*, das sind die Tempeljungfrauen. Obgleich in allen Städten, durch die wir kamen, Paläste und Vorratshäuser standen, gab es doch zu Zeiten der Inkas keinen Königspalast oder Tempel, der diesen glich, weder hier noch irgendwo an der Straße nach Tomebamba. Die Inkas hatten in Tacunga einen Oberverwalter eingesetzt, der in den benachbarten Provinzen Tribute erhob und sie hier, wo viele *mitimaes* wohnten, einlagerte.

Die Inkas hatten ihren Regierungssitz in Cuzco. Dort wurden die Gesetze erlassen, und von dort aus zogen die Feldhauptleute mit ihren Truppen in den Krieg. Die Stadt lag mehr als sechshundert Leguas von Quito entfernt, und nach Chile war es sogar noch weiter. Angesichts der Tatsache, daß dieses weite Gebiet von barbarischen und teilweise sehr kriegerischen Stämmen bewohnt war, wurde seit der Zeit des Inkas Pachacuti [gest. 1471], dem Vater des großen Topa Inca [gest. 1492] und dem Großvater Huayna Capacs, folgende Politik betrieben: Sobald eine große Provinz erobert war, mußten zehn- oder zwölftausend Männer mit ihren Frauen, oder so viele man eben für angemessen hielt, das Land verlassen. Diese wurden in einer anderen Provinz angesiedelt, wo sie das gleiche Klima und eine ähnliche Landschaft vorfanden wie in ihrer Heimat. Bewohner kühler Gegenden kamen wieder in kühle, und umgekehrt. Diese Indianer wurden *mitimaes* genannt, das bedeutet »Indianer aus einem anderen Land«. Es wurden ihnen Felder zugewiesen und auch Bauland für ihre Häuser. Die *mitimaes* hatten den Statthaltern und Hauptleuten zu gehorchen. So unterstützten sie bei Erhebungen der Eingeborenen die Statthalter und Hauptleute des Inkas, und die Aufständischen konnten bestraft werden und hatten dann Sklavendienste für die Inkas zu leisten. Andererseits wurden die *mitimaes*, wenn sie unruhig waren, von den Eingeborenen niedergehalten. Auf diese Weise hatten die Inkas ihr Reich gegen Empörungen abgesichert, und die Provinzen wurden mit Nahrung versorgt. Sie erreichten auch noch auf andere Weise, daß die Eingeborenen sie nicht haßten: niemals wurden die eingeborenen Häuptlinge ihrer Macht beraubt. Wenn ein Häuptling ein Verbrechen beging oder auf andere Weise seine Stellung verwirkte, so wurde die Häuptlingswürde seinem Sohn oder Bruder übertragen, und alle mußten diesem gehorchen.

Um wieder auf mein Thema zurückzukommen: In den

bedeutenden Unterkünften von Tacunga führten die *mitimaes* alles aus, was der Verwalter des Inkas anordnete. Die Unterkünfte wurden aus den Dörfern der umliegenden Häuptlinge versorgt, wo es an Nahrung nicht mangelte.

Cieza schreibt dazu an anderer Stelle: Zur Zeit der Schlacht von Xaquixahuana, der letzten Schlacht in Peru, bei der Gonzalo Pizarro fiel, zogen fast zweitausend Spanier unter dem Adelantado Don Sebastián de Belalcázar aus, um die Sache Seiner Majestät gegen die Usurpatoren zu verteidigen. Ein Teil von uns – denn wir marschierten getrennt – kam durch diese Stadt. Die Indianer versahen uns reichlich und willig mit Verpflegung. In einem Vorratshaus hatten sie große Mengen Kaninchen, anderswo Schweine, wieder anderswo Hühner, Llamas oder Geflügel, und so versorgten sie alle Durchziehenden mit Lebensmitteln.

Die Eingeborenen sind in Hemden und Überwürfe gekleidet. Manche Stücke sind hübsch und gut gearbeitet, andere wieder nicht so gut, wie es sich jeder eben leisten kann. Die Weiber sind ebenso gut gekleidet wie die von Mulahalo, und nahezu alle sprechen die gleiche Sprache. Ihre Häuser sind von Stein und mit Stroh gedeckt, groß oder klein, je nach Rang und Vermögen des Eigentümers. Die Häuptlinge und Anführer haben viele Frauen, aber eine ist die Hauptfrau, und die Häuptlingswürde geht auf ihren Sohn über. Sie verehren die Sonne. Wenn ein Häuptling stirbt, so wird ein tiefes Grab in den Hügeln oder auf dem Feld ausgehoben. Dort wird er beerdigt, und man gibt ihm Edelsteine, Silber, Gold, Waffen, Kleider, reichlich Nahrungsmittel und lebendige Frauen (und nicht die häßlichsten) mit ins Grab. Diese

Bestattungsbräuche, die in fast ganz Westindien üblich sind, hat der Teufel erfunden. Er hat den Indianern den Glauben beigebracht, sie kämen auf diese Weise nach dem Tode in ein wohlvorbereitetes Königreich. Man bekundet große Trauer um den Toten. Nicht nur weinen sie den größten Teil des Sterbetages und die Nacht hindurch, sondern sie trauern noch ein ganzes Jahr lang. Die Trauernden trinken so wie die andern, aber sie essen ihre Hauptmahlzeit während des Trauerjahres vom Erdboden, und wenn sie ihren Mais, ihr Fleisch oder ihren Fisch gegessen haben, trinken sie den ganzen Tag Chicha (das ist eine Art Wein, den sie aus Mais bereiten), und wo sie gehen und stehen, haben sie den Becher in der Hand. Sie verbringen viel Zeit mit dem Singen ihrer *areitos* oder Lieder, wobei Männer und Weiber sich an den Händen halten und zum Klange einer Trommel im Kreise herumtanzen. Die Gesänge handeln von den alten Zeiten. Dabei trinken sie immerzu, bis sie völlig berauscht sind. Und wenn sie von Sinnen sind, nehmen sie die Frau, die sie begehren, tragen sie ins Haus und befriedigen ihre Lust an ihr. Es kommt ihnen nicht in den Sinn, daß das etwas Schlechtes sein könnte, denn sie begreifen nicht, warum man sich dessen schämen sollte, noch kümmern sie sich viel um Ehre oder um die gute Meinung der Umwelt. Ihr einziges Bestreben ist zu verzehren, was sie mit ihrer Hände Arbeit hervorbringen. Sie glauben, so schien es uns, an die Unsterblichkeit der Seele, und sie erkennen, daß es einen Schöpfer geben muß, denn wenn sie die Unermeßlichkeit des Himmels und die Bewegungen der Sonne und des Mondes anschauen, so können sie nicht umhin zu glauben, daß jemand alle diese Wunder geschaffen haben muß. Sie erweisen der Sonne große Verehrung und betrachten sie als Gottheit. Die Priester werden überall hoch geachtet und verehrt.

Es gibt noch andere Sitten und Gebräuche bei diesen Indianern, aber da diese bei den meisten Eingeborenen die gleichen sind, will ich sie in der Reihenfolge der von mir durchreisten Provinzen behandeln.

So beschließe ich dieses Kapitel, indem ich berichte, daß sie als Waffen Palmen-Lanzen sowie Wurfpfeile und Schleudern führen. Sie sind wie die meisten Indianer dunkelhäutig. Ihre Frauen sind sehr zutraulich, und manche sind sogar recht schön. Es gibt heute noch viele Indianer dort, die von den *mitimaes* der Inka-Zeit abstammen.

16. Kapitel
Wohin die *mitimaes* gesandt wurden, in welche Klassen sie eingeteilt wurden und welchen Wert sie für die Inkas hatten.

Die *mitimaes*, von denen man in Peru so viel erzählt, wurden von den Inkas so geschätzt und wertgehalten, daß sie gleich nach den *Orejones*, dem höchsten Adel der Provinzen, rangierten. Ich erwähne das, weil der Autor der sogenannten *Historia* behauptet, sie seien Sklaven Huayna Capacs gewesen. Das ist ein Irrtum, wie er denjenigen unterläuft, welche nur vom Hörensagen oder nach anderen Büchern schreiben, ohne daß sie die von ihnen geschilderten Länder selbst gesehen haben. Sie können daher nicht wissen, ob sie die Wahrheit berichten.

In den meisten oder sogar in allen Provinzen des Reiches Peru gab es und gibt es sogar heute noch *mitimaes*.

Man unterscheidet drei Arten oder Klassen, die in großem Maße zur Erhaltung und sogar zur Schaffung des Inka-Reiches beigetragen haben. Weiß der Leser erst einmal, wie diese *mitimaes* organisiert waren, was sie taten und wozu sie überhaupt da waren, so wird er erkennen, wie die Inkas so viele Länder und Provinzen beherrschen konnten.

Mitimaes heißen Indianer, die von einem Land in ein anderes verpflanzt wurden. Die oberste Klasse der *mitimaes* waren die, welche die Inkas gleich nach der Eroberung einer neuen Provinz einsetzten, damit sie dort für Sicherheit sorgen und die Eingeborenen lehren sollten, wie sie ihren Dienst zu versehen hatten. Auf diese Weise begriffen die neuen Untertanen rasch, was die langjährigen Vasallen schon gelernt hatten, nämlich ruhig und friedlich zu sein und nicht ständig Aufstände zu planen. Wenn sie es etwa doch versuchten, hatten die *mitimaes* es zu verhindern. Die Inkas siedelten in den neuen Provinzen so viele Menschen um, wie ihnen notwendig erschien. Diesen wurde befohlen, in eine andere Gegend zu ziehen, die das gleiche Klima hatte – kalt oder warm, je nach der Gegend, aus der sie kamen. Dort erhielten sie so viel Land, Felder und Häuser, wie sie verlassen hatten. Und in den Provinzen, die schon längere Zeit befriedet waren, bestimmten die Inkas die gleiche oder eine größere Anzahl von Leuten, die in die neugewonnenen Länder ziehen und sich unter den Eingeborenen ansiedeln mußten. Dort hatten sie den Einwohnern Ordnung und Zivilisation beizubringen. Dadurch, daß die einen gingen und die anderen kamen, herrschte Sicherheit.

Da die Inkas wußten, wie ungern Menschen Heimat und gewohnte Umgebung verlassen, behandelten sie diese Leute mit besonderem Wohlwollen, so daß sie willig und freudig ins Exil gingen. Sie gaben ihnen goldene und silberne Armbänder, Kleider aus Wolle oder Federn und verliehen ihnen allerlei Privilegien. Unter ihnen waren Spitzel, die herumgingen und horchten, was die Eingeborenen sprachen oder planten, und das berichteten sie den Beamten des Groß-Inkas oder eilten selbst nach Cuzco, um dem Inka Bericht zu erstatten. Auf diese Weise herrschte Ruhe, denn *mitimaes* und Eingeborene fürchteten einander, und so hatte niemand etwas anderes im Sinn als Dienst und Gehorsam. Meuterei und Verschwörung wurden schwer bestraft, denn manche Inkas waren rachsüchtig und verhängten gnadenlos Strafen von großer Grausamkeit.

Für diese Aufgaben war eine bestimmte Anzahl von *mitimaes* vorgesehen. Andere hüteten die Llamaherden, die dem Inka oder dem Sonnengott gehörten, wieder andere waren Schneider, Silberschmiede, Steinmetzen oder Bauern; manche entwarfen Statuen und meißelten sie aus dem Stein – mit einem Wort: sie taten alles, was der Inka befahl. Die *mitimaes* mußten auch ins Hochland gehen, dort Mais und Kakao anbauen, die Obstbäume pflegen und diejenigen Ansiedlungen, in denen wegen der Kälte und des Schnees nichts wuchs, mit den nötigen Lebensmitteln versehen.

Die zweite Aufgabe der *mitimaes* hing damit zusammen, daß die Chunchos, Moxos und Chiriguanos, deren Gebiete größtenteils am östlichen Andenabhang liegen, barbarische und kriegerische Stämme waren, die Menschenfleisch aßen, oft andere Stämme überfielen und deren Felder und Wohnstätten verwüsteten, wobei sie möglichst viele Gefangene machten. Um dem zu steuern, wurden an vielen Stellen Hauptmannschaften und reguläre Garnisonen unter dem Befehl von *Orejones* errichtet. Und damit kein Stamm Krieg anzetteln oder einen Aufstand oder eine Verschwörung organisieren konnte, wurden *mitimaes* aus den Provinzen, die am besten dazu geeignet waren, als Soldaten in diese Garnisonen versetzt. Es wurden auch Festungen, *pucarás*, gebaut, in denen man sich notfalls verteidigen konnte. Die Soldaten wurden mit Mais und anderen Lebensmitteln versorgt, die von den umwohnenden Stämmen als Tribut oder Steuer geliefert wurden. Die Krieger erhielten Kleidung aus Wolle oder Federn als Sold, und die Tapfersten bekamen Armbänder aus Gold oder Silber. Sie erhielten auch Frauen aus der Schar der in jeder Provinz für den Inka bestimmten Frauen und Mädchen. Da diese meist sehr schön waren, wurden sie besonders hoch geschätzt. Außerdem gab man ihnen auch Sachen von geringerem Wert, die die Statthalter der Provinzen beschaffen mußten, denn diese waren Vorgesetzte der Garnisonshauptleute. Solche Festungen bestanden auch an den Grenzen zu den Chachapoyas und Bracamoros, in der Provinz Quito und in Caranqui, das nördlich von der Provinz Popayán liegt, ebenso in Chile und in den Ebenen und Bergen, überall, wo die Inkas sie brauchten.

Eine andere Verwendung der *mitimaes* war bemerkenswerter. Es ist schließlich nichts Ungewöhnliches, Hauptleute und Garnisonen an einer Grenze zu stationieren. Das geschieht oft genug. Aber die Inkas taten noch mehr: Wenn sie fruchtbares, zum Anbau geeignetes Gebiet erobert hatten, das menschenleer war, beorderten sie aus den umliegenden Provinzen mit gleichem Klima (was aus Gesundheitsgründen nötig war) auf schnellstem

Wege genügend Menschen, um diese Gebiete zu besiedeln. Man gab ihnen Land, Herden und alle Lebensmittel, die sie bis zur ersten Ernte benötigten. Die Inkas betrieben diese Aktionen mit solchem Eifer, daß das Land in kürzester Zeit besiedelt war, und die Neusiedler wurden so gut behandelt, daß es ein Vergnügen war, es mit anzusehen. Auf diese Weise wurden viele Ebenen und Täler im Hochland besiedelt. Manche inspizierte der Inka selbst, über andere erhielt er genauen Bericht. In den ersten Jahren wurde von diesen Neusiedlern keine Steuer erhoben, sondern im Gegenteil erhielten sie Frauen, Coca und Nahrung, so daß sie mit großem Eifer arbeiteten.

So gab es unter den Inkas sehr wenig anbaufähiges Land, das nicht bebaut war, und alles war dicht besiedelt, wie die ersten Spanier, die nach Peru kamen, bezeugen können. Sicher ist es traurig zu denken, daß diese götzendienerischen Inkas die Weisheit besaßen, dieses riesige Reich aufzubauen und zu beherrschen, während wir Christen so viele Reiche zerstört haben. Denn überall, wohin die Spanier kamen, war es, als ob ein Feuer durchs Land rase und alles auf seiner Bahn zerstöre.

Man muß auch darauf hinweisen, daß die vielen fremden Indianer, die in Cuzco lebten, nach einem genauen Plan aus verschiedenen Stämmen kamen, und deshalb konnten sie sich nicht zu einem Aufstand oder irgendeinem anderen Zweck als zum Dienst für den Groß-Inka vereinigen. Noch heute gibt es in Cuzco Nachkommen jener Indianer, die von den Inkas dorthin gebracht wurden.

Es ist ziemlich sicher, daß die *mitimaes* zur Zeit Pachacutis eingesetzt worden sind, desjenigen Inkas, der die Post einrichtete und den Tempel von Curicancha vergrößerte. Manche Indianer sagen, daß das *mitimaes*-System bereits zur Zeit Viracocha Incas, der der Vater Pachacutis war, aufgekommen sei. Das mag glauben wer will. Ich habe mich über diese Angelegenheit sehr gründlich erkundigt, so daß ich mit gutem Gewissen wiederholen kann: das System stammt von Pachacuti.

17. Kapitel
Von den Ansiedlungen zwischen Tacunga und Riobamba.

Wenn man Tacunga auf der nach Cuzco führenden Landstraße verläßt, kommt man zu den Siedlungen von Muli-ambato. Die dort lebenden Indianer gehören zum gleichen Volk und haben dieselben Sitten wie die von Tacunga. In Muli-ambato gab es gewöhnliche Unterkünfte und Vorratshäuser, die die Bevollmächtigten der Inkas bauen ließen und die dem Oberverwalter von Tacunga unterstanden. Das war nämlich ein Ort, der bei den Groß-Inkas in ebenso hohem Ansehen stand wie Quito, Tomebamba, Cajamarca, Jauja, Vilcas und Paria. Diese Orte entsprechen der Hauptstadt eines Fürstentums oder dem Bischofssitz in einer Diözese. Dort residierten Hauptleute und Statthalter, die die Gerichtsbarkeit ausübten und Soldaten aushoben, wenn Krieg drohte. Jedoch trafen sie keine wichtigen Entscheidungen, ohne den Groß-Inka zu benachrichtigen. Das Nachrichtenwesen war so gut organisiert, daß eine Botschaft innerhalb einer Woche von Quito nach Cuzco gelangte. Jeweils alle halbe Legua stand ein kleines Haus, in dem zwei Indianer mit ihren Frauen lebten. Sobald dort ein Bote eintraf, wurde er abgelöst, und der neue Bote lief, ohne anzuhalten, bis zur nächsten, wieder eine halbe Legua entfernten Station. Die Läufer waren so schnellfüßig, daß, uneben und zerklüftet wie das Land ist, weder Pferde noch Maultiere schneller gewesen wären. Da ich in meinem Buch über die Inka-Herrscher (das, so Gott will, nach diesem herauskommen wird), dieses Postwesen ausführlicher behandeln werde, will ich hier nichts weiter darüber sagen.

Von Muli-ambato aus kommt man an den Fluß Ambato. Dort gibt es ebensolche Stationen. Drei Leguas weiter liegen die zahlreichen, erstaunlich großen und prächtigen Unterkünfte von Mocha. Nun, da die Groß-Inkas ihre Macht verloren haben, sind auch alle ihre herrlichen Paläste und großartigen Bauwerke in Ruinen zerfallen, und man kann nur noch die allgemeinen Umrisse und einige Überreste der alten Bauten sehen. Aber da sie aus gutem Stein und sehr solide gebaut sind, werden sie noch einige Zeit überdauern, ehe sie ganz verschwinden.

Um Mocha herum liegen ein paar Indianersiedlungen. Die Einwohner gehen alle bekleidet, Männer wie Weiber; Sprache und Sitten gleichen denen der bereits beschriebenen Stämme.

Im Westen liegt Sichos und im Osten Pillaros. In beiden Dörfern sind Lebensmittel im Überfluß vorhanden, denn das Land ist sehr fruchtbar. Es gibt Rotwild in großen Rudeln, Llamas, Kaninchen, Tauben, Rebhühner und anderes Wild. Außerdem haben die Spanier in allen diesen Ansiedlungen große Viehherden, die gut gedeihen, denn das Weideland ist ausgezeichnet. Es gibt auch viele Ziegen, die ebenfalls gut gedeihen, da sie reichlich zu fressen finden. Auch Schweine gibt es hier, die besser sind als irgendwo im Lande. Schinken und Speck, die hier geräuchert werden, sind so gut wie in der Sierra Morena.

Von Mocha aus kommt man zu den Unterkünften von Riobamba, die nicht weniger eindrucksvoll sind. Sie liegen in der Provinz Puruhás, inmitten schöner, lieblicher Felder, deren Klima und Vegetation ganz ähnlich wie in Spanien sind. Auch sonst bestehen viele Ähnlichkeiten. Das bestätigen alle, die dort gewesen sind.

18. Kapitel
Welches von den übrigen Indianerdörfern
vor Tomebamba handelt.

Die Provinz Puruhá, in der Riobamba liegt, ist eine der volkreichen Gegenden bei Quito. Dort wohnen gute Leute. Männer und Weiber gehen bekleidet. Ihre Sitten gleichen denen der Nachbarn, und zur Unterscheidung tragen sie ihr besonderes Kopfband. Die meisten haben sehr langes Haar, welches sie nach Frauenart fest um den Kopf geflochten tragen. Sie verehren die Sonne. Besonders geeignete Männer werden auserwählt, um mit dem Teufel Zwiesprache zu halten, und sie hatten außerdem, wie ihre Bezwinger, die Inkas, noch andere Laster und heidnische Bräuche; und wie es scheint, haben sie deren noch. Wenn Häuptlinge sterben, gräbt man ihnen in einem Feld, das sie selbst ausgesucht haben, ein tiefes, viereckiges Grab, in das man sie mit ihren Waffen und Schätzen hineinlegt. Manchmal wird das Grab auch im Hause des Verstorbenen angelegt, und wie es dort üblich ist, werden die Weiber des Toten mit begraben. Wie ich höre, tun sie das, weil der Teufel ihnen manchmal (was Gott ihrer Sünden und ihrer Götzendienerei wegen geschehen läßt) Verstorbene zeigt, die als Gespenster auf ihrem früheren Besitz herumwandeln, begleitet von ihren Frauen, die man ihnen lebendig mit ins Grab gelegt hat. Wegen dieser Gesichte glauben sie, daß man dort, wohin die Seelen nach dem Tode kommen, Gold und Weiber benötigt. Die Häuptlingswürde erbt nicht der Bruder, sondern der Sohn der Schwester. Warum das so ist, werde ich später erläutern.

Westlich von Riobamba, in den Bergen, die an den Marañón-Fluß und an die Sierra Tungurahua grenzen, sind noch viele Dörfer. Alle dort wohnenden Indianer haben die nämlichen Sitten wie die anderen. Ihre Häuser sind aus Stein, und sie gehen alle bekleidet. Sie wurden von den Groß-Inkas und deren Hauptleuten unterworfen und sprechen die Sprache von Cuzco, obgleich sie ihre eigene Sprache hatten und noch haben. Im Westen liegt noch die schneebedeckte Sierra Urcolazo [Chimborazo]. Dort wohnen aber nur wenige Menschen. Am Rande dieser Sierra verläuft die Straße nach Santiago, genannt Guyaquil.

Von Riobamba aus kommt man nach Cayambi [Columbe]. Hier ist das Land ganz eben und sehr kalt. Dahinter liegt Teocaxas [Tiocajas] auf einer weiten, unfruchtbaren Ebene, auf welcher eine Schlacht zwischen den Indianern und dem Hauptmann Sebastián de Belalcázar geschlagen wurde.

Drei Leguas weiter befinden sich die bedeutenden Unterkünfte von *Tiquizambi*, zu deren Rechten [westlich] Guyaquil und seine Berge liegen. Gen Osten gelangt man über Pomallacta, Quizna, Macas und andere Dörfer nach Río Grande. Jenseits, im Tiefland, sind die Gehöfte von Chan-Chan, das, weil es dort so warm ist, von den Eingeborenen *Yungas* genannt wird, was »heißes

Land« bedeutet. Da es dort niemals kalt wird und nicht schneit, gedeihen Bäume und Pflanzen, die man in kaltem Klima nicht findet. Man nennt auch heute noch die Bewohner heißer oder warmer Täler »Yungas«, und diesen Namen werden sie behalten.

Von diesen Unterkünften sind die prächtigen Paläste von Tomebamba fast zwanzig Leguas entfernt. An der Strecke liegen alle zwei bis drei Leguas Unterkünfte und Vorratshäuser. Nach den zwei bedeutendsten, Cañaribamba und Hatun-cañari, heißen sowohl die dortigen Indianer als auch die ganze Provinz. Dort herrschen die gleichen Sitten wie in den anderen von den Inkas unterworfenen Provinzen. Männer und Weiber gehen bekleidet und sprechen die Sprache von Cuzco. Auch ihre Bräuche bei Hochzeit und Übernahme der Häuptlingswürde sind ähnlich den schon beschriebenen. Bei Häuptlingsbegräbnissen werden ebenfalls lebende Weiber mit ins Grab gelegt. Alle halten die Sonne für die höchste Gottheit und glauben an einen Schöpfer aller Dinge, den sie in der Cuzco-Sprache Tici-Viracocha nennen. Aber trotz dieses Glaubens beteten sie in alten Zeiten auch Steine, Bäume und andere Gegenstände an, was der Teufel, der böse Feind, ihnen eingab. Besonders auserwählte Personen pflegen mit ihm Zwiesprache, und sie gehorchen ihm in vielen Dingen ...

Längs der ganzen Straße sind Flüsse mit sehr gutem Wasser, und über einige führen Brücken.

In vergangenen Zeiten, ehe die Spanier dieses Reich eroberten, gab es überall in den Sierras und in den Ebenen eine Menge Llamas, sogar Guanakos und Vikunjas. Aber die Spanier räumten so unter ihnen auf, daß kaum noch welche übrig sind. Man kennt hier weder Wölfe noch andere Raubtiere, außer Jaguaren und ein paar kleinen Panthern und Bären. In den Schluchten und Wäldern gibt es Schlangen, Füchse, Opossums, anderes Kleinwild und viele Rebhühner, Tauben und Rotwild. In der Nähe von Quito hat es Kaninchen im Überfluß, auch ein paar Tapire.

19. Kapitel
Die große Pracht des Palastes von Tomebamba in der Cañari-Provinz.

In diesen Blättern habe ich mehrfach die große Macht der regierenden Inkas von Peru erwähnt und darüber berichtet, wie sie in den mehr als zwölfhundert Leguas Küstenland, das sie beherrschen, überall ihre Statthalter und Bevollmächtigten einsetzten sowie allerorts viele Unterkünfte und große, mit allen notwendigen Vorräten gefüllte Lagerhäuser errichteten. Die letzteren dienten zur Versorgung der Truppe. Es gab besondere Depots für Lanzen, für Pfeile, für andere Waffen, für Schuhwerk, für feinere Stoffe, für jederlei Lebensmittel. Wenn der Inka in einem seiner Provinzpaläste wohnte oder seine Soldaten dort in Garnison lagen, war einfach alles vorhanden, vom Wichtigsten bis zu den kleinsten Kleinigkeiten. Wenn im angrenzenden Gebiet Unruhen oder Diebstähle vorkamen, so wurden sofort strenge Strafen verhängt. Die Justiz der Inkas war so hart, daß sogar der eigene Sohn bestraft wurde, wenn er schuldig war. Außer diesen in Abständen von zehn bis zwanzig Leguas stehenden Vorratshäusern und Unterkünften (das Reich war voll davon) gab es außerdem noch prächtige Paläste für die Groß-Inkas und Sonnentempel mit Priestern und *mamaconas*, wie die Tempeljungfrauen auch hießen. Denen waren noch größere Vorratshäuser angegliedert. Im Palast residierten der Statthalter und die Offiziere des Inkas mit den *mitimaes* und weiterer Dienerschaft. Wenn kein Krieg war und der Groß-Inka nicht gerade durch diese Gegenden reiste, zogen die Statthalter die Tribute ihres Bezirkes ein, füllten damit die Speicher und erneuerten die Vorräte nach ihrem Ermessen. Solch eine Palaststadt glich einer Haupt- oder Bischofsstadt. Die Paläste waren von unerhörter Großartigkeit. Wenn ein Groß-Inka starb, so gab der Nachfolger dessen Palast nicht etwa auf, sondern vergrößerte und verbesserte ihn. Jeder baute dann seinen eigenen Palast und ließ den seines Vorgängers so stehen, wie dieser ihn hinterlassen hatte.

Die berühmten Wohnstätten von Tomebamba in der Cañari-Provinz gehören zu den schönsten und reichsten in ganz Peru, und die Gebäude waren die größten und bestgebauten. Alles, was die Indianer über diese Paläste berichten, reicht an die Wirklichkeit nicht heran, soweit man es nach den Ruinen noch beurteilen kann.

Westlich, an Puerto Viejo und Guyaquil grenzend, liegt die Provinz der Huancavilcas, und im Osten fließt der große Marañón durch das Bergland.

Die königlichen Wohnstätten von Tomebamba liegen am Zusammenfluß zweier kleinerer Flüsse in einer Ebene von über zwölf Leguas Umfang. Es ist ein kühles Land, das Überfluß an Kaninchen, Rotwild, Rebhühnern, Tauben und anderem Wildbret hat. Der Sonnentempel war aus kunstvoll zusammengefügten Steinen erbaut; manche waren groß, schwarz und rauh, andere wie Jaspis. Manche Indianer wollen wissen, daß die für diesen Tempel verwandten Steine auf Befehl des Inkas Huayna Capac mittels starker Seile den ganzen Weg von Cuzco hergeschleift worden sind. Wenn das stimmt, so ist das angesichts der Zahl und Größe der Steine und der weiten Entfernung höchst bemerkenswert. Die Fronten dieser Gebäude sind schön und reich geschmückt. In manche sind Smaragde und andere kostbare Steine eingelassen. Die Wände des Sonnentempels und der Paläste des Groß-Inkas waren innen mit Platten feinsten Goldes und vielen goldenen Figuren geschmückt. Die Dächer waren mit Rohr so gut gedeckt, daß sie, wenn nicht gerade ein Feuer ausbrach, Jahrhunderte hätten überdauern können. Im Inneren gab es Garben aus goldenem Stroh, und an den Wänden goldene Vögel und viele andere goldene Figuren. Dort soll außerdem ein großer Schatz von Kannen, Töpfen und anderen goldenen Gefäßen und kostbaren, mit Silber und Glasperlen bestickten Decken aufbewahrt worden sein. Ich kann bei allem guten Willen dem Leser keine Vorstellung davon geben, was für Reichtümer die Inkas in ihren Palästen aufgehäuft hatten. Sie waren auch sehr stolz darauf, und viele Gold- und Silberschmiede waren ständig an der Arbeit, Kostbarkeiten aller Art herzustellen.

Die wollenen Stoffe, die in den Vorratshäusern aufgestapelt lagerten, waren so fein, daß sie heute ein Vermögen wert wären, aber sie sind verschwunden. Über zweihundert Jungfrauen *[Nustas]* waren dem Tempeldienst geweiht. Sie wurden aus dem Stamm der Cañaris und auch aus dem Gebiet des dem Oberverwalter der Inkas unterstellten Bezirks ausgewählt und waren sehr schön. Die Priester und Jungfrauen wurden von den Verwaltern des Tempels mit allem wohl versehen. An den Toren des Tempels wachten Torhüter (manche davon sollen Eunuchen gewesen sein), deren Pflicht es war, die *mamaconas*, wie die im Tempel lebenden Jungfrauen genannt wurden, zu bewachen. Außer dem Tempel und den Palästen der Groß-Inkas gab es noch viele Unterkünfte, wo die Soldaten lagen. Riesige Vorratshäuser waren ständig mit Lebensmitteln gefüllt, ganz gleich wieviel verbraucht wurde. Die Lagerhalter führten genaue Rechnung über alles, was ausgegeben wurde, und der Wille des Groß-Inkas war in allen Dingen Gesetz.

Die Cañaris sind wohlgebaut und haben einen gutmütigen Gesichtsausdruck. Sie tragen ihr Haar sehr lang und um den Kopf gewunden. Daran sowie an einer Art runden Krone aus Holz, so fein wie ein Sieb, kann man sie erkennen, wohin auch immer sie reisen, denn das ist ihr Stammesabzeichen. Sie sind dunkelhäutig, neigen zu lautem Sprechen und gleichen einander sehr, was jeder von uns bestätigen kann, der mit ihnen zu tun hat. Daher tragen sie auch überall die verschiedensten Arten von Kopfschmuck, um sich voneinander zu unterscheiden. Die einzelnen Stämme können sich nur schwer untereinander verständigen, denn außer den *Orejones*, die auf Inspektionsreisen in die Provinzen kamen, sprach keiner der Indianer eine andere Sprache als die seines eigenen Stammes, obgleich sie von Gesetzes wegen alle die Cuzco-Sprache lernen mußten. Auch in den Feldlagern war es nicht anders. Das ist ja auch eine allgemeine Erscheinung, denn wenn zum Beispiel Kaiser Karl v. eine Armee hat, die aus Spaniern, Deutschen, Burgundern und Flamen besteht, so wird jeder seine eigene Sprache reden. Daher auch die verschiedenen Arten von Kopfschmuck: die Yungas gingen vermummt wie die Zigeuner; die Collas trugen wollene Kappen in der Form von Mörsern; die Canas trugen größere und breitere Kappen. Die Cañaris trugen eine Art schmaler hölzerner Krone wie der Rand eines Siebes; die Huancas hatten Schnüre, die, unterm Kinn zusammengebunden, auf die Brust herniederhingen, und ihr Haar war geflochten; die Canchis trugen breite schwarze oder rote Bänder um die Stirn. So konnte man alle an ihren Abzeichen erkennen; und das war ein so gutes und klares System, daß man, selbst wenn 500 000 Menschen beisammen waren, jeden Stamm deutlich vom andern unterscheiden konnte. Selbst heute kann man in einer Menschenansammlung sofort sagen: diese kommen aus dem einen Dorf, jene aus dem anderen.

Die Cañari-Frauen sind auf ihr langes Haar sehr stolz und tragen es um den Kopf geschlungen, woran man die Cañaris überhaupt erkennen kann. Ihre Kleider sind aus Wolle oder Baumwolle, und an den Füßen tragen sie die schon beschriebenen Sandalen. Manche Frauen sind schön und ziemlich lüstern, und sie mögen die Spanier gern. Sie arbeiten schwer, denn die Frauen müssen die Saat bestellen und die Ernte einbringen, während die Männer meistens im Hause bleiben, spinnen, weben, Waffen und Kleidung in Ordnung halten, ihr Gesicht pflegen und andere weibliche Beschäftigungen ausführen. Und wenn eine spanische Armee durch die Provinz zieht und Indianer zum Gepäcktragen braucht, schicken viele Männer ihre Frauen und Töchter und bleiben selbst zu Hause. Ich sah das, als wir zum Präsidenten des Rates Seiner Majestät, Magister La Gasca, zogen und sie uns eine Anzahl Frauen als Trägerinnen schickten. Viele Indianer sagen, daß das so sei, weil es so wenig Männer und so viele Frauen gibt, eine Folge der Grausamkeit, mit der Atahualpa gegen die Einwohner dieser Provinz vorging, nachdem er Atoco, den Befehlshaber der Armee seines Bruders Huascar, bei Ambato geschlagen und ermordet hatte. Man erzählt sich, daß Atahualpa, obwohl ihm Männer und Knaben mit Palmblättern und grünen Zweigen um Gnade bittend entgegenkamen, mit eiserner Miene und großer Strenge seinen Soldaten befahl, alle zu töten. Heute sollen fünfzehn Frauen auf einen Mann kommen. Daher verrichten die Frauen Männerarbeit und tun alles, was ihre Väter und Gatten ihnen befehlen.

Die steinernen Häuser der Cañaris sind klein und mit Stroh gedeckt. Das Land ist fruchtbar und bietet reichlich Nahrungsmittel und Wild. Sie beten ebenfalls die Sonne an. Die Häuptlinge heiraten beliebig viele Frauen, mit denen sie ihr Vergnügen haben, aber eine ist die Hauptfrau. Die Hochzeit wird mit üppigem Essen und Trinken und allerlei Bräuchen sehr festlich begangen. Der Sohn der Hauptfrau erbt die Häuptlingswürde, auch wenn der Häuptling außer ihm noch Söhne von anderen Frauen hat. Die Toten werden, wie bei den Nachbarvölkern, mit allerlei Kostbarkeiten und ihren lebenden Frauen ins Grab gelegt. Es gibt unter den Cañaris große Wahrsager und Heerführer, aber sie enthalten sich der schlimmsten Sünden und der Götzendienerei, obgleich sie den Teufel verehren, mit dem besonders auserwählte Personen Umgang haben.

Jetzt sind die Häuptlinge Christen, und als ich 1547 durch Tomebamba kam, hieß der bedeutendste von ihnen Don Fernando...

Es heißt auch, daß Huayna Capac in Tomebamba die erste Nachricht von der Ankunft der Spanier erhielt. Das war zu der Zeit, als Don Francisco Pizarro und seine dreizehn Genossen die Küste zu Schiff erreichten. Diese Männer waren die Entdecker Perus. Huayna Capac soll sogar vorausgesagt haben, daß nach seinem Tode fremde Männer wie die aus dem Schiff das Land beherrschen würden. Wahrscheinlich hat ihm das der Teufel eingeblasen, ebenso wie seine andere Prophezeiung, daß die Spanier in großer Stärke zurückkommen würden. Und ich hörte von vielen alten und weisen Indianern, daß die Frage der Errichtung neuer Paläste in Tomebamba eine beträchtliche Rolle in dem Streit zwischen Huascar und Atahualpa spielte.

Zum Schluß möchte ich noch sagen, daß die Unterkünfte von Tomebamba sehr bemerkenswert gewesen sein müssen. Heute ist alles zerstört und zerfallen, aber man kann noch sehen, wie großartig sie einstmals waren.

Während der Zeit, da die Inkas ihren Regierungssitz in den Palästen von Tomebamba hatten, spielten sich Ereignisse von großer Bedeutung ab, und viele Armeen sammelten sich dort vor gewichtigen Entscheidungen. Wenn ein Inka starb, so war die erste Regierungshandlung seines Erben nach der Krönung mit dem königlichen Stirnband, daß er Statthalter nach Quito und Tomebamba sandte, um dort in seinem Namen Besitz zu ergreifen und den Bau neuer goldener Paläste anzuordnen, so wie seine Vorfahren schon. Die *Orejones* von Cuzco, welche die Weisesten und Edelsten des Reiches sind, berichten, daß Pachacuti, der Vater des großen Topa Inca, der den Tempel gestiftet hat, ebenso wie sein Vater am liebsten in den Palästen von Tomebamba weilte.

Ich könnte über die Eroberung Quitos durch Topa Inca noch weit mehr erzählen, aber ich habe noch so vieles andere zu berichten, daß ich mich darauf beschränken muß, diese Ereignisse summarisch darzustellen, um so mehr als das, was der Leser schon weiß, zum Verständnis genügt.

Der Groß-Inka stellte ein Heer von mehr als 200 000 Mann zusammen. Es sollte von Cuzco aufbrechen, ohne daß zunächst Ziel und Zweck des Feldzuges bekannt waren. Verpflegungs- und Gepäcktroß waren so gewaltig, daß die ganze Gegend voll davon war. Stafetten benachrichtigten die Provinzstatthalter, daß Vorräte, Waffen und Pfeile aus allen Bezirken an die Heerstraße von Chinchay-suju geschafft werden sollten. Diese Straße war gerade im Bau. Sie verlief neben der, die der Vater des Inkas hatte bauen lassen, war jedoch nicht mit dieser vereinigt. Sie war breit und mit der bekannten Kunst der Inkas angelegt, und überall waren Vorräte für das riesige Heer eingelagert. Den Soldaten fehlte es an nichts; und niemand wagte, auch nur eine Kornähre anzurühren, denn wer das tat, bezahlte mit seinem Leben dafür. Die Eingeborenen halfen als Träger und Diener, aber nur bis zu einer gewissen Grenze, und da sie das freiwillig taten und sehr gerecht und korrekt behandelt wurden, empfanden sie es nicht als Last.

Der Inka zog weiter und ließ in Cuzco Garnisonen von *mitimaes* und einen Statthalter, den er unter seinen treuesten Freunden auswählte, zurück. Sein Onkel Capac Yupanqui war Generalkapitän und oberster Ratgeber. Das war nicht der, der den Krieg gegen die Jaujas geführt hatte, denn dieser soll sich wegen einer Meinungsverschiedenheit, die er mit dem Inka hatte, erhängt haben. Der Inka zog zunächst bis Vilcas, wo er einige Tage verbrachte und mit Befriedigung die dort neu erbauten Tempel und Unterkünfte besichtigte. Er befahl, daß die Silberschmiede Becher und andere Kunstgegenstände für den Tempel anfertigen sollten.

Er zog dann weiter nach Jauja, wo die Huancas ihn mit großem Gepränge empfingen, und sandte nach allen Richtungen Botschaften aus, daß er Freundschaft mit allen suche und nicht die Absicht habe, Krieg zu führen oder auch nur jemandem ein Leid zuzufügen. Die Eingeborenen sollten ihm Abgesandte schicken, um einen friedlichen Vertrag mit ihm zu schließen, denn sie wüßten ja, daß die Inkas von Cuzco keine Tyrannen seien, die ihre Verbündeten und Vasallen unterdrückten, sondern im Gegenteil für geleistete Dienste und Tribute Wohltaten erwiesen. In Bombón hatte man von dem starken Heer und der großen Milde des Inkas gehört. So kamen sie, um ihm Ehrerbietung zu erweisen, und die Yauyos, die Apurímacs und viele andere taten desgleichen. Der Inka empfing sie alle gnädig. Manchen gab er Frauen, anderen Decken und Gewänder. Er selbst legte stets die Tracht der betreffenden Provinz an, und das war es, was die Eingeborenen am meisten für ihn einnahm.

In den Provinzen zwischen Jauja und Cajamarca sollen viele Treffen und Scharmützel stattgefunden haben. Der Inka befahl, daß zum Schutz gegen mögliche Angriffe der Eingeborenen große Palisaden und Festungswerke gebaut wurden. Mit seiner geschickten Diplomatie unterwarf er sie ohne viel Blutvergießen. Ebenso verfuhr er mit den Cajamarcas. Überall setzte er Statthalter, Bevollmächtigte ein und errichtete Poststationen, um die Nachrichtenübermittlung zu sichern. Niemals verließ er eine der größeren Provinzen, ohne vorher *mitimaes* dorthin zu berufen und Unterkünfte bauen zu lassen. Weiter wird erzählt, daß er bei seiner Ankunft in Huánuco einen Palast errichten ließ, dessen Schönheit wir heute noch bewundern. Gegen die Chachapoyas führte er einen so harten Kampf, daß sie nach kurzer Zeit völlig geschlagen waren, aber dann sprach er so überzeugend zu ihnen, daß sie sich aus eigenem Antrieb unterwarfen. In Cajamarca ließ er viele Leute aus Cuzco zurück, um die Eingeborenen über Kleidung, Tributzahlung und vor allem über die Verehrung der Sonne zu unterweisen.

Fast überall nannte man ihn »Vater«, und er gab strengen Befehl, daß im Durchzugsgebiet des Heeres kein Schaden angerichtet und keinem Manne oder Weibe Gewalt angetan werden durfte. Jeder, der sich dergleichen zuschulden kommen ließ, sollte unverzüglich mit dem Tode bestraft werden. Er forderte die Unterworfenen auf, ihre Ansiedlungen geschlossen und ordentlich zu bauen, sich nicht gegenseitig zu bekämpfen oder aufzufressen noch auf sonstige Weise gegen die Gesetze der Natur zu sündigen.

Er kam dann in das Gebiet der Bracamoros, aber er verließ es bald wieder, denn dieses hügelige Land ist eine böse Gegend. Nur mit großer Mühe unterwarf er die Paltas, die Huancabambas, Cajas, Ayabacas und die Grenzindianer, denn das sind starke, kriegerische Völker. Er bekämpfte sie fünf Monde lang, aber zuletzt baten sie um Frieden und erhielten ihn zu den gleichen Bedingungen wie die anderen. Sozusagen drei Tage nach Friedensschluß war die Provinz schon voller *mitimaes* und Statthalter, ohne daß jedoch die eingeborenen Häuptlinge abgesetzt worden wären. Vorratshäuser wurden gebaut und mit Proviant und Versorgungsgütern aller Art gefüllt. Eine Landstraße mit den üblichen Poststationen wurde angelegt.

Von dort zog Topa Inca weiter bis in das Land der Cañaris, mit denen es Zusammenstöße und Scharmützel gab. Auch sie wurden seine Vasallen, und er befahl, daß über fünfzehntausend Cañaris mit ihren Frauen nach Cuzco kommen und dort als Geiseln bleiben sollten. Seine Befehle wurden prompt ausgeführt. Manche behaupten allerdings, daß diese Verschickung der Cañaris zur Zeit Huayna Capacs stattgefunden habe. In Tomebamba ließ er große, prächtige Bauten errichten. Von dort aus schickte er Gesandtschaften an alle Völker des Gebietes und forderte die Eingeborenen auf, vor seinem Angesicht zu erscheinen. Die friedliebenden Stämme boten sich zu Dienstleistungen an. Gegen diejenigen, die sich weigerten, sandte er Truppen, so daß sie gezwungenermaßen tun mußten, was die anderen freiwillig getan hatten.

Nachdem er bei den Cañaris Ordnung geschaffen hatte, zog er nach Tiquizambi, Cayambi, zu den Puruaes und noch in andere Gebiete, wo man fast Unglaubliches von ihm erzählt. Besonders rühmt man die Weisheit, mit der er sich so viele Länder gefügig machte. In Tacunga führte er einen harten Kampf gegen die Eingeborenen. Nach dem Sieg schloß er Frieden und ließ sodann noch mehr und prächtigere Gebäude errichten, als in Cuzco standen. Er wollte in Tacunga einige Zeit verbringen, um seinen Kriegern etwas Ruhe zu gönnen, und fast täglich kamen Boten aus Cuzco mit Nachrichten über die weisen Maßnahmen seiner Statthalter. Da erreichte ihn ein Bericht über Unruhen unter den *Orejones* von Cuzco, die, wie er fürchtete, sich zu etwas Ernstem entwickeln könnten. Kurz darauf kam jedoch eine andere Meldung, die besagte, daß alles wieder ruhig und in Ordnung sei und daß der Statthalter die Rädelsführer bestraft habe.

Von Tacunga zog er weiter in das Gebiet des heutigen San Francisco de Quito. Da ihm das Gebiet ebenso günstig deuchte wie das von Cuzco, gründete er eine Ansiedlung, die er Quito nannte, bevölkerte sie mit *mitimaes* und ließ dort große Gräben ziehen und gewaltige Bauwerke und Vorratshäuser errichten. Nach seinem Wort sollten Quito und Cuzco die Verteidigungszentren an beiden Enden des Reiches werden. Er übertrug dem Statthalter von Quito große Amtsgewalt, und in der ganzen Provinz setzte er Bevollmächtigte und Stellvertreter ein. In Caranqui errichtete er eine Garnison, damit der Friede gewahrt bliebe. Leute aus anderen Gebieten wurden hierhergebracht, die Eingeborenen in andere Provinzen verpflanzt. Von überallher kamen sie, um die Sonne anzubeten und die Sitten der Inkas anzunehmen, und Topa Inca wurde so sehr geliebt und verehrt, daß man ihn »Vater der Welt«, den »guten Inka« und »Freund und Arm der Gerechtigkeit« nannte. Es heißt, daß sein Sohn Huayna Capac in der Cañari-Provinz geboren wurde. Alle Eingeborenen der Provinz, die der große Topa Inca mit dem göttlichen Eifer, der ihn beseelte, unter seine Botmäßigkeit gebracht hatte, bauten ihre Ansiedlungen an geeigneten Plätzen, errichteten längs der Landstraße Unterkünfte und erlernten Sprache und Gesetz von Cuzco. Die Bauwerke von Tomebamba wurden von Handwerkern aus Cuzco errichtet, die den Einheimischen ihre Fertigkeiten beibrachten. Auch sonst geschah alles nach den Befehlen des Groß-Inkas.

Huayna Capac fühlte sich in Tomebamba sehr wohl, denn die Stadt gilt ja als sein Geburtsort, und er fand dort große, wohlversehene Vorratshäuser und Unterkünfte vor. Er schickte Gesandte aus, die die Stammesfürsten der Nachbargebiete aufforderten, ihn zu besuchen, und von überallher kamen Geschenke.

Wie mir berichtet wurde, war er einmal so erzürnt über einen Aufstand, der in der Umgebung von Cuzco ausgebrochen war, daß er erst die Rädelsführer köpfen ließ und dann ausdrücklich befahl, daß die Eingeborenen die Steine für die großen Bauwerke von Tomebamba aus Cuzco herbeischaffen sollten, und zwar wurden die Steine mit Seilen dorthin geschleift. Er pflegte zu sagen, die Bevölkerung des Königreiches könne man nur durch dauernde Arbeit im Zaum halten, und wenn nichts anderes zu tun wäre, müßte man einen Berg von einem Ort zum anderen versetzen lassen. Er befahl sogar, daß für die Bauten von Quito Steine aus Cuzco herbeigeschafft würden, und man kann diese Steine noch heute an mehreren Gebäuden in Quito sehen.

Huayna Capac zog von Tomebamba aus weiter durch das Land der Puruhá. Er verbrachte mehrere Tage in Riobamba, und seine Truppen ruhten sich in Mocha und Tacunga aus und tranken nach Herzenslust von dem Wein, der besonders für sie bereitet wurde. Viele Stammeshäuptlinge aus der Gegend besuchten und begrüßten ihn, und er ließ *Orejones* aus seiner Verwandtschaft nach der Llanoküste und ins Hochland reisen, um die *quipuscamayocs*, das sind Buchhalter oder Rechnungsführer, zu kontrollieren, die Bestände in den Vorratshäusern festzustellen, zu erfahren, wie sich seine Statthalter den Eingeborenen gegenüber verhielten, und zu prüfen, ob die Sonnentempel und Altäre gut instand gehalten würden. Es verging kein Tag, an dem nicht eine ganze Anzahl Stafetten aus Cuzco, Colla, Chile und dem ganzen Königreich eintrafen ...

20. Kapitel
Von der Abstammung und den Eigenschaften Huascars und Atahualpas.

Als Huayna Capac starb, war das Inka-Reich so befriedet, daß in dem ganzen weiten Gebiet kein Mensch den Versuch machte, einen Krieg zu entfesseln oder den Gehorsam zu verweigern. Man fürchtete sowohl Huayna Capac als auch seine *mitimaes*, die die Hauptstütze seiner Herrschermacht bildeten. Aber ebenso wie nach dem Tode Alexanders des Großen sich seine Heerführer und Vasallen zu Königen aufwarfen und große Gebiete beherrschten, so entstand auch nach dem Tode Huayna Capacs [1527] Zwietracht und Krieg zwischen den beiden Söhnen, und diesem Unglück auf dem Fuße folgten die Spanier. Viele *mitimaes* wurden Häuptlinge, denn da die eingeborenen Führer in den Kämpfen gefallen waren, so gewannen sie die Gunst des Volkes und wurden als neue Herren anerkannt.

Huascar und Atahualpa waren Söhne Huayna Capacs. Huascar war der Jüngere, aber er war der Sohn der Coya, der Schwester und Hauptfrau seines Vaters. Atahualpa war der Sohn einer Frau aus Quilaca namens Tupac Palla. Beide waren in Cuzco geboren, nicht in Quito, wie manche gesagt und sogar geschrieben haben, ohne die Tatsachen zu kennen. Das wird dadurch bestätigt, daß Huayna Capac etwa zwölf Jahre lang mit der Unterwerfung der Stadt und Provinz Quito befaßt war, und Atahualpa war über dreißig Jahre alt, als er starb. Seine Mutter wurde »Fürstin von Quito« genannt, aber so etwas gibt es nicht, denn die Inkas selber waren Könige und Fürsten von Quito. Huascar ist in Cuzco geboren, und Atahualpa war vier oder fünf Jahre älter als er. Das ist die Wahrheit und auch meine Ansicht. Huascar wurde im ganzen Reich als der rechtmäßige Erbe angesehen; die alten Hauptleute und Krieger seines Vaters aber liebten Atahualpa, weil er als Knabe an den Feldzügen teilgenommen hatte, und weil Huayna Capac ihn so geliebt hatte, daß er nichts anderes essen durfte, als was sein Vater auf dem Teller übrigließ. Huascar war mild und fromm, Atahualpa rücksichtslos und rachsüchtig; beide waren großherzig, aber Atahualpa besaß größere Willenskraft und mehr Unternehmungsgeist, während Huascar anmaßender und mutiger war. Der eine strebte danach, allein, ohne einen Gleichberechtigten neben sich, zu herrschen; und der andere war fest entschlossen, die Herrschaft an sich zu reißen. Zu diesem Zwecke brach er sogar das Gesetz der Inkas, welches besagt, daß nur der älteste Sohn des Inkas und seiner Schwester und Hauptfrau Groß-Inka werden durfte, auch wenn von anderen Frauen oder Konkubinen ältere Söhne vorhanden waren. Huascar wollte die Armee auf seine Seite bringen; und Atahualpa litt darunter, daß er fern von Cuzco war und nicht in dieser Stadt die königliche Stirnbinde anlegen und das rituelle Fasten abhalten konnte. Nur dadurch hätte er allgemein als Inka anerkannt werden können.

21. Kapitel
Wie Huascar beim Tode seines Vaters auf den Thron erhoben wurde.

Huayna Capac war gestorben, und die Totenfeiern und Klagen waren vorbei. Obgleich sich in Cuzco mehr als vierzig seiner Söhne befanden, versuchte keiner von ihnen, Huascar den Gehorsam zu verweigern, denn sie wußten, daß ihm allein die Inkawürde zustand. Obwohl allgemein bekannt war, daß nach dem Wunsche des Verstorbenen Huascars Onkel die Regentschaft übernehmen sollte, gab es nicht wenige, die Huascar rieten, jetzt schon öffentlich die königliche Stirnbinde anzulegen und die Regierung des ganzen Reiches offiziell zu übernehmen. Da die meisten der eingeborenen Fürsten wegen der Trauerfeierlichkeiten nach Cuzco gekommen seien, könnte die Regierungsübernahme sehr schnell verkündet werden. Alle würden einverstanden sein, und die Feier würde sich sehr prächtig gestalten. So entschloß sich Huascar, diesem Rat zu folgen. Er übertrug die Regierungsgeschäfte dem Regenten, den schon sein Vater bestimmt hatte, und zog sich zurück, um das rituelle Fasten zu vollziehen. Mit der Stirnbinde geschmückt, zeigte er sich dann dem Volke, und ein großartiges Fest begann. Wie es Brauch war, wurden das goldene Seil und die Statuen der Inkas auf den Festplatz gebracht, und man trank und tanzte mehrere Tage lang. Dann wurde die Krönung in allen Provinzen verkündet, und die Befehle des neuen Inkas wurden ausgegeben. Einige *Orejones* wurden nach Quito entsandt, um die Frauen und Diener seines Vaters herzuholen.

Atahualpa erfuhr ebenfalls, daß Huascar sich die Stirnbinde umgelegt hatte und von allen Gehorsam forderte. Die Hauptleute Huayna Capacs hatten Quito noch nicht verlassen, und so wurde insgeheim beraten, ob das nicht eine günstige Gelegenheit wäre, von der Provinz Quito Besitz zu ergreifen und die Reise nach Cuzco zu verweigern, denn Quito sei ein schönes Land, und es ließe sich dort ebensogut leben wie in Cuzco. Es gab auch Gegner dieses Planes, die es für ungesetzlich hielten, dem rechtmäßigen Inka Huayna Capac die Anerkennung zu verweigern. Aber Illa Tupac hielt nicht die Treue, die er Huayna Capac und Huascar gelobt hatte. Es heißt, er habe mit Atahualpa geheime Besprechungen geführt. Dieser zeigte von allen Söhnen Huayna Capacs die größte Zielbewußtheit und Tapferkeit, entweder wegen seines angeborenen Ehrgeizes und der Unterstützung durch die Armee oder aber, weil sein Vater ihm die Herrschaft über die Provinz Quito zugesprochen haben sollte. Atahualpa beriet sich mit den Hauptleuten Calicuchima, Aclahualpa, Rumiñahui, Quizquiz und Zopozopanqui und vielen anderen und wollte wissen, ob sie ihm helfen würden, der Inka dieses Landes zu werden, so wie sein Bruder Inka von Cuzco sei. Und diese Männer sowie Illa Tupac, der Verräter an seinem Lehnsherrn Groß-Inka Huascar (denn er war zum Regenten bestimmt, bis jener das nötige Alter erreicht haben würde), betrogen diesen und gingen zu Atahualpa über, der jetzt vom ganzen Heer zum Groß-Inka ausgerufen wurde. Die Frauen seines Vaters wurden ihm übergeben, und er nahm sie an, was ihm beim Volke großes Ansehen verschaffte; ebenso übernahm er die Dienstboten aus seines Vaters Haushalt sowie allen Besitz und verfuhr damit nach Gutdünken.

Es wird auch erzählt, daß einige Söhne Huayna Capacs, Brüder Huascars und Atahualpas, sowie einige andere *Orejones* nach Cuzco flohen, um Huascar Nachricht zu bringen. Als dieser und die alten *Orejones* von Cuzco von dem Verrat Atahualpas erfuhren, waren sie empört über diese Mißachtung der Götter und der Befehle des verstorbenen Groß-Inkas. Sie beteuerten, jener Bastard dürfe sich niemals Inka nennen; aber er sollte für die Verschwörung bestraft werden, die er mit der Hilfe der Hauptleute und Truppen seines Vaters angezettelt hatte. Demgemäß ließ Huascar Kriegsvorbereitungen treffen, die Waffen instand setzen und die Vorratshäuser auffüllen, denn er war fest entschlossen, gegen den Verräter zu Felde zu ziehen, es sei denn, er werde einstimmig als Groß-Inka anerkannt. Er schickte den Cañaris Gesandte, um sie in ihrer Loyalität zu bestärken, und er soll sogar einen Gaufürsten zu Atahualpa selbst geschickt haben, um diesen zu beschwören, er möge von seinem bösen Plan abstehen und seinen Onkel Colla Tupac zum Inka-Palast nach Cuzco senden. Sodann ernannte er Atoco, einen der führenden Männer von Cuzco, zu seinem Generalkapitän.

22. *Kapitel*
Vom Ausbruch des Kampfes zwischen Huascar und Atahualpa, und von den großen Schlachten.

Es wurde im ganzen Reich Peru bekannt, daß Huascar der neue Inka geworden war und die Regierung übernommen hatte. Er war auf seiner Hut und schickte *Orejones* in die Provinzhauptstädte, um dort die nötigen Maßnahmen zu treffen. So sehr war er von Weisheit und von der Liebe zu seinem Volke durchdrungen, daß er während seiner Regierung von allen hoch verehrt wurde. Nach den Berichten der Indianer war er fünfundzwanzig Jahre alt, als er die Regierung übernahm. Nachdem er Atoco zum obersten Befehlshaber ernannt hatte, befahl er ihm, Truppen in ausreichender Zahl, *mitimaes* sowohl als auch einheimische, an den Durchgangsstationen zu sammeln und nach Quito zu ziehen, um die Revolte seines Bruders niederzuschlagen und das Land in Besitz zu nehmen. Die Indianer geben darüber Berichte verschiedenen Inhalts. Aber ich folge immer der besten Ansicht, und das ist die der ältesten vornehmen Indianer, die immer am besten unterrichtet sind. Was das einfache Volk sagt, kann nicht ohne weiteres als Wahrheit angesehen werden. So berichten meine Gewährsleute, daß Atahualpa nicht nur fest entschlossen war, seinem Bruder, dem nunmehrigen Groß-Inka, den Gehorsam zu verweigern, sondern sogar mit allen ihm zu Gebote stehenden Mitteln das ganze Reich an sich zu reißen. Da er von den Hauptleuten und Kriegern seines Vaters unterstützt wurde, sei er zu den Cañaris gereist, wo er mit den eingeborenen Führern und den *mitimaes* verhandelte. Dabei habe er unter allerlei falschen Beteuerungen vorgegeben, daß es nicht seine Absicht sei, seinem Bruder nur um des eigenen Vorteils willen Leid zuzufügen, sondern sie alle sollten als seine Freunde und Stammesbrüder von dem Unternehmen Nutzen haben. Er wolle aus Quito ein zweites Cuzco machen, wo sie alle herrlich und in Freuden leben könnten. Angesichts seiner guten Absichten und um des gegenseitigen Vertrauens willen sollten sie ihm gestatten, Unterkünfte und Rasthäuser in Tomebamba zu bauen, wo er sich als Groß-Inka mit seinen Frauen vergnügen könne, so wie sein Vater und sein Großvater es getan hätten. Seine Vorschläge seien aber nicht so freudig aufgenommen worden, wie er es sich gedacht habe, denn Huascars Gesandte waren schon vorher dagewesen. Sie hatten den Cañaris erklärt, daß Huascar Loyalität und Freundschaft von ihnen erwarte, denn die Sonne und die Götter würden nicht zulassen, daß die Cañaris an den bösen Absichten seines Bruders teilhätten. Darauf hätten die Cañaris vor Sehnsucht nach Huascar geweint und mit erhobenen Händen Treue gelobt.

Gegen diese Gesinnung konnte Atahualpa nichts bei ihnen ausrichten; im Gegenteil, man sagt, daß die Cañaris und die *mitimaes* ihn ergriffen hätten und zu Huascar bringen wollten. Sie hielten ihn in einem Raume des Palastes fest, aber er konnte entfliehen und gelangte nach Quito, wo er verbreitete, er habe sich mit Hilfe seines Gottes in eine Schlange verwandelt und sei so den Feinden entkommen. Die Soldaten täten am besten, sich auf den offenen Krieg vorzubereiten. Nach anderen wieder soll es so gewesen sein, daß Generalkapitän Atoco mit seiner Truppe gerade zu den Cañaris kam, als Atahualpa dort war, und daß er ihn gefangengenommen habe, daß aber der obige Bericht von seiner Flucht zutreffend sei. Ich selber glaube, daß es Atoco war, der Atahualpa gefangennahm, und daß er, mit allen Truppen, die er von den Cañaris erhalten konnte, auf Quito marschierte und Boten in alle Richtungen aussandte, um die Statthalter und *mitimaes* in der Unterstützung Huascars zu bestärken. Es kann aber auch anders gewesen sein. Man will wissen, daß Atahualpa mit einer *oca*, das heißt einem Brecheisen, die Mauer durchbrach und so entkam. Ein Weib namens Quella habe ihm die *oca* zugesteckt, und so sei es ihm gelungen, sich in aller Eile nach Quito durchzuschlagen, ohne daß seine Feinde ihn einholen konnten, die sehr viel um seine Wiederergreifung gegeben hätten.

23. Kapitel
Wie Atahualpa mit seinen Truppen von Quito auszog; und von der Schlacht bei Ambato.

Durch die zahlreichen Poststationen an den Landstraßen konnte kein Geschehnis im ganzen Reich verborgen bleiben; im Gegenteil, alles wurde sehr schnell bekannt. Als man von Atahualpas Entkommen hörte und vernahm, daß er in Quito ein Heer aufstellte, wurde es sofort allen klar, daß es Krieg geben würde, und so kam es zu allerlei Entzweiungen, Pakten und Plänen, die nichts Gutes verhießen. Huascar konnte in seinem Gebiet des allgemeinen Gehorsams sicher sein, und da gab es keinen, der nicht auf seinen ehrenvollen Sieg hoffte. Atahualpa hatte die Hauptleute und Krieger sowie viele der in seinem Gebiet ansässigen *mitimaes* auf seiner Seite. Es heißt, daß er von Quito aus sofort Truppen entsandte und heilige Eide schwor, den Cañaris die ihm zugefügte Demütigung blutig heimzuzahlen. Als er erfuhr, daß Atoco mit einem Heer von über vierzig *huarangas*, das will sagen von über vierzigtausend Mann, im Anmarsch war, warf er sich ihm sofort entgegen.

Atoco ging so schnell vor, daß Atahualpa keine Gelegenheit hatte, seine Provinztruppen zusammenzurufen. Als Atoco vom Nahen Atahualpas erfuhr, hielt er eine Ansprache an seine Soldaten und erinnerte sie daran, daß die Ehre ihres Groß-Inkas Huascar in ihren Händen liege, und sie sollten keine Anstrengungen scheuen, die Vermessenheit Atahualpas zu bestrafen. Um nichts unversucht zu lassen, sandte er, so heißt es, Atahualpa Boten entgegen, die ihn beschworen, es mit dem bereits begangenen Verrat genug sein zu lassen und nicht das ganze Reich in Brand zu setzen. Es wäre, so ließ er ihm sagen, das klügste, den Groß-Inka Huascar anzuerkennen. Obgleich diese Boten die vornehmsten *Orejones* waren, soll Atahualpa über dieses Ansinnen gelacht haben. Unter wütenden Beschimpfungen ließ er die Parlamentäre töten und zog in der prächtigen Sänfte weiter, die seine Hauptratgeber und die Vornehmsten seiner Verbündeten auf den Schultern trugen.

Es heißt, daß Atahualpa die Kriegführung in die Hände seines Generalkapitäns, Calicuchima, und zweier weiterer Hauptleute, Quizquiz und Ucumari, gelegt habe. Die beiden Heere trafen bei der Stadt Ambato aufeinander, und es wurde eine sehr harte Schlacht geschlagen. Calicuchima hatte einen Hügel besetzt und griff in einem günstigen Augenblick mit vollen fünftausend Soldaten an. Huascars Krieger waren sehr erschöpft, und er setzte ihnen so hart zu, daß die wenigen Überlebenden voller Schrecken die Flucht ergriffen. Er blieb ihnen hart auf den Fersen und machte noch viele Gefangene, darunter auch Atoco. Meine Gewährsleute berichten, daß er an einen Pfahl gebunden und heimlich und mit großer Grausamkeit getötet wurde, und aus seinem Schädel ließ sich Calicuchima eine goldene Trinkschale machen. Die am weitesten verbreitete Ansicht, die ich selbst auch für richtig halte, ist, daß die Verluste auf beiden Seiten etwa fünfzehn- bis sechzehntausend Mann betrugen. Die meisten Gefangenen wurden auf Atahualpas Befehl ohne Gnade getötet. Ich bin durch diese Stadt gekommen und habe das Schlachtfeld gesehen: wahrscheinlich sind noch mehr gefallen.

Nach diesem Sieg wuchs Atahualpas Ruhm, und die Nachricht verbreitete sich durch das ganze Reich. Seine Parteigänger nannten ihn bereits Inka, und er beabsichtigte, die königliche Stirnbinde in Tomebamba anzulegen, obwohl man dies, wenn es nicht in Cuzco geschah, für unwirksam und wertlos hielt. Er befahl, daß die Verwundeten geheilt würden, und erließ Anordnungen ganz wie ein Groß-Inka. Man gehorchte ihm auch wie einem solchen. Von Tomebamba aus zog er weiter.

24. Kapitel
Wie Huascar ein zweites Heer gegen Atahualpa sandte; über die wüsten Grausamkeiten, die dieser in Tomebamba verübte; und was zwischen ihm und den Hauptleuten Huascars vorging.

Rasch wurde Atocos Niederlage bei Ambato nicht nur in Cuzco, sondern im ganzen Reich bekannt. Huascar war über den Ausgang des Kampfes erschüttert und niedergeschlagen. Aber seine Ratgeber beschworen ihn, Cuzco nicht aufzugeben, sondern eine zweite Armee in Marsch zu setzen. Man betrauerte die Gefallenen sehr. In den Tempeln und Heiligtümern wurden der Sitte gemäß Opfer dargebracht. Huascar erließ einen Aufruf an die eingeborenen Führer der Collas, Canchis, Canas, Chancas, Caranquis, Condesuyos und Chinchay-suyus. Als alle vor seinem Angesicht erschienen waren, hielt er ihnen eine Rede über den Verrat seines Bruders und bat sie, als seine Freunde und Verbündeten zu handeln. Die Anwesenden antworteten, wie er es erwartet hatte, denn sie hielten an dem Brauch fest, daß nur der als Inka anerkannt wurde, der, wie kürzlich Huascar, die Stirnbinde in Cuzco angelegt hatte. Daher galt nur er ihnen als rechtmäßiger Erbe des Reiches. Da unmittelbare Schritte unternommen werden mußten, um den begonnenen Krieg weiterzuführen, ernannte er, wie einige *Orejones* behaupten, seinen Bruder Huanca Auqui zum Generalkapitän; andere behaupten allerdings, daß die Wahl auf einen Sohn Ilaquitos gefallen sei. Einige Adlige ernannte er zu Hauptleuten, nämlich Ahuapanti, Urco Huaranca und Inca Roca. Diese stellten ein Heer zusammen und brachen von Cuzco auf, und viele eingeborene Häuptlinge und eine Anzahl *mitimaes* schlossen sich ihnen an. Wohin auch immer Huanca Auqui kam, nahm er so viele Männer, Vorräte und Waffen mit, wie er nur bekommen konnte, und drang mit größter Schnelligkeit vor, immer auf der Suche nach Atahualpa. Dieser soll nach seinem Siege und dem Mord an Atoco nach Tomebamba marschiert sein. Viele Adlige sollen ihn auf dem Marsch begleitet haben. Sie schlossen sich ihm an, weil er der Sieger war, bei dem sie sich lieb Kind machen wollten.

Die Cañaris hatten Angst vor Atahualpa, weil sie seinem Aufruf nicht gefolgt waren und bei seiner Gefangennahme die Hand im Spiele hatten. Sie kannten ihn als ebenso rachsüchtig wie blutdürstig und fürchteten daher, daß er Böses plane. Als er sich ihrer größten Ansiedlung näherte, sandten sie seiner prachtvollen Sänfte einen Zug von Kindern und einen anderen von Männern aller Altersstufen entgegen, um seinen Zorn zu lindern und für das Dorf Verzeihung für die Beleidigungen zu erflehen. Sie trugen grüne Zweige und Palmblätter in den Händen und flehten mit solcher Demut und Inbrunst, daß es ein Herz von Stein gerührt haben würde. Aber auf den grausamen Atahualpa machte das wenig Eindruck, und man erzählt, daß er alle töten ließ, die ihm entgegengezogen waren, mit Ausnahme einiger Kinder und der Tempeljungfrauen, die er zur Ehre seines Gottes, der Sonne, verschonte. Dann ließ er einige mißliebige Männer in der Provinz hinrichten und setzte persönlich einen Hauptmann und einen Statthalter ein. Nachdem er alle reichen Männer der Provinz zusammengerufen hatte, legte er die Stirnbinde an und gab sich den Titel »Inka von Tomebamba«. Das war zwar bedeutungslos, weil die Zeremonie nicht in Cuzco stattfand, aber seine Stärke lag in seinem Heere, und für ihn war Macht gleichbedeutend mit Recht. Ich habe von einigen Indianern allerdings gehört, daß er die Stirnbinde vor seiner Gefangennahme oder vor dem Aufbruch Atocos von Cuzco anlegte und daß Huascar das erfuhr und die entsprechenden Schritte unternahm, aber ich halte die erste Version für wahrscheinlicher.

Huanca Auqui drang in Gewaltmärschen weiter vor, denn er hoffte, die Cañaris zu erreichen, ehe Atahualpa dort Schaden anrichten konnte. Einige Überlebende aus der Schlacht von Ambato schlossen sich ihm an. Man glaubt allgemein, daß er eine Streitmacht von mehr als achtzigtausend Mann hatte, und Atahualpa hatte ungefähr dieselbe Anzahl zur Verfügung, als er von Tomebamba auszog. Er wollte in einem Zuge bis Cuzco vordringen. Doch in der Paltas-Provinz, nahe Cajabamba, trafen die beiden Armeen aufeinander, und nachdem jeder der beiden Heerführer eine Rede an seine Männer gehalten und ihre Herzen gestärkt hatte, begann die Schlacht. Obwohl im Heere Huascars sehr viele *Orejones* und Hauptleute waren, die etwas von der Kriegführung verstanden, und obgleich sich Huanca Auqui als guter und getreuer Diener seines Herrn erwies, gewann nach dem Willen Gottes Atahualpa auch diese Schlacht. Er wütete so unter seinen Gegnern, daß man erzählt, mehr als fünfunddreißigtausend Mann seien auf beiden Seiten gefallen, und es gab viele Verwundete. Atahualpa verfolgte die Fliehenden, mordete, machte Gefangene und verwüstete die Lager. Er war voller Freude und äußerte, die Götter hätten auf seiner Seite gekämpft. Da die Spanier schon seit einiger Zeit im Reich waren und Atahualpa davon vernommen hatte, zog er nicht weiter nach Cuzco.

25. Kapitel
Von den Ansiedlungen zwischen Tomebamba und der Stadt Loja, und von der Gründung der letzteren.

Wenn man Tomebamba auf der großen Landstraße nach Cuzco verläßt, hat man zunächst die ganze Cañaris-Provinz zu durchqueren, bis man Cañari-bamba und die weiteren Ansiedlungen erreicht. Überall stößt man auf Dörfer; und im Osten liegt ein Berg, dessen Abhang zum Marañón-Fluß hin dicht besiedelt ist. Wenn man die Grenze des Cañaris-Gebietes überschritten hat, kommt man in die Paltas-Provinz. Hier befinden sich Wohnstätten, die heute Las Piedras heißen, weil dort noch Steine von ausgezeichneter Qualität liegen, die die Groß-Inkas für die dortigen Statthalter heranschaffen ließen, denn da man die Paltas-Provinz für außerordentlich wichtig hielt, wurden dort besonders schöne und geräumige Unterkünfte gebaut, deren Mauern aus solchen Steinen äußerst kunstreich zusammengefügt waren.

Westlich von Las Piedras liegt die Stadt Puerto Vieja. In den Bracamoros-Provinzen, östlich davon, sind große Einöden und viele zum Teil mächtige und reißende Flüsse. Es besteht starke Hoffnung, etwa zwanzig bis dreißig Tagereisen weiter landeinwärts ein reiches und fruchtbares Gebiet zu entdecken, doch sind die umliegenden Berge schwer begehbar, sehr hoch und furchteinflößend. Die Eingeborenen dort gehen nackt; sie sind auch nicht so intelligent wie die von Peru, weil sie niemals von den Inkas unterworfen worden sind.

Viele von ihnen erinnern sich noch, daß Huayna Capac in das Bracamoros-Gebiet gekommen ist, aber wegen der Wildheit der Bewohner, die sich gegen ihn zur Wehr setzten, fliehen mußte. Das bestätigen nicht nur die *Orejones* von Cuzco, sondern auch die Häuptlinge von Chincha und führende Männer aus Colla und Jauja. Sie stimmen alle darin überein, daß Huayna Capac bei der Befriedung dieser Länder, durch die schon sein Vater gezogen war, erfahren habe, in Bracamoros gebe es viele Männer und Frauen, die fruchtbare Ländereien besäßen, und weiter einwärts gebe es einen See und viele Flüsse mit großen Ansiedlungen an den Ufern. Begierig, diese unter seine Herrschaft zu bringen, gab er einer ausreichenden Truppe mit möglichst kleinem Troß Marschbefehl nach Bracamoros und ließ das Gros seines Heeres unter dem Befehl seines Generalkapitäns in den königlichen Unterkünften zurück. Der Weg des Expeditionsheeres war schwierig, denn nach Überquerung einer Kette schneebedeckter Gipfel gelangten sie in die Anden, wo sie sich mit reißenden Flüssen und schweren Regengüssen herumzuschlagen hatten. Trotzdem erreichte die Truppe die befestigten Siedlungen, wo bereits Eingeborene aus der ganzen Gegend den Inka empfingen, indem sie zum Spott ihre Geschlechtsteile vor ihm entblößten. Ein Kampf entbrannte, und so viele größtenteils nackte Eingeborene waren zusammengekommen, daß der Inka sich zum Rückzug entschloß, ohne Boden gewonnen zu haben. Dabei machten ihm die Eingeborenen so viel zu schaffen, daß er sich nur durch Gewaltmärsche, bei denen er sie bald in Kämpfe verwickelte, bald durch allerlei Geschenke hinhielt, schließlich von ihnen lösen konnte. Er kehrte in heller Flucht auf das Gebiet seines Königreichs zurück und schwor, er werde sich an diesen »Langschwänzen« rächen. So nannte er sie, weil manche so lange, bis auf die Füße niederhängende Lendenschürze trugen. Die Bracamoro-Indianer sind sehr tapfer und kriegerisch, und sogar die *Orejones* von Cuzco geben zu, daß Huayna Capac vor ihrer Kampfeswut geflohen ist. Der Hauptmann Pedro de Vergara hat einige Jahre damit verbracht, diese Gegend zu erkunden und zu erobern, und er legte auch einige Siedlungen an.

Von der Provinz der Cañaris bis zur Stadt Loja (die auch Zarza heißt) sind es etwa siebzehn Leguas. Der Weg ist schlecht und führt durch einige Sümpfe. Dazwischen liegt die Paltas-Provinz. Von Las Piedras aus gelangt man zu einer Bergkette, die nicht sehr hoch, aber sehr kalt und über zehn Leguas lang ist. Am Ende derselben liegt, wo die Landstraße auf den Fluß Cata-mayu trifft, das Rasthaus Tambo Blanco. An diesem Flusse, zur Rechten, liegt die Stadt Loja.

Beiderseits der Stadt liegen zahlreiche sehr große Dörfer, deren Bewohner fast dieselben Sitten und Gebräuche haben wie ihre Nachbarn. Zur Kennzeichnung tragen sie Kopfbinden. Sie beten die Sonne und allerlei Götzenbilder an und glauben wie die anderen Stämme an einen Schöpfer aller Dinge; und was die Unsterblichkeit der Seele anlangt, so sind sie davon überzeugt, daß der Mensch nicht nur aus dem sterblichen Leib besteht. Wenn in alten Zeiten ein Häuptling verschied, so begruben ihn diese vom Teufel Mißleiteten mit seinen lebenden Frauen und seinen kostbarsten Besitztümern. Selbst die Armen legten großen Wert auf den Schmuck ihrer Gräber. Aber jetzt, da sie erkannt haben, wie wenig ihnen diese alten Bräuche nutzen, legen sie den Toten keine Frauen mehr mit ins Grab, vergießen kein Menschenblut mehr und messen überhaupt dem Begräbnis nicht mehr so viel Wichtigkeit bei. Sie verlachen im Gegenteil jene, die sich etwa noch daran halten, und schwören ab, was ihre Vorfahren so hochhielten. Demzufolge verlieren sie nicht mehr so viel Zeit mit der Herrichtung prächtiger Grabstätten, sondern bestimmen vor ihrem Tode, daß sie, wie die Spanier, in schmalen, schmucklosen Gräbern beigesetzt werden. An versteckten und abgelegenen Stellen und fern von den Siedlungen der Spanier oder in den hohen Bergen wird allerdings immer noch der Leichnam in seine besten Kleider gesteckt, in große bunte Decken gewickelt und mit allem Gold, das der Tote besaß, versehen. Und während die Seele des Toten in der Finsternis wandelt, trauern sie viele Tage lang um ihn, und nach Entscheidung der Testamentsvollstrecker werden mehrere Frauen getötet und mit ihm begraben, damit er nicht so allein sei, und viel Speise und Trank wird mit ins Grab gelegt.

Die Siedlungen unter der Jurisdiktion von Loja wurden von Cuzco aus regiert, denn diese prächtige Stadt war die gemeinsame Hauptstadt aller Provinzen. Obwohl die Eingeborenen wenig Vernunft besaßen, wurden sie durch den Kontakt mit den Inkas etwas zivilisierter und gaben einen Teil ihrer barbarischen Sitten auf.

Das Klima dieser Provinz ist gesund und angenehm. Die Täler und Flußufer sind milder als das Hochland. Im besiedelten Hochland ist der Boden gut. Die Luft ist eher kühl als warm, aber die Wüsten und die schneebedeckten Felsen sind außerordentlich kalt. Es gibt viele Guanakos und Vikunjas, die den Llamas ähnlich sind. Auch an Rebhühnern, die teils etwas kleiner als eine Henne, teils etwas größer als eine Taube sind, ist kein Mangel. Täler und Flußniederungen sind dicht bewaldet. Es wachsen dort viele einheimische Obstbäume, aber die Spanier haben jetzt auch Wein, Feigen und anderes spanisches Obst angepflanzt. In der Umgebung der Stadt weiden Schweine in großen Herden, aber auch Ziegen und anderes Vieh gedeihen, denn die Weide ist gut. Überall kommen Flüsse mit sehr schmackhaftem Wasser aus dem Gebirge. Einige reiche Gold- und Silberminen sind bereits entdeckt worden, und man hofft, noch mehr zu finden. Jetzt, da sie ihre eigenen Herren sind, die Schrecken des Krieges nicht mehr zu fürchten haben und in Frieden leben können, züchten die Indianer Geflügel: Kapaunen, Hühner, Tauben, sowie andere aus Spanien eingeführte Tiere. Auch Gemüse gedeiht in der Stadt selbst und in ihrer Umgebung. Die Eingeborenen sind von mittlerer Statur. Ihre Bekleidung besteht bei Männern und Frauen aus Hemd und Decke. Wie sie erzählen, sollen im tiefsten Innern des jenseits der Stadt liegenden Urwaldes mehrere Flüsse sein. Auch eine große Ansiedlung soll sich dort befinden, deren Bewohner sehr viel Gold besitzen, obgleich sie, Männer wie Frauen, splitternackt gehen, denn das Land muß heißer als Peru sein. Die Inkas haben es nicht erobert.

In diesem Jahre, A. D. 1550, brach Hauptmann Alonso de Mercadillo mit einer Truppe Spanier auf, um diese Berichte nachzuprüfen, denn man hielt sie für äußerst wichtig.

Man hätte für die Stadt Loja in dieser Provinz kein besseres und passenderes Gelände finden können. Die *repartimientos* [Rechtstitel zur Ausbeutung indianischer Arbeitskraft; d. Übers.] über die dort lebenden Indianer wurden zunächst den ehemaligen Einwohnern von San Miguel und Quito verliehen. Loja wurde gegründet, weil den spanischen Reisenden auf der Straße nach Quito von den Carrochamba- und Chaparra-Indianern ständig Gefahr drohte.

Wenn man auf der [Inka-]Straße weiter ins Gebirge zieht, gelangt man zunächst in die Provinzen Calva und Ayabaca. Im Osten erheben sich die Anden und im Westen die Yungas.

In der Provinz Cajas standen große Unterkünfte und Vorratshäuser, die auf Befehl der Inkas und des Statthalters gebaut worden waren. Dort wohnten *mitimaes*, die Tribute einzutreiben hatten. Von Cajas aus gelangt man in die Provinz Huancabamba. Dort standen noch größere Bauwerke als in Calva, denn die Inkas hatten Festungen angelegt. Eine davon habe ich gesehen. Sie ist jetzt so zerfallen und nutzlos wie die anderen Inka-Festungen im Reich. Hier in Huancabamba stand auch ein Sonnentempel, in dem viele Jungfrauen lebten. Von überallher kamen die Gläubigen, um anzubeten und zu opfern. Die Jungfrauen und Priester dieses Tempels galten als besonders verehrungswürdig, und die Oberen aller umliegenden Provinzen brachten ihre Tribute dorthin, wenn anders sie diese nicht direkt nach Cuzco schikken mußten. Jenseits Huancabamba liegen noch mehrere Ortschaften.

In früheren Zeiten gab es, wie die Indianer selbst berichten, oft Kämpfe zwischen den einzelnen Stämmen. Sie schlugen einander aus nichtigen Gründen tot, raubten sich gegenseitig die Weiber; ja, manche sollen sogar nackt gegangen sein und Menschenfleisch gegessen haben wie die Indianer der Provinz Popoyán. Als sie besiegt wurden und unter die Herrschaft der Groß-Inkas kamen, ließen sie von diesen barbarischen Sitten ab und nahmen ihre jetzige vernünftige und anständige Lebensweise an, was manche Spanier nicht wahrhaben wollen. Sie tragen Kleider aus der Wolle ihrer Herden, die von guter Qualität und für diesen Zweck sehr geeignet ist. Sie essen auch kein Menschenfleisch mehr, sondern halten das im Gegenteil für eine große Sünde und verabscheuen jene, die es etwa noch tun. Und obgleich ihr Gebiet an die Provinzen Puerto Vieja und Guyaquil grenzt, haben sie nie der abscheulichen Sünde der Sodomiterei [Homosexualität; d. Übers.] gefrönt, die sie im Gegenteil für viehisch halten. Wer sie begeht, den betrachten sie als vom Teufel besessen und verführt. Bevor sie sich dem Inka Pachacuti (dem Vater Huayna Capacs und Großvater Atahualpas) unterwarfen, kämpften sie so erbittert um ihre Freiheit, daß viele Tausende von ihnen und eine beträchtliche Anzahl *Orejones* aus Cuzco dabei den Tod fanden. Aber sie wurden so hart bedrängt, daß einige Häuptlinge, um die völlige Ausrottung des Volkes zu verhüten, den Inkas im Namen aller anderen Lehenstreue schworen.

Die Männer sind dunkelhäutig und sehen gut aus. Männer und Weiber kleiden sich nach der von den Inkas, ihren früheren Herrschern, übernommenen Mode. In manchen Gegenden tragen sie das Haar übermäßig lang, in anderen kurz, wieder anderswo fest geflochten. Sie rasieren sich, und auf allen meinen Fahrten habe ich nur ausnahmsweise einen bärtigen Indianer gesehen. Sie verstehen zwar die offizielle Sprache von Cuzco, sprechen aber unter sich ihre eigene Stammessprache. Früher gab es Llamas in Massen, aber die sinnlose Abschlachterei durch die Spanier hat nur noch wenige übriggelassen. Die Indianer weben ihre Kleidung aus Llama- und der feineren Vikunjawolle, aber auch aus der Wolle der Guanakos, die in den Bergen leben. Wer sich keine Wolle leisten kann, benutzt Baumwolle.

In den Tälern und im Tiefland findet man Flüsse, Bäche und Quellen mit gutem, schmackhaftem Wasser. Überall werden Haustiere gezüchtet und Feldfrüchte angebaut. Ihre alten Tempel, die sogenannten *huacas*, sind zerfallen oder werden zu profanen Zwecken benutzt; die Götzenbilder sind zerstört, und der Teufel ist vertrieben. ... Wahrlich, wir Spanier sollten Gott dafür danken!

26. Kapitel
Von der Provinz Cajamarca, die südlich von Huancabamba liegt, und von anderen großen, dichtbevölkerten Provinzen.

Die Entfernung zwischen Huancabamba und der Provinz Cajamarca mag auf der Inka-Straße etwa fünfzig Leguas betragen.

Cajamarca ist durch die Gefangennahme Atahualpas

bekannt und war im ganzen Reich wegen seiner Größe und seines Reichtums berühmt. Die Eingeborenen erzählen, daß sie, ehe sie unter die Herrschaft der Inkas gerieten, bei den benachbarten Stämmen großes Ansehen genossen, und daß sie Tempel und Heiligtümer hoch oben in den Bergen besaßen. Sie haben zwar schon in alten Zeiten Kleidung getragen, doch nicht so gute wie jetzt. Manche sagen, daß sie von dem Inka Pachacuti besiegt worden sind, andere meinen wieder, es sei erst unter dessen Sohn Topa Inca geschehen. Wie dem auch immer gewesen sein mag, jedenfalls hat ihre Unterwerfung verlustreiche Kämpfe gekostet, und sie wurden eher durch schlaue Politik und freundliche Worte bezwungen als durch Gewalt.

Von den vielen Frauen der Häuptlinge dieser Indianer war eine die Hauptfrau, deren Sohn die Häuptlingsnachfolge antrat. Beim Tode eines Häuptlings verfuhren sie nach den schon bekannten Gebräuchen: sie legten ihm Schätze und Frauen mit ins Grab und trauerten lange Zeit. Ihren Tempeln und Heiligtümern erwiesen sie hohe Verehrung. Blutopfer von Llamas und Lämmern wurden dargebracht; und ihre Priester sollen mit dem Teufel Zwiesprache gehalten haben. Bei ihren Festen versammelte sich eine große Menge Volks auf den sauberen, reingefegten Dorfplätzen. Dort tanzte man und trank kräftig von dem Wein, den sie aus Mais und allerlei Wurzeln zu bereiten wußten. Sie waren mit Hemden und Decken aus feinem Gewebe bekleidet, und um die Köpfe trugen sie Bänder und geflochtene Kordeln als Stammesabzeichen.

Von den Inkas wurde, wie ich hörte, die Provinz Cajamarca nach der Eroberung überaus hochgeschätzt. Sie ließen in der Hauptstadt Paläste und einen prächtigen Sonnentempel und viele Vorratshäuser erbauen. Die Tempeljungfrauen hatten nichts anderes zu tun, als zu spinnen und unvergleichlich feine Stoffe in so köstlichen Farben zu weben, daß man wohl in der ganzen Welt nichts Ähnliches hätte finden können. Die Erhaltung dieses Tempels verschlang gewaltige Summen. An bestimmten Tagen hielten die Priester Zwiesprache mit dem Teufel und trugen ihm ihre Angelegenheiten vor. Viele *mitimaes* lebten in der Provinz unter dem Befehl des Oberverwalters. Dessen Pflicht war es, das ihm unterstellte Gebiet zu regieren und zu verwalten. In den meisten Siedlungen und auch sonst überall standen große Vorratshäuser und Unterkünfte, aber hier, in der bedeutendsten Stadt des ganzen Gebietes, wurde Rechnung geführt. Und obgleich allenthalben Tempel und Heiligtümer standen, kam man von weit her, um im Sonnentempel von Cajamarca zu opfern und anzubeten. Vieles Sehenswerte gab es in den Inka-Palästen, insbesondere die schönen Bäder, in denen sich die Edelleute erfrischten.

Die Provinz hat nach dem Tode Huayna Capacs sehr an Bedeutung verloren. Er war der angestammte Herrscher dieses Reiches und starb in dem Jahr und genau zu der Zeit, als der Marques Don Francisco Pizarro und seine dreizehn Gefährten mit Gottes Hilfe dieses reiche Land entdeckten. Als die Nachricht von seinem Tode in Cuzco eintraf, übernahm Huascar, sein und seiner Hauptfrau, der Coya, ältester Sohn und Erbe, Stirnbinde und Krone des ganzen Reiches und sandte Boten nach allen Himmelsrichtungen aus, die verkündeten, daß man ihm nach dem Tode seines Vaters als alleinigem

Herrscher Anerkennung und Gehorsam zu schwören habe. Aber da bei der Eroberung von Quito *Orejones* unter Huayna Capac als Hauptleute ruhmreich gefochten hatten, war die Rede davon, aus Quito ein zweites Cuzco zu machen, das die Hauptstadt eines losgelösten und selbständigen nördlichen Reiches werden sollte. Man wollte als dessen Herrscher Atahualpa einsetzen, der ein edler, kluger und politisch begabter Jüngling war. Alle Soldaten und alten Hauptleute waren ihm herzlich zugetan, weil er schon als Knabe alle Kriegszüge, die sein Vater von Cuzco aus unternahm, mitgemacht und fast seine ganze Jugend bei der Armee verbracht hatte. Bei vielen Indianern herrschte sogar die Ansicht, daß Huayna Capac eingesehen hätte, für ein so großes Reich, wie er es hinterließ, mit über tausend Leguas Küstenlinie und den großen, noch unerschlossenen Gebieten der Quillacingas und Popayáns, sei es zweckmäßig, Atahualpa als Herrscher der neu eroberten Provinzen einzusetzen. Sei dem wie ihm wolle: als Atahualpa die Botschaft erhielt, er solle Huascar Lehenstreue schwören, griff man zu den Waffen. Zwar wurde Atahualpa durch eine Kriegslist Atocos, Huascars oberstem Heerführer, in der Provinz Tomebamba gefangengenommen, aber er konnte mit Hilfe einer Frau entfliehen, stellte in Quito ein Heer auf und lieferte Atoco eine wilde Schlacht, in der dieser fiel. Huascars Truppen wurden in die Flucht geschlagen ...

Atahualpa siegte überall. Er erreichte mit seinem Heer die Provinz Cajamarca (daher berichte ich hier von diesen Ereignissen), wo das Gerücht umging, es seien Fremde in das Reich eingedrungen und befänden sich in nächster Nähe. Da er glaubte, sie leicht überwältigen und gefangennehmen zu können, sandte er seinen Hauptmann Calicuchima an der Spitze einer großen Streitmacht mit dem Befehl, seinen feindlichen Bruder zu fangen oder zu töten, nach Cuzco. Er selbst blieb in Cajamarca, und Don Francisco Pizarro zog ihm entgegen. Nach mancherlei Zwischenfällen kam es zu einem Treffen zwischen Atahualpas Kriegern und den Spaniern, die nur hundertsechzig Mann zählten. Dabei wurden viele Indianer getötet, und Atahualpa wurde gefangengenommen. Durch diesen Krieg und den langen Aufenthalt der Spanier im Lande kam Cajamarca so sehr herunter, daß man nur noch aus den Überlieferungen die frühere Großartigkeit erahnen kann, denn zweifellos erlitt die Provinz ungeheuren Schaden. Später wurde manches wieder aufgebaut, aber da Kriegs- und Notzeiten dort nicht abrissen, wurde die Provinz nie wieder, was sie einmal war, und sie wird auch nie mehr ihren alten Glanz erreichen. Die Bauwerke der Inkas, Vorratshäuser und alles andere, wurden zerstört und liegen heute in Trümmern.

Die Provinz Cajamarca ist äußerst fruchtbar. Der Weizen wächst dort wie in Sizilien, das Vieh gedeiht prächtig, und es mangelt nicht an allerlei Früchten, Brotgetreide, eßbaren Wurzeln, Falken, Rebhühnern, Tauben und anderem Wild.

Die Indianer von Cajamarca sind friedfertig, gutmütig, gesittet und nicht ruhmsüchtig, so daß man leicht mit ihnen auskommt. Den Spaniern, auch solchen, die allein durch die Provinz reisen, bieten sie Gastfreundschaft und tun ihnen kein Leid an. Wer mit ihnen einige Zeit gelebt hat, spendet ihnen in dieser und anderen Beziehungen höchstes Lob. Sie sind geschickt in der Anlage von Bewässerungsgräben, im Hausbau, in Land- und Viehwirtschaft und in der Gold- und Silberschmiedekunst. Aus der Wolle ihrer Herden weben sie Teppiche, die den flandrischen gleichkommen, so fein, daß man meint, sie seien eher aus Seide als aus Wolle. Die Frauen sind zärtlich, und manche sind sehr schön gekleidet, fast wie die *pallas* [so nannte man die eleganten Damen von Cuzco; d. Übers.]. Ihre Tempel und Gräber sind nun zerstört, ihre Götzenbilder zerbrochen. Viele haben sich zum Christentum bekehrt, und es leben ständig Mönche und Priester unter ihnen, die sie in den Lehren unseres heiligen katholischen Glaubens unterweisen. In der Provinz Cajamarca sind auch viele ertragreiche Bergwerke.

27. Kapitel
Von der Gründung der Stadt Frontera [Chachapoyas]; wer ihr Gründer war; auch von den Sitten der Indianer dieser Gegend.

Bevor man die Provinz Cajamarca erreicht, kommt man an eine Straße, die auch von den Groß-Inkas erbaut wurde, und die in das Land der Chachapoyas führt...

Als Huayna Capac in Cajamarca einzog, rastete er dort einige Tage. Er ließ seine Soldaten in den Außenbezirken Quartier beziehen und aus den Vorratshäusern Verpflegung fassen. Dann stellte er sich eine Sondertruppe zusammen und drang in das Land der Huancachupachos ein. Er hatte hart mit ihnen zu kämpfen, denn sie waren schon unter seinem Vater unzufrieden und aufsässig gewesen, aber er war stark genug, um sie zu besiegen und zu unterwerfen. Er ernannte Statthalter und Hauptleute, überließ jedoch den eingeborenen Häuptlingen die Regierung des Landes. Diese waren seiner Ansicht nach am besten dazu geeignet, denn von alters her hatten die Huancachupachos keine anderen Führer anerkannt als diejenigen, die sich aus eigener Machtvollkommenheit zu Herren über Krieg und Frieden aufwarfen. Huayna Capac hatte unter den Chachapoyas starken Widerstand zu überwinden und mußte sich zweimal in seine befestigten Stützpunkte zurückziehen. Aber mit herangeführter Verstärkung griff er wiederum an und brachte ihnen eine so empfindliche Niederlage bei, daß sie um Frieden baten und die Waffen niederlegten. Der Inka bewilligte ihnen milde Bedingungen, aber eine Anzahl von ihnen mußte nach Cuzco ziehen, wo noch heute ihre Nachkommen leben. Er nahm viele ihrer Frauen zu sich, weil sie hübsch und zutraulich sind und ziemlich helle Haut haben. Um die Grenze zu schützen, legte er *mitimaes* in Garnison. Auch setzte er in der Hauptstadt des Gebietes einen Statthalter ein, versah die Eingeborenen mit dem notwendigsten Bedarf und bestrafte eine Anzahl Häuptlinge, weil sie gegen ihn Krieg geführt hatten. Dies getan, kehrte er nach Cajamarca zurück, von wo aus er seinen Feldzug fortsetzte und in Cajas, Ayahuaca, Huancabamba und anderen benachbarten Gebieten Ordnung schaffte.

Viele Chachapoyas wurden, nachdem sie unter die Herrschaft der Inkas gekommen waren, nach Cuzco geschickt, wo sie Acker- und Bauland an einem nahe bei der Stadt gelegenen Hügel namens Carmenga erhielten.

Da das Hochland an der Grenze der Chachapoyas noch nicht völlig befriedet war, errichteten die Inkas dort Grenzgarnisonen mit *Orejones* aus Cuzco und eingeborenen Truppen, um auf diese Weise einen sicheren Stützpunkt zu haben. Zu diesem Zwecke wurden große

Mengen aller gebräuchlichen Waffen herbeigeschafft, um für alle Fälle gerüstet zu sein.

Die Chachapoya-Indianer sind die hellhäutigsten und bestaussehenden, die ich in ganz Westindien getroffen habe. Ihre Mädchen sind so schön, daß die Inkas sie gerne heirateten und auch zu Tempeljungfrauen erwählten. Selbst heute noch sieht man sehr reizvolle, hellhäutige und wohlgestalte Frauen, die aus diesem Volk stammen. Frauen und Männer tragen wollene Kleidung und ein Kopfband, an dem man ihre Stammeszugehörigkeit erkennen kann, wenn sie in der Fremde sind. Nach ihrer Unterwerfung durch die Inkas lebten sie nach deren Sitten und Gesetzen und beteten die Sonne und die anderen Götter der Inkas an.

Alonso de Alvarado drang in die Provinz der Chachapoyas ein; und nachdem er sie erobert und die Eingeborenen unter die Herrschaft Seiner Majestät gebracht hatte, gründete er bei einem als Levanto bekannten Platz, wo die natürlichen Verteidigungsbedingungen sehr günstig sind, die Stadt Frontera. Das Gelände wurde mit Hacke und Schaufel planiert, aber schließlich entschied man sich doch für die Provinz Huanca, die für gesünder gilt. Die Chachapoyas und Huancas arbeiten für die Bewohner dieser Stadt, denen sie, ähnlich wie an anderen Orten, in einer Art Leibeigenschaft zugehören.

Überall in dieser Gegend hatten die Inkas große Vorratshäuser und Unterkünfte errichtet. Die Dörfer sind sehr gesund; und bei manchen liegen reiche Goldminen. Männer und Weiber gehen bekleidet. In alten Zeiten besaßen sie Tempel für ihren Götzendienst und hatten auch große Llamaherden. Für die Inkas stellten sie feine und wertvolle Stoffe her; und auch heute noch fertigen sie ausgezeichnete Kleider und Teppiche an, so fein gearbeitet und so hübsch, daß man sie allenthalben hoch schätzt. In den Provinzen, die der Jurisdiktion dieser Stadt unterstehen, gibt es auch Gehölze, und die schon erwähnten Feldfrüchte bringen reiche Ernten. Auf dem fruchtbaren Boden gedeihen Weizen und Gerste, auch Reben, Feigen und anderes Obst, das die Spanier eingeführt haben.

Was ihre Sitten, Zeremonien, Begräbnisse und Opfer anlangt, so unterscheiden sich die Chachapoyas wenig von anderen Stämmen, denn auch sie beerdigen ihre Toten in großen Gräbern und legen Frauen und Schätze mit hinein. In der Nähe der Stadt haben die Spanier ihre Haziendas mit Getreideanbau und Viehzucht. Weizen wird im Überfluß geerntet, und die spanischen Gemüse gedeihen gut.

Östlich der Stadt verläuft die Anden-Kette, und im Westen liegt die Südsee. Jenseits der Bergwälder der Anden fließen der Moyobamba und andere große Ströme, an denen weniger zivilisierte Stämme leben. Es gilt als sicher, daß die Bewohner dieser inneren Provinzen von dem berühmten Häuptling Ancoallo [Hanco-Huallu] abstammen, welcher, als er durch die Grausamkeit der Inka-Hauptleute außer Landes getrieben wurde, mit einer Anzahl Chancha-Indianer hierherkam. Es wird auch von einem berühmten See erzählt, an dem diese Dörfer liegen sollen.

Im Jahre 1550 kamen über zweihundert Indianer in die Stadt Frontera [Chachapoyas], deren Bürgermeister damals der edle Ritter Gómez de Alvarado war. Diese berichteten, daß sie vor einigen Jahren ihre Heimat verlassen und mehrere Provinzen durchquert hätten, wobei man ihnen so feindselig begegnet sei, daß nur noch diese kleine Schar den Zug überlebte. Im Osten, so berichteten sie weiter, lägen große, dichtbewaldete Gebiete, und dort gäbe es an manchen Stellen viel Gold und Silber. Sie seien mit den andern, die unterwegs umgekommen seien, ausgewandert, um Siedlungsland zu suchen. Die Hauptleute Gómez de Alvarado, Juan Pérez de Guevara und noch einige waren um die Erlaubnis eingekommen, dieses Gebiet zu erforschen und zu erobern. Viele Soldaten erwarten die Ankunft des Vizekönigs, um sich demjenigen Hauptmann anzuschließen, der die Genehmigung zu dieser Expedition bekommt.

Die Stadt Frontera [Chachapoyas] wurde 1536 im Namen Seiner Majestät von Hauptmann Alonso de Alvarado gegründet und besiedelt.

28. Kapitel
Was es von der Gegend zwischen Cajamarca und dem Tale Jauja, sowie vom Dorfe Huamachuco, das an Cajamarca grenzt, Berichtenswertes gibt.

Huamachuco, ein weiteres großes Gebiet, etwa elf Leguas hinter Cajamarca, war in alter Zeit dicht besiedelt. Ungefähr auf halbem Wege dorthin liegt ein ruhiges, freundliches Tal. Es hat ein sehr mildes Klima, weil es von den Sierras geschützt wird. Ein schöner Strom fließt hindurch, an dessen Ufern Weizen im Überfluß wächst. Außerdem gibt es Weintrauben, Feigen, Orangen, Zitronen und andere spanische Früchte. In alten Zeiten standen in den Ebenen dieses Tales die Wohnstätten der Herrscher, und auf vielen Feldern wuchs Getreide für sie und den Sonnentempel. Die Provinz Huamachuco gleicht Cajamarca, auch was Kleidung, Sprache, Kopfbänder und religiöse Gebräuche der Bewohner anbetrifft. Dort sollen große Herren gewohnt haben, die, wie man überliefert, auch bei den Inkas Ansehen genossen.

Im besten Teil der Provinz ist eine große freie Fläche, wo die *tambos* [Viracocha-tambo] oder königlichen Paläste standen. Darunter sind zwei, die über hundert Fuß lang und zweiundzwanzig Fuß breit waren. Sie waren aus Steinen gemauert; die Dächer bestanden aus dicken Balken, die sehr geschickt mit Stroh belegt waren. In den Unruhen und Kriegen der letzten Jahre ist ein Teil der Bevölkerung verschwunden.

Das Klima ist gut, eher kühl als warm, und gewährt reichlich Nahrungsmittel und anderen Lebensbedarf. Vor der Ankunft der Spanier gab es in der Provinz Huamachuco viele Llamaherden, und im unbewohnten Hochland sogar noch Rudel wilder Guanakos und Vikunjas, die ungefähr wie die zahmen Llamas aussehen.

In den Talebenen und auch sonst, wo es warm genug ist, bauen die Eingeborenen Baumwolle für ihre Kleidung an. So haben sie alles, was sie brauchen, um so mehr als Baumwollkleidung für dieses Land sehr geeignet ist.

In den Hochländern, wie zum Beispiel in der Provinz Colla und bei den Soras und Charcas von [La] Plata [d. h. Potosí in Bolivien] wachsen keine Bäume, und auch die Baumwolle wird nicht reif, selbst wenn sie angepflanzt wird. So könnten die Eingeborenen Kleidung nur auf dem Handelswege erhalten. Darum hat Gott, der Schöpfer aller Dinge, in diesen Ländern so viel Llamas geschaffen, daß, hätten die Spanier sie mit ihren Kriegen nicht fast ausgerottet, es ihrer so viele gäbe, daß man sie nicht zählen könnte. Aber die Kämpfe, die die Spanier gegeneinander führten, waren wie eine Pest sowohl für die Indianer wie für die Llamaherden. Die Eingeborenen nennen die Muttertiere *llamas* und die Böcke *urcos*. Die Tiere sind weiß, schwarz oder braun, werden etwa so groß wie kleine Esel und haben bei dicken Bäuchen lange Beine; Kopf und Hals sehen etwa wie beim Kamel aus, und der Schädel ist lang wie der eines spanischen Schafes. Wenn die Tiere fett sind, ist ihr Fleisch ausgezeichnet, und die Lämmer sind besser und schmackhafter als Schafslämmer. Sie sind zahm und machen keinen Lärm. Ein Llama kann leichtlich eine Last von zwei bis drei *arrobas* tragen, und wenn es nicht mehr arbeiten kann, so ist das kein Schade, denn das Fleisch ist gut. In Colla [Titicacasee-Gebiet] macht es richtig Spaß zuzusehen, wie die Indianer morgens mit ihren Llamas und Pflügen losziehen und abends mit Holzladungen zurückkommen. Llamas fressen Gras. Wenn sie erschöpft sind, legen sie sich wie Kamele hin und stöhnen. Es gibt noch eine andere Spielart dieses Tieres: die Guanakos. Diese sehen wie Llamas aus, sind jedoch größer und leben wild. Man sieht sie in den Bergen in großen Rudeln, und sie springen so rasch, daß nur ein sehr schneller Hund sie einholen kann. Ein dritte Art, die Vikunjas, sind zwar kleiner, aber noch flüchtiger als Guanakos und leben in unbewohnten Gegenden, wo sie das Gras weiden, das Gott dort wachsen läßt. Ihre Wolle übertrifft an Feinheit die der spanischen Merinos. Ich weiß nicht, ob man ihr Vlies für unsere Art Kleidung verwenden könnte, aber ich kann sagen, daß die Gewänder, die für die Herrscher dieses Landes daraus gemacht wurden, in der Tat wunderschön gewesen sind. Das Fleisch der Vikunjas schmeckt ein wenig nach Wild. Es gibt noch ein anderes Haustier, das *paco* [Alpaka]. Diese Tiere sind sehr häßlich und wollig und sehen wie kleine Llamas aus. Wenn sie jung sind, gleichen sie den spanischen Lämmern. Sie werfen nur einmal im Jahre Junge.

Wie ich hörte, hatten die Inkas in dieser Gegend einen königlichen Wildpark. Den Eingeborenen war es bei Todesstrafe verboten, ihn zu betreten und das Wild – Llamas, Pumas, Bären, Füchse und Rotwild – zu jagen.

Die Indianer von Huamachuco sind recht zivilisiert und waren fast immer mit den Spaniern eng verbündet. In vergangenen Zeiten trieben sie abergläubischen Götzendienst. Sie beteten allerlei bunte Steine an, manche so groß wie ein Ei, auch größer. Diese Steine befanden sich in den Tempeln und in den Heiligtümern der hohen, verschneiten Sierras.

Als die Huamachucos unter die Inka-Herrschaft kamen, beteten sie die Sonne an und wurden in Benehmen und persönlichen Gewohnheiten viel gesitteter. Früher hatten sie das Blut von Llamas und Lämmern geopfert, wobei sie den Tieren bei lebendigem Leibe das Fell abzogen und ihnen Herz und Eingeweide herausrissen, um daraus die Zukunft zu deuten und allerlei Magie zu treiben. Sie hatten auch Wahrsager, die die Bewegungen der Kometen beobachteten.

Von der Provinz Huamachuco verläuft eine Landstraße der Inkas nach Conchucos, und in Bombón trifft sie auf eine andere, ebenso große. Die eine soll von Topa Inca und die andere von seinem Sohn Huayna Capac erbaut worden sein.

29. Kapitel
Die Hofjagden der Groß-Inkas von Peru.

Bei den Hofjagden der Groß-Inkas war die Beute erstaunlich groß. Oftmals betrug die Strecke über dreißigtausend Tiere. Der Groß-Inka konnte die Zelte für die Lustjagd aufschlagen lassen, wo es ihm beliebte; selbst in den höchsten Bergen gab es riesige Herden. Fünfzig- oder sechzigtausend, auch hunderttausend Leute wurden aufgeboten. Sie kreisten Dickichte und Bergsteppen ein, und mit lautem Geschrei wurden die Tiere talwärts getrieben. In der Ebene schlossen sich die Treiber immer enger zusammen, bis sie sich an den Händen fassen konnten; und so wurden die Tiere auf engem Raum zusammengedrückt. Von seinem Hochsitz aus sah der Groß-Inka dem Töten zu: Indianer gingen mit *ayllos* [Bolas] in den Kreis. Das ist ein Wurfgerät, daß sich den Tieren um die Beine schlingt. Andere Jäger schlugen sie mit Knüppeln oder Stöcken tot oder fingen sie lebend. Eine ungeheure Menge von Tieren wurde so eingeschlossen, darunter auch viele Guanakos, die etwas größer als Esel sind, aber lange, kamelartige Hälse haben. Diese spuckten ihren Speichel den Männern ins Gesicht und versuchten, in großen Sprüngen auszubrechen. Der Lärm der Jäger und der Tiere war weithin zu hören. Manchmal erlegte der Groß-Inka eigenhändig ein Tier, ohne in den Kreis zu treten.

Solch eine Hofjagd dauerte mehrere Tage. Wenn genügend Tiere getötet worden waren, ließen die Aufseher die Wolle in die Vorratshäuser oder in die Tempel schaffen, wo die *mamaconas* daraus Kleidung für den Groß-Inka herstellten, so fein wie aus Seide und von unvergleichlich schönen Farben. Das Fleisch wurde zum Teil von den Jägern verzehrt, zum Teil getrocknet und für die Soldaten in die Vorratshäuser geschafft.

30. Kapitel
Wie die Vorratshäuser auf Befehl der Inkas immer mit Proviant für ihre Truppen wohl versehen waren.

Von der Provinz Huamachuco aus gelangt man in zwei kurzen Tagereisen auf der Inka-Straße in die Provinz der Conchucos. Auf halbem Wege standen die Unterkünfte und Vorratshäuser des Groß-Inkas. Es war nämlich Sitte, daß dieser mit großem Pomp und zahlreicher Begleitung reiste. Wenn es sich nicht um wichtige Staatsangelegenheiten handelte, legte er am Tage höchstens vier Leguas zurück. Damit immer ausreichend Proviant für seine Leute bereit war, standen alle vier Leguas Unterkünfte und wohlversehene Vorratshäuser. Selbst in den unbewohnten Gegenden mußten solche Herbergen *[tambos]* sein, und die Oberaufseher in der Hauptstadt sorgten dafür, daß sie immer gut bevorratet waren. Damit alle gleichmäßig dazu beisteuerten und keiner mehr als der andere gab, benutzte man zur Rechnungsführung ein System von geknoteten Schnüren, die Quipus. So konnte man nach dem Durchzug einer Truppe genau feststellen, ob etwas unterschlagen worden war. Wenn uns das auch seltsam und unwahrscheinlich vorkommen mag, so ist es doch ein sehr gutes Abrechnungsverfahren, wie ich im zweiten Teil des Buches näher erklären werde. Obgleich es nur zwei Tagereisen von Huamachuco bis zu den Conchucos sind, waren doch an zwei Stellen Unterkünfte und Vorratshäuser an dieser Strecke. Alle Straßen waren sehr gut instand gehalten, und wo die Berge zu steil waren, baute man die Straße längs des Abhangs in Stufen aus Steinplatten, so daß sie viele Jahrhunderte überdauern wird.

Wie überall gab es auch bei den Conchucos zahlreiche Unterkünfte und Vorratshäuser. Die Eingeborenen sind von mittlerer Statur. Männer und Frauen gehen bekleidet und tragen Bänder als Abzeichen um den Kopf. Früher sollen diese Stämme sehr kriegerisch gewesen sein, so daß die Inkas große Mühe gehabt haben, sie zu unterwerfen, obgleich einige Inkas es mit Freundlichkeit und Güte versuchten. Diese Indianer haben verschiedentlich Spanier ermordet, so daß Marques Don Francisco Pizarro den Hauptmann Francisco de Chávez mit einer spanischen Abteilung gegen sie aussandte. Die Kämpfe waren wild und grausam, und die Spanier erzählen, daß viele Indianer verbrannt oder gepfählt worden sind. Tatsache ist, daß zu dieser Zeit, oder kurz davor, ein allgemeiner Aufstand in den meisten Provinzen ausbrach, und die Indianer zwischen Quito und Cuzco mordeten auf grausamste Weise über siebenhundert Spanier, die sie lebendig fangen und wegführen konnten. Gott schütze uns vor der Wut dieser Indianer, die furchtbar ist, wenn sie einmal ausbricht! Die Indianer stritten für ihre Freiheit und um sich vor den Grausamkeiten der Spanier zu schützen, aber die Spanier kämpften, um das eroberte Land und die Indianer in ihrer Gewalt zu behalten. In der Provinz der Conchucos gab es schon immer reiche Gold- und Silberminen.

Sechzehn Leguas weiter liegt die Provinz Piscobamba, wo sich auch ein Rasthaus für die Herrscher befand, ein sehr breites und langes Steingebäude.

Die Indianer von Piscobamba kleiden sich wie die anderen und tragen eine Art Strang roter Wolle ums

Haupt. Ihre Sitten gleichen denen ihrer Nachbarn; sie gelten für intelligent, friedlich und den Spaniern gegenüber freundlich gesinnt. Ihr Land ist reich und fruchtbar, und alles, was angebaut wird, bringt ergiebige Ernten. Dahinter, sechs Leguas von Piscobamba über unwirtliches Gebirge, liegt die Provinz Huaraz. Die Landstraße, klug geplant und gut gebaut, breit und gleichmäßig über Berg und Tal verlaufend, ist ein sehenswerter Anblick. Streckenweise ist sie in Stufen und Plattformen in den gewachsenen Fels gehauen. Auch die dortigen Indianer sind mittelgroß. Sie arbeiten fleißig in den Silberminen und bezahlten früher ihren Tribut an die Groß-Inkas in diesem Metall. Zwischen den früheren Unterkünften steht ein großes Festungswerk oder altes Denkmal. Es ist rechteckig, hundertvierzig Fuß lang und noch breiter; und allerlei menschliche Gesichter und Figuren, wundervoll dargestellt, sind in den Stein ihrer Mauern gehauen. Die Inkas sollen diese Anlage als Gedenkstätte für einen Sieg und als Festung für ihre Verbündeten errichtet haben. Man hört auch eine andere weitverbreitete Ansicht, nämlich daß hier in alten Zeiten, lange vor den Inkas, riesenhafte Menschen lebten, so groß wie die steinernen Figuren an diesem Bauwerk, die im Laufe der Zeit durch die wilden Kämpfe mit jenen, die jetzt diese Länder beherrschen, ausgerottet und verschwunden sind, ohne andere Spuren als die erwähnten Bauten und Statuen zu hinterlassen.

Dahinter liegt die Provinz der Pincos [Pachacoto?] am Flusse Santa, in den Pfeiler eingelassen sind, um eine Brücke darüberzulegen. Die dortigen Eingeborenen sind ziemlich groß, und für Indianer sehen sie sehr gut aus. Noch weiter auf diesem Wege liegen die großen, prächtigen Bauwerke von Huánuco, dem Haupt- und Verwaltungssitz aller Provinzen bis Cajamarca.

31. Kapitel
Die Lage dieser Stadt [Huánuco], die Fruchtbarkeit ihres Bodens, die Sitten der Eingeborenen und der schöne, von den Inkas in Huánuco el Viejo erbaute Palast.

Über die Gründung der Stadt León de Huánuco ist folgendes zu sagen: Als der Marques Don Francisco Pizarro auf den sandigen Ebenen die reiche Stadt der Könige gründete, waren die dieser Stadt unterstellten Provinzen zu Dienstleistungen verpflichtet, und die Eroberer hatten encomiendas über die Indianerhäuptlinge inne. Als der Tyrann Illatope diese Provinz überfiel und zahlreiche Ansiedlungen zerstörte, blieben für manche Konquistadoren keine indianischen Leibeigenen mehr übrig. Der Marques wollte sie aber zufriedenstellen und überließ auch den Gefolgsleuten des Don Diego de Almagro, den er auf seine Seite ziehen wollte, Indianer als Leibeigene, um sie für die Seiner Majestät geleisteten Dienste zu belohnen. Gegen die Interessen seiner Regierung ernannte der Marques den Hauptmann Gómez de Alvarado, den Bruder des Adelantado Pedro de Alvarado, zu seinem Bevollmächtigten und sandte ihn in die Huánuco genannten Provinzen, um dort eine Stadt zu gründen. So ließ Gómez de Alvarado an einer ihm geeignet erscheinenden Stelle die Stadt León de Huánuco entstehen. Nach einigen Jahren wurde die neue Stadt aufgegeben, weil ein allgemeiner Aufstand im ganzen Reich ausbrach. Ein paar Jahre später baute Pedro Barroso die Stadt wieder auf. Endlich, nach der grausamen Schlacht von Chupas, übernahm Pedro de Puelles mit der Vollmacht von Magister Cristobál Vaca de Castros die Stadt, und als Juan de Varagas den Tyrannen Illatope gefangengenommen hatte, wurde sie endgültig besiedelt. So kann man sagen, daß Gómez de Alvarado der eigentliche Gründer war, denn er gab der Stadt ihren Namen. Sie wurde nicht aus freiem Willen, sondern aus Notwendigkeit verlassen, und er sorgte dafür, daß die spanischen Siedler später zurückkehren konnten. Die Stadt wurde im Namen Seiner Majestät und auf Befehl des Marques Don Francisco Pizarro, Statthalter und Generalkapitän dieses Königreiches, im Jahre 1539 gegründet und besiedelt.

Die Lage der neuen Stadt León de Huánuco ist äußerst günstig. Sie wird für sehr zuträglich erachtet und besonders wegen ihrer Nacht- und Morgentemperaturen gepriesen. Wegen des guten Klimas führen die Bewohner ein gesundes Leben. Man hat Weinberge angelegt. Weizen und Mais wachsen im Überfluß; Feigen, Orangen, Zitronen und andere Früchte aus Spanien, ebenso einheimische und spanische Gemüse werden ebenfalls angebaut. Außerdem gibt es noch ausgedehnte Bananenhaine. So ist Huánuco eine Stadt mit guten Lebensbedingungen, die nach allgemeiner Ansicht von Tag zu Tag besser werden. In der Umgebung züchtet man Kühe, Ziegen, Pferde und anderes Vieh. Rebhühner, Tauben und ähnliches Wildgeflügel, auch Jagdfalken, sind reichlich vorhanden. In den Wäldern gibt es Pumas, Bären und allerlei sonstiges Raubwild. Landstraßen führen durch die meisten Siedlungen, die der Stadt unterstehen. Die Inkas hatten auch wohlversehene Vorratshäuser und Unterkünfte in dieser Gegend.

In der alten Stadt Huánuco stand ein wundervoller Königspalast, aus großen, geschickt zusammengefügten Steinen erbaut. Das war der Regierungssitz für die Provinzen, welche an die Anden grenzen. Daneben stand ein Sonnentempel, dem viele Vestalinnen und Priester angehörten. Zu Zeiten der Inkas genossen Palast und Tempel solches Ansehen, daß stets über dreißigtausend Indianer dort Dienste verrichteten. Die Statthalter der Inkas sammelten die Tribute ein, und die ganze Gegend arbeitete nur für den Palast. Die Häuptlinge dieser Provinzen hatten auf Befehl des Groß-Inkas bei Hofe in Cuzco zu erscheinen. Manche der dort lebenden Indianer sollen stark und tapfer gewesen sein, und es soll viele grausame Kämpfe gegeben haben, bis die Inkas sie unterwerfen konnten. Die Dörfer lagen so zerstreut und weit voneinander, daß zwischen ihnen keine Verbindungen bestanden, außer bei Festen und allgemeinen Versammlungen. Auf den Gipfeln der Hügel hatten die Eingeborenen befestigte Plätze und Festungen, von denen aus sie sich bei jeder Gelegenheit bekriegten. Die Tempel lagen an Orten, die für Opfer und Götzendienst besonders geeignet waren. Trotz ihrer allgemeinen Verblendung glaubten sie jedoch an die Unsterblichkeit der Seele. Die dortigen Indianer sind intelligent, was man an ihren Antworten merkt, wenn man sie etwas fragt. Ihre Häuptlinge wurden niemals allein begraben, sondern die schönsten ihrer Frauen wurden lebend mit ins Grab gelegt. Wenn ein Häuptling gestorben war und seine Seele den Körper verlassen hatte, erwarteten seine Frauen, in dem großen Grabgewölbe mit dem Leichnam eingeschlossen, die furchtbare Stunde ihres Sterbens, in der sie mit dem Toten wieder vereinigt werden sollten. Sie erachteten es als Glück und Segen, mit ihrem Gatten und Herrn zusammen diese Welt zu verlassen, und glaubten, daß sie ihm in jener Welt ebenso dienen würden wie hier. So meinten sie, daß ein Weib, das ihrem Mann schnell in den Tod folgt, im Jenseits um so eher wieder zu ihm findet. Diese Sitte hat ihren Ursprung in einem schon früher beschriebenen Glauben, nämlich daß sie den Teufel in Gestalt des Toten auf dessen Feldern und Ländereien mit seinen Frauen und anderen Grabbeigaben wandeln sahen. Bei diesen Indianern gab es auch Wahrsager, welche die Sterne beobachteten.

Unter den Inkas nahmen diese Menschen die Sitten ihrer Herrscher an. Sie bauten ordentliche Dörfer mit Vorratshäusern und königlichen Unterkünften, gingen besser gekleidet und sprachen Quichua, die Amtssprache von Cuzco, denn es war Gesetz, daß jeder diese Sprache beherrschen mußte.

Die Conchucos und die großen Provinzen Huayla, Tarma und Bombón [Pumpu] sowie andere große und kleine Siedlungen unterstehen alle der neuen Stadt León de Huánuco. Überall wächst reichlich Nahrung, und es gibt eine Menge wohlschmeckender und nahrhafter Knollen. Einstmals gab es auch zahllose Llamaherden, aber die wurden im Kriege so dezimiert, daß es heute nur noch ganz wenige gibt, und wenn die Eingeborenen sie nicht wegen der Wolle so sorglich hegten, würde es ihnen an Kleidung mangeln. Die Häuser der Indianer und Spanier sind aus Stein und haben Strohdächer. Alle Eingeborenen tragen Kopfbänder als Stammesabzeichen. Obwohl der Böse große Macht über sie hat, habe ich nie vernommen, daß sie sich der abscheulichen Sünde der Sodomiterei schuldig gemacht hätten. Sicherlich gibt es, wie überall, auch unter ihnen schlechte Menschen, aber wenn eine solche Sünde unter ihnen bekannt wird, verachtet man den Betreffenden als weibisch und behandelt ihn fast wie ein Weib.

An vielen Orten dieser Gegend sind große Gold- und Silberadern gefunden worden, und wenn diese ausgebeutet werden, kann man auf reiche Erträge hoffen.

32. Kapitel
Über den See Bombón [Pumpu] von Chinchay-cocha, der die Quelle des großen La-Plata-Flusses sein soll.

Die Provinz Bombón [Pumpu] läßt sich wegen ihrer Lage gut verteidigen; daher sind die Bewohner sehr kriegerisch. Erst nach großen Schwierigkeiten und heißen Schlachten konnten die Inkas sie endlich unterwerfen, das heißt, sie durch Gaben und Versprechungen für sich gewinnen. Das ist wenigstens die Meinung vieler älterer Indianer. In diesem Lande liegt ein See von über zehn Leguas Umfang. Die Gegen von Bombón ist eben und außerordentlich kalt. Die Berge liegen ziemlich weit vom See [von Chinchay-cocha] entfernt.

Die Dörfer der Eingeborenen liegen um den See herum und sind von großen Gräben umgeben und mit Festungswerken versehen. Sie besaßen große Llamaherden, und obwohl in den Kriegen viele Tiere aufgegessen oder sonst vernichtet worden sind, haben sie jetzt noch genügend, und in den Bergen und im unbewohnten Gelände kann man noch mächtige Rudel wilder Llamas sehen. Wegen des kalten Klimas wird nur wenig Mais angepflanzt, aber es gibt genügend Wurzeln und andere Nahrungsmittel. In diesem See liegen Inseln und Felsen, auf die sich die Indianer in Kriegszeiten zurückzogen. Dort waren sie vor ihren Feinden sicher.

Man glaubt, daß der Abfluß dieses Sees die Quelle des berühmten La-Plata-Flusses bildet. Wenn das Wasser das Jauja-Tal erreicht, ist es bereits ein mächtiger Strom. Später kommen noch die Flüsse Parcos, Vilcas, Abancay, Apurímac und Yucay hinzu; dann fließt der Strom nach Westen durch mehrere Länder und erreicht schließlich, durch andere große Nebenflüsse verstärkt, Paraguay, wo die Spanier wohnen, die den La Plata zuerst entdeckten. Nach allem, was ich von diesem Fluß gehört habe, muß er, ähnlich wie der Marañon, der Santa Marta und der Darién, in zwei, drei oder mehr Armen entspringen. Wie dem auch sei, wir hier im Königreich Peru glauben, daß seine Quelle der See Bombón [Pumpu] ist, in den ungeheure Mengen von Schmelzwasser aus den umliegenden Bergen fließen.

Zehn Leguas von Bombón liegt die Provinz Tarma, deren Einwohner so kriegerisch wie die von Bombón waren. Das Klima ist hier besser; daher gedeihen auch Mais und Weizen ebenso gut wie die anderen heimischen Nahrungspflanzen. Die Eingeborenen, Männer wie Weiber, tragen Kleider aus Llamawolle und verehren die Sonne, die bei ihnen *mocha* heißt. Bei einer Hochzeit kommen sie alle zusammen, trinken Wein, beschauen sich Braut und Bräutigam, küssen sich auf die Wangen, und die Heirat ist damit besiegelt. Wenn ein Häuptling stirbt, wird er auf die schon bekannte Weise beerdigt. Die nicht mit ihm begrabenen Frauen scheren sich das Haar und bemalen sich das Antlitz mit einem schwarzen Brei. Diese Zeichen der Trauer müssen sie zwei Jahre lang tragen. Danach können sie, wenn ich recht unterrichtet bin, wieder heiraten, aber nicht vorher. Im Jahreslauf gibt es mehrere Gemeindefeste. Die Fasttage werden streng eingehalten. Während derselben essen sie weder Fleisch noch Salz und schlafen auch nicht mit ihren Frauen. Manchmal wird einer, den sie als den Frömmsten und Gottnächsten betrachten, gebeten, zu ihrer aller Heil ein ganzes Jahr lang zu fasten. Hat er das vollendet, so versammeln sich alle und verbringen mehrere Tage und Nächte bei festlichem Mahl und Trunk. Von der Sünde der Sodomiterei sind sie frei. Sie verabscheuen diese so sehr, daß es darüber eine alte, lustige Redensart bei ihnen gibt. Sie bezieht sich darauf, daß diese Todsünde zu alten Zeiten in der Provinz Huaylas vorkam. Das wurde von den Nachbarvölkern so verabscheut, daß man als Unheilswunsch zu sagen pflegte (und diese Redensart wird heute noch benutzt): »*Asta Huaylas*«, was bedeutet: »Mögen die Männer von Huaylas hinter euch her sein!«

Von Tarma gelangt man auf der Inka-Straße in das große, herrliche Jauja-Tal, das zu den schönsten Landschaften von ganz Peru zählt.

33. Kapitel
Welches das Jauja-Tal, seine Bewohner und seine große Vergangenheit behandelt.

Durch dieses Jauja-Tal fließt ein Strom [der Mantaro], welcher der Quellfluß des La Plata ist. Das Tal ist etwa vierzehn Leguas lang und vier bis fünf breit. Als die Spanier kamen, war es dicht besiedelt; über dreißigtausend Indianer sollen dort gelebt haben, und das mag stimmen. Heute sind es vielleicht zehntausend. Man unterscheidet drei Gruppen, die jedoch alle Huancas genannt werden. Es heißt, daß diese Einteilung noch aus der Zeit Huayna Capacs stammt, der das Land aufteilte. So heißt eine Gruppe Jaujas, von der das Tal seinen Namen hat; eine andere Marca-villca, unter dem Häuptling Huacara-pora, und die dritte Llacsa-pallanca, unter dem Häuptling Alaya. Überall in diesen Gebieten hatten die Inkas große Unterkünfte. Die größten lagen am Taleingang, im Jauja-Gebiet, denn dort erhob sich eine große Mauer. An diese angelehnt standen die starken, wohlgebauten steinernen Unterkünfte, ein Haus der Sonnenjungfrauen, ein reicher Tempel und viele Vorratshäuser für alles mögliche. Dort wirkten auch viele Kunstschmiede, die goldene und silberne Gefäße für den Inka und für die Ausschmückung des Tempels herstellten. Mehr als achttausend Indianer versahen Tempel- und Palastdienste. Die Dächer waren aus starken, mit Langstroh belegten Balken. Bevor die Huancas von den Inkas unterworfen wurden, gab es heftige Kämpfe. Die Sonnenjungfrauen wurden sorgfältig bewacht, und wenn eine sich mit einem Manne einließ, erlitt sie harte Strafe.

Die Huanca-Indianer haben eine merkwürdige Legende: sie behaupten, von einem Manne (dessen Namen ich vergessen habe) und einer Frau namens Urochombe abzustammen, die der Quelle von Marca-villca entstiegen sind. Diese beiden hätten sich so eifrig vermehrt, daß alle Huancas von ihnen abstammen. Zum Gedächtnis dessen hätten die Vorväter der heutigen Huancas eine große, hohe Mauer und daran einen Tempel errichtet, wo sie ihre Götter anbeteten. Die Huancas glauben an einen Schöpfer aller Dinge, den sie Tici-Viracocha nennen. Sie glauben auch an die Unsterblichkeit der Seele.

Ihren Gefangenen zogen sie die Haut ab und stopften sie mit Asche aus, oder sie bezogen Trommeln damit. Ein Teil von jedem Dorf war zu einer turmartigen steinernen Festung ausgebaut. Von weitem sieht das aus wie die Türme einer Stadt in Spanien. In alten Zeiten waren sie sehr wild und lagen ständig miteinander im Krieg. Später, unter der Inka-Herrschaft, wurden sie arbeitsam und friedlich und züchteten Llamas in großer Zahl. Sie übernahmen auch die längere Kleidung der Inkas. Als Stammeszeichen tragen sie ein vier Finger breites wollenes Kopfband. Sie kämpften hauptsächlich mit Schleudern und Wurfpfeilen; manche hatten auch Lanzen.

In alten Zeiten haben sie neben der besagten Quelle einen Tempel erbaut, der Huari-vilca hieß. Ich habe ihn selbst gesehen. Neben ihm stehen drei oder vier Bäume, genannt *molles*, die wie große Walnußbäume aussehen. Diese Bäume gelten als heilig. Neben ihnen befindet sich ein Sitz für die Stammesfürsten, die hierherkamen, um zu opfern. Von diesem Sitz führt eine Steintreppe zu der Einfriedung, in welcher der Tempel stand. Ich möchte hier noch über den *molle*-Baum sprechen, und zwar wegen seiner Nützlichkeit. In den Ebenen und Tälern Perus und an abgelegenen Stellen der Anden sind große Wälder, in denen Bäume von allerlei Art stehen, die von denen in Spanien völlig verschieden sind. Viele von ihnen tragen Früchte, zum Beispiel die Alligator-Birnbäume, Cassias, Caimitos und Guavas. Sonst gibt es Dornbüsche und Heidekraut oder dünnes Gestrüpp, außerdem noch große *ceibas*. In die Höhlungen dieser Bäume tragen wilde Bienen würzigen Honig ein. In den besiedelten Gebieten findet man einen Baum, der *molle* heißt. Dessen Blätter sind sehr klein und riechen wie

Fenchel. Die Rinde heilt Schmerzen und Schwellungen an den Beinen. Wenn man sich einige Male mit einer Abkochung dieser Rinde wäscht, schwindet der Schmerz, und die Beine schwellen ab. Mit den dünneren Zweigen kann man sich sehr gut die Zähne putzen. Von den kleinen Früchten dieses Baumes macht man Wein, Essig und ein anderes, sehr gutes Getränk. Man zerstampft die Früchte und kocht sie, bis das Wasser zum Teil verdampft ist. Je nach der Kochzeit erhält man Wein, Essig oder Sirup. Diese Bäume werden von den Indianern hochgeschätzt.

Am Eingang [von Jauja] waren Torwachen. Ein Steinpfad führte zu der besagten Quelle, die von einer großen, alten, dreieckigen Mauer umschlossen ist. Dort war auch ein ebener Platz, wo der Teufel erschienen sein soll, den sie verehren, und mit dem bestimmte, dazu ausersehene Männer Zwiesprache hielten.

Weiter überliefern die Indianer folgendes: In Urväterzeiten sollen hier Scharen von Teufeln erschienen sein, die großen Schaden stifteten und die Einwohner sehr peinigten. Da seien fünf Sonnen am Himmel erschienen, deren Glanz die Dämonen so erschreckte, daß sie unter Heulen und Stöhnen verschwanden. Und der Teufel Huari-vilca, der an diesem Ort wohnte, wurde nie mehr gesehen, und der Platz war ganz verbrannt und verkohlt. Als unter den Inkas ein großer, prächtiger Sonnentempel erbaut wurde, brachten die Eingeborenen trotzdem noch weiterhin im Teufelstempel Huari-vilca Opfer dar. Beide Tempel sind jetzt eingestürzt und mit Heidekraut und Gestrüpp überwuchert. Als der Statthalter Don Francisco Pizarro in das Tal kam, soll der Bischof Fray Vincente de Valverde die Götzenbilder zerschlagen haben, und seitdem hat man dort nichts mehr vom Teufel gemerkt. Ich habe die Bauwerke und den Tempel besichtigt; Don Cristóbal, der Sohn des verstorbenen Häuptlings Alaya, begleitete mich und zeigte mir diese Altertümer. Er und die anderen Häuptlinge dieses Tales sind Christen geworden. Zwei Priester und ein Mönch leben dort und lehren unseren heiligen katholischen Glauben. Das Jauja-Tal ist von hohen schneebedeckten Sierras umschlossen. Es besteht aus mehreren Tälern, in denen die Huancas ihre Äcker haben. Die Hauptstadt des Königreiches lag in diesem Tal, ehe sie an ihren jetzigen Ort verlegt wurde. Man fand dort auch viel Gold und Silber.

34. Kapitel
Wie der Inka Yupanqui seinen Oberbefehlshaber Lloque Yupanqui in das Jauja-Tal entsandte, um die Huancas, Yauyos und andere Völkerschaften unter seine Herrschaft zu bringen.

Meine Gewährsmänner berichten mir, der Groß-Inka Yupanqui habe sich so mächtig gefühlt, daß er zu den Waffen rief, um die Huancas in Jauja zu unterwerfen. Das sollte durch einen Feldzug geschehen, der noch bedeutender als die bisherigen war. Viele Häuptlinge folgten seinem Ruf und sandten zahlreiche bewaffnete Krieger, und zwar hatten sie Schleudern, Äxte, Keulen, *ayllos*, Wurfpfeile und Lanzen. Als alle beisammen waren, ließ er ihnen Festlichkeiten und Bankette ausrichten. Um sie besonders zu erfreuen, erschien er dabei an jedem Tage in einer anderen Kleidung, nämlich in der Tracht des Stammes, den er besonders ehren wollte. Am nächsten Tage trug er dann die Kleidung eines anderen der beim Festmahl anwesenden Stämme. So gerieten sie in eine unbeschreiblich fröhliche und hochgemute Stimmung. Bei den großen Tänzen wurde der Stadtplatz von Cuzco mit einem goldenen Seil *[huascar]* abgesperrt, das aus Tribut-Gold gesponnen war, und noch mehr goldene Statuen und Trophäen als sonst waren ausgestellt.

Nachdem sie tagelang gegessen, getrunken und getanzt hatten, hielt ihnen der Inka Yupanqui eine Rede, in der er darlegte, daß sie gegen ihre Nachbarn, die Huancas und die Yauyos, ausziehen sollten. Zuerst solle versucht werden, sie friedlich zu Freundschaft und Dienstleistung zu überreden, aber wenn das erfolglos sei, müsse bis zum Siege gekämpft werden. Alle riefen jubelnd, sie ständen mit Freuden zu seinem Befehl. Für jeden Stamm wurde ein Hauptmann ernannt. Lloque Yupanqui wurde General und Tupac Yupanqui sein oberster Ratgeber. Nachdem der Inka Marschorder gegeben hatte, brach das Heer auf und zog in die Provinz Andahuaylas, wo es von den Chanca-Indianern gut empfangen wurde, und ein Hauptmann mit einer Streitmacht aus dieser Provinz stieß zu ihm, um dem Inka Kriegsdienste zu leisten.

Von Andahuaylas ging es nach Vilcas, wo die Tempel und Unterkünfte standen, die der Inka Yupanqui hatte erbauen lassen. Die Heerführer drückten den Bauleuten ihre Anerkennung aus. Von Vilcas zog man weiter über Huamanga, Azángaro, Parcos, Picoy und Acos. Alle diese Dörfer hatten dem Inka Gehorsam geschworen. Sie versahen die Truppe mit Nahrung und anderen Landesprodukten und bauten eine lange, sehr breite Heerstraße, wie ihnen befohlen war.

Als die Bewohner des Jauja-Tales vom Nahen des

Feindes erfuhren, fürchteten sie sich sehr und suchten die Hilfe ihrer Freunde und Stammesbrüder zu gewinnen. Im Tempel von Huari-vilca opferten sie dem Teufel und erhielten Rat von ihm. Als ihre Verbündeten zu ihnen stießen (es sollen über vierzigtausend gewesen sein, während ich zweifle, ob heute mehr als zwölftausend dort leben), bezogen die Hauptleute des Inkas Stellungen oberhalb des Tales, appellierten zunächst durch Parlamentäre an den guten Willen der Huancas und suchten sie zu überreden, daß sie in Frieden nach Cuzco gingen und den Groß-Inka als ihren Herrn anerkannten. Aber das erwies sich als zwecklos, und so kam es zu einer großen Schlacht, in welcher auf beiden Seiten Tausende ihr Leben verloren. Schließlich siegten die Krieger von Cuzco. Da Lloque Yupanqui ein sehr weiser Mann war, verbot er, das Tal zu brandschatzen. Er untersagte auch jegliches Plündern und ließ alle Gefangenen frei, bis die Huancas die Milde und Freundlichkeit des Siegers erkannten. Sie verhandelten mit ihm und versprachen, von nun an nach den Gesetzen der Groß-Inkas von Cuzco zu leben und Tribut in Produkten des Tales zu entrichten, und die Siegesbotschaft wurde überall verbreitet. Sie verlegten ihre Siedlungen von den Bergen in das Tal hinab, wo sie gemeinschaftlich das Land bebauten, bis der Groß-Inka Huayna Capac jedem seinen Grundbesitz zuteilte.

35. Kapitel
Über die von Jauja zur Stadt Huamanga [Ayacucho] führende Straße, und was es an ihr Bemerkenswertes gibt.

Meiner Rechnung nach sind es vom Jauja-Tal bis zur Stadt Victoria de Huamanga [Ayacucho] dreißig Leguas. Man folgt der Inka-Straße, bis man auf einer Hügelgruppe, die sich über das Tal erhebt, die zerfallenen Ruinen einiger sehr alter Bauwerke erblickt. Auf derselben Straße erreicht man das Dorf Acos, das an einem binsenüberwachsenen Sumpf liegt. Auch dort standen, wie überall im Inka-Reich, Unterkünfte und Vorratshäuser. Die Eingeborenen von Acos leben in einiger Entfernung östlich von der Straße in den felsigen Sierras. Ich habe über sie nichts weiter zu sagen, als daß sie wollene Kleidung tragen und ihre steinernen Häuser mit Stroh decken, wie das anderswo auch üblich ist. Von Acos führt eine Straße nach Picoy, zunächst über die Klippen und dann den Abhang hinunter. Trotz des zerklüfteten und schwierigen Geländes ist sie so breit und so gut angelegt, daß man meint, auf ebenem Grund zu gehen. Sie führt zu dem Fluß hinab, der durch Jauja fließt und an dieser Stelle von einer Brücke überquert wird. Neben dieser Brücke sind weiße Klippen, in denen eine salzige Quelle entspringt. Der Flußübergang heißt Angoyaco. Dort standen früher Bauwerke der Inkas, und noch jetzt ist ein eingefriedetes Bassin mit warmem Wasser erhalten, in dem angenehm zu baden ist. Alle Groß-Inkas schätzten dieses Bad sehr, und selbst die andern Indianer dieser Gegend und ihre Frauen pflegten sich dort täglich zu waschen und zu baden und tun es heute noch. Das Flußbett bildet ein waldiges Tal mit Hainen von *molles* und anderen fruchttragenden Bäumen. Etwas später überquert man einen zweiten, etwas kleineren Fluß, über den eine Brücke führt, weil er im Winter sehr reißend ist, und erreicht dann das Dorf Picoy. Von dort aus geht es weiter zu den Unterkünften von Parcos, die auf dem Kamm einer Sierra liegen. Die Indianer leben in den hohen, zerklüfteten Sierras, die Parcos von beiden Seiten einschließen. Manche dieser Unterkünfte stehen noch, und durchreisende Spanier benutzen sie als Herberge.

Kurz vor Parcos liegt in einer öden Ebene ein Ort namens Pucará (was in unserer Sprache »Festung« bedeutet), wo nach den Erzählungen der Indianer in alten Zeiten ein Sonnentempel und ein Inka-Palast gestanden haben. Viele Indianer brachten ihre regelmäßigen Tribute nach Pucará und übergaben sie dem dortigen Verwalter der Vorratshäuser, dem das Einsammeln der Tribute oblag. An einer Stelle des Grates stehen Hunderte von Steinblöcken dicht beieinander, so daß man tatsächlich meinen könnte, von ferne eine vieltürmige Stadt oder eine Burg zu erblicken. Der indianische Name dieses Ortes paßt also gut. Eine der Klippen liegt an einem kleinen Wasserlauf und ist so erstaunlich groß und massig, daß man es sich kaum vorstellen kann. Ich habe sie gesehen und eine Nacht auf ihr geschlafen. Sie schien mir über zweihundert Faden hoch zu sein, und ihr Gipfel hatte mehr als zweihundert Fuß Umfang. Läge sie an einer gefährdeten Grenze, so könnte man sie leichtlich zu einer uneinnehmbaren Festung ausbauen. Ebenso bemerkenswert ist ein großer Felsen, der so viele Höhlungen hat, daß mehr als hundert Mann und eine Anzahl Pferde dort Unterschlupf finden könnten. Hier wie in anderen Dingen zeigt sich Gottes Macht und Voraussicht, denn an allen diesen Wegen gibt es natürliche Höhlen, wo sich Mensch und Tier vor Schnee und Regen schützen können.

Die Gipfel der Sierras, in denen die Eingeborenen leben, sind fast immer von Schnee bedeckt. An geschützten Stellen, in einer Art kleiner Täler, die nach den Bergen zu offen sind, wird Getreide gebaut. Die Sierras bergen auch Silber in reichen Adern. Von Parcos aus führt die Heerstraße einen Abhang hinunter bis zu einem kleinen Fluß, der den gleichen Namen wie die Unterkünfte trägt und von einer Brücke auf steinernen Pfeilern überquert wird.

In der Sierra von Parcos entbrannte die große Schlacht zwischen den Indianern und dem Hauptmann Mogrovejo de Quiñones, in der Gonzalo Pizzaro, wie später erzählt werden wird, den Hauptmann Gaspar Rodriguez de Camporedondo töten ließ.

Hinter dem Flusse Parcos liegt die Unterkunft von Azángaro, die heute als *repartimiento* dem Diego Gavilán überschrieben ist. Von dort aus gelangt man auf der Heerstraße zur Stadt San Juan de la Victoria de Huamanga [Ayacucho].

36. Kapitel
Wie die Stadt Huamanga gegründet wurde.

Im Jahre 1536 tobte in der Provinz Cuzco ein blutiger Krieg zwischen Indianern und Spaniern. Manco Inca [ein von den Spaniern eingesetzter Schattenkönig; d. Übers.] wurde geschlagen. Es gelang ihm nicht, die verlorengegangene Stadt Cuzco wieder einzunehmen. So beschloß er, sich in die Provinz Viticos [Vilcas] zurückzuziehen, die tief im Hinterland jenseits der Anden liegt. Zunächst wurde er allerdings von den Spaniern in ein Gefecht verwickelt, wobei der Hauptmann Ruy Díaz befreit wurde, den er ein paar Tage vorher gefangengenommen hatte. Viele *Orejones* aus dem Adel von Cuzco leisteten Manco Inca Gefolgschaft. Als er mit seinem Hofstaat, seinen Frauen und einem riesigen Schatz, den er unterwegs aus allerlei Verstecken zusammengetragen hatte, Viticos erreichte, wählte er zu seinem Sitz den festesten seiner Paläste. Von dort aus unternahm er beständig Streifzüge in alle Richtungen, um im friedlichen Gebiet Unruhen anzuzetteln und so den Spaniern möglichst viel Schaden zuzufügen; denn er betrachtete sie als seine Erzfeinde, die sein Land besetzt und ihn mit seinen Anhängern ins Exil getrieben hatten. Überall auf seinen Plünderungs- und Zerstörungszügen verbreitete er Haß gegen die Weißen. Da die Spanier in dieser Gegend keine Stadt gebaut hatten und die Indianer den spanischen Einwohnern von Cuzco und Lima dienstpflichtig waren, konnten Manco Incas Krieger den Spaniern und ihren Verbündeten großen Schaden zufügen, und tatsächlich wurden viele der Unsrigen beraubt und getötet. Die Lage wurde so ernst, daß der Marques Don Francisco Pizarro einige Kompanien gegen Manco Inca aussandte. Befehlsgemäß rückten sie von Cuzco aus vor. Hauptmann Villadiego unternahm mit einer kleinen spanischen Truppe Erkundungszüge, denn man hatte erfahren, daß Manco Inca in der Nähe sei. Sie hatten keine Pferde (die im Kampfe gegen die Indianer die Hauptrolle spielen), aber sie vertrauten dennoch auf ihre Kraft und brannten darauf, sich mit den Indianern zu messen, denn sie glaubten, diese hätten ihre Frauen und einen Teil ihrer Schätze bei sich. So erklommen sie eine hohe Sierra. Als sie aber den Gipfel erreicht hatten, waren sie so erschöpft, daß Manco Inca, der von ihrem Nahen erfahren hatte, mit nur etwa achtzig Indianern über die Spanier herfiel, die achtundzwanzig bis dreißig Mann zählten. Hauptmann Villadiego und fast alle seine Leute wurden getötet. Nur ein paar konnten mit Hilfe freundlich gesinnter Indianer entkommen und wurden in eine spanische Faktorei gebracht, wo man die Niederlage sehr beklagte. Als der Marques Don Francisco Pizarro davon erfuhr, brach er sofort mit einer starken Truppe von Cuzco auf, um Manco Inca zu verfolgen. Er konnte ihn jedoch nicht einholen, und Manco Inca zog sich auf seine Festung in Viticos zurück. Die abgeschnittenen Köpfe der gefangenen Spanier nahm er mit. Hauptmann Gonzalo Pizarro griff ihn schließlich mit einer starken Streitmacht an, zerstörte zahlreiche Brustwehren der Festung und nahm mehrere Brücken ein. Da die Erhebung der Indianer großen Schaden angerichtet hatte, hielt Francisco Pizarro mit einer Anzahl von Bürgern und Kronbeamten Rat und beschloß, zwischen Cuzco und Lima eine spanische Stadt zu gründen, um die Straße für Reisende und Kaufleute zu sichern. Die Stadt erhielt den Namen San Juan de la Frontera.... *Bis Magister Cristóbal Vaca de Castro, sein Nachfolger als Statthalter des Königreiches, sie in Victoria umbenannte, zum Gedächtnis des Sieges, den er auf dem Felsen von Chupas gegen die Männer von Chile errungen hatte.*

Alle Siedlungen und Provinzen in dem Gebiet zwischen den Anden und der Südsee unterstanden der Jurisdiktion von Cuzco und Lima, und die Indianer waren den Einwohnern dieser beiden Städte dienstpflichtig. Nach der Gründung der Stadt Frontera befahl der Statthalter Don Francisco Pizarro den Einwohnern beider Städte, ihren Wohnsitz in der neuen Stadt aufzuschlagen, wenn anders sie nicht ihre Rechte an den dortigen Indianern verlieren wollten.

37. Kapitel
Von der Gründung und den Gründern der Stadt Huamanga.

Der Marques Don Francisco Pizarro erbaute die von ihm geplante Stadt nicht dort, wo sie heute steht, sondern um ein [nahe der Inka-Straße gelegenes] Andendorf namens Huamanga herum, und daher erhielt die an der langen, hohen Anden-Kette gelegene Stadt den gleichen Namen. Pizarro ließ den Hauptmann Francisco de Cárdenas als seinen Statthalter dort. Später wurde die Stadt aus verschiedenen Gründen an ihren jetzigen Ort verlegt, nämlich nach Süden auf eine Ebene, die sich an eine Kette kleinerer Sierras anschmiegt. Die Siedler wollten eigentlich noch eine halbe Meile weiter ziehen, doch mußte dieser Plan aufgegeben werden, weil es dort nicht genügend Wasser gab. Die Stadt wird von einem kleinen Fluß mit sehr gutem Wasser versorgt. Sie hat die besten und größten Häuser von ganz Peru, alle aus Steinen und Ziegeln, mit großen Türmen, so daß an Wohnraum kein Mangel ist. Der Stadtplatz ist eben und groß. Die Stadt ist sehr gesund, denn weder Sonne noch Wind, noch Nachtluft sind schädlich; sie ist auch weder zu heiß noch zu feucht, sondern erfreut sich im Gegenteil eines ausgezeichneten Klimas. Die Spanier haben in der Umgebung der Stadt, im Tale und längs der Flüsse ihre Haziendas angelegt, auf denen sie Vieh züchten.

Der größte dieser Flüsse heißt Viñaque. An ihm liegen einige große Bauwerke, die, nach dem Grade ihrer Verfallenheit zu urteilen, viele Jahrhunderte alt sein müssen. Als ich die dortigen Indianer fragte, wer sie wohl gebaut haben möge, antworteten sie, daß es bärtige, weiße Menschen wie wir gewesen seien, die lange bevor die Inkas regierten, in dieses Gebiet gekommen seien und dort gewohnt hätten. Diese und andere Gebäude im Lande schienen mir nicht von der Art zu sein, wie die Inkas sie bauten, denn dieses Bauwerk war quadratisch, während die Inka-Bauten rechteckig, lang und schmal, sind. Es sollen auch Schriftzeichen an diesem Gebäude gefunden worden sein. Ich will die Möglichkeit weder bestätigen noch abstreiten, daß in vergangenen Tagen Menschen von Intelligenz und Vernunft hierhergekommen sind und Großartiges vollbracht haben, was inzwischen unseren Blicken entschwunden ist.

Am Viñaque und anderen Flüssen gedeiht Weizen, aus dem Brot gebacken wird, das dem besten andalusischen gleichkommt. Auch Reben sind angepflanzt worden, und man glaubt, daß in absehbarer Zeit große Weinberge entstehen und auch die anderen aus Spanien eingeführten Kulturpflanzen gut gedeihen werden. Es gibt vorzügliche einheimische Früchte im Überfluß und so viele Tauben, wie ich nirgendwo sonst in Westindien gesehen habe. Im Sommer ist die Weide für die Pferde etwas knapp, aber da die Indianer für uns arbeiten, merkt man das nicht so sehr. Man muß dazu wissen, daß hierzulande weder Pferde noch andere Tiere Heu fressen, noch wird das, was etwa gemäht wird, verbraucht, denn auch das Rindvieh frißt keins, sondern nur das frische Gras auf den Feldern. Die Wege, die aus der Stadt führen, sind gut, jedoch sind sie an manchen Stellen so mit Gestrüpp und Dornen überwachsen, daß Reisende zu Fuß und zu Pferde sehr vorsichtig sein müssen.

Die Stadt San Juan de la Victoria de Huamanga [Ayacucho] wurde am 9. Januar 1539 von Francisco Pizarro, Statthalter von Peru, gegründet und besiedelt.

38. Kapitel

Über die Sitten der Eingeborenen von Ayacucho.

Die Einwohner von Huamanga erhielten viele Indianer als Arbeitskräfte zugeteilt. Auch jetzt noch ist die Zahl der Indianer sehr groß, wenn auch in den Kriegen viele umgekommen sind. Die meisten waren *mitimaes*, welche auf Befehl des Groß-Inkas hierherverpflanzt worden sind. Es sind auch *Orejones* darunter, jedoch keine aus den führenden Familien von Cuzco.

Östlich der Stadt verläuft der große Gebirgszug der Anden; im Westen liegt die Küste und die Südsee. Die Ansiedlungen längs der Inka-Straße habe ich schon erwähnt. Die anderen besitzen ebenfalls fruchtbares Akkerland und große Llama-Herden. Alle Eingeborenen gehen bekleidet. Früher hatten sie an geheimen Orten Altäre und Heiligtümer, wo sie opferten und mit allerlei heidnischen Bräuchen ihre Abgötter verehrten. Ihre Begräbnissitten waren denen der anderen Stämme ähnlich: sie gaben dem Toten Frauen und seine liebsten Besitztümer mit ins Grab. Als sie unter die Herrschaft der Inkas gerieten, lernten sie, die Sonne anzubeten und nach Inka-Sitte und -Gesetz zu leben. Früher waren sie so unbeugsam und kriegerisch, daß die Inkas große Mühe hatten, sie zu unterwerfen: tatsächlich noch zu Zeiten Pachacutis (als dieser eben die sehr zähen und ausdauernden Soras und Rucanas geschlagen hatte, deren Gebiet ebenfalls dieser Stadt unterstand), verschanzte sich eine Schar Huamangos auf einer hohen Klippe, und erst nach langen und harten Kämpfen konnten sie besiegt werden. Denn lieber, als ihre Freiheit aufzugeben und sich dem Tyrannen zu unterwerfen, erduldeten sie Hunger und ständige Angriffe. Pachacuti, herrschsüchtig und um seinen Ruhm besorgt, belagerte sie zwei Jahre lang, bis sie solchen Mangel litten, daß sie es schließlich nicht mehr aushielten und sich ergaben. Später, beim Aufstand Gonzalo Pizarros, verschanzten sich die führenden Bürger von Ayacucho auf derselben Klippe, weil sie seine Hauptleute fürchteten und Seiner Majestät die Treue halten wollten... Dort haben sie, wie ich von vielen gehört habe, noch Spuren von Pachacutis Belagerung gefunden.

Alle diese Indianer tragen, wie schon ihre Ahnen, Stammeszeichen, und manche glauben an allerlei Vorbedeutungen. Es gab große Wahrsager unter ihnen, die sich rühmten, die Zukunft deuten zu können. Das ist natürlich purer Unsinn, ebenso wie wenn heute manche Leute versuchen, die Zukunft vorauszusagen, die nur Gott allein kennt.

39. Kapitel
Von den großen Bauwerken, die früher in der Provinz Vilcas [-huamán] gestanden haben.

Von der Stadt Ayacucho bis Cuzco sind es sechzig Leguas oder hundertachtzig Meilen. Der Weg führt an den Klippen und Ebenen von Chupas entlang.

[Dort fand am 16. September 1542 eine Schlacht statt, die Cieza sehr lebendig beschreibt, obwohl er nicht an ihr teilgenommen hat. Hier trat zum erstenmal Francisco de Carvajal in Erscheinung, jener witzige Mordbrenner, der später im Pizarro-Aufstand General wurde.]

Wenn man auf der Inka-Straße weiterreist, gelangt man zu den Bauten von Vilcas, elf Leguas von Ayacucho, wo nach der Ansicht der Eingeborenen der Mittelpunkt des Inka-Reiches war; denn sie sagen, die Entfernung von Vilcas bis Quito sei die gleiche wie die von Vilcas nach Chile, das heißt von einer Grenze des Reiches bis zur anderen. Spanier, die diese Strecken gereist sind, bestätigen das. Es war Pachacuti, der diese Bauten hat errichten lassen, und seine Nachfolger haben sie noch vergrößert. Der Sonnentempel war groß und sehr dauerhaft gebaut. Die Gebäude stehen auf dem höchsten Punkt einer Sierra, einer ebenen Fläche, die stets sauber und ordentlich gehalten wurde. An einer Seite dieser Sierra, gen Sonnenaufgang, war ein steinerner Altar für den Groß-Inka errichtet. Von diesem aus führte eine kleine, etwa sechs Fuß breite Terrasse hügelabwärts, wo noch andere Umfassungsmauern zusammentrafen, und im Mittelpunkt war die zweisitzige Betbank für den Groß-Inka, aus einem einzigen Stein gehauen. Die Bank soll mit Goldplatten und Juwelen verkleidet gewesen sein, um diesem Ort, den die Inkas so hoch verehrten, noch besondere Pracht zu verleihen. Auf einem anderen ziemlich großen Stein, der jetzt wie ein Taufbecken in der Mitte des Stadtplatzes steht, opferten sie Tiere und, wie man munkelt, auch kleine Kinder, deren Blut den Göttern geweiht wurde. Auf der Terrasse haben die Spanier noch Reste des alten, dort vergrabenen Schatzes gefunden.

Hinter dem Altar stehen die Paläste Topa Incas sowie andere große Gebäude, auch viele Vorratshäuser für Waffen, kostbare Kleidung und allerlei Waren, die als Tribute herbeigebracht wurden; denn die benachbarten Stämme unterstanden der Jurisdiktion der Stadt Vilcas, die an Bedeutung einer Hauptstadt gleichkam. Nahe einer kleinen Sierra stehen jetzt noch etwa siebenhundert Häuser, wo einstmals Korn und andere Lebensmittel lagerten. Das war die Verpflegung für die Truppen des Inkas, die durch das Reich patrouillierten. In der Mitte des großen Platzes stand eine weitere Bank, wie im Theater, von der aus der Groß-Inka den Tanz- und Singfesten zuschaute. Der Sonnentempel, sehr kunstreich aus großen, übereinandergelegten Steinen erbaut, hatte zwei Haupttore. Man gelangt über zwei Steintreppen ins Innere, jede mit dreißig Stufen, wie ich selbst gezählt habe. Im Tempel gab es Kammern für die Priester und die Wächter der Tempeljungfrauen. Diese Mädchen erfüllten treulich ihre Gelübde und Pflichten. *Orejones* und gewöhnliche Indianer erzählen, daß das Bild der Sonne unerhört kostbar war und daß, sowohl im Tempel selbst als auch anderswo vergraben, ungeheure Schätze lagerten. Vierzigtausend Indianer standen für den Dienst in diesen Palästen zur Verfügung. Sie arbeiteten im Turnus, je nachdem wie der Statthalter als Stellvertreter des Groß-Inkas es anordnete. Allein für die Tore gab es vierzig Wächter. Man sieht jetzt nur noch die Fundamente, Innenwände und Umfassungsmauern der heiligen Stätten, die Steinbänke, den Tempel mit seinen Treppen (wenn er auch in grasüberwachsenen Trümmern liegt und die Vorratshäuser eingestürzt sind). Mit einem Wort: einst war, was nicht mehr ist; und an dem, was noch da ist, können wir ermessen, wie es einst war.

Von den ersten spanischen Konquistadoren haben einige diese Bauwerke noch unbeschädigt und in ihrer ganzen Pracht gesehen, und ich habe aus ihrem eigenen Munde Berichte davon gehört. Die *Orejones* erzählen über Pachacuti [den Eroberer von Vilcas] ungewöhnliche Dinge, *ebenso über seinen Sohn Topa Inca und sei-*

nen Enkel Huayna Capac, denn diese waren die tapfersten Inkas. Der Leser mag versichert sein, daß ich eher etwas auslasse als übertreibe. Was mich anlangt, so glaube ich auf Grund der Überreste und Spuren, die die Inkas hinterlassen haben, alles und noch mehr; und was ich berichte ist nichts im Vergleich zu dem, was sich wirklich zugetragen hat und unvergessen bleiben wird, solange es Indianer in Peru geben wird.

Da Pachacuti so viel daran lag, die auf dem Felsen verschanzten Rebellen in seine Macht zu bekommen, zog er mit seinen Kriegern bis zum Flusse Vilcas. Viele Indianer dieser Gegend kamen ihm, als sie von seinem Vormarsch hörten, entgegen, bezeigten ihm Verehrung und schlossen einen Freundschaftspakt mit ihm. Auf seinen Wunsch errichteten sie die Rasthäuser und die Gebäude, die heute den Namen Vilcas tragen. Baumeister aus Cuzco blieben zurück. Sie entwarfen die Pläne und lehrten die Eingeborenen, wie man die Steine aneinanderfügt und vermauert.

Als Pachacuti schließlich an den Pillucho-Felsen kam, versuchte er erst auf jede vernünftige Weise, die Verschanzten durch Parlamentäre zur Freundschaft zu überreden, aber sie verlachten seine Angebote und antworteten mit Steinwürfen. Als der Inka ihre Starrköpfigkeit erkannte, entschloß er sich, nicht zu weichen, bis er sie bestraft hätte. Er empfing Nachrichten, daß seine Hauptleute in der Provinz Cunti-suyu mehrere Schlachten gewonnen und die Eingeborenen unterworfen hätten, so daß nun die meisten der dortigen Stammesgebiete unter seiner Herrschaft stünden. Damit sich die Collas nicht allzu sicher fühlen sollten, sandte er Hastu Huallaca, den tapferen Häuptling der Andahuaylas, zusammen mit seinem Bruder Tupac Huasco gegen sie, um diese zu unterwerfen. Die beiden waren sofort bereit und begaben sich in ihre Heimat, um die nötigen Truppen für den Feldzug auszuheben und nach Cuzco zu führen.

Die auf dem Felsen gaben nicht nach und verteidigten sich entschlossen weiter. Der Inka belagerte sie, und große Heldentaten wurden auf beiden Seiten vollbracht, denn die Belagerung dauerte sehr lange. Aber schließlich waren ihre Vorräte erschöpft, und sie mußten sich ergeben und sich bereit erklären, Tribut und Krieger nach Cuzco zu senden wie die anderen. Der Inka gewährte ihnen Gnade und versprach, ihnen kein Leid zu tun, sondern sie im Gegenteil, mit Verpflegung und allem Nötigen versehen, in ihre Heimat zurückzuschicken. Andere allerdings wollen wissen, daß er alle, ohne Ausnahme, töten ließ. Persönlich glaube ich das nicht; allerdings weiß ich in beiden Fällen nur, was die Indianer erzählen.

Nach diesem Erfolg sollen Stämme aus allen möglichen Gegenden zum Inka gekommen sein, um ihm ihre Unterwerfung anzubieten, und er soll alle freundlich empfangen haben. Er fand auf dem Wege viele neu erbaute Unterkünfte vor und sah, daß fast überall die Eingeborenen von ihren Bergen heruntergekommen waren und sich seinem Wunsche gemäß in ordentlichen Siedlungen niedergelassen hatten ...

Von hier aus führt die Heerstraße nach Uranmarca weiter, sieben Leguas in Richtung Cuzco. Durch dieses Gebiet fließt der breite Vilcas-Fluß [Pampas], der seinen Namen von diesem *tambo* hat. Von einem Ufer zum anderen führen zwei Reihen hoher, steinerner Pfeiler, kräftig, tief in die Erde versenkt, über welche die Brücke gelegt wird, die aus seilartig zusammengedrehten Weidenzweigen hergestellt ist. Solche Brücken sind so stark, daß man im Galopp hinüberreiten kann wie über die Brücken von Alcántara oder Córdoba. Ich stellte beim Überqueren fest, daß die Brücke sechsundsiebzig Fuß lang ist. Die Quelle des Flusses liegt in der reichen, fruchtbaren, von kriegerischem Volk bewohnten Provinz der Soras. Die Soras und Rucanas sprechen die gleiche Sprache und kleiden sich in wollene Stoffe. Früher besaßen sie große Herden, und in ihrer Provinz liegen reiche Gold- und Silberminen. Die Inkas schätzten diese beiden Stämme so hoch, daß deren Provinzen gewissermaßen ihre Vorzimmer waren, und die Söhne der Häuptlinge lebten bei Hofe in Cuzco. In Uranmarca ist eine Siedlung von *mitimaes*, die sich dort um die wilden Llamas kümmern.

Wenn man auf die Hauptstraße zurückgeht, stößt man auf die Unterkünfte von Uran-marca. Das ist eine *mitimaes*-Siedlung, denn die ursprünglichen Einwohner wurden in den Inka-Kriegen fast ausgerottet.

40. Kapitel
Von der Provinz Andahuaylas bis zum Tal von Xaquixahuana.

Als ich zum erstenmal in diese Provinz kam, wurde sie von einem eingeborenen Häuptling namens Huasco regiert. Die Eingeborenen heißen Chancas. Sie kleiden sich in wollene Hemden und Decken. In alten Zeiten sollen sie so tapfer gewesen sein, daß sie nicht nur viel Land eroberten, sondern sogar die Stadt Cuzco belagerten. Große Schlachten entbrannten zwischen ihnen und den Einwohnern der Stadt, bis sie schließlich durch die Kriegskunst Topa Incas geschlagen wurden. Hanco-

Huallu, der hier seiner Tapferkeit wegen so berühmt ist, wurde in dieser Provinz geboren. Von ihm erzählt man, daß er die Herrschaft der Inkas und die Tyrannei ihrer Beamten nicht ertragen konnte. Nach allerlei Kriegstaten in den Provinzen Tarma und Bombón sei er in die fernen, undurchdringlichen Bergwälder vorgestoßen und habe sich am Ufer eines Sees, unterhalb des Moyobamba-Flusses, angesiedelt.

Die Chancas erzählen, daß die *Orejones* von Cuzco auf Hanco-Huallu wegen seiner Tapferkeit eifersüchtig waren und außerdem noch einen alten Groll gegen ihn aus der Zeit der Belagerung der Stadt hegten. Deshalb planten sie seine Ermordung. So luden sie ihn mit einer Anzahl seiner Krieger nach Cuzco ein. Die Chancas kamen auch, aber Hanco-Hualla schöpfte Verdacht. Er und seine Leute griffen zu den Waffen und verteidigten sich. Einige wurden getötet, doch konnten die meisten dank der Unerschrockenheit ihres Häuptlings entkommen. Er klagte seinen Göttern die Bosheit und Hinterlist der *Orejones* und schwor, daß er lieber mit seinem ganzen Volk freiwillig ins Exil gehen wolle, als sich noch einmal mit ihnen einzulassen. Und so, mit den Frauen als Vorhut, durchzog er die Provinzen Chachapoyas und Huánuco, überquerte die Anden und streifte durch die Sierras, bis er, wie es heißt, an einen großen See kam. Das muß, glaube ich, derselbe See gewesen sein, der in der Sage von El Dorado erwähnt wird. Dort ließen sie sich nieder und vermehrten sich stark. Die Indianer erzählen allerlei Merkwürdiges von diesem Land und dem Häuptling Hanco-Huallu.

Nach dieser Episode kehrten die Hauptleute der Inkas zum Jauja-Tal zurück, wohin schon reiche Tributlasten und viele für Cuzco bestimmte Frauen geschafft worden waren. Von dem allem wurde Nachricht nach Cuzco gesandt, und der Inka war über den Erfolg seiner Hauptleute hoch erfreut; obgleich er ihnen seine Mißbilligung wegen ihres Verhaltens gegenüber Hanco-Huallu ausdrückte. Aber das war wohl nicht aufrichtig gemeint, denn es ging ein Gerücht, daß der Groß-Inka selbst den Anschlag auf die Chancas befohlen habe. Und da Huasco und die anderen Chancas auf einem Kriegszug in der Provinz Colla waren und dort schon manche Siege errungen hatten, befürchtete der Inka, sie möchten von der Sache hören und sich gegen ihn wenden. Er ordnete an, daß ihnen bei Todesstrafe niemand von dem Geschehenen erzählen durfte, und sandte ihnen Boten nach mit dem Befehl, sofort zurückzukehren.

Die Chancas gehorchten und kehrten unverzüglich nach Cuzco zurück. Bei ihrer Ankunft sprach der Inka mit falscher Freundlichkeit zu ihnen, verschleierte die Verräterei an Hanco-Huallu und drückte ihnen sein tiefes Bedauern darüber aus. Die Chancas waren tief verletzt, aber sie erkannten, daß Rache nicht möglich war, schluckten die Schmach hinunter und baten, in ihre Heimat zurückkehren zu dürfen. Das wurde ihnen gewährt, und nachdem ihrem Häuptling das Privileg des goldenen Sessels [der sonst nur dem Inka und seinen Blutsverwandten zustand; d. Übers.] sowie andere Ehrungen verliehen worden waren, zogen sie ab.

Als ich die Chancas fragte, was sie über ihr Volk wüßten, erzählten sie mir ein ähnliches Märchen wie seinerzeit die Indianer von Jauja: ihre Urväter seien einem kleinen See namens Choclococha entstiegen. Von dort aus hätten sie das Land bis Chuquibamba erobert und sich dort niedergelassen. Einige Jahre danach hätten sie die Quichuas, einen alten Stamm, der damals in der Provinz Andahuaylas saß, bekämpft und besiegt und seien in dieser Provinz geblieben bis auf den heutigen Tag. Der See, dem ihre Vorväter entstiegen sein sollen, ist ihnen heilig, und dort stehen auch ihre Altäre und Opferstätten. Ihre Begräbnissitten gleichen denen der anderen Stämme: ihren Häuptlingen legen sie Schätze und lebendige Frauen mit ins Grab. Sie glauben an die Unsterblichkeit der Seele, die sie *xongo* nennen, was auch das Wort für »Herz« ist. Sie hatten, und haben wahrscheinlich noch, gewisse Festtage und bestimmte Plätze für ihre Tänze. Da in dieser Provinz ununterbrochen [seit der Eroberung durch die Spanier; d. Übers.] Priester gewesen sind, die den Indianern unseren christlichen Glauben gelehrt haben, sind manche, besonders die jüngeren, Christen geworden. Der Hauptmann Diego Maldonado hat immer eine *encomienda* über sie innegehabt. Sie tragen ihr Haar lang und schön geflochten; es ist mit Wollfäden zusammengebunden, deren Enden ihnen unterm Kinn hängen.

Ihre Häuser sind aus Stein. Im Innern der Provinz standen große Unterkünfte und Vorratshäuser für die Herrscher. In alten Zeiten war die Provinz Andahuaylas sehr dicht bevölkert, aber wie überall ist die Einwohnerzahl durch die Kriege stark zurückgegangen. Die Provinz ist sehr langgestreckt. Es gibt beträchtliche Herden von zahmen Llamas, und die wilden sind unzählbar. Das Land bietet reichlich Nahrung. Weizen wird angebaut, und in den Tälern wachsen zahlreiche Obstbäume. Wir verbrachten hier viele Tage mit dem Präsidenten [der *audiencia* von Peru] La Gasca, als dieser aufbrach, um die Rebellion des Gonzalo Pizarro niederzuschlagen. Die Indianer leisteten den Spaniern große Dienste, hatten aber viel unter deren Zudringlichkeit zu leiden. Der gute Huasco, der Häuptling dieses Tales, gab sich mit der Lebensmittelversorgung viel Mühe.

Von der Provinz Andahuaylas aus gelangt man an den Fluß Abancay, neun Leguas in Richtung auf Cuzco. Auch in diesem Fluß stehen steinerne Pfeiler, die eine Brücke tragen. An seinem Lauf bilden die Sierras ein schmales, bewaldetes Tal, wo Früchte und andere Nahrungsmittel im Überfluß wachsen. Nicht weit von diesem Fluß befanden sich Unterkünfte [Cochacajas] und Vorratshäuser wie in den anderen kleineren Siedlungen, aber sie waren nicht sehr bedeutend.

41. Kapitel
Der Fluß Apurímac, das Tal von Xaquixahuana, die Straße, die durch dieses führt, und anderes Bemerkenswerte auf dem Wege nach Cuzco.

Wenn man die Straße weiterverfolgt, erreicht man acht Leguas hinter Abancay den Apurímac. Das ist der größte Fluß, den man auf dem Wege nach Süden zwischen hier und Cajamarca zu überqueren hat. Die Straße an den Bergen und Hängen entlang sehr zweckmäßig angelegt. Zweifellos ist die Anlage sehr schwierig gewesen, denn man mußte Felsen brechen und den Boden einebnen, besonders dort, wo er sich zur Küste niederneigt, und der Weg ist so rauh und steil, daß schon mit Gold und Silber beladene Pferde in den Fluß gestürzt und dort untergegangen sind, ohne daß man sie retten konnte. Zwei große Plattformen stützen die Brücke. Als ich, nachdem wir Gonzalo Pizarro geschlagen hatten, in die

Stadt der Könige zurückkehrte, mußten einige der Unserigen den Fluß ohne Brücke überqueren, da diese zerstört war. Einzeln, in Körben, hingen wir zwischen den Pfeilern an Stricken und zogen uns von einem Ufer zum anderen, über fünfzig Faden. Es ist schrecklich, was für Strapazen man in Westindien auf sich nehmen muß. Ist man erst auf der anderen Seite des Flusses, so sieht man, wo die Unterkünfte der Inkas gestanden haben, und die Stätte ihres Orakels, wo der Teufel durch einen hohlen Baumstamm zu ihnen gesprochen haben soll. Daneben befand sich eine Opferstätte und auch ein unterirdisches Goldlager.

Vom Apurímac gelangt man weiter zum Lima-tambo, und nach Überquerung der Sierra Vilca-conga erreicht man das Tal von Xaquixahuana, das zwischen den Bergketten liegt. In diesem Tal standen reiche, prächtige Paläste, in denen die Herrscher von Cuzco Vergnügen und Erholung suchten. Hier hat der Statthalter Don Francisco Pizarro Atahualpas obersten Heerführer Calicuchima am Pfahl verbrennen lassen. Die große Straße führt auch durch dieses Tal; und bis zur Stadt Cuzco sind es fünf Leguas. Ein Fluß, der nahe diesem Tal entspringt, bildet hier einen tiefen Sumpf, der ohne die von den Inkas angelegte, mit soliden Mauern beiderseits abgestützte Straße schwerlich zu bezwingen wäre. Dieser Weg zweigt von der Inka-Straße ab und führt über Hügel und Abhänge bis nach Cuzco.

In alten Zeiten war dieses Tal dicht bevölkert, und der Boden war bebaut. Es gab sehr große, durch breite Terrassen befestigte Felder. Die zahlreichen, sozusagen an den Felsen klebenden Äcker müssen ein Vergnügen für das Auge gewesen sein. Weizen wurde gern angebaut, denn er gedeiht gut. Hier weiden auch viele Viehherden, die den Spaniern in der alten Residenzstadt Cuzco gehören.

42. Kapitel
Wie die Paläste für die Groß-Inkas gebaut waren, und von der Anlage der durch das ganze Königreich Peru führenden Straßen.

Als ich niederschrieb, was das Königreich an Merkwürdigem bietet, interessierte mich am meisten die Frage, wie die großen, ausgezeichneten Landstraßen gebaut werden konnten, wieviel Leute dazu erforderlich waren und mit welchen Werkzeugen und Hilfsmitteln man den Boden ebnen und die breite Trasse so gleichmäßig durch den Felsen führen konnte. Wenn Seine Majestät der Kaiser den Wunsch hätte, eine Straße wie die von Quito nach Cuzco oder die von Cuzco nach Chile bauen zu lassen, so möchte ich meinen, daß es ihm trotz der riesigen Anzahl von Menschen, die ihm zur Verfügung stehen, und trotz aller seiner Macht nicht gelingen würde, es sei denn, er gehe nach den Methoden der Inkas vor. Wenn es sich um eine fünfzig oder hundert Leguas lange Chaussee handeln würde, so dürfte das bei harter Arbeit, und sei das Gelände auch noch so uneben, nicht allzu schwierig sein. Aber die Straßen der Inkas sind viel länger (die eine über 1100 Leguas) und führen über so hohe Berge, daß man an manchen Stellen die Talsohle nicht erblicken kann, und über so steile und kahle Sierras, daß an manchen Stellen der Weg in den gewachsenen Fels gehauen werden mußte, um ihn eben und in der richtigen Breite zu halten. Die Inkas benutzten dazu Feuer und Spitzhacke. Stellenweise war die Steigung so jäh, daß von der Sohle bis zum Grat Stufen eingehauen werden mußten. Oft hatte man Schneeverwehungen zu überwinden; das ist äußerst gefährlich, ich habe es selbst gesehen, und es ist nicht zu beschreiben. Und wenn die Straße durch Wälder oder Steppen führte, wurde sie nötigenfalls mit Steinen gepflastert.

Möge der Leser, der Peru kennt, sich an die Straße erinnern, die von Lima über die zerklüfteten Sierras von Huarochirí und die schneebedeckten Gipfel des Pariacaca nach Jauja führt, und dann selbst sagen, ob ich übertrieben habe. Möge er sich auch an die Senke erinnern, die zum Apurímac hinunterführt, oder daran, wie die Straße die Sierras der Paltas, Cajas und Ayabacas kreuzt, oder an andere Gegenden dieses Reiches, wo die Straße etwa fünfzehn Fuß breit ist. Zu Zeiten der Groß-Inkas war sie sauber, frei von Geröll oder Gras, denn sie wurde ständig gepflegt. In den Siedlungen am Straßensaum standen große Paläste und Truppenunterkünfte, und in den verschneiten Wüsten und im offenen Land waren *tambos* zum Schutz vor Kälte und Regen. An vielen Stellen, zum Beispiel in der Provinz Colla und auch anderswo, gab es Wegmarken wie bei uns in Spanien, nur größer und besser gebaut. Diese nennt man *topos*, und jede markiert anderthalb kastilische Leguas.

Nachdem ich den Verlauf und die ausgezeichnete Bauweise beschrieben habe, will ich schildern, wie verhältnismäßig einfach die Anlage dieser Straße vor sich ging, ohne daß die Leute bei der Arbeit zu Tode kamen oder unnötige Strapazen auszuhalten hatten. Wenn ein Groß-Inka sich zum Bau einer solchen Straße entschloß, so waren keine großen Vorbereitungen oder besondere Steuererhebungen nötig. Der Groß-Inka sprach nur: »Es werde getan!« Dann reisten Inspektoren durch die betreffenden Provinzen, legten die Trasse fest und verpflichteten längs der ganzen Strecke Indianer zur Bauarbeit. So wurde die Straßenstrecke innerhalb der Grenzen jeder Provinz auf deren Kosten und mit deren Arbeitskräften gebaut, und in der nächsten Provinz wurde ebenso verfahren. Wenn nötig, wurde auch ein größerer Abschnitt oder die ganze Strecke auf einmal gebaut. Wenn man durch ödes Land kam, eilten die Indianer aus dem nächstgelegenen fruchtbaren Landstrich mit Lebensmitteln und Werkzeugen herbei, um die Arbeit zu verrichten. All das wurde freudig und mit geringer Anstrengung getan, denn die Arbeiter wurden weder unterdrückt noch ausgenutzt, und die Inkas stellten auch keine Aufseher an, um sie zu überwachen und anzutreiben.

Außer den bereits genannten wurden noch mehrere große, schöne Landstraßen angelegt, wie zum Beispiel die, welche in Cuzco beginnt, durch das Tal von Xaquixahuana führt und die Stadt Muhina berührt. So gab es viele solcher Straßen im Reich, sowohl im Hochland als auch in der Ebene. Vier davon werden als die Haupt- und Heerstraßen angesehen, und diese beginnen auf dem Stadtplatz von Cuzco, was wie ein Kreuzweg aussieht, und führen in die verschiedenen Provinzen des Reiches.

Da die Groß-Inkas eine so hohe Meinung von sich hatten, pflegte der Inka selbst mit seiner Leibwache auf einer Straße zu reisen, und das übrige Gefolge benutzte eine andere, gleichlaufende. So stolz waren sie, daß nach dem Tode eines Groß-Inkas sein Erbe für jede längere Reise seine eigene Straße noch länger und breiter anlegen ließ; allerdings konnte man nur dann, wenn es sich um einen Eroberungszug oder um eine besondere Staatsaktion handelte, sagen, daß die für ihn gebaute Straße länger sei. Das kann man heute noch deutlich sehen, denn es gibt drei oder vier verschiedene Straßen nach Vilcas; und einmal habe ich mich auf einer verirrt, weil ich glaubte, es sei die, welche jetzt in Benutzung ist. Eine heißt »Pachacutis Straße«, die andere »Straße des Topa Inca«, und die jetzt im Gebrauch befindliche, die noch in ferner Zukunft benutzt werden wird, ist auf Befehl Huayna Capacs angelegt worden. Sie verläuft in der Nähe des Flusses Angasmayo [in Kolumbien] nach Norden, und nach Süden ein gutes Stück über das heutige Chile hinaus. Diese Straßen sind von einem Ende bis zum anderen mehr als 1200 Leguas lang.

Huayna Capac ließ seine Straße auch breiter bauen als die, welche sein Vater angelegt hatte; sie war auch länger, nämlich bis Quito, denn dorthin wollte er reisen. Er ließ auch die üblichen Unterkünfte und Vorratshäuser an ihr errichten. Damit alle Länder erfuhren, daß dies sein Wille sei, wurden Boten ausgesandt, und *Orejones* sorgten für die Ausführung. So wurde die Straße von Cuzco nach Quito, die großartigste und längste der ganzen Welt, gebaut. In Quito traf sie auf die Straße nach Chile. Ich bezweifle, daß es in der menschlichen Geschichte Kunde von einer Straße gibt, die sich mit dieser vergleichen läßt: durch tiefe Täler und über hohe Berge, durch Schneeverwehungen, über Moore und gewachsenen Fels und an reißenden Flüssen entlang; manchmal glatt, gepflastert und eben, dann wieder über Sierras und in den harten Fels gehauen, mit Mauern, die die Flüsse säumen, auf Stufen und Plattformen durch Schnee und Eis. Überall war sie sauber gefegt und von Unrat frei, am ganzen Wege standen Unterkünfte, Sonnentempel, Vorratshäuser und Poststationen. Oh, kann man von Alexander etwas Ähnliches sagen, oder von all den mächtigen Königen, die die Welt beherrschten? Hat je einer von ihnen eine solche Straße gebaut und sie mit Vorratslagern so wohl versehen? Die Römerstraße durch Spanien oder andere, die wir kennen, sind nichts im Vergleich mit der Inka-Straße! Und sie wurde in allerkürzester Zeit gebaut, denn die Inkas brauchten länger dazu, den Plan und die Anordnungen ausarbeiten zu lassen, als nachher die Straßenbauer für die Ausführung.

43. Kapitel
Über die Post [O'kla-cuna] in diesem Königreich.

Das Reich der Inkas war so riesig, daß der Herrscher, wenn er an einem Ende des Reiches weilte, von den Ereignissen am anderen Ende durch Boten benachrichtigt werden mußte. Hätte ein solcher Bote die Strecke allein zurücklegen müssen, so wäre es, unbeschadet der Länge einer Tagesstrecke, für jede Entscheidung zu spät gewesen, wenn er die tausend Leguas hinter sich gebracht haben würde. Aus diesem Grunde, und auch, um die Provinzen besser verwalten zu können, richteten die Inkas ein Postsystem ein, wie es nicht besser und zweckmäßiger gedacht werden kann. Pachacuti, der Sohn Viracocha Incas und Vater Topa Incas, hat es erfunden. Das vermelden die Lieder der Indianer, und die *Orejones* bestätigen es. Er hat ja außerdem noch andere große Taten vollbracht. Unter seiner Regierung wurden längs der Überlandstraßen in Abständen von einer halben Legua kleine, aber feste Häuser aus Holz und Stroh errichtet. In den Bergen standen sie an Abhängen oder unter Klippen. Die Straßen waren mit diesen kleinen Häusern dicht gesäumt. In jedem lebten ständig zwei Indianer aus der nächsten Ansiedlung, die von dort aus mit Vorräten versehen und von Zeit zu Zeit abgelöst wurden. Das war so sorgfältig geplant und verwaltet, daß es immer funktionierte, und solange die Inkas regierten, hat diese Einrichtung niemals versagt.

Die Einwohner jeder Provinz hatten die Posten ihres Gebietes zu versorgen, ob sie nun im Ödland, im verschneiten Hochland oder dicht an der Straße lebten. Wenn dem Groß-Inka in Cuzco irgendein Geschehnis mitgeteilt werden mußte, so machte sich von Quito, Tomebamba, Chile, Caranqui oder von irgendeinem anderen Ort ein Läufer auf und rannte, so schnell er konnte, ohne anzuhalten, zum nächsten Posten. Für diesen Dienst wurden die schnellfüßigsten Indianer ausgesucht. Wenn er an die nächste Station kam, begann er zu rufen und sagte zu dem dortigen Läufer: »Mach dich sofort auf, laufe da und da hin, und sage: das und das ist geschehen, oder der und der Statthalter erlaubt sich, dem Inka zu berichten...« – wie nun eben die Botschaft lautete. Und sobald der Ablösende das hörte, rannte er, so schnell er konnte, zum nächsten Posten. Der Abgelöste ging in die Hütte, aß und trank von den immer vorhandenen Vorräten, und der andere tat desgleichen, wenn er die nächste Station erreicht hatte.

So durcheilte eine Nachricht oder ein Befehl in kürzester Zeit dreihundert, fünfhundert oder achthundert Leguas. Die Boten waren so verschwiegen, daß weder Überredung noch Drohung sie veranlassen konnten, ihre Botschaft zu verraten, selbst wenn sie schon an den nächsten Boten weitergegeben war. Es ist wohlbekannt, daß weder Maultiere noch Pferde schneller vorwärtskommen können als jene Läufer, wenn es über gefährliche Berge, schneebedeckte Gipfel und mit jederlei dornigem Gestrüpp überwachsene Wüsten geht. Die Läufer waren besonders schnellfüßige Leute, und mit diesem System konnte in einem Tage eine weitere Strecke zurückgelegt werden, als ein Bote zu Maultier oder Pferd in dreien hätte schaffen können, denn der einzelne hatte ja nur eine halbe Legua zu laufen. Niemals, weder bei Sturm noch bei einem sonstigen Naturereignis, war ein solcher Posten unbesetzt, denn die Botenläufer waren stets da und verließen ihren Posten nur, wenn sie abgelöst wurden.

So war der Herrscher stets von allem wohl unterrichtet und konnte seine Maßnahmen treffen, wie er es für nötig hielt. Nirgends hat man gelesen, daß eine solche Einrichtung irgendwo anders in der Welt bestand, obgleich ich weiß, daß, als der Perserkönig Xerxes geschlagen wurde, die Nachricht von seiner Niederlage auf ähnliche Weise durch Läufer weitergegeben wurde. Zweifellos war diese Postorganisation für das Inka-Reich von allergrößter Wichtigkeit, und man sieht daraus, mit welcher Weisheit seine Herrscher es regierten. Noch heute kann man im Hochland längs der Landstraßen solche Posthäuser sehen, und sie bestätigen die Richtigkeit des Gesagten. Ich habe auch verschiedentlich *topos* gesehen, welche unseren Meilensteinen gleichen, nur sind sie größer und besser gemacht. Nach diesen werden die Entfernungen gezählt. Zwischen zwei solchen *topos* liegen anderthalb Leguas kastilisch Maß.

ZWEITER TEIL

44. *Kapitel*
Die Anlage der Stadt Cuzco, die vier von ihr ausgehenden Hauptstraßen, ihre großen Bauwerke, und wer sie gegründet hat.

Die Stadt Cuzco ist auf felsigem Gelände erbaut. Berge umgeben sie von allen Seiten. Zwei kleine Flüsse fließen durch sie hindurch, an deren Ufern der Stadtkern angelegt worden ist. Ein Tal verläuft nach Osten, an dessen Rande die Stadt beginnt, so daß die beiden Flüsse nach Westen zu aus der Stadt fließen. Des kühlen Klimas wegen gibt es in dieser Stadt außer einigen *molles* keine fruchttragenden Bäume. Nordwärts der Stadt, auf dem nächstgelegenen Hügel, steht eine Festung [Sacsahuamán], die infolge ihrer Größe und Stärke einst ein mächtiges Bollwerk war. Das ist sie auch heute noch, wenngleich sie zum größten Teil in Trümmern liegt. Nur die mächtigen Fundamente und Hauptpfeiler stehen noch. Nördlich und östlich davon liegen sowohl die Antisuyu-Provinzen auf den mit dichtem Urwald bedeckten Anden-Abhängen als auch der größte Teil der Provinz Chinchay-suyu, einschließlich derjenigen Gebiete, die in Richtung auf Quito zu liegen. Im Süden sind die Provinzen der Colla und Cunti-suyu, und zwar liegt die der Colla südöstlich und die der Cunti-suyu südwestlich. Der eine Teil der Stadt heißt Hanan-Cuzco; der andere, wo die alten, vornehmen Familien lebten, heißt Hurin-Cuzco. In einem anderen Bezirk erhebt sich der Karmenka-Hügel, wo in gewissen Abständen kleine Türme stehen, von denen aus man die Bewegung der Sonne beobachtete, der man große Bedeutung beimaß. Auf halbem

Wege zwischen den Hügeln, wo die Stadt am dichtesten bewohnt war, soll früher ein Sumpf oder See gewesen sein, der bei der Gründung der Stadt mit Steinen und Ziegeln aufgefüllt wurde, so daß man daraus einen ziemlich großen Platz *[Huayka-pata]* gewonnen hat. Von diesem gehen die vier Hauptstraßen aus. Die erste, Chinchay-suyu, führt über die Ebene und das Hochland bis zu den Provinzen Quito und Pasto. Die zweite, Cunti-suyu, ist die Straße zu den Provinzen, die der Jurisdiktion von Cuzco und Arequipa unterstehen. Die dritte, Anti-suyu, führt zu den Anden-Provinzen und mehreren Orten jenseits des Gebirges. Die letzte, Colla-suyu, führt nach Chile. Ebenso wie die alten Spanier ihr ganzes Land in Provinzen aufteilten, hielten sich die Inkas über ihr weitausgedehntes Reich auf dem laufenden mittels dieser Landstraßen. Über den Huatanay-Fluß, der die Stadt durchströmt, spannen sich mehrere Brücken.

Im ganzen Königreich Peru gab es keine Stadt, wo man so wie in Cuzco den Hauch der Vornehmheit verspürte, denn sie war die Hauptstadt des Reiches und der Regierungssitz des Groß-Inkas. Mit ihr verglichen sind die Städte in den anderen Provinzen bloße Dörfer, die weder nach einem ordentlichen Plan angelegt sind noch ein richtiges Stadtrecht besitzen. Cuzco dagegen ist eine Stadt von hoher Distinktion, und die Gründer müssen Menschen von Rang gewesen sein. Häuser, deren hohes Alter man schon an dem kunstvoll gefügten Mauerwerk erkennen kann, bilden lange, wenn auch enge Straßen. Andere Häuser waren aus Holz, Stroh und Lehmsteinen, denn wir haben keine gebrannten Ziegel gesehen, auch keine Spur von Mörtel. In besonderen Stadtvierteln standen die prächtigen Bauten der Groß-Inkas, in denen der Thronerbe seine Festmähler hielt. In Cuzco stand auch ein imposanter Sonnentempel, *Curicancha* genannt, einer der an Gold und Silber reichsten Tempel in der ganzen Welt.

Unter den Indianern ist wohl bekannt, daß der [Curicancha-]Tempel so alt wie die Stadt selbst ist. Wie dem auch sei, Inca Yupanqui [Pachacuti], der Sohn von Viracocha Inca, hat den Tempelschatz noch vermehrt; und als die Spanier ins Land kamen, fanden sie ihn unversehrt vor. Der größte Teil dieser Schätze wurde als Lösegeld für Atahualpa nach Cajamarca überführt, wie zu seiner Zeit erzählt werden wird. Die *Orejones* berichten, daß Pachacuti nach Beendigung des Krieges zwischen den Einwohnern von Cuzco und den in der Provinz Andahuaylas herrschenden Chancas (dessen Berechtigung man anzweifeln mag) so großen Ruhm genoß, daß von überallher die Häuptlinge kamen und ihm Treue schworen. Aus allen Provinzen brachte man reiche Tribute an Gold und Silber, denn damals gab es große Bergwerke mit ergiebigen Adern. Im Vollgefühl seiner Macht und seines Reichtums entschloß er sich, dem Tempel noch mehr Glanz zu verleihen. Dieses Haus der Sonne hieß Indehuaxi und führte den Beinamen Curicancha, das heißt: goldumzäunt. Hieraus möge der Leser ersehen, wie reich dieser Tempel war; und über die Kühnheit jener, die ihn errichteten und darin so große Dinge vollbrachten, werde ich genau und getreulich Bericht geben. Zum Teil habe ich es mit eigenen Augen gesehen, und zum Teil hörte ich es von den Spaniern, die zuerst in dieses Land kamen. Diese wiederum hatten es von den dreien, die nach Cajamarca reisten und es mit eigenen Augen sahen. Was die Indianer darüber sagen, ist aber so vollständig, daß kein anderer Beweis nötig wäre. [Martín Bueno, Francisco de Zárate und Pedro de Moguer wurden im März 1533 von Francisco Pizarro von Cajamarca aus losgesandt, um den Goldstrom aus Cuzco rascher fließen zu lassen. Sie traten so entschieden auf, daß die Inkas sie so schnell wie möglich, mit Gold beladen, nach Cajamarca zurückschickten. Vielleicht waren sie die einzigen Christen, die Cuzco noch in seinem alten Glanz gesehen haben.]

Der Sonnentempel hatte über vierhundert Fuß Umfang und war von einer starken Mauer umgeben. Der ganze Bau bestand aus glatten, vierkantigen, bündig zusammengefügten Steinen. Manche dieser Blöcke waren außerordentlich groß und schön. Weder Mörtel noch Kalk wurden verwandt, nur das allgemein beim Hausbau übliche Pech, und die Steine sind so gut behauen, daß keine Spur von irgendwelchen Bindemitteln zu sehen ist. In ganz Spanien habe ich nichts erblickt, was man mit diesem Mauerwerk vergleichen könnte, es sei denn der Turm von Calahorra, die Brücke von Córdoba und das Hospital des Erzbischofs Tavera von Toledo, das ich sah, als ich in dieser Stadt den ersten Teil meiner Chronik dem Prinzen Don Philipp präsentierte. Aber die Bauten von Cuzco, obgleich die genannten ihnen ein wenig gleichen, sind kunstreicher, was die Bearbeitung und Vermauerung der Steine anlangt, und die Einfriedigung ist stark und wohl gefügt. Der Stein ist schwärzlich, rauh und von ausgezeichneter Qualität. Das Bauwerk hatte viele Tore mit kunstreich verzierten Pfosten. In halber Mauerhöhe lief ein Goldstreifen, zwei Spannen breit und vier Finger stark. Die Pfosten und die Tore selbst waren mit Platten von purem Gold bedeckt.

Innerhalb der Mauer standen vier nicht allzu große Gebäude, alle in derselben Weise geschmückt; die Wände waren innen und außen mit Gold belegt, ebenso die Balken. Das Dach war aus Stroh. In die Mauer waren zwei Bänke eingebaut, die von der aufgehenden Sonne beschienen wurden. Die Steine waren äußerst geschickt durchbrochen, und in die Öffnungen waren Smaragde und andere kostbare Steine eingelassen. Diese Bänke waren nur für den Groß-Inka bestimmt, und jedem anderen, der darauf Platz nahm, drohte die Todesstrafe.

Besondere Aufseher hatten über die Tempeljungfrauen zu wachen, unter denen zahlreiche Töchter hochadliger Familien waren, die schönsten und lieblichsten, die man finden konnte. Sie blieben im Tempel, bis sie alt waren, und wenn eine von ihnen Beziehungen zu einem Manne hatte, so wurden sie und der Mann getötet oder lebendig begraben. Diese Frauen hießen *mamaconas*. Sie hatten weiter nichts zu tun, als schöne Gewänder für den Tempeldienst zu weben und zu färben. Außerdem hatten sie Chicha, einen bei den Indianern beliebten Wein, zu bereiten, von dem immer ein Vorrat da sein mußte.

In dem reichsten dieser Häuser stand ein Abbild der Sonne, wunderbar aus Gold geschmiedet und mit vielen Juwelen besetzt. In demselben Hause standen auch einige Statuen von Inkas, die in Cuzco regiert hatten. Auch ein großer Schatz lagerte dort.

Rings um den Tempel standen viele kleinere Häuser für die Indianer, die in diesem Dienste verrichten mußten, und es gab dort eine Einfriedung, in die die Lämmer und die Menschen gesteckt wurden, die geopfert werden sollten. Es war auch ein Garten da, dessen Erde aus puren Goldkörnern bestand. Er war höchst kunstreich mit goldenem Getreide bepflanzt – Stengel, Ähren und Blätter, alles war aus Gold. Diese waren so geschickt im Boden befestigt, daß auch der stärkste Wind sie nicht entwurzeln konnte. Außerdem waren in diesem Garten noch über zwanzig Schafe mit Lämmern und Hirten aufgestellt, ebenfalls alle aus Gold. Es gab dort auch eine Menge goldener, silberner und smaragdener Schalen, sowie Becher, Töpfe und andere Gefäße aus purem Gold. Manche Wände trugen gemalte oder eingemeißelte Friese. Mit einem Wort: es war einer der prachtvollsten Tempel in der ganzen Welt.

Der Oberpriester, *Vilaoma [Villac-umu]* genannt, wohnte im Tempel und brachte mit Unterstützung der anderen Priester dem Brauch gemäß die täglichen Opfer dar. An den Hauptfesttagen wohnte der Groß-Inka dem Opfer bei, das dann mit besonderem Gepränge vollzogen wurde. Im Gebäude befanden sich über dreißig silberne Kornbehälter, denn die Tribute vieler Provinzen gingen an diesen Tempel. An bestimmten Tagen erschien der Teufel und gab auf seine Weise Antwort auf die Fragen der Gläubigen.

Ich könnte noch vieles erzählen, aber ich denke, das Gesagte reicht aus, damit der Leser erkenne, was dieser Tempel für ein wunderbares Bauwerk war. Ich unterlasse es, die Silberarbeiten, Perlen, goldenen Federn und anderes zu erwähnen, dessen Beschreibung mir doch keiner glauben würde. Und wie gesagt, es leben heute noch Spanier, die mit eigenen Augen gesehen haben, was von den Tempelschätzen als Lösegeld für Atahualpa nach Cajamarca geschickt wurde, aber die Indianer haben noch vieles versteckt, und das ist irgendwo vergraben und verlorengegangen. Obgleich jeder Groß-Inka diesen Tempel noch vergrößert und weiter ausgeschmückt hat, war es doch Pachacuti, der das meiste dazu beitrug, so daß, als er starb und sein Sohn Topa Inca die Regierung übernahm, der Bau im Zustand höchster Vollkommenheit war.

Die Stadt war zum größten Teil von *mitimaes* bewohnt. Alle Gesetze und Verordnungen wurden nach der Inka-Sitte hier ausgegeben und wurden auch von allen beachtet, sowohl was den eitlen Götzendienst als auch was die Staats- und Regierungsangelegenheiten betraf. Cuzco war, soweit wir wissen, die reichste Stadt in ganz Westindien, denn hier wurden viele Jahre lang Schätze zum Ruhm der Inkas zusammengetragen, und bei Todesstrafe durfte davon kein Korn Gold oder Silber entfernt werden.

Söhne aller Häuptlinge und Stammesfürsten lebten mit ihrem ganzen Gefolge in Cuzco. Zahlreiche Gold- und Silberschmiede arbeiteten für die Inkas. Im Haupttempel lebte der Vilaoma oder Oberpriester.

Heute stehen in Cuzco sehr solide Häuser mit vielen Türmen. Die Stadt hat ein ziemlich kühles Klima, ist jedoch sehr gesund. Sie ist im ganzen Königreich die größte und am besten versorgte Stadt, und die meisten der dort lebenden Spanier haben eine *encomienda* über eine größere oder kleinere Anzahl von Indianern inne.

Cuzco wurde ursprünglich von Manco Capac, dem ersten regierenden Inka, gegründet und besiedelt. Nachdem zehn Inkas ihm in der Regierung gefolgt waren, wurde sie von Francisco Pizarro, dem Statthalter und Generalkapitän dieses Königreiches, im Oktober 1534 im Namen Seiner Majestät des Kaisers Karl V. wieder aufgebaut und neu gegründet.

Da Cuzco die Hauptstadt und der bedeutendste Ort des ganzen Reiches war, kamen alljährlich zu bestimmten Zeit Indianer aus allen Provinzen dorthin, um Gebäude zu erstellen, die Straßen zu reinigen oder sonstige befohlene Arbeiten zu verrichten. In der Nähe der Stadt, zu beiden Seiten, standen viele Gebäude, die die Unterkünfte und Vorratshäuser für diese Arbeiter waren. Sie waren in der gleichen Weise gebaut wie anderswo, nur größer.

Da die Inkas so reich und mächtig waren, ließen sie manche dieser Bauten vergolden, andere mit Schmuck aus Goldplatten versehen. In alten Zeiten galt ein Hügel nahe der Stadt namens Huana-cauri als heilig; und dort wurden, wie man sagt, Llamas und Menschen geopfert.

Die Stadt war voll fremder Völkerschaften: von Indianern aus Chile, Pasto und Cañari, von Chachapoyas, Huancas, Collas und sonstigen Stämmen. Jedem dieser Stämme war von der Stadtverwaltung ein besonderer Bezirk angewiesen. Dort lebten sie nach den Sitten ihrer Heimat und trugen ihre Landestracht, so daß man sie leicht an den Kopfbinden nach ihrer Stammeszugehörigkeit unterscheiden konnte, selbst wenn mehr als hunderttausend Menschen beisammen waren. Manche dieser Fremden beerdigten ihre Toten auf hohen Bergen, andere in ihren Häusern oder Feldern. Manchen wurden Nahrungsmittel und ihre liebsten Besitztümer, auch lebende Frauen, mit ins Grab gegeben. Soweit ich erfahren konnte, haben die Inkas das nicht verboten, vorausgesetzt, daß alle die Sonne anbeteten und ihr Verehrung *(mocha)* erwiesen. In vielen Stadtteilen gab es große unterirdische Anlagen; und noch heute findet man in den

Eingeweiden der Erde Pflastersteine und Röhren, auch gelegentlich ein Stück Gold oder einen Edelstein – Überreste vergrabener Schätze. Zweifellos liegen noch große Kostbarkeiten im Stadtgebiet vergraben, von denen heute kein Lebender mehr weiß. Unter diesen vielen Menschen, über die mit Gottes Erlaubnis der Teufel so gewaltige Macht hatte, waren auch eine Menge Zauberer, Wahrsager und Götzenpriester. Noch heute ist die Stadt nicht ganz frei von solchen Überbleibseln, insbesondere was Hexerei anlangt.

Nahe der Stadt liegen viele Täler mit mildem Klima. Dort blühen Obst- und Blumengärten, deren Erträgnisse in der Stadt verkauft werden. Weizen wird reichlich geerntet und zu Brot verbacken. Neben den einheimischen werden auch spanische Früchte, zum Beispiel Orangen, in den Tälern angepflanzt. Die Flüsse, an denen die Stadt liegt, treiben viele Mühlen, und vier Leguas weiter kann man den Steinbruch sehen, aus dem die Steine für die Gebäude stammen – ein sehenswerter Anblick. Kapaune, so gut und fett wie die von Granada, werden in Cuzco gehalten, und in den Ebenen und Tälern weiden Herden spanischer und einheimischer Rinder und Ziegen. Obgleich in der Stadt selbst keine Obstgärten sind, gedeihen die spanischen Gemüse recht gut.

45. Kapitel
Andere bedeutende Tempel.

Zahlreich waren die Tempel im Königreich Peru, denn schon lange, lange vor der Inka-Herrschaft waren sowohl in den Bergen als auch in den Ebenen Tempel erbaut worden. In der Inka-Zeit wurden für Opferdienste und Feste noch mehr errichtet. Da es ebenso langwierig wie langweilig sein würde, die Tempel jeder Provinz Stück für Stück aufzuführen, will ich lieber nur die größten und wichtigsten notieren. So war zum Beispiel das nach dem Curicancha-Tempel bedeutendste Heiligtum der Berg Guanacaure [Huana-cauri], der im Weichbild von Cuzco liegt; viel besucht und hoch verehrt wegen der Legende, die besagt, daß die Brüder des ersten Inkas dort in Stein verwandelt wurden, als sie Pacaritambo [Paccaric-Tampu] verließen, wie ich im ersten Teil meines Berichtes erzählt habe. In alten Zeiten stand ein Opferaltar auf diesem Berge, und große Schätze ruhten dort in der Erde. An bestimmten Tagen wurden dort Männer und Frauen geopfert, denen man vorher eingeredet hatte, daß sie in aller Herrlichkeit, die sich ihre Narrheit nur ausmalen konnte, zu ihrem Gott eingehen und ihm dienen würden. Da die Opfer hiervon fest überzeugt waren, kleideten sie sich aufs beste in reiche Wollstoffe, mit goldenen Stirnbändern, goldverschnürten Sandalen, goldenen Brustplatten und Armreifen. Nachdem sie die lügnerischen Beschwörungen des Priesters angehört hatten, bekamen sie reichlich Chicha aus goldenen Bechern zu trinken, und dumpfer Chorgesang kündete, wie die Opfer, glücklich, hier und jetzt ihr Leben dem Gotte hinzugeben, zu seinem Dienst einzugehen bereit seien. War der Sang zu Ende, so wurden sie erwürgt und, einen goldenen Trinkbecher in der Hand, einen goldenen Sack auf dem Rücken, nahe dem Heiligtum ins Grab gesenkt. Sie galten unterm Volk als Selige und Heilige, und nicht der Schatten eines Zweifels bestand daran, daß sie im Himmel dem Gott Huana-cauri dienten. Die zum Opfer ausersehenen Frauen gingen ebenfalls in ihren schönsten Kleidern, mit bunten Federn, goldenen Nadeln, Löffeln, Schalen und Platten behängt und besteckt, in den Tod. Nach tiefem Trunk wurden sie erdrosselt. Sie selbst und die sie töteten glaubten steif und fest, daß sie im Jenseits ihrem Gott oder Teufel Huana-cauri dienen würden. Gesänge und Tänze begleiteten die Opferzeremonie. Dem Götzen dieses Tempels gehörten Ländereien, Arbeiter, Herden, Jungfrauen. Der größte Teil des Ertrages war für den Unterhalt der Priester bestimmt.

Der dritte Tempel war das Orakel von Vilcanota, im ganzen Reich berühmt, das durch den Mund der Götzen-Priester sprach, die den Tempeldienst versahen. Der Tempel von Vilcanota lag etwas mehr als zwanzig Leguas von Cuzco entfernt in der Nähe des Dorfes Chungara. Er wurde sehr verehrt und erhielt viele Gaben, sowohl von den Inkas und den Häuptlingen als auch von den reichen Leuten, die dort opferten. Ländereien, Jungfrauen und Priester gehörten zu ihm, und fast in jedem Jahr fand dort eine *capaccocha*-Zeremonie statt. Die Orakelsprüche fanden starkes Zutrauen, und manchmal wurden große Opfer dargebracht.

Der vierte Tempel, den die Inkas und die Eingeborenen besonders verehrten, stand in Ancocagua, und auch dort befand sich ein hochgeschätztes Orakel. Er liegt an der Längsseite der Provinz Ancocagua, und viele Menschen reisten dorthin, um den wertlosen Prophezeiungen des Teufels zu lauschen. Große Schätze, von den Inkas und allem Volke dorthin geschafft, lagerten im Tempel. Und es heißt, daß außer Tieren auch Menschen, Männer wie Frauen, dem Teufel geopfert wurden, ebenso wie in Huana-cauri. Was von den Tempelschätzen berichtet wird, muß wahr sein, denn noch drei Jahre nachdem die

Spanier Cuzco erobert und die Priester mit den Kaziken den größten Teil des Hortes weggeschafft hatten, hörte ich, daß ein Spanier namens Don Diego Rodríguez dort noch über dreißigtausend Goldpesos herausholte [Peso: Goldmünze und Goldgewicht, nämlich 4 Gramm Feingold; d. Übers.]. Davon abgesehen ist noch weit mehr gefunden worden, und riesige Mengen von Gold und Silber, die höchstens durch Zufall entdeckt werden können, sollen noch dort, Gott weiß wo, vergraben liegen.

Außer diesen vier Tempeln gab es noch einen, der gleiche, wenn nicht noch höhere Verehrung genoß: Coropuna in der Provinz Cunti-suyu, auf einem hochragenden, winters wie sommers mit Schnee bedeckten Berge. Die Inkas von Peru und der hohe Adel pflegten diesen Tempel zu besuchen und Gaben zu bringen. Es gilt als sicher, daß viele Ladungen an Gold, Silber und Juwelen aus der *capaccocha*-Zeremonie dort vergraben sind, und die Indianer haben noch mehr Schätze versteckt, die für die vielen Priester und *mamaconas* sowie für den Götzendienst bestimmt waren. Der Schnee liegt zu hoch, als daß man den Gipfel erreichen könnte, und so hat bislang kein Mensch diese Schätze gefunden. Auch zu diesem Tempel gehörten viele Herden, Gehöfte, indianische Knechte und *mamaconas*. Ständig kamen viele Fremde; weil der Teufel hier öfter und ausführlicher sprach als in den vorbesagten Heiligtümern, denn er gab beständig Tausende von Orakelsprüchen von sich, nicht nur einzelne und zeitweise wie in den anderen Tempeln. Selbst heutzutage – Gott der Herr mag einen uns Menschen verborgenen Grund haben, es zuzulassen – sollen in dieser Gegend teuflische Erscheinungen zu sehen sein, die den Indianern große Angst verursachen. Sogar von Spaniern habe ich gehört, die diese Gespenster erblickt haben: Schemen von Indianern, die in der Spanne eines Lidschlages erscheinen und wieder verschwinden.

Dann ist da noch der Tempel von Aperahua [Apurímac] zu erwähnen, wo ein Orakel aus einem hohlen Baum sprach; auch hier wurde Gold gefunden. Ebenfalls könnte ich die Tempel von Pachacamac im Yungas-Gebiet und viele andere in Anti-suyu [östlicher Berg-Dschungel], Chinchay-suyu, Oma-suyu und anderen Teilen dieses Königreiches nennen. In den weniger hoch verehrten Tempeln wurde kein Menschenblut vergossen, sondern man opferte nur Gold und Silber. Andere, geringer geachtete Heiligtümer, die etwa im Ansehen von Einsiedeleien standen, empfingen als Gaben Steinperlen, Federn und andere Kleinigkeiten von minderem Wert. Ich erwähne das, weil unter den Spaniern die Ansicht verbreitet ist, daß in allen Tempeln Menschenopfer stattfanden. Das ist falsch; und was ich hier berichte, ist die Wahrheit, soweit ich sie habe erfahren können. Ich habe nichts ausgelassen noch hinzugefügt, sondern nur berichtet, was ich aus guten Gründen für wahr halte.

46. Kapitel
Wie das königliche Haus der Sonne auf einem Hügel westlich von Cuzco errichtet wurde; von seiner bemerkenswerten Bauart und der Größe der verwendeten Steine.

Die Stadt Cuzco ist in ein hügeliges Tal hineingebaut. Von den Häusern selbst gehen mauerartige, breite, in regelmäßigen Abständen übereinandergebaute Steinstreifen aus, zwischen denen Feldfrüchte gepflanzt werden; so ist die ganze Stadt terrassenförmig angelegt. Schon durch ihre natürliche Lage ist sie gut zu verteidigen; wegen dieser Terrassen ist es noch leichter. Daher hatten die Inkas auch vom ganzen Territorium, das sie besaßen, gerade dieses Gelände für die Stadt ausgesucht. Und da ihre Macht ständig wuchs und Pachacuti so ehrgeizig war – er hatte bereits den Sonnentempel Curicancha ausgebaut und verschönert und andere große Bauten errichten lassen –, beschloß er im Jahre 1439, ein »Haus der Sonne« zu bauen, größer, schöner und reicher als alle bisher erbauten Schatzhäuser. Alles Erdenkliche sollte darin zur Schau gestellt werden: Gold, Silber, Juwelen, prächtige Kleider, Waffen aller Art, Kriegsmaterial, Schuhwerk, Schilde, Federn, Tier- und Vogelbälge, Wollstoffe, tausend Kostbarkeiten aller Art – mit einem Wort: alles, wovon Menschen jemals vernommen haben, sollte dort gezeigt werden. Das war ein so gewaltiger Plan, daß das Werk selbst dann noch nicht vollendet wäre, wenn die Inka-Monarchie heute noch bestände.

Pachacuti ließ 20 000 Mann aus den Provinzen kommen. Die Dörfer mußten für Verpflegung sorgen, und wenn einer krank wurde, mußte ein anderer für ihn einspringen, und der Kranke konnte nach Hause gehen. Diese Arbeiter waren nicht ständig am Werk, sondern nur für eine begrenzte Zeit; dann kamen andere und lösten sie ab, und so drückte sie die Arbeit nicht allzu sehr. Viertausend Mann brachen und behauten die Steine, sechstausend schleiften sie mit Lederriemen und Hanfseilen heran; die anderen zogen Gräben und legten die Fundamente, und noch andere schnitten Balken für die Zimmerleute zurecht. Damit alle zufrieden seien, lebten sie in nach Landsleuten getrennten Gruppen nahe der Baustelle. Selbst heute sind die meisten Wände der Häuser, die sie bewohnt haben, noch zu sehen. Aufseher und höchst geschickte Meister gingen umher und überwachten die Arbeit. So wurde auf dem Gipfel eines Hügels im Norden der Stadt diese Festung erbaut, die die Eingeborenen »Haus der Sonne« und wir einfach »die Burg« nennen.

Der gewachsene Fels wurde für die Fundamente ausgehauen; daher ist der Bau so stark, daß er stehen wird, solange die Welt dauert. Nach meiner Berechnung ist er dreihundertdreißig Fuß lang und zweihundert breit. Er hat viele Mauern, die so stark sind, daß keine Artillerie eine Bresche in sie schießen kann. Das Haupttor ist in seiner Schönheit eine Sehenswürdigkeit für sich. Die Mauern stehen so genau im Lot, daß alle gleich groß und breit sind. In diese Mauern sind Steine von solcher Größe vermauert, daß man sich nicht vorstellen kann, wie sie hier heraufgebracht und eingesetzt werden konnten und wie man sie zugehauen haben mag, denn die Bauleute kannten nur wenige Werkzeuge. Manche dieser Steine sind etwa zwölf Fuß breit und über zwanzig lang, andere sind so dick wie ein Ochse, und alle sind sie so genau zusammengefügt, daß man keine Münze zwischen sie schieben kann. Ich habe mir dieses Bauwerk zweimal angesehen; einmal zusammen mit dem Konquistadoren Tomás Vásquez, zum zweitenmal mit Hernando de Guzmán (der bei der Belagerung dabei war) und Juan de la Playa; und der Leser möge versichert sein: was ich berichte, ist nur ein schwaches Bild von dem, was ich gesehen habe. Als ich mir alles genau betrachtete, bemerkte ich in der Nähe dieser Burg einen Stein, den ich ausmaß; er hatte zweihundertsiebzig Spannen meiner Hand im Umfang und war so hoch, daß ich zunächst glaubte, er müsse von diesem Ort stammen. Alle Indianer sagen aber, daß dieser Stein hierhergeschleift worden sei und daß sie ihn nie hätten von dort wegbringen können. Wenn ich nicht selbst an ihm Spuren gesehen hätte, die beweisen, daß er aus einem Steinbruch stammt, würde ich tatsächlich niemals glauben, daß ihn Menschenhände hergeschafft haben, ganz gleich, was man mir darüber erzählt. Er wird an seinem Ort als Beweis dafür stehen bleiben, was für großartige Architekten die Erbauer eines so riesigen Tempels gewesen sein müssen. Die Spanier haben an ihm schon so viel Schaden angerichtet, daß mir der Gedanke an die Hirnlosigkeit unserer Machthaber zuwider ist, die zuließen, daß ein so herrliches Bauwerk zerstört wird. Hätten sie lieber bedacht, wieviel besser es für die Zukunft wäre, wenn sie es erhalten und pflegen würden!

Es gab in dieser Festung Fluchten von Sälen und Zimmern, kleinere, die übereinanderlagen, und in anderen Stockwerken größere; außerdem zwei Türme, der eine etwas kleiner als der andere, und beide stark und so gut geplant, daß ich sie nicht genug bewundern kann. Die Steine sind auf höchst kunstreiche Art behauen und zusammengefügt. Es heißt sogar, daß es unterirdische Geschosse mit noch größeren Räumen gäbe. Auch noch manches andere erzählt man, was ich aber nicht aufschreibe, da ich es nicht als bewiesen erachte.

Der Bau dieser Festung wurde in den Tagen Pachacutis begonnen. Sein Sohn Topa Inca sowie Huayna Capac und Huascar [gest. 1532] haben noch weiter daran gebaut. Sie bietet zwar noch heute einen großartigen Anblick, aber in früheren Tagen war sie noch weit eindrucksvoller. Als die Spanier nach Cuzco kamen, haben

Quizquiz' Leute große Schätze aus ihr weggeschafft, und die Spanier haben auch noch etwas gefunden. Es soll noch eine Menge Gold in der Nähe vergraben sein.

Man sollte die Überreste dieser Festung und der Stadt Huarco zum Gedächtnis der Größe des Inka-Reiches bewahren und erhalten, sei es auch nur, weil es zwei fertige Festungen sind, die uns so wenig kosten.

Nunmehr will ich in meinem Bericht fortfahren.

47. Kapitel
Von dem großen Reichtum der Inkas, und wie ständig Söhne des Provinzadels an den Hof befohlen wurden.

Nach dem, was ich selbst von dem Reichtum dieses Landes gesehen habe, kann man wohl sagen, daß alle Berichte über die riesigen Schätze der Inkas auf Wahrheit beruhen. Ich wiederhole, daß meiner Ansicht nach kein Land der Welt so reich an kostbaren Erzen ist; jeden Tag werden neue ergiebige Gold- und Silberadern entdeckt. Da außerdem in vielen Provinzen Gold aus den Flüssen gewaschen und Silber in den Bergen gefunden wurde, was alles nur in die Hände eines einzelnen Inkas gelangte, kann man sich ein Bild über den Reichtum der Herrscher machen. Es hat mich beinahe gewundert, daß nicht die ganze Stadt Cuzco mit allen ihren Tempeln aus purem Golde ist. Was nämlich Fürsten arm macht und ihnen ständige Geldknappheit verursacht, sind die Kriege. Dafür haben wir deutliche Beispiele an dem, was der Kaiser [Karl v.] von seinem Regierungsantritt an bis heute für Kriege ausgegeben hat. Obwohl kein spanischer Herrscher seit Don Rodrigo [Roderich, der letzte König der Westgoten in Spanien. Er fiel 711 in der

Schlacht bei Jerez de la Frontera; d. Übers.] mehr Gold und Silber als er besessen hat, war keiner je in solcher Geldverlegenheit wie Seine Majestät. Wenn er aber keine Kriege geführt hätte und in Spanien geblieben wäre, dann könnte bei den hohen Einkünften aus dem Heimatland und den Kolonien Spanien heute so voller Schätze sein wie Peru in den Tagen der Inkas.

Ich stelle diesen Vergleich an, um zu zeigen, daß alle Inkas nur für ihre eigene Person, die Bedienung in den Palästen und die Verschönerung der Tempel Geld ausgaben. Alle Kosten für Soldaten, Waffen und Vorräte wurden von den Provinzen selbst aufgebracht; und wenn die Inkas irgendwelchen *mitimaes* für deren Dienste in besonders verwickelten Fällen Gold zahlten, dann war das wenig genug, allenfalls der Tagesertrag einer einzigen Mine. Da sie Gold und Silber so hoch schätzten, ließen sie es in großen Mengen in vielen Bergwerken schürfen. Ich werde das Arbeitsverfahren noch beschreiben.

Da sich so viele Schätze ansammelten und der Erbe verpflichtet war, das Gut seines Vaters, das heißt seinen Palast, seinen Haushalt und seine Statue, nicht anzugreifen, wuchs der Kronschatz Jahr um Jahr, bis schließlich jeder Gegenstand des königlichen Haushalts, sogar Wasserkrüge und Küchengeräte, aus purem Gold oder Silber bestand. Das war nicht nur in der Residenz so, sondern auch an vielen Orten, besonders in den Provinzhauptstädten, wo es viele Gold- und Silberschmiede gab, die sich mit der Herstellung solcher Geräte befaßten. Barrenweise lag in den Palästen Gold und Silber, und die Staatsroben der Inkas waren mit Silber, Smaragden, Türkisen und anderen kostbaren Steinen besetzt. Die

Frauen und Kammerdiener waren fast noch reicher geschmückt, und die Tragsessel waren mit Silber, Gold und Juwelen beschlagen. Außerdem besaßen die Inkas riesige Mengen von Goldkörnern, unbearbeitetem Silber, Perlen, Festpokalen und sonstigen Schätzen. Der Kostbarkeiten, die für die Opferzeremonien bestimmt waren, sind vielleicht noch mehr gewesen. Da sie an der Sitte festhielten, den Toten Schätze mit ins Grab zu legen, kann man sich leicht denken, daß beim Begräbnis dieser Inkas ungeheure Werte mitbegraben wurden. Sogar ihre Trommeln, Musikinstrumente, Waffen und Tragsessel waren aus purem Gold. Damit noch nicht genug: um die Stellung der Inkas zu verherrlichen, war ein Gesetz geschaffen worden, wonach nicht das geringste von dem nach Cuzco geschafften Gold und Silber aus der Stadt entfernt werden durfte. Darauf stand Todesstrafe, die sofort an jedem vollstreckt wurde, der dieses Gebot zu übertreten wagte. Durch dieses Gesetz kamen also immer nur Werte hinzu, und nichts wurde ausgegeben. So hatten sich im Laufe der Zeit so riesige Schätze angesammelt, daß kaum zu sagen ist, wie viele Schiffsladungen Gold und Silber die Spanier hätten in die Heimat schicken können, wenn sie nicht gleich bei ihrem ersten Auftreten ihre Grausamkeit und Gier durch die Ermordung Atahualpas ans Licht gestellt hätten – aber nun ist alles in den Eingeweiden der Erde verschwunden; und dort wird es bleiben, denn diejenigen, die es vergraben haben, sind tot.

In stolzem Selbstbewußtsein ordneten diese Inkas an, daß die Söhne aller Provinzfürsten das ganze Jahr hindurch in Cuzco im Angesicht der Majestät leben, dort gute Sitten annehmen und lernen sollten, wie sie später als Lehensleute in ihrer Heimat dem Inka treu und gehorsam zu dienen hätten. Reisten die Häuptlingssöhne einer Provinz ab, so kamen andere. Auf diese Weise war der Hof immer voller Edelleute, denn nicht nur die Söhne der Provinzfürsten, sondern viele edle *Orejones* und alte, weise Männer *[amauta-cuna]* umgaben den Inka und standen ihm bei allen seinen Plänen und Unternehmungen beratend zur Seite.

48. Kapitel
Welches beschreibt, wie die Inkas ihre Eroberungen durchführten und wie sie ödes Land fruchtbar machten.

Am meisten waren diese Herrscher darum zu beneiden, daß sie es so gut verstanden, riesige Gebiete zu erobern und sie durch ihre Weisheit und Voraussicht zu den blühenden Ländern zu machen, die die Spanier dort vorfanden, als sie dieses Reich entdeckten. Zum Beweise dessen habe ich, wenn wir in wilden und wüsten Gegenden waren, oft einen Spanier sagen hören: »Mein Wort darauf, wären die Inkas hier gewesen, so würde es anders aussehen!« Kurz, die Inkas eroberten nicht nur, um für sich arbeiten zu lassen und Tribut einzuziehen. In dieser Hinsicht waren sie uns Spaniern weit überlegen, denn unter der von ihnen eingeführten Ordnung gediehen die Völker und vermehrten sich, und dürres Land wurde, wie wir sehen werden, auf eine wunderbare Weise fruchtbar und ergiebig.

Im Anfang versuchten die Inkas stets, ihr Ziel friedlich und gewaltlos zu erreichen. Später haben einige Inkas zwar strenge Strafen verhängt, aber es wird allgemein bestätigt, daß sie stets erst versuchten, die Völker durch Wohlwollen und Freundlichkeit auf ihre Seite zu bringen. Sie brachen mit bewaffneter Macht von Cuzco auf und marschierten mit größter Vorsicht bis in die Nähe der Grenze des Gebietes, dessen Eroberung sie planten. Dort nahmen sie eine sorgfältige Lagebeurteilung vor. Sie verschafften sich genaue Nachrichten über die Stärke und die möglichen Verbündeten des Gegners und über die Wege, auf denen ihm etwa Hilfe kommen könnte. Wenn sie das erfahren hatten, versuchten sie auf jede Weise zu verhindern, daß solche Hilfe herankam, entweder durch reiche Geschenke, oder indem sie die Straßen blockierten. Außerdem bauten sie auf Abhängen und Hügeln Befestigungen mit einem System von hohen und langen Palisaden, deren jede ihr eigenes Tor hatte, so daß sie, ging eine Umzäunung verloren, sich in die nächste zurückziehen konnten, und so immer weiter bis in die höchstgelegene. Sie sandten auch Spione aus, die das Land ausspähten und Wege, Hinterhalte und Lebensmittellager erkundeten. Wenn sie nun wußten, auf welchem Wege und in welcher Stärke der Gegner anrückte, sandten sie ihm Boten entgegen. Diese beteuerten, der Inka käme als Freund und Verbündeter; daher sollten sie ihn willkommen heißen, ihn freundlich und leichten Herzens in ihrer Provinz empfangen und ihm wie andere Völker Lehenstreue schwören. Taten sie das willig, so sandte der Inka dem Landesherrscher reiche Gaben.

Mit solchen und ähnlichen sanften Methoden haben die Inkas viele Länder ohne Blutvergießen gewonnen. Die Truppen hatten strikten Befehl, keinen Schaden anzurichten, nicht zu plündern, zu rauben oder zu vergewaltigen. War in einem solchen neu übernommenen Gebiet die Nahrung knapp, so ließ der Inka Lebensmittel herbeischaffen, damit das Volk ihn nicht von vornherein für einen Herrscher halte, den man haßt, weil er seine Untertanen bedrückt. Gab es in dem betreffenden Gebiet kein Vieh, so ließ der Inka unverzüglich eine mehrtausendköpfige Herde herantreiben und sorgte dafür, daß die Tiere gut gepflegt und daß innerhalb einer bestimmten Zeit keine Lämmer geschlachtet wurden, damit die Herde sich vermehre und reichlich Wolle für Kleidung gäbe. Waren dagegen Herden vorhanden, aber irgend etwas anderes fehlte, so verfuhr er entsprechend. Lebten die Eingeborenen in den Bergen und Wäldern, so machte er ihnen höflich und freundlich klar, daß sie ihre Häuser in der Ebene oder auf sanften Abhängen bauen sollten. Manche Völkerschaften verstanden nichts von der Landwirtschaft; diese lehrte er, wie man den Acker bestellt und auf den Feldern Bewässerungsgräben anlegt.

Die Inkas wußten in allem so wohl Bescheid, daß eine neu übernommene Provinz schon nach kurzer Zeit ganz anders und viel besser aussah. Die Eingeborenen gehorchten dem Groß-Inka und waren damit einverstanden, daß seine Beamten und *mitimaes* unter ihnen lebten.

Wenn die Eroberung aber durch Zwang oder Krieg geschehen war, so befahl der Inka, Ernte und Häuser des Feindes zu verschonen, denn er sagte: »Das alles wird bald uns gehören.« Da jeder die Haltung des Inkas kannte, versuchte man, den Krieg mit so viel Milde wie möglich zu führen, wenn auch hier und da harte Schlachten ausgefochten werden mußten, falls die Eingeborenen trotz allem ihre alte Freiheit bewahren und Sitte und Religion ihrer Väter nicht für etwas Fremdes aufgeben wollten. Aber zum Schluß siegten die Inkas jedesmal. War der Gegner geschlagen, so taten sie ihm keinen weiteren Schaden, sondern ließen etwaige Gefangene frei, erstatteten die Beute zurück, setzten die Großen des Landes wieder in Herrschaft und Besitz ein. Freundlich baten sie, man solle nicht so närrisch sein und der Majestät des Inkas Widerstand leisten und sein Wohlwollen zurückstoßen, sondern solle, wie die anderen Völker auch, in Freundschaft mit ihm leben. Dann schenkte der Inka ihnen schöne Weiber, Gold oder Wolle.

Mit solchen Gaben und mit freundlichen Worten gewann der Inka in so hohem Grade das Zutrauen aller, daß die Flüchtigen aus ihren Bergverstecken herauskamen und die Waffen niederlegten; ja, derjenige, welcher Gelegenheit hatte, den Groß-Inka am häufigsten zu erblicken, wurde von den andern glücklich gepriesen.

Niemals entkleideten die Inkas die eingeborenen Häuptlinge ihrer Herrschaft. Sie mußten zwar allesamt die Sonne anbeten, aber man hinderte sie nicht daran, ihre angestammten Religionen und Bräuche auszuüben. Jedoch wurden sie angehalten, nach dem allgemeinen Gesetz von Cuzco zu leben, und sie mußten die Amtssprache erlernen.

Sobald der Inka einen Statthalter ernannt und eine Garnison eingerichtet hatte, zog er weiter. Handelte es sich um eine große Provinz, so ließ er unverzüglich einen Sonnentempel erbauen, führte dem Brauche gemäß Tempeljungfrauen herbei, ließ einen Königspalast errichten und setzte die Höhe der Tribute fest. Alles das geschah, ohne die Bevölkerung irgendwie zu beleidigen oder zu bedrücken, sondern man bot Unterstützung und Belehrung in der Verwaltung an und lehrte sie, lange Kleider zu tragen und in ihren Ansiedlungen ein ordentliches Leben zu führen. Wenn irgend etwas im Lande fehlte, so wurde es herbeigeschafft. Man lehrte das Volk auch, zu säen und das Land zu bestellen. So trefflich wurde das durchgeführt, daß an vielen Orten, wo es früher kein Vieh gab, bald Herden im Überfluß vorhanden waren, nachdem die Inkas das Land unterworfen hatten; und an anderen Orten, wo vorher kein Getreide wuchs, gab es nach der Eroberung mehr Vorräte, als das Volk verbrauchen konnte. Die vorher in mangelhafter Kleidung, barfüßig und wie die Wilden gelebt hatten trugen, nachdem sie die Herrschaft des Inkas anerkannt hatten, Hemden, Decken, Bänder und allerlei Schmuck, Männer wie Weiber, und das Gedenken daran wird im Volke immer erhalten bleiben. In der Colla-Provinz und auch anderswo schickten die Inkas genügend *mitimaes* in die Anden, um dort Korn, Coca oder andere Früchte und eßbare Wurzeln zu pflanzen. Die *mitimaes* lebten mit ihren Frauen stets dort, wo sie die Felder bebaut hatten, und sorgten für die Ernte, so daß nie Mangel war, denn diese Pflanzungen brachten so viel ein, daß jedes noch so kleine Dorf Nahrung von den *mitimaes* bekam.

49. Kapitel
Von dem höchst gerechten Steuersystem.

Nachdem ich im vorigen Kapitel beschrieben habe, wie die Inkas ihre Eroberungen durchführten, dürfte es sich nun empfehlen, daß ich berichte, wie die Völker besteuert wurden und was mit den Einkünften in Cuzco geschah. Bekanntlich hat kein einziges Dorf, sei es im Hochland oder in der Ebene, jemals den von den Beamten festgesetzten Tribut verweigert. Es gab allerdings Gebiete, wo die Eingeborenen zunächst einmal behaupteten, sie seien nicht imstande, Tribut zu entrichten. Dann befahl der Inka, jeder Eingeborene solle alle vier Monate einen großen Federkiel voller Läuse bringen. So gewöhnten sich die Eingeborenen an die Tributzahlung. Wir wissen, daß diese Dörfer eine Zeitlang ihre Steuer in Läusen entrichteten, bis die ihnen überlassenen Herden genug Wolle gaben, so daß sie Tuch weben und damit ihre Abgaben bezahlen konnten.

Wie die *Orejones* von Cuzco und die eingeborenen Häuptlinge berichteten, sah das Besteuerungssystem folgendermaßen aus: Der Inka sandte bestimmte hohe Beamte über die vier Hauptstraßen auf Inspektionsreisen aus – nämlich über die Chinchay-suyu, die die Gebiete bis Quito einschließlich der Nordprovinzen durchquert; die Cunti-suyu, die die Länder an der Südsee und das Hochland berührt; die Colla-suyu, die durch alle südlichen Provinzen bis nach Chile führt; und schließlich über die Anti-suyu, die Anden-Straße.

So also erfuhr der Inka durch zuverlässige Beamte, was das ungeheure Gebiet zwischen Cuzco und Chile an Steuern aufbringen konnte. Die Beamten reisten von Dorf zu Dorf und begutachteten Kleidung und Lebensweise der Eingeborenen, ihren Wohlstand, die Fruchtbarkeit der Äcker und Herden, Bodenschätze, Lebensmittelvorräte und dergleichen. All das wurde genau abgeschätzt. Hatten sie alles bis ins einzelne festgestellt, so kehrten sie nach Cuzco zurück, um dem Inka Bericht zu erstatten. Dieser berief dann eine Versammlung der führenden Männer des Reiches ein, und wenn die Häuptlinge der zu besteuernden Provinzen beisammen waren, redete er sie freundlich an und bedeutete sie, da sie ihn als Alleinherrscher über so viele und große Länder anerkannt hätten, müßten sie auch ohne Murren bereit sein, ihm den Seiner königlichen Majestät zustehenden Tribut zu entrichten, der übrigens so bescheiden sei, daß sie ihn ohne Schwierigkeiten aufbringen könnten. Stimmten sie zu, so reisten *Orejones* mit ihnen heimwärts, um die Höhe des Tributs festzusetzen. Manchmal war das mehr, als sie heute den Spaniern zu zahlen haben, aber das Erhebungssystem war so gerecht, daß das Volk die Abgaben kaum spürte und dabei noch gedieh. Hingegen ist heute die Zahl der Eingeborenen durch die Korruption und Gier der Spanier so zurückgegangen, daß nur noch verhältnismäßig wenige Eingeborene übrig sind; und wenn es mit der Habgier und Grausamkeit der meisten von uns – oder allen – nicht besser wird, dann werden die Indianer eines Tages vollkommen verschwunden sein, es sei denn, Gott in Seiner Gnade bessere es, indem Er den Kriegen ein Ende setzt, welche man mit Recht als die Geißel Seines Unwillens bezeichnen kann. Dann wird vielleicht eine gerechte und maßvolle Steuer erhoben werden, so daß der Indianer sich frei, als Herr seiner selbst und seines Eigentums fühlen kann; und die Orts- und Gemeindesteuer wird die einzige Abgabe sein. Ich werde das noch im einzelnen behandeln.

Bei diesen Inspektionen konnten die Beamten an Hand der Quipus sofort feststellen, wieviel Menschen – Männer, Frauen, Alte und Kinder – und wieviel Gold- und Silberminen vorhanden waren. Dementsprechend befahlen sie soundsoviel tausend Indianer in die Bergwerke, um die festgesetzte Menge Erz zu fördern. Da die Bergleute während ihrer Arbeit die Felder nicht bestellen konnten, wurden Landarbeiter aus den umliegenden Provinzen herbeigeholt, damit der Acker nicht brach lag. War die Provinz groß genug, so konnte sie sowohl für die Bergwerke als auch für die Feldarbeit selbst genügend Männer stellen. Wurde ein Bergarbeiter krank, so durfte er sofort nach Hause, und ein anderer löste ihn ab. Nur Verheiratete wurden in die Minen geschickt, damit ihre Frauen sie mit Speise und Trank versorgen konnten; und stets waren ausreichende Lebensmittel vorhanden. Auf diese Weise wurde die Arbeit in den Bergwerken niemals als besonders hart angesehen, selbst wenn einer sein ganzes Leben in der Mine verbrachte, und niemand starb an Überarbeitung. Außerdem gab es monatlich mehrere Tage Fest- und Erholungsurlaub, und die Bergleute wurden von Zeit zu Zeit abgelöst.

Bei dieser ausgezeichneten Organisation der Gold- und Silberförderung im ganzen Reich waren die Erträge so groß, daß sie in manchen Jahren über fünfzigtausend Arrobas betragen haben müssen, die der Inka für sich verwenden konnte. Das Edelmetall wurde in die jeweilige Provinzhauptstadt gebracht. Nach diesem System wurde im ganzen Reich gearbeitet. Hatte eine Provinz keine Edelmetallvorkommen, so wurden die Abgaben in weniger wertvollen Gütern angesetzt; gelegentlich bestanden sie auch in Frauen und Kindern. Diese verließen ihr Heimatdorf ohne Bedauern, denn wenn ein Mann nur einen Sohn oder eine Tochter hatte, so wurde ihm dieses Kind gelassen, aber wenn er drei oder vier hatte, so mußte er an Stelle einer eigenen Dienstleistung eines davon hergeben.

Andere Gebiete zahlten bei jeder Ernte tausend Lasten Mais für jedes Haus, und das wurde der Provinz gutgeschrieben. Anderswo zahlte man mit der entsprechenden Menge *chuño*, Mais, *quinoa* oder sonstigen Feldfrüchten. Manche Orte hatten für jeden verheirateten Mann eine Decke oder für jeden Einwohner ein Hemd abzuliefern. Bestimmte Gebiete hatten soundso viel tausend Lasten Lanzen, Schleudern, *ayllos* oder andere gebräuchliche Waffen bereitzustellen. Andere Provinzen mußten einige tausend Indianer als Bauarbeiter für die königlichen oder städtischen Bauten nach Cuzco schicken und mit der notwendigen Verpflegung versehen. Andere hatten Seile für den Transport der Steine, andere wieder Coca oder ähnliche Genußmittel abzuliefern. Auf diese Weise entrichteten alle Provinzen und Gebiete von Peru, von den kleinsten bis zu den bedeutendsten, dem Inka ihren Tribut; und das war so gut geregelt, daß weder die Eingeborenen mit der Zahlung in Verzug blieben noch die Steuereinnehmer wagten, auch nur ein Korn über die geforderte Steuersumme hinaus zu nehmen. Alle beigesteuerten Lebensmittel oder Kriegsmaterialien wurden den Garnisonen oder Militärposten zugeteilt, die in den Provinzen zur Verteidigung eingerichtet waren. In Friedenszeiten wurde das meiste von den Armen verbraucht, denn wenn die Inkas in Cuzco weilten, so hatten sie so viele *hatun-conas* oder Leibeigene, daß diese vollkommen genügten, um ihr Land zu bestellen und ihre Häuser zu besorgen und das Getreide für die Nahrung zu säen. Außerdem wurde ständig aus den verschiedensten Gebieten alles mögliche an ihren Tisch gebracht, wie Lämmer, Geflügel, Fische, Mais, Coca, Knollen und alle Arten von Früchten. In diesem Tributsystem herrschte eine solche Ordnung und die Inkas waren so mächtig, daß es keine Kriege mehr gab.

Um eine Kontrolle über den Einzug der Steuern und der Tribute zu haben, sandte der Inka in jedem *huata* (das heißt in jedem Jahr) ausgewählte *Orejones* in die Provinzen. Diese hatten keine andere Aufgabe, als etwaige Beschwerden der Eingeborenen entgegenzunehmen, so daß, wer Unrecht getan hatte, bestraft werden konnte. Und wenn sie die Beschwerden aufgenommen hatten oder wenn irgendwo Schulden anhängig waren, so kehrten sie nach Cuzco zurück, und ein anderer machte sich auf, um die Schuldigen zu bestrafen. Außerdem bestand noch die wichtige Verordnung, daß an bestimmten, für jedes Volk besonders festgelegten Tagen die Provinzoberen zu erscheinen und dem Inka persönlich zu berichten hatten, wie es in ihrer Provinz aussah: woran Mangel, woran Überfluß herrschte, ob die Tribute zu groß oder zu klein waren, ob man sie entrichten konnte oder nicht. Dem wurde stets Genüge getan, so daß sie befriedigt heimkehrten. Der Inka wußte auch, daß sie nicht logen, sondern die Wahrheit sagten. Wenn nämlich ein Täuschungsversuch entdeckt wurde, so erfolgte strenge Bestrafung und die Tribute wurden erhöht. Von den Frauen, die aus den Provinzen kamen, wurden einige nach Cuzco gebracht, wo sie in den persönlichen Besitz des Groß-Inkas übergingen; andere kamen in die Sonnentempel.

50. Kapitel
Die Einsetzung von Statthaltern in allen Provinzen; und die Inspektionsreisen des Groß-Inkas unter seinem Wappen, dem Schlangenstab.

Es ist wohlbekannt, daß die Herrscher dieses Königreichs in allen Provinzhauptstädten Stellvertreter eingesetzt hatten: so in Vilcas, Jauja, Bombón, Cajamarca, Huancabamba, Tomebamba, Llactacunga, Quito, Caranqui, und südlich von Cuzco in Hatuncana, Hatuncolla, Ayaviri, Chuquiabo, Chucuito, Paria und anderen Städten, bis hinauf nach Chile. An allen diesen Orten standen größere und prächtigere Paläste als sonst im Reich. Diese Orte waren die Hauptstädte der Provinzen, und jede hatte einen Tributbereich von soundso vielen Meilen im Umkreis. Auch das kleinste Dorf wußte, wohin es seinen Tribut zu senden hatte. In allen diesen Provinzhauptstädten hatten die Inkas Sonnentempel, Münzstätten und zahlreiche Kunstschmiede, die reichverzierte Gold- und Silbergefäße herstellten. Starke Garnisonen waren dort stationiert, und ein Statthalter oder Stellvertreter des Inkas hatte den Oberbefehl. Ihm wurde über alles, was hergestellt oder herangeschafft wurde, Bericht erstattet, und er seinerseits hatte über seine Maßnahmen nach Cuzco zu berichten. Keiner dieser Statthalter durfte sich in die Jurisdiktion seines Kollegen in der Nachbarprovinz einmischen; jeder war nur für seinen eigenen Bereich verantwortlich. Dort aber hatte er bei Unruhen oder sonstigen Störungen der öffentlichen Ordnung Strafgewalt, besonders wenn es sich um Verschwörungen, revolutionäre Umtriebe oder Ungehorsam gegen den Inka handelte. In solchen Fällen hatten die Statthalter Generalvollmacht. Wenn die Inkas nicht so vorausschauend gewesen wären, solche Beamte einzusetzen und *mitimaes* in die besetzten Gebiete zu senden, so würden die Eingeborenen manchmal revoltiert und das königliche Joch abgeschüttelt haben. Da jedoch zahlreiche gutausgerüstete Truppen überall im Lande lagen, wäre eine Rebellion – es sei denn als allgemeine Erhebung des ganzen Landes – aussichtslos gewesen. Eine solche war aber höchst unwahrscheinlich, denn die Statthalter waren äußerst vertrauenswürdige *Orejones,* von denen die meisten ihre Güter *(chacaras)* und Familien in der Nähe von Cuzco hatten. Erwies sich einer von ihnen als unfähig, so wurde er abgelöst.

Wenn ein Statthalter in privaten Angelegenheiten oder dienstlich zum Inka nach Cuzco reisen mußte, so ließ er einen Stellvertreter in seinem Amt. Dazu wurde aber keiner erwählt, der sich zu einem solchen Posten drängte, sondern einer, von dessen Treue, Gehorsam und Einsicht in die Interessen des Inkas der Statthalter fest überzeugt war. Wenn ein Statthalter im Amte starb, so wurde sein Tod dem Inka unverzüglich gemeldet, und wenn es ratsam schien, so wurde sein Leichnam sogar über die Poststraße nach Cuzco gebracht.

Der Tribut an Gold, Silber, Waffen, Kleidung und sonstigen Kontributionen, der in einer Provinz zusammenkam, wurde in der betreffenden Provinzialhauptstadt in die Verzeichnisse der *[quipu-]camayocs* eingetragen, jener Beamten, welche die Quipus führten und im Auftrage des Inkas Soldaten aushoben und ausrüsteten oder die Lieferungen nach Cuzco abfertigten. Zur Abrechnung kamen entweder Prüfer aus Cuzco, oder die *camayocs* brachten ihre Quipus in die Hauptstadt und rechneten dort selbst ab, so daß keine Unterschlagungen vorkommen konnten; und alles mußte genau stimmen. Fast in jedem Jahre wurde Generalabrechnung gehalten.

Die Statthalter hatten große Machtbefugnisse. Sie waren berechtigt, Armeen aufzustellen und Soldaten auszuheben, wenn Unruhen oder Aufstand drohten oder wenn fremde Völker sich in kriegerischer Absicht der Provinz näherten. Der Inka erwies ihnen jederlei Gunst und Ehre. In gewissen Provinzen blieben sogar unter den Spaniern manche von ihnen im Amt. Ihre Macht war so gefestigt, daß ihre Söhne den Besitz fremder Leute erbten.

Wenn der Inka sein Reich bereiste, so geschah das mit großem Pomp. Er reiste in einer prächtigen Sänfte mit langen, gold- und silberbeschlagenen Tragstangen aus edelsten Hölzern. Über der Sänfte erhoben sich zwei Bogen aus Gold, mit herrlichen Edelsteinen besetzt. Lange Vorhänge bedeckten die Sänfte von allen Seiten, so daß man den Herrscher nicht erblicken konnte, wenn er nicht gesehen werden wollte. Zur Lüftung und zum Betrachten der Landschaft waren Löcher eingeschnitten. Jeder einzelne Teil dieser Tragsessel war prachtvoll gearbeitet. Manche waren mit geschnitzten Abbildern der Sonne und des Mondes verziert oder mit Schlangen, die sich um einen Stab wanden – das war das Hoheitszeichen oder Wappen des Inkas. Die höchsten Würdenträger und Fürsten des Reiches trugen die Sänfte auf den Schultern, und wer am häufigsten dazu auserwählt wurde, der stand in der höchsten Gnade und wurde allgemein um sein Glück beneidet.

Die Bogenschützen und Hellebardiere der Leibgarde des Inkas gingen vor und neben der Sänfte; dann folgte die gleiche Anzahl Lanzenträger unter ihrem Hauptmann. Treue Läufer säumten die Straße und liefen voraus, um zu sehen, was los war, und um das Nahen des Inkas zu verkünden. So viele Menschen eilten herbei, um ihren Herrn zu sehen, daß Hügel und Abhänge schwarz von ihnen waren; alle flehten den Segen des Himmels auf ihn herab und schrien mit lauter Stimme ihrer Sitte gemäß: »*Ancha hatun apu, intip-chari, canqui zapallapu tucuy parcha ocampa uyau sullull*«, was in unserer Sprache bedeutet: »O du sehr großer und höchst mächtiger Fürst, Sohn der Sonne! Du allein bist unser Herr, die ganze Welt möge deinem Befehl gehorchen!« Noch viele andere Lobsprüche ertönten, und es fehlte nicht viel, daß sie ihn als einen Gott anbeteten.

Die ganze Straße wurde von vorausziehenden Indianern rein gefegt, so daß kein Grashalm noch Kiesel zu sehen war. Der Inka legte gewöhnlich vier Leguas am Tag zurück, manchmal auch mehr oder weniger, wie es ihm gerade beliebte. Wo es ihm gut dünkte, hielt er an, um sich an Ort und Stelle von den Zuständen zu überzeugen. Freundlich hörte er jene an, die mit Klagen vor sein Angesicht traten, beseitigte Unrecht und bestrafte Übeltäter und Ungerechte. Seine Begleiter blieben stets zu seiner Verfügung und verließen nie die Straße. Die Eingeborenen brachten alles Notwendige herbei; außerdem waren die Vorratshäuser wohl versehen, so daß von allem Nötigen mehr als genug vorhanden war. Wohin er auch kam, erschienen Männer, Frauen und Kinder, bereit zu jedem Dienst. Das Volk trug das Gepäck von einer Stadt zur nächsten, wo es von neuen Trägern übernommen wurde. Da diese Arbeit nur einen oder höchstens zwei Tage dauerte, wurde sie von niemandem als drückend oder ärgerlich empfunden. So reiste der Inka durchs Land, sah mit eigenen Augen, was vorging, und befahl, was er für nötig hielt, wichtige und große Dinge; und war das vollbracht, so kehrte er nach Cuzco, der Hauptstadt seines ganzen Reiches, zurück.

51. Kapitel

Wie die Inkas die Eingeborenen zum Bau wohlgeplanter Dörfer anhielten, strittiges Land aufteilten und die Sprache von Cuzco als Amtssprache einführten.

Es ist allgemein bekannt, daß die Eingeborenen vor der Inka-Zeit keine richtigen Dörfer wie heute hatten, sondern nur einzelne befestigte Plätze, genannt *pucarás*, von denen aus sie sich gegenseitig bekriegten. Daher mußten sie stets voreinander auf der Hut sein und führten ein unruhiges, karges Leben. Als die Inkas die Herrschaft übernahmen, schien ihnen das unsinnig, und teils durch Drohungen, teils durch Zureden, aber immer mit Geschenken, veranlaßten sie die Eingeborenen, nicht mehr wie die Wilden, sondern wie vernünftige Menschen zu leben und Dörfer zu bauen, deren Häuser nebeneinanderstehen und sich dem Landschaftsbild anpassen. So verließen die Eingeborenen ihre *pucarás* und bauten in den Savannentälern, im Hochland und in der Ebene von Colla hübsche Dörfer. Damit es wegen der Felder und des Grundbesitzes keine Mißhelligkeiten gäbe, teilte der Inka selbst das Land neu auf, gab jedem sein Zugemessenes und ließ, den Lebenden und den kommenden Generationen zu Nutz und Frommen, Raine und Ackergrenzen ziehen. Daß einer der Inkas das Land aufgeteilt hat und die Besitzverhältnisse seitdem so geblieben seien und sich auch in Zukunft nicht ändern würden, wird natürlich heute von den Indianern erzählt, und ich habe es auch selbst in Jauja gehört. In vielen Hochlanddörfern war ein ausgezeichnetes System von Bewässerungsgräben angelegt, die das Wasser der Flüsse sehr zweckmäßig verteilten. Alle Ortschaften, wo sie auch immer lagen, besaßen die schon oft beschriebenen Vorratshäuser und Unterkünfte für die Inkas.

Die Inkas merkten bald, wie schwierig es war, in ihrem riesigen Lande, in dem nach jeder Meile und nach jeder Straßenbiegung eine andere Sprache gesprochen wurde, weite Reisen zu machen, weil man dabei beständig auf neue Dolmetscher angewiesen war. Daher befahlen sie, daß alle Untertanen im ganzen Reich, Männer wie Frauen, die Sprache von Cuzco sprechen und verstehen müßten, und strenge Bestrafung drohte jedem, der diesen Befehl nicht befolgte. Das hielten die Inkas für die zweckmäßigste Lösung. Diese Anordnung wurde so strikt durchgeführt, daß die Kinder noch an der Mutterbrust begannen, jene Sprache zu lernen, die sie alsbald beherrschen mußten. Wenn es auch anfangs Schwierigkeiten gab und manche sich weigerten, eine ihnen fremde Sprache zu sprechen, so waren die Inkas doch mächtig genug, um ihren Plan durchzusetzen, und so mußten sich alle fügen. Nach ein paar Jahren wurde in dem ganzen, sich über zwölfhundert Leguas erstreckenden Reich eine einzige Sprache allgemein gesprochen und verstanden; jedoch blieben die Sprachen der einzelnen Völkerschaften daneben bestehen. Deren gab es so viele, daß mir niemand glauben würde, wollte ich sie einzeln aufführen.

Wenn ein Hauptmann oder ein *Orejone* von Cuzco aufbrach, um die Rechnungen zu prüfen, einen Bericht zu machen, um Recht zu sprechen oder sonst eine administrative oder militärische Maßnahme durchzuführen, so sprach er, wohin er auch immer kam, die Sprache von Cuzco [d. h. Quichua], und in allen Provinzen antwortete man ihm in derselben Sprache. Es ist eine sehr gute Sprache, knapp, leicht zu lernen, mit reichem Wortschatz, und so klar, daß ich in den paar Tagen, die ich daran gewandt habe, genug lernte, um nach vielen Dingen zu fragen. »Mann« heißt auf Quichua *runa*, »Frau«*huarmi*, »Vater«*yaya*, »Bruder«*huayqui*, »Schwester« *nana*, »Mond« oder »Monat« *quilla*, »Jahr« *huata*, »Tag« *pinche*, »Nacht« *tuta*, »Kopf« *uma*, »Ohren« *rinri*, »Augen« *ñaui*, »Nase« *senkka*, »Zähne« *quiru*, »Arme« *rillra*, »Beine« *chaqui*.

Diese Wörter sollen in meiner Chronik stehen, weil ich gehört habe, daß auch bezüglich der Sprache, die in alten Zeiten in Spanien gesprochen wurde, Meinungsverschiedenheiten bestehen: die einen behaupten dieses, die anderen jenes. Nur Gott allein weiß, was künftige Zeiten bringen mögen; daher soll es keinen Zweifel darüber geben, welche die wichtigste und allgemein verbreitete Sprache in Peru war, falls Ereignisse eintreten sollten, durch die diese Sprache der Vergessenheit anheimfiele. Für die Spanier war Quichua sehr wichtig und vorteilhaft, denn in dieser Sprache konnten sie sich überall verständigen. Heute [d. h. 1549] ist sie in manchen Gegenden schon im Verschwinden.

52. Kapitel
Die Ratgeber und richterlichen Beamten der Inkas; und die landesübliche Zeitrechnung.

Da Cuzco die bedeutendste Stadt Perus war, in der auch die Inkas vorwiegend weilten, lebten dort viele der intelligentesten und bestinformierten Männer des Landes als Ratgeber bei Hofe. Man weiß, daß der Inka sich vor jeder wichtigen Unternehmung von seinen Kanzlern *[amauta-cuna]* beraten ließ und seine eigene Meinung den Ansichten der Mehrheit unterordnete. Unter seinen Ratgebern suchte der Inka die würdigsten für besondere Ämter aus: diese hatten die Stadt zu verwalten, für die Sicherheit auf den Landstraßen zu sorgen, Diebstahl und andere Verbrechen zu bekämpfen und Übeltäter zu bestrafen. Diese Beamten reisten ständig durch das Land. Die Justiz der Inkas war so wirkungsvoll, daß kaum jemand es wagte, zu stehlen oder sonstige Gesetzesübertretungen zu begehen. Besonders wurden Diebe, Frauenschänder und Verschwörer verfolgt. Allerdings waren in manchen Provinzen Kämpfe zwischen den einzelnen Stämmen nicht völlig zu verhindern.

Der Richtplatz lag am Ufer des Huatanay, der durch Cuzco fließt. Die Missetäter aus der Stadt oder auswärtige Gefangene wurden dort geköpft oder auf andere Weise hingerichtet. Meuterer, Verschwörer und besonders die Gewohnheitsdiebe wurden streng bestraft; sogar die Frauen und Kinder der letzteren wurden verachtet, weil man meinte, sie seien vom gleichen Schlag.

Die Inkas hatten genaue Kenntnisse über die Naturerscheinungen, als da sind die Bewegungen der Sonne und des Mondes. Nach einer verbreiteten Lehre glaubte man, daß es vier große Himmel gebe und daß der große Gott, der Schöpfer der Welt, dort wohne. Ich habe die Indianer mehrfach gefragt, ob sie an ein Ende der Welt glauben; darüber lachten sie nur, denn in dieser Hinsicht wissen sie lediglich das, was ihnen der Teufel mit Gottes Erlaubnis eingegeben hat. Die Welt in ihrer Gesamtheit nennen sie *Pacha[c]*. Sie haben auch genaue Kenntnisse über den Lauf der Sonne und das Schwinden und Wachsen des Mondes. Danach zählen sie das Jahr, das sie in zwölf Monate einteilen. Es gab eine Anzahl kleiner Türme auf den Hügeln von Cuzco; viele davon stehen heute noch, sind aber vernachlässigt und zerfallen. Nach dem Schattenfall dieser Türme wurden die Zeit für die Saat und andere Verrichtungen festgesetzt. Die Inkas beobachteten sehr sorgfältig den Himmel und achteten auf allerlei Vorzeichen, was auch damit zusammenhing, daß sie große Wahrsager gewesen sind. Sahen sie eine Sternschnuppe, so gab es großes Geschrei und allerlei ernsthafte Beratungen über die Bedeutung dieses Omens.

53. Kapitel
Das davon handelt, wie sie Chronisten hatten, um ihre Taten der Nachwelt zu überliefern. Vom Gebrauch der Quipus, und was heute noch davon vorhanden ist.

Wir haben berichtet, daß die Inkas bei den Festen Bildsäulen aufstellen ließen und daß sie die weisesten Männer ihrer Umgebung dazu auswählten, über Leben und Taten der verstorbenen Herrscher zu berichten. Man muß außerdem wissen, daß einem sehr sorgfältig beachteten Brauch gemäß jeder Inka während seiner Regierungszeit drei oder vier kluge und dichterisch begabte Männer auswählte, denen befohlen wurde, sich alles, was geschah, sei es glücklich oder unglücklich, genau zu merken und es in Reime und Lieder zu bringen, damit man in ferner Zukunft noch wisse, was in der Vergangenheit geschehen war. Solche Balladen durften nur in der Gegenwart des Inkas gesungen werden, und die Sänger durften dabei keinesfalls die Taten des gegenwärtigen Herrschers erwähnen. Erst wenn dieser tot war, sprachen sie zu seinem Nachfolger etwa so: »O mächtiger und großer Inka, mögen Sonne, Mond, Erde, Berge, Bäume und Steine und dazu deine Vorfahren dich vor Unheil bewahren, dir Glück und Erfolg zuteil werden lassen und dich vor allen Geborenen segnen. Wisse, daß deinem Vorgänger geschah, wie ich nunmehr singe.« Und dann, mit niedergeschlagenen Augen, das Haupt demutsvoll geneigt, gaben sie Bericht von allem, was sie wußten. Und ihre Lieder waren sehr gut, denn es waren Männer von gutem Gedächtnis, lebhafter Intelligenz und großem Wissen. Manche Spanier, die sie noch selbst gehört haben, können das bezeugen. War das Lied zu Ende, so ließ der Inka andere alte Männer kommen, die es sich anhören und auswendig lernen mußten. Dann dichteten sie neue Balladen, in denen erzählt wurde, was während der Regierung des jetzigen Inkas geschah, auch was ausgegeben und was von den Provinzen eingenommen wurde. Das alles wurde in den Quipus niedergelegt, so daß nach dem Tode eines Inkas sein Nachfolger eine genaue Aufstellung aller Einkünfte und Ausgaben zur Hand hatte. Nur an großen Feiertagen und bei Hoftrauer um einen Sohn oder Bruder des Inkas durfte über Herkunft, Geburt und Taten des gegenwärtigen Inkas gesungen werden. Zu jeder anderen Zeit war das verboten, und Verstöße wurden streng geahndet.

[Die Indianer] verfügten über eine Methode, nach der bei Inspektionsreisen oder Durchzug des Groß-Inkas mit seiner Armee die Proviantabgaben den einzelnen Provinzen auferlegt wurden. Ebenso konnten sie aufzeichnen, was in den Vorratshäusern lag und was an die Untertanen verteilt wurde. Diese Methode war so praktisch und übersichtlich, daß sie die *carastes*, die die Mexikaner für ihre Abrechnungen und Buchführungen benutzten, weit übertraf. Es handelte sich dabei um die Quipus, das sind lange Bänder mit geknoteten Schnüren daran, und die Rechnungsführer verstanden die Knoten zu lesen und danach die Ein- und Ausgaben vergangener Jahre festzustellen. Mittels dieser Knoten zählten sie von eins bis zehn, von zehn bis hundert und von hundert bis tausend. Jedes Band entsprach der Abrechnung über eine bestimmte Warenart, für uns unverständlich, für die Inkas aber durchaus klar. In jeder Provinzhauptstadt saßen Rechnungsführer, die *quipu-camayocs*, die mittels dieses Knotensystems berechneten, wieviel die Einwohner der betreffenden Provinz an Gold, Silber, Stoffen, Herden, bis hinunter zu Holz und anderen unbedeutenden Dingen an Tribut zu entrichten hatten. Mit den gleichen Quipus konnten sie noch nach einem, zehn oder zwanzig Jahren so genaue Rechnung legen, daß man sogar das Fehlen eines einzigen Paares Sandalen feststellen konnte.

Ich hatte über diese Art Buchführung meine Zweifel; und obwohl man mir versichert hatte, es sei tatsächlich so, hielt ich das meiste davon für Fabel. Aber als ich in Marcavillca in der Provinz Jauja war, bat ich den Kaziken Huacara-pora, mir das Quipu-System so zu erklären, daß ich mich von seiner Genauigkeit und Verläßlichkeit überzeugen könne. Da dieser Mann, obwohl nur ein Indianer, sehr verständig ist, erfüllte er meine Bitte gern. Er sandte seinen Diener nach den Quipus und machte mir klar, wie sich alles auf den Quipus aufgezeichnet fand, was er den Spaniern vom Jahre 1533 an, als Francisco Pizarro ins Land gekommen war, abgeliefert hatte: ich sah deutlich, wieviel an Gold, Silber, Stoff, Llamas und anderen Waren geliefert worden war. Ich war aufs höchste erstaunt. Auch von noch etwas anderem bin ich fest überzeugt: die Unterdrückungen, Kriege und Plünderungen, die die Spanier ins Land gebracht haben, waren so schwer, daß die Indianer vernichtet und hinweggefegt worden wären, wären sie nicht an Ordnung und Voraussicht gewöhnt gewesen. Sie waren jedoch sehr vernünftig und von klugen Herrschern erzogen; so wußten sie beim Durchmarsch einer spanischen Armee durch ihr Territorium, daß die überall an der Straße stationierten Rechnungsbeamten die Spanier mit allem, was das Volk liefern konnte, hinreichend versorgen würden, ohne daß alles zugrunde gerichtet würde, und so war es auch. Übel war es nur, wenn die Spanier nicht wiedergutzumachenden Schaden angerichtet hatten, wie etwa Vernichtung der Ernte, Plünderung oder noch Schlimmeres. War die Armee weitergezogen, so kamen die Rechnungsführer mit den Häuptlingen zusammen, und wenn, was sich nach den Quipus auswies, einer mehr gegeben hatte als der andere, so wurde das ausgeglichen, so daß alle gleichmäßig belastet waren.

In jedem Tal ist dieses Buchführungssystem noch im Gebrauch, und in jedem Vorratshaus sind immer ebenso viele Buchhalter, als in dem betreffenden Gebiet Häuptlinge sind. Alle vier Monate wird Generalabrechnung gehalten. Durch dieses System haben die Indianer die grausame Prüfung überstehen können, und wenn es Gott gefallen wollte, diese zu beenden – in letzter Zeit sind sie ja schon besser behandelt worden, und es herrscht etwas Gerechtigkeit –, so werden sie sich erholen und vermehren. Dann mag vielleicht in mancher Hinsicht dieses Königreich wieder das werden, was es einmal war. Aber ich fürchte, das wird spät oder nie der Fall sein.

Tatsächlich habe ich Dörfer gesehen, große sogar, die, nachdem christliche Spanier ein einziges Mal hindurchgezogen waren, aussahen, als hätte eine Feuersbrunst gewütet. Und da an diesen Orten die Menschen nicht so vernünftig waren, halfen sie einander nicht und fielen deshalb Hunger und Krankheit zum Opfer, denn es war keine Mildtätigkeit unter ihnen, sondern es hieß: jeder für sich – und daran gingen sie zugrunde.

Dieses Ordnungssystem war das Werk der Groß-Inkas, die das Reich beherrschten und es in jeder Hinsicht so zur Blüte gebracht haben, wie wir das an Ort und Stelle noch sehen können. Nun will ich fortfahren.

54. Kapitel
Die großen Leistungen der Indianer in Gold- und Silberschmiedekunst, Architektur und Tuchfärberei.

Wie man von den Indianern hört, lebten sie in früheren Zeiten ohne die Ordnung und Verwaltung, die ihnen durch die Inkas zuteil wurde und die sich bis heute erhalten hat.

Niemand kann bestreiten, daß ihre handwerklichen Erzeugnisse dem Betrachter höchste Bewunderung abnötigen. Am erstaunlichsten ist dabei, wie wenige Werkzeuge sie für ihre Arbeiten benutzen und mit welcher Leichtigkeit sie Stücke von allerfeinster Qualität anfertigen. Als die Spanier ins Land kamen, entdeckten sie Kunstgegenstände aus Gold, Silber und Ton, deren Einzelteile so geschickt aneinandergefügt waren, als seien sie aus einem Stück gearbeitet. Darunter waren die erstaunlichsten Beispiele von Silberschmiedearbeit, kleine Statuetten und auch größere Gegenstände, die ich aber nicht beschreibe, weil ich sie selbst nicht gesehen habe.

Es möge genügen, wenn ich erzähle, daß ich Eßgeschirre in Händen gehabt habe, die nur mit zwei oder drei Stückchen Kupfer und ein paar Steinen als Werkzeug hergestellt waren; dabei sind die Becher, Schüsseln und Tischleuchter mit Blättern und allerlei Ornamenten verziert, so fein gearbeitet, daß unsere geschicktesten Handwerker mit all ihren Instrumenten und Werkzeugen dergleichen nicht besser herstellen könnten. Außer Silberarbeiten verfertigen sie noch Medaillons, Ketten und anderen Schmuck aus Gold. Sogar kleine Knaben, von denen man kaum annehmen möchte, daß sie schon richtig sprechen können, verstehen sich auf diese Arbeiten. Heutzutage wird allerdings kaum noch etwas hergestellt, was sich mit den großen, prächtigen Arbeiten der Inka-Zeit vergleichen ließe; an den winzigen gleichmäßigen Perlen kann man aber noch sehen, was für wunderbare Silberschmiede es im Inka-Reich gab. Die Inkas pflegten sie auch in alle bedeutenden Städte des Reiches zu entsenden.

Auch Fundamente für mächtige Bauten verstehen die Indianer ausgezeichnet zu legen. Sie haben für die Spanier Häuser und Wohnungen gebaut, haben Mauern und Dachziegel gemacht und große, schwere Steine so geschickt verlegt, daß man kaum eine Fuge sieht. Sie hauen auch Statuen und andere Gegenstände aus Stein, wobei man manchmal ganz deutlich sieht, daß sie zum Behauen nur ein paar Steine und ihre Materialkenntnis benutzt haben. Was die Anlage von Bewässerungsgräben betrifft, so bezweifle ich, daß es in der ganzen Welt ein Volk gibt, das derartige Gräben in so unebenem und schwierigem Gelände so geschickt wie die Indianer ziehen kann.

Zum Weben ihrer Decken benutzen sie kleine Webstühle. In den alten Zeiten der Groß-Inkas gab es in den Provinzhauptstädten viele sogenannte *mamaconas*, die dem Tempeldienst in den Heiligtümern des Sonnengottes geweiht waren. Deren einzige Beschäftigung war das Weben feinster Stoffe aus Vikunjawolle für die Inkas. Nach der Eroberung Perus hat man Proben dieser Stoffe nach Spanien gebracht, so daß man dort ihre wunderbare Feinheit beurteilen konnte. Die Kleidung dieser Inkas war eine Robe aus dieser Wolle, mit Goldstickerei, Juwelen oder Federn verziert; manchmal war sie auch schmucklos, denn diese Roben waren mit solcher Vollkommenheit gefärbt – rot, blau, gelb, schwarz und in anderen Farben –, daß sie die spanischen Stoffe wahrlich weit übertreffen.

55. Kapitel
Die jährliche Volkszählung; und daß dank guter Arbeitsteilung und Vorratswirtschaft niemand Mangel litt.

Alle *Orejones* in Cuzco, denen ich meine Informationen verdanke, erzählen übereinstimmend, daß unter der Inka-Herrschaft alle Dörfer und Provinzen gehalten waren, jährlich dem Herrscher oder seinem Stellvertreter die genaue Anzahl der Geborenen und Verstorbenen zu melden. Das war notwendig, und zwar sowohl wegen der Tributverteilung als auch um zu wissen, wieviel Leute im Kriegs- oder Verteidigungsfalle verfügbar waren. Das machte auch keine Schwierigkeiten, denn jede Provinz führte ihre Liste vermittels der Knoten der Quipus, aus der die Zahl der Geburten und der Todesfälle am Jahresende leicht zu ersehen war. Das wurde wahrheitsgemäß und mit größter Genauigkeit weitergemeldet. So wußten der Inka und seine Statthalter genau, wieviel Arme und Witwen es gab, wer seine Steuern bezahlen konnte und wer nicht dazu in der Lage war, auf wieviel Mann im Kriegsfalle zu rechnen war, und noch viele andere wichtige Daten.

Da dieses Reich so ungeheuer groß war, standen in jeder Provinz viele Vorratshäuser mit Lebensmitteln und anderen Bedarfsgütern. Auf diese Weise konnte sich im Kriegsfalle das Heer, wo immer es sich gerade befand, leicht versorgen, ohne die Vorräte der Verbündeten anzurühren oder auch nur eine Hand an den Besitzstand eines Dorfes zu legen. Im Frieden wurden die Bestände der Vorratshäuser von Zeit zu Zeit an die Armen und Witwen verteilt. Die Armen waren die Betagten, die Verkrüppelten oder Gelähmten oder solche, die mit sonstigen Übeln geschlagen waren; Gesunde erhielten nichts. Sodann wurden die Vorratshäuser mit den einkommenden Tributen wieder aufgefüllt. In einem mageren Jahr wurden die Vorratshäuser geöffnet, und die Provinzen erhielten geliehen, was sie brauchten; in guten Jahren zahlten sie es zurück. Obgleich die eingehenden Tribute nur für diese Zwecke verbraucht wurden, brachten sie doch Gewinn, und so herrschte Wohlstand und Überfluß im ganzen Reich.

Es wurde nicht geduldet, daß jemand auf Kosten seiner Mitmenschen lebte; jeder mußte arbeiten. So ging sogar jeder Lehensherr an bestimmten Tagen mit aufs Feld, pflügte und bestellte den Acker mit eigener Hand. Des guten Beispiels halber taten das sogar die Inkas selbst, denn auch der Reichste durfte den Armen nicht beleidigen oder verachten; das sollte jedermann wissen.

Unter der Regierung der Inkas gab es auch eigentlich keine wirklich armen Leute. Wer gesund war, konnte sich durch seiner Hände Arbeit ausreichenden Lebensunterhalt verdienen, und wer krank war, wurde aus den Vorratshäusern versorgt. Kein Reicher trug andere oder kostbarere Kleidung als ein Armer. Nur dem Herrscher, den Fürsten und den Häuptlingen waren in dieser Hinsicht große Privilegien zugestanden. Dasselbe galt von den *Orejones*, die ohnehin etwas Besonderes darstellten.

56. Kapitel
Welches berichtet, daß die Inkas von der abscheulichen Sünde [der Homosexualität] und von anderen bei den Fürsten dieser Welt vorkommenden Lastern frei waren.

Im Königreich Peru waren gewisse Dörfer bei Puerto Viejo [Ecuador] dafür berüchtigt, daß dort die greuliche Sünde der Sodomiterei getrieben wurde; und auch anderswo im Reich gab es, wie überall in der Welt, sicherlich Menschen, die diesem Übel anhingen. Obgleich nun die Inkas absolute Herrscher und niemandem in der Welt über ihr Tun und Lassen Rechenschaft schuldig waren (denn keiner ihrer Untertanen war mächtig genug, um das von ihnen fordern zu können), und obgleich sie ihre Tage und Nächte damit verbrachten, sich mit ihren Frauen zu vergnügen, muß ich ausdrücklich feststellen, daß keiner von ihnen der besagten Sünde auch nur verdächtig gewesen ist. Im Gegenteil, sie verachteten diejenigen, die sie trieben und sich in solchem Schmutz wälzten. Nicht nur, daß sie selbst davon frei waren; sie erlaubten auch keinem, der ihr anhing, den Palast zu betreten. Außerdem glaube ich gehört zu haben, daß jeder, der dieser Sünde überführt war, so streng bestraft wurde, daß er der Umwelt als warnendes Beispiel diente. Es steht außer allem Zweifel, daß dieses Laster weder von den Inkas noch von den *Orejones*, noch von den meisten Völkerschaften, die unter der Inka-Herrschaft lebten, getrieben wurde. Solche Autoren, bei denen zu lesen ist, daß die Indianer samt und sonders Sodomiter seien, haben übertrieben und sollten ihre Behauptungen zurücknehmen, denn damit beschimpfen sie viele Stämme und Völkerschaften, die von jener Sünde vollkommen frei sind. Außer in der Gegend von Puerto Viejo gab es in ganz Peru keine solchen Sünder, es sei denn, daß gelegentlich einer, sechs, acht oder zehn dieses Laster im geheimen ausübten, wie das überall in der Welt vorkommt. Was die Tempelpriester anlangt, so war es bekannt, daß die Oberen an gewissen Tagen Umgang mit Männern hatten, aber sie hielten das nicht für Unrecht oder Sünde, sondern taten es als ein vom Teufel gefordertes Opfer. Es mag sogar sein, daß die Inkas nicht wußten, daß so etwas im Tempel getrieben wurde. Vielleicht haben sie es auch absichtlich übersehen, denn sie wollten ihre Beliebtheit nicht verlieren. Möglicherweise haben sie auch gedacht, es genüge, wenn sie befahlen, daß die Sonne und die anderen Götter überall verehrt wurden, ohne daß sie altehrwürdige Sitten und Religionen ausdrücklich verboten, denn es ist wie der Tod, wenn man Bräuche nicht mehr ausüben darf, mit denen man geboren und aufgewachsen ist.

Man hat uns auch berichtet, daß in alten Zeiten, vor der Regierung der Inkas, die Menschen in den Provinzen wie die Wilden lebten und sich gegenseitig bekriegten und auffraßen, wie das jetzt noch in der Provinz

Arma und anderswo der Fall ist. Aber die Inkas waren Menschen von Verstand, Gerechtigkeit und hohen Sitten; und als sie die Herrschaft übernahmen, machten sie es ihren neuen Untertanen nicht nur klar, daß sie für ihre eigene Person die Menschenfresserei verabscheuten (die noch heute bei manchen Stämmen hoch geschätzt wird), sondern sie gaben sich auch die größte Mühe, solche barbarischen Sitten auszurotten. Das gelang ihnen so gut, daß das Essen von Menschenfleisch in kürzester Zeit außer Brauch kam und völlig in Vergessenheit geriet, und in ihrem ganzen, weiten Reich ist viele, viele Jahre lang kein Menschenfleisch gegessen worden. Spätere Geschlechter, die nicht mehr wie ihre Vorväter Menschen, sowohl Kinder als auch Frauen und Männer, opferten und deren Fleisch aßen, haben den Inkas für die Wohltat gedankt, als die sich ihr Verbot erwies.

Manche Autoren – und das sind zumeist solche, die es mit dem Schreiben allzu eilig haben – behaupten, daß bei gewissen Festen ein- bis zweitausend Kinder und noch mehr Erwachsene geopfert wurden. Das sind Beschuldigungen, die wir Spanier gegen die Indianer erheben, um die schlechte Behandlung der Eingeborenen zu rechtfertigen und unsere eigenen Fehler zu verdecken. Ich sage durchaus nicht, daß es überhaupt keine Menschenopfer gab, aber es war bei weitem nicht so schlimm, wie es geschildert wird. Sie opferten Lämmer und Llamas aus ihren Herden, aber weniger, viel weniger Menschen, als ich gedacht habe. Ich werde davon zu gegebener Zeit berichten.

So habe ich also von den *Orejones* erfahren, daß die Inkas von den Sünden der Sodomiterei und Menschenfresserei frei waren. Auch waren sie weder starrköpfig noch rücksichtslos, sondern erkannten im Gegenteil ihre Fehler und suchten sie abzustellen. Wenn Gott erlaubt hätte, daß Menschen, die von wahrem christlichem Eifer statt von Habgier beseelt sind, in dieses Land gekommen wären und den Inkas die Grundlagen unseres Glaubens nahegebracht hätten, so wären sehr viele von ihnen durchaus imstande gewesen, die christliche Lehre anzunehmen. Das kann man jetzt, wo etwas mehr Ordnung herrscht, recht gut erkennen. Aber wir müssen das Geschehene Gott überlassen. Für die Zukunft können wir Ihn nur bitten, uns mit Seiner Gnade zu erleuchten, damit wir diesem Volk einmal unsere große Schuld abtragen können. Sie haben nicht verdient, was wir ihnen antaten. Es liegt eine so große Entfernung und so viel Wasser zwischen Spanien und Peru, und diese Menschen haben uns nichts getan. Wir hätten sie wohl in Ruhe lassen können.

57. Kapitel
Die Bräuche und Opfer bei dem großen Fest Hátun Raimi.

Im Jahreslauf feiern die Inkas mehrere Feste, bei denen nach ihrem Brauch zahlreiche Opfer vollzogen werden. Ich würde einen ganzen Band allein dazu brauchen, sie alle in ihren Einzelheiten zu beschreiben. Sie haben aber wenig mit dem eigentlichen Gegenstand unseres Berichtes zu tun, und man soll auch aus verschiedenen Gründen gar nicht erst versuchen, all die Narrheit und Zauberei zu beschreiben, die dabei geübt werden.

Ich werde also nur das Fest Hátun Raimi beschreiben, denn das ist sehr berühmt. Es wurde in vielen Provinzen gefeiert, und es war das Fest, das den Inkas am meisten

Freude bereitete und an dem die größten Opfer dargebracht wurden. Es fiel auf Ende August, wenn Mais, Kartoffeln, *quinoa, oca* und die anderen Feldfrüchte geerntet wurden. Hátun Raimi bedeutet »hohes Fest«, und es heißt so, weil dabei dem Schöpfer des Himmels und der Erde, dem großen Gott Tici-Viracocha, und der Sonne, dem Mond und den anderen Göttern für die gute Ernte des verflossenen Jahres Dank und Preis erwiesen wird. Es heißt, daß die Inkas, um dieses Fest mit besonderer Hingebung feiern zu können, vorher zehn oder zwölf Tage lang fasteten, will sagen, sie enthielten sich des übermäßigen Essens und des fleischlichen Verkehrs mit ihren Frauen, und tranken nur am Morgen zum Frühstück Chicha, und sonst den ganzen Tag nichts als Wasser. Auch des Pfeffers enthielten sie sich, und sie durften auch nichts zum Kauen im Munde haben. Es gab noch mehr Vorschriften für diese Fasten. Zum Festbeginn wurden eine Menge Llamas, Tauben, Meerschweinchen und andere Tiere herangeschafft, die zum Opfer geschlachtet wurden. Mit dem Blute der geopferten Llamas salbte man die Statuen der Götter und Dämonen, ebenso die Tore der Tempel und Heiligtümer. Dort wurden auch die Eingeweide der Opfertiere aufgehängt, und später kamen die Eingeweideschauer und Wahrsager, betrachteten die Lungen auf irgendwelche Vorzeichen hin und prophezeiten dann, was ihnen gerade einfiel; und die Leute glaubten daran.

War das Opfer vollzogen, so begab sich der Oberpriester mit den anderen Priestern in den Tempel. Nachdem sie ihre verdammungswürdigen Psalmen abgesungen hatten, riefen sie die reichgekleideten *mamaconas* herbei, die große Mengen des heiligen Chicha aus silbernen

Kannen in goldene Becher gossen und zum Trunke darboten.

Nach reichlichem Essen und Trinken, wenn alle, auch der Inka und der Oberpriester, vom Weine angeregt und etwas berauscht waren, versammelten sich die Männer am frühen Nachmittag und sangen mit lauter Stimme die alten, von den Ahnen überkommenen heiligen Gesänge, in denen sie den Göttern dankten und ihnen Vergeltung für die empfangenen Wohltaten versprachen. Die Frauen, die zusammen mit den heiligen *mamaconas* ebenfalls am Gesang teilnahmen, schlugen auf goldenen, manchmal mit Edelsteinen besetzten Trommeln den Takt dazu.

Mitten auf dem Stadtplatz war ein großes Theater mit stufenförmig ansteigenden Sitzen aufgebaut; auf der Schaufläche lagen dichte Gewebe aus Federn, reich mit Goldperlen bestickt, und große gold- und juwelenbesetzte Decken aus feinster Wolle. Auf diesem Thron stellte man die hohe, reichgeschmückte Statue Tici-Viracochas zur Schau, den sie als mächtigsten Gott und Schöpfer der Welt am meisten verehrten. Alle Priester umstanden das Götterbild; der Inka, die Adligen und das gemeine Volk näherten sich ihm barfüßig und demütig. Alle erwiesen dem Gott *mocha*, das heißt Verehrung, indem sie sich verneigten und mit vollen Backen ihren Atem zu ihm hinbliesen. Unter diesem Thron standen neben den Idolen der Sonne und des Mondes noch andere Götzenbilder. Wir sind überzeugt davon – und der Leser mag ebenfalls dessen sicher sein –, daß kein König und keine Republik, weder in Jerusalem noch in Persien, noch anderswo in der Welt, einen solchen Schatz an Gold, Silber und Juwelen vorweisen könnte, wie er bei diesem und ähnlichen Festen auf dem Stadtplatz von Cuzco zu bewundern war. Die Standbilder der verstorbenen Groß-Inkas wurden ausgestellt, und zwar mit allem Reichtum und Pomp, dessen sie zu Lebzeiten teilhaftig gewesen waren. Man zeigte aber nur die Bilder jener Inkas, die zu Lebzeiten gut, tapfer, verständnisvoll, großherzig und nicht nachtragend gewesen waren. In ihrer Blindheit hielten die Inkas diese Männer für eine Art Heilige und erwiesen ihren sterblichen Überresten Verehrung, ohne zu ahnen, daß sie nicht im Himmel waren, sondern in der Hölle brannten. Auch manche *Orejones* und bedeutende Männer aus anderen Völkerschaften wurden aus irgendwelchen heidnischen Gründen als Heilige angesehen. Diese Heiligsprechung nennen sie *illapa*, das heißt »Leib eines guten Menschen«. In einem anderen Sinne heißt *illapa* auch Donner und Blitz; so nannten die Indianer das Artilleriefeuer *illapa* wegen des Krachens.

Solchermaßen erwiesen der Inka, der Oberpriester, die Höflinge und viel Volk aus den benachbarten Gebieten den aufgestellten Götzen Verehrung und legten viele kleine goldene Abbilder von Göttern, Männern, Weibern und Llamas, auch andere Kostbarkeiten, auf den Altären nieder. Hátun Raimi dauerte fünfzehn bis zwanzig Tage. Ständig gab es dabei große *taquis*, das heißt Trinkgelage, und andere gastliche Zusammenkünfte nach ihrem Brauch. War das Fest vorbei, wurden die Götterbilder wieder in den Tempel und die Statuen der verstorbenen Inkas in den Palast zurückgebracht.

Der Oberpriester *[Villac-umu]* wurde auf Lebenszeit ernannt. Er war verheiratet und genoß fast solche Verehrung wie der Inka selbst. Er hatte den Oberbefehl über alle Tempel und Heiligtümer und konnte Priester ernennen oder absetzen. Oft kam er mit dem Inka zu Spiel und Kurzweil zusammen, denn die Oberpriester stammten aus adligen und mächtigen Familien. Niemals konnte ein Mann von niederer Herkunft dieses Amt bekleiden, wären seine Verdienste auch noch so groß gewesen.

Alle Einwohner von Cuzco wurden als Adlige angesehen und hießen entweder Hurin-Cuzcos oder Hanan-Cuzcos [nach den beiden ältesten Stadtvierteln], und so hießen auch ihre Nachkommen, selbst wenn sie nicht mehr in der Stadt lebten. Ich erinnere mich, daß im Jahre 1550, als ich in Cuzco war, eine Menge Indianer mit ihren Frauen nach der Ernte in die Stadt gezogen kamen, welche Pflüge, Mais und Stroh auf dem Rücken trugen und großen Lärm machten. Sie feierten ihr Erntefest, das heißt, sie tranken kräftig und sangen Lieder von ihren früheren Erntefesten. Die *apus* und Priester erlauben heute nicht mehr, daß die *Gentiles* ihre Feste in der Öffentlichkeit feiern; sie würden es auch nicht dulden, daß sie im geheimen stattfinden, wenn sie davon wüßten; aber da so viele tausend Indianer Christen geworden sind, kann man sie unmöglich hindern, insgeheim zu tun, was ihnen beliebt. Die Abbilder Tici-Viracochas, der Sonne und des Mondes, das lange goldene Seil und andere Kultgegenstände, von denen wir Kenntnis haben, hat man nicht wieder aufgefunden. Kein Spanier und kein Indianer hat eine Ahnung davon, wo sie verborgen sind. Kostbar wie sie sind, stellen sie doch nur einen geringen Bruchteil dessen dar, was noch an Schätzen in Cuzco und an den anderen alten heiligen Stätten dieses riesigen Reiches vergraben ist.

58. Kapitel
Herrschaft durch Liebe und Furcht; und von den Zeremonien bei der Audienz.

Man muß immer wieder ausdrücklich auf die gewaltige Ausdehnung des von den Inkas beherrschten Gebietes hinweisen. Wie riesig groß waren die Provinzen, wie unwirtlich die schneebedeckten Gipfel der Gebirge, wie öde und wasserlos die Wüsten! Welche Weisheit war nötig, um so viele nach Sprache, Sitte und Religion verschiedene Völkerschaften zu beherrschen und sie in sich und untereinander in Frieden zu halten!

Wenn auch Cuzco die Hauptstadt des Reiches war, so hatten die Groß-Inkas doch als ihre Bevollmächtigten und Statthalter die weisesten, tapfersten und treusten Männer eingesetzt, die sie finden konnten. Sie mußten ein gewisses Alter erreicht haben. Es war keiner unter ihnen, der nicht im letzten Drittel seines Lebens gestanden hätte. Sie wurden von den *mitimaes* unterstützt, und so wagte kein eingeborener Häuptling, und wäre er auch noch so mächtig gewesen, eine Revolte anzuzetteln. Versuchte es doch einmal einer, so wurde dann die ganze Stadt bestraft, und die Rädelsführer kamen ins Gefängnis nach Cuzco.

Daher war der Inka so gefürchtet, daß, wenn er auf Reisen den Vorhang seiner Sänfte lüftete und das Volk ihn erblicken konnte, ein Schrei ertönte, so laut, daß die Vögel vom Himmel fielen und man sie mit der Hand aufheben konnte. Niemand wagte, in seinem Schatten ein böses Wort zu sprechen. Wenn einer seiner Hauptleute oder Beamten dienstlich durch das Land reiste, so kamen ihm die Leute mit reichen Geschenken entgegen, und tatsächlich wagte es keiner, seinen Befehlen auch nur im geringsten ungehorsam zu sein, selbst wenn er ganz allein reiste.

So gefürchtet war der Inka, daß jedes Dorf so ordentlich und gut verwaltet wurde, als sei der Herrscher selbst anwesend, um jeden Ungehorsam persönlich zu bestrafen. Der Grund für diese Ehrfurcht lag in der Weisheit und Gerechtigkeit der Herrscher, denn jeder wußte, daß einer bösen Tat die Strafe auf dem Fuße folgen würde, ohne Ansehen der Person des Schuldigen, und weder Bestechung noch Bitten konnten sie abwenden. Die Inkas haben ihre Untertanen immer gut behandelt und nicht geduldet, daß man sie durch zu hohe Steuern, schlechte Behandlung und dergleichen bedrückte. Außerdem haben die Inkas trockene Gegenden, die früher nur kümmerliche Erträge brachten, fruchtbar machen lassen, so daß die Leute gut davon leben konnten, oder sie haben in vieharme Gebiete, wo es keine Wolle für Kleidung gab, große Herden bringen lassen. Kurz, ebenso, wie die Inkas es verstanden, ihre Untertanen zu Dienst- und Tributleistungen anzuhalten, verstanden sie es auch, das Land zu verbessern und aus Wildnis Kulturland, aus kargem Boden fruchtbaren Acker zu machen. Wegen dieser Wohltaten und auch, weil sie den Häuptlingen immer Frauen und reiche Gaben schenkten, konnten die Inkas auf den guten Willen aller ihrer Untertanen rechnen und waren überaus beliebt. Ich habe mit eigenen Augen gesehen, wie alte Indianer beim Anblick der Stadt Cuzco in lautes Weinen ausbrachen, weil sie die Gegenwart mit der alten Zeit verglichen, in der jahrhundertelang ihre eigenen Herrscher regiert hatten, die, ganz anders als die Spanier, die Freundschaft und Dienstwilligkeit ihres Volkes zu gewinnen wußten.

Am Hofe von Cuzco war es unantastbare Vorschrift, daß niemand, auch nicht der mächtigste Lehensherr aus dem ganzen Reich, sich dem Inka nähern und zu ihm sprechen durfte, ohne vorher seine Sandalen, von ihnen *usuta* genannt, auszuziehen und sich eine Last auf die Schulter zu legen. Dadurch wurde der Majestät des Inkas Verehrung erwiesen. Es war gleichgültig, ob der Inka auf Reisen oder im Palast, von Höflingen umgeben oder allein war. Die Größe der Last spielte auch keine Rolle; sie war nur ein Symbol für die dem Inka schuldige Verehrung. Stand dann der Betreffende vor dem Inka (und zwar durfte er dem Herrscher nicht das Gesicht zuwenden), so machte er, wie sie das nennen, *mocha*, das heißt, er verneigte sich. Dann sagte er, was er vorzubringen hatte, oder empfing seine Befehle. Wenn er ein Mann von Bedeutung war und noch einige Tage bei Hofe verweilte, so brauchte er bei weiteren Audienzen die Last nicht mehr zu tragen. Vornehme Besucher aus den Provinzen wurden meist zu Banketten und anderen Hofveranstaltungen geladen.

59. Kapitel
Von der Sitte, nur die verdienstvollen Groß-Inkas durch Statuen und Lieder zu ehren.

In Cuzco vernahm ich, daß es Sitte war, beim Tode eines Groß-Inkas eine lange und allgemeine Trauerzeit einzuhalten. Man weinte, klagte und erging sich in allerlei Trauerbräuchen. Danach gaben die Ältesten ihr Urteil über das Leben des Verstorbenen ab: was er Gutes für das Reich getan, welche Schlachten er geschlagen und gewonnen hatte. War der Tote so glücklich gewesen, als ruhm- und ehrenvoll in der Erinnerung weiterzuleben, so wurden nach einem solchen Rundgespräch die obersten *quipu-camayocs* herbeigerufen, jene Beamten, die Buch führten und alles erzählen konnten, was im Königreich geschehen war. Sie suchten sich Männer mit gutem Gedächtnis und flüssiger Redeweise aus, um diese dann in ihren eigenen Beruf einzuführen. So waren stets Sänger vorhanden, die die Ereignisse der Vergangenheit eindrucksvoll vortragen konnten, ähnlich wie das bei uns in Balladen und Epen geschieht. Diese Männer hatten nichts anderes zu tun, als derartige Gesänge zu dichten, einzuüben und sie dann bei Hochzeiten und anderen freudigen Anlässen zu Gehör zu bringen. Sie wußten also genau, was über jeden verstorbenen Herrscher zu berichten war, und wenn es sich zum Beispiel um einen kriegerischen Inka handelte, so besangen sie in feurigen Liedern die Schlachten, die er geschlagen hatte. Für jede Gelegenheit hatten sie ein Lied bereit und erhoben mit ihrem Gesang die Herzen der Zuhörer. Auf diese Weise wurde die Erinnerung an die Vergangenheit wachgehalten. Diese Indianer wurden von den Inkas hoch geehrt und reich beschenkt. Mit Eifer unterrichteten sie ihre Söhne und andere begabte junge Männer aus allen Provinzen in ihren Gesängen. So lernte eine Generation von der anderen; und selbst heute noch erzählen sich die Indianer untereinander von Ereignissen, die fünfhundert Jahre zurückliegen, als ob sie erst vor zehn Jahren geschehen wären.

Hatte ein Inka tapfer und weise regiert und keine der von seinem Vater hinterlassenen Provinzen verloren, war er edel und freigebig gewesen und auf keine Narrheit verfallen, wie das bei unweisen und leichtsinnigen Fürsten vorkommt, so erlaubte und befahl sein Nachfolger, ihn im Sange zu preisen, so daß jedermann seine großen Taten hören und bewundern konnte. Diese Lieder durften aber nicht immer und überall gesungen werden, sondern nur, wenn aus irgendeinem Grunde viele Menschen aus dem ganzen Reich zusammenkamen oder wenn die Edlen des Hofes mit dem Inka bei Spiel und Zeitvertreib zusammensaßen, oder beim *taqui*, dem festlichen Umtrunk. Bei solchen Gelegenheiten besangen die Balladensänger mit lauter Stimme, den Blick auf den Herrscher gerichtet, die Taten seiner Vorfahren. War jedoch ein Inka feige, träge, lasterhaft gewesen, hatte er sich mehr um sein Vergnügen als um die Erweiterung seiner Macht gekümmert, so durfte seiner nur wenig oder gar nicht Erwähnung getan werden. Diese Regel wurde sehr streng eingehalten: von solchen wurde nur der Name erwähnt, damit die Kette der Geschichte nicht unterbrochen werde, aber sonst wurde nichts über ihn gesagt. Nur die guten und tapferen Herrscher wurden besungen. Diese aber hielt man so hoch in Ehren, daß, wenn einer dieser Mächtigen starb, sein Sohn nichts außer der Krone von ihm übernahm, denn es war Gesetz, daß der Kronschatz eines Inkas von Cuzco niemand als diesem selbst gehören durfte; auch durfte sein Andenken nicht verlorengehen. Darum wurde eine Statue geschaffen, die den Verewigten darstellte und seinen Namen erhielt. Bei Festen und Feiern wurden diese Statuen aufgestellt, und die Frauen und Diener des Toten umringten das Abbild ihres Herrn und brachten Essen und Trinken mit, denn sie warteten darauf, daß der Teufel zu ihnen durch den Mund der Statue sprechen sollte. Bei jeder Figur stand auch ein Spaßmacher, der das Volk durch allerlei Possen erheiterte. Alles Besitztum des verstorbenen Inkas wurde von seinen Frauen und Dienern aufbewahrt und bei solchen Gelegenheiten feierlich zur Schau gestellt. Außerdem muß ich noch die *chacaras*, wie sie ihre Pflanzungen nannten, des Toten erwähnen, aus deren Erträgnissen seine Frauen und Nachkommen noch nach seinem Ableben versorgt wurden. Zweifellos hängt es mit diesem Brauch zusammen, daß sich so riesige Schätze ansammeln konnten, wie wir sie in diesem Lande mit eigenen Augen gesehen haben. Ich habe von spanischen Konquistadoren gehört, daß sich diese Statuen noch in Cuzco befanden, als die Spanier kamen, und das mag stimmen, denn als wenig später Manco Inca Yupanqui [Manco II.] die königliche Stirnbinde anlegte, wurden sie auf dem Stadtplatz ausgestellt, und die anwesenden Spanier und Indianer konnten sie betrachten. Sicher hatten die Spanier zu dieser Zeit schon einen erheblichen Teil des Schatzes weggeführt, und der Rest war an Orten versteckt, die heute kaum noch jemand oder wahrscheinlich überhaupt niemand mehr kennt. Von den Statuen und anderen größeren Stücken weiß man heute nur noch aus den Balladen.

Spanier, die im Jahre 1550 in Cuzco waren, erinnern sich vielleicht noch an die Zeremonien zu Paullu Incas Geburtstag. Dieser war zwar zum Christentum übergetreten, aber aus der Pracht, die trotzdem bei dieser Feier entfaltet wurde, mag man darauf schließen, wie solche Feste ausgerichtet wurden, als die alten Inkas noch Herren im Lande waren.

60. Kapitel
Die *capaccocha*-Zeremonie.

An dieser Stelle will ich die *capaccocha* beschreiben, denn diese Zeremonie hat mit dem Tempeldienst zu tun. Alte Indianer, die sie noch mitgemacht haben, berichteten mir über diese Feiern, und somit ist sicherlich wahr, was ich hier niederschreibe. So sagen sie zum Beispiel, daß es Brauch war, alle Statuen und Götzenbilder jedes Jahr einmal aus den *huacas* – das sind die heiligen Stätten – nach Cuzco zu bringen. Sie wurden von den Priestern und den *[quipu-]camayocs*, wie die Aufseher genannt werden, ehrfurchtsvoll geleitet. Beim Einzug in die Stadt wurden sie von einer festlichen Prozession empfangen und an eigens dafür bestimmten Plätzen aufgestellt. Aus allen Stadtteilen und selbst aus den Provinzen strömte viel Volk zusammen. Selbst der regierende Inka erschien mit allen seinen Verwandten, begleitet von Höflingen, *Orejones* und bedeutenden Männern der Stadt. Er lud öffentlich zu Banketten und *taquis* [festlichen Trinkgelagen] ein.

Der Stadtplatz von Cuzco war mit einem langen goldenen Seil abgeschrankt. Nach dem, was ich über den Reichtum der Inkas gesagt habe, mag man sich die ungeheuren Schätze vorstellen, die dahinter zur Schau gestellt waren. Dann begann die eigentliche alljährliche Zeremonie: die Statuen und Götterbilder hielten, von Priestern geleitet, feierlich Einzug, wobei verkündet wurde, ob das kommende Jahr reiche oder knappe Ernten bringen würde; ob dem Inka ein langes Leben beschieden sei, oder ob er vielleicht noch in diesem Jahre sterben solle; ob Feinde das Land überfallen oder eines der unterworfenen Länder rebellieren würde. Kurz, die

Priester mußten auf die verschiedensten Fragen Antwort geben, wichtige und unwichtige. Man wollte zum Beispiel auch wissen, ob die Herden gedeihen würden, oder ob Schafspest und andere Viehkrankheiten ausbrechen würden. So wurde das Orakel befragt, und wenn die Inkas das nicht in jedem Jahre taten, fühlten sie sich unglücklich und fürchteten für ihr Leben.

Die Inkas erfreuten das Volk mit Banketten, üppigen Trinkgelagen und anderen landesüblichen Festlichkeiten, die von den unseren ganz verschieden sind. Dabei schonten sie ihren Reichtum nicht und trugen die gesamten Kosten. Alles Tischgeschirr und sogar die Kochtöpfe und Küchengeräte waren aus purem Gold und Silber. Der Oberpriester erschien in Begleitung der anderen Priester und der *mamaconas* mit demselben Pomp und Zeremoniell wie der Inka. Er und andere ausgewählte Priester hatten dann jedes einzelne Götzenbild über die Zukunft zu befragen, und dieses antwortete durch den Mund seines Priesters. Der war dann meist schon etwas angetrunken und gab eine Antwort, von der er meinte, sie werde dem Fragesteller am besten gefallen. Dabei half ihm der Dämon in der Statue. Die Priester waren dabei sehr geschickt auf Wirkung aus: sie gaben ihre Antwort immer erst nach einer Pause, damit man ihren Unsinn um so ehrfurchtsvoller und gläubiger anhöre. Sie betonten auch, der Gott müsse durch Opfergaben zur Antwort geneigt gemacht werden. Und so wurden viele Llamas, Meerschweinchen, Lämmer und Hühner herbeigeschafft, an Llamas und Lämmern allein wohl über zweitausend. Diese Opfertiere wurden unter allerlei abergläubischen Beschwörungen und teuflischen Riten geschlachtet; und die Priester stießen ihre Weissagungen hervor, die sie entweder träumten oder zu träumen vorgaben. Vielleicht gab auch der Teufel sie ihnen ein. Bei den Prophezeiungen wurde aufs genaueste beobachtet, wie viele Priester auf die einzelnen Fragen übereinstimmende Antworten gaben. Danach beurteilte man, wer die Wahrheit gesagt hatte und was im kommenden Jahr wirklich geschehen würde.

Danach sammelten die Almosen-Einnehmer des Inkas die Gaben, genannt *capaccocha*, ein, und die Götzenbilder wurden wieder in den Tempel gebracht. Stellte sich im Laufe des Jahres heraus, daß eine Prophezeiung zufällig wirklich eingetroffen war, so herrschte große Freude, und der Priester, der richtig geträumt hatte, wurde in den Haushalt des Inkas aufgenommen.

Die *capaccocha* war also eine Tempel-Abgabe, die etwa unserem Zehnten entspricht. Sie bestand in goldenen und silbernen Gefäßen, kostbaren Steinen, prächtigen Decken und Llamas. Diejenigen Priester, deren Prophezeiungen sich als falsch erwiesen hatten, erhielten nichts; im Gegenteil, es schadete ihrem Ruf beträchtlich.

Damals geschahen große Dinge in Cuzco, weit mehr, als ich berichte. Jetzt [d. h. 1549], nach der Gründung des Königlichen Tribunals und nachdem [Pedro de la] Gasca nach Spanien zurückgekehrt ist, wurde in einigen Gerichtsverhandlungen die *capaccocha* erwähnt, und dabei hat sich gezeigt, daß sich alles, was wir hier berichtet haben, tatsächlich so zugetragen hat.

61. Kapitel
Von Sinchi Roca, dem zweiten Inka, der in Cuzco regierte.

Nunmehr, da ich in aller möglichen Kürze niedergeschrieben habe, was ich über Regierung und Sitten der Inkas zusammenstellen konnte, möchte ich rückschauend berichten, was vom Regierungsantritt des ersten Inkas, Manco Capac, bis zum Tode Huascars, des letzten Inkas, geschehen ist. Was ich bisher niedergelegt habe, betraf nur die tapfersten Inkas, nämlich den Inka Pachacuti, seinen Sohn Topa Inca, und Huayna Capac, seinen Enkel. Daß ich bisher nur über diese drei berichtet habe, mag auch daran liegen, daß sie vor noch nicht allzu langer Zeit regierten.

Nach dem Tode Manco Capacs übernahm Sinchi Roca Inca die königliche Stirnbinde *[llautu]* mit den üblichen Zeremonien, nachdem das feierliche Begräbnis und die schickliche Trauerzeit vorüber waren. Er vergrößerte den Sonnentempel, bemühte sich, alle benachbarten Völkerschaften, soweit ihm das möglich war, durch Geschenke und Versprechungen auf seine Seite zu bringen, und verlieh der neuen Stadt offiziell den Namen Cuzco, den sie bereits trug. Manche Einwohner berichten, daß sich dort, wo damals der Stadtplatz war und heute noch ist, ein kleiner sumpfiger See befand, so daß der Bau der geplanten großen Gebäude auf Schwierigkeiten stieß. Als der Inka Sinchi Roca davon hörte, unternahm er es, mit Hilfe seiner Verbündeten und der Einwohner der Stadt diesen See trockenzulegen. Er ließ ihn mit Steinen und dicken Holzstämmen auffüllen, so daß das Wasser verschwand und der Platz so wurde, wie er jetzt ist. Es wird sogar erzählt, daß damals das ganze Tal von

Cuzco unfruchtbar war und keine guten Ernten brachte; und da sollen von den Anden-Abhängen im Hinterland Tausende Ladungen guter Erde herbeigeschafft und aufgeschüttet worden sein. Auf diese Weise wurde das Tal – wenn diese Angaben stimmen – so fruchtbar, wie es heute ist.

Dieser Inka hatte von seiner Schwester und seinen anderen Frauen viele Söhne. Der Älteste hieß Lloque Yupanqui. Als die benachbarten Völkerschaften das gute Verwaltungssystem der Bewohner von Cuzco sahen und dabei bemerken mußten, daß sie die anderen Völker eher mit Wohlwollen als mit Waffengewalt für sich gewannen, kamen einige Häuptlinge nach Cuzco, sprachen mit den Stadtbewohnern, bewunderten ihre ansprechende Lebensweise und den Tempel von Curicancha; und schließlich schlossen mehrere Stämme mit Cuzco Freundschaftspakte. Einer der Besucher, der Häuptling des nahe gelegenen Dorfes Zañu [Saña] soll sogar seine sehr schöne und liebenswürdige Tochter dem Inka Sinchi Roca zugeführt und ihn gebeten haben, das Mädchen als Frau für seinen Sohn gnädigst annehmen zu wollen. Dadurch geriet der Inka in ein schwieriges Dilemma: wenn er auf diese Bitte einging, verstieß er gegen die von seinem Vater erlassenen Gesetze; wenn er sie aber ablehnte, würden die Häuptlinge die Inkas als herzlose Menschen ansehen, welche nur an sich denken. Nachdem er sich mit den *Orejones* und den Honoratioren der Stadt beraten hatte, kam man überein, Sinchi Roca solle das Mädchen annehmen und seinem Sohn vermählen, denn solange die Inkas nicht mehr Macht hätten, täten sie gut daran, sich in diesem Falle nicht von den Gesetzen Manco Capacs leiten zu lassen. Mithin, so heißt es, habe Sinchi Roca dem Vater des Mädchens geantwortet, er möge sie herbringen, damit die Hochzeit mit seinem Sohne stattfinden könne. Die Vermählung wurde nach dem Brauch mit großem Pomp und Zeremoniell vollzogen, und in Cuzco nannte man das Mädchen Coya. Eine Tochter des Inkas, die bereits zur Gattin ihres Bruders ausersehen war, wurde als Tempeljungfrau dem Tempel von Curicancha geweiht, wo es damals schon Priester und Wächter der heiligen Jungfrauen gab und wo auch schon dem Bilde der Sonne Opfer dargebracht wurden. Als die Heirat vollzogen und besiegelt war, kam der betreffende Stamm mit den Bürgern von Cuzco zusammen, und unter Festmählern und Trinkgelagen schlossen sie einen Freundschafts- und Bruderbund. Zur Feier dieses Bundes wurden auf dem Hügel Huana-cauri, in Tampu Quiru und im Tempel von Curicancha selbst große Opfer dargebracht. Danach kamen mehr als viertausend Jünglinge zusammen; und unter Zeremonien, die eigens für diesen Zweck erdacht worden waren, erhielten sie den Ritterschlag, der sie in den Adelsstand erhob. Ihre Ohren wurden durchbohrt und mit großen Ohrringen, dem Zeichen des Rittertums, geschmückt.

Unter Sinchi Rocas Regierung geschah noch vieles, wovon wir nichts wissen. Hoch an Jahren starb er, hinterließ viele Söhne und Töchter, wurde tief betrauert und mit allem Pomp bestattet. Zum Gedenken daran, daß er ein guter Herrscher gewesen war, wurde eine Statue nach seinem Bild gefertigt und aufbewahrt, und man glaubte, daß seine Seele im Himmel ruhe.

62. Kapitel
Von Lloque Yupanqui, dem dritten Inka, der in Cuzco regierte.

Nach Sinchi Rocas Tode wurde sein Sohn Lloque Yupanqui als Inka begrüßt, nachdem er die vorgeschriebenen Fasten abgehalten hatte. Dabei hatten Eingebungen und Meditationen in ihm die Hoffnung erweckt, daß die Stadt Cuzco unter seiner Regierung blühen und gedeihen würde. So begann der neue Inka, herrliche Bauten zu errichten, und forderte seinen Schwiegervater auf, er möge nach Cuzco kommen und mit seinen Freunden dort leben: man würde ihm hohe Ehren erweisen und ihm einen Stadtteil nach seinem Wunsch zum Quartier geben. Der Häuptling von Zañu tat also, und er erhielt den westlichen Teil der Stadt, der, weil er auf den Hügeln lag, Hanan-Cuzco hieß. Der Inka blieb mit seinem Haushalt und seinen Freunden in dem ebenen, unteren Teil der Stadt. Die engere Umgebung des Inkas bestand zu jener Zeit ausschließlich aus *Orejones*, will sagen aus Edelleuten; und fast alle hatten an der Gründung der Stadt teilgehabt. Daher wurden die Bewohner der beiden ursprünglichen Stadtteile, Hanan-[Ober-]Cuzco und Hurin-[Unter-]Cuzco, von jeher als etwas Besonderes angesehen. Man hört unter den Indianern sogar mitunter die Ansicht, daß die Groß-Inkas immer abwechselnd aus der einen und der anderen Linie stammen mußten; aber das halte ich nicht für wahr. Ich glaube an das, was mir die *Orejones* berichtet haben. Die Stadt war auf Hügeln angelegt, und rechts und links reichte sie weit in das Land hinein.

Von einem größeren Kriege während dieser Zeit wird nichts überliefert; im Gegenteil, mehr und mehr verstanden es die Inkas, durch ihre freundlich überredende Art manche benachbarte Stämme als Bundesgenossen zu gewinnen. Lloque Yupanqui bereicherte und vergrößerte auch den Tempel von Curicancha. Silber und Gold wurde bereits geschürft und in großen Mengen auf den *catu*, das heißt Markt, gebracht. Es gab auch schon Jungfrauen, die dem Tempel geweiht waren und ihn nicht verlassen durften.

So regierte Lloque Yupanqui in Cuzco. Er wurde sehr alt. Seine Lebensspanne war schon fast zu Ende, und er hatte noch immer keinen Sohn von seiner Hauptfrau. Das beunruhigte die Einwohner der Stadt gewaltig. Sie brachten den Göttern Opfer dar und beteten, sowohl in Huana-cauri als auch in Curicancha und in Tampu Quiru. Und eines dieser Orakel, die sie aufzusuchen pflegten, um sich wertlose Sprüche anzuhören, prophezeite schließlich, daß der Inka einen Sohn zeugen würde, der nach ihm herrschen solle. Fröhlich und hoffnungsvoll halfen sie danach dem alten Inka auf das Bett der Coya, worauf diese bald merkte, daß sie schwanger war, und zur rechten Zeit gebar sie einen Sohn. Bevor Lloque Yupanqui starb, befahl er, daß die königliche Stirnbinde in den Tempel von Curicancha gebracht und dort aufbewahrt würde, bis sein Sohn Mayta Capac das regierungsfähige Alter erreicht habe. Gleichzeitig bestimmte der Inka zwei seiner Brüder, deren Namen ich nicht weiß, zu Regenten.

Der Inka Lloque Yupanqui wurde nach seinem Tode von allen Angehörigen seines Hauses aufrichtig betrauert. Die Einwohner von Cuzco töteten in ihrer Verblendung viele Frauen und Jünglinge, weil sie glaubten, diese würden dem toten Inka im Himmel dienen. Sie waren fest davon überzeugt, daß seine Seele dort wohne. Sie benahmen sich, als sei er ein Heiliger, und die Stadtältesten ließen eine große Statue von ihm anfertigen, die an Festtagen feierlich zur Schau gestellt wurde. Wahrlich, große Pracht wurde bei seiner Beerdigung entfaltet, und überall trauerte man um ihn sehr. In manchen Provinzen schnitten sich die Frauen das Haar ab und umwickelten sich die Häupter mit hänfenen Stricken, und am Jahresende gab es nochmals so heftige Klagen und heidnische Totenopfer, daß man es sich kaum vorstellen kann. Was den Aufwand anbetrifft, den die Indianer bei ihren Feiern trieben, so haben diejenigen von uns, die im Jahre 1550 in Cuzco waren, noch erlebt, wie der Geburtstag des Paullu Tupac Yupanqui begangen wurde. Ich war auch dabei, und es war wirklich staunenswert. Man muß aber wissen, daß diese Feier mit den Festen der vergangenen Zeit gar nicht mehr zu vergleichen ist.

Nunmehr will ich von Mayta Capac berichten.

63. Kapitel

Von Mayta Capac, dem vierten Inka von Cuzco; und was während seiner Regierungszeit geschah.

Mayta Capac wuchs heran, und als die Zeit gekommen war, wurden seine Ohren durchbohrt. Als er zum Mann herangereift war, empfing er die Inka-Stirnbinde in Anwesenheit vielen Volkes, sowohl Einheimischer als auch Fremder, die eigens dazu herbeigekommen waren. Da er keine Schwester besaß, die er hätte heiraten können, vermählte er sich mit Mama Cahua Pata, der Tochter eines Fürsten oder Häuptlings des Dorfes Oma, das etwa zwei Leguas von Cuzco entfernt liegt.

In einem bestimmten Bezirk nahe der Stadt lebten die Alcaviquizas [Alcavilcas]. Zwischen ihnen und Cuzco hatte stets Spannung geherrscht, und sie hatten niemals auf freundliche Beziehungen zu den Inkas Wert gelegt. Einmal, so heißt es, ging eine Frau aus Cuzco zur Quelle, und ein Junge des Nachbarbezirks kam hinzu, zerbrach ihren Krug und beschimpfte sie. Die Frau rannte schreiend nach Cuzco zurück; und da diese Indianer so leicht erregbar sind, bewaffneten sich die Bürger sofort und griffen die Alcaviquizas an. Diese hatten sich, als sie den Lärm hörten, ebenfalls bewaffnet und liefen herzu, um zu sehen, was es gebe. Der Inka nahte sich mit seinen Leuten in Schlachtordnung, denn sie wollten diese lächerliche Episode zwischen der Frau und dem Jungen zum Anlaß nehmen, den Stamm der Alcaviquizas zu besiegen und sein Andenken auf immer auszulöschen. Die Alcaviquizas merkten das genau. Sie waren tapfere Leute und gingen mit großem Mut in die Schlacht. Da der Zwischenfall so unvermutet war, hatten sie keine Zeit gehabt, sich Verbündete zu suchen. Trotz tapfersten Ringens wurden sie fast alle getötet; nur etwa fünfzig kamen mit dem Leben davon. Darauf ergriff der Inka Mayta Capac Besitz von den Feldern und Ländereien der Gefallenen, wie es Siegerbrauch war, und verteilte sie unter den Einwohnern von Cuzco. Der Sieg wurde an ihren heiligen Altären gefeiert. Von Mayta Capac wird weiter nur noch berichtet, daß er bei der Aufstellung von Truppen für den Feldzug nach Cunti-suyu erkrankte und starb. Sein Sohn war Capac Yupanqui.

64. Kapitel

Capac Yupanqui, der fünfte Inka von Cuzco.
Als Mayta Capac gestorben und nach dem Brauch bestattet worden war, erhielt seine Statue im Tempel einen würdigen Platz. Capac Yupanqui legte die Stirnbinde des Inkas an, und seine Krönung wurde mit Gesang und Trunk festlich begangen. Dann begab sich der Inka zum Hügel Huana-cauri, um dort zu opfern. Die Priesterschaft unter Führung des Oberpriesters, viele der *Orejones* und Bewohner der Stadt begleiteten ihn.

In der Provinz Cunti-suyu hatte man erfahren, daß der verstorbene Inka kurz vor seinem Tode einen Angriff auf dieses Gebiet geplant hatte. So hatte man sich kriegsbereit gemacht, um nicht unvorbereitet überrascht zu werden. Ein paar Tage später erfuhr man von seinem Tode und dem Auszug seines Sohnes Capac Yupanqui zum Opfer auf dem heiligen Berge Huana-cauri. Da beschlossen die Cunti-suyu, ihn ihrerseits anzugreifen, und hofften, bei günstigem Kriegsglück reiche Beute zu machen. Von einem Dorfe namens Marca stießen sie vor und trafen auf den Inka, der aber bereits Kundschaft erhalten hatte und auf der Hut war. Alsbald entbrannte eine Schlacht, in der auf beiden Seiten tapfer und ausdauernd gekämpft wurde. Schließlich wurden die Cunti-suyu geschlagen und hatten viele Gefallene. Um so freudiger war nun die Opferfeier, und viele Gefangene, auch Frauen, wurden in heidnischer Verblendung abgeschlachtet. Auch viele Llamas wurden getötet, aus deren Eingeweiden wahrgesagt wurde. Darauf kehrte der Inka nach Cuzco zurück, wo der Sieg nochmals großartig gefeiert wurde.

Diejenigen Männer von Cunti-suyu, die den Feinden

hatten entrinnen können, schlugen sich, so gut es ging, nach ihrer Heimatprovinz durch. Dort begannen sie alsbald, neue Truppen zu sammeln und Verbündete zu suchen. Allenthalben verkündeten sie, sie wollten die Stadt Cuzco zerstören und diese hergelaufenen Eindringlinge vom Antlitz der Erde fegen oder bei dem Versuch den Heldentod sterben. Toll vor Wut bewaffneten sie sich in höchster Eile, und in ihrer verblendeten Anmaßung hatten sie bereits die Tempeljungfrauen von Curicancha unter sich verteilt, ohne auch nur eine einzige gesehen zu haben. Als sie kriegsbereit waren, zogen sie nach Huana-cauri, um von dort aus in Cuzco einzudringen. Aber Capac Yupanqui hatte von ihren Vorbereitungen gehört, alle Nachbarn und Verbündeten gesammelt und erwartete mit seinen *Orejones* das Nahen des Feindes. Die Heere trafen vor der Stadt aufeinander, und jeder Hauptmann feuerte seine Krieger an. Die von Cuntisuyu fochten bis an die Grenze ihrer Kraft, aber sie wurden wiederum geschlagen und verloren mehr als sechstausend Mann. Wer entweichen konnte, floh heimwärts.

Capac Yupanqui verfolgte die Fliehenden bis auf ihr Gebiet. Er bedrängte sie so hart, daß sie schließlich um Frieden baten und den Inka als Herrscher anzuerkennen bereit waren, wie das die anderen mit ihm verbündeten Völkerschaften bereits getan hatten. Capac Yupanqui vergab ihnen und zeigte sich gnädig. Er befahl seinen Leuten, nicht zu plündern, sondern den Besiegten, die nun Freunde seien, kein Leid anzutun. Mehrere schöne Mädchen wurden erwählt, um nach Cuzco in den Sonnentempel gebracht zu werden. Capac Yupanqui blieb einige Zeit in Cunti-suyu. Er lehrte die Eingeborenen, ordentlich zu leben und ihre Siedlungen nicht mehr zwischen den schneebedeckten Berggipfeln zu bauen. Als alles so war, wie er es haben wollte, kehrte er in seine Stadt zurück.

Diese wurde von Tag zu Tag prächtiger, und besonders der Tempel von Curicancha wurde immer herrlicher. Capac Yupanqui ließ einen Palast erbauen, der das prachtvollste Gebäude war, das Cuzco damals aufzuweisen hatte. Es wird berichtet, daß der Inka von seiner rechtmäßigen Gattin, der Coya, mehrere Söhne hatte, die ebenso tapfer wurden wie er. In allen benachbarten Provinzen verbreitete sich die Kunde von dem guten Leben, das der Inka und die *Orejones* in Cuzco führten, von dem herrlichen Tempel, von der Klugheit und Disziplin der Stadtbewohner und von ihrer prächtigen Kleidung. Alle staunten und erzählten Wunderdinge.

Auch die Indianer, die westlich von Cuzco im heutigen Andahuaylas lebten, hörten davon. Sie sandten eine Abordnung mit reichen Gaben zum Inka und baten ihn um Freundschaft und Bundesgenossenschaft. Der Inka antwortete, daß er gern dazu bereit sei, und gab den Gesandten kostbare Gegenstände aus Gold und Silber für ihren Herrscher mit. Die Boten blieben einige Tage in der Stadt. Sie wurden so gut untergebracht und behandelt, daß es ihnen schien, die Wirklichkeit überträfe noch, was sie gehört hatten; und dementsprechend berichteten sie in der Heimat.

Orejones von Cuzco erzählen, daß damals in allen Provinzen die Sprache der Quichuas gesprochen wurde, eines Stammes, der als sehr tapfer galt, bis er von den Chancas vernichtet wurde.

Nach einem langen Leben starb Capac Yupanqui hochbetagt. Nachdem die Trauer und die Tage zu seiner

Ehrung vorüber waren, wurde sein Sohn einstimmig als Nachfolger und Beherrscher des Reiches anerkannt. Sein Name war Roca Inca.

65. Kapitel
Von dem sechsten Inka, der in Cuzco herrschte; was während seiner Regierungszeit geschah; und von der Fabel über den Fluß, der durch Cuzco fließt.

Nachfolger des verstorbenen Inka Capac Yupanqui wurde sein Sohn Roca Inca. Dem Brauch gemäß wohnte viel Volk aus allen Provinzen der Feier seiner Krönung bei. Als man ihm die Ohren durchbohrte, um ihm die noch heutzutage gebräuchlichen Ohrringe der *Orejones* anzulegen, fügte man dabei, so wird erzählt, dem neuen Inka so heftige Schmerzen zu, daß er ärgerlich die Stadt verließ und den nahe gelegenen Hügel Chaca aufsuchte. Er ließ seine Frauen und die Coya, seine Schwester Micay Cuca, die ihm bereits zu Lebzeiten seines Vaters vermählt worden war, nachkommen, damit er Gesellschaft habe. Dort soll sich etwas Wunderbares ereignet haben. Damals nämlich floß weder Bach noch Fluß, noch Strom durch Cuzco, was das Leben in der Stadt bedeutend erschwerte. Die Einwohner badeten gern, sowohl bei heißem als auch bei kühlerem Wetter. Dazu mußten sie die Flüsse und Bäche außerhalb der Stadt benutzen. Zur Versorgung mit Trinkwasser genügten einige kleine Quellen, die heute noch vorhanden sind. Als der Inka sich eines Tages, fern von seiner Begleitung, auf den Hügel Chaca zurückgezogen hatte, betete er zu dem großen Tici-Viracocha, zu Huana-cauri, zur Sonne und zu den Geistern seines königlichen Vaters und Großvaters: sie möchten ihm kundtun, wie er mit menschlichen Mitteln einen Fluß in die Stadt führen könne; und während er betete, geschah ein krachender Donnerschlag, der alle in Angst versetzte. Der Inka selbst neigte in großer Furcht sein Haupt zur Erde, bis sein linkes Ohr den Boden berührte. Da sprang Blut aus seinem Ohr, und plötzlich vernahm er an dieser Stelle ein starkes unterirdisches Rauschen wie von Wasser. Als er die Bedeutung dieses Wunders erkannt hatte, ließ er frohen Herzens eine Menge Arbeiter aus Cuzco kommen. Eilig hieß er sie graben, bis sie den Wasserlauf erreichten, der sich sein Bett in den Eingeweiden der Erde gesucht hatte und dort nutzlos verströmte.

Weiter heißt es, daß die Inkas nach dieser Entdeckung Dankopfer brachten, weil sie glaubten, die Götter hätten sie mit diesem unterirdischen Strom gesegnet. Mit großem Geschick pflasterten sie ein Flußbett mit großen Steinen aus, leiteten den Wasserlauf durch die Stadt und errichteten steinerne Mauern zu beiden Seiten des Flusses. Zum Schluß bauten sie in regelmäßigen Abständen steinerne Brücken.

Ich habe diesen Fluß [den Huatanay] gesehen, und es stimmt, daß seine Quelle in Richtung auf den genannten Berg liegt. Sonst kann ich nur berichten, was ich gehört habe. Es kann durchaus sein, daß es sich um einen unterirdischen, bis dahin unbekannten Wasserlauf handelt, der in die Stadt geleitet wurde. In diesem weiten Reich gibt es manche große und kleine Wasserläufe, die unter der Erdoberfläche fließen. Wer die Ebenen und Berge bereist hat, weiß das. Heutzutage liegen an den Ufern des Huatanay riesige, schmutzige Haufen Unrats, was zur Zeit der Inkas nicht der Fall war. Damals war der Fluß sauber; rein und klar floß das Wasser über die

Steine. Zu Zeiten pflegten die Groß-Inkas und ihre Frauen darin zu baden, und oft haben die Spanier kleine goldene Nadeln und andere Schmuckstücke gefunden, die damals beim Baden verlorengegangen sind.

Nach diesem Ereignis brachte Roca Inca Opfer dar, verließ Cuzco mit einem Heer und versuchte mit listigen und freundlichen Worten möglichst viele benachbarte Völker auf seine Seite zu bringen. Bei Pomatambo kämpfte er siegreich gegen die Einwohner der Provinz Cunti-suyu. Den Besiegten zeigte er sich gütig, verteilte reichliche Gaben und schilderte ihnen die großen Errungenschaften seiner Stadt. So begannen sie schließlich Vertrauen und Zuneigung zu ihm zu fassen und erboten sich zu Dienstleistung und Tributzahlung. Er verbrachte einige Zeit in Cunti-suyu, besuchte die Tempel und Heiligtümer des Landes und kehrte schließlich im Triumph nach Cuzco zurück. Bei seinem Einzug schritt eine Leibwache von Adligen, mit goldenen Äxten und Hellebarden bewaffnet, seinem Tragsessel voran.

Dieser Inka hatte mehrere Söhne, aber keine einzige Tochter. Er vollbrachte noch eine Reihe bedeutender Taten und starb dann, nachdem er zuvor seinen älteren Sohn Inca Yupanqui mit Mama Chiquia, einem vornehmen Mädchen aus Alamarca, vermählt hatte.

66. Kapitel
Yahuar-Huacac, der siebente Inka,
der in Cuzco regierte.

Beim Tode Roca Incas kamen viele Männer und Frauen von Cunti-suyu, Vicos [Chumpivilcas], Ayamarca und anderen Ländern, mit denen er Freundschaft und Bündnisse geschlossen hatte, nach Cuzco. Klage um den Toten erhob sich, und viele Frauen, die ihn geliebt und ihm gedient hatten, erhängten sich an ihrem eigenen Haar oder töteten sich auf andere Weise, denn in der heidnischen Blindheit der Indianer glaubten sie, ihre Seelen könnten dann weiterhin der Seele Roca Incas dienen. Kostbare Schätze, Speisen, schöngekleidete Frauen, Dienerinnen und Diener wurden mit ihm in seiner großen, prächtigen Grabstätte beigesetzt.

Noch nie wurde das Grab eines Groß-Inkas entdeckt. [Nur zu Lebzeiten Ciezas: Der Justitiar Juan Polo de Ondogardo fand 1560 im Dorf Rarapa die *huaca* Roca Incas. Er beschrieb ausführlich Religion und Regierungssystem der Inkas und entdeckte auch mehrere Inka-Mumien.] Man kann sich aber von den ungeheuren Schätzen in diesen Grabstätten einen Begriff machen, wenn man bedenkt, daß schon in Gräbern gewöhnlicher Leute Beträge um sechzigtausend Goldpesos gefunden worden sind. Was muß da erst in denjenigen der Herrscher verborgen sein, die so riesige Mengen von diesem Edelmetall besaßen und die es für so ungeheuer wichtig hielten, diese Erde reich und geschmückt zu verlassen!

Auch von Roca Inca wurde eine Statue geschaffen; er wurde in die Reihe der Götter aufgenommen, und man glaubte, daß seine Seele im Himmel Ruhe gefunden habe.

Nach den Trauer- und Beisetzungsfeierlichkeiten zog sich der neue Inka zurück, um zu fasten. Damit während seiner Abwesenheit kein Aufruhr ausbreche, beauftragte er einen bedeutenden Mann aus seiner Familie mit seiner Stellvertretung; diesem verlieh er das Recht, jeden zu bestrafen, der dazu Anlaß gab. Er sollte dafür sorgen, daß Friede und Ordnung in der Stadt sei, bis er, der Inka, mit dem königlichen Abzeichen der Stirnbinde erscheine.

Dieser Inka soll sehr edel und streng ausgesehen haben. Zu seinem rituellen Fasten hatte er sich in den innersten, geheimsten Teil seines Palastes zurückgezogen. Von Zeit zu Zeit brachte man ihm ein wenig Mais. Sonst aß er kaum etwas: auch enthielt er sich des Umgangs mit Frauen. Als die festgesetzte Zeit vorüber war, trat er feierlich hervor, und das Volk jubelte bei seinem Anblick. Feste und Opferfeiern wurden abgehalten. Danach befahl der Inka, große Mengen Goldes und Silbers aus allerlei Schatzkammern in den Tempel zu bringen. Er ließ auch den großen Kriegsstein auf dem Stadtplatz von Cuzco errichten und mit Gold und Juwelen schmücken.

67. Kapitel
Der Aufstand in Cuzco beim Auszug des Inkas gegen die Collas. Die Chancas besiegen die Quichuas und nehmen ihnen ihr Land weg.

Der Inka Yahuar-Huacac war im besten Zuge, die Stadt schöner und reicher zu machen. Er erhielt aber Nachricht aus Colla-suyu, einem großen Gebiet südlich von Cuzco, daß Zapana, ein Häuptling von Hatuncolla, sehr mächtig geworden sei und in seinem Übermut Truppen zu einem Feldzug gegen Cuzco sammle. So entschloß er sich zu einer Expedition nach Colla-suyu und ließ das Heer marschfertig machen. Aber Cuzo ist eine unruhige Stadt: als Yahuar-Huacac sein Expeditionsheer aufgestellt hatte und eben abmarschieren wollte, zettelten einige in Cuzco lebende Führer der Cuntis mit ihren Gefolgsleuten eine Verschwörung an, um den Inka zu ermorden; denn, so überlegten sie, wenn er siegreich zurückkehre, werde sein Ruhm so groß sein, daß er versuchen werde, sie alle zu seinen Vasallen und Dienern zu machen. Bei einem Trinkgelage, so wird erzählt, näherte sich also einer der Verschwörer dem Inka, der schon ziemlich viel getrunken hatte und vom Weine fröhlich war, erhob den Arm und führte einen Keulenschlag gegen das königliche Haupt. Der Inka, halb betäubt, aber mutig, erhob sich und rief: »Verräter! Was hast du getan?« Da hatten aber die Cuntis schon viele Männer des Inkas erschlagen, und dieser versuchte, im Tempel Zuflucht zu nehmen. Seine Feinde überwältigten ihn jedoch. Er und viele seiner Frauen wurden getötet.

In der Stadt erhob sich ein solcher Tumult, daß niemand sein eigenes Wort verstehen konnte. Die Priester waren in den Tempel geflohen, die Frauen rannten heulend und sich das Haar raufend durch die Straßen; der Anblick des toten Inkas, der wie ein gemeiner Mann in seinem Blute lag, erschütterte alle aufs tiefste. Viele Einwohner suchten zu fliehen, und die Mörder machten sich schon bereit, die Regierung der Stadt zu übernehmen. Da, so heißt es, ging mit mächtigem Donnern und Blitzen ein Wolkenbruch hernieder, und der Regen prasselte so gewaltig, daß die Cuntis Angst bekamen, sich mit dem bisher angerichteten Schaden begnügten und, ohne ihre weiteren Absichten durchzuführen, in ihre Heimat zurückkehrten.

Zu dieser Zeit waren die Quichuas Herren der Andahuaylas-Provinzen. Da erschien, wie berichtet wird, vom See Choclococha her eine Armee der Chancas unter zwei Führern, Guaraca und Uasco, die schon alles Land auf ihrem Wege erobert hatten. Bei der Nachricht vom Auftauchen dieses Heeres rüsteten sich die Quichuas zur

Verteidigung, sprachen sich gegenseitig Mut zu und meinten, es sei ein gerechter Kampf, die Angreifer zu töten. Als sie in Richtung der Aymaraes [im Cuntisuyu-Gebiet] aufbrachen, näherten sich die Chancas dieser entgegenkommenden Streitmacht. Die Anführer verhandelten zunächst, aber ergebnislos, und so entbrannte eine wilde Schlacht, die lange unentschieden hin und her wogte. Schließlich aber wurden die Quichuas geschlagen. Die Sieger wüteten grausam unter ihnen: alles, was ihnen in die Hände fiel, wurde massakriert; weder die kleinen Kinder noch die hilflosen Alten wurden verschont, und die Weiber wurden als Konkubinen weggeführt. Die Chancas richteten auch sonst noch allerlei Schaden an und warfen sich zu Herren der Provinz auf. Ihre Nachkommen herrschen noch heute dort. Ich habe diese Geschichte hier eingefügt, weil ich in Zukunft die Chancas des öfteren erwähnen muß.

Um auf unseren Bericht zurückzukommen: als die von Cunti-suyu Cuzco verließen, wurden die Toten bestattet und große Opfer dargebracht. Man will wissen, daß Yahuar-Huacac nicht mit den seinen Ahnen erwiesenen Ehren bestattet wurde; man hat ihm auch keine Statue errichtet. Er hinterließ auch keinen Sohn. [Hier irrt Cieza: Viracocha, der achte Inka, war einer der sechs Söhne Yahuar-Huacacs.]

68. Kapitel
Wie die *Orejones* über die Wahl des nächsten Inkas
Rat hielten; und was geschah, als Viracocha Inca,
der achte Inka, die königliche Stirnbinde anlegte.

Nach den Geschehnissen, über die ich berichtet habe, und nach Ablauf der schicklichen Trauerzeit für den verstorbenen Inka kamen die führenden Männer der Stadt zusammen, um darüber zu beraten, wem die Inka-Würde übertragen werden solle. Darüber war die Meinung geteilt: die einen wollten keinen neuen Inka, sondern wollten die Stadt von einer zu diesem Zwecke gewählten Körperschaft regieren lassen; die anderen meinten, die Stadt müsse ein Oberhaupt haben, sonst sei sie verloren.

Es gab heiße Diskussionen, und man fürchtete schon, daß es zu tätlichen Auseinandersetzungen kommen würde. Da trat, so wird erzählt, ein Weib aus den Reihen der Hanan-Cuzcos auf und sagte: »Was streitet ihr euch? Wählt Viracocha, denn er verdient es wohl.« Diese Menschen sind völlig unberechenbar. Sie stellten, nur auf diese Worte hin, ihre Chicha-Becher beiseite, eilten zu Viracocha, dem Sohn Inca Yupanquis, und baten ihn, sofort mit den heiligen Fasten zu beginnen, denn sie wollten ihm die königliche Stirnbinde verleihen, und er möge sie gnädig entgegennehmen. Viracocha überlegte sich die Sache und zog sich dann zum Fasten zurück, nachdem er seinem Blutsverwandten Roca Inca die Regentschaft übergeben hatte. Als die Fastenzeit verstrichen war, trat er königlich gekleidet und mit der königlichen Stirnbinde angetan vor das Volk. Mehrere Tage lang dauerten die Festlichkeiten, und jedermann war über die Wahl des neuen Inkas hoch erfreut.

Manche sagen, dieser Inka habe Viracocha geheißen, weil er aus der Ferne kam und fremdartige Kleider trug. Mit seinem Bart soll er wie ein Spanier ausgesehen haben. Man erzählt so vieles über ihn – es wäre langweilig, das alles niederzuschreiben. In Cuzco habe ich Cayu Tupac Yupanqui und einige der vornehmsten Bürger gebeten, mir zu sagen, ob das besagte Gerücht stimme. Sie erwiderten, das sei alles Unsinn und kein Wort sei davon wahr, denn Viracocha sei wie sein Vater und seine Vorväter in Cuzco geboren, und Viracocha sei sein normaler Vorname.

Gleich nach der Krönung heiratete er eine Dame des hohen Adels. Sie hieß Runtu Caya und war sehr schön. Als die Feierlichkeiten vorüber waren, wollte er mehrere Stämme in der Nachbarschaft unterwerfen, welche im Vertrauen auf die Stärke ihrer Festungen die Friedensangebote seines Vorgängers abgelehnt hatten. Mit seinem Truppenaufgebot verließ er, begleitet von einer Leibwache aus Adligen, Cuzco in einem prächtigen Tragsessel und zog bis zum Dorfe Calca, wo seine Boten mit Verachtung empfangen worden waren. Als die Calcas die Krieger von Cuzco heranrücken sahen, bewaffneten sie sich, bezogen Stellungen in den Bergfestungen und rollten von dort aus große Steine auf das Lager der Inkas, wodurch einige Krieger getötet wurden.

Die Soldaten des Inkas jedoch erklommen die Berge und konnten trotz starken Widerstandes eine Festung nehmen. Als die Calca-Krieger das sahen, strömten sie heraus und sammelten sich auf einem großen viereckigen Feld. Dort wurde hart gekämpft. Die Schlacht dauerte vom Morgen bis zum Mittag, und auf beiden Seiten gab es viele Tote und noch mehr Gefangene. Aber schließlich fiel der Sieg denen von Cuzco zu.

Der Inka befand sich in seinem Lager an einem Flusse [Vilcanota]. Als ihm die Nachricht von dem Siege gebracht wurde, war er hoch erfreut. Nun kamen die Hauptleute mit Gefangenen und Beute von den Bergen herunter. Die Überlebenden von Calca und die Truppenführer aus den umliegenden Gebieten sahen, wie übel ihr Plan ausgegangen war. Sie beschlossen, da ihnen nichts anderes übrigblieb, sich der Gnade des Siegers zu ergeben und, wie schon viele andere Völkerschaften, um einen annehmbaren Frieden zu bitten. Sie kamen also von den Bergen herunter und schrien: »Mögest du lange leben, mächtiger Inka Viracocha, unser Herr!« Beim Brausen ihrer Stimmen nahmen die Inkas ihre Waffen wieder auf, aber da lagen die Besiegten schon im Staube ausgestreckt, und aus dieser Lage, ohne sich zu erheben, sprach der Weiseste der Calcas mit lauter Stimme: »Möge dieser Sieg, den dir, o Inka, dein Gott geschenkt hat, dich nicht hochmütig machen; und verachte uns nicht, die wir besiegt wurden, denn dir und dem Volk der Inkas ist es gegeben, über andere Völker zu herrschen, wie es uns gegeben ist, mit allen Kräften die Freiheit zu verteidigen, die wir von unseren Ahnen erbten. Da wir das nicht konnten, müssen wir uns dir mit gutem Willen unterwerfen und dir gehorchen. Wolle also befehlen, daß kein Blut mehr vergossen werde, und verfüge über uns nach deinem Willen.« Als der Führer der Indianer so gesprochen hatte, begannen die anderen, mit lautem Geheul um Gnade zu bitten.

Der Inka erwiderte, an dem Leid, das sie getroffen habe, sei ihr eigenes Ungestüm schuld, da sie zu seinem tiefsten Bedauern sein Freundschaftsangebot ausgeschlagen und seinen Worten keinen Glauben geschenkt hätten. Er wolle ihnen aber großherzigerweise ihr Land und ihre Äcker belassen, unter der Bedingung, daß sie zu gegebener Zeit von den Produkten ihrer Dörfer Tribute abliefern und ohne Verzug eine Anzahl Arbeiter nach Cuzco schicken würden. Diese sollten zwei Paläste erbauen, und zwar einen in der Stadt selbst, den anderen in Caqui [Caquia-Xaquixahuana], wo er, der Inka, zur Erholung zu weilen gedenke. Das sagten sie zu, und Viracocha Inca befahl darauf, alle Gefangenen unverzüglich freizulassen und alles besetzte Land an seine nunmehrigen Verbündeten zurückzugeben. Damit die Calcas verstünden, was er von ihnen erwarte, ernannte er einen Stellvertreter, der, mit ausreichenden Vollmachten versehen, im Lande bleiben sollte, ohne daß jedoch der eingeborene Herrscher dadurch seiner Autorität entkleidet würde.

Nachdem das hier Berichtete geschehen war, sandte Viracocha Inca einen Boten zu den Caitomarcas. Diese wohnten damals jenseits des Flusses in festen Plätzen und hatten bisher stets die Freundschaft des Inkas ausgeschlagen. Als die Boten Viracochas ankamen, beleidigten sie ihn und sagten, er sei verrückt, wenn er denke, daß sie sich seiner Herrschaft feige unterwerfen würden.

69. Kapitel
Wie Viracocha Inca einen feurigen Stein gegen Caitomarca schleuderte, und wie man ihm Verehrung erwies.

Nach der Entsendung des Boten befahl Viracocha Inca, das Lager abzubrechen, und zog gegen Caitomarca. An einem Flusse [Vilcamayu] ließ er Rast halten. Da kam der Bote zurück und berichtete, daß nach ihrem Hohn und Spott zu urteilen, die Caitomarcas überhaupt keine Angst vor dem Inka hätten. Als Viracocha das hörte, bestieg er ärgerlich seine Sänfte und ließ schnell vorrükken. Schließlich kamen sie an einen mächtigen, schnellfließenden Strom, der, glaube ich, der Yucay gewesen sein muß. Dort hieß der Inka die Soldaten Zelte aufschlagen und sich zum Angriff auf die feindliche Stadt jenseits des Flusses fertigmachen. Aber der Fluß war zu reißend. Die von Caitomarca waren jetzt am anderen Ufer aufmarschiert und warfen mit ihren Schleudern Steine in das Lager des Inkas. Auf beiden Seiten erhob sich lautes Geschrei, denn diese Völker haben die Sitte, beim Kämpfen auch die Stimme nicht zu schonen.

Zwei Tage lang soll der Inka am Ufer dieses Flusses gelagert haben, ohne daß er ihn überqueren konnte. Es gab keine Brücke, denn Brücken in heutiger Bauweise waren damals in dieser Gegend überhaupt noch nicht gebräuchlich. Deshalb, so heißt es, befahl Viracocha, einen kleinen Stein im Feuer stark zu erhitzen und ihn dann mit einer Substanz oder Mixtur einzureiben, die bewirkte, daß er beim Aufschlag ein Feuer entzündete. Dann ließ er diesen Stein in seine Schleuder aus goldenem Tuch legen, die er manchmal benutzte, und kraftvoll schleuderte er ihn in das Dorf Caitomarca. Zufälligerweise fiel der Stein auf ein Haus mit einem sehr trockenen Strohdach, das sofort zu brennen anfing. In der stillen Nacht prasselten die Flammen so laut, daß alle Caitomarcas herbeirannten und das Feuer bestaunten. Einer fragte den anderen, wie es denn habe ausbrechen können und wer denn das Haus angezündet habe. Da kam eine alte Frau herbei und rief: »Hört, was ich euch sage, es ist zu eurem Besten: glaubt nicht, daß dieses Haus von Menschenhand in Brand gesetzt wurde. Der Himmel selbst hat es angezündet, denn ich sah einen brennenden Stein aus der Höhe auf das Dach herabfallen.«

Als die Führer und Ältesten des Dorfes das hörten, meinten sie, dieser Stein sei von der Hand Gottes geschleudert worden, um sie dafür zu bestrafen, daß sie dem Inka den Gehorsam verweigert hatten; denn diese Menschen neigen ihrer Natur nach zu Aberglauben und Zeichendeutung. Ohne erst ihr Orakel zu befragen, überquerten sie den Fluß in Booten, brachten dem Inka Ehrengaben, baten ihn um Frieden und boten ihm sich und ihr Land, nach dem Vorbild seiner übrigen Verbündeten, zu eigen dar.

Viracocha hörte sich an, was die Männer von Caitomarca zu sagen hatten, und erwiderte listig, er hätte sie mit großen Booten, die er bereits zu bauen befohlen habe, angegriffen, wenn sie nicht vernünftigerweise von selbst zu ihm gekommen wären. Dann wurde ein Pakt geschlossen, und der Inka gab dem Häuptling des Dorfes eine seiner Frauen. Sie stammte aus Cuzco, und der Häuptling hielt sie in großen Ehren.

Der Ruhm des Inkas verbreitete sich im ganzen Gebiet, und viele Dörfer sandten ihm durch seine Freunde und Verbündete Gelöbnisse, ihm untertan zu sein, ohne daß sie überhaupt seine Waffen zu Gesicht bekommen hatten. Der Groß-Inka war dessen sehr zufrieden, antwortete allen freundlich und bewies ihnen seine große Güte, indem er diejenigen, welche an irgend etwas Mangel litten, mit allem versah, was er entbehren konnte.

Da er nun imstande war, ein großes Heer aufzustellen, entschloß er sich, in eigener Person den Feldzug nach Cunti-suyu zu leiten.

70. Kapitel

Wie eine Rebellion in Cuzco ausbrach; wie einige *mamaconas* wegen Unzucht bestraft wurden; und wie der Inka nach Cuzco zurückkehrte.

Die Nachricht von Viracochas Taten gelangte nach Cuzco. Als man in der Stadt von seinem Feldzug gegen die Caitomarcas vernahm, erhob sich, so heißt es, ein Usurpator, ein Bruder des verstorbenen Inka Yupanqui, der sehr verbittert war, weil die Herrschaft nicht an ihn gefallen war. Er hatte nur auf eine Gelegenheit gewartet, die Macht zu ergreifen, denn er fand bei gewissen *Orejones* von Hurin-Cuzco Unterstützung für seine Pläne. Sie glaubten, der Inka habe jetzt alle Hände voll mit seinem neuen Krieg zu tun, und deshalb ermutigten sie den genannten Usurpator, unverzüglich den Statthalter zu ermorden und sich zum Herrn der Stadt zu machen.

Der machtdurstige Capac (das war sein Name) rief seine Anhänger zusammen, und eines Tages, als die meisten *Orejones* und Inca Roca, der von Viracocha Inca eingesetzte Statthalter, in Sonnentempel weilten, ergriffen sie die Waffen und verkündeten, daß das Volk frei und Viracocha nicht der rechtmäßige Herrscher sei. Sie stürzten sich auf den Statthalter, töteten ihn und mehrere seiner Gefährten und bespritzten den Altar, die heiligen Gefäße und das Sonnenidol mit Blut. Die *mamaconas* und Priester kamen mit lautem Geschrei hinzu und flehten die Strafe des Himmels für die Missetat auf die Rebellen herab. Eine Menge Volk rannte aus der Stadt herbei, um zu sehen, was es gebe. Manche, die mit ihm einverstanden waren, schlugen sich auf Capacs Seite; andere griffen unter wütenden Klagen zu den Waffen, denn sie wollten den Umsturz nicht dulden. So war das Volk von Cuzco in zwei Parteien gespalten, und es gab viele Tote auf beiden Seiten. In der Stadt war ein solches Getöse, daß man sein eigenes Wort nicht verstehen konnte und der Schall der Stimmen die Luft zerriß. Schließlich gewann der Usurpator die Oberhand und tötete die Frauen des Inkas, deren vornehmste allerdings ihren Gemahl auf dem Kriegszug begleitet hatte. Einige Frauen konnten entfliehen und gelangten schließlich zu ihm. Viracocha Inca ließ sich zunächst seinen Grimm nicht anmerken und befahl den Truppen, nach Cuzco zu marschieren.

Der Tyrann Capac wollte sich, nachdem er die Stadt in seiner Gewalt hatte, öffentlich mit der königlichen Stirnbinde zeigen, auf daß man ihn als Inka anerkenne. Aber als der erste Rausch vorbei war, der die Menschen den Kopf verlieren läßt und sie in großes Übel stürzt, verließen ihn gerade die, welche ihn vorher zu seiner Revolte ermutigt hatten. Sie verspotteten und beschimpften ihn, weil er die Hand nach der Inka-Würde ausgestreckt hatte, zogen dem rechtmäßigen Inka entgegen und baten diesen, ihnen ihre Untaten zu verzeihen.

Capac, dem es keineswegs an dem nötigen Mut für sein Vorhaben gefehlt hätte, war sehr enttäuscht. Er verfluchte seine treulosen Anhänger und sich selbst, weil er ihnen vertraut hatte. Er mochte dem Inka nicht ins Auge sehen, und um sich selbst für sein Vorhaben zu bestrafen, nahm er Gift und starb. Seine Frauen, Kinder und Blutsverwandten folgten ihm in den Tod.

Der Inka erhielt Kunde von alledem im Lager, und gleich nach seinem Einzug in die Stadt begab er sich unverzüglich in den Tempel, um zu opfern. Er befahl, die

Leichen Capacs und seiner Anhänger ins offene Feld zu werfen, den Geiern zum Fraß. Dann ließ er die übrigen Verräter aufspüren und verurteilte sie zum Tode.

Als Viracochas Freunde und Verbündete hörten, was geschehen war, schickten sie reiche Gaben und wünschten ihm und sich selbst Glück. Er hieß diese Gesandtschaften freudig willkommen.

Zu jener Zeit, so erzählen die *Orejones,* waren bereits viele Jungfrauen im Tempel, die in hohem Ansehen standen und nur die schon bekannten Arbeiten zu verrichten hatten. Aber vier von ihnen hatten schlimmen Gebrauch von ihren Leibern gemacht und mit den Tempelwächtern Unzucht getrieben. Als das ruchbar wurde, ergriff man sie und die Gefährten ihrer sündigen Ausschweifungen, und alle wurden von den Oberpriestern getötet.

Dem Inka lag sehr viel an dem Eroberungszug nach Cunti-suyu, aber da er sich nunmehr alt und müde fühlte, gab er den Plan auf und ließ im Tal von Xaquixahuana Lustschlösser bauen. Er hatte mehrere Söhne, aber der älteste, Urco Inca, der Erbe des Reiches, hatte üble Gewohnheiten und war feige und lasterhaft. Daher wünschte Viracocha Inca ihn von der Erbfolge auszuschließen und die Krone einem jüngeren Sohn namens Inca Yupanqui zu übergeben.

71. *Kapitel*
Wie die Tyrannen von Colla, Sinchi Cari und Zapana, Abgesandte nach Cuzco schickten; und von dem Kriegszug Viracocha Incas nach Colla.

Vieles hat sich damals in jenen Provinzen ereignet; aber da ich gewohnt bin, nur das zu berichten, was der Meinung des Volkes nach der Wahrheit entspricht und was ich in Cuzco nach den Erzählungen der Einwohner notiert habe, lasse ich alles aus, worüber ich nur lückenhafte Kenntnis habe oder was mir nicht ganz klar ist. Ich schreibe also nur nieder, was ich verstehe. So ist es unter den *Orejones* allgemein bekannt, daß damals Gesandte aus der Provinz Colla nach Cuzco kamen. Zur Zeit der Regierung des Inkas Viracocha war nämlich ein Häuptling namens Zapana einer der Herrscher von Hatuncolla. Da es im Titicacasee bewohnte Inseln gibt, wollte er diese unterwerfen, und der mit ihm verbündete Häuptling Cari griff sie mit großen Booten an. Es gab heftige Kämpfe, aus denen Cari als Sieger hervorging. Dem lag aber nur daran, zu rauben und die Dörfer zu zerstören; Ehre oder Macht begehrte er nicht. Mit Beute beladen, aber ohne Gefangene, kehrte er nach Chucuito [am Titicacasee] zurück, wo er seinen Sitz aufgeschlagen hatte und die Ansiedlungen Hilave, Xulli [Juli], Zepita, Pumata [Pomata] und andere hatte anlegen lassen. Nach reichlichen Opfern an seine Götter oder Dämonen zog er gegen die Canas. Als diese sein Nahen bemerkten, riefen sie ihre Krieger zusammen und rückten ihm entgegen. Es kam zur Schlacht; die Canas wurden besiegt und hatten viele Gefallene. Nach diesem Erfolg entschloß sich Cari weiterzuziehen. Er kam zunächst bis Lurocachi. Dort soll es noch eine Schlacht gegen die Canas gegeben haben, in der diese ebenfalls geschlagen wurden.

Durch diese Siege, deren Kunde sich überall rasch verbreitete, war Cari sehr hochmütig geworden. Zapana, der Herrscher von Hatuncolla, wurde neidisch und befahl seinen Verbündeten und Vasallen, Cari entgegenzuziehen und ihm seine Beute abzunehmen. Das Sammeln der Truppen konnte aber nicht so geheim durchgeführt werden, daß Zapanas Plan Cari verborgen blieb. In guter Ordnung zog dieser sich auf einem anderen Wege nach Chucuito zurück, so daß Zapana ihm nicht schaden konnte. Als er sein eigenes Land erreicht hatte, rief er seine führenden Männer zusammen, um für alles bereit zu sein, was Zapana etwa unternehmen würde. Sein Ziel war, Zapana so nachdrücklich zu schlagen, daß es nur einen Herrscher von Colla geben würde. Zapana hatte den gleichen Gedanken.

Es hatte sich aber inzwischen die Kunde von der großen Macht und Kriegskunst Viracocha Incas, des Herrschers von Cuzco, im Lande verbreitet, und so hofften alle beide, dessen Freundschaft zu gewinnen. Der eine wie der andere schickten ihm Abgesandte, und jeder wollte ihn zum Bundesgenossen gegen den anderen. Beide Gesandtschaften wurden mit reichen Gaben nach Cuzco abgefertigt und erreichten die Stadt gerade, als der Inka von seinen Lustschlössern in Xaquixahuana zurückkehrte. Als er von den Gesandten und ihrer Mission vernahm, hörte er sie an und befahl, daß man ihnen Unterkunft in der Stadt geben und sie mit allem Nötigen versorgen solle. Dann beriet er insgeheim mit seinen Ältesten *[amauta-cuna]*, was in der Angelegenheit zu tun sei, und es wurde beschlossen, das Orakel zu befragen. Das geschieht durch die Priester, welche sich tief vor dem Götzenbild verneigen und das Kinn auf die Brust pressen und ihre Backen aufblasen, bis sie selbst wie wütende Teufel aussehen. Dann beginnen sie, mit lauter, deutlicher Stimme zu reden. Gelegentlich habe ich selbst mit eigenen Ohren gehört und mit eigenen

Augen gesehen, wie die Indianer so mit dem Teufel sprechen.

Da nun also der Inka die Meinung des Orakels wissen wollte, ließ er es durch die dazu bestimmten Priester befragen, und die Antwort war, daß er sich nach Colla begeben und die Freundschaft Caris suchen solle. Also berief er die Boten Zapanas und sagte ihnen, daß er, der Inka, in Kürze mit ihm im Lande Colla zusammentreffen und über das Bündnis mit ihm sprechen würde. Caris Boten sagte er, daß er Vorbereitungen treffe, um ihrem Herrn zur Hilfe zu kommen, und daß er bald bei ihm sein würde. Alsdann sammelte er Truppen und brach auf, nachdem er einen der Vornehmsten aus seiner Familie als Statthalter eingesetzt hatte.

72. Kapitel
Viracocha Inca zieht durch die Provinzen der Canchis und Canas und überschreitet die Grenze des Colla-Gebietes. Was sich mit Cari und Zapana begab.

Nachdem er sich für den Feldzug nach Colla-suyu gerüstet hatte, brach der Inka mit einem großen Heer von Cuzco auf und zog durch Muhina und die Dörfer Urcos und Quiquixana [Quispicancha]. Als die Canchis seine Annäherung bemerkten, griffen sie zu den Waffen und wollten ihn am Durchzug hindern. Da riet er ihnen durch Parlamentäre, von der Ausführung dieses Plans abzustehen, denn er wolle ihnen nichts tun, sondern sie im Gegenteil zu Freunden gewinnen; und wenn ihre Häuptlinge und Heerführer in Frieden zu ihm kämen, wolle er sie aus seinem eigenen Becher trinken lassen. Die Canchis antworteten dem Parlamentär, daß sie derlei nicht im Sinne hätten, sondern ihr Land gegen jeden Eindringling verteidigen würden. Diese Antwort wurde Viracocha in Cangalla überbracht. Der Inka, zornig über die Verachtung, die man seinen Gesandten bezeigt hatte, beschleunigte seinen Vormarsch und stieß bei dem Dorfe Compapata, das an einem Fluß liegt, auf die in Schlachtordnung aufgestellten Canchis. Es kam zum Kampf. Auf beiden Seiten gab es hohe Verluste, aber die Canchis wurden geschlagen. Wer sich retten konnte, floh. Die Sieger stießen hinterher, töteten noch viele Flüchtlinge und machten Gefangene. Schließlich kehrten die Verfolger mit reicher Beute und vielen Gefangenen, sowohl Männern als auch Frauen, ins Lager zurück.

Daraufhin sandten die Canchis aus allen Teilen ihrer Provinz Boten zum Inka, baten ihn um Gnade und wollten seine Vasallen werden. Da er sich nichts Besseres wünschte, bot er ihnen die üblichen Bedingungen an: sie sollten die Groß-Inkas von Cuzco als ihre obersten Herren anerkennen, nach deren Sitte und Gesetz leben und, wie die anderen Vasallen, Tribut von den Produkten ihres Landes zahlen. Ein paar Tage lang wurde über die Einzelheiten verhandelt, wobei die Canchis noch angewiesen wurden, geschlossene, ordentliche Siedlungen zu bauen, sich nicht untereinander zu bekämpfen und nicht auf Rache zu sinnen; dann zog der Inka weiter.

Im Dorfe Lurocachi hatte sich eine große Streitmacht der Canas gesammelt. Als diese hörten, wie schlimm der Kampf für die Canchis ausgegangen war und daß der Inka denjenigen, die seine Freundschaft annahmen, kein Leid getan noch hatte tun lassen, entschlossen sie sich, ihm Gefolgschaft anzubieten. Der Inka näherte sich dem Dorfe; und als er die Entscheidung der Canas erfuhr, war er sehr erfreut und sandte den Göttern und Priestern des Tempels von Ancocagua, der in dieser Gegend steht, kostbare Gaben.

Die Gesandten der Canas wurden vom Inka Viracocha freundlich empfangen. Er bestellte die Häuptlinge und Ältesten der Canas an einen nahe gelegenen Ort; dort wollte er sie empfangen, nachdem er einige Tage im Tempel von Vilcanota geweilt hatte. Er gab den Boten Juwelen und Kleider aus feinster Wolle und verbot seinen Soldaten aufs strikteste, die Häuser der Canas zu betreten, sich an ihrem Eigentum zu vergreifen oder ihnen irgendwelchen Schaden zuzufügen, damit sie nicht etwa ihre guten Absichten aufgäben und anderen Sinnes würden. Auf diesen Bescheid hin ließen die Canas längs der Straße Lebensmittel einlagern und kamen von ihren Bergen herunter, um dem so milden und gerechten Inka zu dienen, der nicht erlaubte, daß seine Krieger ihnen Böses antaten. Sie brachten ihm Llamas und *suvica* [*a'kla*, Chicha], das ist der landesübliche Wein. Als der Inka am Haupttempel eintraf, wurden, ihrem heidnischen Brauch gemäß, viele Llamas geopfert. Man zog dann weiter nach Ayaviri, wohin die Canas große Lebensmittelvorräte gebracht hatten. Dort wurde ein Friedensvertrag wie mit den anderen Verbündeten geschlossen. Die Canas sahen ein, daß es zu ihrem Vorteil sei, unter so weisen und gerechten Gesetzen zu leben, und so weigerten sie sich nicht, Tribut zu leisten oder zum Zeichen der Anerkennung nach Cuzco zu kommen.

Danach machte sich Viracocha Inca zum Abmarsch nach Colla-suyu bereit. Dort hatte man schon davon Kunde, wie er mit den Canchis und Canas verfahren war. Sowohl in Chucuito [am Titicacasee] als auch in

Hatuncolla erwartete man ihn schon. Zapana wußte, daß Cari die Gunst Viracochas erlangt hatte und die Verstärkung seines Heeres durch die Inka-Truppen erwartete. Also zog er Cari entgegen, um ihn anzugreifen, bevor dieser sich mit dem Inka vereinigen und so seine Kampfkraft wesentlich erhöhen konnte. Cari muß ein sehr tapferer Mann gewesen sein. Zapana führte seine Krieger zum Dorfe Paucar-colla, und dort stießen die beiden mächtigen Tyrannen von Colla aufeinander. Ihre Streitmacht soll über 150 000 Mann betragen haben. Sie schlugen sich nach ihrer Weise, was besagen will, daß wild und blutig gekämpft wurde, so daß über 30 000 Mann fielen. Die Schlacht dauerte lange, und schließlich siegte Cari. Zapana fiel im Kampf.

73. Kapitel
Caris Rückkehr nach Chucuito; die Ankunft von Viracocha Inca, und der zwischen ihnen vereinbarte Friede.

Cari bemächtigte sich nach Zapanas Tode dessen Lagers, mit allem, was darin war. Mit reicher Beute kehrte er nach Chucuito zurück, wo er die Ankunft Viracocha Incas erwartete. Er ließ Unterkünfte für ihn vorbereiten und stattete sie mit Lebensmitteln und anderen Vorräten reichlich aus. Der Inka hörte unterwegs von Caris Sieg. Vor der Öffentlichkeit zeigte er sich zwar erfreut, aber im geheimen bedauerte er doch, was geschehen war. Er hatte nämlich gehofft, er werde die Feindschaft zwischen den beiden Tyrannen ausnutzen und sich bald zum Herrn der ganzen Provinz Colla machen können. Er wollte auch so schnell wie möglich nach Cuzco zurück, damit er dort nicht böse Überraschungen erlebe.

Kurz vor Chucuito kam ihm Cari mit seinen Edlen entgegen. Viracocha wurde wohl empfangen und erhielt gute Unterkunft. Trotz der Ungeduld, mit der es ihn zurück nach Cuzco zog, versicherte er Cari mit schmeichelnden Worten, daß er ihm von Herzen gern helfen wolle und daß er sehr froh über sein Kriegsglück sei. Als ewiges Freundschaftszeichen wolle er ihm eine seiner Töchter zur Frau geben. Cari erwiderte darauf, er sei alt und müde, und der Inka möge geruhen, das Mädchen einem edlen Jüngling zu vermählen, denn zweifelsohne gäbe es viele, unter denen sie wählen könne. Auch solle der Inka versichert sein, daß er, Cari, ihn immerdar als seinen Herrn und Freund betrachten würde und allezeit zu jederlei Hilfe in Krieg und Frieden bereit sei. Viracocha ließ darauf einen großen goldenen Becher bringen, und in Anwesenheit der Edlen besiegelten sie ihre Freundschaft auf folgende Weise: sie tranken beide von dem Wein, den die Frauen bereitet hatten; dann nahm der Inka den Becher, stellte ihn auf einen glatten Stein und sagte: »Dieser Becher bleibe hier stehn; weder werde ich ihn wegnehmen, noch sollst du ihn berühren, zum Zeichen dafür, daß wir unsere Abmachungen halten werden.« Sodann küßten sie sich, opferten der Sonne und hielten einen feierlichen Umtrunk mit Musik und Tänzen. Die Priester trugen, heilige Sprüche murmelnd, den Becher in einen der Haupttempel, wo solche Bündniszeichen aufbewahrt werden. Viracocha Inca verbrachte noch einige Tage in Chucuito und kehrte dann nach Cuzco zurück. Überall auf seinem Wege wurde er wohl empfangen und treulich bedient.

Zu dieser Zeit galt in vielen Provinzen bereits Ordnung und Gesetz der Inkas. Die Menschen lebten zivilisierter und waren besser gekleidet als vorher. Viracochas Sohn, Urco Inca, war zum Statthalter der Stadt Cuzco ernannt worden. Er soll ein feiger, fauler, lasterhafter Mensch gewesen sein, dem nur geringe Tugenden nachzurühmen waren; als der Älteste war er jedoch dazu bestimmt, eines Tages die Nachfolge seines Vaters anzutreten. Da der Inka seinen Sohn genau kannte, lag ihm viel daran, Urco Inca von der Nachfolge auszuschließen und die Herrschaft seinem Zweitgeborenen, Inca Yupanqui, zu übertragen. Dieser war ein Jüngling von außerordentlicher Tapferkeit und aufrechter Gesinnung, unternehmend, ausdauernd und voller hochfliegender, edler Pläne. Aber die *Orejones* wollten nicht dulden, daß alte Gesetze gebrochen und die Überlieferungen der Ahnen mißachtet würden. Obgleich sie sich über die niedrigen Neigungen Urco Incas genau im klaren waren, wollten sie niemand anderen als Nachfolger seines Vaters dulden. Ich erkläre das so ausführlich, weil ich hörte, daß Viracocha Inca bereits vom Urcos-See seine Beauftragten nach Cuzco gesandt hatte, welche über diese Angelegenheit verhandeln sollten; doch konnte er sein Vorhaben nicht durchsetzen. Er wurde mit großen Ehren in seiner Stadt empfangen; und da er alt und müde war, entschloß er sich, die Regierung in die Hände seines Sohnes zu legen, ihm die *llautu* [die Krone] zu übertragen und sich nach Xaquixahuana im Yucay-Tal zurückzuziehen und dort der Muße und dem Vergnügen zu leben. Da es ihm nicht gelungen war, die Nachfolge seines Zweitgeborenen durchzusetzen, teilte er den Ältesten diesen seinen Entschluß mit.

74. Kapitel

Urco wird als Inka und Herrscher des Reiches anerkannt und in Cuzco gekrönt. – Die Chancas führen Krieg gegen die Stadt.

Die Eingeborenen in allen Provinzen, auch die *Orejones* von Cuzco, lachten über die Aufführung Urcos, des neuen Inkas. Wegen seiner Kleinmütigkeit mißfiel es ihnen, daß sich Ruhm und Würde eines Beherrschers des Inka-Reiches in seiner Person verkörperte. Daher wird der Name des Inkas Urco in den Balladen und Liedern, die über die Inkas von Cuzco berichten, nicht erwähnt. Ich aber will das tun, denn, gut oder schlecht, lasterhaft oder tugendsam – jedenfalls hat er eine Zeitlang das Reich regiert.

Viracocha Inca hatte, als er nach Xaquixahuana ging, die königliche Stirnbinde nach Cuzco gesandt, so daß die Ältesten sie Urco Inca überreichen konnten. Er selbst, so meinte Viracocha, habe genug für Cuzco geleistet. Nun sei er alt und kein Krieger mehr; deshalb wolle er sich Ruhe gönnen. Daraufhin zog sich Urco Inca zurück, um sein rituelles Fasten zu halten. Als er nach Schluß desselben mit der königlichen Stirnbinde an die Öffentlichkeit trat, begab er sich zum Sonnentempel, um zu opfern, und die Krönung wurde nach dem Brauch mit Festen und allgemeiner Trunkenheit gefeiert.

Urco Inca hatte seine Schwester geheiratet, um einen Sohn und Nachfolger zu bekommen. Er war dem Laster und der Unzucht so übermäßig ergeben, daß er, ohne seiner Schwester-Gattin, der Coya, die schuldige Achtung zu erweisen, seine Zeit mit niedriggeborenen Weibern und Konkubinen verbrachte, denn diese Sorte Frauen hatte er am liebsten. Er soll sogar *mamaconas* aus dem Tempel geschändet haben und war so ehrlos, daß ihm der Sinn für Würde und Ansehen völlig abging. Trinkend wankte er in der Stadt umher, und wenn er ein paar Gallonen [1 amerikanische Gallone = 3,8 Liter; d. Übers.] Wein im Leibe hatte, erbrach er sich oder er entblößte sich schamlos und pißte die Chicha aus. *Orejones*, die hübsche Frauen hatten, pflegte er zu fragen: »Und was machen meine Kinder?« – womit er andeuten wollte, daß nicht der Befragte, sondern er der Vater dieser Kinder sei. Kein Gebäude hat er errichten lassen; er verabscheute die Waffen; kurz – man konnte nichts Gutes von ihm sagen, höchstens, daß er freigebig war.

Ein paar Tage nach seiner Krönung beschloß er, sich in die Lusthäuser zu begeben, in denen sich die Inkas zu vergnügen pflegten; als seinen Stellvertreter setzte er Pachacuti ein, den späteren Vater Topa Incas.

So lagen die Dinge in Cuzco, als die Chancas, die bekanntlich die Quichuas besiegt und den größten Teil der Provinz Andahuaylas besetzt hatten, alle Bedenken beiseite lassend mit Macht vorwärts drängten, um mit Waffengewalt zu erreichen, was sie konnten, denn sie waren siegestrunken und hatten viel von dem großartigen Reichtum der Stadt und dem Aufwand der Inkas gehört. Sie beteten inbrünstig zu ihren Göttern oder Dämonen und ließen eine ausreichende Verteidigungstruppe in Andabailes. (Die Spanier nennen diesen Ort, der eine *encomienda* Diego Maldonados »des Reichen« ist, Andahuaylas.) Hastu Huallaca [Hanco-Huallu] und sein äußerst tapferer Bruder Omaguara hatten ein Heer gesammelt und marschierten unerschrocken auf Cuzco zu. Bei Curampa [Curamba] schlugen sie ein Lager auf und fügten den dortigen Indianern großen Schaden zu. Da aber in jener Zeit die meisten Dörfer hoch oben in den Bergen und Sierras lagen und überdies mit großen Palisaden, *pucaràs* genannt, geschützt waren, konnten die Chancas nicht allzu viele Menschen töten. Sie wollten auch keine Gefangenen machen, sondern nur die Felder zerstören. Von Curampa zogen sie weiter nach Cochacassa [Cochacajas] am Flusse Amancay [Abancay] und verwüsteten alles, was an ihrem Wege lag. Sie waren nun schon ziemlich nahe an Cuzco herangekommen, und die Kunde von ihrem Anmarsch hatte die Stadt erreicht. Der alte Viracocha kümmerte sich aber kaum darum, nur daß er mit seinen Frauen und seiner Hofhaltung von Xaquixahuana ins Yucay-Tal zog. Auch Urco Inca soll nur gelacht und sich wenig um die drohende Gefahr gekümmert haben, die er doch immerhin sehr ernst hätte nehmen müssen. Das Schicksal wollte aber, daß Cuzco in späteren Zeiten von Pachacuti und seinen Nachkommen zu höchster Blüte gebracht würde, und so war es dieser, der den Bürgern die Furcht nahm und nicht nur die Chancas schlug, sondern auch die meisten Völkerschaften in diesem Königreich unterwarf, wie ich zu gegebener Zeit berichten werde.

75. Kapitel
Die Chancas ziehen bis vor die Stadt und schlagen dort ihr Lager auf. Von der Angst der Bürger und Pachacutis großer Tapferkeit.

Nachdem die Chancas in Apurímac Opfer dargebracht hatten und vor Cuzco gezogen waren, hielt ihr Generalkapitän oder Oberherr Hastu Huallaca eine Rede an seine Krieger: sie sollten sich der Größe dieses Unternehmens bewußt sein, Mut haben und sich nicht fürchten vor jenen, die anderen durch das Gewackel ihrer großen, langgezogenen Ohren Angst einjagen wollten. Nach dem Sieg würde es reiche Beute geben, und an schönen Frauen, mit denen sie sich vergnügen könnten, würde kein Mangel sein. Unter freudigem Geschrei versicherten die Krieger, daß sie ihre Pflicht tun würden.

Als man in der Stadt von der Nähe des Feindes vernahm und weder Viracocha noch sein Sohn Urco Inca sich darum kümmerten, wurden zunächst, der Sitte entsprechend, große Opfer dargebracht, denn man wollte Pachacuti [Viracochas zweiten Sohn] mit dem Oberbefehl zur Sicherung und Verteidigung der Stadt betrauen. Einer der Ältesten sprach mit ihm darüber, und er antwortete: »Damals, als mein Vater mir die königliche Stirnbinde verleihen wollte, habt ihr nicht zugestimmt, sondern diesen Feigling, meinen Bruder, zum Inka haben wollen. Ich selbst habe niemals danach gestrebt, die Krone durch Usurpation oder gegen den Willen des Volkes zu erlangen. Nun, da ihr gesehen habt, daß der Inka Urco nicht für sein hohes Amt geeignet ist, müßt ihr eure Pflicht zum Wohle der Allgemeinheit tun, ohne euch vor einem Bruch mit der alten Sitte zu scheuen.« Die *Orejones* versicherten, sie würden, sei der Krieg erst einmal beendet, die zum Wohle des Reiches notwendigen Maßnahmen treffen.

Daraufhin erging zunächst folgende Botschaft im ganzen Gebiet: jeder, der Bürger von Cuzco werden wolle, erhalte Acker- und Bauland sowie besondere Vorrechte. Sodann begab sich Pachacuti in seiner Eigenschaft als Heerführer auf den Stadtplatz zum Kriegsstein. Dabei trug er ein Pumafell, dessen Schädel sein

Haupt bedeckte, was bedeuten sollte, er sei so stark und tapfer wie dieses Tier.

Inzwischen hatten die Chancas die Brücke des Apurímac überschritten und die Sierra Vilcaconga erreicht. Pachacuti rief die wehrfähigen Männer der Stadt auf und ernannte die tapfersten zu Hauptleuten. Er wollte erst den Chancas entgegenziehen, entschied sich aber dann dafür, sie in der Stadt zu erwarten.

Die Chancas lagerten beim Karmenka-Hügel, der die Stadt überragt, und schlugen Zelte auf. An den Wegen zu den Toren der Stadt hatten die Bürger zur Abwehr der Angreifer tiefe Fallgruben ausgehoben, die mit Steinen gepflastert und geschickt verdeckt waren. Als die Frauen und Kinder den Feind erspäht hatten, erhoben sie ein lautes Geschrei. Pachacuti sandte Hastu Huallaca Unterhändler entgegen und schlug ihm eine Verständigung vor, um Blutvergießen zu vermeiden. Dieser weigerte sich zunächst, eine andere Entscheidung als die durch Kriegsglück anzuerkennen. Immerhin erklärte er sich dann auf Drängen seiner Stammesbrüder bereit, mit dem Inka zu reden, und sandte entsprechende Botschaft.

Die Stadt Cuzco liegt zwischen Hügeln als eine Art natürlicher Festung, und an vielen Stellen waren zur Abwehr die scharfen Spitzen der *chonta*-Palme in den Boden gesteckt worden. Diese Spitzen sind eisenhart, giftig und verursachen sehr schmerzhafte Wunden.

Pachacuti und Hastu Huallaca verhandelten miteinander, aber da sie beide für den Krieg gerüstet waren, kam keine Einigung zustande. Sie erhitzten sich immer mehr an ihren eigenen Worten, bis sie sich sogar schlugen, und das mit furchtbarem Gebrüll. Diese Menschen sind von Natur aus laut und heftig, und uns Spaniern ist ihr Geschrei manchmal unangenehmer als ihr Kämpfen. Sie stritten sich bis in die Nacht; schließlich biwakierten die Chancas in ihrem Lager; und die Bürger von Cuzco hielten aufmerksam Wacht, damit der Feind nicht in die Stadt eindringe, denn weder Cuzco noch andere Städte dieser Gegend sind ummauert.

Hastu Huallaca ließ zu den Waffen rufen und feuerte seine Männer an, ihr Äußerstes zu tun. Pachacuti tat das gleiche bei den *Orejones* und den anderen Bürgern. Die Chancas stürmten mutig aus dem Lager hervor, fest entschlossen, in die Stadt einzudringen. Ebenso unerschütterlich waren die Stadtbewohner zur Verteidigung gewillt. Der Kampf entbrannte, und es gab viele Tote auf beiden Seiten. Aber Pachacutis große Tapferkeit triumphierte schließlich über die Chancas, die so hohe Verluste hatten, daß nur etwa fünfhundert Mann entkommen konnten. Hastu Huallaca war unter diesen; er konnte seine Leute unter großen Schwierigkeiten in sein Land zurückführen. Die Inkas hatten viele Gefangene gemacht, sowohl Männer als auch Frauen.

76. Kapitel

Wie Pachacuti zum Inka ausgerufen und Urco abgesetzt wurde. Der Friedensvertrag mit Hastu Huallaca.
Nach seinem Sieg über die Chancas zog Pachacuti im Triumph in Cuzco ein. Er verhandelte mit den führenden *Orejones* und erinnerte sie daran, daß er sein Alleräußerstes getan hatte, und an die Gleichgültigkeit seines Vaters und seines Bruders im Angesicht des Feindes, so daß ihm nun die Krone und die Herrschaft über das Reich zustünden. Nach vielen Beratungen über Pachacutis Heldentaten und Urcos schändliches Verhalten

wurde unter Zustimmung des ganzen Volkes im Rat einstimmig entschieden, daß Urco die Stadt nicht mehr betreten dürfe und nicht mehr Inka sei, und daß die Stirnbinde Pachacuti übertragen werden solle. Zwar versuchte Urco, sich zu rechtfertigen, tat sehr besorgt um das Wohl des Reiches und wollte seinen Bruder samt jenen, die ihn seines Inkatums entkleidet hatten, anklagen, aber man gab ihm keine Gelegenheit dazu und führte die Beschlüsse ohne Zögern aus. Manche sagen, die Coya, Urcos Frau, die kinderlos geblieben war, sei nach Cuzco gekommen und mit ihrem zweiten Bruder, dem Inka Pachacuti, vermählt worden. Dieser vollzog die Fasten und die anderen Zeremonien und erschien, mit der Stirnbinde angetan, vor der Öffentlichkeit. Große Feiern wurden abgehalten, zu denen Indianer aus vielen Provinzen nach Cuzco kamen. Pachacuti ordnete an, daß alle für seine Sache Gefallenen ein Staatsbegräbnis nach Brauch und Zeremoniell erhielten. Die toten Chancas wurden in ein großes leeres Haus geschafft, das auf dem Schlachtfeld stand. Zur Warnung für künftige Angreifer wurde den Leichen die Haut abgezogen und mit Asche oder Stroh ausgestopft, so daß die Menschenform erhalten blieb; dann wurden sie auf allerlei Arten aufgestellt: als ob sie Trommel schlügen oder beteten, oder Flöte spielten. So blieben sie stehen, bis die Spanier nach Cuzco kamen. Die alten Konquistadoren Peralonso Carrasco und Juan de Pancorvo, die mit Pizarro und Almagro nach Cuzco kamen, erzählten mir, daß sie und viele andere diese ausgestopften Häute noch gesehen hätten.

Die *Orejones* berichten, daß Cuzco damals sehr volkreich war und noch immer stetig wuchs. Aus vielen Gegenden kamen Gesandte, die den neuen Inka um seine Gunst für ihr Land baten. Er antwortete allen freundlich, war jedoch begierig, das Gebiet, das als Cunti-suyu bekannt ist, mit Krieg zu überziehen. Da er aus Erfahrung wußte, wie unerschrocken Hastu Huallaca war, suchte er ihn als Bundesgenossen zu gewinnen. Zu diesem Zweck sandte er ihm Boten, die ihn selbst, seine Brüder und seine Freunde zu einem Besuch einluden. Hastu Huallaca war sich klar darüber, daß er von der Freundschaft mit dem Inka Vorteile haben würde, und reiste nach Cuzco, wo man ihn wohl empfing. Als das Heer aufgestellt wurde, entschied er sich, an dem Feldzug gegen Cunti-suyu teilzunehmen.

Um diese Zeit soll Viracocha gestorben sein. Er wurde mit weniger Pomp als seine Vorfahren bestattet, weil er seines hohen Alters wegen die Stadt verlassen hatte und bei Ausbruch des Krieges gegen die Chancas nicht zurückgekommen war. Von Urco Inca berichte ich nichts weiter, denn die Indianer lachen jedesmal, wenn sie von ihm sprechen. Ich lasse ihn also beiseite und bezeichne Pachacuti als den neunten Inka.

77. *Kapitel*
Die Ereignisse in Cuzco beim Aufbruch Pachacutis, als Lloque Yupanqui Statthalter war.

Auf Pachacutis Ruf zu den Waffen kamen über vierzigtausend Mann zusammen. Der Inka hielt am Kriegsstein von Cuzco Musterung ab, und es gab große Trinkgelage. Als alle Vorbereitungen beendet waren, brach er in einer mit Gold und Silber verzierten Sänfte auf. Seine Leibwache, mit Hellebarden und Äxten bewaffnet, umgab ihn. Dieser Inka hatte mehr Mut und Autorität als alle seine Ahnen. Er verließ Cuzco, nachdem er Lloque Yupanqui als Statthalter eingesetzt hatte. Die Coya und seine anderen Frauen begleiteten den Zug in Hängematten, die von Kriegern getragen wurden. Er soll auch viele Ladungen an Kostbarkeiten und Vorräten mitgeführt haben. Straßenreiniger zogen vor der Truppe her, die weder den winzigsten Grashalm noch den kleinsten Stein auf der Inka-Straße duldeten.

Er überquerte den Apurímac auf der vom Inka Roca erbauten Brücke und zog bis zu den Unterkünften von Curahuasi. Frauen, Männer und Häuptlinge kamen aus der Umgebung ins Lager und riefen, von Furcht und Staunen beim Anblick des Inkas ergriffen: »Großer Herr, Sohn der Sonne, Beherrscher der ganzen Welt!« und gaben ihm noch mehr hochtrabende Namen. An diesem Ort soll er einem Häuptling der Chancas namens Tupac Huasco eine Prinzessin *[palla]* von Cuzco zum Weibe gegeben haben, die dieser hoch in Ehren hielt.

Der Inka hatte den Apurímac und den Cochacajas überquert, und da die dortigen Eingeborenen in ihren Festungen lebten und keine Dörfer hatten, befahl er ihnen, ordentlich zu leben, Böses zu meiden und sich nicht gegenseitig totzuschlagen. Viele freuten sich über diese Worte und gehorchten; denen erging es gut. Die Eingeborenen von Curampa dagegen machten sich darüber lustig. Als Pachacuti hörte, daß seine Anweisungen mißachtet wurden, griff er die Curampas an, schlug sie im Kampf, tötete viele und machte eine Menge Gefangene. Da das Land fruchtbar war, ließ er einen Verwalter dort, um darin Ordnung zu schaffen und dafür zu sorgen, daß Unterkünfte und ein Sonnentempel gebaut wurden.

Nachdem er alles das mit großer Voraussicht in die

Wege geleitet hatte, zog er weiter bis in die Provinz Andahuaylas. Dort wurde er feierlich empfangen und blieb einige Tage, um zu überlegen, ob er die Huamangas, die Jaujas, die Soras oder die Rucanas angreifen solle. Nach ruhiger Erwägung und mit Zustimmung seiner Ratgeber entschied er sich, gegen die Soras zu ziehen. Er durchquerte ein unbewohntes Gebiet und gelangte zum Land der Soras. Diese hatten von seinem Nahen Kunde erhalten und ihre Krieger zur Verteidigung gesammelt.

Der Inka hatte Hauptleute mit kleineren Abteilungen in die weitere Umgebung entsandt, um die Eingeborenen in aller Freundlichkeit auf seine Seite zu ziehen. Auch die Soras forderte er durch Gesandte auf, nicht die Waffen gegen ihn zu erheben, denn er wolle ihnen kein Leid zufügen und sie gut behandeln. Aber sie verzichteten auf Frieden um den Preis der Sklaverei und wollten lieber um ihre Freiheit kämpfen. So kam es zu einer harten Schlacht mit hohen Verlusten auf beiden Seiten, aber schließlich siegten die Krieger aus Cuzco. Diejenigen Soras, die dem Tod oder der Gefangenschaft entgehen konnten, kehrten unter Klagegeschrei in ihre Dörfer zurück, rafften ihren Besitz zusammen und flüchteten mit ihren Frauen auf einen hohen Berg am Flusse Vilcas, um dessen Gipfel herum es eine Quelle und zahlreiche Höhlen gibt. Viele Männer und Frauen verbargen sich in dieser natürlichen Festung und stapelten an Vorräten auf, was sie zusammentragen konnten. Nicht nur die Soras suchten dort Zuflucht, sondern auch aus Huamanga und vom Tal des Vilcas kamen Flüchtlinge, die der Gedanke an eine Alleinherrschaft des Inkas über alle Völker in Schrecken versetzte.

Nach gewonnener Schlacht sammelten die Sieger ihre

Beute. Der Inka befahl, den Gefangenen kein Leid zuzufügen, sondern sie im Gegenteil freizulassen. Er entsandte einen Hauptmann mit einer Abteilung nach Cunti-suyu in Richtung auf Pumatampu. Als er aber im Lande der Soras von den Flüchtlingssiedlungen auf besagtem Berge hörte, wurde er sehr zornig und beschloß, sie zu belagern. Dementsprechend ließ er seine Truppen gegen sie vorrücken.

78. Kapitel

Der Zug des Inkas Pachacuti gegen die Collas.
Die Inkas haben bekanntlich keine Schrift und berichten über die Vergangenheit nur aus dem Gedächtnis. Die Ereignisse werden seit alten Zeiten von Generation zu Generation in den Balladen und Quipus weitergegeben. Daher kommt es in manchen Punkten zu Differenzen: die einen sagen dieses, die anderen jenes; und kein Mensch kann da Ordnung schaffen, sondern muß für seinen Bericht nur das übernehmen, was die Inkas selbst für das Wahrscheinlichste halten. Ich führe das zum Besten jener Spanier in Peru an, die glauben, alle Geheimnisse der Inkas zu kennen. Ich aber habe mich über alles wohl unterrichtet, worüber jene nur unsichere Kunde haben, und sogar über noch viel mehr. Daraus habe ich das ausgewählt, was ich hier niederschreibe und was sie nun selbst nachlesen können. Das hat mich, wie wohlbekannt ist, viele Mühe gekostet.

So berichten zum Beispiel die *Orejones*, daß Pachacuti bei diesem Stand der Angelegenheiten beschloß, mit einem großen Heer in die Provinz Colla zu ziehen. Nachdem er einen Statthalter in Cuzco eingesetzt hatte, brach er auf und zog bis zu der großen Ansiedlung Ayaviri.

Die dortigen Eingeborenen wollten auf seine Vorschläge nicht eingehen; so wartete er, bis er sie überraschend angreifen konnte, und tötete alle Einwohner, Männer wie Frauen. Dasselbe tat er in Copacopa. Ayaviri wurde so gründlich zerstört, daß die wenigen Überlebenden wie die Verrückten über die Felder rannten und mit lautem Geheul und schmerzerfüllten Worten den Geistern ihrer Ahnen ihr Leid klagten. Da der Inka um diese Zeit bereits auf das ausgezeichnete und praktische System der *mitimaes* verfallen war, berief er die notwendige Anzahl Männer und Frauen aus den anstoßenden Gebieten, um die von einem schönen Fluß durchströmten prächtigen Wiesen und Felder zu besiedeln. Das geschah alsbald. Große Unterkünfte, ein Sonnentempel, viele Vorratshäuser und eine Münzstätte wurden gebaut. Durch die *mitimaes* erlangte Ayaviri schließlich viel größere Bedeutung, als es vorher gehabt hatte. Die heutigen Bewohner, soweit sie die Kriege und Grausamkeiten der Spanier überlebt haben, sind aber alle umgesiedelte *mitimaes*, keine Ureinwohner.

Darüber hinaus erzählt man noch andere Geschichten: Der Inka hatte einige seiner Hauptleute mit einem ausreichenden Truppenkontingent auf eine Expedition nach Anti-suyu geschickt, wozu auch die unbewohnten und bewohnten Gebiete des Hochlandes gehören. Dort trafen sie auf baumdicke Schlangen, von denen viele Soldaten getötet wurden – ja, diese Tiere wußten richtig Krieg zu führen, so daß schließlich nur wenige der ausgesandten Soldaten zurückkamen, und keiner von ihnen hatte einen menschlichen Feind gesehen. Diese Nachricht erschütterte den Inka sehr, und er war ratlos. Da kam eine Hexe zu ihm, die versprach, sie würde den Geist jener

Schlangen verwirren, so daß sie niemanden mehr angreifen und ganz harmlos sein würden, selbst wenn man sich auf sie setze. Dankbar nahm er ihr Angebot an und sagte, sie möge ihr möglichstes tun. Die Eingeborenen glauben, daß sie ihr Versprechen gehalten hat – ich glaube es aber nicht, denn mir scheint das ganze Unsinn zu sein. Nachdem die Schlangen verzaubert waren, fielen die Krieger der Inkas über ihre Feinde her. Manche wurden durch Waffengewalt unterworfen, andere durch gutes Zureden und Freundlichkeit gewonnen.

Der Inka soll dann über die Oma-suyu-Straße, die in der Breite und Anlage, wie wir sie heute noch vor Augen haben, eigens für seine königliche Person gebaut worden war, von Ayaviri aus die Dörfer Oruro, Asillo und Azángaro passiert haben. Er hatte einige Zusammenstöße mit den Eingeborenen, aber durch überzeugende Beredsamkeit und großzügig verteilte Gaben gewann er auch deren Freundschaft und Dienstbereitschaft. Von da an standen auch diese Orte unter dem Gesetz jener, die dem Inka durch Freundschafts- und Beistandsverträge verbunden waren, und sie bauten ihre Dörfer in guter Anordnung in den Ebenen.

Auf seinem Vormarsch soll der Inka die meisten Dörfer am Ufer des großen Titicacasees aufgesucht haben. Sehr geschickt gewann er sie zu Vasallen. Er legte jedesmal die Tracht des betreffenden Dorfes an, und das gefiel den Einwohnern am meisten. Er befuhr den See, inspizierte die Inseln und ließ auf der größten einen Sonnentempel und Paläste für sich und seine Erben errichten. Nachdem er diese Region, wie die gesamte große Colla-Provinz, unter seine Herrschaft gebracht hatte, kehrte er im Triumph nach Cuzco zurück, wo er bei seinem Einzug ein großes Fest ausrichten ließ. Aus den meisten Provinzen kamen Besucher, um ihm zu huldigen und reiche Ehrengeschenke zu bringen, und die Statthalter und Beauftragten führten alle Befehle des Inkas mit größtem Eifer aus.

79. Kapitel
Wie der Inka Pachacuti aufs neue von Cuzco aufbrach.

Der Ruhm Pachacutis wuchs. Überall im ganzen Land wurde von seinen großen Taten gesprochen. Viele, die weder ein Banner noch Hauptleute von ihm erblickt hatten, kamen freiwillig, boten sich ihm als Vasallen an und versicherten laut, die Ahnen des Inkas müßten vom Himmel herabgestiegen sein, da er und sein Volk ein so weises und ehrenhaftes Leben führten. Pachacuti erwiderte klug und milde, er wolle keinem Volke ein Leid antun, das zu ihm komme und ihm Gehorsam verspreche, denn so befehle es der Sonnengott. Er sammelte ein neues Heer und zog nach Cunti-suyu, wo er die Yanahuaras und Chumpivilcas und noch andere Provinzen unterwarf. Die Besiegten schätzten, obwohl er gegen sie Krieg geführt hatte, seine Tapferkeit und Weisheit so hoch ein, daß sie ihm, wenn auch erst nach großen Leiden und Verlusten, Gehorsam schworen und ihn, so wie die anderen Völker, als ihren Herrscher anerkannten. Nachdem er Ordnung im Lande geschafft, eingeborene Häuptlinge ernannt und den Befehl gegeben hatte, daß seinen neuen Untertanen kein Leid zugefügt werden solle, kehrte er nach Cuzco zurück. Vorher setzte er in den bedeutenderen Orten Statthalter ein, die die Eingeborenen lehren sollten, wie man nach den Gesetzen der Inkas lebt und nach ihrer Weise Dörfer anlegt. Die Statthalter waren angewiesen, in allen Maßnahmen größte Gerechtigkeit walten zu lassen, so daß niemand, auch nicht der Ärmste, irgendwelchen Schaden erleide.

Der Inka soll sich nur kurze Zeit in Cuzco aufgehalten haben, denn er beabsichtigte, in eigener Person einen Feldzug in die Anden [Antis = östliche Dschungel] anzuführen. Er hatte bereits Hauptleute und Kundschafter dorthin gesandt, die das Land ausspähen und ihm über dessen Bewohner berichten sollten. Da auf seinen Befehl hin bereits überall im ganzen Lande Vorratshäuser errichtet worden waren, ordnete er nun an, daß die Anden-Straße mit allem Nötigen ausreichend versehen werden solle. Das geschah, und er brach mit seinem Heer von Cuzco auf. Ein Statthalter ward eingesetzt, der für Ordnung und Gerechtigkeit zu sorgen hatte. Pachacuti Inca zog über das Gebirge und durch das schneebedeckte Hochland. Unterwegs hörte er von seinen Kundschaftern, wie es vor ihm aussah: dichte Bergwälder voller riesiger Schlangen, die jedoch trotz ihres fürchterlichen Anblicks harmlos seien.

Zahlreiche Stämme, die schon durch die Vorausabteilungen für den Inka gewonnen worden waren, kamen ihm, als sie von seinem Nahen hörten, huldigend entgegen und brachten Gaben von Vogelfedern und Coca, dem Hauptprodukt ihres Landes. Der Inka dankte allen aufs freundlichste. Diejenigen Bergindianer, die seine Vasallen zu werden wünschten, sandten ihm ebenfalls Boten entgegen; die anderen, die nichts mit ihm zu tun haben wollten, verließen ihre Dörfer und flüchteten mit ihren Weibern in die Bergwälder.

Pachacuti hatte erfahren, daß einige Tagesmärsche

voraus ein großes, dichtbesiedeltes Land liege. Er bekam Lust, es zu erforschen, und trieb sein Heer voran. Als er jedoch aus Cuzco Meldung bekam, daß dort Unruhen ausgebrochen seien, kehrte er beim Dorfe Marcapata um und begab sich in Eilmärschen nach Cuzco zurück, wo er einige Tage verblieb.

In der riesigen Provinz Colla bestanden damals viele mächtige Staaten der Eingeborenen; und als man in diesen von des Inkas Pachacuti Zug in die Anden erfuhr, glaubte man, er werde entweder umkommen oder geschlagen zurückkehren, und es breitete sich mit Vilcanota als Mittelpunkt eine geheime Verschwörung nach allen Seiten aus. Die Völkerschaften von Colla wollten sich gegen den Inka erheben und seine Herrschaft abwerfen; denn, so lautete die Parole, die Nachkommen freier, unversklavter Ahnen dürften nicht so kleinmütig sein, unter der Herrschaft eines einzigen Mannes demütig dahinzuleben. Der Inka hatte sie weder unterdrückt noch ausgebeutet, tyrannisiert oder mißbraucht, aber sie verabscheuten es, seine Macht über sich zu spüren. In Hatuncolla und Chucuito kamen, unbemerkt von seinen Statthaltern und Bevollmächtigten, die Stammesfürsten Cari, Zapana und Humalla, der Oberherr von Azángaro und viele andere zusammen. Blind und mißleitet verschworen sie sich, daß sie ihre Pläne in die Tat umsetzen würden. Zum Zeichen der Besiegelung ihrer Beschlüsse tranken sie alle aus einem einzigen Becher, der dann im Tempel zum Gedenken an den Bund aufbewahrt wurde. Unverzüglich töteten sie die Statthalter und Bevollmächtigten des Inkas und viele *Orejones*. Durch das ganze Reich lief die Kunde von dem Aufstand der Collas und den Ermordungen. Daraufhin wurden auch etliche andere Provinzen widerspenstig; hier und da kam es zu Erhebungen, aber diese blieben wegen des *mitimaes*-Systems ziemlich wirkungslos, vor allem auch wegen der großen Tapferkeit Topa Incas, der zu dieser Zeit [1471] seine Regierung antrat.

80. Kapitel
Der Inka Pachacuti tritt wegen seines vorgerückten Alters die Regierung an seinen Sohn Topa Inca ab.

Der Inka Pachacuti ließ sich wegen des Colla-Aufstands vor der Öffentlichkeit keine Niedergeschlagenheit anmerken; im Gegenteil, er entsandte persönlich und mit großer Festigkeit Truppen zu einer Strafexpedition. Den Canas und Canchis sandte er Boten, daß sie loyal bleiben und sich nicht durch den Abfall der Collas beeinflussen lassen sollten.

Es war sein Wunsch, unverzüglich nach Cuzco zurückzukehren. Er fühlte sich inzwischen sehr alt und der Kriege müde, die er geführt, und der Straßen, die er bereist hatte. Seine Jahre lasteten so schwer auf ihm und seine Kräfte waren so geschwunden, daß er sich der Herrschaft über ein so großes Reich nicht mehr gewachsen fühlte, selbst wenn alles ruhig blieb. So entbot er den Oberpriester und die vornehmsten *Orejones* zu sich und verkündete ihnen, er sei nun so alt, daß sein Platz nicht mehr im Kriegslager, sondern zu Hause am Herdfeuer sei. Da sie wüßten, daß er die Wahrheit spreche, sollten sie seinen Sohn Topa Inca Yupanqui zum Inka wählen. Die Tapferkeit dieses edlen Jünglings sei ihnen aus den Feldzügen bekannt, an denen er teilgenommen habe. Sie sollten ihm die königliche Stirnbinde überreichen, so daß ihn das ganze Land als Inka anerkennen und ihm gehorchen werde. Er werde die Collas für ihren Aufstand und die Ermordung der Statthalter und *Orejones* bestrafen. Der Oberpriester und die Edlen antworteten Pachacuti, daß alles nach seinem Wunsche geschehen solle, denn sie wollten ihm auch hierin wie bisher gehorsam sein.

Topa Inca zog dann weiter. In der Provinz Canchi empfing man ihn mit reichen Gaben, und in Cacha hatten sie ihm sehr hübsche Paläste in landesüblicher Bauweise errichtet.

Als die Collas vernahmen, daß Topa Inca mit einem so starken Heere gegen sie zog, bemühten sie sich um die Hilfe ihrer Nachbarn, um ihn in offener Feldschlacht zu stellen. Topa Inca bekam jedoch Kundschaft von diesem Plan. Er wußte sehr wohl um die Überlegenheit seiner Truppen, aber er war so menschlich gesinnt, daß er die Collas von den benachbarten Canas aus durch einen Parlamentär aufforderte, die Waffen niederzulegen und ihm Gehorsam zu schwören, denn es sei nicht seine Absicht, sie für den Mord an den Statthaltern und Bevollmächtigten seines Vaters zu bestrafen, die ihnen im übrigen nichts Schlimmes getan hätten. Für eine gute Verwaltung und Regierung brauche man ein Oberhaupt, und es sei besser, von einem als von vielen regiert zu werden.

Er sandte diese Botschaft mit Gaben für die Häuptlinge durch einen *Orejone*. Dieser hatte jedoch keinen Erfolg; die Colla wollten die Einigung nicht. Ihre versammelten Krieger drängten im Gegenteil unter Führung der einzelnen Stammeshäuptlinge vorwärts, bis sie sich dicht vor Topa Incas Standort befanden. Im Dorfe Pucará verschanzten sie sich in einer Festung, und als sich der Inka näherte, brachen sie mit ihrem üblichen Kriegsgeschrei hervor, und eine verlustreiche Schlacht entbrannte. Die Collas wurden geschlagen und verloren viele Gefangene, Männer und Frauen; und wenn der Inka eine nachhaltigere Verfolgung erlaubt hätte, wären noch mehr gefangengenommen worden. Er machte Cari, dem Oberherrn von Chucuito, harte Vorwürfe, weil er den mit Viracocha geschlossenen Frieden nicht gehalten habe. Er, Topa Inca, wolle ihn zwar nicht hinrichten lassen, aber er würde ihn zur Bestrafung nach Cuzco überführen. Dementsprechend wurde also Cari mit anderen Gefangenen nach der Hauptstadt gesandt. Zum Gedächtnis seines Sieges ließ Topa Inca große Steinfiguren auf der Kampfstätte errichten und ein Stück Bergland einebnen. Er ließ auch noch andere bauliche Arbeiten ausführen, die jedermann heute noch betrachten kann. Ich bin zwei Tage dort geblieben und habe mir alles genau angesehen, so daß ich genau im Bilde bin.

81. Kapitel
Der Friede mit den Collas, und die Rückkehr des Inkas nach Cuzco.

Diejenigen Collas, die aus der Schlacht entkommen waren, hatten große Angst vor den Kriegern des Inkas, von denen sie glaubten, daß sie ihnen dicht auf den Fersen seien. So flohen sie in größter Eile und blickten sich von Zeit zu Zeit um, ob sie die Feinde schon erspähen könnten. Sie sahen aber nichts, denn der Inka hatte die Verfolgung verboten. Jenseits des Desaguadero hielten die Häuptlinge Kriegsrat und entschieden sich dafür, den Inka um Frieden zu bitten und ihm Loyalität und Entrichtung der seit dem Aufstand überfälligen Tribute zu versprechen. Die Weisesten wurden mit dieser Mission beauftragt. Sie stießen auf den Inka, der ihnen entgegengezogen kam. Er hörte ihnen freundlich zu, und seine Antwort stand einem großherzigen Sieger wohl an: er bedauere, was als Folge ihrer Unvernunft geschehen sei, und sie sollten alle unverzüglich nach Chucuito kommen, um einen für sie vorteilhaften Frieden zu schließen. So geschah es alsbald. Reichliche Vorräte standen bereit, und der Stammesfürst Humalla traf ein. Der Inka begrüßte ihn und die anderen Häuptlinge mit Wohlwollen, und vor dem Abschluß des Vertrages gab es große Tanzfeste und Trinkgelage. Am Schlusse derselben sagte der Inka allen Versammelten, daß er sie nicht mit der nachträglichen Entrichtung der Tribute belasten wolle, denn dabei handele es sich um große Beträge; da sie sich aber ohne Grund und Recht gegen ihn erhoben hätten, werde er Garnisonen auf ihrem Gebiet errichten, deren Versorgung mit Proviant und Frauen ihre Sache sei. Dem stimmten die Häuptlinge bei, und der Inka ließ *mitimaes* aus anderen Gegenden kommen und ernannte gleichzeitig Statthalter und sonstige Beamte. Als das alles getan war, verkündete er seinen Willen, in Kürze ein Gesetz zu erlassen, wonach zum ewigen Gedächtnis an die Untaten der Collas immer nur eine bestimmte Anzahl dieses Volkes, soundso viel tausend Männer und Frauen, die Stadt Cuzco betreten dürfte. Darüber waren die Collas sehr bedrückt, aber sie mußten sich wie mit allem anderen auch damit abfinden. Tatsächlich durfte später kein Colla mehr nach Cuzco hinein, sobald die genannte Zahl erreicht war, es sei denn, es hätte ein anderer die Stadt verlassen. Eine Umgehung dieses Verbotes war unmöglich, denn die

Stadttore waren ständig mit Steuereinnehmern und Wachen besetzt. Diese waren völlig unbestechlich, und niemals hätten sie ihren Inka angelogen oder seine Geheimnisse ausgeplaudert. Das verdient höchstes Lob.

Als die Colla-Provinz erst einmal befriedet und dort Ordnung geschaffen war und die Häuptlinge wußten, was sie zu tun hatten, kehrte der Inka nach Cuzco zurück. Er sandte vorher noch Boten nach Cunti-suyu und in die Anden, damit sie ihm berichteten, was dort geschah, ob die Statthalter ihre Macht mißbrauchten und ob die Eingeborenen unruhig seien. In Cuzco wurde er mit seinem großen Gefolge von Adligen und Bürgern mit hohen Ehren empfangen. Im Sonnentempel fanden gewaltige Opfer statt, und auch die Bauleute an dem großen Festungsbau Pachacutis brachten Dankopfer. Mama Ocllo, die Coya, seine Gattin und Schwester, organisierte von sich aus große Feste und Tänze. Und da es Topa Inca drängte, auf der Chinchay-suyu-Straße über Tarma und Bombón hinaus zu ziehen, um die dortigen Gebiete zu unterwerfen, berief er ein weiteres großes Truppenaufgebot aus allen Provinzen.

82. Kapitel

Topa Inca verläßt noch einmal Cuzco, zieht in das Land der Collas und von dort nach Chile, bringt die Völkerschaften der dortigen Gebiete unter seine Herrschaft und stirbt alsdann.

[Zusammenfassung der Kapitel LVI, LVII, LVIII und LIX aus Ciezas zweiter Chronik von Peru:

Topa Inca stellte in Cuzco eine Armee von über 200 000 Mann auf und ließ Waffen und Lebensmittel zur Chinchaysuyu, der Nordstraße, vorausschicken. In jeder *marca* (das heißt Provinz) wurde die Inka-Straße erweitert und instand gesetzt. Sein Onkel Capac Yupanqui wurde Oberster Befehlshaber der ganzen Armee. Die erst kürzlich unterworfenen Huancas, die Jaujas und die Stämme vom See Chinchay, die in den Herrschaftsbereich der Inkas einbezogen waren, schlossen sich dem Feldzug an. Das Land zwischen den Tälern von Jauja und Cajamarca – eine Distanz von mehr als vierhundert Meilen – unterwarf er, siedelte die Bevölkerung um, ließ Straßen und *pucarás* bauen und schloß das Gebiet an die Verbindungsstraßen zum Altreich an. Er begann den Bau der Stadt Huánuco, die, in einer Höhe von 12 150 Fuß [3812 m; d. Übers.] in der Provinz Huamalíes gelegen, zur größten Stadt der Inkas nördlich von Cuzco wurde. Sie soll vierzigtausend Einwohner gehabt haben. Sie war die Garnisonsstadt, von der aus der Inka seine Truppen fünfhundert Meilen nordwärts nach Chachapoyas führte, um die Stämme am Ostufer des Marañón zu unterwerfen.

Weit hinter Huánuco und Cajamarca kämpfte er gegen die Indianer von Huancabamba, Cajas und Ayavaca; östlich von Huancabamba ließ er eine Straße durchs Gebirge zum Marañón bauen, um die Fundstelle des Waschgoldes zu entdecken, das die Huancabambas von den Urwaldindianern einhandelten. Seine Krieger stießen auf das »Wasservolk«, die Aguarunas, einen Unterstamm der Shuara-Kopfjäger; wie Cieza berichtet, »kehrte er eilends zurück, denn das ist eine böse, von dichtem Urwald bedeckte Gegend«. Topa Inca benötigte mehr als fünf Monate, um Huancabamba zu unterwerfen, und noch mehr, um seinen Sieg zu festigen, zu welchem Zwecke er *mitimaes* umsiedelte, Straßen baute, Festungen errichtete und Verbindungswege schuf. Dann zog er in das heutige Ekuador, kämpfte gegen die Paltas, drang in die hohen *páramos* [Gebirgseinöden in den Anden; d. Übers.] bei Azuay vor und kämpfte lange und heftig gegen die gefürchteten Cañari. Er setzte dann seinen Vormarsch nach Llactacunga fort, wo er nach neuerlichen Eroberungen »Bauten errichten ließ, deren Größe die der Bauten von Cuzco noch übertraf«.

Topa Inca zog dann nach Quito. Nach kurzem, hartem und siegreichem Kampf »bevölkerte er das Land mit *mitimaes*« und befahl den Bau von Vorratshäusern, Festungen und anderen Gebäuden im Inka-Stil, denn, wie er sagte, »Cuzco muß die Hauptstadt des einen Teils meines großen Reiches sein, und Quito die des anderen«. Baumeister und Ingenieure wurden von Cuzco angefordert, um den Anschluß des neuen Gebietes an das Inka-Reich voranzutreiben. In Tomebamba, im Herzen des Cañari-Gebietes, wurde sein Sohn Huayna Capac geboren, den das Schicksal zum letzten großen Inka bestimmt hat.

Chalco Mayta, ein würdiger Häuptling, wurde als Statthalter von Quito mit den Rechten eines Vize-Inkas eingesetzt: er durfte in einer Sänfte reisen, von goldenem Geschirr speisen und auf dem goldenen *osño*-Sessel sitzen.

Der Inka und sein Heer zogen dann weiter westwärts, um die Küstenprovinzen von Quito zu unterwerfen.

Sie kamen in die heißen Gebiete, die sogenannten Yungas, und unterwarfen dort auf friedliche Weise die Huancavilcas (deren Gebiet im heutigen Guyaquil, in den Ebenen um den Guya-Fluß, lag); dann gelangten sie auf Balsa-Booten und auf dem Landwege südwärts nach Tumbes.

Tumbes, oder Tumpiz, markierte die Grenze zwischen der Wüste und dem feuchten Urwald und war vom Stamme der Tallanes bewohnt. Große Gebäude, Sonnentempel, Verwaltungszentren und *tambos* wurden dort errichtet. Der Inka rastete hier und begann dann den Bau einer großen Küstenstraße, deren Verlauf man, wie Cieza 1550 schreibt, »an dem, was noch davon übrig ist, erkennen kann«.

Topa Inca befand sich nun auf dem Territorium des Chimú-Reiches. Dieses Volk war für das Küstenland, was die Inkas für die Anden waren. Es gab langwierige Kämpfe (s. Kap. 113); die Inkas blieben wie immer Sieger. Sie gestatteten den Chimús, ihre Titel und Rechte beizubehalten, und schickten einige als Geiseln nach Cuzco, desgleichen auch eine Anzahl der berühmten Gold- und Silberschmiede dieses Gebietes, der besten in ganz Peru. Das Inka-System mit seinen Straßen, Verwaltungsbehörden, *mitimaes*, Tributen (*mit'a*-Steuer), *chasquis* und Lebensmitteldepots faßte nun auch an der Nordküste Fuß. Das war um das Jahr 1476.

Nachdem die Inkas die Macht der Chimús an der Quelle ihrer Stärke, nämlich in Chan-Chan (dem heutigen Trujillo) gebrochen hatten, zogen sie im Triumph die Küste entlang, wobei sie die Chimú-Kultur verbesserten oder veränderten. Schließlich waren sie im Rimac-Tal (wo das heutige Lima liegt) und bei dem berühmten Orakel von Pachacamac angelangt. Es handelte sich dabei um eines der höchstverehrten Heiligtümer an der ganzen Küste; wegen der Pilgerfahrten nach diesem berühmten *huaca* wurden sogar Stammeskriege unterbrochen. Topa Inca versuchte nicht, den Kult von Pachacamac zu beeinflussen; er errichtete nur zusätzliche Sakralbauten (der Sonnentempel für die *mamaconas* ist ein Inka-Bau), nahm das Orakel in das Götter-Pantheon der Inkas auf und führte die Herren von Pachacamac in die neue Ordnung ein. Dies getan, zog er auf einer neuerbauten Straße nach Cuzco zurück. Die Straße führte vom Pachacamac-Tempel das Lurin-Tal hinauf bis Huarochirí, wobei sie mit einer Stufenkonstruktion die eisigen schneebedeckten Höhen des Pariacaca überwand und Jauja erreichte, eine Strecke von 175 km. Sie ist eine der eindrucksvollsten Straßen, die je von Menschenhand gebaut wurden.

Nachdem Topa Inca im Triumph in Cuzco empfangen

worden war, begann er, die Unterwerfung der Chinchas zu planen, die an der Küste zweihundert Kilometer südlich von Pachacamac in der heißen Yunga-Wüste lebten. Sie galten als sehr kriegerisch, hatten Streifzüge in das Hochland unternommen und waren mit reicher Beute zurückgekehrt. Zu Zeiten Pachacutis, Topa Incas Vater, war der Inka-Statthalter der Soras (die östlich von Cuzco in Cunti-suyu lebten) zu den Chinchas gegangen, um sie für den Pax Incaicum zu gewinnen. Da sie sich weigerten, sammelte der Inka wieder sein Heer, marschierte nach Cochacajas am Pachachaca-Fluß und begann den Abstieg zur Küste. Er durchquerte das Land der Soras und Rucanas und zog dann die Seitenstraße entlang, die auf die von der Sierra zur Küste verlaufende Inka-Straße trifft. Zuerst erledigte er die Nazcas, dann marschierte er auf der eigens für ihn angelegten Straße nordwärts nach Ica, dem nächsten Tal, welches ebenfalls ohne Schwierigkeiten in seine Hand fiel. Hinter Pisco, das schon zum Machtbereich der Chinchas gehörte, sah er sich plötzlich 30 000 Kriegern gegenüber. Wie schon sein Vater es getan hatte, sandte er seine Emissäre zu den Häuptlingen der Chinchas – aber diesmal mit einer mächtigen Armee, um seinen Argumenten Nachdruck zu verleihen. Cieza notiert: »Topa Inca wurde kampflos Herr von Chincha.«

Das Inka-Heer rückte dann auf das nächste Tal vor (das heutige Cañete-Tal), wo die Huarcos saßen. Diese ließen sich aber weder durch die Gesandten des Inkas noch durch das drohende Heer beeindrucken. Sie rüsteten ihre *pucarás* aus, brachten ihre Weiber und Kinder in deren Schutz und stellten sich der Armee des Inkas zum Kampf.

Aber die Hitze des Sommers lastete über der Wüste; der schon bejahrte Inka wurde krank und zog sich nach Cuzco zurück. Später sammelte er seine *Orejones* und die Hauptleute mit ihren Truppen und ließ eine neue Straße anlegen, die er über die östlichen Kordilleren bis an jenes Tal heranführte. An der Grenze zu den Huarcos erbaute er eine Stadt und nannte sie Neu-Cuzco (heute Incahuasi). Der Krieg dauerte drei Jahre. Die Häuptlinge, auch der gefürchtete Chuquimancu, ergaben sich schließlich und wurden wegen ihres hartnäckigen Widerstandes hingeschlachtet. Eine Festung wurde errichtet; das Tal war unterworfen, und der Inka kehrte wieder nach Cuzco zurück.]

Als Topa Inca im Glanz dieses großen Sieges nach Cuzco zurückgekehrt war, verbrachte er mehrere Tage bei festlichem Mahl und Trunk, beim Vergnügen mit seinen zahlreichen Frauen und Konkubinen und in der Gesellschaft seiner Kinder. Unter diesen war auch Huayna Capac, ein sehr tapferer und hochgemuter Jüngling, der zum Thronerben bestimmt war.

Als die Festlichkeiten zu Ende waren, beschloß der große Topa Inca, sich in Colla umzusehen und außerdem von den dortigen Gebieten so viele als möglich für sein Reich zu gewinnen. Er ließ also Krieger aus dem ganzen Reich zusammenrufen und befahl, viele Zelte für das Lagern in der Wüste anzufertigen.

Soldaten strömten mit ihren Hauptleuten in Massen herbei und bezogen außerhalb der Stadt Quartier, denn sie durften Cuzco selbst nur mit ausdrücklicher Genehmigung betreten. Vorratsverwalter und Marketender der Stadt sorgten eifrig dafür, daß die Truppen mit allem versehen wurden, was sie brauchten. Als das gesamte Heer versammelt war, fand ein großes Opfer statt, und abergläubisch wie diese Menschen sind, befragten Wahrsager die Götter über den Ausgang des Krieges. Nachdem Topa Inca alle auf einem großen Bankett bewirtet hatte, gab er den Befehl zum Aufbruch. Er ließ einen Statthalter und seinen ältesten Sohn, Huayna Capac, in der Stadt. Mit majestätischem Gepränge zog er über die

Colla-suyu-Straße, inspizierte Garnisonen und Paläste und weilte zur Erholung bei den Chancas und Canchis.

Im Lande der Collas rückte er zunächst bis Chucuito [am Titicacasee] vor, wo sich die Stammesfürsten des Landes versammelt hatten, um ihm zu Ehren ein Fest zu feiern. Die von Topa Inca im Lande der Collas eingeführte Agrarordnung hatte sich als so wirkungsvoll erwiesen, daß für die 300 000 Mann seiner Armee Lebensmittel im Überfluß vorhanden waren. Der Inka begab sich dann in Begleitung einiger auserwählter Colla-Fürsten auf die Insel im Titicacasee. Hohes Lob spendete er den Bauleuten für die gute Arbeit an den Gebäuden, die seinerzeit auf Befehl seines Vaters dort errichtet worden waren. Im Tempel selbst brachte er große Opfer dar und spendete auch den Götterbildern und Priestern reiche Gaben, wie es einem so großen Herrn ansteht. Dann begab er sich wieder zum Heer und zog mit diesem durch die ganze Colla-Provinz bis an deren jenseitige Grenze. Er sandte seine Boten zu den Charcas, Caranquis und den anderen Völkerschaften, die in dieser Gegend leben. Einige boten ihm Bundesgenossenschaft, andere griffen ihn an, aber er war so stark, daß er trotz ihres Widerstandes alle unterwarf. Den Besiegten gegenüber war er milde, und denen, die freiwillig zu ihm gekommen waren, erzeigte er höchstes Wohlwollen. In Paria und auch anderswo ließ er umfängliche Bauten errichten. Zweifellos hat Topa Inca noch manche Großtaten vollbracht, doch mögen sie in Vergessenheit geraten sein, weil die Inkas keine Schrift haben. Ich habe hier summarisch einige notiert, von denen wir wissen, weil die Spuren davon noch an Ort und Stelle zu sehen sind und man auch noch manches über ihn hören kann.

Topa Inca zog im Triumph weiter, noch über das Gebiet der Charcas hinaus. Er durchquerte viele Länder und Provinzen, auch große Schneewüsten, bis er in das Gebiet des heutigen Chile gelangte. Alle diese Länder unterwarf er und soll bis an den Maule-Fluß gelangt sein. In Chile ließ er Bauten errichten und erhielt viele Goldbarren als Tribut. Dann setzte er Statthalter und *mitimaes* ein und kehrte, nachdem er so in den eroberten Gebieten Ordnung geschaffen hatte, nach Cuzco zurück.

Er sandte auch geschickte *Orejones* gen Osten, die, als Händler verkleidet, Nachrichten über die dortigen Länder und ihre Herrscher sammeln sollten.

Ziemlich bald darauf soll der Inka mit einer ausreichenden Streitmacht in die Anden gezogen sein. In den dichten Bergwäldern hatte seine Truppe große Strapazen auszuhalten. Er unterwarf einige der dortigen Völker und ließ große Cocapflanzungen anlegen, deren Ertrag für Cuzco bestimmt war.

Kurze Zeit nach seiner Rückkehr in die Hauptstadt erkrankte er tödlich. Er legte das Schicksal des Reiches und seiner Familie in die Hand seines ältesten Sohnes, traf noch einige weitere Anordnungen und starb. Von Quito bis Chile war die Trauer um ihn groß, und es ist herzbewegend, was die Indianer darüber erzählen.

Wo er bestattet wurde, ist nicht überliefert. Viele seiner Frauen, Diener und Pagen sollen getötet und mit ihm begraben worden sein, und es heißt, daß Schätze im Werte von über einer Million in sein Grab gelegt wurden. Wahrscheinlich ist auch diese Summe noch zu niedrig gegriffen, denn es heißt, daß sogar Privatpersonen mit einer Grabbeigabe von über hunderttausend *castellanos* bestattet worden sind [*castellano:* alte Gold-

münze von unbestimmtem Wert, aber auch Goldgewicht
=4,6 g; d. Übers.]. Abgesehen von denen, die mit ihm
bestattet wurden, haben sich noch viele Männer und
Frauen im ganzen Reich aus Trauer um ihn erhängt;
und überall wurde ein ganzes Jahr lang getrauert. Die
meisten Frauen schnitten sich ihr Haar ab und banden
sich hänfene Stricke um den Kopf. Am Ende des Jahres
wurde noch eine große Gedächtnisfeier abgehalten. Was
dabei geschehen sein soll, will ich nicht berichten, denn
es sind heidnische Greuel.

83. Kapitel
Die Regierung Huayna Capacs, des zwölften Inkas.
Die Bestattungsfeierlichkeiten für den großen Inka Topa
[Tupac] Inca Yupanqui waren nach Brauch und Sitte
mit allem Pomp und Zeremoniell begangen worden. Die
Orejones berichten aber, daß gewisse Völker bei dieser
Gelegenheit ihre frühere Freiheit wiedererringen und
das Joch der Inkas abschütteln wollten und daß diese
tatsächlich Erfolg gehabt hätten, wenn nicht Statthalter
und *mitimaes* die vorsorglichen Anordnungen des Verstorbenen in dieser unruhigen, inkalosen Zeit mit viel
Geschick durchgeführt hätten. Huayna Capac war sich
durchaus darüber klar, daß er sehr energisch handeln
müsse, wenn er nicht verlieren wollte, was sein Vater
unter so großen Anstrengungen geschaffen hatte. Er trat
seine rituellen Fasten unverzüglich an, und der von ihm
eingesetzte Statthalter von Cuzco zeigte sich treu und
loyal. Immerhin gab es im Volk der Inkas eine gewisse
Unruhe, denn einige Söhne Topa Incas, die nicht von
der Coya, sondern von anderen Frauen stammten, versuchten, Ansprüche auf die Inka-Würde zu erheben.

Aber das Volk war für Huayna Capac und unterstützte sie nicht, verhinderte jedoch ihre Bestrafung. Nach Beendigung des Fastens legte Huayna Capac, prächtig gekleidet, die königliche Stirnbinde an und vollzog die althergebrachten Zeremonien. Dann wurde ihm offiziell der Titel »Inka« verliehen, und alle riefen: »*Huayna Capac Inca Zapalla tucuillacta uya!*« Das bedeutet: »Huayna Capac allein ist Inka, alle Völker mögen auf sein Wort hören!«

Nach den Berichten vieler Indianer, die ihn noch gekannt oder gesehen haben, war Huayna Capac nur von mittlerer Statur, aber kräftig und gut gebaut. Er sah sehr ernst, doch ansprechend aus und war kein Mann des Wortes, sondern der Tat. Er war streng und strafte gnadenlos. Sein Wunsch war, so gefürchtet zu sein, daß die Leute nachts von ihm träumten. Er aß die landesüblichen Speisen und liebte geile Buhlweiber, wenn das Wort hier erlaubt ist. Er hörte diejenigen, die freimütig zu ihm sprachen, freundlich an und war geneigt, ihnen Glauben zu schenken. Durch Schmeichelei und selbst Kriecherei war er zu beeinflussen, und daran fehlte es bei den Indianern nie, auch heute nicht. Wegen seiner Leichtgläubigkeit haben viele Unschuldige ihr Leben verloren. Junge Männer, die den Versuchungen des Fleisches nachgaben und mit seinen Frauen oder Konkubinen oder mit den Tempeljungfrauen schliefen, wurden unverzüglich mit dem Tode bestraft und die beteiligten Frauen ebenfalls. Wer an Aufruhr oder Erhebungen teilnahm, wurde mit der Beschlagnahme seines Vermögens bestraft, das anderen übergeben wurde; sonstige Missetaten wurden nur mit körperlichen Strafen belegt. Bei manchen dieser Vergehen hatte sein Vater ein Auge zugedrückt, zumal wenn es sich um Frauengeschichten handelte. »Junges Blut!« pflegte er dann zu sagen. Mama Ocllo, Huayna Capacs Mutter, die Schwester und Gattin Topa Inca Yupanquis, war eine große Dame und besaß, nach allem, was man hört, bedeutende Intelligenz. Sie gab ihrem Sohn manchen Wink über die Unternehmungen seines Vaters, und da sie ihn so sehr liebte, beschwor sie ihn, zu ihren Lebzeiten keinen Feldzug nach Quito oder Chile zu unternehmen. Es heißt, daß er ihr zuliebe Cuzco nicht verließ, bis sie gestorben und mit großem Pomp bestattet worden war. Schätze, kostbare Kleidung, Hofdamen und Dienerinnen wurden mit ihr ins Grab gelegt.

Die Schätze der verstorbenen Inkas und ihre Ländereien, die sogenannten *chacaras*, sind zum allergrößten Teil vom ersten Inka an unangetastet geblieben; niemand wagte sie anzurühren oder etwas davon auszugeben, denn Kriege oder andere Projekte kosteten den Inka kein Geld. Daher glauben wir, daß riesige Schätze in den Tiefen der Erde verborgen und für uns verloren sind, es sei denn, jemand stieße bei Bauarbeiten oder durch sonst einen Zufall auf einen kleinen Teil der zweifellos vorhandenen ungeheuren Werte.

84. Kapitel
Huayna Capacs erster Aufbruch von Cuzco.
Huayna Capac befahl die bedeutendsten eingeborenen Stammesfürsten zu sich, und als sein Hof von ihnen wimmelte, hielt er prunkvoll Hochzeit mit seiner Schwester Chincha Ocllo. Die Trauer für Topa Inca scheint dabei außer acht geblieben zu sein. Dann stellte er ein Heer von fünfzigtausend Mann auf, mit dem er sein Königreich bereisen wollte. Sein Zug war noch prächtiger als

der seines Vaters, denn, wie nach dem Bericht seiner Träger überliefert ist, war seine Sänfte mit Edelsteinen von unschätzbarem Wert geschmückt, ganz abgesehen von dem Gold, das bei ihrem Bau verwendet worden war. Er zog durch die Provinzen Xaquixahuana und Andahuaylas bis in das Land der Soras und Rucanas und erhielt von überall höfliche Antwort, Ehrengeschenke und Gelöbnisse.

Von dort aus kehrte er nach Cuzco zurück, wo er sich zunächst befleißigte, der Sonne und anderen Göttern, die er für noch mächtiger hielt, reichliche Opfer zu bringen und sie um ihre Gunst für seine weiteren Pläne zu bitten. Er legte auch vor den Götzenbildern im Tempel reiche Opfer nieder und erfuhr von den Wahrsagern, daß er von seinem Kriegszug mit großen Ehren und Erfolgen zurückkehren würde. Ob das tatsächlich die Worte des Dämons oder nur Erfindungen der Priester gewesen sind, weiß ich nicht. Dann strömten auf des Inkas Ruf zu den Waffen Krieger aus allen Teilen des Landes herbei.

Der Bau der Festung [Sacsahuamán] schritt zügig voran; keiner der Bauleute versäumte auch nur einen einzigen Arbeitstag. Ein goldenes Seil wurde um den Stadtplatz gespannt, und es gab üppige Trinkgelage und Tanzfeste. Der Landessitte gemäß wurden neben dem Kriegsstein die Feldhauptleute und Unterführer ernannt. Als alle angetreten waren, redete Huayna Capac sie in feurigen und wohlgesetzten Worten an und forderte alle zur Treue auf, sowohl die Marschtruppe als auch die, welche daheim blieben. Sie beteuerten, daß sie ihm in Treue dienstbar sein wollten. Er lobte ihre Antwort und versprach ihnen reiche Belohnung. Und als die Vorbereitungen für den Feldzug abgeschlossen waren, verließ er mit dem Heer Cuzco und zog nach Colla-suyu. Er marschierte auf einer der großen Landstraßen, die heute, wie jeder Reisende feststellen kann, noch ebenso gut imstande sind wie damals. In den Provinzen, die er durchzog, äußerte er sich nur sehr herablassend über die ihm erwiesenen Dienste, denn, so soll er gesagt haben, es gehöre ja alles sowieso dem Inka. Er informierte sich über die Summe der entrichteten Tribute und die wirtschaftlichen Möglichkeiten der Provinzen. Er nahm überall die schönsten Mädchen mit. Entweder sandte er sie als *mamaconas* in die Tempel oder behielt sie für sich oder schenkte sie seinen Hauptleuten und Beratern.

In Colla meldete man ihm, wieviel Herden vorhanden waren und wie viele Ladungen feinster Wolle jährlich in die Kleiderwerkstätten seines Hofes gesandt wurden. Auch begab er sich auf die Insel Titicaca und ließ dort im Tempel große Opfer darbringen. In Chuquiabo [La Paz] ließ er in Schichtarbeit auf die schon beschriebene Weise Gold fördern. Im weiteren Vormarsch befahl er, daß die Charcas [in den bolivianischen Anden] und andere Völker bis zu den Chinchas hin Silber in großen Mengen schürfen und in Barren nach Cuzco schicken sollten, wobei er den Transport übernahm. Er siedelte auch eine Anzahl *mitimaes* um, obgleich sie erst kurze Zeit in dieser Gegend ansässig waren, und befahl, daß jedermann arbeiten und niemand untätig sein solle, denn, so sagte er, nur die Faulen sinnen ständig auf Unruhe und verleiten die Frauen zur Unkeuschheit. Überall, wo er hinkam, ließ er Unterkünfte und Festungen nach seinen eigenen Entwürfen errichten; er inspizierte auch die Grenzen vieler Provinzen, damit niemand auf den Gedanken käme, sie mit Waffengewalt verändern zu wollen. Trotz ihrer riesigen Zahl waren seine Soldaten so diszipliniert, daß sie keinen Fuß aus dem Lager setzten. Überall wurden sie von den Eingeborenen so reichlich mit Verpflegung versorgt, daß mehr übrigblieb, als sie verbrauchten. An manchen Orten ließ er Bäder anlegen, an anderen Wildreservate, und in den Wüsten ließ er große Unterkünfte erbauen. Wohin er auch immer kam, überall hinterließ er so bedeutende Verbesserungen, daß schon die bloße Erwähnung Staunen verursacht. Irgendwelche Missetaten wurden keinesfalls übersehen, sondern streng bestraft, aber diejenigen, die ihm treu und verständig dienten, belohnte er großzügig.

Nachdem Huayna Capac diese und andere Maßnahmen durchgeführt hatte, zog er in die Provinzen, die heute der Jurisdiktion von La Plata unterstehen. Er sandte Hauptleute mit Truppenabteilungen in die Gegend von Tucumán gegen die Chiriguanos, aber da gab es Schwierigkeiten, und die Soldaten kamen in voller Flucht zurück. In die andere Richtung, gegen die Südsee zu, sandte er ebenfalls Truppen, um die Täler und Ansiedlungen zu unterwerfen, deren Eroberung sein Vater nicht hatte vollenden können. Mit dem Gros seiner Armee gelangte er bis Chile und unterwarf im Vormarsch die am Wege lebenden Völker. In den Wüsten mußte das Heer große Strapazen erdulden. Sie gelangten in schreckliche Schneewehen, aber sie führten Zelte zu ihrem Schutz mit und hatten auch viele Diener und Dienerinnen bei sich. Es gab bereits eine mit Posten besetzte Straße, welche ein Stück in die Schneewüsten hineinführte. Diese wurde jetzt weiter ausgebaut und fertiggestellt.

In Chile angekommen, verbrachte Huayna Capac über ein Jahr damit, die dortigen Völker zu unterwerfen und ihnen Ordnung und Gesetz zu geben. Sie mußten bestimmte Mengen Gold- und Silberbarren abliefern; *mitimaes* wurden herbeigerufen, und große Teile der Bevölkerung wurden umgesiedelt. An geeigneten Stellen ließ er die gebräuchlichen Festungswerke, die sogenannten *pucarás*, errichten, denn er mußte gegen einige Stämme Krieg führen. Überall, wohin er kam, ließ er Denkmäler und Statuen errichten, die noch in ferner Zukunft von seiner Macht und Größe Zeugnis ablegen sollten.

Als Chile befriedet und das Notwendige getan war, ernannte er seine Statthalter und Beauftragten, denen er befahl, den Hof in Cuzco von allen Vorkommnissen in diesen Provinzen auf dem laufenden zu halten, und er wies sie nachdrücklich an, Gerechtigkeit zu üben. Im Falle eines Aufstandes sollten sie alle Verschwörer töten und keinen am Leben lassen.

Bei seiner Rückkehr nach Cuzco wurde er mit großen Ehren empfangen. Die Priester des Tempels Curicancha riefen den Segen des Himmels auf ihn herab, und er erfreute die Stadtbevölkerung mit vielen Festen.

Einer seiner zahlreichen Söhne war Atahualpa. Alle Indianer bekunden übereinstimmend, daß dessen Mutter Tuta Palla hieß und aus Quilca stammte; einige behaupten allerdings, sie stamme aus Hurin-(Unter-)Cuzco. Von Kindesbeinen an hat Atahualpa, der älter als Huascar war, seinen Vater ständig begleitet.

Ab hier Zusammenfassung durch den Herausgeber:

Nach seinem Chile-Feldzug verbrachte Huayna Capac zunächst einige Zeit in Cuzco mit der Planung einer Inspektionsreise an die nördlichen Grenzen seines Reiches. Dazu befahl er Verbreiterung der Chinchay-suyu-Straße nach Quito (»... größer und breiter als die Straße seines Vaters«) und ließ auf ihrer ganzen Länge das System der *tambos* und *chasqui*-Stationen vervollkommen. »So«, schrieb Cieza, »wurde die großartigste Straße der Welt angelegt, die mit 3250 Meilen auch die längste ist.«

Huayna Capac zog dann mit 200 000 Kriegern über Vilcashuamán und Jauja bis Cajamarca. Von dort aus bekriegte er die Huancachupachos-Stämme und unterwarf sie. Dann überquerte er den oberen Marañón und zwang den Chachapoyas, die schon früher unterworfen worden waren, einen Inka-Statthalter auf. Von dort aus nahm er »viele Frauen mit, denn sie sind schön, grazil und sehr hellhäutig«. Dann zog er weiter nach Norden.

Hinter Huancabamba, das bereits sein Vater erobert hatte, folgte er östlich vom Marañón der Staße, die dieser hatte erbauen lassen, und ließ sie im Vormarsch instand setzen. An der Grenze des Stammesgebietes der Aguarunas wurde der Vorposten Bracamoros errichtet. Die Aguarunas sind eigentlich ein Unterstamm der ekuadorianischen Shuaras (oder Jívaros). Das Inka-Heer geriet an große reißende Flüsse und wurde in Gefechte mit nackten Wilden verwickelt, und Huayna Capac, von ihm unverständlichen Naturgewalten beunruhigt, zog sich zurück.

Als der Inka wieder in den Anden, in ihm vertrauter Umgebung, war, führte er die Expedition weiter nach Tomebamba (in Ekuador). Ein lokaler Aufstand in Cuzco erzürnte ihn so, daß er die Anführer hinrichten ließ. Die beteiligten Soldaten mußten zur Strafe von Cuzco bis nach Tomebamba, seinem Geburtsort, also über eine Strecke von mehr als tausend Meilen, Steine schleppen. Die Bevölkerung im Reich unter Druck zu halten, sagte er, sei äußerst wichtig, und für ein »gut regiertes« Volk sei Arbeit unerläßlich, selbst wenn man es zwänge, einen ganzen Berg von einem Ort zum anderen zu versetzen.

In Tomebamba revidierte er die Abrechnungen der *quipucamayocs*, um zu sehen, ob alles in Ordnung sei. Dann zog er auf der für ihn erbauten Straße nach Quito und von dort aus weiter nordwärts zu den Stammesgründen der Otavalos, Cayambes und Cochasquis. Diese Stämme vereinigten sich zum Kampfe gegen ihn. Ihr Widerstand erboste ihn so, daß er nach dem Sieg sämtliche Häuplinge am Otavalo-See köpfen ließ. Es floß so viel Blut, daß sich das Wasser des Sees rot färbte; und von daher rührt sein Name Yahuarcocha, »Blut-See«.

Der Heereszug bewegte sich weiter bis zu einem reißenden Fluß (etwa an der heutigen Grenze zwischen Ekuador und Kolumbien), der sich durch die Felsen gefressen hatte, wobei eine natürliche Brücke entstanden war. Sie hieß Rumichaca (»steinerne Brücke«), und der Fluß war der Angasmayo. Diesen bezeichnete Huayna Capac als die nördliche Grenze des Inka-Reiches und ließ dort in Pasto eine Festung erbauen.

Der Inka weilte in Quito oder Tomebamba, als ihm durch Boten gemeldet wurde, daß in Tumbes ein seltsames Schiff mit einer Besatzung bärtiger Männer angelegt habe. Das war Francisco Pizarro mit seinen »dreizehn Männern von Gallo« (»Hahnen-Insel«, ein kleines Eiland vor der Küste von Süd-Kolumbien, von der aus die ersten Konquistadoren Peru betraten; d. Übers.). Huayna Capac erhielt über ihre Kleidung und ihre langen schwarzen Bärte genauen Bericht, und es wurde ihm alsbald klar, daß sie Alejo García glichen, dem weißen Manne, der vor einiger Zeit den Überfall der Chiriguanos an der Südgrenze des Reiches angeführt hatte. Um diese Zeit brach in Quito eine Seuche aus – vielleicht handelte es sich um eine Art der Pocken, die die Weißen eingeschleppt hatten, denn sie hatten in den letzten fünf Jahren schon die ganze Küste vielfach berührt, ehe sie 1527 in Tumbes landeten. Zweihunderttausend Indianer sollen an dieser

Krankheit gestorben sein; auch Huayna Capac hat sich angesteckt.

Er hatte angeordnet, daß die beiden Männer, die Pizarro bei seiner Abfahrt zurückließ, zu ihm gebracht werden sollten. Es handelte sich um Alonso de Molina, aus Ubeda gebürtig, und um einen Neger namens Gines. Über ihr Schicksal sind mehrere Versionen im Umlauf; entweder sie wurden getötet, als Huayna Capac starb, oder sie kamen bei einem der zahllosen Aufstände um, die nach dem Tode des Inkas ausbrachen.

Die »offizielle Geschichte der Inkas«, nämlich die von Sarmiento de Gamboa, der im Jahre 1570 viele Inkas befragte, die sich noch daran erinnerten, besagt, daß Huayna Capac sich zunächst in das Chachapoya-Territorium begab und dann die ungeheure Zehntausend-Meilen-Reise antrat. Man ist sich darüber einig, daß er gegen die Chiriguanos und die nördlich von Quito lebenden Stämme einen siegreichen Krieg führte. Er war zuerst mit Cusi Rimay Coya und dann mit seiner Schwester Araua Ocllo verheiratet. Von dieser hatte er einen Sohn, Tupac Cusi Hualpa, genannt Huascar (»Kette«).

Huayna Capac, so wird berichtet, erkrankte in Quito am Fieber (» ... obwohl andere sagen, es seien Pocken oder Masern gewesen«). Er starb, ohne einen Nachfolger für die Krone zu benennen; und diese Unterlassung war eine der Ursachen des Bürgerkrieges zwischen Huascar und Atahualpa, seinen beiden feindlichen Söhnen. Er war achtzig Jahre alt, als er verschied, und hinterließ mehr als fünfzig Söhne. Sein Leichnam wurde nach Cuzco geschafft (wenigstens nimmt Cieza das an); seine *huaca* war dort so gut verborgen, daß die Konquistadoren sie und den Goldschatz darin nicht gefunden haben. Erst 1560 wurde sie von Polo de Ondegardo gefunden und auf Befehl des Vizekönigs, des Marques von Cañete, nach Lima gebracht und dort auf dem Friedhof San Andrés mit anderen Mumien beigesetzt. Seine Statue, in Lebensgröße aus Gold gefertigt, ist nie gefunden worden.]

85. Kapitel
Über das Yucay-Tal, die mächtigen Bauten von [Ollantay-]Tambo, und einen Teil der Provinz Cunti-suyu.

Vier Meilen von Cuzco befindet sich ein Tal namens Yucay, das sehr schön im Windschatten der Berge liegt und durch diesen Schutz ein gesundes, angenehmes Klima hat, weder zu warm noch zu kalt. Man hält das Klima sogar für so ausgezeichnet, daß die Behörden und Einwohner von Cuzco ernsthaft daran gedacht haben, die ganze Stadt dorthin zu verlegen. Aber die Häuser sind so groß, daß man wegen ihres Wiederaufbaus doch Bedenken hatte, außerdem wollte man den altehrwürdigen Charakter der Stadt bewahren. Es besteht begründete Hoffnung, daß im Yucay- und Vilcas-Tal, ebenso wie in ähnlichen Tälern, in absehbarer Zeit Weinberge, Obstplantagen und schöne, kühle Blumengärten gedeihen werden. Ich erwähne besonders das Yucay-Tal, weil die Inkas es überaus hochschätzten und dort gern ihre Feste feierten. Besonders Viracocha Inca, der Großvater von Topa [Tupac] Inca Yupanqui, weilte mit Vorliebe dort. Im ganzen Tal sieht man noch die Ruinen der vielen, großen Gebäude, die einstmals hier standen, besonders die von [Ollantay-]Tambo. Dieser Ort liegt etwa drei Leguas taleinwärts zwischen zwei großen Hügeln, neben einer Schlucht, durch die ein Wasserlauf [der Patacancha] fließt. Und obwohl dieses Tal ein so angenehmes Klima hat, sind doch die Berge fast das ganze Jahr lang weiß von Schnee. Dort hatten die Inkas eine große Festung, eine der stärksten im ganzen Reich. Sie war in die Felsen hineingebaut, so daß auch eine kleine Besatzung sie gegen zahlreiche Angreifer verteidigen konnte.

Diese Felsen weisen mehrere steile Klippen auf, die den Platz uneinnehmbar machen, und darunter sind große Terrassen, die wie Mauern aussehen. Sie liegen übereinander, und auf der ebenen Oberfläche wird angepflanzt, was die Bewohner zum Leben brauchen. Im Gewirr der Felsen kann man noch allerlei kunstreich in den Stein gehauene Figuren sehen: Löwen und andere wilde Tiere, auch Männer mit Waffen in den Händen, als ob sie den Eingang bewachten.

Der Bauwerke waren viele, und es heißt, daß große Schätze in ihnen lagerten, ehe die Spanier das Reich eroberten. Soviel ist jedenfalls sicher, daß die Steine dieser Bauwerke so groß, so gut behauen und so kunstreich zusammengefügt sind, daß viele geschickte Bauleute daran gearbeitet haben müssen. Außerdem wird behauptet, daß in [Ollantay-]Tambo und auch in anderen Anlagen gleichen Namens (dieser ist nicht der einzige Ort, der Tambo heißt) neben dem gewöhnlich benutzten Teer in bestimmten Teilen des Palastes und des Sonnentempels statt Mörtel auch geschmolzenes Gold zum Vermauern benutzt worden sei. Der Statthalter Don Francisco Pizarro soll einen großen Teil davon mitgenommen haben, bevor die Indianer es herausbrachen und anderswo verbargen. Manche Spanier behaupten auch, Hernando Pizarro und Don Diego de Almagro der Jüngere hätten große Mengen Goldes aus Paccaric-Tampu weggeführt. Wenn ich an die wunderbaren Stücke denke, die man in Sevilla öffentlich gezeigt hat, so zweifle ich nicht daran. Diese Schätze stammen aus Cajamarca, wo das Lösegeld für Atahualpa gesammelt worden ist. Das meiste davon kam übrigens aus Cuzco. Und das war noch wenig genug im Vergleich zu dem, was die Spanier selbst fanden und unter sich aufteilten; und noch viel mehr haben die Indianer weggeschafft und versteckt – niemand weiß mehr wo. Und wenn man die feinen Stoffe, die achtlos weggeworfen wurden und verkommen sind, gesammelt und aufbewahrt hätte, so wären Werte zusammengekommen, die ich mich nicht zu schätzen traue.

Um aber fortzufahren: das sogenannte Cunti-suyu umfaßt die Stämme der Chumpivilcas, Ubinas, Pomatambos und noch andere, die ich nicht nenne. Einige waren kriegerisch und wohnten hoch oben in den Bergen. Sie besaßen zahllose Llama-Herden, und ihre steinernen Häuser waren mit Stroh gedeckt. In Religion und Sitten glichen sie den übrigen Indianern; sie opferten außer anderem auch Llamas, und es heißt, daß in einem ihrer Tempel der Teufel erschienen sei, und selbst jetzt soll sich, wie ich von Spaniern hörte, der Böse dort noch gelegentlich zeigen. In den Flüssen im Lande der Aymaraes wird Gold in großen Mengen gewaschen. Das war noch der Fall, als ich mich in Cuzco befand. In Pomatambo und anderen Teilen des Königreichs werden herrliche Bildteppiche gewoben. Die Wolle ist so fein und die Farben sind so leuchtend, daß es nirgends auf der Welt Schöneres gibt.

Cunti-suyu ist von vielen Flüssen durchzogen. Manche sind von Brücken aus zusammengedrehten Weidenruten überspannt, wie ich sie schon beschrieben habe. Die Früchte des Landes wachsen allenthalben reichlich, und es gibt auch viele Obstgärten, ebenso Rotwild, Rebhühner und gute Jagdfalken.

86. Kapitel

Die Berge und Urwälder der Anden, die großen Schlangen, und die bösen Sitten der Indianer, welche in den entlegenen Gebirgsregionen leben.

Die Anden-Kette gilt als eins der größten Gebirge der Welt. Sie zieht sich bekanntlich von der Magellan-Straße an durch das ganze Königreich Peru und kreuzt mehr Länder und Provinzen, als sich aufzählen lassen. Manche ihrer zahlreichen hohen Gipfel sind Vulkane, andere sind mit Schnee bedeckt. Diese Sierras und Berge sind sehr unzugänglich, einmal wegen der dichten Bewaldung, und dann, weil es dort meistens regnet. Der Erdboden ist so beschattet, daß man sich nur mit großer Vorsicht fortbewegen kann, denn die Baumwurzeln treten an den Abhängen aus der Erde hervor, und beim Marsch ist es die schwerste Arbeit, Wege für die Pferde frei zu machen.

Die *Orejones* von Cuzco erzählen, daß Topa Inca mit einer großen Armee über die Anden gezogen ist. Mit manchen der dortigen Stämme hatte er viel Mühe, ehe er sie besiegen und unter seine Herrschaft bringen konnte. Die Eingeborenen, die an den zur Südsee hin liegenden Abhängen leben, sind recht intelligent. Sie tragen alle Kleider und leben nach Sitte und Gesetz der Inkas. Aber die vom anderen, östlichen Abhang sind bekanntermaßen weniger intelligent. Sie bauen viel Coca an; diese Pflanze wird von allen Indianern hochgeschätzt.

In diesem ausgedehnten Bergland gibt es sicherlich die vielen wilden Tiere, von denen die Eingeborenen berichten: Bären, Jaguare, Tapire, Wildschweine, Luchse und andere mehr. Die Spanier haben auch Schlangen, so groß wie Baumstämme, gesehen, aber sie berichten, daß diese

Tiere trotz ihrer Größe und ihres schrecklichen Aussehens vollkommen harmlos sind und nicht einmal angreifen, wenn man sich auf sie setzt. In Cuzco habe ich darüber von den Indianern eine Geschichte gehört, von der sie mir versichern, daß sie wahr sei: Es war zur Zeit des Inkas Pachacuti, des Sohnes von Viracocha Inca. Er hatte einige Hauptleute mit einer großen Truppe in diesen Teil der Anden geschickt, um, soweit es ihnen möglich wäre, die dortigen Indianer zu unterwerfen. Als die Abteilung tief in den Bergwäldern war, töteten die Schlangen einen Großteil der Soldaten, und dem Inka ging dieser Verlust sehr nahe. Da schlug ihm eine alte Hexe vor, sie wolle in den Wald gehen und die Schlangen verzaubern, so daß sie keinen Schaden mehr anrichten würden. Sie erhielt die Erlaubnis dazu, begab sich an den Unglücksort, und mit allerlei Sprüchen und sonstigen Zaubereien verwandelte sie die wütenden Tiere in die harmlosen, friedlichen Kreaturen, die sie heute sind. Das mag eine der vielen Fabeln der Indianer sein, aber die Tatsache bleibt bestehen, daß die Schlangen trotz ihrer Größe niemandem etwas antun.

Gewisse Teile der Anden waren dicht besiedelt, und dort hatten die Inkas Unterkünfte und Paläste. Das Land ist sehr ergiebig; Mais und Yuca gedeihen gut, auch allerlei Knollengewächse und viele wohlschmeckende Früchte. Die in Cuzco lebenden Spanier haben bereits Orangen, Zitronen, Feigen, Weintrauben und anderes spanisches Obst angepflanzt. Außerdem gibt es dort große Bananenhaine und köstliche, duftende Ananas.

In den Tiefen der Bergwälder sollen Stämme leben, die so unzivilisiert sind, daß sie weder Häuser noch Kleider haben. Sie jagen Wild und Vögel mit Pfeilen, erkennen weder Herr noch Führer über sich an und leben wie die Tiere gruppenweise hier und dort in Höhlen oder hohlen Bäumen. In dieser Gegend soll es auch große in den Bäumen lebende Affen geben. Ich habe sie allerdings nicht gesehen. Auf Einflüsterung des Teufels, der immer bereit ist, die Menschen zu weiteren und größeren Sünden zu verführen, sollen die besagten Berg-Indianer mit den Affen Unzucht treiben, und es sollen daraus Mißgeburten mit Menschenköpfen und -geschlechtsteilen, aber Affenhänden und -füßen hervorgegangen sein, von scheußlicher Gestalt, klein und dichtbehaart. Mit einem Wort, sie gleichen, wenn sie überhaupt existieren, dem Teufel, ihrem Vater. Es heißt sogar, sie könnten nicht sprechen, sondern stießen nur schrille Schreie und schreckliches Geheul aus. Ich kann das nicht bestätigen; andrerseits ist mir bekannt, daß es viele sonst ganz vernünftige Männer gibt, die, obwohl sie recht gut wissen, daß Gott, Himmel und Hölle existieren, ihre Weiber verlassen und sich durch fleischlichen Umgang mit Stuten, Maultieren, Hündinnen und anderen Tieren besudeln, was traurig genug zu sagen ist. So mag das [was von diesen Tieren erzählt wird] immerhin wahr sein.

Im Jahre 1549 reiste ich nach Charcas, um mir die dortigen Provinzen anzusehen. Ich besaß Briefe des Präsidenten La Gasca an alle Bürgermeister, in denen sie aufgefordert wurden, mich beim Sammeln von wichtigen Tatsachen über ihr Gebiet zu unterstützen. Eines Nachts lagen wir im Zelt – ein Hidalgo aus Malaga, ein gewisser López de Moncibay, und ich –, und ein ebenfalls anwesender Spanier erzählte uns, er habe ein solches Monstrum tot im Walde gefunden, und es habe so ausgesehen, wie es allgemein beschrieben wird. Und Juan de Varagas aus La Paz erzählte mir, daß die Indianer in Huánuco das Geheul dieser Affen-Teufel gehört hätten. Daher weiß man, daß besagte Sünde von jenen verblendeten Menschen tatsächlich begangen wird. Mir ist auch versichert worden, daß Francisco de Almendras, der früher in der Stadt [La] Plata [Chuquisaca] wohnte, eine Indianerin ertappt hat, die sich mit einem Hunde verging, und daß er diese Frau verbrennen ließ. Weiterhin habe ich von Lope de Mendieta, Juan Ortíz de Zárate und anderen aus La Plata erfahren, daß ihre Indianer von einem Weibe aus der Provinz Aulaga [am Poopó-See] erzählten, die drei oder vier von einem Hunde gezeugte Ungeheuer geboren haben soll, die allerdings nur ein paar Tage gelebt hätten.

Möge es Gott, unserem Herrn, gefallen, solche scheußlichen und widernatürlichen Sünden nicht zuzulassen, wenn auch unsere Vergehen wider Seine Gesetze groß und zahlreich sind.

87. Kapitel
Über die weitverbreitete Gewohnheit der Indianer, Pflanzen oder Wurzeln zu kauen; und über die hochgeschätzte Coca-Pflanze, die sehr häufig angebaut wird.

Überall auf meinen Fahrten durch Westindien ist es mir aufgefallen, daß es den Eingeborenen großes Vergnügen bereitet, irgendwelche Zweige, Wurzeln oder ganze Pflanzen im Munde zu haben. Bei der Stadt Antiocha [Antioquia in Kolumbien] kauen sie kleine Coca-Blätter; in der Provinz Arma sind es andere Pflanzen, und in Quimbaya und Ancerma schneiden sie Splitter aus einem kleinen, immergrünen, weichholzigen Baum und behalten sie dauernd zwischen den Zähnen. Die Indianer der meisten Stämme, die unter der Jurisdiktion der Städte Cali und Popoyán stehen, haben ständig die Blätter des sogenannten Coca-Strauches im Mund, und aus kleinen Kürbisflaschen, die sie ständig bei sich tragen, tropfen sie sich eine Mixtur in den Mund, fügen eine Prise kalkhaltiger Erde bei und kauen das Ganze. Überall in Peru ist es Sitte, Coca im Mund zu haben, und sie behalten sie vom Morgen bis zum Schlafengehen darin. Als ich die Indianer fragte, warum sie ständig den Mund voll von diesem Zeug haben (sie essen es nicht, sondern halten es nur zwischen den Zähnen), erhielt ich die Antwort, die Coca vertreibe den Hunger und verleihe ihnen Kraft. Vielleicht hat diese Pflanze tatsächlich eine derartige Wirkung; trotzdem finde ich, daß es eine ekelhafte Angewohnheit ist, wie man sie auch von diesen Indianern nicht anders erwarten kann.

In den Anden wird die Coca von Huamanga bis zu der Stadt Plata [in Bolivien] angepflanzt. Sie wächst in Büschen, die wegen der myrtenähnlichen Blätter sorgfältig gepflegt werden. Man trocknet die Blätter in der Sonne und verpackt sie in langen, schmalen Körben, die etwas mehr als eine Arroba fassen. In den Jahren 1548, 1549 und 1551 war die Coca in Peru so wertvoll, daß keine Pflanze der Welt Jahr für Jahr einen solchen Gewinn abgeworfen hat, abgesehen von den Gewürzen, die ja auch sehr wertvoll sind, aber das ist etwas anderes. In diesen Jahren brachten die *repartimientos* in der Nähe von Cuzco und La Paz [Bolivien] zwanzigtausend, vierzigtausend, sechzigtausend, achtzigtausend Pesos Gewinn nur aus den Coca-Pflanzungen ein. Jeder, der eine *encomienda* hatte, berechnete seinen Hauptertrag nur aus der Anzahl der geernteten Körbe Coca.

Die Coca wurde nach Potosí zu den Bergwerken geschafft und dort verkauft. Später fing jeder an, Büsche zu pflanzen und die Blätter zu sammeln, und so hat die Coca heute nicht mehr den gleichen Wert wie früher, aber er ist immer noch beträchtlich. Es gibt Spanier, die diese Coca angekauft und dann auf den *catus,* den indianischen Märkten, wieder verkauft haben und dabei steinreich geworden sind.

88. Kapitel
Die Straße von Cuzco nach La Paz, und die Ansiedlungen, auf die man innerhalb des Gebietes der Canchis trifft.

Von Cuzco bis La Paz sind es einige achtzig Leguas. Es muß erwähnt werden, daß vor der Gründung dieser Stadt alle Täler und Siedlungen, die jetzt zu ihr gehören, Cuzco unterstanden. Wenn man also Cuzco auf der Colla-suyu-Landstraße verläßt, erreicht man zunächst den Paß von Muhina, wobei man die Unterkünfte von Quiquixana links liegen läßt. Gleich hinter Cuzco führt die Straße durch diesen Ort. Es ist eine breite, mit starken Steinen bepflasterte Landstraße. In Muhina ist ein Sumpf, über den die Straße, von kräftigen Fundamenten gestützt, hinwegführt. Die großen Bauwerke, die es früher in Muhina gab, sind heute zerstört und eingestürzt. Als der Statthalter Don Francisco Pizarro mit seinen Spaniern nach Cuzco kam, soll er in und bei diesen Gebäuden viel Gold und Silber gefunden haben, auch eine Menge des mehrfach erwähnten feinen, wertvollen Tuches. Auch soll, wie ich von einigen Spaniern hörte, dort das Steinbild eines Mannes gestanden haben, der eine Art langer Robe trug und einen Rosenkranz in der Hand hatte. Es standen auch noch eine Menge anderer Statuen dort, wie sie die Inkas als Zeichen ihrer Macht und Größe zu errichten liebten. Einige dieser Statuen waren vermutlich auch Götzenbilder, die man anbetete.

Jenseits von Muhina liegt die alte Stadt Urcos, etwa sechs Leguas von Cuzco. Eine hohe, breite Mauer läuft an dieser Staße entlang. Früher sollen auf ihrer Krone Wasserröhren verlegt gewesen sein, die man mit großer Mühe von einem Fluß heraufgeleitet hatte. So sorgfältig waren die Bewässerungsanlagen der Inkas geplant und gebaut. In dieser Mauer befand sich auch ein großes Tor, von Torhütern bewacht, die Steuern und Tribute einzogen. Auch Beamte, welche diejenigen festzunehmen und zu bestrafen hatten, die versuchten, Silber und Gold aus Cuzco hinauszuschmuggeln, waren dort stationiert. In dieser Gegend [bei Rumi-colca] befanden sich auch Steinbrüche, wo die Steine für die Bauten gebrochen wurden – ein bemerkenswerter Anblick. In Urcos, das auf einem Hügel liegt, standen die Paläste der Herrscher. Von hier bis Quiquixana sind es drei Leguas. Der Weg führt über zerklüftete Berge, und auf einer in der üblichen Weise erbauten Brücke überquert man den Yucay [Vilcamayu]. In der Nähe liegen die Siedlungen der Caviñas-Indianer, die, schon ehe sie unter die Inka-Herrschaft kamen, Schmuck in den durchbohrten Ohren trugen; diese waren die ersten und eigentlichen *Orejones*. Manco Capac, der Gründer der Stadt Cuzco, soll sie mit freundlicher Überredung zu Verbündeten gewonnen haben. Sie kleiden sich in Wolle; die meisten rasieren sich den Kopf und umwinden ihn mit einem schwarzen Flechtband. Die Siedlungen mit den steinernen Häusern liegen in den Bergen. In alten Zeiten besaßen sie einen Tempel, Auzancata, der große Verehrung genoß. Dort sei ihren Ahnen ein Dämon oder Teufel erschienen, der wie ein Mensch aussah und landesübliche Kleidung trug. Sie brachten ihm Opfer dar und unterbreiteten ihm ihre Angelegenheiten. Auch glaubten sie damals steif und fest, die Seelen der Abgeschiedenen gelangten in einen großen See und kehrten von dort in die Körper der Neugeborenen zurück. In ihrem Aberglauben halten sie diesen See für den Ort ihres Ursprungs. Später, unter der Inka-Herrschaft, wurden sie zivilisierter und vernünftiger und beteten die Sonne an, verehrten aber ihren alten Tempel noch weiter.

Jenseits dieser Provinz leben die Canchis, zivilisierte, gutmütige und verständige Indianer, fleißige Arbeiter, die sich besonders in der Gold- und Silberförderung betätigten und große Llama- und Schafherden besaßen. Ihre Siedlungen sind weder besser noch schlechter als die ihrer Nachbarn, und auch ihre Kleidung ist die gleiche. Als Stammeszeichen tragen sie schwarze Binden um den Kopf, deren Enden unterm Kinn hinabhängen. In früheren Zeiten führten sie Krieg gegen Viracocha Inca und seine Vorgänger, aber die Inkas behandelten sie mit großem Respekt, nachdem sie unter die Herrschaft von Cuzco gekommen waren. Die von ihnen gebrauchten Waffen waren Wurfpfeile, Schleudern und die *ayllos*, mit denen sie fliehende Feinde fingen. [Cieza meint die *bola*, ein Gerät aus zwei bis fünf durch Schnüre verbundenen Wurfkugeln, das geschleudert wird und sich um die Glieder des Jagdtieres oder des Flüchtenden schlingt.] Begräbnisriten und Religion waren den schon beschriebenen ähnlich: die Gräber wurden in felsigen Hochebenen angelegt; Frauen und Diener wurden mit den Häuptlingen begraben. Sie halten nicht viel von Pomp und Ehren; allerdings sind manche Häuptlinge sehr hochfahrend und behandeln ihr Volk rücksichtslos. An bestimmten Tagen im Jahr werden Feste gefeiert. Vor den Häusern der Häuptlinge waren *plazas* angelegt, wo der Häuptling aß und trank und wo auch Tänze aufgeführt wurden. Wie die anderen Indianer hielten auch sie Zwiesprache mit dem Teufel. Im ganzen Canchi-Gebiet wird Mais und Weizen angepflanzt. Rebhühner und Kondore sind in großer Zahl vorhanden. In ihren Gehöften halten sie viele Hühner. In den Flüssen gibt es große Mengen guter, wohlschmeckender Fische.

89. Kapitel
Die Provinz der Canas; und was man von Ayaviri erzählt, das zu Zeiten der Inkas eine schöne Stadt gewesen sein muß.

Verläßt man das Gebiet der Canchis, so gelangt man zu den Canas, einem Stamm, zu dem unter anderem die Dörfer Hatuncana, Chicuana, Oruro und Cacha gehören. Die dortigen Indianer, Männer wie Weiber, gehen bekleidet und tragen als Kopfbedeckung große, runde, hohe Wollmützen. Bevor sie unter die Inka-Herrschaft gerieten, hatten sie ihre Siedlungen auf befestigten Bergen, von denen sie nur zum Kampf heruntersteigen. Später siedelten sie sich in der Ebene an und bauten ordentliche Dörfer. Wie die Canchis legen sie ihre Gräber auf den Feldern an und haben auch sonst die gleichen

Sitten und Gebräuche. Auf ihrem Gebiet stand ein Tempel namens Ancocagua; dort brachten sie ihre heidnischen Opfer dar. Im Dorfe Cacha ließ Topa Inca große Unterkünfte errichten. Jenseits des Flusses ist eine kleine Einfriedung, wo man etwas Gold gefunden hat, denn dort soll ein Tempel gestanden haben, der ihrem Gott Tici-Viracocha geweiht war, den sie »Schöpfer« nennen. Darin befand sich das lebensgroße Standbild eines Mannes in langem Gewand mit einer Krone oder Tiara auf dem Haupte. Manche sagen, es sei die Darstellung eines der Apostel, der durch dieses Land gekommen sei.

Es ist bei den Canas ebenso kalt wie bei den Canchis, aber das Gebiet bringt Nahrungsmittel und Herden in ausreichendem Maße hervor. Im Westen liegt die Südsee, im Osten erheben sich die Bergwälder der Anden. Vom Dorfe Sicuani, das noch in der Cana-Provinz liegt, bis Ayaviri sind es etwa fünfzehn Leguas. Auf dieser Strecke liegen eine Anzahl Cana-Dörfer, sowie viele Ebenen und breite Talsohlen, die gut zur Viehzucht geeignet sind, obgleich die außerordentliche Kälte dieser Gegend ein gewisser Nachteil ist. Das Gras taugt übrigens nur für Llamas und Vikunjas.

In alten Zeiten soll das Dorf Ayaviri ein großer, wichtiger Ort gewesen sein, und in gewisser Hinsicht ist es das auch heute noch, besonders wegen der vielen Gräber, die mehr Bodenfläche einnehmen als das Dorf selbst. Die Indianer behaupten, daß die Ureinwohner dieses Dorfes nach Herkunft und Abstammung Canas waren und daß der Inka Pachacuti gegen sie mehrere siegreiche Kriege führte, in denen ihr Volk so zusammenschmolz, daß sie sich ihm ergeben und seine Sklaven werden mußten, um nicht völlig ausgerottet zu werden. Aber die

Rachsucht des Inkas muß wachgeblieben sein, denn, so erzählen sie, nachdem der Inka verräterisch und hinterlistig in Copacopa und den benachbarten Dörfern ein grausames Massaker veranstaltet hatte, tat er dasselbe auch in Ayaviri, so daß nur wenige entkommen konnten. Diese liefen wie kopflos auf den Feldern umher, riefen die Geister ihrer Ahnen an und betrauerten mit herzzerreißendem Klagegeschrei ihr und ihrer Heimat grausames Schicksal. Da das Dorf Ayaviri in der Mitte einer ausgedehnten Ebene liegt, durch die ein schöner Fluß [der Ayaviri] fließt, wurden auf Befehl des Inkas dort am Abhang einer kleinen Sierra Paläste in landesüblicher Bauweise und Vorratshäuser für die Einlagerung von Tributen errichtet. Auch ließ er einen kleinen Sonnentempel erbauen. Da nun zuwenig Eingeborene vorhanden waren, ließ Pachacuti Indianer *[mitimaes]* mit ihren Frauen aus den Nachbarprovinzen kommen, die das Land und die Anwesen der Toten übernahmen und das Dorf ordentlich um den Tempel und den Inka-Palast herum aufbauten. Von dieser Zeit an wuchs das Dorf weiter, bis die Spanier ins Reich kamen [s. Kap. 78; d. Übers.]. In den folgenden Kriegs- und Katastrophenjahren ist es jedoch wie das ganze Land sehr heruntergekommen. Ich bin dort gewesen, als das Dorf unter der *encomienda* eines gewissen Juan de Pancorvo aus Cuzco stand; und was ich oben niedergeschrieben habe, erfuhr ich an Ort und Stelle durch die besten Dolmetscher. Nahe beim Dorf stehen noch die Ruinen des Tempels, wo sie ihre Opfer darbrachten. Ich war über die Zahl der Gräber, die um das Dorf herum liegen, sehr erstaunt.

90. Kapitel

Einige Einzelheiten über die Indianer; und das merkwürdige Erlebnis eines Priesters.

Manche Leute sagen sehr schlimme Dinge über die Indianer. Sie vergleichen sie mit Tieren und behaupten, ihre Lebensweise und Sitten seien eher die von wilden Bestien als von Menschen, sie seien so verderbt, daß sie nicht nur die abscheuliche Sünde [gemeint ist die Homosexualität; d. Übers.] begehen würden, sondern auch einander auffräßen. Obgleich ich nun in meiner Chronik einiges davon erwähnt habe, möchte ich nicht den Eindruck erwecken, diese Behauptung träfe auf alle zu. Im Gegenteil: wenn auch die Indianer in der einen Provinz Menschenfleisch essen und Menschenblut opfern mögen – in vielen anderen Provinzen verabscheuen sie diese Sünde. Mögen sie in gewissen Gegenden die Sünde der widernatürlichen Unzucht treiben, so gilt das anderswo als ein Greuel, und niemand tut es, sondern es wird im Gegenteil allgemein verabscheut. Deshalb wäre es ungerecht, alle zu verurteilen. Und selbst diese Sünden können damit entschuldigt werden, daß sie unseren heiligen Glauben nicht besaßen und ihnen daher ihr Unrecht nicht bewußt war. Das war in der Vergangenheit vielerorts so, besonders bei den Heiden des Altertums, die, wie die Indianer, des Glaubenslichtes ermangelten und ebenso viele, ja noch mehr Menschenopfer brachten. Wenn wir die Sache unvoreingenommen ansehen, so gibt es auch heute noch eine Menge Menschen, die sich zu unseren Gesetzen und Sitten bekennen, das Sakrament der Taufe empfangen haben und doch Tag für Tag, vom Satan verführt, die schwersten Sünden begehen. Wenn also die Indianer besagte Gewohnheiten hatten, so deshalb, weil in der Vergangenheit niemand da war, der sie auf den rechten Pfad leitete. Heutzutage kennen jene, welche die Lehre der Heiligen Schrift angenommen haben, die Nacht der Verdammnis, in welcher die Unbelehrten wandeln, und der Teufel, dessen Neid beim Anblick der reichen Ernte unseres Heiligen Glaubens ständig wächst, sucht diese Menschen durch Angst und Schrecken zu täuschen. Aber er hat nur geringen Erfolg, und dieser schwindet von Tag zu Tag, da der Herr, unser Gott, zu allen Zeiten große Dinge für die Ausbreitung Seiner heiligen Lehre tut.

Von vielen merkwürdigen Vorkommnissen will ich nur eins erwähnen, das sich in einem Dorfe namens Lampaz [Lampa] bei der Bekehrung eines Indianers zugetragen hat. Im Dorfe Azángaro, dem *repartimiento* eines gewissen Antonio de Quiñones, Bürgers von Cuzco, hat es mir ein Priester erzählt. Ich bat ihn, es mir eigenhändig schriftlich aufzuzeichnen, ohne etwas hinzuzufügen oder wegzulassen, und hier ist es:

»Ich, Marcos Otazo, Priester aus Valladolid, befand mich im Jahre 1547, zur Zeit des vollen Mondes im Mai, im Dorfe Lampaz, um die Indianer unseren Christlichen Glauben zu lehren. Da kamen die Kaziken und Dorfältesten zu mir und baten mich inständig, ich möge ihnen erlauben zu tun, was sie in jedem Jahre um diese Zeit zu tun pflegten. Ich erwiderte ihnen, daß ich dabei anwesend sein müßte, denn wenn es etwas sei, das unser Heiliger Katholischer Glaube nicht gestattet, so müßten sie es hinfort unterlassen. Damit waren sie einverstanden und gingen in ihre Häuser.

Als es nach meiner Schätzung genau Mitternacht war, kam aus verschiedenen Richtungen der Klang zahlreicher, nach Landesbrauch nur mit einem Schlegel gespielter Trommeln. Da wurden auf dem Dorfplatz Decken ausgebreitet wie ein Teppich. Dort nahmen die Kaziken und Dorfältesten Platz. Sie trugen ihre schönste Kleidung und reichen Schmuck. Ihr Haar hing ihnen in der landesüblichen Weise in vier Flechten zu beiden Seiten des Hauptes. Als sie sich hingesetzt hatten, näherte sich ihnen ein etwa zwölfjähriger Knabe. Er war der hübscheste und lebhafteste von allen im Dorf und nach ihrer Art reich gekleidet. Seine Beine waren von den Knien abwärts mit roten Troddeln behängt, die Arme ebenfalls, und am Körper hingen ihm goldene Scheiben und anderer goldener und silberner Zierat. In der Rechten trug er eine Art Waffe, wie eine Hellebarde, und in der Linken den Beutel, in dem die Indianer ihre Coca aufbewahren.

An seiner linken Seite ging ein Mädchen, etwa zehn Jahre alt und sehr hübsch. Sie war auf die gleiche Art gekleidet wie er, nur daß sie einen langen Rock trug, den die Frauen hier sonst nicht tragen. Auch eine ältere Indianerin erschien in einem ebensolchen Rock; sie sah sehr gut aus und schien eine gewisse Autorität zu besitzen. Hinter ihr kamen noch andere Indianerinnen, sehr würdig und edel schreitend wie Hofdamen. Das Mädchen trug einen schönen, golden und silbern bestickten Wollbeutel in der Rechten; und von ihren Schultern hing ein kleines Pumafell, das ihren Rücken vollständig bedeckte. Hinter den Frauen schritten sechs Indianer, die Bauern darstellten: jeder trug einen Pflug auf der Schulter und eine schöne bunte Federkrone auf dem Kopf. Sechs weitere folgten, gleichermaßen als Helfer. Sie spielten die Trommel und hatten Säcke mit Kartoffeln auf dem Rücken. Alle kamen in Reih und Glied heran und hielten einen Schritt vor dem Kaziken an. Der Knabe, das Mädchen und die anderen machten dann eine tiefe Verneigung, und die Kaziken verneigten sich zum Gegengruß. Als sie so jeden der Kaziken – es waren ihrer zwei – gegrüßt hatten, schritten sie in der gleichen Ordnung, in der sie gekommen waren, etwa zwanzig Schritte rückwärts, ohne sich umzudrehen. Die Bauern drückten ihre Pflüge in einer Reihe in den Boden und hingen die Säcke daran auf, die besonders große und sorgfältig ausgesuchte Kartoffeln enthielten. Dann begannen sie zum Klang der Trommeln eine Art Tanz auf Zehenspitzen, wobei sie sich aber nicht von der Stelle bewegten. Von Zeit zu Zeit hoben sie dabei die Beutel, die sie in den Händen trugen, zum Himmel. So taten aber nur die, welche den Knaben und das Mädchen begleiteten, ebenso die Ehrendamen; die Kaziken und die übrigen Leute saßen regungslos nach ihrer Rangordnung da und schauten still zu. Als der Tanz beendet war, setzten sich die Tänzer; und ein Llama-Jährling, einfarbig und fehlerlos, wurde von anderen Indianern herbeigebracht. Vor dem Kaziken, der von so vielen Menschen umgeben war, daß ich von dem Vorgang nichts sehen konnte, streckten sie das Tier auf dem Erdboden aus, rissen ihm bei lebendigem Leibe die Eingeweide heraus und übergaben sie den Wahrsagern, die bei ihnen *huacacamayocs* heißen und etwa unseren Priestern entsprechen. Ich bemerkte, daß einige Indianer rasch, soviel sie mit ihren Händen konnten, von dem Llama-Blut aufschöpften und es über die Kartoffeln in den Säcken sprengten. In diesem Augenblick stürzte einer der Ältesten vor, der wie ich noch erzählen werde, vor ein paar Tagen Christ geworden war. Er schrie die anderen an, nannte sie Hunde und belegte sie mit noch anderen Schimpfwörtern in ihrer Sprache, die ich nicht verstehen konnte. Er schritt dann zu einem hohen Kreuz, das auf dem Dorfplatz stand; dort beschimpfte er sie furchtlos mit noch lauterer Stimme wegen dieser teuflischen Riten. Auf seine Beschimpfungen und meine Vorstellungen hin zerstreute sich die Menge ängstlich und verstört, ohne die Zeremonie zu beenden, mittels derer sie den Ausfall der Ernte und sonstige Ereignisse für das betreffende Jahr voraussagen. Gewisse Männer, die sie *homo* nennen, wissen mit dem Teufel Zwiesprache zu halten und werden von den Indianern über die Zukunft befragt. Sie tragen ständig sein Idol bei sich, hergestellt aus einem hohlen Knochen, auf dem sich eine aus dem hier vorkommenden schwarzen Wachs geschnittene Figur befindet.

Als ich in dem besagten Dorfe Lampaz lebte, kam am Gründonnerstag einer meiner Diener, der in der Kirche zu schlafen pflegte, mitten in der Nacht in großer Angst zu mir und bat mich aufzustehen, um einen Kaziken zu taufen, der zitternd vor Angst und Schrecken in der Kirche vor den Gnadenbildern knie. Dieser Mann habe ihm erzählt, daß er in der Nacht zum Heiligen Mittwoch in der *huaca*, das ist wo sie ihre Götzen anbeten, einen weißgekleideten Mann gesehen habe, der ihn fragte, was er dort vor diesem Steingötzen zu schaffen habe, und ihm befahl, sofort zu mir zu gehen und ein Christ zu werden. Ich glaubte meinem Diener nicht. Bei Tagesanbruch betete ich die Hora und ging dann in die Kirche, um die Messe zu lesen. Dort fand ich den Mann noch immer auf den Knien liegen. Als er mich sah, warf er sich mir zu Füßen und beschwor mich, ihn zum Christen zu machen. Ich sagte ihm das zu, las die Messe für die anwesenden Gläubigen und taufte ihn dann. Er verließ die Kirche, laut frohlockend, daß er nun ein Christ und kein arger Sünder mehr sei wie die anderen Indianer. Ohne ein weiteres Wort ging er zu seinem Hause, brannte es nieder, teilte seine Weiber und seine Herden unter seine Brüder und Verwandten auf und kam wieder in die Kirche. Dort predigte er ständig den Indianern, lehrte sie, was sie zu tun hätten, um gerettet zu werden, und bat sie inständig, ihren Sünden und Lastern abzuschwören. Er tat das mit großem Feuer und wie vom Heiligen Geist erleuchtet und hielt sich ständig in der Kirche oder neben dem Kreuz auf. Durch den Einfluß dieses Neubekehrten wurden viele Indianer Christen. Der Mann, den er in der *huaca* oder dem Teufelstempel gesehen habe, so erzählte er, sei weiß und sehr schön gewesen, und sein Gewand habe geschimmert.«

Diesen Bericht schrieb mir der Priester eigenhändig auf. Nach und nach werden die Indianer bekehrt und lassen von ihren heidnischen Bräuchen ab; und wenn das lange dauert, so deshalb, weil man sie vernachlässigt. Der richtige Weg, sie zu Christen zu machen, ist der durch Belehrung und anständiges Verhalten.

91. Kapitel
Von dem großen Gebiet der Collas, der Lage ihrer Dörfer und dem Wirken der *mitimaes*.

Das Gebiet der Collas [um den Titicacasee] ist das größte Stammesgebiet von ganz Peru, und meiner Meinung nach auch das am dichtesten besiedelte. Im Osten erheben sich die Berge der Anden und im Westen die Vorgebirge der schneebedeckten Sierras, deren Flanken sich bis zur Südsee erstrecken. Außer dem besiedelten Land gibt es große unbevölkerte Territorien voller wilder Herden [von Llamas und Alpakas]. Das Gebiet ist ganz eben und von vielen Flüssen mit gutem Wasser durchzogen. In diesen Ebenen gibt es prachtvolle ausgedehnte Wiesen, über und über bedeckt mit Gras, das die meiste Zeit frisch und grün ist, wenn es auch im Sommer braun wird wie bei uns in Spanien. Der Winter beginnt im Oktober und dauert bis zum April. Die Tage und Nächte sind hier fast gleich lang; und dieses Gebiet ist wegen seiner Höhenlage das kälteste in ganz Peru, wenn man von den schneebedeckten Sierras absieht, mit denen es fast auf gleicher Höhe liegt. In der Tat, wenn das Colla-Gebiet Tiefland wäre wie das Jauja- oder das Chuquiabo-Tal, wo man Mais anpflanzen kann, so wäre es eines der besten und reichsten Gebiete Westindiens. Es ist sehr mühsam, in den Ebenen von Colla gegen den Wind anzugehen; aber bei Windstille und Sonnenschein ist es ein wahres Vergnügen, dieses schöne und dichtbesiedelte Wiesenland zu betrachten. Wegen der Kälte wächst weder Mais noch irgendein Baum oder eine der vielen Früchte, die in den Tälern gedeihen. Die Dörfer der Eingeborenen liegen nahe beieinander, die recht kleinen Steinhäuser stehen dicht beisammen und haben Dächer aus Stroh, das hier an Stelle von Dachziegeln benutzt wird.

In früheren Zeiten war das Colla-Gebiet mit großen Dörfern dicht besiedelt. Um sie herum liegen die Felder der Indianer. Das Hauptnahrungsmittel ist die Kartoffel. [Cieza ist der erste, der etwas über die Kartoffel veröffentlicht hat. Er sah sie zuerst in Kolumbien und dann in den peruanischen Tälern. Die Kartoffel hat eine lange und wechselvolle Geschichte.] Das ist eine trüffelähnliche Feldfrucht. Man trocknet sie an der Sonne und bewahrt sie so von einer Ernte zur anderen auf. Diese getrockneten Kartoffeln heißen *chuño*. Für diese Gegend sind sie äußerst wertvoll, denn hier gibt es kein Bewässerungssystem wie sonst im Reich, und die Collas müßten ohne diese Trockenkartoffeln in regenarmen Jahren Hunger leiden. Viele Spanier haben diese *chuños* in den Bergwerken von Potosí verkauft und sind als reiche Leute in die Heimat zurückgekehrt. Ein anderes Nahrungsmittel heißt *oca*. Es ist auch sehr von Nutzen, aber noch mehr ist es eine Kornfrucht namens *quinoa*, die wie kleinkörniger Reis aussieht. In guten Jahren leben die Collas glücklich und zufrieden, in trockenen, regenarmen jedoch recht kärglich. Aber die Groß-Inkas führten Gesetze ein, die der Kargheit und dem Mangel, unter denen die meisten Indianer früher zu leiden hatten, ein Ende setzten. In Colla und in anderen Gegenden, die wegen der Kälte nicht so fruchtbar wie wärmere Landstriche sind, schickten sie *mitimaes*-Familien in bestimmte, von den Kaziken bezeichnete Gebiete der nahen Anden-Kette, wo sie anbauten, was in den Dörfern nicht gedeiht, und der Überschuß ihrer Ernten floß den bedürftigen Gemeinden zu. Auf diese Weise fehlt es den Einwohnern von Colla, obgleich im ganzen Gebiet kein Getreide wächst, auch nicht an Mais, denn es werden ständig ganze Ladungen von Mais, Früchten aller Art und Honig herangeschafft.

92. Kapitel
Über Herkunft, Kleidung und Begräbnissitten der Collas.

Viele dieser Eingeborenen erzählen, daß ihnen von ihren Vorfahren her die Kunde von einer großen Flut überliefert ist, die in uralten Zeiten über das Land gekommen sein soll. Damit deuten sie an, daß sie aus sehr frühen Zeiten stammen; und in diesem Zusammenhang erzählen sie so viele Geschichten und Fabeln, daß ich meine Zeit nicht damit verschwenden will, sie alle niederzuschreiben. Denn es heißt zum Beispiel, die ersten Collas seien aus einer Quelle herausgekommen, oder aus einem Felsen, oder aus einem See. Das ist alles, was man von ihnen über ihre Herkunft erfahren kann. Sie stimmen darin überein, daß ihre Ahnen vor der Inka-Herrschaft ziemlich unzivilisiert lebten, daß sie auf den Bergeshöhen ihre befestigten Siedlungen hatten, von denen aus sie sich gegenseitig bekriegten, und daß sie verruchte Sitten hatten. Später haben sie dann von den Inkas gelernt, was diese allen ihren Vasallen beigebracht haben, und daher legen sie jetzt ihre Dörfer in der noch heute üblichen Form an. Männer und Frauen tragen wollene Kleidung. Die jungen Mädchen dürfen ein ziemlich lockeres Leben führen; sind sie aber erst einmal ihrem Gatten übergeben, so erwartet sie die Todesstrafe, wenn sie ihn mit einem anderen Manne betrügen. Auf ihren Köpfen tragen sie eine Haube aus Wolle, die wie ein Mörser geformt ist und die sie *chullo* nennen. Die Frauen tragen Kapuzen wie die Mönche. Die Collas haben sehr lange Schädel mit flachem Hinterkopf, denn den kleinen Kindern umwickelt man die Köpfe mit Binden und bringt sie so in die gewünschte Form.

Manche Collas erzählen, daß es vor der Inka-Zeit in ihrer Provinz zwei große Fürsten gab; der eine hieß Zapana, der andere Cari, und sie sollen viele *pucarás*, das sind ihre Festungen, erobert haben. Einer von ihnen soll den Titicacasee befahren und auf der größten Insel bärtige weiße Männer angetroffen haben, mit denen er kämpfte, bis er sie alle getötet hatte. Danach sollen große Schlachten gegen die Canas und Canchis stattgefunden haben. Nach diesen Kämpfen und anderen Heldentaten sollen die beiden Tyrannen oder Stammesfürsten sich aber gegeneinander gewandt und sich um die Freundschaft des Inkas Viracocha beworben haben, der damals in Cuzco regierte. Er schloß in Chucuito mit Cari Frieden und war so gewandt, daß er schließlich einen großen Teil des Colla-Gebietes kampflos unter seine Herrschaft brachte. Die Häuptlinge der Collas haben stets ein großes Gefolge um sich, lassen sich in einer Sänfte tragen, und ihre Untertanen erzeigen ihnen den größten Respekt. In den Einöden und an geheimen Orten stehen ihre *huacas* oder Tempel, in denen sie ihre Götter auf ihre unnütze, abergläubische Weise anbeten, und ausgewählte Priester halten dort mit dem Teufel Zwiesprache. Das Bemerkenswerteste, das hier in Colla zu sehen ist, sind nach meiner Ansicht ihre Grabstätten *[chullpas]*. Ich finde es erstaunlich, daß die Collas so wenig Wert auf große, schöne Häuser für die Lebenden legen, ihre Grabstätten jedoch mit so viel Liebe ausstatten, als hinge ihr ganzes Glück davon ab. Auf den Steppen und Weiden in der Umgebung der Dörfer sieht man überall diese Totenhäuser. Sie sind wie kleine, viereckige Türme gebaut, manche nur aus Stein, andere aus Stein und Lehm, manche sind geräumig, andere eng, je nach Geschmack und Vermögen. Bei den einen sind die Dächer mit Stroh gedeckt, bei den anderen mit großen flachen Steinplatten, und es kommt mir vor, als ob die Türen immer nach Sonnenaufgang weisen.

Starb ein Colla, so wurde er mehrere Tage lang mit lauten Klagen betrauert. Die Frauen trugen dabei Stäbe und faßten sich gegenseitig an den Händen; und alle Anverwandten des Verschiedenen brachten was sie konnten an Llamas, Mais und anderen Nahrungsmitteln mit. Während der Feierlichkeiten vor der Beerdigung des Toten wurden die Llamas geschlachtet und ihre Eingeweide auf dem Platz vor dem Trauerhause ausgebreitet. Große Mengen des landesüblichen Weines wurden aus dem mitgebrachten Mais bereitet; und je mehr sie davon hatten, um so größer war die Ehre, die dem Toten damit erwiesen wurde. Wenn das Getränk bereitet und die Llamas getötet worden waren, trug man den Leichnam aufs Feld zur Grabstätte. Handelte es sich um einen Häuptling, so gab fast das ganze Dorf Geleit, außerdem wurden zehn oder zwanzig Llamas verbrannt, auch weniger oder mehr, je nach Rang und Stellung des Verstorbenen. Und man tötete seine Frauen, Kinder und Diener, um sie dem Toten, wie es der herrschende Aberglauben wollte, mit auf den Weg zu schicken, damit sie ihm im Jenseits dienten. All diese, dazu die Llamas und allerlei Haushaltsgeräte, wurden mit dem Leichnam in die Grabstätte eingeschlossen, außerdem, wie es Sitte war, einige lebende Menschen. Nachdem der Verstorbene solchermaßen seine Bestattung erhalten hatte, kehrten alle, die ihm die letzte Ehre erwiesen hatten, in das Trauerhaus zurück, verzehrten das mitgebrachte Essen und tranken die bereitete Chicha. Von Zeit zu Zeit gingen sie auf den vor den Häusern der Ältesten angelegten Dorfplatz und tanzten, dem Brauch gemäß, dort unter lauten Klagen im Kreise herum. Das dauerte einige Tage; zum Schluß ließen sie die Ärmsten des Dorfes kommen und gaben ihnen, was an Speise und Trank übriggeblieben war. War der Verstorbene ein großer Herr gewesen, so bestatteten sie ihn nicht gleich, sondern behielten ihn einige Tage und stellten allerlei närrisches Zeug an, was ich nicht niederschreibe. Nach dem Trauermahl gingen die Frauen des Toten, die man am Leben gelassen hatte, in ihren Kapuzenmänteln im Dorf herum. Manche trugen dabei die Waffen ihres Herren, andere seinen Kopfschmuck, wieder andere seine Kleider und seinen Sessel. Ein Mann schritt an der Spitze der Frauen und schlug die Trommel, nach deren Klang sie unter Klageliedern, traurige und schmerzerfüllte Worte ausstoßend, durchs Dorf zogen, wobei sie auch von den Taten des Verstorbenen sangen. Ein gewisser Diego de Uceda aus La Paz und ich haben, soweit ich mich erinnere, im Dorfe Nicasio, das wir auf der Reise nach Charcas passierten, einige Frauen bei dem hier beschriebenen Trauerumgang gesehen. Von den Dolmetschern des Dorfes wurde mir bestätigt, daß sie sagten, was ich im vorliegenden Kapitel geschildert habe. Einer sagte sogar: »Wenn die Frauen ihren Trauerzug beendet haben, werden sie sich betrinken, und einige werden sich töten, um ihrem verstorbenen Herrn Gesellschaft zu leisten.« Auch in anderen Dörfern habe ich gesehen, wie sie die Toten viele Tage lang beklagt haben, und die Frauen trugen dabei zum Zeichen der Trauer hänfene Seile um die Köpfe.

93. Kapitel
Über die jährlichen Totenfeiern und die alten Tempel der Colla-Indianer.

Nach der Bestattung, auf die diese Menschen so viel gaben, schnitten sich die Frauen und Dienerinnen, welche am Leben geblieben waren, die Haare ab, zogen ihre ältesten Kleider an und kümmerten sich überhaupt wenig um ihr Äußeres. Um ihren Schmerz noch deutlicher zu zeigen, banden sie sich hänfene Seile um den Kopf und verbrachten so, wenn der Verstorbene ein Häuptling gewesen war, ein ganzes Jahr in beständiger Trauer. Mehrere Tage lang wurde im Sterbehaus kein Feuer angezündet. Mit Gottes Erlaubnis hat der Teufel durch seine üblen Künste in manchen dieser Menschen die Vorstellung erweckt, daß Verstorbene, gekleidet und geschmückt wie bei der Bestattung, über ihre Felder wandelten. Um ihre Toten noch mehr zu ehren, feierten die Collas in jedem Jahre Gedenktage; sie tun das übrigens heute auch noch. Dabei ziehen sie mit allerlei Tieren und Pflanzen an die Gräber. Dort töten sie die Llamas, verbrennen deren Fett und gießen kannenweise Chicha in die Gräber, womit diese eitle, abergläubische Zeremonie ihr Ende hat.

Das mächtige Volk der Colla hatte in alten Zeiten eine eigene Religion und große Tempel. Ihre Priester, und jene, die mit dem Teufel sprachen, wurden hoch verehrt. Die religiösen Feste fielen in die Jahreszeit, in der die Kartoffeln aus der Erde gegraben werden, die ihre Hauptnahrung sind. Dabei wurden auch Tiere getötet und geopfert.

Wie die anderen Hochlandindianer glauben auch die Collas, der Schöpfer aller Dinge heiße Tici-Viracocha und throne im Himmel. Neben ihm verehren sie noch andere Götter. In einer Art Ballade oder Lied halten sie die Ereignisse der Vergangenheit fest und vergessen dabei nichts, obwohl sie keine Schrift haben. Manche Collas sind sehr scharf von Verstand, was man an ihren Antworten merkt, wenn man sie etwas fragt. Sie haben eine Zeitrechnung und gewisse Kenntnisse von den Bewegungen der Sonne und des Mondes. Danach berechnen sie ihr Jahr, das sie in zehn Monate einteilen. Ich lernte von ihnen, daß das Wort für »Jahr« *huata*, für »Monat« oder »Mond« *alespaquexe* und »Tag« *auro* ist. Als diese Stämme Vasallen des Inkas wurden, erbauten sie auf seinen Befehl große Tempel auf der Insel Titicaca, in Hatuncolla und noch an andern Orten. Man glaubt von ihnen, daß sie die abscheuliche Sünde [widernatürliche Unzucht] verabscheuten, obgleich man munkelt, daß sie von einigen Llama-Hirten insgeheim geübt wurde, und von jenen, die sie in den Tempeln begingen.

94. Kapitel
Die Altertümer von Pucará; die Erinnerungen an das alte Hatuncolla; und das Dorf Azángaro.

Was die Collas anlangt, so werde ich chronologisch über die Fortsetzung meiner Reise berichten und jeweils bei denjenigen Dörfern an der Inka-Straße verweilen, welche ich dabei berührt habe und die innerhalb der Grenzen der Collas liegen, das heißt im Tal von Chuquiabo diesseits der Stadt La Paz [in Bolivien].

Von Ayaviri gelangt man auf der Inka-Straße nach dem vier Leguas entfernten Pucará. Der Name bedeutet »Festung«. In alten Zeiten, so berichten die Indianer, hatte Pucará sehr viele Einwohner; jetzt wohnt dort kaum ein einziger Indianer. Ich war einmal dort und habe mir alles genau angesehen. In der Umgegend erzählt man, daß Topa Inca während seiner Regierung [1471–1493] Pucará mehrere Tage lang belagert hat. Die Besatzung verteidigte sich tapfer und tötete viele seiner Krieger. Aber schließlich wurden die Collas geschlagen, und der Inka ließ zum Gedenken an diesen Sieg große Steinfiguren aufstellen. Ich weiß das nur vom Hörensagen und kann nicht beurteilen, ob das stimmt. Was ich in Pucará gesehen habe, waren große, zerfallene Bauwerke, Statuen in menschlicher Gestalt und sonst noch allerlei Bemerkenswertes.

Bis Hatuncolla beträgt die Entfernung fünfzehn Leguas. Auf dem Wege liegen verschiedene Dörfer, zum Beispiel Nicasio, Juliaca und andere mehr. In alten Zeiten war Hatuncolla der wichtigste Ort im ganzen Colla-Gebiet. Die Eingeborenen berichten, daß sie, bevor die Inkas das Land unterwarfen, von Zapana und seinen Nachkommen regiert wurden, die so mächtig waren, daß sie in vielen Kriegen große Beute machten und diese unter ihren Nachbarn verteilten. Die Inkas haben diesen Ort später verschönert, indem sie neue Bauten und mehrere Vorratshäuser für die Einlagerung der Tribute errichteten; auch ein Sonnentempel wurde erbaut, in dem viele Priester und Vestalinnen den Götzendienst versahen. Auch wurden viele *mitimaes* angesiedelt und Truppen zur Bewachung der Provinz garnisoniert, die verhindern sollten, daß ein Usurpator einen Aufstand gegen den Inka, den alleinigen Herrscher, anzettele. So kann man wohl sagen, daß Hatuncolla eine bedeutende Stadt war: darauf deutet auch schon der Name hin, denn *hatun* heißt in unserer Sprache »groß«. Nun ist das alles verschwunden, und auch die meisten Einwohner sind in den Kriegen umgekommen und dahin.

Bei Ayaviri, das wir hinter uns gelassen haben, zweigt eine andere Straße ab, die Oma-suyu heißt und, näher am Gebirge, an der anderen Seite des großen Sees entlangführt. Es ist die Straße nach Oruru, Asillo, Azángaro und anderen, weniger wichtigen Dörfern. Früher brachte das Land sehr reiche Ernten. Unter der Inka-Herrschaft besaßen diese Siedlungen große Llama-Herden. Durch die Wälder der Sierras fließt der berühmte und reiche Fluß Carabaya, aus dem in früheren Jahren für mehr als 1 700 000 Pesos Gold von feinstem Korn gewaschen wurde. Es gibt immer noch viel Gold in diesem Fluß, aber das Auswaschen ist eine harte Arbeit und kostet vielen Indianern das Leben, denn die Gegend ist ungesund. Jedoch ist der Goldgehalt dieses Flusses sehr hoch.

95. Kapitel
Der große See im Lande Colla, und der Tempel von Titicaca.

Das weite Land der Collas enthält außer den besiedelten Gebieten auch Wüsten, schneebedeckte Sierras und Steppen, welch letztere genügend Weide für die Herden bieten, die man überall sieht. In der Mitte der Provinz liegt ein See [Titicaca], der größte in ganz Westindien. An seinen Ufern liegen mehrere Dörfer der Collas. Auf den großen Inseln dieses Sees bauen die Indianer Getreide an und heben dort auch ihre kostbarsten Besitztümer auf, denn sie meinen, daß diese dort sicherer sind als in den Dörfern an der Hauptstraße.

Wie ich berichtete, ist es in dieser Provinz so kalt, daß

es dort keine Obstgärten gibt und nicht einmal Mais angepflanzt werden kann, denn er würde bei der Kälte keine Frucht tragen. In dem Gesträuch um den See nisten viele Vögel, darunter auch eine große Entenart. Zwei oder drei Fischarten, die man im See fangen kann, sind recht schmackhaft; die anderen Arten sind nicht eßbar. Dieser See ist ungeheuer groß. Er mißt etwa achtzig Leguas im Umfang und ist so tief, daß an manchen Stellen sechzig bis achtzig Faden von den Brigantinen des Hauptmanns Juan Ladrillero gelotet wurden, wie er mir selbst erzählt hat. Wegen dieser Tiefe und den hohen Wogen, die er bei starkem Wind wirft, möchte man glauben, er sei ein Meeresarm. Ich muß darauf hinweisen, daß dieser See völlig abgeschlossen ist und niemand seine Quelle kennt. Wenn auch viele Flüsse und Ströme in ihn einfließen, scheinen mir diese allein nicht seine ungeheure Mächtigkeit zu erklären, besonders da er in einen zweiten, kleineren, den Aullagassee, abfließt. Mag sein, daß der große See ein Überbleibsel von der Sintflut ist, denn wenn er vom Meere stammte, so müßte das Wasser meiner Ansicht nach salzig sein, aber nicht süß; und außerdem liegt er über sechzig Leguas vom Meere entfernt. Er entwässert durch einen tiefen, für die Gegend sehr großen Fluß, den Desaguadero, in den erwähnten Aullagassee. Weiter erscheint mir merkwürdig, daß man wohl sieht, wie das Wasser des einen Sees in den anderen hineinfließt, aber nicht, wie es aus diesem wieder herauskommt; denn man hat den ganzen Aullagassee sorgfältig erforscht. In diesem Zusammenhang habe ich von Spaniern und Indianern gehört, daß in einigen an die Südsee stoßenden Tälern häufig unterirdische Quellen gefunden worden sind, die sich ins Meer ergießen. So glaubt man, daß es die Wasser dieses Sees sein könnten, die in verschiedenen Richtungen unterirdisch ins Meer verströmen.

Der Name dieses großen Sees im Lande der Collas ist Titicaca [oder Chucuito], nach dem Tempel, der in seiner Mitte steht. Über diesen haben die Eingeborenen Vorstellungen, die purer Aberglauben sind. Ihre Vorfahren sollen nämlich geglaubt haben (und das paßt zu dem anderen Unsinn, den sie erzählen), daß der Himmel einmal viele Tage lang kein Licht mehr spendete. In dieser trüben Dunkelheit habe sich eines Tages die Sonne wieder in all ihrem Glanz von eben jener Insel Titicaca erhoben. Daher gilt dieses Eiland als heiliger Ort, und die Inkas errichteten dort den erwähnten Tempel zu Ehren der Sonne und brachten Vestalinnen, Priester und Schätze dorthin. Der Tempel genießt höchste Verehrung. Wenn auch die Spanier bei verschiedenen Gelegenheiten große Mengen Goldes hinweggeführt haben, nimmt man doch an, daß der größte Teil des Tempelschatzes noch unentdeckt ist. Die Sage von der Dunkelheit mag auf einer Sonnenfinsternis beruhen.

96. Kapitel
Die weiteren an dieser Straße gelegenen Siedlungen bis Tiahuanacu.

Ich nehme nun meinen Bericht wieder auf: von Hatuncolla gelangt man über Paucar-colla und andere Dörfer dieses Colla-Volkes nach Chucuito, einer der größten und selbständigsten Ansiedlungen dieses großen Reiches. Chucuito ist auch heute noch so etwas wie eine Hauptstadt der Indianer Seiner Majestät in diesem Gebiet. Auch in früheren Zeiten hielten die Inkas diese Stadt für eine der wichtigsten, und nach Angaben der Indianer ist sie eine der ältesten. Einst war Cari Oberherr von Chucuito, und für einen Indianer war er ein sehr weiser Mann. Die Stadt enthält große Unterkünfte, und bevor die Inkas die Regierung übernahmen, waren die eingeborenen Führer sehr mächtig. Die beiden bedeutendsten sollen Cari und Humalla gewesen sein. Chucuito ist jetzt, wie gesagt, die Hauptstadt von Seiner Majestät Indianer-Territorium, in dem die Städte Juli, Chilane, Acos, Pomata und Zepita liegen. Dort gibt es Häuptlinge, die über zahlreiche Untertanen gebieten. Als ich durch dieses Gebiet reiste, war Ximon Pinto Bürgermeister, und Don Gaspar, ein Indianer von Weisheit und gesundem Verstand, war Statthalter. Es gibt große Llama-Herden, und auf den Inseln und auch anderswo leben *mitimaes*, die Coca und Mais anpflanzen.

In den genannten Städten stehen heute wohlgebaute Kirchen; die meisten davon hat ein Provinzial des Dominikanerordens, Pater Tomás de San Martín, gegründet. Dort versammeln sich die Kinder und auch Erwachsene, die den Wunsch haben, von Priestern und Mönchen die Lehre zu hören. Viele Häuptlinge sind Christen geworden. Bei Zepita fließt der Desaguadero vorbei. Zur Inka-Zeit waren dort Wächter stationiert, die den Brückenzoll erhoben. Die Brücke bestand aus Haferstroh und war so fest, daß Menschen, Pferde und alle möglichen Lasten sie passieren konnten.

Jenseits des Ortes liegt Huaqui mit den Wohnpalästen der Inkas.

97. Kapitel

Die Stadt Tiahuanacu und ihre alten Bauwerke.

Tiahuanacu ist keine sehr große Stadt, aber wegen ihrer bedeutenden Bauwerke berühmt, die zweifellos eine besondere Sehenswürdigkeit sind. In der Nähe der größten Gebäude hat man einen Hügel über gewaltigen Steinfundamenten aufgeschüttet. Dahinter stehen zwei Steinbilder in Menschenform und -größe, deren Gesichter sehr schön ausgearbeitet sind. Sie sind so groß, daß sie beinahe wie Riesen wirken, und haben lange Gewänder, ganz verschieden von der Kleidung der hiesigen Eingeborenen. Sie scheinen auch eine Art Kopfschmuck zu tragen. Nahe bei diesen Steinfiguren steht ein anderes Gebäude. Sein hohes Alter und die Tatsache, daß dieses Volk keine Schrift besitzt, sind die Gründe dafür, daß man nichts von den Menschen weiß, die diese mächtigen Fundamente und Befestigungswerke errichtet haben; oder wann das etwa gewesen sein mag; denn was man heute noch sieht, ist nur eine großartig gebaute Mauer, die uralt sein muß. Manche dieser Steine sind schon sehr verwittert, und einige so groß, daß man sich nicht vorstellen kann, wie Menschenhände sie hergeschafft haben können. Viele Steine sind zu allerlei Figuren ausgehauen; manche stellen Menschen dar und müssen wohl Götzenbilder gewesen sein. Längs der Mauer gibt es zahlreiche unterirdische Hohlräume. Weiter westlich befinden sich noch bedeutendere Altertümer, denn dort stehen Tore, deren Pfosten, Schwellen und Portal aus einem einzigen Stein bestehen. Am meisten hat mich dabei erstaunt, daß unter diesen riesigen Toren noch andere, größere Steine herausragen, auf welche das Tor aufgesetzt ist. Manche sind bis zu dreißig Fuß breit, fünfzehn oder mehr Fuß lang und sechs Fuß stark; Portal, Pfosten und Schwellen bestehen, wie gesagt, aus einem einzigen Stein – wahrlich ein ungeheures Werk. Ich kann mir überhaupt nicht vorstellen, mit was für Geräten oder Werkzeugen diese riesigen Steine bearbeitet worden sind. Es ist ja klar, daß diese mächtigen Blöcke, ehe sie aufgestellt und auf so vollendete Weise behauen wurden, viel größer gewesen sein müssen, als sie uns heute vor Augen stehen. Man kann erkennen, daß diese Bauwerke nicht vollendet worden sind. Nur diese Tore und einige andere Steinblöcke von unglaublicher Größe sind vorhanden, von denen ein paar, wie ich gesehen habe, schon zurechtgehauen und zum Vermauern fertiggemacht sind. Ein großes steinernes Idol, das wahrscheinlich angebetet worden ist, steht nahe dabei in einer engen Nische. Bei diesem soll sogar Gold gefunden worden sein. Das genannte Götzenbild ist noch von einer Anzahl größerer und kleinerer Steine umstanden, die ebenfalls zu Figuren behauen sind.

Es wäre noch vieles von Tiahuanacu zu berichten, was ich jedoch der Zeitersparnis halber auslasse. Abschließend möchte ich noch sagen, daß ich diese Steine für das älteste Zeugnis der Vergangenheit in ganz Peru halte. Ein Teil dieser Bauwerke existierte schon sehr lange vor der Inka-Herrschaft; und die Indianer behaupten, daß die Inkas ihre großen Bauten in Cuzco nach dem Plan dieser Mauern angelegt hätten. Sie gehen sogar noch weiter und sagen, daß die ersten Inkas beabsichtigt hätten, ihre Hauptstadt und Hofhaltung hier in Tiahuanacu zu errichten. Merkwürdig ist auch, daß es in dieser Gegend weder Felsen noch Steinbrüche gibt, von denen man die besagten Steine hätte holen können. Ungeheure Menschenmassen müssen für den Transport dieser Blöcke nötig gewesen sein. Ich habe die Eingeborenen in Gegenwart von Juan Varagas (der eine *encomienda* über sie hat) gefragt, ob diese Bauten von den Inkas stammten, und sie lachten über diese Frage und wiederholten, daß sie viel, viel älter seien, aber sie könnten mir nicht sagen, wer sie errichtet hat. Sie hätten jedoch von ihren Ahnen gehört, daß sie alle plötzlich über Nacht auf einmal dagewesen seien. Aus diesem Grunde und weil von bärtigen Männern auf der Insel Titicaca die Rede ist, welche die Bauten von Viñaque errichtet haben sollen, meine ich, daß ein Volk vor der Inka-Zeit von irgendwoher eingewandert ist und diese Bauwerke errichtet hat. Später mag es, da die Eingeborenen in großer Überzahl waren, in Kriegen zugrunde gegangen sein. Da alle diese Dinge so im Dunkel liegen, können wir froh sein, daß die Schrift erfunden wurde, die die Erinnerung an vergangene Ereignisse über Jahrhunderte hinweg bewahrt und in der ganzen Welt verbreitet, sobald wir einen geschriebenen Bericht davon besitzen. Da in der neuen Welt Westindiens nichts Schriftliches entdeckt worden ist, können wir vieles nur erraten.

In einiger Entfernung von den hier beschriebenen Bauwerken stehen die Unterkünfte der Inkas und das Haus, in dem Manco Inca, der Sohn Huayna Capacs, geboren wurde. In der Nähe stehen noch zwei Grabstätten eingeborener Herrscher dieser Stadt, viereckige Türme, ebenso hoch wie breit, deren Eingänge der aufgehenden Sonne zugekehrt sind.

98. Kapitel

Von der Gründung der Stadt Nuestra Señora de la
Paz; und der Straße nach der Stadt Plata.

Sieben Leguas von Tiahuanacu, immer geradeaus, liegt Viacha. Zur Linken liegen die Städte Cacayavire, Caquingora, Mallama und andere. Es erscheint mir nicht notwendig, sie alle namentlich aufzuführen. Zwischen diesen Städten liegt in einer Ebene eine andere Stadt namens Huarina, wo eine Schlacht zwischen Diego Centeno und Gonzalo Pizarro stattfand. Um die Stadt La Paz zu erreichen, muß man beim Dorfe Laxa von der Inka-Straße abbiegen. Eine Tagereise weiter liegt dann die Stadt in einem Tal zwischen den Bergen. Sie wurde auf diesem höchst vorteilhaften Gelände erbaut, weil es dort reichlich Wasser gibt und das Klima milder ist als in den Ebenen und Steppen von Colla... So wird La Paz wohl an seinem ursprünglichen Gründungsort bestehen bleiben. [Cieza spielt hier vermutlich auf San Juan de la Frontera an – vgl. 73. Kapitel; d. Übers.] Auf dem Gelände der Stadt, im Tale von Chuquiabo, wurde in früheren Zeiten viel Gold aus den reichen Adern der Berge geschürft. Den Inkas war das Chuquiabo-Tal sehr wichtig. In der Nähe liegt die Stadt Oyune, wo, wie man sich erzählt, ein großer, noch unentdeckter Schatz in einem alten Tempel auf einem schneebedeckten Berggipfel verborgen liegt. Die Stadt La Paz wurde im Namen Seiner Majestät des Kaisers von Hauptmann Alsonso de Mendoza gegründet, und zwar im Jahre 1549, als Pedro de la Gasca Präsident des Königreiches [Peru] war.

Um meinen Bericht fortzuführen, wie es sich gehört, will ich ihn nunmehr an derjenigen Stelle wiederaufnehmen, wo ich vorhin abschweifte. Man gelangt also von Viacha zunächst nach Hayo-Hayo, wo sich ebenfalls große Unterkünfte der Inkas befanden. Dahinter liegt Siquisica. Dort verläuft die Grenze der Colla-Provinz, wenn auch jenseits noch weitere Dörfer der Collas liegen. Der Weg führt weiter nach Caracollo, welches elf Leguas entfernt in der Steppe in der Nähe der großen, von den Inkas hochgeschätzten Provinz Paria liegt. Die Eingeborenen von Paria tragen die gleiche Kleidung wie die Collas, nur haben sie als Kopfbedeckung eine kleine wollene Mütze. Die Herrscher wurden von ihren Indianern gut versorgt, und die Inkas hatten in der Provinz viele Vorratshäuser und Wohnpaläste sowie einen Sonnentempel errichten lassen. Noch heute sieht man die vielen hohen Grabstätten, in denen die Eingeborenen ihre Toten bestatteten. Auch Caponota und viele andere am See und in andern Teilen des Gebiets liegende Dörfer gehören zu Paria. Dahinter liegen die Siedlungen Pocoata, Macha, Caracara und Moromora. Nach den Anden zu erstrecken sich noch weitere, mächtigen Häuptlingen unterstehende Bezirke.

99. Kapitel
Die Gründung der Stadt La Plata [in Bolivien], die in der Charcas-Provinz liegt.

Die edle und treue Stadt [La] Plata, eine Siedlung der Spanier in Charcas, bei Chuquisaca gelegen, ist im Königreich Peru und in vielen Teilen der Welt sehr berühmt wegen der großen Schätze, die in den letzten Jahren von dort nach Spanien verschickt worden sind. Die Stadt liegt in einem Landstrich mit gutem Klima, der ausgezeichnet für die Anpflanzung von Weizen, Gerste, Obst,

Wein und dergleichen geeignet ist. Grund und Boden erzielen zur Zeit hohe Preise wegen der Reichtümer, die in den Bergwerken von Potosí entdeckt worden sind. Die Stadt ist von ausgedehnten Feldern umgeben und hat mehrere Flüsse mit gutem Wasser. Die Spanier züchten dort auf ihren Haziendas Pferde, Rinder und Ziegen in großer Zahl. Einige Einwohner der Stadt zählen zu den reichsten Leuten Westindiens. In den Jahren 1548 und 1549 bestanden dort *repartimientos* wie das des Generals Pedro de Hinojosa, welches ein Einkommen von hunderttausend *castellanos* abwarf. Andere brachten achtzigtausend, manche auch mehr. Damals gab es viel Reichtum im Lande.

Die Stadt Plata wurde von Hauptmann Peranzúrez im Namen Seiner Majestät unseres Kaisers und Königs gegründet. Zur Zeit der Gründung, im Jahre 1538, war der Adelantado Don Francisco Pizarro Statthalter und Generalkapitän von Peru. Außer den bereits genannten Städten unterstehen der Jurisdiktion von Plata noch die Orte Totora, Tapacari, Sipisipi und Cochabamba, sowie die Stammesgebiete der Caranquis, Quillancas, Chaiantas, Chaquis, Chinchas und viele andere; alles reicher, fruchtbarer Boden und zum Teil, wie zum Beispiel das Cochabamba-Tal, sowohl zum Anbau von Mais und Weizen als auch zur Viehzucht geeignet. Jenseits dieser Stadt liegen die Provinzen Tucuma [Tucumán in Argentinien] und die Gebiete, die Hauptmann Felipe de Gutiérrez, Diego de Rojas und Nicolás de Heredia erkunden sollten. Sie entdeckten den Plata [Fluß] und drangen noch weiter nach Süden vor, wo die von Sebastian Cabot erbaute Festung steht. Diese Gegend wurde jedoch nicht vollständig erforscht, denn die Truppe wei-

gerte sich, weiter in das Land einzudringen, und kehrte vorzeitig nach Peru zurück. Sie trafen Lope de Mendoza, einen Kompanieführer Diego de Centenos, der vor dem Zorn des Pizarroschen Hauptmanns Carvajal floh, und schlossen sich ihm an. Da sie aber untereinander nicht einig waren, wurden sie von eben diesem Carvajal in der Stadt Cocona geschlagen. Er nahm mit der Promptheit, die für ihn charakteristisch war, Heredia und Mendoza gefangen und tötete beide ...
Noch weiter südlich liegen die Provinz Chile, deren Statthalter Pedro de Valdivia ist, sowie andere Länder, die an die Magellan-Meerenge stoßen.

Eine Beschreibung Chiles wäre wichtig und besonderer Mühe wert, jedoch habe ich mich darauf beschränkt, das niederzuschreiben, was ich zwischen Urabá [Kolumbien] und Potosí [Bolivien], welches nahe bei der Stadt [La] Plata liegt, gesehen habe. Das ist immerhin eine Strecke, die ich auf gut 1200 Leguas schätze (von der Jurisdiktionsgrenze von Urabá bis zu jener der Stadt [La] Plata gerechnet).

So will ich also in diesem Teil meines Werkes nichts weiter berichten, als daß die Sitten und Gebräuche der Indianer, die der Jurisdiktion der Stadt [La] Plata [Chuquisaca] unterstehen, denen aller anderen Stämme gleichen. Seit ihrer Unterwerfung durch die Inkas legen sie ihre Dörfer ordentlich an, tragen Kleider (sowohl die Männer als auch die Frauen), beten die Sonne an und besitzen Tempel, in denen sie Opfer darbringen.

DRITTER TEIL

100. Kapitel

Von der Gründung der Stadt Guayaquil [und Tumbes], und wie die Eingeborenen Huayna Capacs Krieger umbrachten.

Wie ich bereits erzählt habe, hatte Topa Inca [im Jahre 1470] die Völker von Quito unterworfen und sich dabei als ausgezeichneter Befehlshaber erwiesen. Er errang zahlreiche Siege und erbeutete viele Trophäen und zerstörte die *pucarás* der Eingeborenen, damit es nirgends mehr Waffen und Krieger gäbe, die nicht unter seiner Kontrolle stünden. Dann sandte er einige seiner Hauptleute aus, die die Küstenländer erkunden, mit den dortigen Völkern Verbindung aufnehmen und versuchen sollten, sie auf die Seite der Inkas zu bringen.

Für den Augenblick unternahm er auch noch keine Schritte zur Bestrafung der Verräter, welche seinerzeit unter Bruch des Friedens jenen heimtückischen Mordanschlag unternommen hatten [s. 80. Kapitel; d. Übers.]. Er befand sich nämlich zur Zeit in Cuzco, und die Statthalter mußten sich um ihre Gebiete kümmern.

Die Zeit schritt weiter; Huayna Capac kam [im Jahre 1493] auf den Thron und erwies sich als ebenso unternehmend und tapfer wie sein Vater, den er an Klugheit und Ehrgeiz sogar noch übertraf. In Begleitung der führenden Männer zweier der bekanntesten Patrizierfamilien verließ er Cuzco alsbald. Zunächst besuchte er den großen Tempel von Pachacamac und inspizierte dann die Garnisonen in Jauja und Cajamarca, sowohl die im Hochland als auch die in den fruchtbaren Ebenen und Tälern. Schließlich erreichte er die Küste. Im Hafen von Tumbes hatte er ein Festungswerk erbauen lassen, von dem allerdings manche Indianer behaupten, es sei älter. Da die Einwohner der Insel Puná und die von Tumbes in Feindschaft lebten, war es nicht schwer für die Heeresbaumeister des Inkas, diese Festung zu bauen. Huayna Capac erschien, als gerade die letzte Hand an das Werk gelegt wurde, und befahl, neben der Festung noch einen Sonnentempel zu errichten. Zweihundert Jungfrauen wurden dort untergebracht, die schönsten, die man unter den Töchtern der Dorfhäuptlinge finden konnte. In dieser Festung, die, ehe sie zerfiel, ein großartiger Anblick gewesen sein muß, ernannte Huayna Capac seinen Statthalter und verlieh ihm Befehlsgewalt über eine große Schar von *mitimaes*. Umfangreiche Lager wertvoller Waren und Vorräte für die Stammbesatzung sowie für die durchmarschierenden Truppen unterstanden ihm ebenfalls. Man soll ihm sogar wilde Jaguare und Panther gebracht haben, die er mit Sorgfalt betreuen ließ. Das müssen die Bestien gewesen sein, die auf den Hauptmann Pedro de Candias losgelassen wurden, als Francisco Pizarro und seine dreizehn Gefährten, die Entdecker Perus, dieses Land erreichten. Dann gab es in der Festung Tumbes noch eine Anzahl Kunstschmiede, welche die heiligen Gold- und Silbergefäße sowie allerlei Kleinode für den Götzendienst und die Ausgestaltung des Tempels herstellten; auch für den Inka selbst verfertigten sie Gerät und schufen auch die silbernen Wandverkleidungen der Tempel und der Paläste. Die dem Tempeldienst geweihten Frauen und Mädchen hatten nichts anderes zu tun, als zu spinnen und aus der Wolle wunderschöne Gewänder zu weben, worin sie sehr geschickt waren.

Nachdem Huayna Capac sich zum Herren der Provinzen Huancavilcas und Tumbes gemacht hatte, ließ er Tumbala, dem Häuptling von Puná, sagen, er möge zur Huldigung vor des Inkas Majestät erscheinen und von den Produkten seines Eilandes Tribut entrichten. Dieser war über eine solche Aufforderung sehr erregt, denn als Erb-Häuptling sah er den Verlust der Freiheit, des höchsten Gutes auf Erden, als ein großes Unglück an, und es bekümmerte ihn tief, einen Fremden als obersten Herrn seiner Insel anerkennen zu müssen. Nicht nur, daß er einem solchen mit allen seinen Vasallen dienen mußte – er würde auch den Bau von Festungen auf seinem Gebiet dulden und sie noch dazu selbst versorgen müssen. Am härtesten kam es ihm an, daß er gezwungen sein würde, dem Inka seine Töchter und seine schönsten Frauen zu überlassen. Nach einer Beratung mit seinen Ältesten kam er zu dem Schluß, daß er angesichts seiner militärischen Schwäche am besten täte, zunächst einmal, wenn auch mit verräterischen Hintergedanken, dem Inka Freundschaft zu schwören. So schickte Tumbala Boten mit Ehrengaben und großen Versprechungen zum Inka und lud ihn herzlich ein, ein paar Tage nach Puná zu kommen, um sich dort zu vergnügen.
[Wenn Cieza de León unter »Vergnügen« den Flirt mit Tumbalas Haremsdamen versteht, dann wirft das die Frage des amerikanischen Ursprungs der Syphilis auf, einer gemeingefährlichen Krankheit, die zuerst die frühen Konquistadoren und dann die ganze Welt heimsuchte. Cieza de León erzählt in Kapitel LIV seiner zweiten Chronik von Peru, »Über die Insel Puná und die wundersame Sarsaparille-Wurzel, die gegen allerlei Krankheiten hilft«:

Die Insel Puná, die dicht vor dem Hafen Tumbes liegt, hat etwas weniger als zehn Leguas Umfang. In alten Zeiten genoß sie hohe Wertschätzung, und zwar wegen des Reichtums ihrer Bewohner, die große Handelsleute waren und auf ihrer Insel alles hatten, was sie zum Leben brauchten, so daß sie sehr reich wurden. Außerdem standen sie im Ruf großer Tapferkeit, denn sie hatten einst viele Kriege gegen Tumbes und andere Provinzen geführt. Auch kam es ihnen gar nicht darauf an, einander aus nichtigen Gründen totzuschlagen und sich gegenseitig Frauen und Kinder zu rauben. Der große Topa Inca schickte Gesandte auf diese Insel und forderte die Bewohner auf, seine Freunde und Bundesgenossen zu werden. Wegen des Ruhmes, der dem Inka vorausging, wurde die Gesandtschaft gut aufgenommen, aber die Punás gingen kein Bündnis mit ihm ein und wurden auch nicht völlig unterworfen, bis Huayna Capac an die Regierung kam. Manche sagen allerdings, daß sie zwar bereits unter Topa Incas Herrschaft gestanden, aber einen Aufstand unternommen hätten.

Diese Insel besitzt Wälder und Früchte im Überfluß. Mais, Yuca und allerlei andere wohlschmeckende Wurzeln wachsen reichlich, und es wimmelt von Papageien, Aras und anderen Vögeln, Wildkatzen, Füchsen, Affen, Panthern, Schlangen und anderen Tieren. Stirbt ein Häuptling, so wird er von seinem Stamm betrauert und mit großem Pomp bestattet, wobei ihm nach dem allgemeinen Brauch seine kostbarsten Besitztümer, seine Waffen und die schönsten seiner Frauen mit ins Grab gelegt werden, die ihrem Gatten im Jenseits Gesellschaft leisten sollen. Man weint und wehklagt tagelang; die am Leben gebliebenen Frauen und seine Verwandten schneiden sich das Haar ab, gehen mit traurigen Gesichtern umher und üben allerlei Bräuche zu Ehren des Toten. Sie waren sehr fromm, doch dabei gewissen Lastern ergeben...

Ihre Tempel befanden sich an dunklen, abgelegenen Orten,

und die Wände waren mit furchterregenden Bildern geschmückt. Vor dem Altar wurden Opfer dargebracht: man tötete Vögel und andere Tiere, auch, wie es heißt, indianische Sklaven und Kriegsgefangene, deren Blut dem verfluchten Teufel dargeboten wurde...

Es gibt nun eine Pflanze, die auf dieser Insel und in der Umgebung der Stadt Guyaquil in Mengen wächst. Sie heißt Sarsaparille [Stechwinde, *Smilax medica* und verschiedene Unterarten; d. Übers.], ist buschig und hat kleine Blätter. Die Wurzel dieser Pflanze ist gut gegen viele Übel, insbesondere gegen die Beschwerden, welche die Beulen-Krankheit, jene pestilenzialische Seuche, verursacht. Wer sich von dieser Krankheit heilen will, sollte sich in einen Raum begeben, wo Kälte und Zugluft ihn nicht erreichen können, sich purgieren, eine leichte Diät einhalten und das Wasser trinken, in dem diese Wurzeln eine Weile gekocht haben. Es bleibt klar, und weder Geschmack noch Geruch sind unangenehm. Durch diesen Trunk vertreibt man ohne andere Medizin die Krankheit so gründlich, daß der Patient in kurzer Zeit gesünder als vorher ist, und sein Fleisch bleibt fest und ohne Narben, wie sie andere Kuren wohl manchmal hinterlassen...

Viele, deren Fleisch schon zerfiel, wurden durch dieses Wasser gesund und bekamen eine bessere Hautfarbe, als sie vor der Krankheit hatten. Auch Kranke, die sich schon im vorgeschrittenen Stadium befanden, über und über mit Beulen bedeckt waren und einen üblen Atem hatten, wurden gesund, wenn sie das Wasser eine Zeitlang tranken. Auch Schwellungen und Ekzeme werden geheilt. Ich glaube, daß die Sarsaparille eine der besten Pflanzen auf der Welt ist, und ganz bestimmt eine der nützlichsten, wenn man in Betracht zieht, wie viele Menschen durch sie gesund geworden sind. Man findet sie an vielen Orten in Westindien, aber keine Art ist so heilkräftig, wie die, welche auf der Insel Puná wächst.

Über die Sarsaparille und diese Kur schreibt der berühmte Botaniker Richard Spruce – zitiert in von Hagen, *South America Called Them* –: »Piura [in Peru], ist, wie man hört, auf der ganzen Erde unübertroffen als Kurort für ›rheumatische‹ (lies: ›syphilitische‹) Beschwerden. Viele wunderbare Heilerfolge werden berichtet, aber die Kur ist ziemlich hart. Zuerst bezahlt man den Priester für die Lesung von ›Novenen‹, das heißt Messen an neun aufeinanderfolgenden Tagen; an jedem Tag trinkt man am Mittag ein reichliches Quantum einer heißen Sarsaparille-Abkochung, dann läßt man sich von Freunden vor die Stadt ins Freie bringen und im heißen Sand bis zum Hals eingraben; den Kopf schützt man durch einen breitrandigen Strohhut und einen Schirm. Dabei schwitzt man derartig, daß alles Quecksilber, das man jemals eingenommen hat, wieder herauskommt, und die geschwollenen Glieder werden wieder normal. Nun erkennt man den Nutzen der gelesenen Messen: wenn man die Kur überlebt (was durchaus nicht immer der Fall ist), dienen sie als Ausdruck der Dankbarkeit, und wenn man dabei stirbt, so wird man nicht nur neun, sondern noch einige Messen mehr brauchen, um die ewige Ruhe der Seele zu erlangen, und man tut gut daran, im Testament beizeiten eine entsprechende Verfügung zu treffen.«]

Der demütige Ton von Tumbalas Antwort befriedigte Huayna Capac. Der Inselfürst und seine Ratgeber brachten ihren Göttern im Tempel Opfer dar und befragten ihre Wahrsager, was sie tun sollten, um nicht unter das Joch des Ehrgeizigen zu geraten, der die ganze Welt beherrschen wollte. Sie sollen dann Emissäre auf das Festland entsandt haben, um die Stimmung unter den Eingeborenen zu erforschen und festzustellen, ob sie zu einem Aufstand gegen Huayna Capac überredet werden könnten. Das geschah in solcher Heimlichkeit, daß nur wenige außer den unmittelbar Beteiligten von dieser Verschwörung erfuhren. Während dieser Vorbereitungen kam Huayna Capac auf die Insel Puná, wo er mit allem Zeremoniell empfangen und in einem rasch für ihn vorbereiteten Palast untergebracht wurde. Die *Orejones* kamen mit den Punás ins Gespräch, und diese täuschten ihnen offene, aufrichtige Freundschaft vor.

Da sich auf dem Festland viele danach sehnten, wie ihre Vorfahren frei zu sein, und Fremdherrschaft immer schwerer erträglich ist als ein Herrscher aus dem eigenen Volk, verschworen sich die Festland-Indianer mit denen von der Insel Puná, alle zu töten, die mit dem Inka ins Land gekommen waren. Gerade zu der Zeit soll Huayna Capac Hauptleute und Krieger abgesandt haben, um bestimmte Dörfer auf dem Festland zu inspizieren und die Ausführung gewisser wichtiger und wohltätiger Befehle zu überprüfen. Er trug den Punás auf, die Truppe mit Flößen zu einer Flußmündung auf dem Festland überzusetzen, von wo aus sie dann zu Fuß weiterziehen sollte. Huayna Capac kehrte inzwischen nach Tumbes zurück. Die *Orejones* und Hauptleute wurden auf mächtigen Flößen eingeschifft, und als sie unterwegs nicht auf der Hut waren, lösten die Puná-Ruderer heimlich die Stricke, mit denen die Floßbalken zusammengebunden waren, und die armen *Orejones* fielen ins Wasser und wurden von den Punás mit heimlich mitgeführten Waffen grausam getötet. Manche wurden erschlagen, andere ertranken, und nur ein paar Decken und einige Schmuckstücke blieben auf den Flößen.

Die Freude der Aufständischen war groß; sie tauschten von Floß zu Floß fröhliche Siegesrufe aus, denn sie dachten, mit dem, was sie eben getan hatten, wäre der Inka mitsamt seinen Schätzen bereits in ihrer Gewalt. Aber es kam anders, als sie dachten ... Nach der Ermordung der *Orejones* auf den Flößen kehrten die Punás schnell zur Insel zurück, um die nächste Abteilung zu holen. Da diese zweite Gruppe nichts vom Schicksal ihrer Gefährten wußte, drängte sich eine noch größere Anzahl, mit ihren Kleidern, Waffen und Schätzen beladen, auf die Flöße. An der gleichen Stelle, wo die ersten zugrunde gegangen waren, töteten die Punás auch diese Gruppe, und keiner entkam. Wer sich durch Schwimmen zu retten suchte, wurde mit grausamen, unbarmherzigen Streichen getötet, und wenn sie tauchten, um unter Wasser bei den Fischen Hilfe zu finden, so war das auch vergeblich, denn die Punás waren geübte Fischer und schwammen wie die Fische. So erschlugen und ertränkten sie alle im Wasser, so daß das Meer wie Blut aussah, was ein schrecklicher Anblick gewesen sein muß. Nachdem die *Orejones* auf den Flößen getötet waren, kehrten die Inselbewohner und ihre Mitverschworenen nach Puná zurück.

Huayna Capac erfuhr alsbald, was geschehen war, und soll vor Zorn und Trauer getobt haben bei dem Gedanken, daß so viele seiner besten Leute ohne Begräbnis sterben mußten – denn in Westindien verwendet man tatsächlich mehr Sorge und Mühe auf sein Grab als auf das Haus, in dem man sein Leben verbringt. Er rief seine verbliebenen Krieger zusammen und machte einen Plan, um diese Schurken ungeachtet etwaigen Widerstandes gnadenlos zu bestrafen, denn ihr Verbrechen erschien ihm so gemein, daß er nur den einen Gedanken hatte: härteste Vergeltung ohne Schonung. So wurden Tausende auf verschiedene Weise hingerichtet, und die Rädelsführer wurden gepfählt oder ertränkt. Nach dieser gewaltigen, furchtbaren Bestrafung ordnete Huayna Capac an, daß in den Trauer- und Heldenliedern neben anderer Geschehnisse auch jener Untat Erwähnung getan werden sollte; und dieses Lied kann man heute noch als eine Art Leichengesang hören. Dann befahl er, entlang des mächtigen Guayaquil-Flusses [Guayas] eine Straße zu bauen, die, nach dem zu urteilen, was noch davon zu sehen ist, eine großartige Anlage gewesen sein muß. Aber sie wurde nicht ganz fertig, und der Bau entsprach auch nicht genau seinen Wünschen. Die Straße ist unter dem Namen »Paß des Huayna Capac« bekannt.

Nach vollzogenem Strafgericht wurden alle Einwohner dem Statthalter in der Festung Tumbes unterstellt; und nachdem der Inka weitere Maßnahmen getroffen hatte, verließ er die Gegend von Guayaquil, über die ich nur noch anmerken will, daß die dortigen Indianer in Sitten und Kleidung den übrigen gleichen und daß sich auch das Land nicht sehr von den schon beschriebenen Ländern unterscheidet.

101. Kapitel
Fortsetzung dieses Berichtes [über Tumbes].
Die Gründung der Stadt San Miguel.

Was die Ebenen *[llanos]* anbetrifft, so beginnen sie beim Tal von Tumbes. Ein Fluß [der Tumbes], welcher in der Provinz Palta entspringt und in die Südsee mündet, fließt hindurch. Diese Gegenden sind von Natur trocken und unfruchtbar, obgleich es in Tumbes manchmal regnet und das Wasser dicht an die Stadt San Miguel herankommt. Denn es regnet nur in den Landstrichen, die dicht an den Sierras liegen; an der Küste fällt kein Regen. Einst war das Tumbes-Tal angebaut, dicht besiedelt und von den Flüssen aus mit einem Netz schöner, kühler Kanäle durchzogen. So bewässerten die Eingeborenen ihre Felder und erzielten reiche Ernten an Mais und anderem für die menschliche Ernährung wichtigem Getreide sowie an köstlichen Früchten. Vor der Unterwerfung durch die Inkas waren die Herrscher von Tumbes von ihrem Volk weit mehr gefürchtet, als das bei irgendeinem der bisher beschriebenen der Fall war, und, wie übereinstimmend erzählt wird, gehorchte man ihnen blindlings und erwies ihnen umständliches Zeremoniell. Die Kleidung der Eingeborenen bestand aus Hemd und Überwurf, und sie trugen runde wollene Mützen, die manchmal mit kleinen silbernen Perlen, sogenannten *chaquiras*, bestickt waren. Diese Menschen waren sehr religiös und brachten ihren Göttern große Opfer dar. Sie sind genußsüchtiger und bequemer als die Hochlandindianer. Auf den Feldern arbeiten sie jedoch sehr eifrig und schleppen dabei schwere Lasten. Ihre Äcker werden ausgezeichnet und nach sorgfältiger Planung bestellt, und sie geben sich mit der Bewässerung viel Mühe. Eine ganze Anzahl verschiedener Früchte und wohlschmeckender Wurzeln werden angebaut. Zweimal im Jahre wird der Mais geerntet, und auch Bohnen und Puffbohnen geben reichlichen Ertrag. Ihre Kleidung ist aus Baumwolle, wovon sie im Tale genügend ernten. Außerdem sind sie geschickte Fischer, was ihnen viel Nutzen bringt, denn da sie Fische und andere Landesprodukte an die Hochlandindianer verkaufen, sind sie immer reich gewesen.

Vom Tumbes-Tal sind es zwei Tagereisen zum Solana-Tal, das in früheren Zeiten auch dicht besiedelt war und viele Vorratshäuser und Unterkünfte der Inkas aufzuweisen hatte. Zwischen Hainen und kühlen, freundlichen Lichtungen verläuft die Inka-Straße durch diese Täler. Von Solana kommt man nach Poechos, das nach einem früheren Häuptling auch Maicabilca [Mayca-huilca] heißt. Dieses Tal war ebenfalls sehr dicht bevölkert, was man noch an den Ruinen der zahlreichen und großen Häuser sehen kann. Aus diesen läßt sich erkennen, daß die alten Überlieferungen wahr sind und daß den Inkas dieses Tal sehr viel bedeutet hat, denn sie haben hier Königspaläste und andere Unterkünfte sowie Vorratshäuser erbaut. Zeit und Bürgerkrieg haben das alles zerstört, und der letzte Beweis für die Wahrheit des Gesagten sind die vielen großen Begräbnisplätze, wo jene ruhen, die einst die zahlreichen Felder des Tales bestellt haben.

Zwei Tagereisen von Poechos liegt das breite und langgestreckte Tal von Piura, in dem zwei oder drei Flüsse zusammentreffen. Dort wurde die Stadt San Miguel de Piura gegründet und erbaut. Wenn diese Stadt auch heute wenig bedeutet, weil die *repartimientos* klein und ärmlich sind, ist es doch nur gerecht, daß man ihr als dem Ausgangspunkt der Eroberung Perus Aufmerksamkeit entgegenbringt; denn hier war es, wo sich die kühnen Spanier zuerst festsetzten, ehe sie den großen Fürsten Atabaliba [Atahualpa] gefangennahmen. Man begann mit dem Bau zuerst auf einem Gelände bei Tangarara; von dort wurde die Stadt aber verlegt, weil die Gegend ungesund war und die Spanier von gewissen Krankheiten befallen wurden. Sie liegt jetzt, von kühlen Hainen umgeben, zwischen zwei Tälern, näher bei dem einen als bei dem anderen, in einem rauhen, trokkenen Gelände, das man trotz aller Anstrengungen nicht künstlich bewässern konnte, wie das anderswo in den Ebenen der Fall ist. Nach Berichten von Leuten, die dort gelebt haben, soll die Gegend besonders für die Augen etwas ungesund sein. Das liegt, glaube ich, an dem Wind und dem Staub im Sommer und an der Feuchtigkeit im Winter. Früher soll es in diesem Landstrich nicht geregnet haben; nur gelegentlich gab es dichte Nebel. In den letzten Jahren sind jedoch heftige Regengüsse gefallen. Das Tal gleicht dem von Tumbes.

Die Stadt San Miguel wurde im Jahre 1533 von Francisco Pizarro im Namen Seiner Majestät gegründet und besiedelt.

102. Kapitel
Die Unterschiedlichkeit der Jahreszeiten im Königreich Peru; und die merkwürdige Tatsache, daß in den Ebenen an der Südsee kein Regen fällt.

Es erscheint mir, ehe ich weiter fortfahre, zweckmäßig, über die Regenlosigkeit zu sprechen. Dazu möchte ich bemerken, daß im Hochland der Sommer im April beginnt und bis September dauert; im Oktober setzt der Winter ein und währt bis Ende März, so daß hinsichtlich der Jahreszeiten nur ein geringer Unterschied zu Spanien besteht. Die Felder dörren aus, wenn die Zeit heran ist; Tage und Nächte sind fast gleich lang, und wenn die Tage etwas länger werden, ist es etwa Ende November. Aber in den Ebenen an der Küste der Südsee ist es gerade umgekehrt, denn wenn im Hochland Sommer ist, dann ist in der Ebene Winter, denn dort dauert der Sommer von Oktober bis April, und dann setzt der Winter ein. Dieser augenfällige Unterschied in einem und demselben Land ist sicherlich merkwürdig; und was noch merkwürdiger ist: man kann aus den Bergen mit einem triefendnassen Regenumhang in die Ebene kommen, oder, klarer gesagt, man kann sich morgens in einer Gegend, in der es ständig regnet, auf den Weg machen und trotzdem am Abend in einem Land sein, von dem man glauben möchte, es sei dort nie ein Tropfen Regen gefallen. Von Anfang Oktober an gibt es auch tatsächlich in der Ebene keinen Regen, abgesehen von einem bißchen Tau, der kaum den Staub löscht. Deshalb sind die Bewohner der Ebenen vollständig auf künstliche Bewässerung angewiesen und bestellen nur solches Land, das von den Flüssen her berieselt werden kann. Wo das nicht der Fall ist, wächst wegen der Trockenheit nicht einmal Gras; alles ist blanker Sand, Wüste und Geröll. Höchstens steht hier und da ein Baum, der nur sehr wenige Blätter und gar keine Blüten trägt. Allenfalls wachsen noch ein paar Dornen und Disteln, aber oft genug gibt es nicht einmal diese, sondern nur Sand. Der Winter bedeutet in diesen Landstrichen lediglich, daß dichte Nebel über dem Boden hängen, die wie Wolken kurz vor dem Bersten aussehen, aber es fällt höchstens ein kleiner Sprühregen, der kaum den Staub anfeuchtet. Es ist seltsam, daß es bei diesem stark bedeckten Himmel, an dem die Sonne tagelang hinter dichten Wolken verborgen ist, sechs Monate lang keinen anderen Niederschlag gibt als diesen spärlichen, nebelartigen Sprühregen. Ich meine, das Hochland, das gegenüber der tiefgelegenen Küste so hoch ist, hält die Wolken fest, so daß sie das Tiefland nicht erreichen können. So gibt es eben in der Regenzeit nur im Bergland starken Niederschlag, aber gar keinen im Tiefland, wo es sehr heiß ist. Der besagte Tau fällt jedoch nur, wenn im Hochland klares Wetter ist.

Merkwürdig ist außerdem, daß der Wind an der Küste nur in einer Richtung weht, und zwar vom Süden. Anderswo ist der Südwind feucht und bringt Regen, aber hier ist das nicht der Fall. Da es keinen Wind in der Gegenrichtung gibt, bläst der Südwind die ganze Küste entlang, fast bis Tumbes. Von dort an gibt es auch andere kräftige Winde, die starken Regen bringen. Wir können dafür keine Erklärung geben, es bleibt nur die Tatsache zu konstatieren, daß, wie wir gesehen haben, das Land von vier Grad südlicher Länge bis zum Wendekreis des Steinbocks trocken ist.

Ebenso bemerkenswert ist, daß die Gebiete unterhalb dieser Linie zum Teil heiß und feucht, zum andern Teil kalt und feucht sind. Aber das oben besprochene Gebiet ist nun einmal heiß und trocken; verläßt man es jedoch, so hat man Regen von allen Seiten. Wer einen Grund dafür weiß, mag ihn sagen. Ich stelle nur fest, was ich gesehen habe; verstehen kann ich es nicht.

103. Kapitel
Von der Straße, die die Inkas durch die Ebene führen und mit Unterkünften und Vorratshäusern versehen ließen; und warum die dortigen Eingeborenen Yungas heißen.
An dieser Stelle möchte ich über die große Küstenstraße berichten, die die Inkas bauen ließen. Ist sie auch heute zerstört und zerfallen, so kann man doch noch recht gut erkennen, wie großartig sie einst war und wie mächtig derjenige gewesen sein muß, der ihren Bau befahl.

Huayna Capac und sein Vater Topa Inca sind, wie viele Indianer berichten, als erste Groß-Inkas in den Küstengebieten und den Yunga-Tälern gewesen. Einige wollen allerdings wissen, daß Pachacuti, der Vater Topa Incas und Großvater Huayna Capacs, die Küste zuerst gesehen und die Ebenen als erster durchquert hat. Auf Befehl Topa Incas und Huayna Capacs haben nun die Häuptlinge des Küstenlandes eine Straße gebaut, die ungefähr fünfzehn Fuß [4,65 m; d. Übers.] breit und von einer mächtigen, über sechs Fuß hohen Mauer begrenzt ist. Diese Straße wurde in ihrer ganzen Länge sorgfältig gepflegt und war mit Bäumen bepflanzt, die von Papageien und anderen geflügelten Geschöpfen wimmelten und deren fruchtbeladene Zweige stellenweise tief herabhingen. Im ganzen Tal standen große, prächtige Wohnpaläste für die Inkas und wohlgefüllte Vorratshäuser für den Bedarf der Krieger. Die Eingeborenen hatten so große Angst vor den Soldaten, daß sie es nicht wagten, die Vorräte sich erschöpfen zu lassen, denn wenn etwas fehlte, so folgte strenge Bestrafung. Deshalb wurde andererseits jeder Soldat, der das Feld oder das Haus eines Eingeborenen betrat, mit dem Tode bestraft, auch wenn er nur geringen Schaden angerichtet hatte. Mauern flankierten die Straße zu beiden Seiten; wo der Sand so tief war, daß kein Straßenbett angelegt werden konnte, wurden Pfähle, so lang wie Dachbalken, in gleichen Abständen eingesenkt, sowohl zum Ruhme des Erbauers wie auch als Wegzeichen für die Reisenden. Diese Pfähle wurden ersetzt, wenn der Wind sie umgeworfen hatte, ebenso wie auch die Mauer ständig gepflegt und jede Schadensstelle rasch und gründlich repariert wurde. Ohne Zweifel war diese

Straße in der Anlage nicht so schwierig wie die Hochlandstraße. In den Tälern gab es Befestigungswerke und Tempel, von denen ich zu gegebener Zeit berichten werde.

Da ich in dieser Arbeit des öfteren von den Yungas zu sprechen habe, will ich nun noch dem Leser erklären, was unter diesem Namen zu verstehen ist. Man möge sich erinnern, daß viele Städte und Provinzen Perus in den von den Anden gebildeten Tälern und im schneebedeckten Hochland liegen. Daher nennt man alle Bewohner des Hochlandes Hochlandindianer und die der Ebenen Yungas. Dort, wo aus den Sierras Flüsse in die Täler fließen, sind die Talsohlen durch die hohen Berge geschützt und haben ein mildes Klima, so daß es stellenweise, wie zum Beispiel hier in diesen Ebenen, sogar recht heiß ist. Die dort lebenden Menschen nennt man Yungas, auch wenn sie in den Sierras wohnen; aber man sagt auch ganz allgemein, wenn man das geschützte Land zwischen den Sierras meint: »Das ist Yunga«, und die Bewohner werden mit dem gleichen Wort bezeichnet, obwohl die Provinzen und Ansiedlungen eigene Namen haben. Die Bezeichnung »Yungas« für die Indianer der Küsten und Ebenen bedeutet einfach, daß sie in warmen Gegenden leben.

104. Kapitel
Religion, Stämme und Familien der Yungas; und die Stellung ihrer Häuptlinge.

Bevor ich beginne, die einzelnen Yunga-Täler aufzuzählen und über die Gründung der drei Städte, nämlich Trujillos, der Stadt der Könige [Lima] und Arequipas, zu berichten, möchte ich nun, um Wiederholungen zu vermeiden, ein paar Tatsachen von allgemeiner Bedeutung feststellen, die ich von Fray Domingo de Santo Tomás, einem Pater des Dominikanerordens, hörte. Er kennt die Sprache der Indianer sehr gut, denn er hat lange Jahre unter ihnen gelebt und sie in der Lehre unseres heiligen katholischen Glaubens unterwiesen. So werde ich also auf der Grundlage sowohl meiner eigenen Beobachtungen als auch der Informationen des Fray Domingo weiter berichten, was ich über diese *llanos* weiß.

In früheren Zeiten waren die Häuptlinge von ihren Untertanen sehr gefürchtet, und man gehorchte ihnen blindlings. Zu ihrem Hofstaat gehörten Spaßmacher, Tänzer und Spielleute, die sie ständig unterhalten mußten. Ihre vielen Frauen suchten sie sich unter den schönsten des Landes aus, und jeder hatte in seinem Tal ein palastartiges Haus aus Lehmsteinen mit großen, mattengedeckten Terrassen und Torgängen. Es war von einem geräumigen Platz umgeben, auf welchem die Tänze und *areitos* [Tanzlieder der südamerikanischen Indianer; d. Übers.] aufgeführt wurden. Der Häuptling speiste nur in großer Gesellschaft, die er mit einem Gebräu aus Mais und Wurzeln bewirtete. Torhüter mußten darauf achten, wer ein- und ausging. Alle, Männer wie Frauen, trugen baumwollene Hemden und Umhänge, nur waren die Umhänge der Frauen bauschig und weit und hatten Schlitze für die Arme. Manche Stämme bekriegten ihre Nachbarn, und in einigen Gegenden haben sie die Sprache von Cuzco nicht gelernt. Obgleich es drei oder vier verschiedene Yunga-Völker gibt, hatten sie alle die gleichen Sitten und Gebräuche. Ihre Festmähler und Trinkgelage dauerten viele Tage und Nächte. Es ist erstaunlich, welche Mengen von Chicha Indianer vertilgen können, denn man sieht sie kaum ohne einen Becher in der Hand. Früher pflegten sie den durchreisenden Spaniern in ihren Häusern Herberge zu bieten und waren überaus freundlich und höflich zu ihnen. Jetzt ist das nicht mehr der Fall, weil die Spanier gegeneinander Krieg führen und die Indianer überdies so grausam behandeln, daß man sie allgemein haßt. Manche spanische Beamte haben den Indianern aber auch solche Beispiele von Gemeinheit vor Augen geführt, daß es kein Wunder ist, wenn diese sich der Gastfreundschaft schämen, die sie Menschen erwiesen haben, welche die einstigen Herren des Landes wie Knechte behandeln. Das ist nun das Resultat des Benehmens derjenigen, die das Land regieren sollen! Es gibt aber auch Spanier, die der Meinung sind, dieses Land werde schlecht verwaltet und es sei für die Eingeborenen erniedrigend und schlimm, wenn man ihnen die alten Bräuche nimmt. Diese würden nach Meinung der Betreffenden weder eine Einschränkung der Freiheit bedeuten noch die Indianer am Wohlverhalten und am Übertritt zum Christentum hindern. Für meine Person bin ich wahrlich der festen Überzeugung, daß es wenige Völker in der Welt gibt, deren Regierungssystem besser ist als das der Inkas. Ganz abgesehen von Fragen der Regierung und Verwaltung muß ich ganz allgemein auch sagen, daß ich in keiner Hinsicht mit der Behandlung der Eingeborenen einverstanden bin; im Gegenteil, ich empfinde tiefen Kummer über die vielen Fälle von Ausschreitung, Rücksichtslosigkeit, Mord und Totschlag, die sich die Spanier zuschulden kommen ließen, und das nur aus Grausamkeit und Mangel an Verständnis für den natürlichen Adel und die Anständigkeit dieses Volkes. Die meisten Täler sind heute menschenleer, und jedermann weiß doch, wie dicht bevölkert sie früher waren!

105. Kapitel
Von dem Glauben der Indianer an ein Leben nach dem Tode; und warum sie einem Verstorbenen seine Frauen mit ins Grab geben.

Im Laufe dieses Berichtes habe ich oft darauf hingewiesen, daß es eine in ganz Peru verbreitete Sitte ist, einem Toten seine liebsten Besitztümer und seine schönsten und geliebtesten Frauen mit ins Grab zu legen. Das scheint in ganz Westindien der Fall zu sein, denn in Sinú in der Provinz Cartagena, wo ich mich im Jahre 1535 aufhielt, fand man auf freiem Felde in der Nähe eines Tempels, der einem ihrer verfluchten Teufel geweiht war, eine erstaunliche Anzahl von Grabstätten; manche waren so alt, daß große, starke Bäume auf ihnen gewachsen waren. Man fand darin Werte im Betrage von mehr als einer Million, ganz abgesehen von dem, was die Indianer selbst daraus gestohlen haben und was im Erdboden verlorengegangen sein mag. Auch anderswo sind große Schätze in Gräbern gefunden worden, und noch jeden Tag entdeckt man welche. Es ist nur ein paar Jahre her, daß Juan de la Torre, einer von Gonzalo Pizarros Hauptleuten, im Ica-Tale eine solche Grabstätte fand, und was er herausholte, soll über fünfzigtausend Pesos wert gewesen sein. Der Glaube der Indianer, daß der Mensch außer seinem sterblichen Leib noch eine unsterbliche Seele besitzt, zeigt sich darin, daß sie diese tiefen, prächtigen Grabstätten errichteten, sie mit gewölbten Dächern versahen und mit gebrannten Ziegeln schmückten, und dem Toten nicht nur allen seinen Besitz mit ins Grab gaben, sondern auch Frauen, Diener, Schmuck, Waffen, reichliche Nahrung und zahllose Krüge Chicha. Der Teufel hat sie zu diesem Brauch verführt, indem er sie glauben machte, daß die Verstorbenen an einem Ort, den er für sie bereitet habe, wieder aufstünden und dort wie im Leben nach Herzenslust äßen und tränken. Und zum Beweise dafür, so verkündete er, würde er zu gewissen Zeiten (Gott muß ihm dazu die Erlaubnis und die Macht gegeben haben) die irdische Gestalt eines toten Häuptlings erscheinen lassen, gut gekleidet und schön geschmückt, woran sie sehen könnten, daß er sich in einem schönen, freundlichen Reich befinde.

Die Indianer, durch die Täuschungen des Satans verblendet, fingen nun an, mehr Mühe an die Ausgestaltung ihrer Grabstätten zu wenden als an irgend etwas anderes. Wenn ein Häuptling starb, so legten sie ihm Schätze, lebende Frauen, Knaben und gute Freunde mit in sein Grab. Es herrschte also, wie gesagt, sowohl unter den Yungas als auch unter den Hochlandindianern der Glaube, daß die Toten nicht wirklich gestorben seien, sondern ewig leben und im Jenseits wieder zusammenkommen, wo sie sich vergnügen und so viel essen und trinken können, wie sie wollen, denn das ist die größte Lust der Indianer. Da sie fest daran glaubten, beerdigten sie mit dem Verstorbenen seine Lieblingsfrauen, seine vertrautesten Vasallen und Diener und seinen liebsten Besitz, als da sind Waffen, Federn und Schmuck. Viele Anverwandte, die im Grabe keinen Platz mehr fanden, gruben sich Löcher in den Feldern des toten Häuptlings und legten sich hinein, in der Hoffnung, seine Seele würde vorbeikommen und sie mitnehmen, damit sie ihm weiter dienen könnten. Um ihre Ansprüche an den Toten zu unterstreichen und ihre Dienste noch wertvoller zu machen, und weil sie fürchteten, es möge kein Platz mehr für sie im Grabe sein, erhängten sich manche Frauen an ihrem eigenen Haar. Das ist bestimmt so gewesen, denn die Begräbnisstätten beweisen es, und außerdem hält man in manchen Gegenden noch an diesen verdammungswürdigen Bräuchen fest.

Ich habe auch schon berichtet, daß die Indianer von Puná und Puerto Viejo die abscheuliche Sünde [der Homosexualität] begingen. Jedoch weder hier in diesen Tälern noch im Hochland gibt es irgendeinen Beweis dafür, daß ihr gefrönt wird. Meiner Ansicht nach steht es damit wie überall in der Welt: irgendwelche Übeltäter gibt es immer. Aber wenn bei den Inkas ein solcher [Homosexueller] ertappt wurde, dann wurde er verachtet und als weibisch beschimpft, und man fragte ihn höhnisch, warum er nicht seine Männerkleidung ablege.

Heutzutage, da sie die meisten ihrer Kultbräuche aufgegeben haben, besitzt der Teufel keine Macht mehr über sie, und auch Tempel und Orakel haben keinen Einfluß mehr.

106. Kapitel
Von den Begräbnis- und Trauerbräuchen.

Ich habe berichtet, was ich bezüglich ihres Glaubens an die Unsterblichkeit der Seele von den Indianern erfahren konnte, und es scheint mir daher passend, an dieser Stelle zu schildern, wie sie ihre Grabstätten herrichten und ihre Toten zur Ruhe legen. Da gibt es große Unterschiede; denn je nach der Gegend sind die Gräber tief, hoch oder flach, und jedes Volk versuchte, eine andere Form für die Ruhestätte seiner Verstorbenen zu finden.

Tatsächlich bin ich trotz vieler Gespräche mit gelehrten und sachverständigen Männern nicht imstande gewesen, etwas Sicheres über Ursprung und Herkunft dieser Indianer zu erfahren, noch darüber, wie sie zu diesen Begräbnisbräuchen kamen.

In der Gegend von Cuzco kleiden sie den Toten in sein bestes Gewand, schmücken ihn, setzen ihn auf einen prächtigen Sessel, *duhos* genannt, und begraben ihn so.

In der Provinz Jauja, die im Königreich Peru eine sehr große Rolle spielt, näht man den Toten in ein frisches Llamafell und formt die Außenseite nach dem Gesicht mit Mund, Augen, Nase und allem anderen. In diesem Zustand bewahrt man ihn im Hause auf. Die Leichen von Häuptlingen und Dorfältesten werden zu bestimmten Jahreszeiten von ihren Söhnen mit großem Zeremoniell auf die Felder hinausgetragen. Dabei opfert man Llamas und sogar Kinder und Frauen.

In vielen anderen Gegenden, durch die ich kam, wurden die Toten in tiefen, höhlenartigen Gruben bestattet; anderswo, zum Beispiel in der Umgebung der Stadt Antioquia, sind die Gräber breitflächig und werden so hoch mit Lehm bedeckt, daß sie wie kleine Hügel aussehen. Durch eine Türöffnung werden der Tote, die lebenden Frauen und die sonstigen Beigaben hineingelegt. In Sinú sind die Gräber flach und breit, die Oberbauten sind viereckig oder gewölbt wie kleine Hügel.

In der Provinz Chincha legt man den Leichnam auf ein erhöhtes Bett von Binsen.

Im Tale Lunahuaná [Cañete-Tal] wird der Leichnam in sitzender Stellung beerdigt. Kurz, man bestattet die Toten sowohl sitzend als auch stehend oder liegend, das ist ganz verschieden.

Häufig findet man, wenn man aus dem Tal in das steinige, sandige Hochland kommt, große Mauern oder Einfriedungen, die die Totenbezirke der einzelnen Familien gegeneinander abgrenzen. Es sind große, mit aller möglichen Sorgfalt angelegte Höhlen, und jede hat ihren eigenen Eingang. Diese zahlreichen Totenhäuser in jenem Sand- und Dünengebiet sind wahrlich ein seltsamer Anblick; und dazu sieht man noch eine riesige Menge einzeln liegender bekleideter Skelette, die im Laufe der Zeit halb verwittert sind. Die Indianer nennen diese Orte, die ihnen heilig sind, mit einem melancholischen Wort *huacas* [Quichua-Wort = geweihte Stätte; d. Übersetzer]. Viele sind nach der Eroberung des Reiches durch die Spanier geöffnet und großer Summen Goldes und Silbers beraubt worden. Es ist nämlich in diesen Tälern Sitte, dem Toten seine Schätze, die liebsten Besitztümer und diejenigen seiner Frauen und Diener, die ihm im Leben am nächsten standen, mit ins Grab zu legen. Von Zeit zu Zeit öffnet man das Grab, um Kleidung und Nahrung des Toten zu erneuern.

Beim Tod eines Häuptlings versammelten sich die Ältesten des Dorfes und veranstalteten große Trauerfeierlichkeiten. Viele Frauen schnitten sich dabei alles Haar vom Kopf. Zu Trommel- und Flötenmusik umschritten sie die Orte, an denen der tote Gebieter besonders gern geweilt hatte, und sangen dabei traurige Lieder, die die Anwesenden zu Tränen rührten. Anschließend wurden unter allerlei Zeremonien Opfer dargebracht, und sie hielten auch Zwiesprache mit dem Teufel. Waren alle diese Bräuche erfüllt und hatte man außerdem einige Frauen getötet, so wurde der Leichnam, mit Schätzen und reichlicher Nahrung versehen, ins Grab gelegt, denn sie glaubten steif und fest, daß die Seele des Toten in das vom Teufel verheißene Jenseits reisen würde. Sie warteten, was sie auch heute gewöhnlich noch tun, vier oder fünf Tage, bis sie den Leichnam zu Grabe brachten; je nach Rang und Stand des Verstorbenen; denn je vornehmer dieser gewesen war, um so größer war ihre Trauer, die sie durch lautes Seufzen und klagende Musik ausdrückten. War er ein tapferer Mann gewesen, so sangen sie über seine Kämpfe, während sie ihn zu Grabe trugen. Beim Einschluß wird ein Teil seiner Kleider und Schätze verbrannt, den Rest tun sie mit ins Grab. Von manchen dieser Bräuche ist man heute abgekommen, denn nach und nach erkennen die Indianer die Irrtümer ihrer Ahnen und merken, wie eitel diese Zeremonien sind. Es genügt ja, die Toten auf christliche Weise schlicht und einfach zu bestatten, denn sie können nichts als ihre guten Werke mit ins Grab nehmen, und alles andere dient nur dazu, die Macht des Teufels zu stärken und der Seele die Hölle noch schwerer zu machen. Aber meiner Meinung nach sorgen die Häuptlinge dafür, daß sie auch jetzt noch an verborgenen Orten eine Beerdigung nach der alten Weise erhalten, ohne daß die Spanier etwas davon erfahren. Ich habe so etwas jedenfalls von jüngeren Indianern gehört.

107. Kapitel
Wie der Teufel den Indianern eingab, es sei ihm wohlgefällig, daß Häuptlinge und Priester in den Tempeln mit jungen Tempeldienern Unzucht treiben.

Im ersten Teil meines Berichtes habe ich allerlei Sitten und Bräuche der Indianer beschrieben, die ich zum Teil auf meinen Reisen selbst beobachtet und zum anderen Teil von Mönchen und Standespersonen gehört habe, die, wovon ich fest überzeugt bin, bei ihren Berichten unter keinen Umständen von der Wahrheit abweichen würden. Unter anderem habe ich vernommen, daß keineswegs alle Indianer, sondern nur gewisse Stämme auf der Insel Puná und bei Puerto Viejo der abscheulichen Sünde [der Homosexualität] anhängen. Die Inkas und die anderen Häuptlinge waren, wie ich glaube, frei davon. Man weiß aber genau, daß der Teufel in solchen Tempeln und *huacas*, wo mit ihm Zwiesprache gehalten wurde, den Menschen einredete, es sei ihm wohlgefällig, wenn es im Tempel Jünglinge gäbe, mit denen Häuptlinge und andere Würdenträger an gewissen Fest- und Opfertagen sündhaften, verdammungswürdigen Umgang haben könnten. Diese Knaben wurden schon als Kinder in den Tempel aufgenommen. Damit jeder Leser wisse, daß dieser teuflische Brauch noch besteht, will ich hier einen Bericht kopieren, den mir in der Stadt der Könige [Lima] der Pater Domingo de Santo Tomás übergeben hat, und der noch in meinem Besitz ist:

»Es ist wahr, daß der Teufel sowohl bei den Hochlandindianern als auch bei den Yungas dieses Laster unter dem Deckmantel einer Art Heiligkeit eingeschmuggelt hat. In jedem bedeutenderen Tempel leben ein, zwei oder mehr Männer, die von Kindesbeinen an Weiberkleidung tragen, wie Weiber sprechen und sich auch sonst wie Weiber benehmen. Mit diesen haben besonders die Häuptlinge und Ältesten an gewissen Tagen schmutzigen fleischlichen Umgang, was fast wie ein religiöser Ritus angesehen wird. Ich weiß das, weil ich selbst zwei von ihnen bestraft habe. Der eine war ein Hochlandindianer, der sich zu diesem Zweck in einer *huaca* bei der Stadt Huánuco in der Provinz Conchucos befand; der andere Fall war in der Provinz Chincha, wo die Indianer Untertanen Seiner Majestät sind. Als ich die jungen Männer wegen ihrer Sünde zur Rede stellte, erwiderten sie mir, das sei nicht ihre Schuld, denn sie seien schon als Kinder von den Kaziken in den Tempel gesteckt worden, um als Gegenstand dieses abscheulichen Lasters und gleichzeitig als Tempelwächter und Hilfspriester zu dienen. Ich entnahm daraus, daß der Satan in diesem Lande eine solche Macht hat, daß er die Menschen nicht nur zu dieser Sünde verleitet, sondern sie auch noch glauben macht, es habe eine gewisse fromme und heilige Bewandtnis damit, und sie dadurch noch mehr in seine Gewalt bringt.«

Pater Domingo gab mir diesen Bericht in seiner eigenen Handschrift, und jedermann weiß, wie wahrheitsliebend dieser Ordensmann ist. Ich erinnere mich auch daran, was mir Diego de Gálvez, der jetzt Sekretär Seiner Majestät am spanischen Hofe ist, davon erzählte: er und Peralonso Carrasco, einer der alten Konquistadoren, der jetzt in Cuzco lebt, hätten auf dem Rückweg von der Provinz Colla einen der beiden Indianer gesehen, von denen Pater Domingo sprach.

[Homosexualität, sowohl rituell als auch individuell, war weit verbreitet. Den Inkas galt sie als abscheuliches Laster; und bei einem Versuch, sie zu unterdrücken, wurden ganze Familien ausgerottet. Doch blieben die Küstenvölker ihr ergeben, und zwar übten beide Geschlechter sie aus. Zeugnis darüber gibt die Keramik der Küstenvölker, speziell der Mochicas, bei denen die weltliche Kunst eine große Rolle spielte. Dort tritt die

Homosexualität offen in Erscheinung. Die Anzahl der Keramiken, welche sie bildlich darstellen, geht in die Hunderte.]

108. Kapitel
Die Namengebung; und der Glaube an Omen und Vorzeichen.

Als ich im Königreich Peru war, fiel mir der Brauch auf, daß man den Kindern einen Namen zu geben pflegte, wenn sie fünfzehn bis zwanzig Tage alt waren. Diesen trugen sie bis zum Alter von etwa zehn bis zwölf Jahren; dann, manchmal auch etwas früher oder später, erhielten sie einen anderen. Das geschah an einem vorher festgesetzten Tage; und dazu versammelten sich die Verwandten und Freunde des Vaters, tanzten nach ihrem Brauch und tranken, was überhaupt ihre Lieblingsbeschäftigung ist. Wenn das Gelage zu Ende war, schnitt der Älteste und Angesehenste dem betreffenden Knaben oder Mädchen die Haare und Nägel ab, die sorgfältig aufbewahrt wurden. Die Kinder bekamen alsdann die Namen von Städten, Vögeln, Pflanzen oder Fischen. Ich weiß das, weil ich selbst einen Indianer hatte, der Urco hieß, was »Widder« bedeutet, und einen anderen namens Llama. Ich kannte auch einige, die Piscos hießen, was die Bezeichnung für eine Vogelart ist. Manche sind sehr stolz darauf, den Namen ihres Vaters oder Großvaters zu tragen. Die Kaziken und Ältesten suchen sich ihre Namen nach Gefallen aus und wählen die schönsten, die sie finden können [aber anscheinend mehr nach dem Klang als nach der Bedeutung; d. Übers.], so bedeutet zum Beispiel Atahualpa (der Inka, den die Spanier in Cajamarca gefangennahmen) ungefähr »Küken«,

und der Name seines Vaters Huayna Capac bedeutet
»reicher Jüngling«. [Er hieß eigentlich Titu Cusi und
nahm den Namen Huayna Capac erst bei seinem Regierungsantritt an; d. Übers.]

Die Indianer hielten es für ein schlimmes Vorzeichen,
wenn eine Frau Zwillinge bekam oder wenn ein Kind
einen Geburtsfehler hatte, wie zum Beispiel sechs Finger
oder dergleichen. Darüber waren die Eltern sehr unglücklich; sie enthielten sich des Pfeffers und der Chicha
und befolgten noch andere Gebote, die sie von ihren
Vorvätern übernommen hatten, um das drohende Unglück abzuwenden.

Man beobachtete auch sorgfältig allerlei Omen und
Vorzeichen. Noch heute gibt es ein großes Geschrei,
wenn sie eine Sternschnuppe sehen; sie befassen sich auch
eifrig mit dem Mond und den Planeten und haben eine
Menge Wahrsager. Einige heute noch lebende Spanier
befanden sich im Gefolge Francisco Pizarros, als dieser
Atahualpa in der Provinz Cajamarca gefangennahm.
Sie erzählen, daß ein grüner Lichtstreifen, so dick wie
ein Arm und so lang wie eine Lanze, vom mitternächtlichen Himmel herabsank. Atahualpa hörte sie darüber
sprechen und bat, ihn hinauszulassen, damit er die Erscheinung auch sehen könne. Da kam, als er sie erblickte,
eine große Traurigkeit über ihn, die den ganzen nächsten
Tag anhielt. Als der Statthalter Don Francisco Pizarro ihn
fragte, warum er so traurig sei, antwortete er: »Weil ich
dieses Zeichen am Himmel gesehen habe; als mein Vater
Huayna Capac starb, sah man ein ähnliches.« Vierzehn
Tage darauf war Atahualpa tot.

109. Kapitel

Von der Ergiebigkeit der Felder, den vielen Früchten und Knollen, die dort wachsen; und von dem ausgezeichneten Bewässerungssystem.

Nun, da ich so kurz wie möglich gewisse Tatsachen aufgezeichnet habe, die für meine Zwecke wesentlich sind, will ich weiter eines nach dem anderen die Täler schildern, wie ich das bei den Provinzen und Städten des Hochlandes getan habe. Zunächst möchte ich jedoch allgemein die Baum- und Feldfrüchte sowie das Bewässerungssystem des Tieflandes beschreiben.

Man kann sagen, daß alles Land in den Tälern, das nicht gerade aus bloßem Sand besteht, der fruchtbarste Boden ist, den man irgendwo in der Welt finden kann. Nirgends wächst jede Art Frucht so reichlich, und kein anderer Boden ist so leicht zu bestellen. Ich habe berichtet, daß es hier nicht regnet und daß alles Wasser künstlich von den Flüssen abgeleitet wird, die aus den Sierras kommen und in die Südsee fließen. In allen diesen Tälern bauen die Indianer Mais an, der im Jahre zwei Ernten bringt. Stellenweise pflanzen sie auch Yuca, aus der Brot gebacken wird, und wo kein Mais ist, benutzen sie die Yuca auch zum Brauen von Getränken. Auch Süßkartoffeln, die im Geschmack der Marone ähneln, werden angepflanzt, auch gewöhnliche Kartoffeln, Bohnen und eßbare Wurzeln. In allen Tälern der Ebene wächst eine der seltsamsten Früchte, die ich kenne. Sie nennen sie Cucumber [spanisch *pepino*, lat. *Cucumis sativus?* d. Übers.], und sie ist von ausgezeichnetem Geschmack und höchst aromatisch. Guavabäume gibt es reichlich, ebenso Cassias, Alligator-Birnen, Guanabanas [*Annona muricata*, d. Übers.], Caimitos und Ananas von der hiesigen Art. Bei den Häusern treiben sich viele Hunde herum, die anders als die spanischen aussehen. Sie sind etwa so groß wie Terrier, und bei den Indianern heißen sie *chonos*. Man hält auch viele Enten, und im Walde gibt es Caroba-Samen, die etwas kleiner als Puffbohnen sind. In manchen Gegenden backen sie daraus Brot, das ihnen gut schmeckt. Sie trocknen auch geeignete Früchte und Knollen, so wie wir es mit Feigen und ähnlichen Früchten machen. Jetzt gibt es große Weingärten, worin man eine Menge Trauben erntet. Allerdings ist noch kein Wein gekeltert worden, daher kann ich nicht sagen, wie er ist. Vermutlich wird er dünn sein, da die Reben künstlich bewässert werden. Es gibt auch Feigen- und Granatäpfelbäume, auch Quitten werden schon hier und dort gepflanzt. Aber warum so ins einzelne gehen, da man doch einfach sagen kann, daß alle spanischen Produkte auch hier gedeihen? Weizen wird reichlich geerntet, wie viele bezeugen können, die es gesehen haben; und es ist schön, hier, wo es keinen Regen gibt, die Felder voller Ähren zu sehen, und wie alles so grün und frisch ist wie süßes Basilikum. Gerste ist ebenso ertragreich wie der Weizen; Zitronen, Limonen [*Citrus aurantifolia*; der Übers.], Orangen und Limonellen [*Citrus hystrix*; d. Übers.] wachsen im Überfluß, und es gibt auch große Bananenhaine. Ich könnte noch eine Menge Arten von Früchten aufzählen, die in diesen Tälern wachsen, aber die genannten dürften genügen. Da die Flüsse vom Hochland kommen und durch die Täler fließen, die fast alle bebaut sind, hat man, wenn das betreffende Tal breit genug und dicht besiedelt ist, in regelmäßigen Abständen Bewässerungsgräben gezogen, und zwar, so seltsam es klingt, sowohl im Hoch- als auch im Tiefland, sogar an den Abhängen und am Fuß der Berge. Diese Gräben werden mit solchen verbunden, die in anderer Richtung laufen. Daher ist es ein Vergnügen, sich in diesen Tälern zu ergehen; es ist, als spaziere man durch Gärten und kühle Haine. Auch heute noch pflegen die Indianer diese Gräben sehr sorgfältig. Gelegentlich habe ich an einem solchen Graben gerastet, und ehe ich mein Zelt aufgeschlagen hatte, war der Graben trocken und das Wasser woanders hingelaufen; denn da die Flüsse nie austrocknen, können die Indianer das Wasser hinleiten, wo immer sie wollen. An diesen Gräben ist es stets grün; an manchen wächst Gras für die Pferde, und in den Bäumen und Büschen gibt es zahllose Vögel: Tauben, wilde Truthähne, Fasanen, Rebhühner; auch Rotwild kommt dort vor. Gewürm, Schlangen, Reptilien und Wölfe gibt es nicht; höchstens Füchse, und diese sind so schlau, daß sie trotz größter Vorsicht der Spanier und Indianer in den Dörfern immer etwas zu stehlen finden, und sei es auch nur ein Lederriemen oder Zügel. Stellenweise gibt es große Zuckerrohrfelder, und dort werden Zucker und aus dem Sirup noch andere Produkte hergestellt. Die Yungas arbeiten alle fleißig, und wenn sie Lasten schleppen, gehen sie nackt bis auf ein kleines Tuch, nicht eine Spanne lang und noch schmäler, das ihre Geschlechtsteile bedeckt. So traben sie mit ihrer Last durchs Land. Genauso viel Sorgfalt wie auf die Bewässerung, sogar noch mehr, verwenden sie auf die Feldbestellung.

Ich werde nun dieses Thema verlassen und die Inka-Straße von San Miguel nach Trujillo beschreiben.

110. Kapitel

Von der Inka-Straße zwischen San Miguel und
Trujillo, und den Tälern, die sie durchquert.

Da ich in einem der vorigen Kapitel die Gründung der Stadt San Miguel [de Piura], der ersten spanischen Ansiedlung in Peru, beschrieben habe, will ich nun berichten, was zwischen dieser Stadt und Trujillo zu finden ist. Die Entfernung zwischen beiden Städten beträgt ungefähr sechzig Leguas [150 Meilen].

Von San Miguel [de Piura] bis zum Motupe-Tal sind es zweiundzwanzig Leguas. Die Wege, besonders der jetzt im Gebrauch befindliche, sind sandig und mühsam. Innerhalb dieser zweiundzwanzig Leguas stößt man auf zahlreiche kleine Täler, und obgleich viele Flüsse aus den Sierras herunterkommen, erreichen sie diese Täler nicht, sondern verlieren sich gänzlich im Sande, so daß sie zu nichts nütze sind.

Will man diese Strecke reisen, so tut man gut daran, am Nachmittag aufzubrechen, denn dann gelangt man, wenn man die Nacht durch reitet, am frühen Morgen an einige Teiche. Dort kann man seinen Durst stillen und sich auch Wasser in Kürbisflaschen und Wein-Schläuchen mitnehmen. So kann man weiterreiten, ohne die Sonne und den Durst allzusehr zu spüren. Ist man einmal im Motupe-Tal, so hat man die Inka-Landstraße erreicht, die breit und bequem ist. Das Tal bietet viel Raum und ist sehr fruchtbar. Aber der ziemlich große Fluß [der Motupe], der, von der Sierra herkommend, hindurchfließt, versickert, bevor er das Meer erreicht. Dank der Feuchtigkeit des Bodens ist ein beträchtlicher Teil des Tales mit Caroba-Bäumen bestanden. Selbst unten an der Talsohle erhalten die dort lebenden Indianer Wasser aus tiefen Brunnen, die sie sich graben. Sie tauschen ihre Erzeugnisse untereinander, denn sie verwenden kein Geld, und man hat in diesen Gegenden nichts Münzenähnliches gefunden.

Es sollen hier große Unterkünfte und Vorratshäuser des Inkas gestanden haben, und in den Bergen haben die Indianer noch ihre *huacas* (Begräbnisstätten).

Seit den Bürgerkriegen hat sich die Bevölkerung vermindert. Unterkünfte und andere Gebäude sind verlassen und vernachlässigt; die Indianer leben in kleinen Hütten. Früher standen sie in Handelsverkehr mit den Hochlandbewohnern, und es gab große Baumwollpflanzungen, die ihnen das Material für ihre Kleidung lieferten.

Vier Leguas vom Motupe liegt das liebliche, kühle, etwa vier Leguas breite Tal von Xayanca. Ein hübscher Fluß fließt hindurch, der den Einwohnern das Wasser für alle ihre Anpflanzungen liefert. Früher war das Tal dicht besiedelt und enthielt große Unterkünfte und Vorratshäuser, die von den Beamten des Inkas bewohnt und verwaltet wurden. Die Häuptlinge in diesem Tal genießen bei ihren Untertanen den höchsten Respekt. Selbst heute noch trifft das auf diejenigen zu, welche die Kriege überlebt haben. Sie umgeben sich mit einem großen Gefolge von Dienern, Frauen, Tor- und Leibwachen. Von hier aus gelangt man ins Tuqueme-Tal; es dehnt sich ebenfalls weit aus: schön, mit Hainen und Wiesen bedeckt; und obgleich seine Gebäude zerfallen sind, kann man doch noch sehen, wie bedeutend sie einst waren.

Nach einer weiteren Tagereise erreicht man ein anderes schönes Tal, das Cinto heißt. Der Leser muß sich vor Augen halten, daß zwischen allen Tälern jeweils Sandstrecken und dürre Felswüsten liegen, wo nichts wächst und nichts Lebendes zu sehen ist, höchstens daß ein paar Vögel darüber hinwegfliegen. Hat sich der Reisende durch den Sand gequält und kann er, wenn auch von fern, einen Blick auf das Tal werfen, so freut sich sein Herz, besonders wenn er zu Fuß reist, die Sonne hoch am Himmel steht und er durstig ist. Es ist für Neulinge nicht ratsam, diese Wüste ohne einen erfahrenen Führer zu durchqueren.

Das nächste Tal heißt Collique. Ein Fluß [Chancay] durchströmt es; er ist so mächtig, daß man ihn zu Fuß oder zu Pferd nur dann durchqueren kann, wenn im Hochland Sommer und in denen Ebenen Winter ist. Trotzdem kommt es vor, daß das Flußbett selbst im Hochlandwinter trockenläuft, so geschickt wissen die Eingeborenen das Wasser abzuleiten. Dieses Tal ist wie die anderen ebenfalls breit und mit Hainen bestanden. Der größte Teil der Einwohner ist durch die Kriege, welche die Spanier untereinander führten, verschwunden. Die Grausamkeiten und Nöte, die diese Kämpfe mit sich brachten, haben sie zugrunde gerichtet.

111. Kapitel
Weiterreise auf dieser Inka-Straße bis zur Stadt Trujillo.

Reist man vom Collique-Tal weiter, so kommt man zum Tale Zañu [Saña], das in jeder Hinsicht den anderen Tälern gleicht. Noch weiter südlich liegt das Pacasmayo-Tal, welches noch fruchtbarer und dichter besiedelt ist als alle anderen bisher beschriebenen Täler. Seine Bewohner waren, bevor sie unter die Inka-Herrschaft gerieten, sehr mächtig und von ihren Nachbarn gefürchtet. Sie besaßen große Tempel, in welchen sie ihren Göttern Opfer darbrachten; aber heute liegt das alles in Trümmern. Zwischen den Felsen und steinigen Hügeln liegen viele Grabstätten. In den meisten dieser Täler leben Mönche und Priester, die sich damit befassen, die Eingeborenen in unserem heiligen katholischen Glauben zu unterweisen, ihnen ihre alten Bräuche und Religionen abzugewöhnen und sie zum Christentum zu bekehren. Durch das Tal fließt ein schöner Fluß [der Zañu], der die vielen ausgezeichneten Bewässerungsgräben versorgt, welche die Indianer durch ihre Getreide- und Hackfruchtfelder leiten. Die Inka-Straße, von großen Vorratshäusern flankiert, führt durchs Tal. Die Eingeborenen erzählen eine Menge alter Geschichten über ihre Ahnen, die ich aber für Fabeln halte und daher nicht niederschreibe. Die Beamten der Inkas sammelten die Tribute und lagerten sie in den dafür bestimmten Vorratshäusern. Von dort aus gelangten sie in die Provinzhauptstadt, wo der Generalkapitän des Inkas seinen Sitz hatte und wo auch der Sonnentempel stand.

Im Pacasmayo-Tal wird viel baumwollene Kleidung hergestellt; Rinder gedeihen gut, Schweine und Ziegen noch besser, und das Klima ist sehr angenehm. Ich kam im September 1547 hier durch, um zu der königstreuen Truppe zu stoßen, die von Popoyán aufgebrochen war, um den Aufstand niederzuwerfen. Ich fand das Tal wunderschön und dankte Gott für die Frische der Haine und der von tausend Vögeln durchschwirrten Hecken.

Weiterreisend gelangt man zum Chicama-Tal, das mit seinen reichen und wertvollen Erzeugnissen nicht weniger fruchtbar ist als das von Pacasmayo. Außerdem gibt es noch große Zuckerrohr-Plantagen, auf denen man ausgezeichneten Zucker und noch andere Waren herstellt. Der Pater Domingo de Santo Tomás hat dort ein Dominikaner-Kloster gegründet.

Vier Leguas weiter trifft man auf das Chimú-Tal. Es ist sehr geräumig, und in ihm liegt die Stadt Trujillo. Manche Indianer sagen, dort habe in alten Zeiten, vor der Inka-Herrschaft, ein mächtiger Fürst namens Chimú gelebt, dessen Namen das Tal trägt und der große Heldentaten vollbracht und viele Schlachten gewonnen habe. Die Ruinen der Bauwerke, die ihm zugeschrieben werden, zeigen jedenfalls, daß sie, so alt sie auch sind, einst großartig gewesen sein müssen. Als die Inkas sich zu Herren der Ebenen machten, war ihnen das Chimú-Tal besonders wichtig. Sie ließen dort große Vorratshäuser und Häuser, wo sie ihren Vergnügungen nachgehen konnten, bauen, und eine mauergeschützte Landstraße führt hindurch. Die eingeborenen Häuptlinge dieses Tales genossen stets große Achtung und galten als reich. Es hat sich auch erwiesen, daß diese Annahme richtig ist, denn in den alten Gräbern ist viel Silber und Gold gefunden worden. Zur Zeit gibt es hier nur noch wenige Indianer; ihre Häuptlinge werden nicht mehr besonders respektiert, und der größte Teil dieses Tales ist unter die in Trujillo lebenden Spanier aufgeteilt worden, die sich hier Landhäuser gebaut und Güter angelegt haben. Der Hafen ist nicht weit, und es wird viel Fisch gefangen, der von den Spaniern in der Stadt und den Indianern im Tal verbraucht wird.

Die Stadt Trujillo wurde im Chimú-Tal dicht an einem schönen, großen Fluß angelegt, von dem aus die Spanier Gräben gezogen haben, um ihre Gemüse- und Blumengärten zu bewässern. Das Wasser fließt hinter den Häusern entlang, und alles grünt und blüht. Die Stadt gilt ihrer Lage wegen allgemein als gesund und ist von allen Seiten von Landgütern umgeben, die die Spanier *granjas* oder *cortijos* nennen; dort haben die Städter ihre Äcker und Herden. Da alles gut bewässert ist, konnte man viele Granatäpfel, Feigen und andere spanische Früchte anpflanzen, ebenso Weizen im Überfluß und Orangenhaine – ein wunderbarer Anblick, wenn sie in Blüte stehen. Es gibt auch Zitronen, Pampelmusen [*Citrus decumana;* d. Übers.], Limonellen und Limonen, alle von ausgezeichneter Qualität. Außerdem werden Hühner gezüchtet und Kapaunen gemästet. So kann man angesichts der Fülle des Wachstums sagen, das die Spanier alles haben, was sie brauchen. Auch an Fischen fehlt es nicht; das Meer ist nur eine halbe Legua entfernt.

Die Stadt liegt in einer der baumumstandenen Ebenen des Tales. Einige felsige, dürre Sierras erheben sich in der Nähe. Trujillo ist zweckmäßig angelegt und gut gebaut; die Straßen sind breit, und die *plaza* ist geräumig. Die Hochlandindianer kommen herunter, um für die Spanier zu arbeiten, denen sie zugeteilt sind; und sie versorgen die Stadt mit den Erzeugnissen ihrer Dörfer. Hier wird auch der von den Indianern gewebte Baumwollstoff auf die Schiffe verladen, um anderswo verkauft zu werden. Francisco Pizarro, Statthalter und Generalkapitän von Peru, gründete Trujillo im Jahre 1530 [1535] im Namen unseres Königs [Karl v.].

112. Kapitel
Von den übrigen Tälern und Siedlungen an der Küstenstraße bis zur Stadt der Könige.

Die Entfernung von Trujillo bis nach Lima, der Stadt der Könige, mag etwa achtzig Leguas [240 Meilen] betragen. Die ganze Wegstrecke führt durch Wüste und ist von Tälern unterbrochen. Hinter Trujillo erreicht man nach sieben Leguas das Tal von Guañape. In vergangenen Zeiten war es wegen der dort gebrauten Chicha unter den Indianern ebenso berühmt wie Madrigal oder San Martín in Kastilien wegen des guten Weines. Damals war auch dieses Tal noch dicht besiedelt, und große Herren lebten dort, die von den Inkas auch nach der Unterwerfung mit Achtung behandelt wurden. Die Indianer, welche die Nöte des Krieges überlebt haben, bearbeiten ihr Land wie die anderen und leiten Wasser von den Flüssen her, um es zu bewässern. Man kann noch ganz deutlich erkennen, daß die Inkas dort Vorratshäuser und Wohnsitze hatten. Das Tal hat einen guten Hafen, und viele Schiffe, die die Südsee zwischen Panama und Peru befahren, verproviantieren sich hier.

Dann kommt man in das Santa-Tal. Kurz vorher durchquert man ein kleines Tal, das keinen Fluß, sondern nur eine Quelle mit gutem Wasser hat, aus der die Reisenden und die Indianer trinken. Sie muß von einem der unterirdischen Flüsse kommen. Früher war auch das Santa-Tal dicht bevölkert, und es lebten große Herren und Krieger dort. Sie wagten sogar, sich mit den Inkas zu messen, die, wie erzählt wird, sie mehr durch Klugheit und Freundlichkeit als durch Waffengewalt unter ihre Herrschaft bekamen und sie später sehr schätzten und respektierten. Die Inkas ließen in diesem Tal viele

Unterkünfte und Vorratshäuser bauen, denn es ist eins der größten, länger und breiter als die bisher beschriebenen Täler. Ein breiter, reißender Fluß durcheilt es. Wenn es in den Sierras Winter ist, dann schwillt er so an, daß schon mehrere Spanier bei dem Versuch, ihn zu überqueren, ertrunken sind. Jetzt befahren ihn die Indianer mit Balsa-Flößen. Früher gab es mehrere tausend Eingeborene im Tal; heute sind es knapp vierhundert, was einem zu denken gibt.

Was mich beim Passieren dieses Tales am meisten in Erstaunen gesetzt hat, war die Menge der Grabstätten. Überall in den Sierras und Geröllhalden gibt es abgelegene Stellen, die nach dem Brauch der Eingeborenen gekennzeichnet und mit Gebeinen dicht bedeckt sind. Das Besondere an diesem Tal sind also die Gräber der Toten und die Felder, die sie einst als Lebende bestellten. Sie zogen Bewässerungsgräben vom Fluß, mit denen sie den größten Teil des Tales und auch die höhergelegenen Stellen an den Berghängen berieselten. Aber bei der geringen Zahl der jetzt noch lebenden Einwohner sind die meisten Felder verkommen und so stark mit Dickicht und Gestrüpp bewachsen, daß man stellenweise überhaupt nicht durchkommt.

Männer und Frauen sind mit Hemd und Umhang bekleidet; um den Kopf tragen sie Bänder als Abzeichen. Die schon erwähnten Früchte gedeihen auch in diesem Tal, ebenfalls spanische Gemüse, und man fängt Fische im Überfluß. Die Schiffe, welche die Küste anlaufen, nehmen hier Wasser und Lebensmittel ein. Da es so viel Bäume und so wenig Menschen gibt, brüten Schwärme von Moskitos im Unterholz, die für jeden, der dieses Tal passiert oder dort schläft, äußerst lästig sind.

Das Tal von Huambacho liegt zwei Tagereisen weiter. Wie die anderen Täler besaß es Inka-Bauten, und von dem hindurchströmenden Fluß werden ebenfalls Bewässerungsgräben abgeleitet.

Anderthalb Tagereisen brachten mich von da zum Huarmey-Tal, das früher ebenfalls stark bevölkert war. Jetzt zieht man dort Schweine, Kühe und Pferde in großer Zahl.

Das nächste ist das Paramonga-Tal, nicht weniger angenehm als die anderen; aber ich glaube, dort gibt es überhaupt keine Indianer mehr, die von seiner Fruchtbarkeit profitieren könnten. Wenn tatsächlich noch ein paar übrig sein sollten, dann müssen sie an den Pässen der oberen Sierras leben, denn wir haben nur Wälder und Dickicht gesehen. Bemerkenswert ist an diesem Tal eine schöne, wohlangelegte Festung in der landesüblichen Bauweise; und es ist erstaunlich, wie man das Wasser an die höchsten Stellen dieses Bauwerks herangeführt hat. Die Wände der sehr ansehnlichen Räume waren mit allerlei Bildern von Tieren und Vögeln bemalt. Jetzt liegt die Festung in Ruinen, und es ist alles unterwühlt, weil Scharen von Schatzgräbern nach verborgenem Gold und Silber suchten. Der einzige Zweck dieser alten Zitadelle ist heute, von vergangenen Zeiten Zeugnis abzulegen.

Zwei Leguas weiter liegt der Huamán-Fluß, was in unserer Sprache »Fluß des Falken« bedeutet. Gewöhnlich nennt man ihn Barranca. Auch dieses Tal gleicht den anderen. Wenn in den Sierras starker Regen fällt, wird der besagte Fluß gefährlich, und es ist schon mancher ertrunken, der versucht hat, ihn zu überqueren.

Eine Tagereise weiter liegt das Huaura-Tal, von dem aus wir das Tal von Lima erreichen.

113. Kapitel

Wie Topa Inca durch Los Llanos zog und die meisten Yungas sich ihm unterwarfen.

Als sich Topa Inca entschlossen hatte, in die Llanos zu gehen und die dort lebenden Indianer in Dienstpflicht und Gehorsam zu nehmen, zog er zunächst nach Tumbes hinunter, wo er von den Eingeborenen mit großen Ehren empfangen wurde. Er zeigte ihnen auch sein Wohlwollen, legte sofort ihre Tracht an, um ihnen eine Freude zu machen, und lobte die Entscheidung ihrer Häuptlinge, ihn ohne Krieg als Herrn anzuerkennen. Er versprach ihnen, sie wie seine eigenen Söhne zu behandeln. Glücklich über seine freundlichen Worte und sein Verhalten, gelobten sie ihm vertrauensvoll Gehorsam, stimmten der Einsetzung von Statthaltern zu und versprachen, für ihn zu bauen. Andere sagen, daß er nur durch diese Gegend hindurchzog, ohne sich in seiner Oberherrschaft bestätigen zu lassen, was erst Huayna Capac getan haben soll.

So zog der Inka von Tal zu Tal die ganze Küste entlang und ließ im Vormarsch diese großartige, schöne Straße anlegen, die man heute noch bewundern kann. Überall war man ihm zu Diensten und brachte ihm Gaben dar. Es heißt allerdings, daß er hier und dort auf Widerstand traf, aber dieser war zwecklos – schließlich wurden sie alle seine Vasallen. Er freute sich an der Schönheit dieser Täler und rastete einige Zeit bei Trunk und Vergnügungen. Große Tempel und Häuser wurden auf seinen Befehl errichtet. Gegen den Häuptling des Chimú-Tals [Minchan-caman] hatte er einen harten Kampf zu führen. Mild, wie es seine Art war, verzieh ihm Topa Inca und befahl den Überlebenden, nie wieder die Waffen gegen ihn oder einen anderen zu erheben und in Frieden ihre Felder zu bestellen. Seine Beauftragten blieben in Chimú, und die meisten dieser Täler schickten ihre Tribute nach Cajamarca. Da es bei den Chimús so geschickte Kunstschmiede gab, holte man viele von ihnen nach Cuzco und in die Provinzhauptstädte, wo sie goldene und silberne Becher, Gefäße, Schmuckstücke und was sonst noch gebraucht wurde herzustellen hatten. Von Chimú zog der Inka weiter; und in Paramonga ließ er eine Festung erbauen, deren Ruinen noch zu sehen sind.

Die Yungas sind sehr bequeme Menschen, die mancherlei Religionen anhängen. Ihre Herrscher waren dem Laster und dem Feiern ergeben. Sie ließen sich von ihren Untertanen auf den Schultern tragen, hatten viele Frauen und waren reich an Gold, Silber, Juwelen, Gewändern und Herden. Sie trieben großen Aufwand; Hofnarren und Spaßmacher schritten ihnen voran, ihre Häuser wurden von Torhütern bewacht. Manche boten sich aus eigenem Entschluß dem Inka als Vasallen an, andere griffen zu den Waffen, aber schließlich wurde der Inka Herr über sie alle. Er nahm ihnen weder ihre Freiheit noch ihre alten Sitten, vorausgesetzt, daß sie ihrerseits die Sitten der Inkas achteten, was sie, freiwillig oder nicht, wohl oder übel tun mußten. Geschickte Männer blieben bei ihnen, um ihnen beizubringen, was Topa Inca von ihnen verlangte. Besonderen Wert legte er auf das Erlernen der Amtssprache. *Mitimaes* wurden hergebracht, Stafettenposten an der Landstraße eingerichtet, jedes Tal steuerte einen bescheidenen Teil seiner heimischen Produkte als Tribut bei. Man versprach ihnen gerechte Behandlung, wenn sie ihrerseits ihren Verpflichtungen nachkämen; wenn nicht, hatten sie dafür zu leiden und erhöhte Steuern zu zahlen. Topa Inca setzte keinen der eingeborenen Häuptlinge ab, aber viele Eingeborene wurden aus einem Tal in ein anderes umgesiedelt, um dort zu arbeiten.

Das Inka-Heer zog in äußerst disziplinierter Marschordnung durch alle Täler. Nirgends erlaubte der Inka, daß in Feldern und Dörfern irgendwelcher Schaden angerichtet wurde, und die Eingeborenen brachten reichlich Verpflegung und andere Vorräte zu den Vorratshäusern und Unterkünften entlang der Heerstraße. So erreichte der Inka das Tal von Pachacamac, wo der älteste und am höchsten verehrte Tempel der Yungas stand, den zu sehen er begierig war. Im Tale angekommen, äußerte er den lebhaften Wunsch, es möge dort außer einem Sonnentempel kein anderes Heiligtum geben; aber da der genannte Tempel so hohe Verehrung genoß, begnügte er sich damit, nur zusätzlich einen Sonnentempel errichten zu lassen, in dem Priester und *mamaconas* waren, so daß die Riten der Inka-Religion zelebriert werden konnten. Viele Indianer behaupten sogar, der Inka habe selbst mit dem Teufel des Pachacamac-Tempels gesprochen, und dieser habe ihm geoffenbart, er, der Teufel, sei der Schöpfer der Welt und anderen Unsinn mehr, den niederzuschreiben mich unpassend dünkt; und als der Inka fragte, was den Dämon am meisten erfreuen würde, habe dieser geantwortet: ein möglichst großes Opfer an Menschen- und Llamablut. Darauf soll Topa Inca in Pachacamac große Opfer dargebracht und Feste gefeiert haben. Als diese zu Ende waren, kehrte er über eine inzwischen für ihn gebaute Straße nach Cuzco zurück, die, das Jauja-Tal verlassend, über die schneebedeckten Sierras von Pariacaca führt.

Sie ist in ihrer guten Anlage und mit den in den Fels gehauenen Stufen äußerst sehenswert und erfüllt noch heutigentages ihren Zweck, denn sie ermöglicht es, diese Schnee- und Eiswüsten zu durchqueren. So kam der Inka wieder nach Cuzco, nachdem er auch die Hochland-Provinzen inspiziert und für gute, zweckmäßige Verwaltung gesorgt hatte. In der Hauptstadt wurde er mit Tänzen und Festen empfangen, und in den Tempeln wurden große Dankopfer für die errungenen Siege dargebracht.

114. Kapitel
Lage und Gründung der Stadt der Könige.

Das Tal von Lima ist das längste und breiteste von allen Tälern südlich von Tumbes. Seiner Größe wegen war es dicht bevölkert. Heute leben nur mehr wenige Indianer dort, weil ihnen bei der Besiedlung der Stadt ihre Felder und Bewässerungsanlagen weggenommen wurden; und so wanderten sie in andere Täler ab, der eine hierhin, der andere dorthin. Die wenigen, die noch hier sind, behielten ihren Landbesitz. Don Francisco Pizarro, der von Seiner Majestät ernannte Statthalter, weilte in Cuzco, als er beschloß, in die Ebene hinunterzuziehen und dort in einem Tal eine Stadt zu gründen. Damals existierten weder Trujillo noch Arequipa, Huamanga oder die anderen Küstenstädte. Nachdem er das Cangallo-Tal und andere inspiziert hatte, kam er eines Tages mit einer Gruppe Spanier an die Stelle, wo Lima heute steht, und das Gelände schien ihnen alle Bedingungen zu erfüllen. So wurde die Stadt geplant und auf einem der offenen Felder dieses Tales gebaut, nur zwei kurze Leguas vom Meer entfernt. Im Osten entspringt ein Fluß [der Rimac], der, wenn in den Sierras Sommer ist, nur wenig Wasser führt, im Winter jedoch anschwillt und gen Westen ins Meer fließt. Die Stadt ist so angelegt, daß die Sonne nie über den Fluß auf sie scheint, sondern auf der Stadtseite aufgeht [das heißt, die ursprüngliche Stadt lag am Südufer des Rimac; d. Übers.]. Die Stadt liegt so dicht am Fluß, daß ein guter Werfer von der *plaza* aus einen Stein ins Wasser schleudern kann. Da die Stadt zum Fluß hin nicht weiter wächst, muß die *plaza* immer Mittelpunkt bleiben. Nach Cuzco ist Lima die größte und schönste Stadt im ganzen Königreich Peru. Sie hat herrliche Häuser, zum Teil mit Türmchen und Terrassen verziert; die *plaza* ist geräumig, und hinter den meisten Häusern führen Bewässerungsgräben vorbei, was hübsch anzusehen ist. Diese berieseln die zahlreichen, kühlen und entzückenden Obst- und Blumengärten. Der Hof und die königliche Kanzlei befinden sich jetzt in dieser Stadt; außerdem hat der Handel mit dem gesamten Königreich der Terra Firma hier sein Zentrum. Aus diesem Grunde ist die Stadt volkreich, lebendig und besitzt eine große Anzahl reicher Kaufmannsniederlassungen. In dem Jahre, als ich das Königreich Peru verließ, wohnten in Lima eine Menge Leute, die *encomiendas* über Indianer innehatten und so reich waren, daß ihre Plantagen 50 000, 60 000, 80 000, 150 000 und mehr Dukaten wert waren. [Ein Dukaten war damals nominell etwa zwei Dollar wert, hatte aber die zehnfache Kaufkraft. Siehe Einleitung des Herausgebers; d. Übers.] Es waren, mit einem Wort, steinreiche Leute. Oft verlassen Schiffe den Hafen der Stadt [Callao], von denen jedes über 800 000 Dukaten an Bord hat, und manche mehr als eine Million.

Im Osten der Stadt erhebt sich ein großer, mit einem Kreuz geschmückter Hügel. Rechts und links liegen zahlreiche Landgüter, auf denen die Spanier Vieh und Tauben halten und kühle, angenehme Obst- und Weingärten angelegt haben. Alle einheimischen Produkte gedeihen dort: Feigen, Bananen, Zuckerrohr, Melonen, Orangen, Limonellen, Zitronen und Pampelmusen, ebenso auch alle aus Spanien eingeführten Gemüse. Alles wächst so üppig und ist so gut in Geschmack und Qualität, daß es an nichts mangelt, sondern man im Gegenteil dem Allmächtigen, unserem Gott und Herrn, für die Fülle der Natur Dank sagen muß, da Er alles so reichlich wachsen läßt. Wenn erst einmal die unruhigen Zeiten vorbei und keine Bürgerkriege mehr zu befürchten sind, wird es sich hier wahrhaftig besser leben lassen als irgendwo anders in der Welt, denn, wie man sieht, gibt es hier weder Hungersnot noch Pestilenz, Wolkenbruch, Sturm, Blitz oder Donner; stets ist der Himmel klar. Man könnte noch mehr sagen, doch scheint mir das bisher Berichtete zu genügen; und so will ich damit schließen, daß Lima im Jahre 1530 [1535] von Francisco Pizarro, Statthalter und Generalkapitän des Königreiches, im Namen des Kaisers Karl v. gegründet und besiedelt wurde.

115. Kapitel
Wie Huayna Capac durch die Täler von Los Llanos zog, und was er dabei vollbrachte.

Meine Gewährsleute, durch die ich Informationen bekomme, berichteten, daß Huayna Capac von Quito über die Küstentäler von Los Llanos nach Cuzco zurückkehrte und zunächst bis Pachacamac gelangte; andere bestreiten das und behaupten, daß er bis zu seinem Tode

[1527] in Quito blieb. Ich habe versucht, durch sorgfältige Nachforschungen die Wahrheit über diesen Punkt festzustellen, und schreibe hier nieder, was ich von Männern, die den Groß-Inka persönlich auf diesem Feldzug begleitet haben, erfuhr. Danach kamen, als er in Quito war, Gesandte von vielen Orten, um ihm im Namen ihrer Länder zu huldigen; und nachdem er die Hochlandprovinzen kampflos gewonnen hatte, hielt er es für ratsam, weiter über die Provinzen von Puerto Vieja und des heutigen Guayaquil zu den Yungas vorzustoßen. Er beriet sich mit seinen Ältesten, und sie empfahlen ihm, diesen Plan auszuführen. Das Gros seines Heeres ließ er in Quito, brach mit einer Truppe auf, die er für ausreichend hielt, und drang in die Ebene vor, wo er einige Scharmützel zu bestehen hatte; aber schließlich fügten sich alle darein, seine Vasallen zu werden. Darauf setzte er Statthalter ein und berief *mitimaes*.

Zwischen den Indianern von Puná und Tumbes war damals ein wilder Kampf entbrannt, und der Inka hatte befohlen, die Feindseligkeiten einzustellen. Er verlangte, daß man ihn in Puná empfangen und ihm Friedensgaben überreichen solle. Jedoch kaum hatte er den Rücken gekehrt, so konspirierten die Punás mit den Festland-Indianern und töteten eine ganze Anzahl *Orejones* und ihre Hauptleute. Aber Huayna Capac erfuhr das alsbald, und so tat er, wie ich berichtet habe [s. Kap. 100]. Nachdem er sie streng bestraft und ihnen befohlen hatte, eine große Straße zu bauen, die später »Straße des Huayna Capac« genannt wurde, kehrte er für eine Weile nach Tumbes zurück, wo er bereits allerlei Bauwerke, darunter auch einen Sonnentempel, hatte errichten lassen. Von überall kamen die Eingeborenen demütig herbei, um ihm zu huldigen. Er zog dann durch die Küstentäler von Los Llanos, schaffte überall Ordnung, setzte Flurgrenzen und Wasserrechte fest, befahl den Talbewohnern, friedlich zu sein, und tat auch sonst noch alles das, was er anderswo auch getan hatte. Es wird von ihm erzählt, daß er durch das Tal von Chayanta zog (in Chimú, etwa da, wo jetzt die Stadt Trujillo liegt), wo ein alter Indianer auf dem Feld arbeitete und hörte, der Inka ziehe vorbei. Rasch pflückte er ein paar Gurken und brachte sie, schmutzig wie sie waren, dem Herrscher mit den Worten: »*Ancha Hatun-pu Micucampa*«, das heißt: »Großer Fürst, nimm und iß!« Und vor den Adligen und allem Volk nahm Huayna Capac die Gurken gnädig entgegen, aß eine davon und, um den alten Mann zu erfreuen, sagte er laut, damit es alle hörten: »*Xuylluy, ancha mizqui cay*«, das heißt: »Wahrlich, das schmeckt sehr süß!«, was alle sehr angenehm berührte.

Auf der Weiterreise traf er bei allen Stämmen in den Tälern von Chimú, Guañape, Huarmey, Huaura, Lima und wohin er sonst noch kam seine Anordnungen, und als er in Pachacamac einzog, veranstaltete er dort große Festlichkeiten mit Tänzen und Trinkgelagen.

Huayna Capac schenkte dem Ort, so wird berichtet, über hundert Arrobas Gold und tausend Arrobas Silber, dazu Smaragde und andere Juwelen, womit der Sonnentempel und das alte Heiligtum von Pachacamac noch prächtiger ausgeschmückt wurden.

Manche Indianer sagen nun, daß er nach Quito zurückkehrte. Dem sei, wie ihm wolle; und ob das Berichtete bei dieser oder einer anderen Gelegenheit geschehen ist, hat wenig zu sagen. Jedenfalls besuchte er alle Küstentäler von Los Llanos und ließ die große Küstenstraße bauen, die man heute noch sehen kann. Wir wissen auch, daß er Unterkünfte, Vorratshäuser und einen Sonnentempel errichten ließ. Als das alles ausgeführt und das ganze Küstengebiet befriedet war, wandte er sich nach Quito zurück und gelangte bis zum Angasmayo-Fluß.

116. Kapitel

Das Pachacamac-Tal mit seinem alten Tempel.
Wenn man die Stadt der Könige verläßt und längs der Küste südwärts reist, gelangt man nach vier Leguas in das Pachacamac-Tal, das bei den Indianern sehr berühmt ist. Dieses Tal ist angenehm und fruchtbar, und dort befindet sich einer der prächtigsten Tempel im ganzen Lande. Man sagt von ihm, daß sich keiner der vielen Tempel, die die Groß-Inkas erbauten und kostbar ausstatteten, mit diesem Tempel messen könne, es sei denn einer der großen Tempel von Cuzco. Das Heiligtum von Pachacamac stand auf einem kleinen künstlichen Hügel aus Erde und Lehmsteinen, und auf seiner Kuppe erhob sich der Tempelbau, dessen Fundamente eigentlich schon am Fuße des Hügels begannen. Er hatte viele Tore, die, ebenso wie die Mauern, mit Bildern wilder Tiere geschmückt waren. Innen, wo das Götzenbild stand, versahen die heuchlerischen Priester mit großer Frömmelei ihren Dienst. Wenn sie vor den Gläubigen ihre Opfer darbrachten, wandten sie das Gesicht dem Tempeleingang und den Rücken dem Götzenbild zu. Sie schlugen die Augen nieder, zitterten und waren ganz verzückt, so daß man sie fast mit den Apollo-Priestern der alten heidnischen Griechen vergleichen könnte, wenn diese, wie es zu lesen steht, das Orakel befragten. Und noch

weiter: vor dem Bilde dieses Teufels opferten sie Tiere und das Blut von Menschen, die sie zu diesem Zwecke töteten; und an die Orakelsprüche, die sie an hohen Feiertagen verkündeten, wurde fest geglaubt. In den Terrassen und Fundamenten dieses Bauwerks waren große Mengen Gold und Silber vergraben. Die Priester wurden hoch verehrt; sogar die Fürsten und Kaziken gehorchten ihnen in vielen Stücken. Auch sollen neben dem Tempel viele geräumige Pilgerunterkünfte gestanden haben; und nur Priester, Häuptlinge oder solche Pilger, die reiche Gaben brachten, wurden für würdig erachtet, in der Nähe dieses Tempels bestattet zu werden. Bei den großen jährlichen Festen versammelten sich viele Menschen und tanzten zum Klang der mitgebrachten Instrumente. Als das mächtige Herrenvolk der Inkas das ganze Reich unterworfen hatte und ins Tal von Pachacamac gelangte, ließ der Groß-Inka zwar auch hier, wie in allen eroberten Gebieten, Sonnentempel und -altäre erbauen. Aber angesichts des Glanzes und der Pracht des alten Tempels und der tiefen Verehrung, die jenes Heiligtum im ganzen Tale genoß, wurde ihm klar, daß es sehr gefährlich sein würde, es zu zerstören, und so einigte er sich mit den eingeborenen Herrschern und den Götzen- und Teufelsdienern, daß dieser Tempel bestehen bleiben und sein Kult weitergeführt werden solle. Bedingung war aber, daß ein Sonnentempel daneben errichtet werden und dieser den Vorrang haben sollte. Als dieser Sonnentempel fertig war, statteten ihn die Inkas reich aus und setzten viele Tempeljungfrauen ein. Dem Teufel von Pachacamac gefiel diese Regelung ausnehmend, und es heißt, daß er sich auch in diesem Sinne in seinen Orakelsprüchen geäußert habe; denn beide Tempel dienten teuflischen Zwecken, und die Seelen der Mißleiteten blieben fest in der Hand des Satans ...

Der Name des Tempels bedeutet »Schöpfer der Welt«, denn *cama* heißt »Macher« oder »Schöpfer«, und *pachac* »Welt«. Als Pizarro, weil Gott es so wollte, Atahualpa in der Provinz Cajamarca gefangennahm und von den Schätzen dieses Tempels hörte, gab er dem Hauptmann Hernando Pizarro, seinem Bruder, den Auftrag, alles Gold aus diesem Teufelstempel nach Cajamarca zu bringen. Obgleich Hernando Pizarro sich in aller Eile nach Pachacamac begab, hatten die Priester und Häuptlinge, wie man weiß, inzwischen schon über vierhundert Lasten Gold weggeschafft, die man nie wiedergesehen hat; und die heute noch lebenden Indianer wissen auch nicht, wo sie geblieben sind. Immerhin fand Hernando Pizarro (der erste spanische Hauptmann, der jenen Tempel betreten hat) noch beträchtliche Schätze. Später entdeckten Hauptmann Rodrigo Orgoñez, Francisco Godoy und andere noch eine Menge Gold und Silber in den Grabstätten, und es gibt Leute, die glauben, daß dort noch viel mehr liegt. Aber da niemand das Versteck kennt, ist der Schatz verloren, es sei denn, jemand finde ihn durch Zufall. Von dem Augenblick an, da Hernando Pizarro mit seinen Leuten den Tempel betrat, war der Teufel besiegt und seine Macht gebrochen. Die Götzenbilder wurden umgeworfen, die Tempel und die anderen Gebäude verödeten. Die meisten Indianer sind verschwunden; nur noch wenige sind übriggeblieben.

Dieses Tal [Lurin] ist ebenso üppig wie die anderen Täler. Auf den Wiesen wird allerlei Vieh gehalten, auch Kühe und Stuten, welch letztere eine Menge guter Fohlen bringen.

117. Kapitel

Die Täler zwischen Pachacamac und der Festung Huarco; und ein sehr bemerkenswertes Aussaatverfahren.

Vom Pachacamac-Tal und seinem Tempel gelangt man zum Tal von Chilca. Dort gibt es etwas Bemerkenswertes: es fließt nämlich weder ein Wasserlauf hindurch noch fällt Regen vom Himmel, und trotzdem ist es fast ganz mit Mais, allerlei Feldfrüchten und Obstbäumen bestanden. Es ist erstaunlich, was in diesem Tal getan wird. Um die nötige Feuchtigkeit zu bekommen, graben die Indianer nämlich tiefe, breite Löcher, in die sie die genannten Pflanzen einsäen, und so läßt Gott sie durch den Tau und die natürliche Bodenfeuchtigkeit wachsen. Aber die Maissaat bringt nur dann Ertrag, wenn man zu jeder Pflanze einen oder zwei Sardinen-Köpfe hinzutut. Diese Fischchen werden mit Netzen im Meer gefangen. Mit dem Zusatz dieser Fischköpfe gedeiht der Mais und bringt reichliche Ernte. Wahrlich, es ist erstaunlich und unerhört, daß Menschen an einem Ort leben können, wo als einziger Niederschlag nur ein leichter Tau fällt. Das Trinkwasser dieses Tals kommt aus großen, tiefen Brunnen. Das Tal liegt dicht an der See, daher können die Sardinen in solchen Mengen gefangen werden, daß die Indianer ausreichend Nahrung für sich und Dünger für ihre Felder haben. Hier standen einst ebenfalls Vorratshäuser und Unterkünfte der Inkas, in denen sie auf ihren Inspektionsreisen durch die Provinzen rasten konnten. Drei Leguas weiter liegt das Tal von Mala, das von einem sehr schönen, mit dichten Wäldern gesäumten Fluß durchflossen wird.

Etwas mehr als fünf Leguas von Mala liegt das berühmte Tal von Huarco. Es dehnt sich weit aus und ist mit Obstbäumen bestanden. Die aromatischen, wohlschmeckenden Guavas wachsen hier reichlich, und der Cassias sind noch mehr. Mais, Weizen und alle anderen Getreidearten gedeihen ebenso gut wie das spanische und einheimische Obst und Gemüse. Außerdem gibt es Tauben und Wildgeflügel. Bewässerungsgräben ziehen sich durch schattige Hecken und Haine. Die Bewohner sagen, daß in früheren Zeiten hier viele Menschen lebten, die gegen die Völkerschaften der Sierra und die Herrscher der Ebene und der Täler Kriege führten. Und als die Inkakrieger in dieses Tal einbrachen und sich zu Herren aller Yunga-Völker machten, waren die Huarcos so tapfer, daß sie vier Jahre lang mutig und entschlossen um ihre Freiheit kämpften. Sie waren wie ihre Ahnen immer frei gewesen und wollten keine Vasallen sein. Viele preiswürdige Taten wurden in diesem Krieg vollbracht, wie die *Orejones* und auch die Huarcos berichten. Obgleich der Inka in jedem Sommer wegen der Hitze nach Cuzco zurückkehrte, ging der Krieg weiter und zog sich auf diese Weise sehr lange hin. Schließlich wollte der Inka eine Entscheidung erzwingen. Er kam mit einer Anzahl *Orejones* in das Yunga-Land und baute eine neue Stadt, die er nach seiner Hauptstadt Neu-Cuzco nannte. Alle Bezirke der neuen Stadt mußten die Namen der Stadtviertel der Hauptstadt tragen, und auch die Hügel in der Umgebung sollten entsprechend benannt werden. Schließlich waren die Männer von Huarco am Ende ihrer Kräfte, wurden besiegt und kamen unter das Joch des Tyrannen, der letztlich kein anderes Recht auf dieses Land besaß als das des Kriegsglücks. Da dieses dem Inka hold gewesen war, kehrte er mit seiner

Armee nach Cuzco zurück, und der Name der neuen Stadt geriet in Vergessenheit. Jedenfalls ließ er, um seinen Sieg zu feiern, auf einem hohen Hügel dieses Tales die schönste und prächtigste Festung des ganzen Königreiches Peru erbauen. Sie ist auf großen Steinblöcken errichtet und hat sehr schöne Tore, Einfahrtswege und große Innenhöfe. Vom höchsten Punkt dieses wahrhaft königlichen Bauwerks führt eine Steintreppe zum Meer hinunter. Die Wogen schlagen mit so wütender Kraft gegen den Bau, daß man sich wundern muß, wie dieser überhaupt in seiner Schönheit und Stärke errichtet werden konnte. Damals waren die Mauern der Festung mit Bildern geschmückt, und der Inka bewahrte große Schätze in ihr auf. An dem ganzen mächtigen Gebäude findet man zwischen den Bausteinen keine Spur von Mörtel oder einem sonstigen Bindemittel. Die Quadern passen so genau zusammen, daß es schwer ist, eine Fuge zu sehen. Es heißt, daß bei dem Bau zunächst die Fundamente mit Hacke und Schaufel in den Berg gegraben und die Höhlungen dann mit großen Steinbrocken gefüllt wurden; daher die Stärke und Festigkeit des Gebäudes. Als ein Meisterwerk der indianischen Baukunst verdient diese Festung fraglos jedes Lob und höchste Bewunderung. Wenn sie jetzt auch verlassen und zerfallen ist, sieht man doch genau, wie gewaltig sie einst war. Es sollte meiner Meinung nach Spaniern wie Indianern bei strenger Strafe verboten werden, diese und die Festung von Cuzco weiter zu zerstören, denn jene beiden Bauwerke sind nicht nur die bemerkenswertesten, sondern auch die stärksten in Peru und können sich vielleicht einmal als nützlich erweisen.

118. Kapitel
Topa Incas grimmiger Kampf gegen die Huarcos und seine Rückkehr in die Stadt Cuzco nach dem Sieg.

In alten Zeiten spielte die dichtbevölkerte Provinz Huarco eine bedeutende Rolle in Peru. Die Chinchas waren so stark, daß ihre Heere damals bis in das Colla-Gebiet [um den Titicacasee] streiften und mit reicher Beute zurückkehrten. Ihre Nachbarn achteten und fürchteten sie. Es wird erzählt, daß Topa Inca einen seiner Hauptleute, einen gewissen Capac Inca aus der Soras-Provinz [die im Cunti-suyu liegt] mit einer Streitmacht zu den Chinchas schickte, um sie zu Freunden zu gewinnen; aber der Versuch blieb erfolglos, denn sie griffen zu den Waffen und bereiteten sich so ernsthaft auf die Verteidigung vor, daß die *Orejones* sich, so gut sie konnten, zurückzogen. Angeblich hatten die Chinchas, bevor Topa Inca sie besiegte, niemals einen Inka-Krieger zu Gesicht bekommen – das behaupten sie jedenfalls; mehr kann ich dazu nicht sagen.

Um unsere Geschichte wiederaufzunehmen: Als Topa Inca [im Jahre 1470] nach Cuzco zurückgekehrt war, widmete er eine gewisse Zeit der Ruhe und dem Vergnügen. Dann stellte er wieder ein Heer auf, um seine Herrschaft über die Küsten-Indianer zu festigen. Alsbald rückten Hauptleute mit den angeforderten Truppen aus allen Provinzen ein. Topa Inca brachte die Stadt in Ordnung, erteilte die notwendigen Anweisungen und brach dann mit dem Heer auf. Er zog über die Huaytará-Straße nach Los Llanos. Viele Stämme schwuren ihm, als sie von seinem Nahen hörten, freiwillig Bundesgenossenschaft; andere erwarteten ihn in der Absicht, um ihre Freiheit zu kämpfen. Im Tal von Nazca stand ein großes, kampfbereites Heer.

Als Topa Inca herankam, wurden von beiden Seiten Botschaften abgesandt und Verhandlungen geführt; und trotz einiger Scharmützel und Zusammenstöße nahmen die Nazcas die Grundbedingungen des Inkas an, nämlich den Bau von Festungen, die Ansiedlung von *mitimaes* und die Entrichtung von Tributen. Der Inka zog weiter zum Ica-Tal. Dort traf er auf stärkeren Widerstand als bei den Nazcas, aber durch seine gewohnte kluge Politik gelang es ihm, die Feinde ohne Kampf in Freunde zu verwandeln: sie einigten sich mit ihm, wie andere Stämme es auch getan hatten. In Chincha standen über dreißigtausend Mann unter den Waffen und warteten, ob der Inka in ihr Tal einrücken würde. Für diesen Fall hofften sie auf die Hilfe ihrer Nachbarn. Als Topa Inca das erfuhr, sandte er Unterhändler mit reichen Geschenken an die Häuptlinge und Anführer. Die Emissäre hatten Auftrag, großzügige Angebote zu machen und zu versichern, der Inka wolle keinen Krieg, sondern Frieden und Verbrüderung, und ähnliches mehr. Die Chinchas hörten sich die Angebote des Inkas an, nahmen seine Geschenke entgegen, einige Häuptlinge kamen zu ihm, brachten Erzeugnisse des Tales als Ehrengaben und verhandelten mit ihm über einen Freundschaftsvertrag. Das Ergebnis war, daß man sich über einen Frieden einigte; die Chinchas legten die Waffen nieder und empfingen den Inka in ihrer Hauptstadt. So berichten sowohl die Chinchas selbst als auch die *Orejones;* ich habe allerdings auch eine anderslautende Version von Indianern aus anderen Provinzen gehört, nach der es doch einen großen Krieg gegeben haben soll. Ich bin aber trotzdem der Meinung, daß Topa Inca kampflos Herr von Chincha geworden ist. Der Inka war sehr erfreut, als er beim Einzug in dieses Tal sah, wie schön und groß es war. Er lobte die Bräuche der Bewohner und redete ihnen freundlich zu, diejenigen Sitten der Inkas zu übernehmen, die ihnen passend dünkten. Sie gehorchten ihm und stellten ihn in jeder Hinsicht zufrieden. Nachdem er seine Anordnungen getroffen hatte, zog er weiter nach Ica und von dort nach Huarco, denn ihm war gemeldet worden, daß dieser Stamm kriegerische Absichten hätte. Das war auch tatsächlich der Fall, denn die Bewohner dieses Tales verachteten ihre Nachbarn, weil sie sich so leicht hatten einschüchtern lassen und ohne ausreichenden Grund ihr Land einem fremden Herrn ausgeliefert hatten. Entschlossen versammelten sie sich. Sie hatten bereits Befestigungen an geeigneten Stellen nahe der See gebaut, wo sie ihre Frauen und Kinder unterbrachten. Der Inka rückte mit seinen Truppen in Marschordnung vor und sandte zunächst Emissäre mit Geschenken und Drohungen, aber die Huarcos wollten nicht das Schicksal ihrer Nachbarn teilen und keinen fremden Herrn anerkennen. So kam es zur Schlacht, die nach dem Kriegsbrauch dieses Landes geführt wurde, und große Taten wurden vollbracht. Da der Sommer nahte, litten die Inka-Krieger unter der Hitze, daher entschloß sich Topa Inca zum vorläufigen Rückzug. Die Huarcos kehrten ebenfalls in ihr Tal heim, brachten die Ernte ein, bestellten ihre Felder aufs neue und setzten die Waffen instand, so daß sie gegen den nächsten Angriff der Streitmacht aus Cuzco gerüstet waren.

Topa Inca war also nach Cuzco zurückgekehrt, und da die Menschen wankelmütig sind, begannen angesichts des Erfolges der Huarcos viele andere Völker sich zu erheben und den Gehorsam zu verweigern, besonders die Küsten-Indianer. Das kam dem Inka bald zur Kenntnis; und er verbrachte den Rest des Sommers damit, neue Truppen aufzustellen und *Orejones* in alle Teile des Reiches zu entsenden, um die Provinzen zu inspizieren. Er war fest entschlossen, das Land der Huarcos zu erobern, koste es, was es wolle. Als die Sommerhitze vorbei war und der Herbst nahte, zog er mit allen verfügbaren Truppen wieder zur Küste nach Los Llanos und entsandte in alle Täler seine Emissäre, die den Stämmen sein Mißfallen wegen ihres unloyalen Verhaltens und ihrer Aufstandsversuche ausdrücken und sie ermahnen mußten, sich in Zukunft bündnistreu zu erweisen, andernfalls würde er sie mit einem grausamen Krieg überziehen. Als er die Abhänge der Sierra beim Eingang zum Tale von Huarco erreicht hatte, befahl er, eine Stadt zu erbauen, die er Neu-Cuzco [jetzt Incahuasi] nannte. Sie war ganz nach dem Muster der Hauptstadt angelegt, und die Straßen, *plazas* und Hügel trugen die der alten Stadt entsprechenden Namen. Er verkündete, daß er so lange in der neuen Stadt bleiben wolle, bis Huarco erobert sei, und daß hier ständig eine Garnison liegen werde. Nachdem alle diesbezüglichen Befehle ausgeführt waren, zog er mit seinen Truppen den Stellungen des Feindes entgegen und umzingelte ihn. Die Huarcos waren zum Widerstand so fest entschlossen, daß sie auf kein Friedensangebot hören wollten. So entbrannte der Krieg aufs neue, der drei Jahre gedauert haben soll. Jeden Sommer ging der Inka in die Hauptstadt Cuzco zurück, ließ aber zur Beunruhigung des Feindes ständig eine Garnison in Neu-Cuzco.

Da war also eine Gruppe, die eine andere Gruppe zu beherrschen wünschte; deren Angehörige aber wollten keine Sklaven sein. Beide Gruppen suchten ihr Ziel zu erreichen, aber nach drei Jahren zeigten die Huarcos Zeichen von Schwäche. Der Inka erkannte das, sandte ihnen wiederum seine Emissäre und ließ ihnen sagen, es wäre doch besser, wenn sie alle Freunde und Verbündete würden; er wolle doch nichts anderes, als seine Söhne ihren Töchtern vermählen, ein Bündnis auf der Grundlage der Gleichberechtigung abschließen, und was dergleichen schlaue Reden mehr sind; denn er war der Meinung, die Huarcos müßten eine fühlbare Strafe bekommen, weil sie ihm so viel Ärger verursacht hatten. Die Huarcos fürchteten, daß sie sich nicht mehr lange würden halten können, und glaubten daher, daß sie sich unter den angebotenen Bedingungen endlich des Friedens und der Ruhe erfreuen würden. So gingen sie auf die Forderungen des Inkas ein. Das hätten sie aber auf keinen Fall tun sollen. Als ihre Anführer aus den Festungen herauskamen, um Topa Inca zu huldigen, befahl er, ohne einen Augenblick zu zögern, sie alle zu töten. Mit großer Grausamkeit führten seine Krieger dieses Gebot aus. Alle die höchst ehrenwerten Männer, die den Inka aufgesucht hatten, wurden getötet, und selbst die Abwesenden wurden aufgespürt und ebenfalls umgebracht. Es war, wie die Nachkommen der Opfer bestätigen, ein Massenmord, von dem hohe Knochenhügel Zeugnis ablegen. Ich habe hier niedergeschrieben, was man mir berichtet hat.

Alsdann ließ der Inka die prächtige Festung erbauen, die ich bereits beschrieben habe. Im Tal herrschte Frieden. *Mitimaes* waren dorthin geschickt und ein Statthalter eingesetzt worden; der Inka empfing die Gesandtschaften der Yungas und der Hochlandindianer, befahl, Neu-Cuzco wieder abzureißen, und kehrte nach Cuzco zurück, wo er mit Freuden empfangen wurde. Man brachte in den Tempeln große Opfer dar, und das Volk erfreute sich an Festlichkeiten und ausgiebigen *taquis*, wie sie ihre Trinkgelage nennen.

119. Kapitel
Die große, in alten Zeiten hochgeschätzte Provinz Chincha.

Etwas weiter als zwei Leguas südlich der Festung von Huarco fließt ein ziemlich großer Fluß namens Lunahuaná [jetzt Cañete], und das Tal, das er geschaffen hat, gleicht den anderen Tälern. Sechs Leguas [zwanzig Meilen] vom Lunahuaná liegt das große, schöne Chincha-Tal, das in ganz Peru so berühmt und ehemals von allen Nachbarvölkern so gefürchtet war. Als Francisco Pizarro mit seinen dreizehn Männern die Küste dieses Königreiches entdeckte, erhielt er von allen Seiten den Rat, nach Chincha zu gehen, denn dies sei die größte und reichste Provinz. Pizarro glaubte das, und obwohl er die Geheimnisse dieses Landes nicht kannte, bezeichnete er in den mit dem König aufgesetzten Artikeln [durch die er als Statthalter und Vizekönig von Peru eingesetzt wurde; d. Übers.] als die Grenzen seines Gebietes den Fluß Tempulla, oder Santiago, und dieses Tal von Chincha.

Über Ursprung und Herkunft dieses Volkes und darüber, wie sie in dieses Tal kamen, erzählen die Chinchas, daß in uralten Zeiten eine große Schar von ihnen unter dem Banner eines tapferen Anführers aus ihren

Reihen, der von heftigem Eifer für ihren Glauben beseelt war, aufbrach und daß dank seiner fähigen Führung alle dieses Tal erreichten. Dort habe ein volkreicher Stamm sehr kleiner Menschen gewohnt, deren größter knapp zwei Ellen hoch gewesen sei. Da die Ankömmlinge sehr tapfer und die Eingeborenen sehr feige und scheu gewesen seien, eroberten jene das Land. Die übriggebliebenen Eingeborenen sollen nach und nach ausgestorben sein. Die Vorfahren der heutigen Chinchas haben noch deren Gebeine in den Gräbern gesehen und bestätigen, daß diese tatsächlich so zwergenhaft waren. Die Zugewanderten blieben Herren dieses kühlen, fruchtbaren Tales und bauten sich dort wohlangelegte Dörfer. Weiter wird erzählt, daß aus einem Felsen die Stimme eines Orakels ertönte. Seitdem galt dieser Ort als heilig; man nannte ihn Chincha oder auch Camac. Ständig wurden dort Opfer dargebracht, und der Teufel sprach zu den älteren Männern in seiner üblichen trügerischen Art. Heute sind sowohl die bedeutendsten Kaziken als auch viele andere Indianer Christen geworden, und ein Kloster unseres glorreichen heiligen Dominikus wurde dort gestiftet.

Um zu meinem Bericht zurückzukehren: die Chinchas wurden im Laufe der Zeit so zahlreich und mächtig, daß sich viele Völker aus den Nachbartälern um Bündnisse und Freundschaft mit ihnen bemühten, wodurch sie noch mehr Macht und Ansehen gewannen. Zu der Zeit, als der erste Inka die Stadt Cuzco gründete, waren sie schon so stark, daß sie mit Waffengewalt die Gebiete der Sierras unterwarfen. Sie fügten den Soras und Rucanas erheblichen Schaden zu und erreichten schließlich das große Land der Collas. Von dort kehrten sie siegreich und mit beträchtlicher Beute in ihr Tal zurück. Ihre Nachkommen vermehrten sich und wurden ein blühendes Volk. Sie liebten es, sich mit ihren Weibern zu vergnügen, und nahmen Sitten und Gebräuche der umliegenden Täler an. Sie wurden so zahlreich, daß viele Spanier behaupten, beim Einzug des Marques Pizarro hätten mehr als fünfundzwanzigtausend Chinchas in diesem Tal gelebt, während ich bezweifle, daß es heute noch fünftausend sind – so groß waren ihre Verluste durch Kriegs- und Notzeiten. Ihr Tal war stets sicher vor Überfällen, und das Volk blühte und gedieh, bis der tapfere Topa Inca Yupanqui, der Vater Huayna Capacs, seinen Machtbereich auch über das Chincha-Tal ausdehnte. Während seiner Regierungszeit gerieten sie endgültig unter die Inka-Herrschaft und mußten sich von da an den Gesetzen ihrer nunmehrigen Herren unterwerfen. Nach deren Regeln mußten die Dörfer angelegt und verwaltet, große, prächtige Wohnstätten für den Inka erbaut und mächtige Speicher mit Proviant und Kriegsvorräten gefüllt werden. Obgleich der Inka den Kaziken und Ältesten ihre Macht beließ, schickte er doch seine Statthalter und Bevollmächtigte ins Tal und befahl die Anbetung seiner Gottheit, der Sonne, in dem dafür errichteten Tempel. Ebenso viele Jungfrauen, wie den anderen Tempeln zugeteilt waren, wurden auch in diesen gesandt, desgleichen Tempeldiener und Priester, so daß Opfer dargebracht und Feste gefeiert werden konnten. Aber trotz dieses prächtigen Tempels gaben die Chinchas die Anbetung ihrer Götter im alten Tempel von Chinchay-Camac nicht auf. Der Inka ließ auch *mitimaes* ins Tal kommen und ordnete an, daß die Adligen von Cuzco in bestimmten Monaten hier Wohnung nahmen. Der Fürst von Chincha beteiligte sich an den meisten weiteren Feldzügen Huayna Capacs. Er lebt noch und ist für einen Indianer ein sehr kluger und verständnisvoller Mann.

Dieses Tal ist eins der größten von Peru. Seine früchtestrotzenden Haine und seine Bewässerungsanlagen sind ein herrlicher Anblick. Eine besonders schöne Frucht ist die köstliche, aromatische Gurke, die zwar in der Form der spanischen ähnlich, aber unter der Schale gelb ist. Sie schmeckt so gut, daß man sich nicht leicht an ihr überißt. In den Wäldern nisten die gleichen Vogelarten wie anderswo auch. Nur wenige der hier einst so zahlreichen Llamas sind übriggeblieben, weil die Spanier sie in den Bürgerkriegen massenweise geschlachtet haben. Jetzt wächst schon sehr viel Weizen dort, und die eingeführten Weinreben gedeihen gut, ebenso wie die anderen Früchte und Gemüse aus Spanien.

In den Hügeln und im Ödland sind unzählige Gräber. Die Spanier haben viele geöffnet und große Mengen Goldes entnommen.

Bei den Chinchas waren Rundtänze sehr beliebt; die Fürsten entfalteten großen Pomp und umständliches Zeremoniell, und die Untertanen dienten ihnen eifrig. Unter der Inka-Herrschaft nahmen die Fürsten manche der Sitten und Gebräuche der Sieger an, kleideten sich nach der Mode von Cuzco und ahmten die Inkas auch sonst in vielerlei Hinsicht nach, was sie sich als die absoluten Herrscher, die sie geblieben waren, erlauben konnten. Die Verminderung der Volkszahl ist das Resultat der langen Bürgerkriege [zwischen den rivalisierenden Gruppen der Spanier], die in Peru tobten und wobei zahllose Indianer Trägerdienste leisten mußten.

120. Kapitel
Die weiteren Täler bis zur Provinz Tarapacá.

Von dem lieblichen Chincha-Tal gelangt man über sandige Ebenen in das kühle Tal von Ica, das ebenso groß wie die anderen Täler ist. Ein Fluß fließt hindurch, dessen Wasserstand im Hochland-Sommer so niedrig ist, daß die Talbewohner unter Wassermangel leiden. Zur Zeit der höchsten Blüte dieses Landes, das heißt unter der segensreichen Inka-Herrschaft und vor der spanischen Eroberung, gab es außer den gewöhnlichen Bewässerungsgräben noch einen, der größer als alle und sehr kunstreich von den Höhen der Sierras heruntergeführt war, so daß er dem Flusse kein Wasser entzog. Dieser größte Kanal ist jetzt zerstört, und so müssen die Talbewohner bei Wassermangel Zisternen graben, in denen sich das Wasser sammelt. Sie brauchen es zum Trinken und zur Berieselung ihrer Felder, zu welchem Zwecke sie kleine Gräben ziehen. In alten Zeiten saßen im Ica-Tal mächtige, sehr gefürchtete Herren. Auch hier ließen die Inkas Paläste und Vorratshäuser erbauen. Sitten und Gebräuche gleichen den schon beschriebenen. Auch die Icas bestatteten ihre Toten mit großen Schätzen und lebenden Frauen. Wie in allen Tälern gibt es auch hier Haine von Carobas und anderen fruchttragenden Bäumen. Rotwild, Tauben aller Art und sonstiges Wildbret kommen reichlich vor. Die Pferde- und Rinderzucht ist beachtlich.

Von hier aus gelangt man bald in Sichtweite des Nazca-Tales mit seinen lieblichen Flüssen und Nebentälern. Auch diese waren früher dicht besiedelt, und die Felder wurden in der bekannten Weise von den Flüssen aus bewässert. Die Grausamkeiten des Bürgerkrieges haben, wie jedermann weiß, diesen armen Indianern schrecklich zugesetzt. Vertrauenswürdige Spanier erzählten mir, daß das Schlimmste für die Indianer der Streit zwischen den beiden Statthaltern, Pizarro und Almagro, um die Grenzen der Territorien gewesen sei. Er fügte den Indianern ungeheuren Schaden zu, wie der Leser zu gegebener Zeit erfahren wird, wenn er meine Geschichte der Bürgerkriege liest.

Im Hauptal von Nazca, das auch unter dem Namen Caxamalca bekannt ist, hatten die Inkas große Vorratshäuser und andere Bauwerke errichten lassen. Von den Eingeborenen ist weiter nichts zu sagen, als daß auch sie, wie es die Art dieser Leute ist, von ihren Vorvätern erzählen, sie seien sehr tapfere und von den Groß-Inkas in Cuzco hochgeachtete Männer gewesen. Ich hörte, daß die Spanier hier in den Grabstätten beträchtliche Schätze gefunden haben. Da diese Täler sehr fruchtbar sind, hat man Zuckerrohrplantagen angelegt, wo Zucker in Fülle nebst allerlei Zusatzprodukten erzeugt und in alle Städte des Königreiches verkauft wird.

Durch alle diese Täler führt die schöne Inka-Straße, und in den Sandwüsten ist der Weg durch Zeichen markiert.

Von den Nazca-Tälern aus gelangt man zunächst ins Acari-Tal, und weiter südlich liegen die Täler von Ocoña, Camana und Quilca an großen Flüssen. Wenn auch heute nur noch wenige Indianer dort leben, gab es doch in früheren Zeiten ebenso viele Bewohner wie überall in den Yungas. Aber die Kriegsnöte haben die Bevölkerungszahl auch hier auf ihren jetzigen Tiefstand hinuntergedrückt. Abgesehen davon sind die Täler reich, fruchtbar und für die Viehzucht gut geeignet.

Jenseits des Tales von Quilca, das den Hafen der Stadt Arequipa bildet, liegen die Täler von Chuli, Tambopalla und Ilo, und noch weiter weg die reichen Tarapacá-Täler. Davor liegen längs der Küste Inseln, auf denen Vögel leben. Die Eingeborenen fahren auf Balsa-Flößen hinüber und sammeln den Mist dieser Vögel [Guano], mit dem sie ihre Felder und Gärten düngen. Dadurch wird der Boden erheblich verbessert, selbst wenn das Land vorher völlig unfruchtbar war. Ohne diesen Dünger bleiben die Maiserträge sehr gering, und die Talbewohner würden sich nur unzureichend ernähren können, wenn die Vögel nicht diesen Stoff auf den Klippen lassen würden, der äußerst wertvoll ist und zu hohen Preisen verkauft wird.

Es erscheint mir unnötig, weitere Einzelheiten über die Strecke zwischen Quilca und Tarapacá zu berichten; denn ich habe alles niedergelegt, was von meinen Beobachtungen wichtig und sachdienlich ist. Daher will ich mit der Bemerkung schließen, daß auch hier nur wenige Eingeborene übriggeblieben sind; und daß auch in diesen Tälern früher Rasthäuser *[tambos]* und Vorratshäuser der Inkas standen wie in den Ebenen und Wüsten. Die Tributzahlungen für die Groß-Inkas wurden nach Cuzco, Vilcas-huamán, Hatuncolla oder Cajamarca geschafft, denn die Provinzhauptstädte und Machtzentren der Inkas lagen hauptsächlich im Hochland.

In den Tälern von Tarapacá gibt es Bergwerke, in denen ein sehr helles, glänzendes Silber in großen Mengen gefördert wird. Weiter südlich liegen, wie Reisende berichten, bis an die Grenze gegen Chile noch mehrere Wüsten. Längs der ganzen Küste wird Fischfang betrieben, und einige Fischarten sind recht gut. Die Indianer bauen ihre Fischerboote aus großen Bündeln von Haferstroh oder auch aus den Fellen von Seelöwen. Diese Tiere kommen an manchen Stellen in derartigen Mengen vor, daß es ein besonderes Erlebnis ist, ihre riesigen Herden zu sehen und sie brüllen zu hören.

121. Kapitel
Gründung und Gründer der Stadt Arequipa.

Von Lima, der Stadt der Könige, sind es etwa einhundertzwanzig Leguas bis Arequipa. Diese Stadt liegt im Tale von Quilca, vierzehn Leguas von der See entfernt, an der besten und kühlsten Stelle, die man sich nur wünschen kann. Lage und Klima sind so gut, daß es allgemein heißt, gesünder und angenehmer könne man nirgends wohnen. Hier wird ausgezeichneter Weizen angebaut, aus dem man ein sehr schmackhaftes Brot bäckt. Die Jurisdiktion der Stadt erstreckt sich vom Acari-Tal bis jenseits des Tarapacá-Tales; auch gewisse Bezirke des Cunti-suyu gehören noch dazu. Eine Anzahl Spanier in der Stadt haben *encomiendas* über die dort lebenden Indianer inne. Die Hubinas, Chiquiguanitas, Quimistacas und Collaguas, volkreiche Stämme, die einst große Llamaherden besaßen, gehören zu denen, die der Stadt unterstehen. Im Krieg zwischen den Spaniern sind die meisten von ihnen samt ihren Llamas umgekommen. Die Hochlandindianer dieser Gegend beteten die Sonne an und bestatteten ihre Häuptlinge auf die landesübliche Weise in großen Gräbern. Sie kleiden sich in Hemden und Umhänge. Die alte Inka-Landstraße verläuft durch diese Bezirke. Vorratshäuser und Unterkünfte standen an ihr, und die Eingeborenen entrichteten Tribute von ihren Erzeugnissen. Die Stadt Arequipa wird, da ein Hafen in der Nähe ist, reichlich mit allen Waren versorgt, die aus Spanien kommen. Der größte Teil des in Charcas [Bolivien] geschürften Edelmetalls gelangt dorthin und wird auf die Schiffe verladen, die zwischen dem Hafen Quilca und Lima, der Stadt der Könige, verkehren.

Die Spanier und manche Indianer meinen, daß auf der Höhe von Acari, weit draußen im Meer, große, reiche Inseln lägen, von denen viel Gold im Tauschwege an die Küste gelangt. Im Jahre 1550, als ich Peru verließ, hatten die Richter des königlichen Tribunals den Hauptmann Gómez de Solís beauftragt, diese Inseln zu entdecken. Sie sollen sehr reich sein – aber es ist nicht sicher, ob sie überhaupt existieren.

Von der Gründung der Stadt Arequipa habe ich nur zu sagen, daß sie zuerst an einer anderen Stelle gebaut und später aus guten Gründen an ihren heutigen Ort verlegt worden ist. In der Nähe befindet sich ein Vulkan [El Misti], und man befürchtet, daß ein Ausbruch großen Schaden anrichten würde. In der Stadt kommen starke Erdbeben vor. Arequipa wurde im Jahre 1535 von Francisco Pizarro im Namen Seiner Majestät gegründet und besiedelt ...

... Hiermit beschließe ich zum Ruhme des Allmächtigen Gottes den ersten [und zweiten] Teil meiner Historia.

Somit habe ich alles treulich niedergelegt, was ich in Cuzco für meinen Bericht über die Inkas erfahren konnte. Wenn jemand einen anderen schreiben kann, der genauer ist und mehr ins einzelne geht [als ich es im ersten und zweiten Teil meiner Chronik habe tun können]; so steht ihm der Weg offen – ein Pfad, der sowieso nicht allzusehr begangen ist.

Als ich mich zu diesem Werk entschloß, fürchtete ich, daß es meine literarischen Fähigkeiten übersteigen würde; und Gott allein weiß, wieviel Mühe ich daran gewandt habe.

Doktor [Melchor] Bravo de Saravia und Magister Hernando de Santillán, beides Richter am Königlichen Tribunal von Lima, der Stadt der Könige, haben den größten Teil meines Manuskriptes durchgesehen.

Ich begann im Jahre 1541 in der Stadt Cartago im Distrikt Popoyán zu schreiben und schloß diese Historien am achtzehnten September des Jahres 1550 ab, und zwar in Lima, der Stadt der Könige. Der Autor war zu dieser Zeit zweiunddreißig Jahre alt und hatte siebzehn Jahre seines Lebens in Westindien verbracht.

HEIRATSKONTRAKT

zwischen Pedro de Cieza de León und Pedro López,
betreffend die Heirat seiner Schwester Isabel.

Allen, die diesen Vertrag sehen, sei kund und zu wissen, daß ich, Pedro de Cieza de León, aufhaltlich hier in der Stadt der Könige von Neu-Kastilien, in den Provinzen von Peru, mit Euch, dem hier anwesenden Kaufmann Pedro López, übereingekommen bin, daß ich, unter Voraussetzung meiner sicheren Ankunft in der Stadt Sevilla, Isabel López, Eure Schwester [Tochter des Juan de Llerena und seiner Ehefrau, María de Abreu, ihrer Eltern], die etwa zwanzig Jahre alt ist, nach den Gesetzen der Heiligen Kirche heiraten werde. Sohin verspreche ich hiermit, daß ich mich in das Königreich Spanien und dort in die Stadt Sevilla begeben werde, wo ich ... die besagte Isabel López ehelichen werde. Ich verspreche und versichere, daß ich der genannten Isabel López als Ehegut durch Schenkungsbrief 2000 Kronen der in der Stadt Sevilla gültigen Münze zukommen lassen werde.

Desgleichen: Ich, der hier anwesende Pedro López, erkläre hiemit mich mit allem Obengesagten einverstanden, nämlich, daß ich meine Zustimmung und mein Versprechen gebe, daß, sobald Ihr, der vorgenannte Pedro de Cieza, in der Stadt Sevilla in Spanien angekommen seid, Euch mein Vater am Tage Eurer Eheschließung mit meiner Schwester, der besagten Isabel López, 4000 Kronen in der in Sevilla gültigen Münze geben wird. Juan de Llerena und María de Abreu, meine Eltern, in deren Namen ich das Obige verspreche, werden dies tun und Euch die besagte Isabel López zum Weibe geben, auf daß Ihr sie, wie besprochen, ehelicht. Sollten sie nicht einverstanden sein und Euch die besagten 4000 Kronen nicht geben, so verpflichte ich mich, Euch die besagten 4000 Kronen auszuzahlen, sobald Ihr meine Schwester heiratet, wofür ich mit meiner Person und meinem Eigentum hafte, sofern die Summe von mir gefordert wird, nachdem die Ehe geschlossen ist.

Ich, der obengenannte Pedro de Cieza, stelle fest, daß ich, sobald mir die genannten 4000 Kronen übergeben worden sind, was mit den 2000, die ich mich als Morgengabe zu zahlen verpflichtet habe, 6000 ausmacht, einen Schenkungsbrief vor einem Notar für die besagte Isabel López, Eure Schwester, ausfertigen lassen werde; und wir beide versprechen, insoweit es einen von uns betrifft, zu handeln wie abgemacht, und daß weder wir beide, noch der genannte Juan de Llerena und seine Ehefrau María de Abreu, verweigern werden, das hiermit getroffene Abkommen zu erfüllen. Wer von uns besagtes Abkommen nicht erfüllt und dawider handelt, soll eine Buße von 1000 Kronen schuldig sein, die nach unserem Wunsch und Willen ohne jegliche Rechtshandlung an denjenigen zu zahlen ist, der diesen Kontrakt zu erfüllen bereit ist; und wir wünschen, daß durch diesen Brief, den wir ausdrücklich als gültig und bindend anerkennen, besagte Buße gefordert und eingetrieben werden kann. Da wir den Kontrakt zu erfüllen gewillt sind, verpfänden wir uns mit unserer Person und unserem Eigentum, Gerät und Land, gegenwärtigem und zukünftigem, wo es auch immer befindlich sein möge, und unterstellen uns durch diesen Kontrakt jedem Gericht, Bürgermeister oder Friedensrichter in jeglichem Ort und Jurisdiktionsbereich mit unserer Person und unserem Eigentum, ungeachtet unseres Rechtes gemäß Zuständigkeit und Wohnung, auch für den Fall des *sit convenerit, de juridicione omnium judicium;* so daß wir durch die ganze Kraft des Gesetzes gezwungen sind, das volle Übereinkommen zu erfüllen, zu beachten und zu honorieren, gleich als sei alles Obige durch das rechtsgültige Urteil eines zuständigen Richters gefordert und von allen Beteiligten anerkannt; und wir begeben uns hiermit jeden Einspruchs gegen diesen Kontrakt, sei es durch Gesetz, Recht, Brief, Erlaubnis, Urteilsspruch oder Beschwerde, und erklären, daß ein solcher Einspruch weder vor Gericht noch anderweit geltend gemacht werden soll; insonderheit, daß wir uns nicht auf das Gesetz berufen werden, welches besagt, eine allgemeine Verzichterklärung auf gesetzliche Rechte sei ungültig. Zum Zeugnis dessen bestätigen wir diese Urkunde und ihren Inhalt vor dem Öffentlichen Notar und seinen Zeugen.

Aufgesetzt in der genannten Stadt der Könige am neunzehnten Tage des Monats August im Jahre unseres Herrn Jesu 1550. Als Zeugen sind anwesend Alonso de Illezcas, Diego de Illezcas und der Kaufmann Julián de Abiñón, Bürger und Einwohner dieser Stadt, von denen allen ich, der Notar, versichere, daß sie mir persönlich bekannt sind, und deren Namen ich ins Register eingetragen habe.

GEZEICHNET:
Pedro de Cieza de León
Pedro López
vor mir, *Simón de Alzate* Öffentlichem Notar.

RANDBEMERKUNG Wir ersuchen, daß auf Verlangen einer jeden Partei eine, zwei oder mehrere Abschriften dieser Urkunde ausgefertigt werden.

SCHENKUNGSBRIEF

Sevilla, am Dienstag, den elften August 1551.
Im Namen des Herrn, Amen.
Es sei jedermann, der diesen Brief erblickt, kund und zu wissen, daß ich, Juan de Llerena, und ich, María de Abreu, Ehefrau desselben, beide Bürger dieser höchst edlen und höchst getreuen Stadt Sevilla; im Bezirk San Vicente in der Calle de las Armas wohnhaft (und zwar ich, die vorbesagte María de Abreu, mit Erlaubnis, Zustimmung, Konsens und Gefallen des obbenannten hier anwesenden Juan de Llerena, meines Ehegatten, von dem ich die Berechtigung, zu tun und zu versprechen, was diese Urkunde zum Inhalt hat, erbeten und gefordert habe; – wozu ich, der obbenannte hier anwesende Juan de Llerena meiner obbenannten Ehefrau besagte Erlaubnis erteile, zusage und konzediere, sowohl für mich selbst als auch für uns beide, wobei ich auf die Vorteile des Gesetzes über das Benefizium bei geteilten Verträgen und aller anderen Rechte jener, die gemeinschaftliche Verträge eingehen, Verzicht leiste): wir versprechen Euch, Pedro de Cieza de León, dem legitimen Sohne des Lope de León und seiner verstorbenen Gattin Leonor de Cazalla (wobei Euer verstorbener Vater, Einwohner der Villa [*Villa:* Stadt zweiten Ranges; d. Übers.] Llerena, hier anwesend ist), da mit Gottes Beistand die Heirat zwischen Isabel de León, unserer legitimen Tochter, und Euch, dem besagten Pedro de Cieza, stattgefunden hat, welche mit Euch in der Provinz Peru durch Pedro López, unseren Sohn, verabredet worden ist, und es unser Wille gewesen ist, daß besagte Heirat stattfinden sollte, daß wir Euch und unserer obgenannten Toch-

ter als Mitgift und Heiratsgut, und damit Ihr es leichter haben sollt, den ehelichen Hausstand zu unterhalten, 3500 Golddukaten zu je 375 *maravedís* in kuranter Münze geben werden. Wir verpflichten und binden uns, besagte Summe hier in Sevilla in Frieden und Sicherheit ohne Streit und Handeln auszuzahlen; und zwar 2000 Dukaten in bar, heute am Datum der Abfassung und des Inkrafttretens dieses Dokumentes und innerhalb der nächsten acht Tage, sei es davor oder danach, je nach Eurem Wunsche; und die restlichen 1500 in der Form von Brautausstattung, Kleidern, Juwelen, Haushaltsgegenständen, Sklaven und Sklavinnen, einen allenfalls verbleibenden Rest in bar; und zwar innerhalb eines Jahres vom heutigen Tage ab. Und Ihr sollt ein Haus nehmen, für welches ... *[hier ist die Seite zerrissen, und es fehlen einige Worte]* ... wir uns durch diesen Brief zu zahlen verpflichten, und zwar vor jeglichem Richter, hier in besagter Stadt Sevilla oder anderwärts, wo und vor wem immer dieser Brief präsentiert werden möge; so daß wir auch in unserer Abwesenheit und ohne Gerichtsverhandlung mit unserer Person und unserem Besitz haften, auch mit allen Möbeln und Geräten, wie immer gefordert, so daß Ihr aus den erlösten *maravedís* bezahlt werden und die obbenannten hiermit Euch zugesagten 3500 Dukaten zu gegebener Zeit in Empfang nehmen könnt. Und ich begebe mich jeglichen Rechtes der Supplikation, Berufung, Schuldverschonung oder der Einrede der Ungültigkeit, sowie aller Rechte zu unseren Gunsten, einschließlich jener, welche besagen, daß ein Generalverzicht ungültig sei; und es soll sein, als ob der zuständige Richter Obiges in einem gültigen, von beiden Parteien anerkannten Urteil ausgesprochen habe. Zur

Bürgschaft für das Obengesagte setzen wir all unser gegenwärtiges und zukünftiges Eigentum ein; und ich, die obbenannte María de Abreu, begebe mich der Gesetze der Kaiser Justinian und Veliano zu Schutz und Gunsten der Ehefrauen (da der Öffentliche Notar unsere Aufmerksamkeit auf dieselben gelenkt hat); und ich, der obbenannte und hier anwesende Pedro de Cieza, empfange von Euch, dem obbenannten Juan de Llerena und seiner Ehefrau María de Abreu dieses Versprechen, daß Ihr willens und bereit seid, mir mit Eurer Tochter, obbenannter Isabel López de León, die 3500 Golddukaten zu übergeben, welche zu den in diesem Briefe enthaltenen Terminen und Bedingungen ausbezahlt werden sollen. Da zur Zeit, als zwischen dem obbenannten Pedro López, Eurem Sohne, und mir diese Heirat abgesprochen und beschlossen wurde, der Erstgenannte versicherte, daß Ihr mir, zusammen mit Eurer Tochter, als Mitgift 4000 Goldkronen geben wolltet (worüber ein vor dem Öffentlichen Notar Simón de Alzate am 19. August 1550 in der Stadt der Könige aufgesetztes Dokument vorhanden ist); und in Anbetracht des heute abgeschlossenen Vertrages entlaste ich hiermit Euren Sohn Pedro und sein Eigentum von seiner Verpflichtung und bin mit den obbenannten 3500 Dukaten wohl zufrieden. So betrachte ich das vorher unterzeichnete Abkommen als nichtig und bestätige, daß ich keinen Rechtstitel gegen ihn besitze; und ich verspreche, nichts von ihm zu fordern, für welches Versprechen ich mit meiner Person und meinem Eigentum hafte.

Vorstehendes Dokument wurde aufgesetzt im Hause des obbenannten Juan de Llerena und seiner Ehefrau María de Abreu, und zwar am Dienstag, den elften

August im Jahre unseres Herrn 1551. Die besagten Juan de Llerena und Pedro de Cieza haben mit ihren Namen unterzeichnet; und da María de Abreu angab, sie könne ihren Namen nicht schreiben, taten das für sie und auf ihren Wunsch die anwesenden Zeugen Francisco de Paredes und Alonso Rodríguez, Notare von Sevilla.

Pedro de Cieza.
Juan de Llerena.
Alonso de Cazalla, Öffentlicher Notar von Sevilla.
Francisco de Paredes, Notar von Sevilla, als Zeuge.
Alonso Rodríguez.
(Unterschriften und Schnörkel)

LETZTER WILLE UND TESTAMENT
DES PEDRO DE CIEZA DE LEÓN

IM NAMEN GOTTES, Amen, und der Heiligen Jungfrau!

Wer immer dieses letztwillige Testament erblickt, wisse, daß ich, Pedro de Cieza de León, Bürger dieser Stadt Sevilla, Angehöriger der Parochie San Vicente, krank am Körper, aber gesund am Geist und im vollen Besitz der Verstandes- und Urteilskräfte, die Gott mir zu verleihen geruhte, und im Glauben an alles, was die Heilige Katholische Kirche vorschreibt, und von dem Wunsche durchdrungen, in diesem Heiligen Glauben, wie ich hiermit versichere, zu leben und zu sterben und ihn nicht zu verleugnen, in der natürlichen Furcht vor dem Tode und willens zu tun, was jeder gute Christ tun sollte, diesen meinen Letzten Willen im vollen Bewußtsein dessen, was ich tue, in folgender Form und unter Anrufung der Hilfe Gottes aufsetze:

Erstlich befehle ich meine Seele Gott, der sie geschaffen und durch sein kostbares Blut erlöst hat; und meinen Leib der Erde, aus der er gekommen ist, und verfüge, daß, sollte mich in meiner gegenwärtigen Krankheit der Tod ereilen, mein Leib in der hiesigen Kirche von San Vicente bestattet werde, in demselben Grabe, in welchem mein Weib bestattet liegt, und ich ordne an, daß die Obsequien und Bestattungsfeierlichkeiten und die Bestattung selbst und alles andere während einer Totenmesse so geschehen sollen, wie es meine Testamentsvollstrecker gemeinsam bestimmen werden, auch was die Lesung von Messen und andere Einzelheiten betrifft.

Ich verfüge, daß am Tage meines Todes sechs von meinen Testamentsvollstreckern ausgewählte Bettler gekleidet werden, und zwar sollen sie Mäntel, Hosen, Schuhe und Hemden erhalten, dazu jeder einen Anzug aus Wolle oder Leinen nach der Entscheidung meiner Testamentsvollstrecker.

Ich verfüge, daß für meine Seele fünfhundert Messen gelesen werden, die ich meine Testamentsvollstrecker auf die Parochialkirchen und Klöster innerhalb und außerhalb dieser Stadt zu verteilen bitte, und zwar in der Art und Ordnung, wie sie es für richtig halten. Sie mögen sie nach ihrem Ermessen so aufteilen, daß sie möglichst bald gelesen werden. Dazu gebe ich ihnen volle Freiheit des Handelns, und es soll sie niemand behindern. Die üblichen Almosen sollen für jede Messe gegeben werden.

Ich verfüge weiter, daß, sobald zwei Jahre nach dem Tage meines Todes verflossen sind, an jedem Freitag für meine Seele eine Passionsmesse im hiesigen Colegio de San Tomás von den Mönchen des besagten Colegio gelesen wird, denen dafür die gebräuchlichen Almosen gegeben werden sollen.

Weiterhin ordne ich an, daß außerdem fünfzig Messen für die Seelen im Fegefeuer gelesen werden, wo immer meine Testamentsvollstrecker es für richtig halten.

Des weiteren sollen fünfzig Messen für die Seele meines Weibes gelesen werden, desgleichen zwanzig für die Seele meiner Mutter, zehn für die Seele einer heiligmäßigen verstorbenen Schwester meiner Mutter, und acht Messen für eine indianische Frau mit Namen Ana. Alle diese Messen sollen dort gelesen werden, wo meine Testamentsvollstrecker sie bestellen.

Des weiteres sollen zehn Messen für die Seelen der indianischen Männer und Frauen gelesen werden, die aus jenen Teilen des Landes stammen, wo ich gereist bin.

Außerdem bestimme ich, daß am Ende eines jeden Jahres weitere dreihundert Messen für die Seelen der obengenannten Personen gelesen werden, sowohl um der guten Tat willen als auch aus anderen Gründen, deren ich mich nicht mehr erinnere; und mein Wunsch ist, daß meine Testamentsvollstrecker diese Messen entsprechend den obigen Bestimmungen dort lesen lassen, wo es ihnen gutdünkt.

Weiterhin sollen im Jahre meines Todes an jedem Sonntag, und an den Festtagen der Apostel, der Heiligen Jungfrau, der heiligen Magdalena, der heiligen Katharina, der heiligen Elisabeth und des heiligen Joseph an dem Altar, der dem Grabe meines Weibes und meinem eigenen Grabe am nächsten steht, Messen gelesen werden; diese Messen sollen mit Responsorien über dem Grabe gelesen werden, und ich fordere Juan de Llerena, meinen Schwiegervater, auf, eine Opfergabe beizusteuern.

Weiterhin: jedem der Mönche, die im besagten Colegio de San Tomás leben und ordinierte Priester sind, soll man einen Dukaten geben, auf daß sie daran gedenken mögen, für meine Seele zu Gott zu beten.

Des weiteren verfüge ich, daß die »Kinder der Christlichen Lehre« ein Almosen von sechs Dukaten, die Nonnen des Klosters zur Unbefleckten Empfängnis (bei San Miguel) und die büßenden Nonnen des Klosters Zum Namen Jesu je sechs Dukaten erhalten sollen.

Des weiteren: einem Nonnenkloster, das sich in Llerena befindet und Zur Hilfe Unserer Lieben Frau heißt, sollen meine Testamentsvollstrecker aus meinem Nachlaß eine Summe bis zu zweihundert Dukaten zur Vergrößerung der Kirche oder für andere an ihr notwendige Arbeiten auszahlen, entsprechend den Wünschen der Nonnen bezüglich der Bauarbeiten; und zwar unter der Bedingung, daß besagte Nonnen sich verpflichten, für alle Zeiten am Tage der Empfängnis Mariä, und zwar am eigentlichen Tage der Empfängnis sowie acht Tage danach, einen Festgottesdienst abzuhalten, bei dem Messen und Vespergebete für meine Seele gelesen werden. Meine Testamentsvollstrecker mögen darüber in der Weise, wie sie es für richtig halten, ein Abkommen mit besagten Nonnen treffen.

Weiterhin ordne ich an, daß zwei oder drei Hospitälern der besagten Stadt Llerena sechs Betten gestiftet werden, die so zu verteilen sind, wie meine Testamentsvollstrecker es für richtig halten, und zwar soll jedes Bett zwei Bänke, einen Rahmen, eine Matratze, ein Kissen und eine wollene Decke haben.

Außerdem verfüge ich, daß vierundzwanzig weitere Betten von obbeschriebener Art, jedes mit einer Strohmatratze, vergeben werden, und zwar sechs an das Hospital Amor de Dios, sechs an das Hospital de las Buvas, weitere sechs an das Hospital de los Desamparados, und sechs dem bei den Eisenschmelzereien gelegenen Hospital gegenüber den *alholí* des Bischofs von Escalas.

Des weiteren verfüge ich, daß das purpurne Samtkleid mit Satinärmeln und goldener Borte, das meinem Weibe gehörte und sich in meinem Hause befindet, dem Standbild Unserer Lieben Frau im Kloster der Empfängnis Mariä in Llerena gestiftet wird; und ich stifte dieser Statue außerdem eine Netzhaube mit kleinen goldenen Perlen, die ebenfalls dem Kloster zu übergeben ist, unter der Bedingung, daß nichts zerteilt oder irgend etwas davon verkauft, sondern alles bis zur Abnutzung von besagtem Gnadenbild getragen wird; denn dieses ist mein Wunsch, und die Nonnen und Mitglieder dieses Klosters müssen sich dem unterwerfen, und eine Urkunde soll darüber ausgefertigt werden.

Des weiteren verfüge ich, daß ein Kleid aus einfachem haselnußfarbigem Taft mit Ärmeln und Mieder, das ebenfalls meinem Weibe gehörte, einer Statue Unserer Lieben Frau im Kloster von Los Remedios in Llerena gestiftet wird.

Des weiteren verfüge ich, daß ein bortenbesetztes Untergewand aus rotem Satin, das ebenfalls meinem Weibe gehörte, der Statue Unserer Lieben Frau in der Kirche St. Anton in Trigueros gestiftet wird, die damit bekleidet werden soll; desgleichen ein Kopfschmuck und eine Haube von den besten, so mein Weib hinterlassen.

Weiterhin verfüge ich, daß ein Untergewand aus schwarzem Samt aus dem Besitz meines Weibes der Statue Unserer Lieben Frau vom Heiligen Trost in Trigueros gestiftet wird.

Weiterhin verfüge ich, daß einige Tischtücher, die ich in meinem Hause habe, jedoch nicht die damastenen, an Kirchen nach der Wahl meiner Testamentsvollstrecker verteilt werden, doch sollen einige an die Kirche San Vicente in dieser Stadt gehen; über den Rest mögen die Testamentsvollstrecker nach Wunsch verfügen. Sie sollen auch die Gesichtstücher, die etwa noch vorhanden sind, desgleichen die kleinen Handtücher für den Altardienst stiften; und ich verfüge insonderheit, daß zwei kleine schwarzgestickte Handtücher, die in meiner Juwelenkassette liegen, für den Dienst an jenem Altare bestimmt sind, der sich nächst dem Grabe befindet ...

Weiterhin verfüge ich, daß aus meinem und meines Weibes Nachlaß, insonderheit aus ihrer Morgengabe, 1100 Dukaten genommen werden, die zu gleichen Teilen von je 550, wie weiter unten ausgeführt, an meinen Schwiegervater Juan de Llerena zu übergeben sind. Er möge sich daran schadlos halten für das, was er für die Seele meines Weibes ausgegeben hat; und mit dem Rest möge er ein immerwährendes Opfer stiften, oder was sonst ihm am besten dünkt. Was er auf diese Weise erkauft, soll gerichtlich festgelegt werden, und mit den Zinsen dieser Stiftung soll an dem obengenannten Altar nächst dem Grabe, wo mein Weib begraben liegt und wo ich ebenfalls begraben zu werden wünsche, ein Kaplans-Hochamt gehalten werden, wobei in jedem Monat die Messe zu lesen ist, wofür die Kosten durch die Zinsen, nach Gutdünken des besagten Juan de Llerena, zu decken sind. Des weiteren soll er nach Befragung gelehrter und gewissenhafter Personen eine Schätzung des Betrages vornehmen, den er dem obbezeichneten Zins entnehmen kann, um der obbenannten Kirche San Vicente eine angemessene Stiftung für Ausschmückung, Kerzen, Wein, Bewirtung und Messen zu machen. Dazu setze ich als Patron den besagten Juan de Llerena, meinen Schwiegervater, ein, und er soll den Kaplan auswählen, der die Messe singt. Am Ende seines Lebens soll er, der obgenannte Patron, einen anderen als Patron ernennen, und dieser soll seinen Nachfolger benennen, und dieser wieder den seinen, und so für immer und ewig. Sollte einer der Nachfolge-Patrone oder besagter Juan de Llerena sterben, ohne einen Sukzessor ernannt zu haben, so soll das Patronat an den ältesten Sohn des ohne Ernennung eines Nachfolgers verstorbenen Patrons übergehen, und wem immer dieses Patronat zufällt, der soll seinen Sukzessor nach Wunsch und Willen bestimmen, und der jeweilige Patron soll, wenn nötig, einen neuen Kaplan für die Messen namhaft machen, den der Prälat entsprechend anweisen soll, und der Prälat soll nicht versuchen, sich einzumischen und einen anderen Kaplan zu ernennen, sondern er soll einen vom Patron benannten Kaplan dazu ordinieren, und dieser Kaplan soll die Freiheit haben, einen Stellvertreter einzusetzen, der diese Messen singt und zelebriert. Zwei Drittel dieser Messen sind für meine eigene Seele und die meines Weibes bestimmt, und das letzte Drittel für diejenigen Menschen, denen meine Frau oder ich für gute Taten oder anders verpflichtet sind.

Des weiteren: ich erkläre, daß ich mit meinem Weibe, Isabel de Llerena, Tochter des Juan de Llerena und der María de Abreu, meines Schwiegervaters und meiner Schwiegermutter, 3500 Golddukaten erhalten habe, was 1 312 500 *maravedís* ausmacht, die mir Juan de Llerena treulich ausgezahlt hat, wodurch sie aus seinem in meinen Besitz übergegangen sind. Ich verfüge, daß dieser Betrag aus dem besten Teil meines Nachlasses an ihn zurückgezahlt wird. Was die Morgengabe anlangt, die ich meinem Weibe gegeben habe, so habe ich die Angelegenheit mit dem obbenannten Juan de Llerena durchgesprochen, und er ist damit einverstanden, daß er die 550 Dukaten erhält, die ich aus meinem Nachlaß dafür beiseite gesetzt habe, an Stelle besagter Morgengabe und für das Kaplansamt, das ich gestiftet habe; und ich verfüge, daß Juan de Llerena, falls er das wünscht, als Teil besagter Morgengabe eine Sklavin namens Beatriz, die er mir für 100 Dukaten verkauft hat, für den gleichen Betrag von 100 Dukaten zurücknehmen kann.

Des weiteren verfüge ich, daß, falls sich nach Auszahlung der besagten Morgengabe auf dem gemeinsamen Ehestandskonto... noch ein Überschuß befindet, die Hälfte davon meinem Schwiegervater Juan de Llerena ausgezahlt wird, da ihm solches zusteht.

Weiterhin stelle ich fest, daß zwischen mir und meinem Schwiegervater Juan de Llerena in meinem Hause in Gegenwart des Alonso López, seines Bruders, und des Lope de Llerena, seines Neffen, Rechnung gelegt wurde; und nach dem, was in seinen Büchern steht und nach dem zu dieser Zeit ausgeführten Abschluß schulde ich ihm einige achtzigtausend *maravedís*, die er mir geliehen hat, was ich hiermit anerkenne; und späterhin hat er mir noch mehr *maravedís* gegeben und fährt fort, mich nach meiner Notdurft zu unterstützen. Ich verfüge hiermit, daß alles, was er bis dahin und seither gegeben hat, ihm aus meinem Nachlaß zurückerstattet wird. Als Anzahlung hat er bereits im ersten Quartal dieses Jahres 1554 von Alonso García Cartero einen Betrag aus dem Jahrgeld erhalten, das der Señor Conde de Palma mir regelmäßig auszuzahlen verpflichtet ist und das besagter Alonso García für mich erhebt. Dieses ist obbenanntem Juan de Llerena bereits übergeben worden, und ich verfüge, daß er unter keinen Umständen dieserhalb befragt oder daß darüber eine Untersuchung angestellt werde, weder von meinen Erben noch von sonst jemandem. Was er darüber angibt, soll genügen, und seinem Wort soll vertraut werden.

Weiterhin bekenne ich, daß ich zur Rückzahlung von 300 Dukaten verpflichtet bin, die mir von einigen mir bekannten Indianern anvertraut worden sind, damit ich sie für sie anlege. Da ich das nicht getan habe, die besagten Indianer verstorben sind und die Rückerstattung auf keine Weise vorgenommen werden kann, verfüge ich, um mein Gewissen zu erleichtern, und weil sie keine Christen waren und in Sünde lebten, daß diese 300 Dukaten als Almosen meinen drei sehr armen Schwestern, Beatriz de Cazalla, Leonor de Cieza und María Alvarez, und zwar jeder 100 Dukaten, gegeben werden, da sie in sehr dürftigen Umständen leben.

Weiterhin bekunde ich, daß ich dem Manuel de Campo, aus Valverde gebürtig, 10 Dukaten schulde; und da ich nicht weiß, ob er noch lebt oder Erben hinterlassen hat, verfüge ich, daß, falls innerhalb zweier Jahre er oder einer seiner Erben nicht gefunden wird, etwas Gutes für seine Seele getan wird, wie es meinen Testamentsvollstreckern gutdünkt.

Des weiteren: da ich, der Priester Francisco de Frias und Pedro de Velasco dem Hauptmann Pedro de Ayala de Castro zugunsten des Jorge de Robledo für 243 *castellanos* gebürgt haben, die ich bezahlen muß, ist mein Schwiegervater Juan de Llerena verpflichtet, diese Schuld für mich zu begleichen. Ich ermächtige ihn, von dem besagten Frias und dem Pedro de Velasco deren Anteil an der Bürgschaft einzuziehen. Wenn besagter Francisco de Frias seinen Anteil bezahlt, so ist ihm ein Abzug von 30 Dukaten zu gewähren, und er hat nur den Rest zu zahlen. Ich erkläre, daß ich aus dieser Bürgschaft dem besagten Pedro de Ayala de Castro etwa 71 000 *maravedís* schulde; und mein Schwiegervater Juan de Llerena ist verpflichtet, das zu regeln; später muß er aus meinem Nachlaß entschädigt werden.

Des weiteren erkläre ich, daß der Hauptmann Alvaro de Mendoza, Bürger von Cartagena de las Indias, mir 120 *castellanos* schuldet, wofür Juan de Cobo in Quito die Quittung aufbewahrt; und ich verfüge, daß meine Erben diesen Betrag mit einem Diskont von 15 *castellanos* einziehen.

Des weiteren verfüge ich, daß die in meinem Hause befindlichen silbernen Kerzenleuchter ... der Kirche Santa María in Llerena zu übergeben sind.

Des weiteren soll, gewisser Verpflichtungen halber, jeder Kirche, jeder Einsiedelei und jedem Kloster von Llerena, sowohl innerhalb als außerhalb der Mauern, ein halber Dukaten Almosen gegeben werden.

Des weiteren erkläre ich, daß ich meinem Schwager Pedro López de Abreu 100 *castellanos* schulde, die er mir geliehen hat, und wenn ich diesen Betrag noch nicht zurückgezahlt habe, so soll er aus meinem Nachlaß beglichen werden. Außerdem verfüge ich, daß besagter Pedro López weitere 80 *castellanos*, die er mir gesandt hat, erhält; und wenn Juan de Llerena diese noch nicht bezahlt hat, so soll er das jetzt tun. Sollte sich obbenannter Pedro López von meinem Eigentum, das er in Händen hat, bereits bezahlt gemacht haben, so soll das Geld meinen Erben zurückerstattet werden.

Desgleichen erkläre ich, daß ich dem Alonso de Cazalla in Panama 100 *castellanos* schulde, die er mir für ein gewisses Geschäft, das dann nicht zur Ausführung kam, übergeben hat. Da er nicht bezahlt worden ist, muß er den Betrag aus meinem Nachlaß erhalten.

Ich erkläre, daß ich Don Juan Toscano, Dekan de las

Reyes [d. h. in Lima] 4 *castellanos* schulde, die ihm aus meinem Nachlaß bezahlt werden sollen.

Ich erkläre, daß ich García Martínez de la Torre, einem Bürger von Cali, dreizehn und einen halben Peso Gold schulde, was Antonio de Redondo, Bürger von Cali, in meinem Auftrag erledigt hat; ich verfüge, daß der Betrag ihm oder seinen Erben bezahlt wird.

Des weiteren erkläre ich, daß ich Juan Martín, dem einstigen Diener des Jorge de Robledo, jetzt in Cartago, neun und einen halben Peso schulde; ich verfüge, daß sie ihm ausgezahlt werden.

Des weiteren erkläre ich, daß ich dem Pedro Alonso Carrasco, Bürger von Cuzco, 30 Dukaten schulde, die er mir für ein gewisses Geschäft gegeben hat, das dann nicht ausgeführt werden konnte. Ich verfüge, daß ihm der Betrag ausbezahlt wird.

Ich erkläre, daß ich mit Robledo etwas abzurechnen hatte; und da seine Testamentsvollstrecker von mir 70 *castellanos* gefordert und ich diese an Pedro Ayala auf Rechnung des obbenannten Robledo bezahlt habe, schulde ich nichts mehr, denn ich habe ihn bezahlt und habe auch die anderen Rechnungen ausgeglichen; meine Schuld ist getilgt.

Des weiteren verfüge ich, daß an Diego Mexía, Schwiegersohn des Richters Vanegas, drei *escudos* bezahlt werden, die er mir, als er von Westindien kam, auf den Azoren geliehen hat.

Desgleichen verfüge ich, daß an Lope de Llerena bezahlt wird, was er an Unterhaltskosten für meinen Vater fordert und abrechnet.

Ich bestätige und erkläre, daß meine Besitztümer in einem Inventarverzeichnis ... aufgeführt sind. Es ist mit meinem Namen unterzeichnet und wird von meinem Schwiegervater aufbewahrt.

Des weiteren erkläre ich, daß sich 130 mir gehörige Exemplare der Chronik, die ich über Westindien geschrieben habe, bei Juan de Espinoza, Buchhändler und Bürger von Medina del Campo, befinden, worüber dieser abzurechnen und ihren Wert zu bezahlen hat, wobei ihm für zwei Decken, die er mir gesandt hat, ein Diskont von 45 *reales* in Abzug zu bringen ist.

Außerdem erkläre ich, daß ich weitere 30 Bücher der obbenannten Chronik nach Toledo gesandt habe, die dort von Juan Sánchez de Andrada verkauft worden sind, welcher darüber abzurechnen und den Betrag zu bezahlen hat.

Desgleichen erkläre ich, daß Diego Gutiérrez de los Ríos in Córdova acht Bücher besagter Chronik in Händen hat, für die er zu belasten ist.

Desgleichen hat Fulano de Villalón, Buchhändler, wohnhaft in Magdalena, 15 Exemplare der besagten Chronik in Händen. Er hat für jedes vier *reales* und drei *cuartillos* zu bezahlen oder die Bücher zurückzugeben. Der Preis der *Geografía* von Enziso, die er mir verkauft hat, soll ihm bezahlt werden.

Desgleichen: Rodrigo de Valles, Buchhändler, hat weitere acht Bücher in Händen, und ich schulde ihm für 20 Bogen Papier.

Desgleichen: der Drucker Montesdoca schuldet mir 27 *reales* für weitere Bücher; ich verfüge, daß die Summe von ihm eingezogen wird.

Des weiteren erkläre ich, daß ich an Juan Canalla hundert oder mehr Bücher für 500 *reales* verkauft habe, wovon er bisher 170 *reales* bezahlt hat; da er ein armer

Mann ist, verfüge ich, daß ihm 130 *reales* nachgelassen werden. Der Restbetrag ist zu Lasten einer Hypothek, die zur Deckung der Schuld aufgenommen worden ist, einzuziehen. Über diese Transaktion existiert eine Urkunde, die vor dem Öffentlichen Notar Cazalla ausgestellt worden ist und besagt, daß 100 *reales* im kommenden Juli gezahlt werden sollen. Ist dieser Betrag eingezogen, so wünsche ich, daß er als Almosen an das Mönchskloster zu Unserer Lieben Frau vom Tale in Sevilla, nahe der Puerta del Onzario, gegeben wird.

Des weiteren erkläre ich, daß mir Hernando de Alfaro 30 *reales* schuldet, die ich ihm geliehen habe. Ich verfüge, daß dieser Betrag eingezogen und als Almosen für die Armen der Parochie San Vicente gestiftet wird.

Desgleichen erkläre ich, daß mir Plazencia 60 Dukaten schuldet, wofür Lope de Llerena die Quittung besitzt; ich verfüge, daß diese Summe eingezogen und 25 Dukaten davon als Almosen einem von meinen Testamentsvollstreckern zu bestimmenden Hospital gestiftet werden. Ich schlage das Hospital de Santa Brigida in Trigueros vor, das davon Betten anschaffen könnte.

Des weiteren: da die Verwalter des Hospitals des Kardinals, von denen ich das von mir bewohnte Haus zu dauernder Benutzung erhalten habe, mir 40 000 *maravedís* geliehen haben, um mir bei der Aufbringung der Instandsetzungskosten behilflich zu sein, welche Kosten von der Miete, die ich bezahle, in Höhe von jährlich 10 000 *maravedís* abgesetzt werden; und da im letzten Jahr 10 000 *maravedís* abgesetzt wurden und in diesem Jahr weitere 10 000 abgesetzt werden, so verfüge ich, daß der Rest von 20 000 *maravedís*, welche das Hospital mir noch schuldet, nicht eingefordert wird; diese

Summe soll dem genannten Hospital als Almosen gestiftet werden.

Des weiteren verfüge ich folgendes: ich habe ein Buch, oder vielmehr drei Bücher über die peruanischen Bürgerkriege verfaßt, alle mit der Hand auf Pergament geschrieben und ausgeschmückt, welche bei der Drucklegung einiges unliebsame Aufsehen erregen könnten und deren Inhalt gewissen Personen Ärgernis bereiten mag. Da die darin geschilderten Vorgänge sich erst vor kurzem in den besagten Kriegen abgespielt haben, ist es mein Wunsch, daß meine Testamentsvollstrecker diese drei Bücher samt den Aufzeichnungen, die in meinem Schreibtisch sind, herausnehmen und die genannten Briefe und anderen Schriften, die außerdem dabeiliegen könnten, beiseite tun, so daß nur die drei Bücher und die darauf bezüglichen Aufzeichnungen übrigbleiben. Dann sollen sie den Schreibtisch abschließen, versiegeln und noch zwei kleine Schlösser anbringen; sodann sollen sie in Gegenwart eines Öffentlichen Notars den verschlossenen Tisch in das Kloster Las Cuevas (oder in ein anderes Kloster nach ihrem Ermessen) bringen und ihn dort deponieren; die Schlüssel sollen in ihrem Besitz bleiben (und zwar soll jeder einen Schlüssel übernehmen), bis fünfzehn Jahre nach meinem Tode verflossen sind, während welcher Zeit niemand hineinsehen soll. Alsdann sollen auf Anordnung meiner Testamentsvollstrecker oder desjenigen von ihnen, der noch am Leben ist, oder, falls keiner mehr am Leben sein sollte, der Prälaten des Klosters, in dem der Tisch deponiert wurde, die Bücher einem Sachverständigen übergeben werden, der sie durchsehen und korrigieren soll, wobei er aus besagtem Werk alles, was ihm überflüssig dünkt, entfernen möge, ohne jedoch zu dem Geschriebenen etwas hinzuzufügen. Was die Vollendung des Manuskripts mittels der im Schreibtisch befindlichen Notizen anlangt, möge er fortfahren, wie ihm gutdünkt, wobei er kenntlich machen soll, wie weit meine Schrift geht und wo er zu schreiben begonnen hat. Auf diese Art mag er das Buch drucken lassen, damit Ehre und guter Ruf aller gewahrt seien und niemand geschädigt oder entehrt werde; und er möge aus der Publikation seinen Gewinn ziehen. Wenn einer meiner Testamentsvollstrecker eine bestimmte Person damit betrauen will, so mag er das tun. Es ist mein Wunsch, daß das betreffende Kloster die Übernahme des besagten Tisches in einer meinen Testamentsvollstreckern gutdünkenden Weise bescheinige.

Betreffs eines anderen von mir verfaßten Buches über die Geschichte der Inkas und der Entdeckung und Eroberung Perus verfüge ich, daß, falls einer meiner Testamentsvollstrecker es zu drucken wünscht, er es tun und aus der Veröffentlichung Gewinn ziehen möge; sollte keiner diesen Wunsch haben, so ist das Buch an den Bischof von Chiapas an dessen Bischofssitz zu senden, damit er es in Druck gebe.

Ich verfüge, daß meinem Diener Juan zu zahlen ist, was ich ihm für seine Dienste schulde; dazu sollen ihm aus meinem Besitz zwei Mäntel von geschorenem schwarzem Tuch, meine offenen Schuhe, eine meiner beiden Kappen, sowie ein leinenes Wams mit Hemd gegeben werden.

Des weiteren: ich wünsche, vom Kriegskommissariat Entlastung zu erhalten, und sollte ich das bis zu meinem Tode nicht erreicht haben, so verfüge ich, daß meine Testamentsvollstrecker sich mit möglichster Eile und Geschicklichkeit darum bemühen. Auf meinen Reisen in Westindien bin ich oft in vielen gefährlichen Situationen mit allerlei Kriegsvolk zusammen gewesen, und mancher Schaden ist bei Kämpfen entstanden, wenn ich, im Angriff oder in der Verteidigung, zusammen mit den Soldaten gegen die Indianer, ihre Städte, Dörfer und Haziendas gefochten habe. Ich besitze weder Unterlagen noch Erinnerung, um solche Schäden wiedergutzumachen; deshalb, und wegen der Ruhe meines Gewissens, das mich dieserhalb plagt, bitte und beschwöre ich meine Testamentsvollstrecker, diese Entlastung zu erlangen, falls es mir selbst nicht gelungen sein sollte.

Des weiteren, wenn dieses letztwillige Testament erfüllt und die darin enthaltenen Bestimmungen durchgeführt sind, ist es mein Wunsch und Wille, daß der verbleibende Teil meines Nachlasses in folgender Weise verteilt wird: obgleich mein Vater, Lope de León, noch am Leben ist und ich ihm nach dem Gesetz als nächstem Verwandten in aufsteigender Linie nicht mehr als ein Drittel meines Nachlasses vorenthalten kann, habe ich seine Zustimmung und Erlaubnis, die er mir vor dem Öffentlichen Notar der Stadt Llerena, Rodrigo Garzón, zugestanden und bewilligt hat, meinen gesamten Nachlaß nach meinem eigenen Wunsch und Willen zu vererben und zu meinen Lebzeiten oder nach meinem Tode wem immer ich wünsche zu übereignen, mit der einzigen Bedingung, ihm eine bestimmte Summe *maravedís* als Leibrente zu übermachen, wie in der von mir genannten Urkunde festgelegt. Ich könnte nun in Erfüllung dessen ihm nur diese Rente vererben und über den Rest anderweitig verfügen, ohne die besagte Verpflichtung dadurch zu brechen, sie in Kraft belassend und sie nur gebrauchend, soweit Notwendigkeit besteht; doch erkläre ich hiermit, daß ich den Rest meines Nachlasses meinem Vater Lope de León als alleinigem Erben überschreibe und hinterlasse, und zwar mit der Auflage und Bedingung, daß dieser Restnachlaß dazu verwandt wird, in der Stadt Llerena eine Jahresrente durch die Hand meines Bruders Rodrigo de Cieza zu erwerben. Mein Bruder soll diese Rente entgegennehmen oder jemanden damit beauftragen, und mein Vater soll seinem Alter und seinem persönlichen Bedürfnisse gemäß Unterhalt beziehen; und was übrigbleibt, soll zwischen Rodrigo und seinen Schwestern Beatriz de Cazalla, Leonor de Cieza und María Alvarez gleichmäßig geteilt werden. Des weiteren ist es mein Wunsch, daß nach dem Tode meines Vaters mein gesamter obbezeichneter Nachlaß als Erbe zur Hälfte an meine Schwester María Alvarez gehen soll. Die andere Hälfte soll in drei gleiche Teile geteilt werden, wovon der eine für Rodrigo de Cieza, die beiden anderen für meine Schwestern Beatriz de Cazalla und Leonor de Cieza bestimmt sind. Mit dieser unbedingten Auflage soll mein Vater mein Erbe sein; nimmt er diese Erbschaft nicht an, so sollen ihm die in vorbenannter Urkunde aufgeführten 15 000 *maravedís* für seinen Unterhalt ausgezahlt werden, und der Rest meines Nachlasses soll unter meine obbenannten Brüder in der besagten Weise verteilt werden. Falls einer von ihnen dieses Testament anficht und das Erbe nicht annehmen will, ist es mein Wunsch, daß der oder die Betreffenden keinen Teil an meinem Nachlaß haben oder sich irgendeines Vorteils aus dieser Erbschaft erfreuen sollen, und die betreffenden Anteile sind nach Ermessen meiner Testamentsvollstrecker den Armen zu geben; und der Verwalter meines Nachlasses soll besagten Nachlaß an meine Erben beziehungsweise denjenigen Personen entsprechend meinen obigen Verfügungen übergeben, welche die genannte Klausel akzeptiert und bestimmungsgemäß auszuführen sich verpflichtet haben, worüber eine Urkunde aufzusetzen und zu unterzeichnen ist. Das Erbe darf unter keinerlei anderen Bedingungen zugesprochen werden, und zur Sicherstellung der Erfüllung sollen im Falle eines notwendig werdenden gerichtlichen Verfahrens alle auflaufenden Kosten aus meinem Nachlaß bestritten werden.

Des weiteren verfüge ich, daß alle meine Besitztümer, einschließlich der Möbel in meinem Hause und der Rente, die mir von dem Grafen von Palma gezahlt wird, und was aus Westindien und Flandern etwa noch einkommt, ausnahmslos in den Besitz des obbenannten Juan de Llerena, meines Schwiegervaters, übergeht; und er soll dasselbe in guter Ordnung halten, um die in meinem Testament getroffenen Verfügungen ausführen zu können. Wenn alles bezahlt und erfüllt ist, soll ihm der Rest auf die in der vorausgegangenen Klausel beschriebenen Weise ausgehändigt werden. Während dieser Zeit soll mein Vater die für seinen Lebensunterhalt notwendigen Kosten aus dem Restnachlaß erhalten. Das soll der obbenannte Juan de Llerena in die Hand nehmen, bis die Gelder aus Flandern und Westindien eingehen und alles zusammengelegt und meine Verfügungen ausgeführt werden können.

Des weiteren erkläre ich, daß Antonio Pimentel, Bürger der Stadt Arma, mir zehn Pesos schuldet, die ich ihm in der Stadt Lima geliehen habe; und Juan Ruiz in derselben Stadt schuldet mir weitere dreizehn, die ich ihm ebenfalls geliehen habe; und ich verfüge, daß diese Beträge von den beiden Genannten eingezogen werden.

Des weiteren: falls eine Rechnung über zehn oder elf *castellanos* vorgelegt werden sollte, die ich einem gewissen Juan Cota, Bürger von Moguer, zu schulden glaube, so soll diese akzeptiert und aus meinem Nachlaß bezahlt werden.

Und damit die Verfügungen dieses meines Letzten Willens ausgeführt werden und alles, was darin enthalten, getan wird, ernenne ich zu meinen Testamentsvollstreckern den obengenannten Juan de Llerena, meinen Schwiegervater, sowie den obbenannten Rodrigo de Cieza, meinen Bruder, sowie den Priester Doktor Rodrigo de Ribera, deren jedem ich umfassende Befugnisse in dem Maße, wie ich sie selber habe, erteile, meinen Nachlaß zu übernehmen, die nötigen Teile und Beträge daraus zu entnehmen und gemäß meinen obigen testamentarischen Bestimmungen alles zu erfüllen und zu bezahlen. Ich bitte und beschwöre sie, dieses um des Friedens meiner Seele willen zu tun, und ich bitte den obbenannten Juan de Llerena um die Gunst, er wolle um der Liebe willen, die wir füreinander empfanden, gegebenenfalls und wenn nicht anders zu machen, aus seinem Vermögen diejenigen Beträge auslegen, welche nötig sind, um die meine Seele und das Kaplansamt betreffenden Bestimmungen mit Eifer und so bald wie möglich durchzuführen.

Da Obiges meinen endgültigen Letzten Willen darstellt, dessen Ausführung und Erfüllung mein ausdrücklicher Wunsch ist, widerrufe und annulliere ich hiermit alle früheren Testamente, Verfügungen und Kodizille, die ich bisher getroffen haben möge, bezeichne sie als nichtig und ungültig und erkläre das vorliegende Testament für endgültig und für immer Rechtens, zum Zeichen dessen ich am dreiundzwanzigsten Tag des Juni des Jahres MDLIIII diese zehn beiderseitig beschriebenen Blätter (außer dem letzten, welches das Datum trägt und teilweise unbeschrieben und liniiert ist) mit meinem Namen unterschreibe, wobei ich verfüge, daß es vor dem Öffentlichen Notar von Sevilla, Alonso de Cazalla, gesiegelt wird.

Pedro de Cieza de León (Schnörkel).

Des weiteren, nachdem meine Testamentsvollstrecker das Ihrige getan haben, um mein Gewissen zu erleichtern, sollen sie von meinem Nachlaß 50 000 *maravedís* empfangen und entnehmen, welche sie als Heiratsgut für zwei arme Waisenmädchen (wenn solche in meiner Sippe vorhanden, dann vorzugsweise an diese, sonst nach ihrem Ermessen) zur Auszahlung bringen sollen.

Des weiteren: was etwa noch aus Honduras an Geld für die Bücher einkommt, die ich selbst dorthin gesandt habe, damit sie dort verkauft werden, soll der Kirche von Santa Catalina in Llerena gestiftet werden zu einer Verwendung nach dem Ermessen meiner Testamentsvollstrecker.

Des weiteren verfüge ich, daß Doktor Ribera, damit er für mich zu Gott bete, aus meinem Besitz ein kleines vergoldetes Salzfaß erhält, das ich vom Hofe als Geschenk bekommen habe, sowie den Kapuzenmantel aus Satin, den ich mir für die Trauer habe machen lassen, sowie zehn Ellen Leinen, auf daß er meine Seele in seinen Gebeten Gott empfehle. Außerdem verfüge ich, daß der Erlös für den karmesinroten Reifrock, der nach Westindien gesandt wurde, zusätzlich für das von mir errichtete Kaplansamt gestiftet wird.

Des weiteren verfüge ich, daß von den Einnahmen aus Plazencia und für die nach Santo Domingo gesandten Bücher zwei Dukaten der Kirche San Vicente in dieser Stadt übergeben werden, wofür man in jedem Jahr am Tage der heiligen Katharina einen feierlichen Gottesdienst mit Geistlichen, Predigten und Orgelspiel zum Wohle meiner Seele und der meines lieben Weibes abhalte; was übrigbleibt, soll nach dem Ermessen meiner Testamentsvollstrecker den Armen gegeben werden, unbeschadet des Vorangegangenen, meines auf zehn Bogen geschriebenen rechtsgültigen Testamentes, und ich unterzeichne mit meinem Namen am XXIII. Tage im Juni des Jahres eintausendfünfhundertvierundfünfzig.

LITERATUR

1. Bibliographische Anmerkungen zu den Werken von Pedro de Cieza de León

ERSTER TEIL DER CHRONIKEN VON PERU

Spanische Ausgaben
Parte primera de la Chronica del Peru. Que tracta de la Demarcación de sus Provincias, La Descripción dellas, Las Fundaciones de las nuevas ciudades, los ritos y costumbres de los indios y otras cosas estrañas dignas de ser sabidas.
Folio ix hojas (preliminares y cxxxiv hojas con el texto de la obra). Con grabados de madera en el texto.
    Casa de Martín de Montesdoca. Sevilla, 1553.
La Chronica del Peru, Nuevamente escrita, por Pedro de Cieça de León, vezino de Sevilla.
    Casa de Martin Nucio. Anvers, 1554.
Parte prima de la Chronica del Peru, que tracta la demarcación de sus provincias, la descripción dellas, las fundaciones de las nuevas ciudades, los ritos y costumbres delos Indios, y otras cosas estrañas dignas de ser sabidas.
    Casa de Juan Steelsio. Anvers, 1554.
Parte primera de la Chronica del Peru, que tracta la demarcación de sus provincias, la descripción dellas, las fundaciones de las nuevas ciudades, los ritos y costumbres delos Indios, y otras cosas estrañas dignas de ser sabidas.
    Juan Bellero. Anvers, 1554.
La Crónica del Perú.
    Edit. por Enrique de Vedia en »Biblioteca de autores españoles...,« Tomo XXVI.
    »Historiadores primitivos de Indias,« Tomo II.
    Madrid, 1862.
La Crónica del Perú.
    Colección »Los grandes viajes clásicos,« Tomo XXIV. Mit 3 Karten.
    Calpe. Madrid, 1922.
La Crónica General del Perú, Tomo I.
    Anotada y concordada con las crónicas de Indias por Ho-

racio H. Urteaga. »Historiadores clásicos del Perú,« Tomo VII.
Librería e Imprenta Gil. Lima, 1924.
La Crónica del Perú.
Colección »Viajes clásicos.« Mit 3 Karten.
Espasa-Calpe S. A. Madrid, 1941.
La Crónica del Perú.
Colección Austral.
Espasa Calpe Argentina S. A. Buenos Aires, 1945.
La Crónica del Perú.
Auszug der *Crónicas de la Conquista del Perú* (944 Seiten).
Editorial Nueva España S. A. Mexico, 1946.

Italienische Übersetzungen
La prima parte de la cronica del grandissimo regno del Peru che parla de la demarcatione, de la sue provintie, la descrittione d'esse, le fundationi de le nuove citta, li ritti & costumi de l'Indiani, & altre cose strane degne di esser sapute.
Übersetzt von Agostino di Cravaliz.
541 Seiten.
Valerio ... Luigi Dorici fratelli. Roma, 1555.
La prima parte dell'istorie del Peru, dove si tratta l'ordine delle Provincie, delle Citta muove in quel Paese edificate, i riti et costumi de gli Indiani, con molte cose notabile, & degne, que vengano a notitia.
Andrea Arivabene. Venetia, 1556.
La prima parte dell'istorie del Peru, dove si tratta l'ordine delle Provincie, delle Citta nuove in quel Paese edificate, i riti & costumi de gli Indiani, con molte cose notabile, & degne, che vengana a notitia.
Giordano Ziletti. Venetia, 1557.
Cronica del gran regno del Peru, con la descrittione di tutte le provincie, e custumi, e riti, con le nuove citta edificate, & altre strane & maravigliose notitie.
Übersetzt von Agostino di Cravaliz.
Francesco Lorenzini da Turino. Venetia, 1560.
La Prima parte dell'Historie del Peru. Dove si tratta l'ordine delle Provincie, delle Citta nuove in quel Paese edificate,

i riti, & costumi de gli Indiani, con molte cose notabili, et degne di consideratione.

Giordano Ziletti. Venetia, 1560.

Historia, over cronica del gran regno del Peru, con la descrittione di tutte le Provincie, e costumi, e riti, & con le nuove Citta edificate, & altre strane e maravigliose notitie.

Giovanni Bonadio. Venetia, 1564.

Cronica del Gran Regno del Peru, con la descrittione di tutte le Provincie, costumi, e riti. Con le nuove citta edificate, & altre strane & maravigliose notitie.

Camillo Franceschini. Venetia, 1576.

Englische Übersetzungen

The Seventeen Years Travels of Peter de Cieza, Through the Mighty Kingdom of Peru, and the large Provinces of Cartagena and Popayan in South America: From the City of Panama, on the Isthmus, to the Frontiers of Chile.

Übersetzt von Captain John Stevens.

Mit Kupfern, 1 Karte, 1 Plan.

London 1709.

(Enthält 94 Kapitel von 119 des Ersten Teils.)

The travels of Pedro Cieza de Leon, A. D. 1532–50, from the Gulf of the Darien to the City of La Plata, contained in the first part of his Chronicle of Peru.

Übersetzt von Cl. R. Markham.

Werke, herausgegeben von der Hakluyt Society,
Band XXXIII
London 1864.

ZWEITER TEIL DER CHRONIKEN VON PERU

Spanische Ausgaben

La segunda parte de la crónica del Perú que trata del señorió de los Incas Yupanquis y de sus grandes hechos y gobernación. (Kapitel I und II und der erste Teil von Kapitel III fehlen.)

Relación de los Ingas (Erste Auflage)
  Herausgegeben von Manuel González de la Rosa, 255 Seiten
  Ballantyne, Hanson & Co. London 1873.

Das Exemplar, das vor dem 2. Weltkrieg in der Preußischen Staatsbibliothek in Berlin aufbewahrt wurde, ist vermutlich das einzige, das von der 1886 veröffentlichten Ausgabe erhalten geblieben ist. Über diese Ausgabe entstand eine Kontroverse zwischen González de la Rosa und M. Jiménez de la Espada. R. Vargas Ugarte, Historia del Peru, Fuentes (2. Auflage 1945), Seite 22. Vom ersten Kapitel des zweiten Teils findet sich ein Abdruck von M. González de la Rosa in der Revista Peruana (Lima), Band II (1879).

Segunda parte de la Crónica del Perú, que trata del Señorío de los Incas Yupanquis y de sus grandes hechos y gobernación.
    Herausgegeben mit einer Einführung und Anmerkungen von Marcos Jiménez de la Espada. »Biblioteca Hispano-Ultramarina«, Band V
    Manuel Gines Hernández, Madrid 1880.

Del Señorío de los Incas.
    Einführung und Anmerkungen von Alberto Mario Salas; außerdem Anmerkungen von M. Jiménez de la Espada.
    Ediciones Argentinas Solar, Buenos Aires 1943.

Englische Übersetzungen
The second part of the Chronicle of Peru, 1532–50
    Übersetzt und mit einer Einführung und Anmerkungen versehen von Cl. R. Markham.
    Werke, herausgegeben von der Hakluyt Society,
    Band LXVIII, London 1883.

DRITTER TEIL DER CHRONIKEN VON PERU

Dieser Teil, der die Eroberung von Peru enthält, wurde vor allem von A. Herrera de Tordesillas benutzt in seiner Década, V.

La tercera parte de la Crónica de Piedro de Cieza de León.
    (15 Kapitel, die lediglich ein Bruchstück des dritten Teils darstellen.) Erste Veröffentlichung durch Rafael Loredo, Mercurio Peruano, Anno XXI, Band XXVII, Nr. 233, Seiten 411–40. Lima August 1946.

VIERTER TEIL DER CHRONIKEN VON PERU

In 5 Bücher unterteilt:
 Buch I: *Guerra de las Salinas.*
 Buch II: *Guerra de Chupas.*
 Buch III: *Guerra de Quito.*
 Buch IV: *Guerra de Huarina.* Verschollen.
 Buch V: *Guerra de Xaquixahuana.*
  Verschollen (vielleicht ist dieses letzte Buch auch nie geschrieben worden).
Guerra de Chupas. Guerras Civiles del Perú.
 »Colección de Documentos Inéditos para la Historia de España«, Band LXXVII.
 Madrid 1881.
Tercer libro de las guerras civiles del Perú el cual se llama la Guerra de Quito.
 »Historiadores de Indias«, Band II.
 »Nueva Biblioteca de Autores Españoles.«
 Herausgegeben von M. Serrano y Sanz.
 Madrid 1909.

Übersetzungen (englisch)
The War of Las Salinas.
 Hakluyt Society.
 London 1923.
The War of Chupas.
 Hakluyt Society.
 London 1918.
The War of Quito.
 Hakluyt Society.
 London 1913.
(Bemerkenswert ist die Tatsache, daß Cieza anscheinend niemals ins Französische oder Deutsche übersetzt worden ist.)

2. Die wichtigsten Veröffentlichungen zur Geschichte von Peru

Acosta, José de. *The Naturall and Morall Historie of the East and West Indies.* London 1604.
Bandelier, Adolph. *The Islands of Titicaca and Koati.* New York 1910.

Bennett, Wendell C. *Ancient Arts of the Andes*. New York 1954.

Benzoni, Girolamo. *History of the New World*. London 1857.

Bertrand, Louis, und Sir Charles Petrie. *The History of Spain*. New York 1934.

Betanzos, Juan de. *Suma y Narración de los Incas*. Ed. Marcos Jiménez de la Espada. *Biblioteca Hispano-Ultramarina*. Madrid 1880.

Cieza de León, Pedro de. *Crónica del Perú*. Sevilla 1553.

– *Crónica del Perú*. Antwerpen 1554.

– *The Travels of Peter de Cieza*... Ed. Clements Markham. London 1864.

– *The War of Quito and Inca Documents*. Ed. Clements Markham. Hakluyt Society, 2d. ser., No. XXXI. London 1913.

– *The War of Las Salinas*. Ed. Clements Markham. Hakluyt Society, 2d. ser., No. LIV. London 1923.

– *The War of Chupas*. Ed. Clements Markham. Hakluyt Society, 2d. ser., No. XLII. London 1917.

Doering, H. *Auf den Königsstraßen der Inka*. Berlin 1941.

Enríquez de Guzmán. *The Life and Acts of Don Alonso Enríquez de Guzmán*. Ed. Clements Markham. Hakluyt Society, Work No. 29. London 1862.

Hagen, Viktor W. von. *Ecuador and the Galápagos Islands*. Norman 1949.

– *Guide to the Ruins of Ollantay-tambo*. Lima 1958.

– *Guide to the Ruins of Sacsahuamán*. New York 1949.

– *Highway of the Sun*. New York 1955.

– *Das Reich der Inka*. Hamburg 1958.

– *Südamerika ruft*. Entdeckungsreisen großer Naturforscher. Berlin 1959.

Haring, C. H. *The Spanish Empire in America*. New York 1947.

Humboldt, Alexander von. *Ansichten der Natur*. 2 Bände. 1808.

– und Aimé Bonpland. *Recueil d'observations de zoologie et d'anatomie comparé*. 2 Bände. Paris 1811.

La Vega, Garcilaso de. *Comentarios Reales de los Incas*. 5 Bände. Buenos Aires 1945.

Madariaga, Salvador de. *Christopher Columbus.* New York 1940.
- *Hernán Cortés.* New York 1941.
Markham, Sir Clements. *Cuzco: A Journey to the Ancient Capital of Peru ... and Lima ...* London 1856.
- (ed.) *Reports on the Discovery of Peru* (Francisco de Xérez, Miguel de Estete, Hernando Pizarro, Pedro Sancho). Hakluyt Society. London 1872.
Means, Philip Ainsworth. *Ancient Civilizations of the Andes.* New York 1931.
Monge, Carlos. *Acclimatization in the Andes.* Baltimore 1948.
Montesinos, Fernando. *Memorias Antiguas Historiales del Peru.* Ed. P. A. Means. Hakluyt Society, 2d. ser., No. XLVIII. London 1920.
Murra, John. »Tribes of Ecuador,« in Steward (ed.), *Handbook of South American Indians (q.v.),* II, 785–821.
Ocampo, Capt. Baltasar de. *The Execution of the Inca Tupac Amaru.* Ed. Sir Clements Markham. Hakluyt Society, 2d. ser., Vol. XXII. London 1907.
Pizarro, Pedro. *Relación del Descubrimiento y Conquista de los Reinos del Perú ...* Buenos Aires 1944.
Poma de Ayala, Felipe Huamán. *Primer Nueva Crónica y Buen Gobierno.* Ed. Ing. Arthur Posnansky. La Paz 1944.
Porras Barrenechea, Raúl. *Las Primeras Crónicas de la Conquista del Perú.* Madrid 1949.
- *Las Relaciones Primitivas de la Conquista del Perú.* Paris 1937.
- *Una Relación Inédita de la Conquista del Perú.* Madrid 1940.
Rowe, John H. »Inca Culture at the Time of the Spanish Conquest,« in Steward (ed.), *Handbook of South American Indians (q.v.),* II, 183–330.
Salaman, Redcliffe N. *The History and Social Influence of the Potato.* Cambridge 1949.
Santa Clara, Pedro Gutiérrez de. *Historia de las Guerras Civiles del Perú.* 4 Bände. Madrid 1904–10.
Santistéban Ochoa, Julián. *Los Cronistas del Perú.* Cuzco 1946.
Sarmiento de Gamboa, Pedro. *History of the Incas.* Ed.

Sir Clements Markham. Hakluyt Society, 2d. ser., Vol. XXII. London 1907.

Spruce, Richard. *Notes of a Botanist on the Amazon and Andes*. 2 Bände. London 1908.

Squier, E. G. *Peru: Incidents of Travel and Explorations in the Land of the Incas*. New York 1877.

Steward, Julian H. (ed.). *Handbook of South American Indians*. 6 Bände. Washington, D. C., 1946–.

Uhle, Max. *Las Ruinas de Tomebamba*. Quito 1927.

Urteaga, Horacio H., und Carlos A. Romero. *Fundación Española del Cuzco y Ordenanzas para su Gobierno*. Lima 1926

Velasco, Juan López de. *Historia del Reino de Quito en la América Meridional*. 3 Bände. Quito 1841–44.

Wiener, Charles. *Perou et Bolivie: Recit de Voyage*. Paris 1880.

REGISTER

Die Stichwörter dieses Registers schließen auch Anmerkungen ein.

Abancay, Fluß 262, 369
Abreo, Maria (Ciezas Schwiegermutter) 83
Acari-Tal 511–512
Ackerbau-Methoden 291, 454, 473–475, 495, 510 *a.* →Bewässerung
Affen 410–411
Ahuapanti, Hauptmann Huascars 206
Alaya, Häuptling der Llacsa-pallanca 239
Alcavilcas (Alcaviquizas), Indianer, die Schreibweise ist ebenso ungesichert wie der Stamm selbst. Man findet auch Alcaviya, Alcabisa, Alcabizas 339
Alligator-Birne, *Persea americana* (auf Quichua: *palta*) 240
Almagro, Diego de (der Jüngere) 47, 56, 57, 406, 509 *a.* → Bürgerkriege in Peru, Spanische, *u.* →Candia, Pedro de
Almendras, Francisco de, war an der Gefangennahme Atahualpas beteiligt. Sein Beuteanteil betrug 181 *marcos* (= 90,5 Pfund) Silber und 440 Pesos Gold. Er wurde 1545 ermordet 412 *a.* →Zárate, Juan Ortiz de
Alpaka, zählt ebenso wie Guanakos, Llamas und Vikunjas zu einer besonderen Gruppe der *Camelidae* 153, 226–227
Alvarado, Alonso de 222, 224
Alvarado, Gómez de 223–224, 232–233
Amazonas, Fluß (die »Süßwasser-See«) 151 *a.* →Anzures, Pedro
Ambato →Muli-ambato *u.* →Calicuchima
Añaquito, Schlacht von 128–129
Ancoallo →Hastu Huallaca
Ancocagua (Tempel), ist weder von der archäologischen Forschung noch in den »*Tambo*-Regulationen« belegt oder identifiziert und wird auch von keinem anderen Chronisten in dieser Form erwähnt 281–282, 363, 418
Andahuaylas (Provinz) 258–262, 368, 376 *a.* →Curamba
Anden, ihre Beschreibung 408 ff.
Angasmayo (Guiatara), Fluß, eigentlich *Ancas-mayu*; *mayu*

= Fluß. Nahe der heutigen Stadt Pasto (Kolumbien) lag, durch Huayna Capac erbaut, im damaligen Pasto-Gebiet in 2096 m Höhe der nördlichste *tambo* der Inkas. Dort setzte, bei der natürlichen Steinbrücke von →Rumichaca, Huayna Capac die nördliche Grenze seines Reiches fest – entweder symbolisch oder realiter 162, 493

Angoyaco 245

Anta, Dammstraße von, das ist die berühmte Anta-Hochstraße, 10 km lang, 7 m breit, in 1 m Höhe über den Sumpf hinwegführend 263

Antioquía 43–44, 466

Anti-suyu (östlicher Teil des Inka-Reichs) 295 *a.* →Ollantay-Tambo

Anzures, Pedro (»Peranzúrez«), ein alter Konquistador. Er kämpfte als Hauptmann in der Schlacht von Las Salinas auf Seiten Pizarros und unternahm 1538 eine Expedition in das Amazonas-Gebiet, bei der 143 Spanier, 4000 Indianer und 220 Pferde umkamen (Cieza, *Der Krieg von Salinas*) 70, 443

Apostel 417

Apurímac, Fluß, Tal und Brücken 63–64, 191, 262–263, *a.* →Huaca-chaca

Apurímac, Orakel, am linken (nordöstlichen) Ufer des Flusses A. in dem gleichnamigen Tempel (→ 45. Kap.) 263

Apurímac, Tempel, am Norduferes des Apurímac, an der berühmten Hängebrücke. Dort befand sich ein Götzenbild, das den Flußgott verkörperte und zu den Gläubigen gesprochen haben soll 283

Aquädukt bei Piqui-llacta (Floh-Stadt), dort befand sich das Tor. Das Aquädukt führte Wasser aus dem Urcos-See zu einer riesigen geheimnisvollen Stadt der Prä-Inka-Zeit. Es ist heute zerfallen 214

Arequipa, die Inka-Straße bog bei Quilca zum Gebirge ab, erreichte nach 75 km einen *tambo* (das heutige Tambillo), durchquerte die dürre Pampa de Sihuas und erreichte schließlich Arequipa, einen damals bedeutenden Knotenpunkt 509, 511–512

Asillo 379, 434 *a.* →Carabaya

Astronomie 307–308

Atahualpa (Sohn Huayna Capacs) 37, 135–136, 164, 188, 196 bis 208, 218–219, 401, 406, 455, 471–472 *a*. →Caranquis, →Almendras, Francisco de *u*. →Maldonado, Diego

Atoco (Feldherr Huascars) 201, 202–206 *a*. →Calicuchima

Aullagas, See 435

Ayabaca 192, 213 *a*. →Cajas

Ayacucho →Huamanga

Ayar Cachi, Legende von 137–142

Ayar Manco →Manco Capac

Ayaviri, die Stadt trägt noch heute diesen Namen, ebenso der Fluß, der in den Titicacasee mündet. Die Ayaviris waren ein störrisches, wahrscheinlich Aymara-sprechendes Volk. Nach ihrer schließlichen Unterwerfung wurden sie »Inkas durch Privileg« und halfen, das Verwaltungszentrum von Ayaviri zu erbauen. Bei Ayaviri gabelte sich die Inka-Straße und umging den Titicacasee 363, 377–378, 417–418

Ayaviris (Indianer) →Ayaviri

Ayllos →Bolas

Ayllu = Sippe, Familie, Geschlecht

Aymara (Sprache); Aymara ist die Sprache der um den Titicacasee lebenden Stämme. Ihre Wurzeln sind unbekannt. →Quichua und Aymara, obwohl unterschiedlich in Syntax und Wortschatz, sind verwandte Sprachen →Caviñas, →Colla-suyu *u*. →Nicasio

Aymaraes (Indianer); Aymaraes ist heute eine Provinz mit der Hauptstadt Acobamba 349

Azángaro 247, 379, 420, 434

Balsa-Boote 483

Badegewohnheiten 245

Bananen 474

Bären, die einzige Bärenart sind Brillenbären *(Ursus ucumari)* 183

Barroso, Pedro 232

Bäume 240–241

Baumwolle 153

Bauwerke 120–121, 179; – ihre Großartigkeit 169; – Sonnentempel, Tomebamba 184–185; – in →Huamachuco 225; – in →Huánuco el Viejo 234; – in Jauja 239; – Prä-Inka 250

bis 251; – in Vilcas-huamán 253–255; – in Cuzco 270–277;
– Bauweisen 274–275; – Bau von →Sacsahuamán 284–287;
– →Curamba 375; – →Ollantay-Tambo 406; – in →Tiahuanacu 438–439; – →Pachacamac-Tempel 492–495; – in →Herbay 498 *a.* →Huarco *u.* →Neu-Cuzco; – Tambo de Mora →Chincha; *a.* →Cacha (San Pedro), →Huaytará, →Paramonga, →Tacunga *u.* →Häuser

Belalcázar, Sebastián de 53–56 *a.* →Robledo, Jorge

Benzoni, Girolamo, 1519 in Mailand geboren, war zur gleichen Zeit wie Cieza in Peru. Sein Buch (Geschichte der Neuen Welt) ist ziemlich oberflächlich, hatte jedoch außergewöhnlichen Erfolg 38

Bestattungsbräuche 68–69, 165, 171–172, 278; – der Puruhás 180–181; – der Cañaris 182, 188; – in Loja 211; – in Cajamarca 216; – in Huánuco 234–235; – in Tarma 237–238; – der Chancas 261; – für einen Inka 337–338, 394–395; – der Canchis 416; – der Canas 416; – der Collas 428–431; – der Yungas 463–465; – allgemeine Beschreibung 465–468; – in Cuzco 466; – in Jauja 466; – in Antioquía 466; – in Chincha 466; – in Cañete 466; – bei Häuptlingen 467–468; – in Ica 508; – im Hochland 511; *a.* →*chullpas u.* →Grabstätten

Betanzos, Juan de, war seit 1531 in Peru und mit Atahualpas Schwester verheiratet. Merkwürdigerweise hat Cieza ihn nicht als Informationsquelle genannt 78

Bewässerung 121, 292, 304, 313, 454, 474–475, 480–481, 488–489

Bolas *(ayllos)* 288, 415–416

Bombón 191, 236–238

Bracamoros 192

Bravo de Saravia, Melchor 80–81, 513

Brücken 124; – Vilcas-(Pampas-)Br. 63; – im Bürgerkrieg 62 bis 63; – Bau von Hängebrücken 64, 257–258; – Pachachaca-Hängebrücke (über den →Abancay) 262 *a.* →Cochacajas; – Apurímac-Hängebrücke (→Huaca-chaca) 262–263, 375 *a.* →Apurímac-Tempel; – Pampas-(Vilcas-)Hängebrücke 257 bis 258; – Pontonbrücken 437 *a.* →Vilcas-Brücke; – Santa-Hängebrücke →Santa, Tal und Fluß; – *a.* →Crisnejas, Fluß

Bueno, Martín 76, 136, 274

Bürgerkriege der Inkas (Huascar gegen Atahualpa) 196, 200 bis 208, 217–219

Bürgerkriege in Peru, Spanische; es handelt sich um die Bürgerkriege, die 1536 zwischen den Partnern der Conquista, Francisco Pizarro und Almagro, ausbrachen. Almagro wurde 1537 bei Salinas geschlagen und hingerichtet. 1541 wurde Pizarro von Almagros Anhängern getötet, wodurch weitere Anarchie entstand. Spanien versuchte durch die »Neuen Gesetze« die Ruhe wiederherzustellen. Diese führten jedoch zu einer allgemeinen Revolte durch Gonzalo Pizarro, der eine indianische Prinzessin geheiratet hatte und sich zum König von Peru proklamierte. Der äußerst blutige Krieg endete erst 1548 mit Gonzalo Pizarros Niederlage bei Xaquixahuana. In den Bürgerkriegen sind mehr Indianer und Spanier umgekommen als in der gesamten Conquista. Cieza beschreibt sie in vier Büchern, wovon eins verschollen ist 47, 56–66, 296, 509

Cabot, Sebastian, suchte 1508 nach der Nordwest-Passage. Erforschte 1526 im Auftrag Spaniens den La Plata und seine Nebenflüsse 443

Cabuya, Pflanze = Agave mit fleischigen, scharfstachligen Blättern, aus denen eine hanfartige Faser gewonnen wird 167

Cáceres, Alonso de 42

Cacha (San Pedro), dort standen die Ruinen des Viracocha-Tempels (→ 89. Kap.). Der Grundriß maß 110 x 28 m. Es ist nicht ganz sicher, ob der Bau von Viracocha oder Pachacuti stammt, jedenfalls ist es der Stil der Spät-Inka-Zeit 384, 416–417

Caimito, Sternapfel *(Chrysophyllum caimito)* 240

Caitomarca 353–355

Cajamarca, bedeutende Provinz des Königreiches Chimor. Der Inka-Befehlshaber Capac Yupanqui unterwarf sie 1461 nach heftigem Widerstand; später brach ganz Chimor unter dem Ansturm der Inkas zusammen 191–192, 215–220 a. →Chimor

Cajas, die heutige Stadt Cajas liegt nahe bei den Inka-Ruinen. Bei der spanischen Eroberung war Cajas die erste

Stadt, die den Spaniern (Hernando de Soto, 1532) einen Begriff vom Glanz des Inka-Reiches gab. Die Ruinen von Cajas und Ayabaca stehen noch 192, 213

Calca, etwa 48 km von Cuzco im oberen Urubamba-Tal 351–353

Calicuchima (Feldherr Atahualpas), war einer der großen Inka-Befehlshaber. Er schlug Atoco bei Ambato, tötete ihn und ließ sich eine Trinkschale aus seinem Schädel machen. 1534 ließ ihn Pizarro verbrennen. Ein weiterer berühmter Befehlshaber war →Quizquiz 204, 219, 263

Cañaris (Indianer), Bewohner des Hochlands nördlich des Amazonas, Ackerbauer und sehr geschickte Goldschmiede. Die Häuptlinge lebten polygam in rechteckigen Lehmhäusern (ab 1450 in Steinhäusern nach Inka-Art). Charakteristischer Kopfschmuck aus Weidengeflecht. 1493 vom Inka Huayna Capac endgültig unterworfen. Über ihre Rolle im Inka-Erbfolgestreit → 24. Kap. Später waren sie wertvolle Verbündete der Spanier gegen Manco Inca 181–182, 186 bis 187, 193, 201–203, 206–207

Canas (Indianer), Angehörige des Stammesbundes, der jahrhundertelang als Puffer zwischen den Inkas und den Colla-Stämmen fungierte. Zentrum ihres Gebietes am oberen Vilcanota war Sicuani. Neben Quichua und Aymara sprachen sie auch ihre eigene Sprache 359, 362–363, 416–417

Canchis (Indianer), gehörten zu dem Stammesbund, zu dem auch die →Canas zählten. Ihre Eingliederung in das Inka-Reich dürfte um 1400 stattgefunden haben 361–362, 415 bis 416

Candia, Pedro de, der Jüngere, »der Grieche« (in Candia auf Kreta geboren), ging 1527 in vollem Harnisch und mit einer Arkebuse bewaffnet bei Tumbes ganz allein an Land. Die wilden Tiere konnten ihm nichts anhaben. Er machte in aller Ruhe einen Rundgang durch die Stadt. Im Bürgerkrieg stand er auf der Seite Almagros des Jüngeren, der ihn aber 1542 wegen Verdachts der Verräterei umbringen ließ 78, 446

Cañete, Fluß →Lunahuaná

Cañete, Marques de →Huarco

Cañete-Tal →Huarco u. →Herbay

Cangallo, Tal von, der alte Name des Pisco-Tales. Zeitweise hielt man Cangallo für die Hauptstadt Perus 488

Capac, Anführer der Erhebung gegen Viracocha Inca 356–358

Capaccocha, ein Menschenopfer-Ritual, Menschen wurden dabei aber nur ausnahmsweise – wenn Hungersnot, Krieg oder Seuchen drohten – geopfert. Dann wurden »zwei Knaben und zwei Mädchen vor dem Idol von Huana-cauri geschlachtet« (de Gamboa) 281, 330–332

Capac Yupanqui (Onkel Topa Incas), Inka-Oberbefehlshaber 190 a. →Cajamarca

Capac Yupanqui, fünfter Inka, nach der sehr fragwürdigen *Historia* de Gamboas war dieser Inka der erste, der Eroberungen über das Cuzco-Tal hinaus gemacht hat. Er heiratete eine Häuptlingstochter der Ayamarca 340–342

Capitulación Johannas der Wahnsinnigen 37–38

Carabaya, Fluß, die Expedition v. Hagens (1952–54) bestätigte Ciezas Angaben über diesen. Jenseits der Stadt Asillo verlief die Inka-Straße beiderseits des Flusses durch Macusani, und dann über etwa 4500 m hohe Pässe. In den Tälern wurden Ruinen von Inka-Städten gefunden 434

Caranqui, Unterkünfte von 124–125

Caranquis (Indianer), bewohnten das heutige Imbabura in Ekuador. Reste der Mauern des alten Sonnentempels sind die Fundamente der Parochialkirche von Ibarra. Der Sage nach sollen sie zu Schiff übers Meer gekommen sein. Atahualpa, der letzte Inka, soll mütterlicherseits von den Caranquis abstammen 124, 126–127

Cárdenas, Francisco de 250

Cari, Fürst von Chucuito 358–360, 364–365, 382, 385, 428, 437

Caroba-Bäume, Caroba, auch Algarroba, indian. *huarango (Prosopis horrida)*, ein immergrüner, dichte Wälder bildender Baum, dessen Schoten ein süßliches Mark enthalten. Häufigster Fund in vorgeschichtlichen Küchenabfällen 476

Carrasco, Pedro Alonso (»Peralonso«), von keinem anderen Chronisten erwähnt. Er hatte *encomiendas* über Pomancancha und Abanquay. Sein Haus in Cuzco stand auf der Cusi-pata-Plaza, nächst dem Antonio Pereiras 64, 78, 373

Cartagena, Ciezas Ankunft in 40

Carvajal, Francisco de 57, 65–66, 73, 77, 253 a. →Xaquixahuana, Tal

Casa de Contratación (Handelsministerium), Sevilla 36

Castro, Vaca de 57

Caviñas (Indianer), bildeten mit den →Ayaviris, →Canas u. →Canchis einen Bund →Aymara sprechender Stämme am oberen Vilcamayu 414

Caxamalca →Nazca

Cayu Tupac 137

Cayu Tupac Yupanqui, höchstwahrscheinlich der Vater von Andrés Tupac Yupanqui, der im Alter von vierzig Jahren als einer der Zeugen für den *ayllu* Topa Incas unterzeichnete (nach de Gamboa, *Historia*) 350

Cazalla, Familie 34

Cazalla, López de (Schreiber von La Gasca) 66

Ceiba-Bäume *(Ceiba erianthos)* 240

Centeno, Diego de 72–73, 441 a. →Huarina

Chachapoyas (Indianer), Gebiet westlich des Marañón; die Amazonas-Dschungel liegen westlich und nördlich davon. Die Gegend ist voller Ruinen einer prä-inkaischen Kultur. Die dortigen Stämme (Cacha, Huanca, Chillao, Cascayunca) wurden in das Inka-Reich integriert 192, 220–223, 402

Chalco Mayta (Großohren-Häuptling) 156

Chancas (Indianer), sind für die Inka-Geschichte höchst bedeutsam. Sie waren ein kriegerischer Stamm, der aus 9 *ayllus* oder Sippen bestand. Ursprünglich saßen sie um Huanta. Ihrer Überlieferung nach stammten sie von einem Puma ab und trugen deshalb bei Festen Pumafelle. Zwischen 1350 und 1400 schlugen sie die Quichuas. Nach ihrem Sieg ließen sie sich in dem Gebiet zwischen dem Apurímac und den Andahuaylas nieder. 1437 griffen sie unter ihrem Häuptling →Hastu-Huallaca (Hanco-Huallo) Cuzco an 243, 258–261, 342, 348–349, 368–373 a. →Xaquixahuana, Tal

Chancay, Fluß 478

Chan-Chan (Hauptstadt von →Chimor) 61

Charcas (Provinz), lag südlich vom Titicacasee in der bolivianischen Kordillere. Im 18. Jh. bestand eine spanische *Audiencia de Charcas* 393

Chasqui, Boten-System 31, 178–179 a. →Postwesen

Chávez, Francisco de, war einer der alten Konquistadoren, die gegen den Justizmord an Atahualpa protestierten. Er nahm am Bürgerkrieg teil 250

Chicama-Tal 479

Chicha 216, 275

Chilca, Tal von 496

Chile, hieß bei den Inkas *Copiapó* (heute der Name einer Stadt). »Chile« war vermutlich der Name eines um 1530 herrschenden Häuptlings 394, 400–401, 444

Chimborazo (Chimborasso), Vulkan 181 a. →Riobamba

Chimor (auch Chimú), das sagenhafte Königreich umfaßte alle Täler zwischen Tumbes und Rimac (Lima) mit der Hauptstadt Chan-Chan. Die Chimús waren die Erben der Mochica-Kultur, von der sie u. a. die hochentwickelte Töpferei übernahmen. Sie waren das herrschende Volk an der Nordküste. Um 1460 wurden sie von den Inkas überrannt 61, 479–480 a. →Cajamarca

Chimú, Tal von 479–480 a. →Chimor

Chimús (Indianer) 485–486 a. →Chimor, →Paramonga u. →Tumbes

Chincha, Provinz, ein äußerst fruchtbares Tal. Das Zentrum war Tambo de Mora, offensichtlich eine Stufenpyramide von 133 x 168 m Grundfläche, vermutlich das Heiligtum der lokalen Gottheit, welche die Inkas Chinchay-camac nannten 504–505, 507, 509–512 a. →Chinchay-cocha

Chinchay-camac →Chincha

Chinchay-cocha, heute Laguna de Junín, der zweitgrößte See; 58 km lang in 4300 m Höhe. Die Chinchas verteidigten sich auf Inselfestungen gegen Huayna Capac, der sie schließlich schlug und eine große Stadt erbaute. Sie war ein wichtiger Verkehrsknotenpunkt 236–237

Chinchay-suyu (nördlicher Teil des Inka-Reichs), einer der »vier Weltteile«, umschloß alles Land zwischen Quito und Cuzco 190, 295

Chiquiguanitas (Indianer) 511

Chiriguanos (Indianer), zählten zu den Guarani-Stämmen, waren von Paraguay gekommen und saßen am oberen Pilcomayo. 1521–1526 brachen sie im unteren Colla-suyu von den Abhängen der bolivianischen Anden, nahe des Amazonas, in das Inka-Reich ein. Ihr Anführer war ein von den Indianern gefangengenommener spanischer Matrose der Solis-Armada, Alejo Garcia, der erste Weiße in Peru 175, 400

Choclococha, See 260–261

Chonos (Hunde), *Canis ingae*, ein mittelgroßer, spitzschnauziger, ringelschwänziger, nichtbellender Hund. Einige Stämme opferten und aßen Hunde. Abkömmlinge dieser Hunderasse sollen noch vorkommen. Heute bellen sie allerdings 474

Christentum unter den Indianern 220, 241–242, 261, 423 bis 424, 437

Chucuito, ursprünglich ein Zentrum des Lupaca-Stammes, mit dem die Inkas unter Viracocha gegen die Collas verbündet waren. Nach 1490 besiedelten *mitimaes* Chucuito, das zu einem Verwaltungszentrum des Colla-suyu wurde 363, 392–393, 436–437

Chullpas (Häuser der Toten, Totentürme), findet man hauptsächlich im bergigen Hinterland des Titicacasees. Sie sind rund oder viereckig, aus Steinen oder Lehmsteinen und stammen aus der Prä-Inka-Zeit. Die Inka-Maurer mögen an ihnen manches für ihr Handwerk gelernt haben 68, 428 bis 430 *a*. →Bestattungsbräuche *u*. →Grabstätten

Chumpivilcas (Indianer), ein Quichua sprechender Stamm, der noch weiter flußaufwärts am Apurímac lebte. Sie waren als Tänzer berühmt 380, 407

Chunchos (Indianer) 175

Chuño, getrocknete Kartoffeln. Man ließ die ausgebreiteten Knollen gefrieren und entfernte dann alle Feuchtigkeit durch Treten. Der Prozeß wurde so lange wiederholt, bis die *chuño* weiß und trocken war 298, 426

Chupas, Schlacht von 57, 253

Chuquiabo (La Paz) 399, 441 *a*. →La Paz

Chuquimancu (Häuptling) →Huarco

Chuquisaca 442 *a*. →La Plata

Cieza de León, Pedro de, – Geburt 29, 32; religiöse Überzeugungen 33–34; – Ankunft in der Neuen Welt 40–43; – Eindrücke von Peru 42–45; – Gründe für das Schreiben sei-

ner Chroniken 48–49; – sein Charakter 48–51, 75–76;
– sein *repartimiento* 54; – »Cronista de Indias« 67; – als
menschlicher Geograph 71; – als Historiker 71–72; – sein
Stil 72–73; – Gefühle für die Indianer 73–75; – Methoden
der Nachforschung 78–80; – Heiratskontrakt 81–82, 84; –
seine Heirat 81–84; – Rückkehr nach Sevilla 83; – erhält
Lizenz zur Veröffentlichung 86–87; – seine letzten Lebensjahre 91–92; – sein Tod 94–95; – über die Veröffentlichung
seiner Manuskripte 95–96; – inspiziert die Anden-Provinzen 410; – *a.* →Xaquixahuana, Tal

Cieza de León, Pedro de, *seine Werke,* – ihre Beurteilung 27
bis 28, 30–31, 45–46, 50–53, 75–76; – ihre Plagiate 28 bis
29, 99; – *Buch der Gründungen* 81, 99; – seine Absichten bezüglich seiner projektierten Chroniken 85–86, 104–110; –
Erste Chronik 80–81, 85–86, 88–91; – *Zweite Chronik* 91,
100–102; – *Krieg (Schlacht) von Quito* 91, 100; – Gründe
für die Nichtveröffentlichung 96–99; – über die Bürgerkriege 97, 100, 106–109 *a.* →Bürgerkriege in Peru, Spanische
u. →Huarina; – ihre Veröffentlichung 100–101

Cinnamon →Gewürze

Cinto-Tal 477–478 *a.* →Zañu

Coca, *Erythroxylon coca* ist so alt wie Peru. Sie wird noch
heute von Millionen Indianern gekaut. Bei den Inkas gebrauchten sie nur die Adligen, die Priester und wohl auch
die Alten und die Postläufer *(chasqui)* 31, 69, 411–413

Cochacajas (Cochacassa), war ein großer *tambo* an der Nordseite des Pachachaca-(heute Abancay-)Flusses, wo die Wärter der Hängebrücke über den Fluß wohnten. Dort zweigte
die Küstenstraße nach Nazca ab 262, 369, 375

Colla (Provinz) 359–361, 392–393, 424–442

Colla(s) (Indianer) 382–387, 426–432

Collaguas (Indianer) 511

Colla-suyu (südlicher Teil des Inka-Reichs), der »südliche
Weltteil«, war das Gebiet der Aymara-sprechenden Rivalen
der Inkas, die um den Titicacasee wohnten. Es ist ein kaltes, karges Land, wo wenig Mais wächst 295, 361–364
a. →Chucuito

Collique-Tal 478

Columbe (Cayambi), Straßenraststation an dem kalten Bergsee Colta. Guamote, der nächste *tambo*, wird von Humboldt erwähnt, ebenso der *tambo* →Teocajas. Es sind heute Städte an dem modernen Autostraßen- und Eisenbahnnetz in Ekuador 181

Conchucos (Indianer) 229–230, 235, 470

Conchucos (4350 m), *tambo* mit Inka-Palast 105 a. →Mollebamba

Conversos 33–34

Copacopa 418

Copiapó →Chile

Coropuna, Tempel, etwa 5000 m hoch am Flamingo-See *(Parinacicha)* gelegen (vgl. 65. Kap.) 282

Cortes, Hernán 35

Coya (Königin), nach 1450 heiratete jeder Groß-Inka seine Vollschwester. Der Adel lebte polygam. Die Familie *(ayllu)* war die soziale Grundeinheit, in der ein Indianer normalerweise geboren und bestattet wurde 149

Crisnejas, Fluß; das Pampa-runi-Tal mit dem Fluß Crisnejas liegt in etwa 2000 m Höhe auf halbem Weg zwischen →Cajamarca und →Huamachuco. Über den Fluß führte eine Inka-Brücke. Es gab dort, wie in Cajamarca, Thermalbäder 224

Cucumber, die echte Gurke ist nicht amerikanischen Ursprungs. Die Gewürzgurke *(Cucumis anguria)* ist im tropischen Amerika heimisch 473

Cuenca, Ekuador →Tomebamba

Cuis-mancu (Häuptling) →Pachacamac

Cuntis 347–348

Cunti-suyu, der »westliche Weltteil« (westlich von Cuzco), umfaßte das Gebiet zwischen Anden und Pazifik, nach Süden bis zur chilenischen Grenze, nach Norden bis Lima 295, 340–341, 380

Curahuasi 375

Curamba (Curampa), heute eine Ruine bei Andahuaylas in 3775 m Höhe. Interessant ist eine guterhaltene Stufenpyramide. Dort befand sich ein Zentrum der Silberverhüttung mit vielen Windöfen. Wurde von Inka Pachacuti wieder aufgebaut 368–369, 375

Curare 30, 45

Curicancha (Tempel in Cuzco), »die goldene Mauer«, ein Sonnentempel, das reichste und am höchsten verehrte Inka-Heiligtum, soll das älteste kultische Gebäude der Inkas in Cuzco gewesen sein 147, 272–275, 335, 337, 342

Cuzco 76–78, 140–146, 169, 243, 271–279, 284, 323, 343–345, 347–350, 356–357, 398–399

Dampier, William, gest. 1715, Seefahrer mit Neigung zur Piraterie. Sein 1699 erschienenes Buch *(Discourse of winds, breezes, storms, tides and currents)* ist eine ausgezeichnete hydrographische Abhandlung 53

Desaguadero, Fluß, der indianische Name ist nicht erhalten. Der Fluß (heute die Grenze zwischen Peru und Bolivien) ist die einzige Entwässerung des Titicacasees 385, 437 *a*. →Zepita

De Soto, Hernando →Cajas

Díaz de Armendáriz 53

Díaz del Castillo, Bernal 27–28, 52

Dörfer, auf Befehl der Inkas erbaute 304–305

»Dreizehn«, die, von Gallo 189, 403, 446 *a*. →Gallo

Dukaten; ein D. entsprach damals etwa 2 Dollars, hatte aber die zehnfache Kaufkraft. Francisco Pizarros Jahresgehalt als Statthalter von Peru betrug etwas mehr als die Hälfte von Ciezas Mitgift 84

Eingeweideschau →Vorzeichen und Weissagungen *u*. →Wahrsagerei

Ekuador, Eroberung durch die Inkas →Guayaquil

Ekuadorianische Küstenstämme →Guayaquil

Erasmus, Desiderius, geb. 1469, holländischer Humanist, war in Spanien unter Bann, weil sein Einfluß die Ketzerei bestärkte 34

Fasten 320

Feste und Zeremonien 319–323, 330–332, 420–424

Frauen 220, 399, 427, 430; – der Cañaris 187–188; – der Chachapoyas 222; – als Opfer 280–281; – der Canas 416

Frontera, Gründung 222

Funes (3250 m), *tambo* 35 km südlich von Porto 122

Gallo, Insel (Hahneninsel) 403 a. →»Dreizehn, die« von Gallo
Gálvez, Diego de 470
García, Alejo 403 a. →Chiriguanas
Gavilán, Diego 247
Gefangene, Behandlung durch die Indianer 50, 240
Gentiles, lat. *gentilis* = Nicht-Römer; dann allgemein für Nichtangehörige der Religion, der der Sprechende angehört, analog den *gojim* der Juden 323
Gerste →Getreideanbau
Gesänge 172, 308–309, 326–328
Getreideanbau; Weizen und Gerste, in Amerika nicht heimisch, wurden erstmals um 1540 durch den Franziskaner Fray Jadôco Ricke aus Gent angepflanzt 151–152, 154, 219, 276
Gewürze 126, 152–153
Gines (Neger), einer der →»dreizehn« von Gallo 403–404 a. →Tumbes
Godoy, Francisco de 495
Gold 230, 287–289, 296–297, 406–407, 334, 441
Goldschmiede-Arbeiten 312–313
Götter 132–135, 172–173 a. →Tici-Viracocha
Grabstätten 416–417, 428–429, 440, 442 a. →Bestattungsbräuche u. →*chullpas*
»Grieche, der« →Candia, Pedro de, der Jüngere
Großohren →*Orejones*
Gualmatán (3250 m), *tambo* an der Grenze von Ekuador 122
Gualpa (an anderer Stelle: Guanca), Indianer, entdeckte Silbervorkommen von Potosí 70
Guamote, Fluß →Columbe
Guanakos, zählen zu einer besonderen Gruppe der *Camelidae* 225–226, 228
Guañape, Tal von, ein Verwaltungszentrum der Inkas. Eingehende Forschungen (1946–48) ergaben, daß in der Nähe des Virú-Tals bereits um 2500 v. Chr. Menschen mit einer höheren Kultur lebten, deren Nahrungspflanzen und Techniken in den späteren Kulturen wiederkehren 482
Guanca, Indianer →Gualpa
Guano 510
Guava, *Psidium guyava* 240

Guayaquil, ist heute der Haupthafen von Ekuador. In der Inka-Zeit war es das Zentrum der Huancavilcas. Um 1450 begannen die Inkas die Eroberung dieses Gebietes. Cieza erwähnt als einziger Chronist den Bau von Straßen. Er schildert auch die lockeren Sitten der Eingeborenen: »...vor der Hochzeit wurde die Braut defloriert, und alle stillten ihre Lust an ihr... die meisten hingen der Sodomiterei [Homosexualität] an und waren noch stolz darauf...«

Gurken →Cucumber

Gutiérrez, Felipe de 443

Guzmán, Hernando de, nicht mit jenem Alonso Enrique de Guzmán zu verwechseln, der seine picaresken Abenteuer während der Conquista veröffentlichte. – Die von Cieza im Zusammenhang mit Hernando de G. erwähnte Belagerung war jene von Sacsahuamán und Cuzco durch Manco Inca (1536) 285

Hanan-Cuzco (Ober-Cuzco) 271, 336

Hanco-Huallu →Hastu Huallaca

Handel im Hochland 226

Hastu Huallaca (Hanco Hualla bei de la Vega, Anco Allo bei Cieza, Astu Huarca bei de Gamboa), Häuptling der →Chancas. Er und sein Stamm spielten in der Inka-Geschichte eine große Rolle. 1437 hatte er die Kühnheit, Cuzco anzugreifen. Er entkam den Inkas nach der Schlacht am Karmenka-Hügel, zog über 800 km in fremdes Gebiet und gründete das Königreich Moyobamba, das den späten Inkas viel zu schaffen machte. Diese bauten, um ihn dort zu erreichen, eine 750 km lange Steinstraße von →Huánuco nach →Chachapoyas 223, 256–257, 258–259, 368, 369, 371–372

Hatuncolla, Stadt 364, 433

Hátun Raimi, Fest 319–323

Häuser 171, 188, 272, 278, 425 a. →Bauwerke

Herbay (auch Hervay), wenig bekannt, an der Cañete-Mündung, heute Herbay Bajo Hacienda. Erstmals 1853 von Markham beschrieben, der Reste der von Cieza erwähnten Architektur und Ornamentik vorfand. Ein Teil der Ruinen ragt über das Meer hinaus. Der andere Teil besteht aus einem großen, von 9 Räumen umgebenen Hof →Neu-Cuzco

Heredia, Nicolás de 443–444
Heredia, Pedro de 40–41
Herrera de Tordesillas, Antonio de 98–99
Hinojosa, Pedro, verriet die gesamte Flotte Gonzalo Pizarros an Pedro de la Gasca und wurde dafür mit dem Rang eines Generals der königlichen Streitkräfte belohnt 443
Historia: Francisco Lopez de Gómara, *Primera y Segunda Parte de la Historia General de las Indias,* Medina del Campo 1553 173
Hochzeitsbräuche 188, 238 a. →Polygamie u. →Guayaquil
Homosexualität 214, 238, 316–319, 432, 465; – als religiöser Ritus 318, 468–471
Honig 426
Huaca, ein sehr vieldeutiges, oft gebrauchtes Wort, eigentlich »Heiligtum, Altar«. Es kann aber alles bedeuten, was Ehrfurcht oder Schauer einflößt, zum Beispiel auch Felsen, Seen, Berge. Auch ein jüngst Verstorbener ist *huaca* 330
Huaca (3250 m), war ein →*tambo* der Inkas. Es existiert noch 123
Huaca-chaca (»Heilige Brücke«), war ein Meisterwerk der Inka-Ingenieure. Die Straße führte über eine Reihe von Stufen den Apurímac-Cañon hinauf zu einer Plattform. Von dieser hing die Brücke an 76 m langen, mannsdicken Cabuya-Seilen 40 m hoch über dem reißenden Apurímac. Sie ist das Urbild der »Brücke von San Luis Rey« →Apurímac, Fluß
Huacara-pora, Häuptling von Marca-villca 239
Huamachuco, liegt etwa 4100 m hoch. Es war das Zentrum eines der größten Andenstämme, der in zahllose kleine politische Einheiten zerfiel und um 1470 kampflos in das Inka-Reich überging. Hernando Pizarro kam 1553 in diese Provinz 224, 227
Huamaliés →Huánuco el Viejo
Huamán, Fluß 484
Huamanga, San Juan de la Victoria de (Ayacucho), wurde von den Tanquihua, einem Stamm mit eigener Sprache, bewohnt 247–253
Huambacho, Tal von 484

Huambra-cunas 161

Huana-cauri, ein für die Herkunft der Inkas bedeutsames Heiligtum *(huaca)* bei Cuzco, hoch verehrt. Ein mittelgroßer, aufrechtstehender spindelförmiger Monolith wurde von der Legende als einer der zu Stein verwandelten Brüder Manco Capacs bezeichnet. Dort fand die zeremonielle Verleihung des Lendenschurzes (ein Pubertätsritus) an die Söhne des Adels statt 140–143, 145, 280, 335 *a.* →*capaccocha*

Huanca Auqui (Feldherr Huascars) 206–208

Huancabamba (Provinz), besaß einen Sonnentempel und ein »Haus der auserwählten Frauen«. In der Prä-Inka-Zeit erstreckte sich der Einfluß der Huancabambas bis in die Dschungel des oberen Marañón, wo noch heute Kopfjäger (Shuaras) leben 192, 213–215

Huancachupachos 402

Huancas (Indianer) 222, 238–244

Huancavilcas →Guayaquil

Huanta →Chancas

Huánuco, León de Huánuco (gegr. 1539) liegt am Huallaga, einem Nebenfluß des Amazonas, Huánuco el Viejo 80 km östlich in 4052 m Höhe. Die Ruinen von Huánuco sind großartig. Es enthielt über 1000 Gebäude; die Gesamtausdehnung ist 700 x 630 m. 1470 wurde es, bis dahin von den Yachas bewohnt, durch Topa Inca erobert 192, 232–233; – *el Viejo* 234

Huaraz, Provinz 231

Huarco, in dem heutigen, nach dem zweiten Vizekönig von Peru benannten Cañete-Tal, war um 1450 die Hauptstadt eines viele Täler umfassenden Reiches, das von einem kriegerischen Häuptling namens Chuquimancu regiert wurde. Die weitläufigen Ruinen heißen heute *Incahuasi* (Haus des Inkas). Huarco ist das im 117./118. Kap. erwähnte →Neu-Cuzco 287, 497–498, 501–503

Huari 30 *a.* →Viñaque

Huarina, Ort der Schlacht (Oktober 1547) zwischen Gonzalo Pizarro und dem königstreuen Diego de Centeno, die Cieza in seinem verlorengegangenen Manuskript beschrieb. Centeno wurde geschlagen 441

Huari-vilca, Tempel 240–241, 244
Huarmey-Tal 484
Huarochirí →Straßen, – Seitenstraßen (Pachacamac-Jauja)
Huascar →Seil, goldenes
Huascar (Sohn Huayna Capacs) 135–136, 164–165, 196–205, 217–219, 286, 404 *a*. →Paullu Inca
Huasco (Häuptling) 260, 262
Huatanay, Fluß, sein Ursprung 344–345
Huayka-pata, Platz (Cuzco) 271
Huayna Capac, zwölfter Inka (gest. 1527) 148, 151, 157–165, 189, 194–198, 209–210, 239, 256, 286, 392, 395–404, 445–448, 450–453, 490–492 *a*. →Cañaris *u*. →Chinchay-cocha
Huaytará; weist noch wunderbare Inka-Bauwerke auf; die Stadtkirche ist über einem Teil der Mauern errichtet. Die auf beste Inka-Manier behauenen Steine sind aus Porphyr. Kanäle, Bäder und Grabstätten sind noch vorhanden *a*. →Straßen, – Seitenstraßen (Huaytará)
Hubinas (Indianer) 511
Humalla (Häuptling) 382, 386, 437
Hunde →*Chonos*
Hurin-Cuzco (Unter-Cuzco) 271, 336

Ica-Nazca-Kultur →Ica-Tal
Ica-Tal, eins der Zentren der Ica-Nazca-Kultur, die zwischen 400 und 1000 n. Chr. ihre erste Blüte hatte und bis zur Absorbierung durch die Inkas (1450) weiterbestand. Sie ist durch Keramik, Zeremonienschwerter und Mumien gekennzeichnet. Über die Ica-Nazca-Architektur ist nur wenig bekannt 463, 500–501, 508 *a*. →Weinbau
Iles (3850 m), *tambo* an der Inka-Straße zwischen Pasto und Quito 122
Illa Tupas (Illatope) 199, 232 *a*. →Varagas
Incahuasi →Neu-Cuzco, →Huarco *u*. →Straßen, – Seitenstraßen (Huaytará)
Inca Roca, Hauptmann Huascars 206
Inca Yupanqui I →Yahuar Huacac
Inca Yupanqui II →Pachacuti
Inkas, ihre Eroberungs-Methoden 194–195, 290–294; – Legende über ihre Herkunft 136–146; – Festigung ihrer Er-

oberungen 304–307, 325–326; – ihr Reichtum 281–282, 287 bis 289; *a.* →Inka, der Groß-Inka, →Inka-Reich *u.* →Regierungssystem

Inka, der Groß-Inka 129–131, 144–146, 149–150, 228–229, 277 bis 278, 302–303, 305–306, 326–329, 337–338

Inka-Reich 79–80, 294–296, 306–307, 462

Jagd 228–229

Jahreszeiten in Peru 456–458

Jauja, wurde 1534 als Santo de Hatun Xauxa von Pizarro als erste spanische Hauptstadt in Peru gegründet. Bürgermeister waren Juan Mogrovejo de Quiñones und Sebastián de Torres 60, 191, 238–244

Jívaros (Shuaras, Kopfjäger) →Huancabamba

Johanna die Wahnsinnige, Königin von Kastilien (Mutter Karls V.) 38

Juden in Spanien 32–33

Juli, Druckerei in 359, 437

Junín, See →Chinchay-cocha

Justiz →Rechtsprechung der Inkas

Kannibalismus 49–50, 175, 214, 317–318, 419

Karl V. von Spanien, bei den Spaniern Carlos I., Sohn Johannas der Wahnsinnigen und Philipps I., des Schönen, 1500 geboren. Er war durch seine vielen Kriege in ständiger Geldverlegenheit und lieh von den Fuggern und Welsern 92, 96, 287

Karmenka, Stadtteil von Cuzco, erhob sich auf einem Hügel, der das *huaca-puncu* (heilige Tor) trug; dort führte die 2000 km lange Nord-(Cunti-suyu-)Straße in die Stadt Cuzco. An dem Heiligtum pflegten die Reisenden für die Erhaltung der Inka-Straßen zu beten. Aus dessen Steinen wurde später die Kirche Santa Ana erbaut 271, 371

Kartoffeln 153, 425, 473; – getrocknete (→*chuno*) 426

Kaufkraft →Dukaten

Kleidung der Eingeborenen 171, 185; – der Panzaleos 166–167; – der Frauen 167; – der Puruhás 180; – Unterscheidung 186 bis 187; – in Loja 210; – in Huancabamba 214–215; – in Cajamarca 216–217; – der Chachapoyas 222; – der Conchucos 230; – der Hancas 240; – Qualität 314; – der Caviñas 414–415; – der Canas 416; – der Collas 427; – in Paria 442; – in Tumbes 454; – der Yungas 461; – Handel 481

Klima 455–458 a. →Niederschlagsmengen

Kon-Tiki →Tici-Viracocha

Kriegführung, Methoden der 371 a. →Waffen

»Kriegsstein« 370

Ladrillero, Juan 69, 435

La Espada, Marcos Jiménez 100

La Gasca, Pedro de (Conde de Pervia), Präsident des Königlichen Rates 28–29, 58–61, 63–68, 84–85, 87, 261, 332, 441

Lampa-pampa (3898 m), 30 km südwestlich von Pucará, ist heute ein Zentrum des Bergbaus und der Landwirtschaft 420

La Paz, Nuestra Señora de 413, 441 a. →Chuquiabo

La Plata, heute Sucre (nach dem General José de S., gest. 1830), früher →Chuquisaca und →Potosí; 2830 m hoch in den bolivianischen Anden gelegen; de jure die Hauptstadt Boliviens. Zu La Plata gehörte das Gebiet, in dem die berühmte Silbermine von Potosí lag 70, 225, 442–444

La Plata, Fluß; Cieza hielt den →Mantaro fälschlicherweise für einen Quellfluß des argentinischen La Plata (→ S. 237). Sein Irrtum ist geographisch verständlich 237, 443 a. →Cabot, Sebastian

La Playa, Juan de; unbekannt. Die Schreibweise variiert in den einzelnen Ausgaben 285

Las Casas, Bartolomé de (Bischof von Chiapas) 57, 74, 95–96

Laster und Sünden 410–411 a. →Homosexualität

La Torre, Juan de, *El Mozo*, einer der dreizehn Männer von Gallo. Er nahm an der Rebellion Gonzalo Pizarros teil, entfloh 1548 vom Schlachtfeld und verbarg sich vier Monate lang in einer Indianerhütte, wurde dann aber von Pedro de la Gasca gehängt 463

La Vega, Garcilaso de 78

Legua; eine spanische Legua entsprach 4–5 km, etwa der Strecke, die ein Pferd oder Maultier in einer Stunde im Schritt zurücklegen konnte

Leibeigene *(hatun-conas)* 298

Lieder →Gesänge

Lima; trotz zahlreicher Ruinen und Stufenpyramiden *(huacas)* ist die Vorgeschichte des Tals von Lima wenig bekannt. Es war Streitobjekt mehrerer Küstenkulturen. Die alten Namen sind seit der Inka-Invasion verschwunden 488–490

Lima-tambo 263

Llacsa-pallanca 239

Llacta-cunga →Tacunga

Llamas, gehören wie die Alpakas, Vikunjas und Guanakos zu einer besonderen Gruppe der *Camelidae* 215, 225–226

Llautu = Schlinge; von den meisten Anden-Indianern zur Befestigung ihres langen Haares getragen. Das Kopfband des Groß-Inkas war 2,5 cm breit und wurde turbanartig gebunden. Rote Fransen und eine gelbe Wolltroddel hingen in die Stirn 145

Llerena, Spanien (Geburtsort Ciezas) 31–33

Llerena, Juan de (Ciezas Schwiegervater) 82

Lloque Yupanqui (Bruder Pachacutis) 243–244, 375

Lloque Yupanqui, dritter Inka, der Name bedeutet vermutlich »der Linkshändige, den man unter die tapferen Inkas zählen wird« 334, 336–338

Loja 210–213

López de Cazalla, Pedro 78, 81–82

López de León, Isabel (Ciezas Gattin) 82–84, 91

López de Moncibay, Inigo, einer der *alten* Konquistadoren. Er war im Bürgerkrieg zuerst Parteigänger Gonzalo Pizarros, ging dann aber zu den Königstreuen über 410

Lunahuaná (Cañete), Fluß 504

Lupaca (Indianer) →Chucuito

Lurin-Tal 495

Machu Picchu →Paccaric-Tampu

Mais 153

Mala, Tal von, bei Mala befand sich ein *tambo*, der gegen allen Gebrauch zweistöckig gebaut war. Hier brachen die ersten offenen Feindseligkeiten zwischen den Konquistadoren aus 496

Maldonado, Diego (»der Reiche«), ein unglaublicher Glückspilz. Sein Anteil für die Gefangennahme Atahualpas betrug 7660 Golddublonen und 362 *marcos* Silber. Diesen Betrag verdoppelte er im Würfelspiel. Er erhielt außerdem reiche Lehen. 1565 starb er »im Geruch der Heiligkeit« 77, 261, 368

Maldonado, Francisco →Nicasio

Mamaconas (Tempeljungfrauen), sie wurden mit etwa 10 Jahren nach Schönheit und Makellosigkeit ausgesucht. Im »Haus der erwählten Frauen« wurden sie von *mamaconas* (Müttern) geschult. Diese dienten entweder in ewiger Keuschheit der Sonne, oder sie bereiteten das Mahl des Inka, oder sie wurden seine Konkubinen. Die Wahl bedeutete eine Ehre 169, 185–186, 228, 275, 320–321, 358

Mama Ocllo (Gattin Pachacutis) 396–397

Manco Capac, erster Inka und Begründer des Capac-cuna- (Inka-)Stammes 131, 138, 145–147 *a*. →Cañaris, →Huanacauri *u*. →Sonneninsel

Manco Capac II (Manco Inca II) 247–249, 440

Manco Inca →Manco Capac

Mantaro, Fluß (von Cieza fälschlicherweise »La Plata« genannt), Ursprung 237, 238

Marañón, Fluß 126, 181, 208 *a*. →Huancabamba

Marca-villca (Marca-valle) 239

Maria die Blutige →Tudor

Mayta Capac, vierter Inka 338–339

Medizin und Behandlung von Krankheiten 240–241, 447 bis 450

Mendieta, Lope de, Neffe Diego de Zárates vom Handelsministerium in Sevilla. Er kämpfte 1544 als Hauptmann in der Schlacht bei Chupas; später war er Richter in La Plata 411

Mendoza, Alonso de, (aus Bajadoz) focht unter Hernando Pizarro bei Las Salinas (1538) und Chupas (1542). Er schloß sich später Pedro de la Gasca an und kämpfte bei Xaquixahuana mit, wo Gonzalo Pizarro seine endgültige Niederlage erlitt 441

Mendoza, Lope de 444

Minchan-caman, Häuptling von Chimor 485

Mita-kona →mitimaes

Mitimaes, Umsiedler aus dem Quichua-Stamm im Rahmen

eines perfektionierten Systems der Inkas. Verwendung: militärisch, politisch, wirtschaftlich und kulturell. Sie hatten neueroberten Gebieten den Lebensstil der Inkas zu bringen 169–171, 173–177, 277, 378

Mocha 179

Mochicas-Indianer 470 *a.* →Chimor

Mogrovejo de Quiñones 247 *a.* →Jauja

Moguer, Pedro Martínez de 76, 136, 274

Molina, Alonso de (einer der »dreizehn«) 403–404 *a.* →Tumbes

Molle, Peruanischer Pfefferbaum *(Schinus molle)* 240–241

Mollebamba; hier gabelt sich die Inka-Straße. Cieza reiste weiter nach Conchucos 229

Moskitos 483

Motupe-Tal 476

Moxos (Indianer) 176

Muhina, auf einem abgeflachten, den Sucre-See beherrschenden Felsen, war einst eine große Stadt mit einem *tambo* 361, 413–414

Mulahalo 167–168

Muli-ambato 178

Münzstätte; mit »Münzstätte« meint Cieza eine Gold- und Silberschmelze. Die Inkas kannten Geld in keiner Form 378

Muru urcu →Seil, goldenes

Nachrichtenverbindungen 178–179, 268–270

Nahrungsmittel 172, 179–180, 279, 297–298, 425–426, 454, 473 bis 475

Namengebung 471–472

Nazca, Tal von; La Nazca war die Bezeichnung der Konquistadoren für die fünf Täler Santa Cruz, Palpa, Ingenio, Nazca und Aploma. Das ist die Stätte der berühmten Nazca-Kultur: Gewebe und Keramiken im reinsten Tiahuanaco-Stil, sowie der seltsamen »Nazca-Lineaturen« – ein Gewirr von in den Sand der Pampa Colorada gegrabenen Rechtecken, Kreisen, Tieren, Fischen und Insekten. – Nazca (heute Paredones) hieß bei den Inkas Caxamalca und war eines ihrer Verwaltungszentren. Teile der dort beginnenden Straße, die über die Kordilleren führte, sind noch erhalten 500, 508–509

Neu-Cuzco, heute Incahuasi, 24 km das Huarco-Tal aufwärts gelegen. Es ist die größte von den Inkas überbaute Fläche und bedeckt etwa 13 ha. Archäologisch ist das Gelände wenig ausgewertet 497–498, 502 *a.* →Herbay *u.* →Huarco

»Neue Gesetze«; nach den von Karl V. unterzeichneten »Neuen Gesetzen« waren die Indianer freie Vasallen der Krone; die *encomiendas* (sklavereiähnliche Arbeitskommandos) waren verboten, ebenso Zwangsarbeit und übermäßige Besteuerung 53, 57–58, 74–75 *a.* →Bürgerkriege in Peru, Spanische

Nicasio, am selben Ort befindet sich noch heute unter gleichem Namen ein Zentrum Aymara sprechender Indianer. Die Stadt war bis 1548 ein Lehen Francisco Maldonados, der nach der Schlacht bei Xaquixahuana enthauptet wurde 430 *a.* →Aymara

Niederschlagsmengen 457–458, 496

Núñez Vela, Blasco (erster Vizekönig von Peru) 58, 128

Obst 152, 224, 481

Oca (Oxalis tuberosa), in der Form der Süßkartoffel ähnlich, mit blaßroter Schale, innen weiß und mehlig, von wässerigsüßem Geschmack 426

Ollantay-Tambo, das Verwaltungszentrum der östlichen (Anti-Suyu-)Provinzen; gleichzeitig Schutzwall der Straßen zum Amazonasgebiet. Es bestand aus der Stadt, der ummauerten Festung und dem Sonnentempel mit dem Haus der Tempeljungfrauen. Der Bau wurde 1460 begonnen und dauerte bis in die Zeit nach der spanischen Eroberung 405

Oma-suyu; die Inka-Straße gabelte sich bei Ayaviri in Omasuyu (zum Titicacasee) und Urco-suyu (westlich am See vorbeiführend). Bei Oruro (in Bolivien) vereinigten sich die Straßen wieder 379, 434

Opfer 216, 227, 254, 280–281, 318, 320–321, 331–332, 407, 419, 422–423, 493–494

Orejones; die Adligen trugen sehr große Pflöcke in den Ohren; die Spanier nannten sie daher *Orejones* = Großohren 144, 194, 259, 295–296, 299, 349–350, 382–384, 451–452

Orgoñez, Rodrigo 495
Oruro 379, 434
Osño →Sessel, goldener
Otavalo (Indianer); die Otavalo gehörten zu den Cara sprechenden Völkern. Zur Inka-Zeit befand sich ein Königs-*tambo* in Otavalo. Noch heute ist das Dorf wegen seiner Webarbeiten berühmt. Oft sieht man die Otavalo in ihrer charakteristischen Kleidung auf Reisen außerhalb Ekuadors 125–128
Ozean-See, die, = Atlantik 151

Pacasmayo-Tal 479
Paccaric-Tampu (»*Tambo* des Ursprungs«), etwa 26 km östlich von Cuzco; der *tambo* ist noch vorhanden. Einer der umstrittensten Orte in der Legendengeschichte der Inkas, besonders auf Grund von H. Binghams Buch *The Lost City of the Incas*, in dem er Machu Pichu mit diesem »Ursprung« der Inkas identifiziert; die Ruinen sollen sich etwa 32 km südwestlich Cuzcos an der Cunti-suyu-Straße zum Pazifik befinden 137–139, 280, 406
Pachacamac, Tempel, die größte der peruanischen *huacas*, nahe Lima. Hernando Pizarro war der erste und letzte Weiße, der das darin befindliche Götzenbild gesehen hat. 1533 sollte er dort das als Lösegeld für Atahualpa bestimmte Gold abholen. Das Bild stand, so berichtet sein Schreiber, »... in einer dunklen, muffig und faul riechenden Kammer. Dort war ein sehr schmutziges Götzenbild aus Holz...«. Es muß also, da es aus Holz war, trotz seines Quichua-Namens einer früheren Kultur angehört haben. Man glaubt, daß Pachacamac um 1300 n. Chr. von einem Häuptling namens Cuis-mancu errichtet wurde, dessen Gebiet an der Nordgrenze von Chimú begann und sich nach Süden bis zum Lurin-Tal erstreckte. Die Inka-Küstenstraße führte durch Chorrillos, eine Vorstadt von Lima, zu einem großen Fels, wo der Arma-Tambo (»Reinigungs-*tambo*«) lag, dessen Ruinen noch vorhanden sind. Dort badeten die Pilger auf der Reise zum heiligen Pachacamac, 8 km vor dem Tempel selbst 62, 390, 487, 492–495
Pachachaca, Fluß →Abancay

Pachacuti (Inca Yupanqui II), zehnter Inka (gest. 1471); Inca Yupanqui II nahm 1438 den Namen Pachacuti an 148, 170, 216, 242–243, 252–253, 255–257, 260, 268, 273, 284, 286, 366, 370–383, 417–418

Palomino, Hauptmann 63

Palta →Alligator-Birne

Paltas (Indianer) 192, 208–210

Pampa-runi-Tal →Crisnejas

Pampas, Fluß →Vilcas, Fluß

Pancorvo, Juan de, wird von Chronisten mehrfach erwähnt. Er gehörte zu den Gründern von Cuzco. Sein Haus lag am *Huayka-pata* (Platz der Freuden) 78, 373, 418

Panther, mit Panther ist der Puma *(Felis concolor)* gemeint 183

Panzaleo; die Panzaleos oder Quitos vererbten ihre Häuptlingswürde in väterlicher Linie und lebten monogam. Die Kenntnis der Prä-Inka-Geschichte von Ekuador ist unvollkommen 166–167

Paramonga, die am besten erhaltene Festung an der peruanischen Küste; die äußeren Mauern aus Lehmsteinen messen 300 x 200 m. Die Wände tragen noch Farbe; die von Cieza beschriebenen Malereien hat ein Reisender im 19. Jahrhundert noch erwähnt. Der Überlieferung nach ist Paramonga von den Chimús gegen die Inka-Invasion erbaut worden. Wahrscheinlich wurde es 1460 von den Inkas übernommen 484, 486

Parcos 245–247

Paria, eine *marca* der Spät-Inka-Periode, zwischen den modernen bolivianischen Städten Oruro und Sucre gelegen 393, 442

Pariacaca, Sierra 62, 487

Parina-cocha, See →Pomatambo

Paß des Huayna Capac 453

Pasto →Angasmayo *u.* →Vilcas(-huamán)

Paucar-colla 364

Paullu Inca (Paullu Tupac Yupanqui), Paullu war der jüngere Bruder des 1553 im Bruderkrieg von Atahualpa getöteten Inkas Huascar. Er lebte nach der Conquista; irgendwie muß er sich sowohl mit den Siegern als auch mit den Besiegten arrangiert haben. Paullu nahm am Inka-Aufstand nicht teil, erhielt später als Christ den Namen Christobal und stiftete eine Kirche, San Christobal, in Cuzco 329, 338

Peranzúres →Anzures, Pedro

Pérez de Guevara, Juan 224

Peru: allgemeine Beschreibung 119–122; frühe Geschichte 129 bis 148

Pferde, spanische 59–60

Philipp II. von Spanien 87–88, 93–96, 274

Picoy 245

Pillucho, felsiger Berggipfel, erhebt sich etwa 8 km von →Vilcas-huamán über dem Fluß Vilcas (Pampas). Er ist mit Ruinen und Ablagerungen bedeckt 252–253, 256–257

Piqui-llacta, Ruinen von 68 a. →Aquädukt

Pisca (indianischer Informant Ciezas) 79

Pisco →Cangallo

Piscobamba, wurde (und wird zum Teil noch) auf einer besonders eindrucksvollen Inka-Straße erreicht: sie verläuft, mit Steinstufen, Schutzmauern und Bewässerungssystem, in 4600 m Höhe 230–231

Piura, Tal von 450, 455

Pizarro, Francisco 37–38, 41, 46–47, 56, 76, 217, 232–233, 248 bis 250, 263, 274, 277, 406, 456, 481, 488, 495, 512 a. →Bürgerkriege in Peru, Spanische, →Calicuchima u. →Xaquixahuana, Tal

Pizarro, Gonzalo 54, 56–57, 58–59, 63, 65–66, 67, 126, 247, 249, 253, 441 a. →Huarina, →Bürgerkriege in Peru, Spanische, →Hinojosa, Pedro u. →Xaquixahuana, Tal

Pizarro, Hernando 37, 406, 495 a. →Pachacamac

Pocken 163, 403–404

Poechos, diesen Namen trägt noch heute eine auf den Ruinen erbaute Hazienda. Die vagen Umrisse der von Cieza erwähnten Festungen sind noch zu erkennen, ebenso Teile der Inka-Straße 455

Polygamie 171, 461 a. →Cañaris

Pomatambo, auch Pumapumpu, Pumatampu, bedeutet »Höhle des Pumas«. Im Cunti-suyu auf halbem Wege zwischen Cuzco und dem Pazifik gelegen. Es wird von dem großen, flachen *Parina-cocha* (Flamingo-See) beherrscht 345, 377, 407

Poopó, See →Aullagas

Popayán 54, 479

Postwesen 268–270

Potosí, die 4600 m hoch gelegenen Bergwerke wurden 1545 in Betrieb genommen. Sie enthielten die reichsten bisher bekannten Silbererzvorkommen und wurden von einem Chumbivilca-Indianer auf der Jagd entdeckt. 1626 wurden sie geflutet. Um 1600 lebten dort 16 000 Menschen 70, 400, 413

Prä-Inka-Kulturen; Cieza war der erste, der die verschiedenen Prä-Inka-Kulturen erkannt hat →Chachapoyas, →*chullpas*, →Guañape, →Ica-Tal, →Viñaque *u.*→Zañu

Prescott, William H. 27, 99

Priester, eingeborene 276, 320–323, 330–332, 468–470, 493 bis 494

Pucará (= »Burg«), ein dem Gibraltar-Felsen ähnliches Massiv von 4380 m Höhe; eine natürliche, von den Inkas ausgebaute Festung 246, 384–385, 432–433

Puelles, Pedro de 233

Puerto Viejo 316

Puná, die im Golf von Jambelim gelegene tropische Insel lebt von Yuka, Mais und Fisch. Es bestanden sieben große Ansiedlungen. Ein Geistlicher, Frater de Valverde, wurde von den Punás gefangen und aufgefressen 447–449, 450–453

Puruchucu (*puruhá* = Feder, *chuccu* = Kopfbedeckung), ein Kopfschmuck der Vornehmen. Jeder Stamm hatte seine eigene, obligate Kopfbedeckung 143

Puruhá (Indianer) 180

Quichua (Sprache), war die vorherrschende Sprache der Inkas und diente als Amtssprache. Es war ursprünglich die Sprache eines gleichnamigen Stammes (= »Leute aus den warmen Tälern«). Es ist eine lebende Sprache, die noch heute von Millionen Indianern und Weißen in Peru gesprochen wird 305–306

Quichuas (Indianer), waren im 14. Jh. einer der größten und kulturell fortgeschrittensten Stämme der zentralen Anden;

ihre Sprache, von den Inkas zusammen mit den Resten des Stammes übernommen, wurde zur *lingua franca* der gesamten Anden 261, 349

Quilca →Arequipa

Quimbayas (Indianer) 47, 49

Quimistacas (Indianer) 511

Quinoa, eine winterfeste Getreideart, die noch in 4700 m Höhe gedeiht (»Inka-Weizen«). Einjährig, blüht tiefrot, wird bis zu 2 m hoch, und die Samenkörner schmecken gekocht ähnlich wie Reis 152–154, 426

Quiñones, Antonio de, war einer der frühen Konquistadoren, besaß später ein Haus in Cuzco und heiratete eine indianische *coya* (Prinzessin) 420

Quipu, mnemotechnisches Hilfsmittel aus Schnüren und Knoten (→ 53. Kap.) 30, 229, 296, 308–311, 314–315

Quipus-cayamocs, die Quipu-Kundigen (vgl. 53. Kap.) 327

Quiquixana (Quispicanchi), damals die erste Raststation auf der (südlichen) Colla-suyu-Straße 413, 414

Quito 151–166, 194–195

Quitos →Panzaleo

Quizquiz (Feldherr Atahualpas) 55, 204, 286–287

Rechtsprechung der Inkas 183, 306–307

Regierungssystem (der Inkas) über die unterworfenen Völker 170, 177, 178

Religiöse Bräuche 171–172, 180–181, 182, 210–211, 216, 220, 222, 227, 234–235, 239, 252, 415–416, 428, 431–432, 463 bis 465, 468–471

Rimac, Fluß 488–489 *a.* →Chimor

Riobamba (Lira-pampa), am Chimborazo (6272 m), etwa am Ort der heutigen Stadt Ekuador gelegen, war zur Inka-Zeit ebenso wichtig wie Quito. Es besaß einen Sonnentempel und einen *tambo* für den Inka 180–181

Robledo, Jorge; R., den Belalcázar hinrichten ließ, war mit Maria de Carvajal verheiratet. Obgleich sie eine zarte Frau war, verfolgte sie Belalcázar unnachsichtig und brachte ihn 1550 vor Gericht. Verlassen und gebrochen starb dieser 1551 in bitterster Armut 47–48, 53–54

Robben 511

Roca Inca, sechster Inka 343–346
Rodríguez de Camporedondo, Gaspar 247
Rodríguez Elemosin, Diego 282
Rojas, Diego de 443
Rucanas (Indianer) 252, 258, 376, 505 a. →Soras
Rumichaca, natürliche Brücke über den Fluß Angasmayo (jetzt Guiatara), der damaligen Grenze zwischen den Provinzen Quito und Popoyán 56, 403
Ruy, Díaz 247

Saavedra, Juan de *(corregidor)*; Hauptmann Juan de Saavedra war ein alter Konquistador und als Cieza dort war Bürgermeister von Cuzco 76, 137
Sacsahuamán, Festung, sicherlich eines der gewaltigsten Einzelbauwerke. Mit dem Bau wurde um 1440 unter Pachacuti begonnen; nach Quipu-Unterlagen waren über 20 000 Arbeiter etwa achtzig Jahre lang beschäftigt. Die Festung wurde um 1520, kurz vor der Ankunft der Spanier, unter Huayna Capac vollendet 271, 283–287, 398
Salcantay, Berg →Vilcaconga
Salinas, Schlacht von 56 a. →Bürgerkriege in Peru, Spanische
Salz, seine Wichtigkeit 44–45
Saña →Zañu
Sánchez, Ortun 79
Sancho, Pedro →Vilcas-(Pampas-)Brücke
San Juan de la Frontera 249
San Martín, Pater Tomás 437
San Miguel (de Piura) 59, 455–456, 476
Santa, Tal und Fluß; in der Regenzeit ist der Fluß an der Mündung etwa 1,6 km breit. Die Inkas unterhielten dort jahrhundertelang eine Hängebrücke, die den Santa etwa 5 km vor seiner Mündung überquerte. Sie bestand noch bis 1806 482–483
Santa María del Campo (Schiff); der Schatz für den Loskauf Atahualpas gelangte am 9. 1. 1534 mit der *Santa María del Campo* nach Sevilla. Cieza, damals 13 Jahre alt, war davon so beeindruckt, daß er im gleichen Jahr in die Neue Welt zog 37, 38

Santillán, Hernando de 81
Santo de Hatun-Xauxa →Jauja
Santo Tomás, Domingo, um 1505 in Sevilla geboren. Er verbrachte viele Jahre in den Yunga-Tälern, verband sich später mit Pedro de la Gasca, nahm an der Schlacht bei Xaquixahuana teil und starb 1567 in einem Kloster in Lima. Sein Porträt hängt im Rektorat der dortigen Universität 461, 469–470
Sarsaparille 447, 449–450
Schlangen 44, 378–379, 381, 408–409
Seil, goldenes; es war als »goldene Kette« bekannt, war jedoch keine Kette, sondern ein mit dünn geschlagenen Goldplättchen überzogenes Seil, *muru urcu* oder *huascar* genannt (Huascar war der Name des letzten Inkas); es soll 200 m lang gewesen sein. Es wurde später in den Urcos-See geworfen 144, 243, 323
Sessel, goldener *(osño)*, durfte nur vom Inka und seinen regierenden Blutsverwandten benutzt werden 289
Sevilla 36–37
Sierra Morena; Llerena, der Geburtsort Ciezas, liegt in der Sierra Morena. Die Gegend war wegen der geräucherten Schinken berühmt 180
Silber 70, 230, 236, 288–289, 296–297, 443, 510
Silberarbeiten 191, 312–313
Silberschmiede 446
Sinchi Roca, zweiter Inka, »der Starke, der Tapfere«. F. Montesinos (*Memorias Antiguas Historiales del Peru*, 1650) bezeichnet Sinchi Roca als fünften Inka. Seine Reihenfolge wird angezweifelt. Die meisten Autoritäten erkennen S. R. als den zweiten historischen Inka an; er lebte also um 1250 333–335
Sinú, Fluß 40–41, 463
Solana (Sullana), das erste Tal südlich von Tumbes. Den genauen Verlauf der Inka-Straße hat auch die Von-Hagen-Expedition nicht feststellen können. De Xerez, Sekretär Pizarros, beschrieb die Straße in seiner *Verdadera relación de la conquista del Peru* (Sevilla 1534) 455
Solís, Gómez de 512
Sonne, Abbild der 275; – Haus der Sonne in Caranqui 125;

– Haus der Sonne in Cuzco, in Wirklichkeit die Festung →Sacsahuamán 283–284; *a.* →Sonneninsel, →Tempel *u.* →Tici-Viracocha

Sonneninsel (Insel Titicaca); auf der größten Insel des Titicacasees befinden sich die noch gut erhaltenen Ruinen eines Sonnentempels. Hier soll Manco Capac (→ 5. Kap.) vom Sonnengott seinen kulturellen Sendungsauftrag empfangen haben 379, 436

Soras (Indianer), vereinigten sich mit den verstreut lebenden Rucanas. Beide Stämme führten jahrhundertelang periodisch Kriege gegen die Inkas. Nach ihrer endgültigen Niederlage waren sie loyale Vasallen. 80 Rucanas trugen die Sänfte des Inkas 252, 258, 376, 505

Soroche (Höhenkrankheit) 62

Spanier, ihre Grausamkeit 50–51, 72–75; – Ankunft in Peru 162–166, 189, 218; – überwältigen Atahualpa 219; – Behandlung durch die Yungas 462

Spanische Eroberung, Auswirkung auf die eingeborene Bevölkerung 177, 219, 225–226, 296; – Auswirkung auf die Bauwerke 286–287

Sprache der Eingeborenen 166, 182, 186, 215, 305–306, 342 *a.* →Quichua, →Aymara, →Canas *u.* →Caviñas

Statthalter, System der Inkas 299–302

Statuen 414; – Apostel 417; – in Tiahuanacu 438–439; – in →Pachacamac

Steinbrüche 279, 414

Steinmetzarbeiten 406, 438–439

Steuern und Abgaben 176, 231, 293–299, 300, 301, 309–312

Straßen 61–62, 154, 190, 399 *a.* →Carabaya, →Cochacajas, →Nazca, →Ollantay-Tambo, →Piscobamba, →Sollana, →Tumbes, Fluß, →Tucumán, →Uranmarca *u.* →Zañu; – am Titicacasee 68 *a.* →Ayaviri; – von Quito nach Cuzco 156; – Verlauf der Königsstraßen; es sind drei Straßen: die nach Quito, die nach Cuzco und die nach Soras. Die letzte trifft auf die zur Küste führende Seitenstraße Cochacajas-Nazca. Vom Angasmayo (Kolumbien) bis zum Maule-Fluß (Chile) sind es 5280 km; die Küstenstraße von Tumbes nach Chile ist 4032 km lang. Diese war einheitlich 8 m breit, jene variierte, dem Gelände entsprechend, zwischen 5 und 8 m

Breite 266–267 *a*. →Mollebamba; – Beschreibung 231; – Seitenstraßen (Cochacajas-Nazca) →*oben* Verlauf der Königsstraßen; – (Pachacamac-Jauja) es handelt sich um die Seitenstraße Pachacamac-Huarochirí-Jauja, die Hauptverbindung zwischen Jauja, dem Garnisonszentrum der Inkas in den Anden, und dem wichtigsten Teil der Küste. Sie begann im Lurin-Tal und wechselte bei Tambo Inga auf das Nordufer des Flusses gleichen Namens, um dort festen Felsgrund zu benutzen. Cieza ist selbst über diese Straße geritten; Teile von ihr sind noch zu sehen. Er erwähnt in seinem Bericht über die Bürgerkriege des öfteren Huarochirí als Nachschub- und Sammellager der Armee 62, 487–488; – (Huaytará-Straße) die Seitenstraße, die die Inka-Straße mit der Küstenstraße verbindet, verlief von Vilcas-huamán in 4330 m Höhe über Hatunsulla, Timoco, Incahuasi nach →Huaytará 499; – von Vilcas nach Jauja 243; – nach Chile →Vilcas-huamán *u. oben* Verlauf der Königsstraßen; – im Apurímac-Cañon →Huaca-cacha; – Anlage und Bauweise 264–268, 459–460; – Anta-Hochstraße 263 *a*. →Anta; – von Cuzco ausgehende 272 *a*. →Karmenka; – Oma-suyu 379, 434 *a*. →Oma-suyu; – in Ekuador →Guayaquil; – »Paß des Huayna Capac« 453; – bei Quilca →Arequipa; – Küstenstraßen; die Inka-Küstenstraße von Tumbes bis Santiago war etwa 4000 km lang und durchschnittlich 8 m breit. Sie war nur in ihrem nördlichen Teil mit Bäumen gesäumt 455, 458–460 *a*. →Pachacamac *u. oben* Verlauf der Königsstraßen

Sucre, das heutige →La Plata

Südsee (Pazifischer Ozean) 43

»Süßwasser-See, die«, damalige Bezeichnung für den →Amazonas 123

Syphilis 447, 449–450

Tacunga, etwa 65 km südlich von Quito. Nach Humboldt (1801) ein quadratisches Gebäude von 31,5 m Wandlänge mit 4 großen trapezoiden Toren und 8 Räumen 169–172, 193–194

Talca (Chile) →Vilcas(-huamán)

Tallanes (Indianer) →Tumbes

Tambo de Mora →Chincha

Tambos, »Straßenraststationen« (Unterkunfts- und Vorratshäuser) entlang den Inka-Straßen, mit diensttuenden Indianern besetzt 229

»*Tambo*-Regulationen«, diese Vorschrift bestimmte die Entfernungen zwischen den Raststationen, die Art der Beförderung durch indianische Träger und die Verpflichtungen der betreffenden spanischen Oberherren 69 *a.* →Vásquez, Tomás

Tampu Quiru (»Wiege der Inkas«), ein für die Herkunft der Inkas bedeutsames Heiligtum. Manco Capac zeugte dort einen Sohn 335

Tanquihua (Indianer) →Huamanga

Tapire, bei den Tapiren handelt es sich um *Tapirus terrestris (americanus)* und *Tapirus pinchaque Roulini* (Bergtapir) 183

Tarapacá-Tal 510

Tarma 237

Tempel und Heiligtümer, – →Curicancha 136, 273–275, 335; – Huarivilca 240, 243–244; – →Coropuna 282; – →Apurímac 283; – Viracocha →Cacha *u.* →Vilcanota; – Auzancata 415; – →Ancocagua 417; – Titicaca 436 *a.* →Sonneninsel; – →Pachacamac 487, 492–495; – Chinchay-camac 505–506 *a.* →Chincha; – *a.* →Huancabamba, →Riobamba *u.* →Tampu Quiru

Tempeljungfrauen →*mamaconas*

Teocajas (Teocaxas; Tiocajas) 181 *a.* →Columbe

Terrazas, Bartolomé de 133

Tiahuanacu, hier befindet sich die vollständigste und reinste Manifestation der Tiahunacu-Kultur. Die größten Bauwerke sind eine ehemals steinverkleidete Stufenpyramide, die 145 x 75 m große Calasa-saya-Ruine, das berühmte monolithische Sonnentor und mehrere mächtige steinerne Stelen. Man glaubt, diese Bauten in der IV. Periode (1000 bis 1300 n. Chr.) unterbringen zu können 30, 69, 438–440

Tici-Viracocha, fälschlich Kon-Tiki, war der Schöpfer-Gott der Inkas, der nach ihren Vorstellungen den Menschen die höhere Kultur brachte, indem er sie handwerkliche Geschicklichkeit, die Kunst des Landbaus sowie sonstige Fertigkeiten, Kniffe und Kenntnisse lehrte. In Krisenzeiten verließ er seinen Sitz im Himmel und erschien den Menschen. Diese mystisch-dichterische Figur hat nichts mit dem Heyerdahlschen Kon-Tiki zu tun. Heyerdahl verwechselte ihn mit dem Inka Viracocha (gest. 1440) 132–136, 182, 239, 323, 417, 431–432

Ticsán (Tiquizambi) 181

Titicaca, Insel →Sonneninsel

Titicacasee; Cieza lieferte dessen erste veröffentlichte Beschreibung 68, 379, 393, 434–436 a. →Colla-suyu

Tomebamba (Cuenca) 59, 182, 184–185, 189, 193, 194–195, 207

Topa Inca Yupanqui (Tupac Yupanqui), elfter Inka (gest. 1492) 148, 151, 155–156, 190–194, 216, 255, 258, 286, 383 bis 385, 387–394, 445, 485–487, 499–504

Torres, Sebastian de →Jauja

Tribut →Steuern und Abgaben

Trujillo, Stadt 480–481

Tuch, aus Vikunja-Wolle 226

Tucumán, im nordwestlichen Argentinien am Fuße der östlichen Kordilleren gelegen, war der Endpunkt einer Abzweigung der großen Inka-Straße 400

Tudor, Maria (Maria die Blutige) 93–94, 96

Tumbala, Häuptling von Puná 447, 450–451

Tumbes, war ursprünglich von den Tallanes bewohnt, einem wegen seiner schwarzglänzenden Keramik und seines interessanten Lippen- und Nasenschmucks berühmten Stamm. Sie wurden zuerst von den Chimú besiegt und 1463 von den Inkas absorbiert. Francisco Pizarro ließ 1527 zwei seiner Männer, Alonso de Molina und den Neger Gines, in Tumbes zurück, als er nach Spanien segelte 446–447, 453 bis 454 a. →Tumbes, Fluß u. →Candia, Pedro de

Tumbes, Fluß, fließt westwärts durch die Minen von Zaruma (Ekuador) und mündet bei der Stadt Tumbes in den Pazifik. Eine Straße, die dem Fluß parallel läuft, verbindet Tomebamba mit der Küste 454 a. →Chimor

Tupac Huasco (Bruder Pachacutis) 257, 375

Tuqueme-Tal 477

Tuta Palla (Mutter Atahualpas) 401

Tuza, Dorf der Pastos, lag westlich von Huaca, jenseits des
    Flusses Angasmayo 123

Ubinas (Indianer) 407
Uceda, Diego de 430
Ucumari 204
Uranmarca, Provinz, wird über eine Straße erreicht, die zum
    Teil noch von den Inkas stammt. Es sind noch *tambo*-
    Ruinen zu sehen 257–258
Urco Inca, neunter Inka 366–368, 370, 373
Urco Huaranca, Hauptmann Huascars 206
Urcos 226
Urcos, Provinz 414
Urubamba, Fluß →Yucay

Vadillo, Hauptmann 46
Valdivia, Pedro de, der Konquistador Chiles. Er gründete
    1541 die Stadt Santiago. In Peru kämpfte er dann gegen
    Gonzalo Pizarro 444
Valverde, Fray Vicente de 241 *a.* →Puná
Varagas (oder Vargas), Juan de, aus La Huguera in Spanien,
    war an den meisten Kämpfen der Bürgerkriege beteiligt.
    1544 nahm er Illa Tupac, einen von Huayna Capacs Haupt-
    leuten, gefangen 69, 411, 440
Vásquez, Tomás, einer der ersten Konquistadoren. Er wohnte
    im Cusipata-Viertel von Cuzco, in Ciezas Nähe. Er kämpfte
    in der Schlacht von Chupas und unterzeichnete den Be-
    richt über die →»*Tambo*-Regulationen« 78, 285
Vergara, Pedro de 210
Verhüttung →Curamba *u.* →Münzstätte
Vikunjas, eine *Camelidae*-Art, mit den Llamas verwandt 225,
    226
Vilcaconga, ein 4650 m hoher Paß zwischen dem alten *tambo*
    Apurímac und dem Anta-Tal; heute *Abra de Hilque*. In
    12 km Entfernung erhebt sich der 6670 m hohe Gipfel des
    Salcantay 371
Vilcamayu, Fluß 353 *a.* →Yucay
Vilcanota, Fluß →Yucay
Vilcanota, Tempel von, vielleicht ist hier der Viracocha-Tem-

pel gemeint, von dem Teile noch beim Dorfe Racchi stehen
(→ 45. Kap.) 281

Vilcas (Pampas), Fluß 256, 257 a. →Pillucho

Vilcas-(Pampas-)Brücke, nach Pedro Sancho, dem Chronisten der Konquistadoren, war sie »360 spanische Fuß lang und breit genug für zwei Pferde« 257–258

Vilcas(-huamán); galt als der geographische Mittelpunkt des Inka-Reiches; aber geographisch berechnet sind es von Pasto bis Cuzco 1968 km; von Cuzco bis Talca (Chile), dem südlichsten Punkt der Inka-Straße, sind es 3016 km 63, 253 bis 256

Villac-umu (Oberpriester), *villac* = einer der spricht; *umu* = Zauberer; also »Wahrsager« 322

Villadiego, Hauptmann 248

Villaroel, entdeckt Silber bei Potosí 70

Viñaque, Fluß 250–251

Viñaque (Huari); Cieza hat nach Ansicht der Archäologen durchaus recht. Viñaque, heute Huari, ist ein archäologisches Rätsel. Reste mehrerer Prä-Inka-Kulturen wurden dort gefunden 440 a. →Huari

Viracocha, Tempel →Cacha und →Vilcanota

Viracocha Inca, achter Inka (gest. 1440) 349–358, 360–367, 374, 428

Virú-Tal →Guañape

Viticos (Vilcas) 247–249

Vorratshäuser 183, 229–230, 254–255, 315, 479

Vorzeichen und Weissagungen 340, 472

Vulkane bei Mulahalo 168–169

Waffen 173, 242, 298, 415

Wahrsagerei 320, 330–331 a. →Vorzeichen und Weissagungen

Wappen des Inkas 302

Weberei 314, 407, 446 a. →Otavalo

Wegmarken *(topos)* 265

Weinbau; Reben wurden 1536 in Ayacucho von Diego de Mora, einem Konquistador, erstmals angepflanzt und dann nach Ica gebracht, wo eine lebhafte Kellereiwirtschaft entstand 472

Weizen 154, 474 a. →Getreideanbau
Windöfen *(huayra)* →Münzstätte u. →Curamba

Xaquixahuana, Schlacht von 64–66 a. →Bürgerkriege in Peru, Spanische, u. →Mendoza, Alonso de
Xaquixahuana, Tal von, Caquia-Xaquixahuana, auf deutsch etwa »meine Zuflucht«, lag etwa 24 km nordöstlich von Cuzco. Nahe bei der Stadt Surito, im Tale Anta, sind noch Ruinen zu sehen. Der alte Inka vermied dort die Fröste von Cuzco. – Xaquixahuana hat eine gewisse Berühmtheit erlangt: Hier wurden die Chancas geschlagen, überwand Pizarro 1534 den letzten Widerstand vor Cuzco, diente Cieza als Soldat (und verlor dabei Teile seines Manuskriptes), und hier starben Gonzalo Pizarro und Carvajal 263, 352 bis 353, 358
Xayanca-Tal 477

Yachas (Indianer) →Huánuco
Yahuarcocha, »Blutsee« 403
Yahuar-Huacac, siebenter Inka; Inca Yupanqui I wurde als Inka unter seinem Beinamen Yahuar-Huacac (»der Blut weint« – er hatte ständig entzündete Augen) bekannt 345 bis 348
Yanahuaras (Indianer), Yanahuara, wörtlich »schwarzer Lendenschurz«, bezeichnet eines der *ayllus* (Geschlechter) des Quichua-Stammes 380
Yuca *(Manioc esculenta)*, wird im ganzen tropischen Amerika angebaut. Der geringe Blausäuregehalt der Knolle wird durch verschiedene Verfahren extrahiert. So liefert die Pflanze das im Handel befindliche Tapioka. Eine »süße« Abart wird gekocht gegessen und auch verbraut 473
Yucay, Fluß, der Oberlauf heißt Vilcamayu; bei Pisac Vilcanota, der Unterlauf Urubamba 253–254, 414
Yucay-Tal, das schönste Tal Perus. Der Fluß entspringt am Nudo de Vilcanota (5486 m) und berührt bedeutsame Städte der Inka-Geschichte: Sicuani, Cacha, Compapata und die Festung Quiquixana. Das eigentliche Tal beginnt bei Pisac 405
Yungas (Indianer) 181–182, 460–465, 469, 486–487

Zañu (Saña), in diesem Gebiet, zwischen Motupe und Lambayeque, bestand bereits vor der Eroberung durch die Chimús und die Inkas (1463) eine eigene Kultur mit dem Zentrum Patapo, das zu Ciezas Zeiten Cinto hieß. Die Inka-Straße und zahlreiche Ruinen sind noch vorhanden 334, 478–479

Zapana, Häuptling von Hatuncolla 347, 358–360, 364, 382, 428

Zárate, Augustín de, war nur etwa ein Jahr lang (und zwar mitten in den Bürgerkriegen) in Peru. Carvajal hatte gedroht, ihn an den höchsten Baum zu hängen, wenn er ihn etwas schreiben sähe. So verließ er Peru schon im Jahre 1545. Sein Buch stützt sich auf verläßliche Quellen 90

Zárate, Diego de →Mendieta

Zárate, Francisco de 76, 136, 274

Zárate, Juan Ortíz de, Sohn des spanischen Richters Zárate; nahm an der Ermordung des Francisco de Almendras teil und gehörte später dem Stadtrat von La Plata an 79, 411

Zaruma, Minen von →Tumbes, Fluß

Zepita, Brücke über den →Desaguadero; diese berühmte Brücke bestand aus Pontons von Balsa-Stroh. Da das Balsa sich voll Wasser sog, mußten die Pontons alle zwei Jahre erneuert werden; aber die Brücke als solche stammte aus der Prä-Inka-Zeit und existierte bis 1867 437

Zensus 295–296, 314–315

Zimt (Cinnamon) →Gewürze

Zuckerrohr 475, 509

REISEROUTE

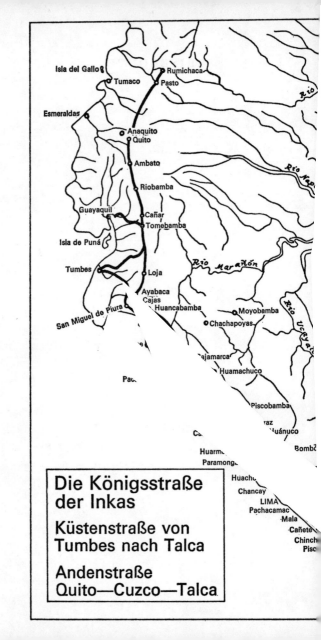

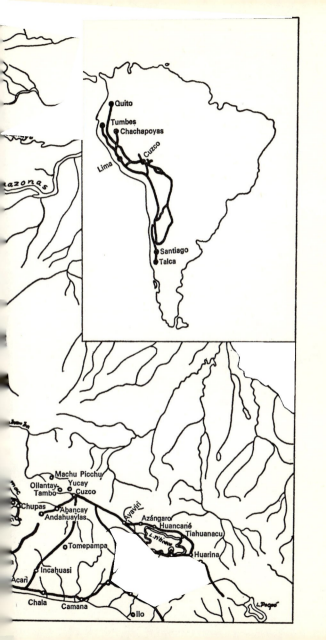